The Way of Singapore

新加坡道路

中国社会科学出版社

李路曲————著

图书在版编目（CIP）数据

新加坡道路／李路曲著 .—北京：中国社会科学出版社，2018.8
ISBN 978-7-5203-1373-5

Ⅰ.①新… Ⅱ.①李… Ⅲ.①行政管理—研究—新加坡 Ⅳ.①D733.93

中国版本图书馆 CIP 数据核字（2017）第 273286 号

出 版 人	赵剑英
责任编辑	赵　丽
责任校对	朱妍洁
责任印制	王　超

出　　版	中国社会科学出版社
社　　址	北京鼓楼西大街甲 158 号
邮　　编	100720
网　　址	http://www.csspw.cn
发 行 部	010-84083685
门 市 部	010-84029450
经　　销	新华书店及其他书店
印　　刷	北京明恒达印务有限公司
装　　订	廊坊市广阳区广增装订厂
版　　次	2018 年 8 月第 1 版
印　　次	2018 年 8 月第 1 次印刷
开　　本	710×1000　1/16
印　　张	43.5
插　　页	2
字　　数	648 千字
定　　价	99.00 元

凡购买中国社会科学出版社图书，如有质量问题请与本社营销中心联系调换
电话：010-84083683
版权所有　侵权必究

序

自20世纪70—80年代开始崛起的新加坡及"亚洲四小龙"受到世界的关注,国内外学术界把其称之为"新加坡模式""四小龙模式"及"东亚模式"[①] 等。这使我在20世纪80年代末决定加入研究这一模式的行列,当然,与当时的潮流——研究经济发展不同,我虽然也关注新加坡的经济发展,但主要是研究政治发展。此后有近十年的时间几乎专门研究新加坡的现代化进程,尤其是政治发展和治理等相关问题。随着研究的深入,为了在更广阔的视野上来观察新加坡模式,20世纪90年代后期我的研究又扩展到了东亚政治,探讨东亚模式,并力图通过与东亚各国的比较来确定新加坡在东亚发展中的特色和地位。从一国研究到多国比较研究,不仅是研究视野的扩大,研究方法的发展,更是比较政治研究的现实路径,是深入研究一国发展的必不可少的研究视角。换言之,在多国比较研究的框架中进行一国研究可以为其提供新的分析工具和观察视角,为全方位地分析和解释复杂的政治现象提供更多的可能性和合理性。

2005年以后,由于感到研究的局限,也为了进一步比较的需要,我研究了几年欧洲的政党政治,在此之后重点关注的是比较政治学的理论

---

① "东亚模式"是指东亚各国在特定的发展阶段即20世纪后半叶以来的一种共同的发展模式,是以日本为雁头,"四小龙""五小虎"、中国和东亚其他国家相继发展起来的一种"雁阵模式",现在是以中国为主要代表的一种发展模式。这些国家或地区地处东亚,在这一发展阶段以威权主义与市场体制的特定结构推动着现代化进程。它们均具有东方文化尤其是儒家文化的历史传统,并不断实现着现代化的转化。当然,在一些国家或地区,"东亚模式"的这些特色已经消失。

和方法。当然，在研究的任何阶段我都没有放松对新加坡这个重要案例的关注和研究，以案例为比较的基础，以比较来拓宽案例研究的视野。可以说，我的研究和教学走过了一条从一国研究到多国比较，再到理论与方法，最后将理论与方法与一国研究或案例研究相结合的学术道路。这也正是本书的特点。

改革开放以后中国开始关注和学习新加坡模式，从邓小平的首倡，到学者的研究，再到新加坡成为中国各级干部的培训基地，中国一直在关注和学习新加坡的经验。近年来，中国的日益强大并没有削弱新加坡模式的意义，相反它引起了更多的关注，人们在不断发掘这一模式的意义。随着研究的深入，更多的研究是在学习和借鉴的基础上进行进一步的比较。新加坡与中国都是后发展国家，两国在文化传统、体制形式、发展路径等方面具有很大的相似性，而且都是当代较为成功的发展案例，因此，与新加坡进行直接比较，有利于阐明中国政治发展模式的向度以及治理方式变革的速度和深度的效果，当然也有利于阐明发展中的问题。尤其是在较我国发展水平更高的国家中，只有新加坡是一党长期执政并保持着威权主义的体制特征，或者说，新加坡是威权主义国家中经济、社会、法制甚至民主政治领域发展水平最高的国家。

有人认为新加坡与中国的国家规模或体量相差过大，没有学习或比较的价值。与此相呼应的另一种观点认为中国和美国这种体量和规模相近的国家也不可比较，因为中国是社会主义国家，而美国是资本主义国家。这些观点既不符合实际，也缺乏理论根据，更违背了比较或比较政治学的基本常识。

从实践层面来看，改革开放以来中国发生的最大变化之一就是在实践上和思想上把过去认为与外国不可比较的经济、社会和政治现象变成了可以比较的现象，并在现实中进行了大量的比较。当然，这种比较多是一种经验性的比较，是以学习、试错或潜在比较的方式进行的，但却是全方位的、大量的、从实际出发的比较，是结合中国实际学习和借鉴国外的经验或吸取国外的教训，使中国获得了巨大的收益。改革开放的"开放"，就是要对所有的国家开放，不再像过去那样只照搬苏联一国的经验，不再像"文化大革命"那样连一国的经验教训也被屏蔽。正是在这种开放的基础上，我们的改革才取得了巨大的成功。尤其是改革开放以来的学习和借鉴，从来没有照搬包括新加坡在内的任何一国的经验教训而是在学习、比较的基础上将其去伪存真，进行中国化的改造。在这种比较中，并没有区分国家的大小或意识形态的差异，而是学习好的经验。实际上，中国共产党和中国政府一直都把比较和学习国外经验放在很重要的位置上，只是在像"文化大革命"这样的少数时期才暂停了比较和学习。世界上任何成功的发展模式都主要靠自己的努力和创造，比较和学习是在尊重自己的历史和特色的基础上进行的。这也正是比较政治学的基本原则，是我们进行比较时的逻辑起点和操作过程中处理相关变量的原则。

从比较政治学这门学问来看，它自产生之日起就是进行国别研究，也就是从事国家之间的比较研究的，而世界上没有一个国家是完全一样的，无论规模、发展水平、历史、国情和制度等，任何两个国家之间都存在着很大的差异。但这并没有影响这门学问的发展，或者说没有哪个政治学者认为不同国家之间是不可比较的。20世纪50年代比较政治学成为一门独立的学科，当时主要是发达国家对发展中国家的研究，实际上是在进行发达国家与发展中国家的比较，而当时这种差异是巨大的。但无论哪一种巨大的差距或差异都没有阻止人们进行它们之间的比较，相反，比较政治学正是在这种差异巨大的比较中发展起来的。任何一项比较的成果都有其局限性，甚至可能有错误，但这是这项研究的错误，是比较主义者还未掌握比较的规律或缺乏对比较对象深入而全面的了解的结果，而不是比较政治学这门学科本身的问题。在比较政治学看来，任何国家都可以进行比较，都有比较的价值，学者可以根据现实的需要或研究的需要选择比较对象，通过研究设计使差异很大的国家或变量之间的比较变得相对合理。比较政治学之所以形成一门学科并发展起来，就是因为有大量的现实需要或国家间的现象可以进行比较，而这种比较从来不受国家的规模、制度等的限制，比较方法中的研究设计本来就是用来解决这些有很大的相异变量的比较对象之间的比较问题的。

无论是采用案例的直接比较，还是进行统计分析，比较的单位可以是一个案例——小到一个政治现象，大至一个国家——比较所需要的是案例的完整性而不是案例的大小；也可以是一个变量，比较所需要的是变量在同质性基础上的相似性或相异性，而不是变量的大小或意识形态的差异。实际上，大小因素或意识形态因素作为变量之一，其干预性作用会在相关的比较研究中被考虑到，通过研究设计使它们得到合理的处理，是比较过程的有机组成部分而不是阻碍比较的因素。例如，比较的层次划分可以解决不同规模的国家间进行比较时会遇到的某些问题：当我们拿中国与新加坡的政府规模和政府效率进行比较时，可以选择与新加坡体量相当的中国省会城市的政府机构的数量和公务员数量以及他们权力的大小和治理的效果等与新加坡进行比较，这样就不存在体量大小的差异了。另外，当中央政府下放行政权力，使地方或城市有了较大的自主权时，我国的一个省或市与一个中小国家不仅在体量上几乎一样，而且在治理权力上也接近了，这使两者之间的比较基本不存在体量大小的差异。

从比较政治学的理论来看，理性选择理论是以个体和有限的集体行动为单位进行研究和比较的，文化主义是以一个文化或亚文化群体或群体中的个体为单位进行研究和比较的，结构主义是以一个相对完整的制度结构为单位进行研究或比较的，新制度主义也是以一定范围的"新制度"为单位进行研究和比较的，这些都与国家的规模或意识形态没有关系。规模或意识形态不同的国家或个人都可以用这些理论进行研究和比较，比较对象的规模或意识形态因素只是这种比较中的相关变量，是比较需要考虑的不同变量之一，它们与其他各类变量一样是可以通过研究设计解决的。例如，笔者曾经建立了一个比较分析的框架，把第二次世界大战后东亚各国或地区的领导人分成三代人。第一代政治精英是职业革命家，他们主要的政治生涯是争取和巩固国家独立。他们通过长期的革命斗争或民族斗争取得了民族国家的领导权，但是此后在进行经济建设、法制建设和社会发展方面并不是很成功。这虽然与当时国内的斗争形势和整个国际环境的矛盾有关，但主要与他们自己和革命力量的革命惯性及其在斗争中形成的意识形态的转型困难有关，当然也与既得利益有关。第二代领袖主要是技术官僚。从根本上来看，技术官僚成为国家领导人是时代的选择，因为这时国家的主要目标是发展经济和通过强化政府权力以及进行行政改革来进行国家构建，这同时要求国家在政治制度层面上保持相对的稳定。第三代领袖是新型的政治家。一般来说，这类政治家的出现要有民主竞争的环境，因此，很多国家是在发生了政治转型和民主化后形成的这样一批政治精英。这种新型政治家会逐步取代技术官僚成为国家的领导人。在对这些领导人的政治选择或公共政策的制定进行研究时，可以使用理性选择理论，其中的干预变量以政治文化理论进行分析，结构主义和新制度主义都可以成为他们运筹决策时的分析理论或干预变量。这些或者与国家的规模无关，或者已经将意识形态因素的影响考虑进去了。

当然，政治现象是复杂的，不同现象有不同的结构和环境，而且我们在比较中不可能完全科学地解决这种复杂性。换言之，不是说量性差异没有作用，它确实存在，而是说所有的比较都存在着量性差异，而且量性差异是复杂的，是由多种数量因素构成的，政治科学本身不可能对复杂的政治现象进行十分精确的量化分析。但比较政治学正是建立在这种复杂性基础之上的科学，它的各种理论范式（尽管并不完善）通过发现政治现象变化的规律并构建相应的研究范式，包括进行相关的研究设计，在很多情况下基本避免了量性差异的影响。在实践中，这就要求比较主义者要关注不同政治现象及其变化过程的不同特点和不同变量的影响，在学习和借鉴时既不能照搬他国的经验，也不能完全否定他国的错误，而是要通过比较去伪存真，合理地借鉴经验、吸取教训。

那么，研究新加坡或者从中国的视角研究新加坡的发展，也就是将新加坡作为学习或参考的对象进行比较的价值在哪里呢？从中国发展的现实来看，我们需要进行渐进式改革的比较。改革开放以来，我们不仅需要在发展过程中借鉴新加坡的经验，而且即使近些年来我们因经济的较快发展而对自己的发展模式充满信心，也需要进一步地研究新加坡是如何完成这一阶段转型的，是如何在较高发展水平上继续发展的。我们看到，近年来我国的发展形成了严重的路径依赖，这表现在面对经济发展速度减缓和面临社会转型压力之时，我国通过深化改革来进行结构调整和转型升级的努力受到了固有的发展方式，传统的经济政治体制及意识形态和利益集团的阻碍和束缚。这就向我们提出了一个问题，要想可持续地发展，我们需要在哪些领域和多大程度上进行改革？市场和社会需要发挥多大的作用？与政府的关系如何？各国有什么可借鉴的经验？恰恰在这些问题上，新加坡因为较早地经历了这一发展阶段并解决过这些问题，有可供我们参考的经验和教训。

新加坡作为比较对象的价值还表现在：已有的比较研究——无论是把我国的渐进式改革与一些国家的激进式改革进行比较，还是与一些国家的渐进式发展模式进行比较——不仅比较的方法和程度有很大不足，而且都是从当时的需要出发，也都只是部分地完成了发展模式和国家治理方式比较研究的使命。虽然进一步的研究，或者说任何一种研究都不可能终结这一领域的研究，也不可能完美，但面对已经走上渐进式改革道路并需要对当下的发展模式和治理方式进行深刻理解和改革的中国来说，面对以往比较的不足，我们需要进一步的比较研究。换言之，从当前中国发展的现实出发，拿比我国发展更早一步、诸多主要的干预变量相似且同样是非常典型的渐进式发展模式的新加坡作为比较对象，既有利于对相关干预变量进行证实和证伪，也有利于阐明中国改革的向度、程度和深度，从而使我们对发展路径和治理方式的判断更为可信。正是在这个意义上，对新加坡与中国的改革与治理进行较为系统而深入的比较研究具有不可替代的作用。具体来说，新加坡以威权主义体制推动现代化进程，以威权主义体制适应市场化和民主化的发展，使经济发展水平及其市场化发展到了一个很高的水平，民主也有了长足的发展，尤其是这一范式正在成为当代世界民主化进程中的一种具有典型意义的新的路径和范式。

由于历史文化传统是发展模式的基础和重要组成部分，因此，不对历史文化传统进行深入的研究，不探究现代化的路径及其"路径依赖"，奢谈发展模式就是一句空话。本书正是以新加坡的现代化进程为主线，从政治、经济、文化和社会等领域全面论述了新加坡从开埠到今天近200年的发展历程。在此基础上，着力探究在新加坡现代化过程中真正起作用的内部和外部因素，对新加坡历史和现实中的重大问题，如移民结构、社会变迁、文化选择、殖民主义、历史进程、政治体制、经济发展、政党政治、国家治理方式等进行了探讨，分析了这些问题的特质。

本书正是在对新加坡的发展全貌有了一个具体而清晰的了解的基础上，对其发展模式进行了探讨和概括。所谓一国的发展模式，实际也是其发展特色，从不同的视角看是有所不同的，需要把它放在一个特定的比较框架中来确定。例如，当人们在20世纪80年代把新加坡及"亚洲四小龙"的国家政治、经济制度概括为市场经济和集权政治的二元结构时，其市场化的程度是相对多数发展中国家而言的，而集权是相对于西方国家而言的：相对于那时的中国来说，这些国家在政治上够不上"集权"，而其市场化程度却很高，但在今天看来那时的经济体制远远不够市场化，只是一种计划经济与市场经济相结合的混合经济。所以，我们通常所说的"新加坡模式"也是在一定的比较框架中的模式或特点。新加坡模式大体上有这样几个特点：充分利用了殖民遗产，尤其是在经济、法治和行政系统中有更多的传承，在这些领域中高度开放，逐步建立起了高度市场化的经济体制、高度法治化的法律体制和高效廉洁的行政体制；在政治领域中，一党长期执政、实行强国家的治理，同时也逐步发展起了一定程度的民主选举制度；在个人权利方面，个人的经济和社会权利受到法律的充分保护，尤其是经济权利高度自由，政治权利则受到限制，但在日益扩大。实际上，这些特点也主要是以中国或发展中国家为比较对象而确定的，它在不同的时期和不同的比较框架中的特征及其程度是不同的。现实更需要的是在一定的比较框架中确定其发展的"量"的变化，确定其发展模式的"度"。对于中国来说，主要是从自身的角度来关注、比较和学习新加坡的经验。

本书的一部分，尤其是关于新加坡现代化进程的内容，是笔者早先研究的成果，由于各种原因这一部分内容被尘封了多年，这次出版前对部分内容进行了较大的修改，并增加了一些新的内容。这一部分内容侧重于对问题的描述和阐释。另一部分则是近十几年研究的成果，侧重于比较研究，把新加坡放在东西方发展模式、后发展国家的发展模式、东亚模式的发展框架中进行比较，当然，尤其是与中国的发展模式进行比较。尽管如此，无论是案例解释还是比较研究，由于研究水平所限，都存在着诸多不完善的地方，还有很多问题需要在听取各方面批评的基础上进一步的探讨。

最后，在本书的写作过程中，研究生陈慧雯、张飞龙、袁继光、邱艳、张银银、张晔、徐思宇、岳晓璐、陈云娣、陈科技、吴文、冯利萍、王娇、吴清洁、陈煜享、李晓辉和本科生罗媛媛等给我提供了很多的帮助，进行了浩繁复杂的资料整理和文稿校对的工作，在此对他们付出的辛劳表示感谢！我尤其要感谢本书的责任编辑赵丽女士，她为本书的编辑、校对和出版做了大量的工作，付出了辛勤的劳动！

李路曲

2017年7月19日

目　　录

第一章　移民社会的形成及其特色 ……………………………………（1）
　第一节　19世纪初新加坡的社会状况 …………………………………（1）
　第二节　新加坡的开埠 …………………………………………………（2）
　第三节　华人移民新加坡 ………………………………………………（6）
　第四节　印度人移民新加坡 ……………………………………………（13）
　第五节　移民的定居及其意义 …………………………………………（14）
　第六节　20世纪末至21世纪初华人移民的特色 ………………………（15）

第二章　传统的社会组织和社会结构 …………………………………（19）
　第一节　社会发展中的宗亲组织 ………………………………………（19）
　第二节　社会发展中的地缘组织 ………………………………………（25）
　第三节　秘密会社与社会控制 …………………………………………（28）
　第四节　19世纪至20世纪中叶的社会阶级关系 ………………………（32）
　第五节　19世纪的华人首领 ……………………………………………（38）
　第六节　19世纪末期以后的社会分化和社会冲突 ……………………（46）

第三章　19世纪至20世纪中叶殖民政府的统治 ………………………（50）
　第一节　殖民政府对华人社会的政策 …………………………………（50）
　第二节　华人参事局的设立与政治参与 ………………………………（60）
　第三节　国民党的挑战 …………………………………………………（62）
　第四节　左翼运动与共产党的兴起 ……………………………………（65）

第四章　多元种族社会的形成 (67)
  第一节　19世纪至20世纪上半叶各种族的移民与人口发展 (67)
  第二节　种族关系 (69)
  第三节　以种族为载体的多元文化的碰撞与融合 (78)
  第四节　多元种族主义政治的发展 (84)

第五章　东西方文化的交汇 (88)
  第一节　西化与儒化的历史角逐 (88)
  第二节　20世纪中期以来的文化变迁 (95)
  第三节　20世纪中期以来的儒化 (110)

第六章　宗教的文化、社会和政治导向 (122)
  第一节　主要宗教的输入与传播 (122)
  第二节　多元种族与多元宗教 (128)
  第三节　多元宗教与多元语言和教育 (129)
  第四节　宗教与社会经济地位 (130)
  第五节　当代宗教的变化与发展趋势 (132)
  第六节　宗教的政治化与政府的宗教政策 (141)

第七章　20世纪四五十年代的政治发展进程 (151)
  第一节　第二次世界大战后初期的社会政治状况 (151)
  第二节　政党政治的兴起 (153)
  第三节　林德宪制和自治政府的成立 (155)
  第四节　20世纪50年代的工潮与学潮 (159)
  第五节　人民行动党的成立与发展 (162)
  第六节　人民行动党内部温和派与激进派的权力角逐 (169)
  第七节　争取自治的斗争 (172)

第八章　20世纪60年代的政治发展 (176)
  第一节　20世纪60年代初期的政治、经济和社会改革 (176)

第二节　人民行动党政府与社会主义阵线的斗争 …………………（182）
　第三节　在马来西亚联邦内争夺领导权的斗争 ……………………（202）
　第四节　一党为主的政治体制的形成 …………………………………（211）
　第五节　20世纪60年代后期的政治斗争 ……………………………（213）
　第六节　公共行政体制的发展及其现代性特色 ……………………（214）
　第七节　现代化进程中的社会基层组织 ………………………………（224）
　第八节　社会组织的发展与"互赖式治理" …………………………（233）
　第九节　亨廷顿政治发展理论对新加坡的适用性 …………………（236）

第九章　国家意识形态 ……………………………………………………（249）
　第一节　文化构建与国家认同 …………………………………………（249）
　第二节　社会政治文化的形成与演变 …………………………………（265）
　第三节　民主社会主义的建国思想 ……………………………………（293）
　第四节　国家合作主义——一种隐含的意识形态 …………………（305）
　第五节　"共同价值观"的功效和实质 …………………………………（317）

第十章　工人运动与工业关系 ……………………………………………（328）
　第一节　19世纪至20世纪90年代的工人运动 ……………………（328）
　第二节　合作与控制：工业关系的新模式 ……………………………（334）
　第三节　分离主义倾向 …………………………………………………（340）

第十一章　反对党的压力有多大 …………………………………………（348）
　第一节　反对政治的形成 ………………………………………………（348）
　第二节　20世纪70年代后期反对党的复兴 …………………………（357）
　第三节　一党为主的体制内的生存空间 ………………………………（365）
　第四节　反对党的崛起 …………………………………………………（376）
　第五节　20世纪80年代以来反对党的发展 …………………………（387）
　第六节　2011年的大选与政治发展 ……………………………………（392）

第十二章 20世纪70—90年代的政治变迁 (414)
- 第一节 人民行动党的自我更新 (414)
- 第二节 20世纪80年代国内政治格局的变化及人民行动党政府的对策 (429)
- 第三节 20世纪90年代的政治发展 (444)

第十三章 法治社会的建立 (458)
- 第一节 立法机构与司法机构的演变、结构和运作 (458)
- 第二节 法制社会的建立 (463)
- 第三节 从文化视角分析治理腐败成功的原因 (476)
- 第四节 新加坡法治社会构建的政治生态分析 (486)

第十四章 经济发展进程 (508)
- 第一节 文化与经济发展 (508)
- 第二节 社会经济性质：市场经济还是国家控制？ (521)
- 第三节 经济的市场化进程 (524)
- 第四节 市场经济结构的主要特征 (533)
- 第五节 新加坡的国有企业为什么能赢利？ (541)
- 第六节 国内私营企业的发展 (549)
- 第七节 新加坡企业家阶层的崛起 (553)
- 第八节 现代企业制度的建立 (556)

第十五章 20世纪40—90年代政治参与的发展 (561)

第十六章 威权主义的功效 (567)
- 第一节 政治权力的集中与扩展 (567)
- 第二节 威权主义的现代性 (571)
- 第三节 权威政治形态的基本特征及其功效 (575)

第十七章　转型方式 …………………………………………… (583)
第一节　政权更替的性质和方式 ……………………………… (583)
第二节　执政方式的转变 ……………………………………… (585)
第三节　政治体制的特性与发展 ……………………………… (591)
第四节　意识形态的变迁 ……………………………………… (594)

第十八章　"体制内"民主化的模式 …………………………… (599)
第一节　"体制内"民主化范式的形成 ………………………… (600)
第二节　政治现代性的累积与政治体制的发展 ……………… (604)
第三节　政党与国家的关系是影响民主化路径的重要因素 … (608)
第四节　政治制度化水平是影响民主化路径和范式的重要因素 …………………………………………………… (612)

第十九章　国家治理方式 ……………………………………… (621)
第一节　新加坡与中国治理方式比较的方法论意义 ………… (621)
第二节　后发展国家治理方式的理论及其演进 ……………… (626)
第三节　强国家与大政府：政府干预社会的不同方式 ……… (633)
第四节　国家政治治理方式变革的基本路径 ………………… (642)
第五节　政府主导下国有企业的市场化改革 ………………… (650)

第二十章　现代国家的构建 …………………………………… (658)
第一节　殖民主义时期现代性的积累 ………………………… (658)
第二节　强民族国家的构建及其现代性特质 ………………… (661)
第三节　国家权力的扩展及其现代化导向 …………………… (667)
第四节　威权主义体制内的民主化与国家构建 ……………… (670)

参考文献 ………………………………………………………… (673)

第一章

移民社会的形成及其特色

第一节 19世纪初新加坡的社会状况

根据马来人的传说,新加坡最早的定居者是一位印度人。后来这里成为马来人的聚居地。15世纪初它成为马六甲帝国的一部分,16世纪葡萄牙人在这里建立起霸权。17世纪又被荷兰所控制,直到19世纪初叶,莱佛士登陆时,新加坡只是柔佛王国的一部分。柔佛王国是荷兰的势力范围,但荷兰只派兵驻守其首都廖内,控制苏丹,在新加坡并无驻军。加之新加坡人口很少,也没有港口,所以也从未引起荷兰人的重视,这也是莱佛士把它选为开埠地的原因之一。

柔佛王国是马来人的国家,当时还处于封建社会阶段,其最高统治者是苏丹,而新加坡的统治者叫天猛公,他有一批奴隶和奴婢,并向渔民和农民收税。此时新加坡的马来人大都以渔业为主,而华人则主要种植甘密。"新加坡的真正土著人是海人,属于马来人的一支,通常住在小舟中,有的聚居成了水村。他们泛海为家,靠海生活。新加坡和附近岛屿是他们分布的地方……"①

当时新加坡到底有多少人居住,一直是一个有争议的问题。据天猛公说有150人,其中马来人有120人,华人有30人。这是当事人说当时的事,当然比较准确。但有的历史学家指出,这是指当时新加坡人的主要聚居地——天猛公所居的渔村——的人数,在深林中还有华人的种植

---

① 邱新民:《新加坡先驱人物》,南洋商报出版1982年版,第1页。

者，例如，根据新加坡国家档案局的资料记载，在1819年以前在新加坡种植甘密和胡椒的知名华人至少有陈银夏、陈亚路、王端、戴汉良等人；也还有一些散居的马来渔民，都未被计算在内。例如，有记载说在莱佛士登陆后的第六天，即1819年2月3日，在莱佛士的号召下，有百名华人走出种植园来充当劳工，以把天猛公住所至海岸间的线路开拓为平地。从这样的记载看来，新加坡的实际居民要多于天猛公和莱佛士所说的150人。①

第二节　新加坡的开埠

19世纪初，东南亚是荷兰和英国人的势力范围，荷兰控制着大部分地带，而英国只占有槟榔屿和明古连（Bencoolen）两个小岛，难以发展商业贸易。1818年4月14日英国东印度公司的副总督莱佛士对此表示了忧虑，他写道："荷兰拥有进入马来群岛必经的两条水道——巽他海峡和马六甲海峡；而英国人在好望角和中国之间却无立足之地，也没有一个友善的港口可以取得必需的供给……欲达到理想的目标，怕须在群岛中建立一些便利的商站。"因此，他于1818年9月2日前往加尔各答谒见英国东印度公司的总督哈斯丁勋爵，游说他的计划。11月28日，莱佛士游说成功，他从总督那里获得了委任状。委任状主要有三项内容：一是委任他开辟新的商港；二是指出建立商港纯粹出于商业性的目的，与政治势力和领土扩张毫无关系，显然这里有不愿与荷兰发生冲突的因素；三是商港的建立应在马六甲以东。从这三条可以看出，英国人开辟商港的目的，是要打破荷兰人在这一区域的商业贸易垄断，进而确保马六甲海峡的畅通和中国与印度之间贸易的畅通，并不想与荷兰在政治上和军事上发生冲突。

1819年1月29日莱佛士的舰队抵达新加坡海域。莱佛士等人不敢轻易登陆，在舰上长时间静观岛上土著人的反应。这时，随船而来的华人

---

① 参见郑文辉《新加坡从开埠到建国》，新加坡教育出版社1977年版，第40—42页；邱新民《新加坡先驱人物》，南洋商报出版1982年版，第21页。

木匠曹亚志毅然决定只身登陆。曹乘小艇驶至岸边，然后谨慎登陆，并未遇到土著人的抵抗，很快在一座小山上升起了英国国旗，莱佛士用望远镜看到国旗，方率队登陆。

英国人登陆后受到了天猛公的热情款待，同意英国人在新加坡设立商站。但深谋远虑的莱佛士认为，要想使占领合法化，必须得到柔佛苏丹的承认。当时，他从天猛公那里了解到，苏丹与其兄东姑隆正在进行权利之争。东姑隆本是太子，但因其父病逝时他正在外迎亲，不能及时回来参加葬礼。按照马来人的习俗，未参加葬礼者不得继位，因此王位由其弟继承，即现任苏丹。于是，莱佛士派人把东姑隆秘密接到新加坡，拥立他为苏丹。并于东姑隆来到的当天，即1819年2月6日与他签订了一项条约，规定英国可以在新加坡的任何地方设立商站；柔佛境内的任何地方不得再租给其他国家；英国还获得了部分司法特权。作为回报，英国人每年给天猛公3000元薪俸，并提供保护。条约的签订，从法律上保证和扩大了殖民者的活动领域，为新加坡的开埠通商创造了有利的条件。

英国人对新加坡的占领，引起了荷兰人的不满，他们一方面向伦敦和东印度公司提出抗议，另一方面扬言要对新加坡动武，这就迫使英国与荷兰进行谈判。结果双方于1824年3月达成协议，英国以其他地方作为交换，保住了新加坡，并得到了马六甲。这个协议的签署，从表面上看来，英国损失了一些地盘，但它得以巩固在马来半岛的势力，并获得了对马六甲海峡的控制权，从商业和战略意义上来看，其潜在好处是非常巨大的。这也说明莱佛士等人是颇具远见的。

英国殖民当局在新加坡站稳脚跟之后，对已经获得的权利和优惠越来越不满足，其胃口也越来越大。它考虑到，要使新加坡在开埠后能够获得迅速发展的条件，并给英国带来丰厚的商业利益，就必须彻底占领新加坡，不留隐患。于是，他们对苏丹和天猛公不断施压，在不断的压力和诱惑下，苏丹和天猛公终于与英国殖民当局签署了"割让条约"。这个条约供14款，现录与割让有直接关系的条款如下：

第二款：苏丹与天猛公从此永远割让在马六甲海峡中的新加坡

岛以及周围沿海10海里的岛屿。管理海峡的权利和财务所有权均归东印度公司。

第七款：倘接受上述条件搬迁时，苏丹东姑隆及天猛公拉曼必须从此放弃对新加坡及其附近岛屿的所有权。

第八款：苏丹与天猛公如居住在新加坡岛内，可按月领取其津贴，但必须遵守条约，不得与任何外国交往和签约。

第十款：双方同意任何一方不得干涉对方之内政，也互不介入对方的内部纠纷，更不结盟以武力攻击第三者。

第十二款：苏丹和天猛公保证在他们的统治范围内实行自由贸易的政策，英国商人可以在柔佛及其属地内的各港各埠，享受最惠国的待遇。

第十四款：立约双方同意，以前所订立的一切协定和条约一概作废失效。[①]

除这几条之外的其他几条，主要是讲苏丹和天猛公的待遇，当然都有所提高。

从"割让条约"来看，新加坡已经完全沦为英国的殖民地了。更有甚者，英国还从苏丹那里获得了其他属地通商的法律权利。此后，英国完全控制了新加坡，加速了其商业化的进程。新加坡由前资本主义社会向资本主义社会的转变也更加深化了。

英国人一进入新加坡，就着手建立他们的政治运作机制和制度。早在1819年2月6日，莱佛士就向由他任命的新加坡第一任驻扎官法夸尔下达了第一项行政备忘录，内容包括：任命法夸尔等人的职务；避免与荷兰人发生争执；对周围被荷兰人控制的土邦施加影响；着手建设码头。此后，在英国行政当局的领导下，修路和建设码头的工程很快就开始了。据说在殖民当局贴出告示的第二天，就有上百民华人走出种植园来充当劳工，因此第一个工程很快就完工了。6月，殖民当局又进行了一项改革，下令把市区划分成几个不同的区域，以便按照种族居住，按行业活

[①] 郑文辉：《新加坡从开埠到建国》，新加坡教育出版社1977年版，第36页。

动；商业区设置在新加坡河的两岸；还任命了各种族的头目，规定了他们的权利，他们可以被看成最初的地方官员。苏丹东姑隆没有什么才能，一般不问政事。因此，当时新加坡的事务都由天猛公和英国驻扎官法夸尔处理，而法夸尔掌握着最终决定权。到第二任驻扎官克罗福在任时，他已经大大削弱了苏丹和天猛公的权威，掌握了新加坡的全部权力了。1824年苏丹的一些姬妾奴仆因受不了他的虐待而逃亡，其中有27位马来姑娘向英国警察局投诉，有的说被打得鞭痕累累，有的则被火烤的体无完肤。因为涉及苏丹，事情被提交给克罗福处理。在查明详情后，克罗福下令释放了这些姑娘，使她们成为自由人。她们有的嫁给了阿拉伯人或印度人，多数成为华人的眷属。苏丹对这件事很恼火，亲自去与克罗福论理，责问其为何擅自释放他的女奴。克罗福回答说，这是出于英国政府的立场，英国人信奉人人平等，不应该有奴隶存在，而且反责了苏丹虐待女仆的不道德行为。最后还说，如果苏丹不满意，可以直接向总督上诉，苏丹听了很泄气，拂袖而去。

克罗福在任期间还采取了几项改革措施：①禁止贩卖奴隶；②禁止开设赌场和斗鸡场；③政府出资设立学校；④宣布新加坡为自由港，豁免进口税；⑤设立法庭，制定法律；⑥建立警察机构，维持社会秩序。这些措施都被付诸执行，但是在很长一段时间里，禁止贩卖奴隶和禁止赌博收效都不大，直到19世纪末期，才彻底根除了使用奴隶的现象。但是无论如何，国家的政治体制在19世纪20年代中期以后已经初露端倪。

随着新加坡的开发和移民的增多，英国政府于1867年决定改新加坡由东印度公司管辖为殖民部直辖，并改革和完善了新加坡的政治体制。首先是在新加坡实行了总督制，在总督之下设立了11个行政部门：殖民地工程局、勘测局、卫生局、警察署、信贷署、财政署、印刷署、秘书处、辅政司、看守所和基督教事务局。19世纪70年代还设立了华民护卫司署，专管华人事务，此后又设立了立法议会。20年代设立的法庭到这时也有了发展。从此，新加坡有了自成体系的政治体制。

第三节 华人移民新加坡

1349年汪大渊曾到过新加坡,在他所著的《岛夷志略》一书中曾记载,这里"男女兼中国人居之,多椎髻,穿短布衫,系青布梢"。可见这时已有中国人在此居住了。所以莱佛士登陆后不久便发现山里有华人种植者。

不过,华人的大量涌入是在莱佛士开埠以后。最初是由南洋各地,如马六甲、廖内、槟城等地迁移而来,以后扩展到中国的东南沿海。1821年2月第一艘中国航船由厦门抵达新加坡进行商业贸易。1823年英督训令新加坡取消进口课税及礼金制度以后,华人的商船更是纷纷涌来通商。从此以后,新加坡的港内经常是帆樯林立,颇为壮观。到1860年,新加坡的华人已增至5万余人,超过马来人占当时总人口的63%,成为第一大种族。

一 内部推动力和外部诱惑力

一般来说,在封建社会和自然经济状态下,要想使平民百姓背井离乡,迁居他处,必须具有强大的推动力和诱惑力。对于有着2000多年儒家传统的中国人来说,安土重迁的思想更为浓重,要想冲破封建社会的种种束缚,需要很大的勇气。当时促使东南沿海的中国人出国谋生的根本原因是内在的和经济上的,即移民都具有一种冒险精神并怀有挣钱发财的强烈愿望,否则他们可能会像其他难民一样流向其他地方。

就中国社会的内部推动力而言,迫使移民到马来半岛谋生的原因主要是中国社会已经到了封建社会的晚期,整个社会缺乏活力,经济衰退,频频发生危机。具体到19世纪,清朝政府各级官吏的腐败行为越演越烈,侵吞和挥霍的财富越来越多,造成了社会的衰败。这首先表现在抵御自然灾害的能力大为减弱。1877—1878年华北与华东的严重旱灾,使五六百万农民无家可归,形成了向北的巨大的人口流动压力,饿死者也不计其数。其次,由于贿赂成风,有势力的地方乡绅总要向税吏或地方长官行贿,把自己应交的税赋摊到一般农民的头上,从而大大加重了百姓的负担。再次，与西方资本主义国家进行的战争及战后的赔款也是导致清政权加重剥削的原因。1840年以后，清政府与外国侵略者先后进行了第一次鸦片战争、第二次鸦片战争、中法战争、甲午战争和八国联军战争等，由于清政府的腐败，每战必败，而战后都要进行巨额赔款，清政府自然要把这些赔款转移到劳动人民身上。加之太平天国和捻军等农民反暴政起义，也使社会更加动荡不安，迫使成千上万的人离开故土。

与此同时，地主对农民的剥削加重。由于资本主义商品经济的入侵和动乱对社会财富的损耗，地主要想维持原有的收入就必须加重对农民的剥削，这就导致了许多农民破产，并沦为佃农。这一时期，地主的租金往往高达一般收成的50%以上。这就造成很多农民入不敷出，一旦遇到天灾人祸就极易陷入绝境。要想活命，只有逃亡他乡。

如果只有内在的推动力，而没有外在的诱惑力；虽然华人可能迁入他地，但也许华人迁不到新加坡和东南亚等地。就外在的诱惑力而言，大体有以下几个方面：

第一，英国在新加坡等东南亚地区推行重商主义政策，对东南沿海的华人极具吸引力。19世纪英国已经成为世界上最自由和最强大的国家，并向全世界推销它的重商主义政策。1819年它在新加坡建立殖民地和1824年从荷兰人手中接管马六甲后，其重商主义政策的推行为发展本地区的商业和就业提供了一个良好的机会，中国东南沿海的商人、工匠和劳工对此均十分向往。虽然英国的自由主义政策并没有延及殖民地，但是对新加坡这样一个刚刚开埠而又具有重要战略和商业意义的新领地而言，需要大量的移民来作为其发展的内部动力。因此，英国政府自然而然地允许它有相当大的自由度。当然，另一个原因也许是新加坡人斗争的结果。因为自移民社会形成以后，东印度公司很难把它在印度推行的那一套殖民制度贯彻下去。例如，1834年殖民当局颁布法令征收进口税，但遭到商人们的强烈反对，因而不得不在1836年宣布废除。当时英国派驻新加坡的总督伯里勋爵在1857年向英国下院呈交的关于新加坡等地改制的报告中一语中的，他指出："海峡殖民地的人口不是由被征服的人口组成，而是由于英国统治所能提供的安全而被吸引到那里去的团体所组成的。"① 这促使英国下院很快同意新加坡改制，变由东印度公司管辖为受殖民部管辖，从而给其以更多的自由。

在这种相对自由的制度之下，重商主义很容易推行开来，尤其是新加坡本身就是一个最易进行通商的贸易口岸，因此，东南沿海的中国人很快就发现，新加坡是一个非常利于从事商业活动的地方，在那里机会到处都是，很容易聚敛财富。大量的中国人为谋生和改善经济状况而出国的愿望恰巧遇上了海峡殖民地开埠的宽松环境，于是他们纷纷涌入这一地区。当时一位欧洲观察家写道："由于中国发生饥荒，是年有四千多名男子抵达新加坡。"

第二，资本主义市场需要大量劳动力。在整个19世纪，新加坡的商业都在不停地发展，尤其是在19世纪中叶以后，由于世界资本主义市场急剧扩大，新加坡港的货物集散量日趋增加，港口规模也因此不断扩大。据记载，到19世纪70年代，"来自世界各地的远洋货船及其更加贵族化的姐妹邮船和客轮，都是从头到尾满载客货。在这些船只里面，有属于法国'帝国信息'公司的第一流轮船（这些是东方航线上最大最舒适的船只）；有德国邮轮，船上设有邮局，船一进港口就放邮炮，以示邮船到港；还有日本政府津贴的'日本邮船会社'的船只。为了应付这种交通运输的发展，到了1878年'丹戎巴葛船坞公司'已经有2450人工作。他们不但白天从事工作，而且夜晚点灯开夜班。由于发现维多利亚船坞不敷应用，所以1879年开办了亚崙船坞。两年后，首次有人提出建议：用挖泥船把码头后面的通海浅湖与海之间的泥沙挖掉。这个建议后来终于发展成为一个宏大的企业'帝国船坞'"②。

此外，种植业和农业也曾雇用了大批劳工。1824年以后，种植业和农业一度发展很快，大有与商业匹敌之势。1824年英国外交大臣坎宁在下议院发言时，就曾预言新加坡生产的香料在6年之后将满足英国和全部殖民地的需要。与此同时，"中国人在紧接着市镇的四周，已经经营起连成一气的一片片菜园。在那里，留着长辫的中国人头戴草黄色竹笠，

---

① 皮尔逊：《新加坡通俗史》，福建人民出版社1974年版，第72页。
② 同上书，第96页。

身穿粗布短衣裤，打赤脚在瓜豆地里工作，在地瓜田里进行田间管理，使地瓜藤永不开花，还防止野鹰危害白菜。离市镇远些的地方是中国人的甘密园和胡椒园"[1]。

看来，无论是商业还是种植业，都是服务于资本主义市场的，因此，也可以说，正是由于资本主义市场的发展，才吸引了大批华人到新加坡来谋生和发展。

二 从自由贸易到"卖猪仔"

19世纪各地华人和印度人向新加坡的移民大体上可以分为两个阶段，前一个阶段是1819年至19世纪50年代，后一阶段是从19世纪50年代到19世纪末。前一阶段与后一阶段相比，移民的数量少，待遇较好；后一阶段主要是苦力贸易，俗称"卖猪仔"，移民的待遇恶化，这一情况从19世纪末开始有所改善。

在第一个阶段，主要是福建和广东两省的移民通过厦门和广州两个口岸乘帆船来到新加坡，以福建人居多。最初，由于清政府还能够施行其海禁令，加上一般人对南洋一带也缺乏足够的认识，因此，移民的数量不多。这一时期的移民都是极具冒险精神的。他们来到新加坡后，先是做小本生意或当雇工，当积攒了一笔钱后，就开始经商。在这个急待开发的社会中商业机会很多，大家都拼命扩展自己的生意，致使劳动力极为短缺；加上浓重的家族伦理意识，很多业主在当地找不到足够可靠的帮手，于是他们就返回家乡，从亲属和亲戚中招募帮手。他们的返乡使他们在海外事业成功的消息很快就传播开来，吸引了亲属中那些雄心勃勃的年轻人，他们也就跟着到新加坡来，然后又开始了他们自己的创业史：先是做帮工，经过若干年的苦干之后，他们中的一些人学到了必要的手艺和经营经验，并积攒了一笔钱，也就做起自己的小生意来。同样，他们也会缺少帮手，因此又返乡去招聘帮手。于是，一个亲属移民的链条就建立了起来。久而久之，不仅是亲属，附近地域的人也受到影响，形成了中国人向新加坡和东南亚等地移民的浪潮。

---

[1] 皮尔逊：《新加坡通俗史》，福建人民出版社1974年版，第47页。

亲属移民是在初期优先考虑的移民方式，但是仅仅依靠这种方式往往不能满足东南亚地区开发的需要，于是，一种能够满足更多需求的移民方式——赊单制——便应运而生。许多希望移民的中国人因为穷困，无力支付出国的船费，就由客头、船长或劳工代理商垫付。待抵达新加坡之后，这些赊单的移民就被转卖到当地的雇主手中，客头们收回垫支，而雇主和劳工达成口头或书面的合同，让劳工以劳动来补偿船资。在做完规定的年限之后，赊单的移民就可以从债务中解脱出来，自由去选择职业和雇主了，成为自由劳动力。这时他们的状况便会好得多。一般来说，偿还赊单的期限为两年。1823年，为了限制雇主任意延长劳工的还债期，莱佛士颁布了一项旨在保护赊单移民的法令，规定偿还船资的服务期限不得超过两年，雇主与移民之间的合同须经政府批准并予以登记。19世纪，赊单制把大批移民送到了新加坡。

第二阶段是从19世纪40年代末50年代初开始，直到19世纪末期。1842年8月中英签订《南京条约》之后，中国的门户被打开，这正好满足了1834年奴隶贸易被废除之后新大陆对中国苦力的大量需求。这就极大地改变了移民贸易的性质，使较为正常的移民和移民贸易被苦力贸易所取代。中国门户的开放、国际市场对劳动力需求的扩大和原来从事奴隶贸易的欧洲商人的卷入，使移民东南亚的劳工的境遇每况愈下。一些商人把对待奴隶的办法拿来对待华人移民劳工。而且，由于移民的数量越来越多，因而价值也就相应降低了，这就加重了他们的苦难。

欧洲商人参与劳工贸易，对新马一带华人劳工的状况有很大影响。19世纪50年代以后，西方商人，包括英国人、德国人、荷兰人、美国人、西班牙人和葡萄牙人等，在条约的保护之下，在各口岸设立专门的机构，向商人和未来的雇主们提供苦力。这些机构俗称"猪仔馆"，他们的运作方式是，先从各地招聘苦力，存入馆中，待船只抵达，就装上苦力运往目的地。一般来说，欧洲商人都拥有巨额资本，有大而快的轮船，组织系统也很严密，因而运送劳工的效率高而代价低，这就迫使中国客头为了多送一些人而大大超载，致使船上的生活条件十分恶劣甚至到了无法忍受的地步。到达目的地后，出卖的条件也十分苛刻。相对来说欧洲商人给予劳工的待遇要好一些。但在整个大环境不好的情况下，这种待遇也是每况愈下。

1876年以前，至少有6家猪仔馆为新加坡提供苦力。其中3家是外国人开的，3家是中国人开的。在3家中国人开的猪仔馆中，合记和无兴行在汕头，地常公司设在厦门。这些从事中国苦力贸易的商行生意兴隆，这一方面是由于它们对苦力供应的来源十分有底，另一方面是因为它们在新加坡地区建立了有效的苦力销售网。合记和无兴行在新加坡都设有专门接收苦力的分行。

最初，设在新加坡的猪仔馆完全是一群不适合人类居住的小棚屋，里面通风不良，拥挤不堪，卫生状况极差，令在此中暂住的苦力难以忍受。猪仔馆通常都由秘密会社成员把守，对于那些试图逃跑的苦力，他们会毫不犹豫地使用暴力。甚至一些自由移民也被拐匪绑架卖往他地。虐待移民和绑架自由移民的罪行激起了当地华人社会的愤慨，1871年和1873年华商与华人社会的领袖两次联名向海峡殖民地政府呈送请愿书，要求改善环境，维护移民利益。部分是由于请愿的结果，部分是由于殖民当局也感到这种混乱的社会状况不利于经济的发展，因此，殖民当局的立法委员会于1873年10月9日通过了保护移民利益的移民法令。虽然法令没有立即生效，但它却在舆论上为改善移民的处境奠定了基础。自此，殖民政府也在实际的管理中开始更多地介入这一领域。1876年6月8日，辅政局和警察总监接到警察的报告，因而巡查了甘榜克伦姆的两个猪仔馆，发现猪仔馆的窗户都上了闩，有50名苦力已经在其中被关了一个星期之久，遂下令释放了这些苦力。这个移民法令也为1877年在海峡殖民地设立华民护卫司铺平了道路。华民护卫司的建立和1880年另一项移民法令的通过，有效地制止了这一地区苦力移民所受到的虐待和侮辱。

19世纪从中国东南沿海移居新加坡的华人，虽然大多数是自愿前往的，但被拐卖者也占有相当的数量。新加坡开埠以后，劳工需求增长很快，劳动力的价值也随之提高，因此，拐卖劳工成为有利可图的行当。那时，在中国东南沿海一带出现了征募劳工的代理组织，称为猪仔馆。它们每送一名猪仔给新加坡的客商，就可得到一笔佣金，开始时是3—8

元,到了19世纪后期,因为劳工需求增多,客商之间竞争激烈,劳动力的价格也大幅度上涨,猪仔馆每送一名猪仔可得百元,利润十分可观。猪仔的境遇是很悲惨的。猪仔船可以说是"海上的地狱",船舱十分拥挤,臭气熏天,猪仔十分容易得病,而且死亡率很高。一些人因受不了恶劣的条件而自杀身亡!猪仔来到新加坡后因身无分文,无以为生,便被迫卖身成为当地工头的劳工。一般工头的条件都十分苛刻,劳工要拼死拼活地干上数年方得以脱身。有很多劳工受工头的欺骗,要干10年以上。

猪仔所受的非人待遇越来越引起人们的关注,1871年和1873年华商两次联名上书总督要求制止贩卖猪仔的罪恶行径,以后又通过各种途径向上反映,引起了殖民政府的注意。1877年殖民政府颁布法令,开始对从事移民贸易的船只进行检查。同时,由政府设立收容移民的管所,并将所有华籍移民劳工的契约进行登记,以防止工头违反契约,加重压迫。此后,华工的待遇有所改善。到1890年,政府已经完全接管了华工来新事务。1914年正式废除了类似契约奴隶制度的劳工制度。当时颁布的法令规定,聘用劳工的期限不得超过1年,而且不能订立书面契约,这就断绝了贩卖猪仔者的生路。

自19世纪中叶以后,华人已占到新加坡社会的绝大多数,是社会发展的主要动力。当时,新加坡的分工已经相当专业化,职业种类已经非常广泛,据记载,有伶人、卖艺者、艺术家、音乐家、药剂师、书记、管账、工程师、建筑师、测量员、传教士、僧侣、医生、教员、客栈主、屠夫、肉贩、胡椒和甘密种植者、樵贩、牛车与马车主、布贩、酿酒者、食品店主、鱼贩、水果贩、船夫、卖草人、油贩、当铺商、家禽商、米商、船具商、店员、洋货商、酒店主、仆人、木材商、烟草商、菜贩、菜圃工、烘面包工、磨坊主、理发师、铁匠、装订书工、鞋匠、砖窑匠、木匠、马车匠、牛车与马车夫、烧炭工、炭商、棺材匠、糖果商、包工与建筑工、桶匠、伙夫、金匠、枪匠与锁匠、脚夫、磨豆工、印刷工、硕莪与糖及甘密制造商、海员、造船匠、肥皂制造商、石匠、裁缝师、皮匠、黄铜匠、制伞工、承揽殡葬者、墓碑匠、钟表匠、挑水人、柴商、象牙匠、相命先生、杂货商、鸦片馆主、小偷、乞丐等,据统计,当时至少有一百多种职业。① 可以说，除了高级行政职务和立法、执法部门外，所有的职业都有华人的身影。自19世纪末期以后，随着华人经济实力的增强，华人参事局的地位也在不断增强；同时，一些受英语教育、从英国留学归来的华人由于在政治交流和情感方面与殖民政府更加方便和密切，因而也受到殖民政府的信任，在制定有关华人社会的政策时，殖民当局经常与他们进行商量。到20世纪二三十年代，这种情况更为突出。

第四节　印度人移民新加坡

印度人与新加坡的联系，自莱佛士登陆之日就已经开始。当时在莱佛士的侍从中，有120名印度籍的士兵、水手和佣人，还有一位叫比列的印度商人。后来也有一定数量的印度人来新加坡充当劳工。1821年仅印度劳工和商人就有121人，占当时总人口的2.8%。1871年，印度人达到11501人，这还不包括印度驻防军、跟随部队的商贩以及从印度流放来的囚徒。

英国人拓殖新加坡以后，由于当地的开垦和建设需要人力，因此除了从中国引进劳工之外，也吸引了印度劳工和商人。不过，由于印度本身也是英国的殖民地，它还要顾及印度人的利益，所以印度人的移民一直受到英国殖民当局的限制，人数有限。也有一些英国人通过经纪人招募印度人来新。印度人当时在新加坡多数是为英国人种植甘蔗、咖啡、树胶，也有从事筑路、畜牧、捕鱼、帮佣和警卫等职业的。印度人的待遇一般高于华人，也不像马来人那样缺乏从商经验，他们在商业方面的经验并不亚于华人，警察中也有不少是印度人。此外，还有2000多名印度囚犯，做着各种公共事业服务工作。到19世纪后期这些囚犯都被释放，在当地通婚，定居下来。在当时，印度人与英国人的关系比华人和马来人与英国的关系都更密切一些，这是因为，在一定意义上来说，印度人是英国人殖民新加坡的随从和伴侣，而马来人是被殖民的对象，华

---

① 郑文辉：《新加坡从开埠到建国》，新加坡教育出版社1977年版，第63页。

人则是来充当苦力的。正是由于这个原因，印度人在政治上的经验比较丰富，这一传统一直延续至今。

第五节　移民的定居及其意义

随着新加坡的不断开发和经济的繁荣，来自各地的移民在这块土地上有了立足之地，生意越做越红火，他们与这里的联系也就越发密切，逐渐把这里当成了第二故乡。尤其是自19世纪中期以后，华人妇女不断移居新加坡，这是以前少有的，这就使这里的移民能够在当地建立起自己的家庭，安心定居下来。

传统上，中国妇女是不允许移居海外的，因为他们负有照顾双亲的义务，清政府对此要求很严。所以，早期的移民一般都是单身，生活很不稳定。他们的性生活是靠与附近岛屿来从事妓女行当的妇女进行交易来满足的。太平天国运动期间，由于社会动乱、清政府的统治以及贫困、饥荒，促使许多妇女随夫来到了新加坡，开了新加坡移民的先河。此后，妇女来新的数量不断增加，据统计，1878年前往海峡殖民地的中国妇女数量是1818人，10年之后的1888年则增加到5375人，1900年更达到12329人。

19世纪末女性移民的增加，对新加坡华人社会的形成起了极其重要的作用。这首先表现在，越来越多的良家妇女的到来，意味着在这块土地上建立起了越来越多的核心家庭，与无家可归的单身生活相比，开拓者们不再像以前那样去寻花问柳，致使他们在心理上和社交上比以前稳重多了。其次，对社会发展有重要影响的因素往往未引起人们的注意，那就是在新加坡曾一度建立起了核心家庭。虽然这些移民不久以前还是传统大家庭中的一员，虽然他们仍与在中国的传统的大家庭保持着千丝万缕的联系，虽然在以后的100多年里他们中的很多人又建立起了新的三代同堂的大家庭，但是这一时期他们的核心家庭对于社会以及人的精神、行为都产生了深刻的影响。相对于传统的大家庭而言，核心家庭的成员在人格上和精神上都有很大的独立性，使他们较少的受到家庭的束缚而积极地投身到社会的开发建设中去，因而也更能适应近代化的需要。我们注意到，这一现象与美国十七、十八世纪移民社会中的家庭状况十分相似，所不同的是，美国人是来自欧洲，社会发展水平的起点较高，以后没有对传统家庭的回归。最后，家庭组成之后，妻子既承担起了生儿育女的义务，又可以帮助丈夫经营生意，共同制定拓展计划，一家人可共享天伦之乐，这就使华人社会更加成熟。

第六节 20世纪末至21世纪初华人移民的特色

自20世纪80年代以来，新加坡经济发生了显著的结构性变化，劳动力密集型的制造业已无法成为经济增长的亮点，唯有依靠高增值、高技术含量的新经济才能成为日趋区域化和全球化的新加坡经济发展的动力。政府高层敏锐地注意到了这一变化，决定大力引进"可携带技能者"[①]，自此，引进人才成为这一时期政府的重要政策。时任总理吴作栋在1997年8月9日的国庆群众大会上宣布了新加坡的"未来人才政策"。他指出，未来需要引进的人才包括三个层面：一是顶尖人才，如公司总裁、科学家、学者、艺术家；二是专业人士，如工程师、会计、资讯人员、教师、行政人员；三是技术工人，如公交车司机、技术工人等。[②] 时任内阁资政李光耀也以"不招揽未来人才将被淘汰"为题发表演说，指出"要取得一流的人才，我们就必须吸引那些还未攀上顶峰，但正朝顶峰前进的人才"[③]。由于新加坡的人文和历史因素，这些外来人才中有相当一部分是来自中国或是以前大陆前往欧美日的留学人员。在2001年新加坡国立大学"资政论坛"的讲演中，李光耀透露，"为了要更好地了解中国人，我决定吸收聪明的中国人才到新加坡工作和学习，以便他们了解新

---

① 刘宏：《战后新加坡华人社会的嬗变：本土情怀、区域网络、全球视野》，厦门大学出版社2003年版，第229页。
② 吴作栋：《国庆群众大会上的演讲》，《联合早报》1997年8月25日。
③ 李光耀：《不招揽人才将被淘汰》，《联合早报》1997年8月15日。

加坡人,并成为新加坡的一分子"①。

由于历史、种族和文化等因素的渊源,加之近 30 年来中新经济关系的日益密切,中国已经成为新加坡最大的贸易伙伴和投资对象之一,使来自中国大陆的新移民成为当地外来人才中的主力,这是不争的事实。从移民的背景上来看,这一时期的移民与早先移民的移出地已经有了很大的不同,他们如同中国向世界各地的新移民一样,不再局限于福建和广东两省,而是来自中国各地,包括北方和中西部的省份。与传统的移民模式完全不同,也反映在他们的社团组成上。2001 年成立的新移民组织"华源会"有 900 多名成员,由出生于中国大陆的新移民(已入籍或已成为永久居民)的专业人士构成;其会员 90% 以上具有大学或更高学历。② 同年建立的新加坡"天府同乡会"的会员不仅包括四川籍人士,而且包括那些曾经在四川工作或学习过或与四川有经贸往来的人士。③ 因此,可以说这类团体已经超越了传统的血缘、地缘和业缘的划分,具有大整合的趋势。

这一时期的新移民与"土生土长"或 19 世纪的华人移民在认知和观念上已经有很大的差异,这是复杂的社会、经济、文化和心理因素变化的结果。④ 这种差异折射出了两种不同的认同取向。从土生土长的华人以及民族国家的角度来看,认同主要是一种政治选择并与固定的地理概念联系在一起。因此,"我们希望,他们[新移民]将对这里产生归属感。因为尽管我们的祖辈也都是移民,但落地生根,我们已把新加坡视为我们唯一的家"⑤。然而,从新移民或跨国华人的角度来看,认同是多重和并行不悖的,而地域更多的是一种流动的概念。如同一位受访者所说的:"家这个概念在我理解好像是和人有关,而没有将它和地域特别的联系在

---

① 杨建伟:《新移民的作用和价值——读李资政在国大"资政论坛"讲演有感》,《联合早报》2001 年 10 月 24 日。

② 刘宏:《战后新加坡华人社会的嬗变:本土情怀、区域网络、全球视野》,厦门大学出版社 2003 年版,第 230 页。

③ 同上书,第 231 页。

④ 陈思美:《中国新移民与新加坡华人:认同差异及其原因之论析(1993—2002)》,研究报告(未出版),第 23 页。

⑤ 本刊记者:《社论:以积极态度对待新移民》,《联合早报》1997 年 4 月 5 日。

一起。"① 一个新移民在回答记者"你想过要在这里长住吗"的问题时表示,"对我而言,在哪里都是生活在别处,随缘吧"。② 与日本、加拿大等国的新移民相似,新加坡的新移民也有着较大的流动性。据《联合早报》与当地的中国留学生网站"新华网"联合对获得新加坡政府奖学金的留学生展开的一项调查显示,51%的受访者表示计划继续留在新加坡,30%表示准备回中国,19%表示有意到其他国家发展。同时,有25%的受访者表示"新加坡不吸引我",原因是"本地人对外国人有偏见"。③

"很明显,我们看到的是一种介于'落地生根'和'落叶归根'之间的移民模式。虽然它可能只是一种过渡和变迁的状态,但由于其人数众多且前赴后继,就使之有可能成为一种常态,因而在世界各地新旧移民之间的隔阂无法完全冰释。"④

对于新加坡而言,这些新移民熟悉中新文化与体制,能够扮演有效的桥梁角色,加强两国经济上的联系,同时也有助于当地文化和教育的发展。2001年8月,新加坡贸易与工业部长杨荣文率领访问中国西部的57人考察团中,有4位是来自中国的新移民,他说:"这意味着,中国人才移民到新加坡,已经为我们制造了一个很有价值的经济联络网,我们应该善用它。"⑤ 正是由于这一点,前往新加坡的中国移民增长很快。据统计,新加坡的新移民在20世纪90年代以来的近30年有大幅增长。李显龙总理透露,仅1997年,新加坡就吸引了大约3万名移民,他还估计,今后每年仍将继续接纳3万名左右的移民。⑥ 据其2000年人口普查统计显示,新加坡的总人口为401万人。其中,非居民人口增加了很多,几乎是过去10年总人口增长的一半。以每年的增长速度来看,非居民人口的增长率是9.3%,而公民和永久居民所组成的居民人口每

---

① 张敬贤:《当代新移民的个案讨论:专业人士》,《源》2003年第2期。
② 同上。
③ 刘宏:《战后新加坡华人社会的嬗变:本土情怀、区域网络、全球视野》,厦门大学出版社2003年版,第231页。
④ 同上书,第232页。
⑤ 《联合早报》2001年8月30日。
⑥ 本刊记者:《社论:以积极态度对待新移民》,《联合早报》1997年4月5日。

年仅增长1.8%,前者要快得多。随着大量外国人涌入新加坡,非居民在人口当中所占的比例也提高了,从1990年的10%增加到2000年的19%;相反,这一时期公民在人口中所占的比例从86%降到74%。[1] 根据2016年的新加坡人口统计,总人口为5576477,公民人口为3375000,永久居民为527777,非居民为1673700。[2] 非居民或新移民占到总人口的近30.01%,说明近20年来新移民仍以很快的速度在增长。

---

[1] 刘宏:《战后新加坡华人社会的嬗变:本土情怀、区域网络、全球视野》,厦门大学出版社2003年版,第234页。

[2] 新加坡人口与人才署:《2016人口简报》,2016年9月27日,https://wx.abbao.cn/a/15872-b7bf50b5e7 cf59dc html。

第二章

传统的社会组织和社会结构

第一节　社会发展中的宗亲组织

以血缘为纽带的华人宗亲组织是移民时代的产物。在当时的移民身上都有着浓厚的儒家伦理文化底蕴，他们习惯以传统的方式来保护自己，而且，这种宗亲组织在当时曾经是华族活动的社会基础，也是新加坡社会的基本细胞之一，占有十分重要的地位。华族绅商要想做"侨领"，乃至在全国政治中占有一席之地，都必须下加入这些宗亲组织，以此为依托，再行发展。

一　宗亲组织的形成

新加坡的宗亲组织大多以会馆相称，最初，其封建性较强。会馆产生的原因大致有两个，一是中国当时仍是封建社会，移民都带有较强的封建血统意识，很看重血缘的关系；二是当时殖民地的社会管理体制还很不完善，殖民当局还没有足够的人力把它的政治体制推广开来，也难以使其适应迅速变迁的社会结构。这样，移民要获得生存和发展的社会保障，在很大程度上要靠自己的努力，建立自己的组织。正如一位社会学家所言，家族集团能够给个人以更大范围的保护。当一个人陷入险境和遇到麻烦时，当其为履行经济业务或某些契约需要帮助，而他的直系家族又无力给他所需的帮助时，他便可以转向更大范围的宗亲集团寻求支援和接济。早期新加坡的华人迫切需要这种更大范围的帮助，因为他们处于外国政府的统治之下，生活在语言隔阂的社会中,各种族和各社会集团之间的对立时有发生,这就非常需要自己宗族的保护,以争取发展的最佳条件。具体来说,宗亲组织是为了满足移民的某些需要而建立起来的:为了精神有所寄托,即移民都要按照传统的习俗进行祭祖和庆贺传统节日;更重要的是,他们还要相互帮助处理死者的后事,这在当时仍是一件十分被看重的事情;另外,在遇到天灾人祸时,普通人能得到一些帮助。对于富人来说,宗亲组织能使他们建立起自己的地位和声誉。英国殖民者的统治使他们很难步入仕途,而没有一定的政治地位很不利于他们在经济方面的发展,因此,出任这种地方性社团的领袖,既是他们首先要瞄准的目标,也是他们所能得到的最好的位置了。

新加坡最早的宗亲组织是广东台山人曹亚志创立的曹家会馆。他因协助莱佛士登陆有功,被赐地于火城,他在此兴建了曹家会馆。其年代虽无准确可考日期,但应在1819年至1822年年初之间,因为宁阳兴应和会馆于1822年建立之时,它已经存在了。[1] 此后,随着华族人口和各姓氏的增加,又有一些宗亲组织建立起来。例如,1847年陈氏会馆建立,1854年黄家馆建立,1857年林氏九龙堂创立,1866年潮州江夏堂创立,1879年保赤宫陈氏宗祠创立,等等。

二 宗亲组织的结构

宗亲组织的结构分为三层:常务委员会、理事会和会员。常务委员会由族长、副族长、荣誉秘书、荣誉司库和荣誉审计组成,这是宗亲组织的最高领导机构。族长是会议的召集人。所有领袖都是由会员推选出来的,会员推选理事,理事推选常务委员,当然,这其中虽然带有一定的民主性,但富商对本组织的捐献多,普通百姓多受过他们的好处,因此,他们很少落选;否则对本组织也非常不利。一般一个宗亲组织的人数在一百到数百人不等。

在宗亲组织内部,以下几个因素决定着其成员的地位:一是辈分和

---

[1] 陈育崧:《新加坡开国元勋曹亚志考》,陈育崧《椰荫馆文存》第1卷,南洋学会出版1984年版,第66—73页。

年资。按照这一制度，所有成员按辈分和年龄划分成不同的等级圈子，高辈分的成员享有较高的地位，拥有相当的权威；在同一辈分中，年长者的地位高于年少者。这种依传统价值观赋予辈高者和年长者一定权威的做法，强化了论资排辈的登记制度，也有助于在宗族内部长期保持某些行为和生活方式。二是社会名望。因为只有有社会声望的族人出任族长才有利于扩大本族在社会上的声望、影响和地位。而这一时期社会名望的主要基础是财富。拥有财富可以使人受到他人尊敬、获得殖民当局和清政府授予的荣誉头衔，从而树立起自己的权威，扩大政治影响。担任族长和宗族领袖的大都是这些人。三是道德品质。只有道德品质较好的人才能获得更大的权威。当然这种道德准则大都是比较传统的，而且还夹杂着对富有者的某些宽容。在这三个因素中，财富是最为重要的。

三　宗亲组织的功能

宗族会馆在过去是族人活动的中心。会馆的首领们往往具有一定的执法权利，以解决族人之间的纠纷，维持族内的秩序。会馆还开办福利慈善事业，帮助族人解决贫困，减轻苦难。最初，会馆中的互助部门主要是照顾年老者，安葬死者，接济死者家属的生活费等。后来，它们在解决医疗、失业等难题方面也发挥了重要的作用。给付不起医疗费的人一定的资助，帮助失业者找工作，或者使族内富户优先雇用他们。宗亲组织中这种社会功能的增加，促进了它本身的社会化，因为在解决这些问题时，往往需要突破宗族界限。宗族会馆还建有宗族祠堂，以供族人崇祭先祖，尽奉孝道。一般每年在春秋时分有两次大的祭祖活动，往往耗资很大。但这是维系组织、传播传统文化和价值观的有效方法。伦敦大学社会人类学家弗利曼德曾经指出，以血缘姓氏为基础的结社，加上华人敬崇先祖的宗族观念的满足，使宗族会馆具有持久力和较强的延续性。

四　宗亲组织的演变

20世纪上半叶，华人社会已经逐渐由移民社会向平稳定居的社会转变,人口从1901年的16.4万增加到1947年55.96万。[①] 社会结构已基本完善,经济实力粗具规模,生产率也有所提高。[②] 在这种背景下,以姓氏为纽带的各种社会社团组织获得了良好的发展条件,从人口数量的增加到生活稳定性的提高,从社会联系的频繁到经济实力的增强,都有了很大的改善,使人们拿出一定的金钱修建会馆和祠堂,于是,各种姓氏组织便纷纷出现在这个繁荣而蒸蒸日上的国度里。宗族会馆发展到数百家,令人眼花缭乱。从表面上看,宗族会馆的林立造成了零乱分割的局面:各会馆自成体系,不利于政令的统一;刺激了小团体意识,不利于发展民族意识。但事实是,新加坡当时的社会状况是松散无序的,因此,宗族会馆的发展和壮大,使社会结构更加严密而有序,并扩大了个人尤其是各宗亲组织的社会参与度。当时,"新加坡"的民族意识和国家意识还没有形成,华人的民族意识和"爱国主义"都是以中国为归宿的,因此,殖民政府不鼓励民族意识和国家意识的发展,这就使国家缺乏强有力的意识形态来凝聚社会。从这一方面来讲,无论从社会结构还是从群体意识上来说,宗亲组织的发展都是有一定进步意义的。当然,这一时期,宗亲组织内部已在逐步淡化血缘纽带,其社会功能和"新加坡"的国家意识在不断发展。

　　第二次世界大战之后,随着社会的变迁,华人的宗亲组织在复兴的新加坡社会中也发生了某些变化。这表现在,宗亲组织出现了联合的大趋势,很多同姓的小会馆合并成一个总会或联亲会。这种规模的扩大,是与民族主义的兴起和民族运动的发展相一致的。民族意识的觉醒和民族运动的发展强烈地冲击着各种传统意识和狭小的地方组织,使它们被卷入到整个国家的现代化进程之中,一切与这个进程不相适应的结构都要被重新组合,以适应现代化的需要。华人宗亲组织的合并与扩大就反映了这一调整过程。这种变化至少扩大了广大华人群众的社会和政治参与度。规模的扩大使它更有力量,也更受社会和殖民当局的重视。同时,这也是新加坡民族形成和民族意识发展的一个必然阶段。因为其社会功

[①] 郑文辉:《新加坡从开埠到建国》,新加坡教育出版社1977年版,第109页。
[②] 同上。

能的扩展使它们受狭隘地方意识的束缚越来越少了。这种功能的变化还有利于当时的反殖民运动。同以往的小宗亲组织相比,在民族觉醒到来之时,它们能够进行更广泛的社会动员;而且使华人领袖能够得到更大的政治锻炼,为他们参与未来的现代化进程奠定了基础。或许,人民行动党执掌政权后,政治体制在吸收和同化宗亲组织的领导人方面非常成功,与这一时期它的变化有很大关系。

表2-1　　　　　　　　战后新加坡的宗族总会

名称	注册年代
新加坡卢氏总会	1947
邓氏总会	1947
南洋方氏总会	1947
新加坡蓝氏总会	1948
萧氏总会	1948
新加坡胡氏总会	1948
南洋谢氏总会	1948
新加坡许氏总会	1949
南洋新加坡黎氏联宗总会	1949
星洲梁氏总会	1950
南洋黄氏总会	1950
南洋郭氏总会	1950
新加坡冯氏总会	1950
新加坡彭氏总会	1952
南洋范氏总会	1953
南洋唐氏总会	1954
新加坡莫氏总会	1954
南洋周氏总会	1955
南洋赵氏总会	1956
新加坡沈氏总会	1957
南洋马氏总会	1957
南洋潘氏总会	1961
新加坡杨氏总会	1961

续表

名称	注册年代
星洲时氏家族工会	1961
新加坡林氏大宗祠九龙堂	1962
新加坡张氏总会	1962
南洋程氏总会	1963
马来西亚杨氏总会	1964
新加坡翁氏总会	1965
星洲延陵联合会	1965
南洋江氏总会	1966

另外，还有星洲陇西李氏总会、新加坡余氏总会、南洋洪氏总会、新加坡李氏总会等是战前注册的，在战后也有所发展。

新加坡建国初期，考虑到宗族社团的力量和社会的安定，政府还是注意发挥宗族社团作用的。一方面主动与各宗亲组织取得联系，协调政策，通过它们处理某些地方事务，还把其头面人物吸收进地方的半政府性机构，与政府官员共同工作，这就避免了许多利益摩擦，同时也把它们卷入了现代化进程。在政府的推动下，各宗亲组织也大力宣传爱国思想，鼓励族人积极参加政府组织的各种活动，如名目繁多的社会运动；并在各方面响应政府的号召。另一方面，对这些宗亲组织来说，这无疑扩大了它们的政治参与范围，使它们能够在政治和社会事务中发挥更大的影响。

建国以后，各宗族会馆内部的民主化趋势越来越强。族人普遍认识到，宗亲组织的发展不能只由有钱的中坚人物出钱来垄断，而要靠领导层不偏不倚地采用民主程序公正地处理事务。因此，在20世纪60年代各宗族内部普遍实行了"少数服从多数，多数尊重少数"的组织原则，这与过去相比，内部的民主机制得到了发展。宗亲组织内部的这种变化，削弱了其割据性和封建性，与现代政治更加相近，更易于把自己融入社会发展的潮流之中了。同时，这也为自己的转型埋下了伏笔。

与此同时，政府非常重视其基层政权的建设，改造了所有的旧的基层组织，如对民众联络管理委员会进行改造；建立了一些新的基层组织，如公民咨询委员会、人民协会等,填补了基层组织控制区域的空白,建立了严密的控制网络。这些基层组织的作用越来越大,在政治和社会事务中逐步取代了原属于宗亲组织的某些功能,使它们由殖民政权的基层组织转变为一个文化组织了。现今的宗亲组织,主要是在文化寻根和某些社会联络、福利方面发挥作用。20世纪八九十年代以来,它的功能正好与政府倡导的儒家文化战略相吻合,因此它们成为社会稳定的有利因素。

第二节 社会发展中的地缘组织

来到新加坡的移民,除了建立以血缘为纽带的宗亲组织之外,还建有以地域为基础的地缘组织。地缘组织的宗旨是维护同乡人的利益,帮助同乡人解决生活困难,调解各种矛盾,发展公益事业等。它们与血缘组织相比,更能够光明正大的代表区域性的利益。它们能够得到英国殖民政府和中国政府的承认,经常代表移民与中国政府交涉,提出要求,同时,也受到殖民政府的重视。一般来说,同乡会的政治影响远大于宗亲社团,但其文化凝聚力则不及宗亲组织。

一 地缘组织的形成

地缘组织也可以称作方言组织,因为在中国,同一地区的人都说同一种方言,因此同一地区的人来到新加坡后很容易结成以地缘为基础的同乡会馆等组织。新加坡的第一个方言组织也是由曹亚志建立的,他由于帮助莱佛士登陆有功,被赐予两块土地,一块建立了宗亲组织曹家会馆,另一块则建立了方言组织宁阳兴应和会馆,该会馆是在1822年建立的。[①] 紧接着建立的是星洲应和会馆,建立于1823年。[②] 该馆的创始人是嘉应客家人社区领袖刘润德。据记载,当时刘和其他一些刚移居此地的客家人聚到一起,商讨认为,他们应当建立一个组织,把嘉应客家人聚到一

[①] 陈育崧:《椰荫馆文存》第1卷,南洋学会出版1984年版,第66—73页。
[②] 林志高:《星洲应和会馆一百四十一周年纪念特刊》,新加坡,1965年,第10页。

起，一方面大家可以相互帮助，另一方面可以满足大家共同的宗教祭祀的需要。团结与互助是会馆的精神支柱。这种精神体现在应和馆的馆名之中。"应"是指嘉应人，"和"意味着团结和和睦，即嘉应人团结和睦。这种精神进一步体现在对关帝的崇拜上，关羽的肖像和神龛被供奉于会馆的中堂，关羽受崇拜不是因为他的尚武精神，而是因为他的侠义。

二　地缘组织的功能

在1889年查禁秘密会社之前，方言会馆的作用很小，它们主要是开展一些宗教和社会活动，把会员集中起来，祭祀祖先，寻找精神的寄托，巩固方言群体的联系。另外，它们也开展一些福利工作，通过向会员筹措资金来帮助弱者。在一个缺乏政府福利的社区里，互助关系极具吸引力。但筹措资金历来是十分困难的事情，一般会员所能提供的财源是十分有限的，主要是靠一些富人的捐助。

方言会馆的另一个重要功能是仲裁纠纷。它可以解决一些较小的不必到法庭上去解决的纠纷。涉及的方面也很广泛，包括债务、商务、家庭事务、诱拐、强奸等方面的纠纷和案件，说明它具有一定的司法权力。

19世纪至20世纪初的地缘组织是带有封建性的地方自治组织。决策只由少数头领做出，很少征求同乡人的意见。但由于这一时期它的组织并不完善，因此，对同乡人的约束力并不大。20世纪30—60年代，同乡会有了很大的发展，经济实力和政治影响力都大大提高，其组织内部的运作机制也比较健全了。

三　地缘组织的结构

我们可以通过剖析福建会馆来进一步加深对地缘组织的认识。福建会馆是新加坡地缘组织中比较典型的，其会员之众、经济实力之雄厚和社会影响之大都是其他地缘组织难以相比的。福建会馆的历史可以追溯到1839年，当地的移民于这一年开始筹建天福宫，期望以此作为全体移民的聚会中心。1850年天福宫正式建成，但由于各方言组织的矛盾加剧，天福宫实际为福建帮所控制，成为福建帮活动的中心。1915年正式改称为福建会馆。一般来说，方言组织都采用比较民主的制度，每年举行一次全体会员的会议，选举炉主，即"香炉之主"，这就是会馆的首领，同时选举理事会，担任理事的均为富人。20世纪后，首领改称为总理。福建会馆的最高决策者是三名总理，他们负责管理以天福宫为中心的会馆的有关事宜及财政、召开会议等重要事务。另有30余名商人为议事理事，1929年以前，这些人是福建会馆的主要决策人，任何事情，只要一经他们商定，就不必再经会员讨论了，就会作为最终决定传达给所有福建人了。这时的会馆组织虽然颇为松散，但仍有相当的效力。例如，为了节约开支，20世纪初会馆的理事们决定以后三年一度的传统的迎神会只准用灯彩鼓乐，不得装木台阁点景，只此一项就可节约经费4万多元。另一项决定是简化每年7月的普度仪式，此后每年可节省经费1万多元。1923年，薛中华以会馆总理的身份，成功地调解了两名福建籍车夫的打斗事件。自1906年以后，会馆还创办了几所小学。

四 地缘组织的改革

1929年福建会馆进行了改组。当时进行改组的原因主要有三个：一是会员参与会务的压力不断增大。过去从未有过会员登记，谁是会员，谁有资格投票，进而选举与被选举，从来都是一个比较模糊的问题。而没有有效的选举，理事的合法性从何而来？过去，人们一般不关心这些事情，现在则认为要维护自己的合法权益，就要参与会务，改变只有少数人说了算的局面。二是会馆的财务混乱。当时会馆的入息每年在万元以上，已经可以办不少事情，但会馆领导层在这方面做的事太少，引起了大家的不满，要求对财务进行监督。三是陈嘉庚与薛中华之间产生了矛盾。当时陈嘉庚的经济和社会势力都已壮大起来，因而引起了薛中华的嫉妒。当时陈嘉庚已连任道南小学总理10年，对会馆不闻不问学校的资金十分不满，遂登报召集福建籍有识之士于1927年7月16日开会，决议将所有福建帮办的学校均划归会馆统一管理和出资，并以此为契机，要求改组会馆领导层。薛中华对此十分气愤，致函殖民政府的华人政务司署，控告陈嘉庚为"颠覆分子"，陈则反控薛为"买办"，而"买办"无领导闽侨之资格。陈薛之争加强了陈嘉庚要求改组福建会馆的决心。

华人政务司署对陈薛之争颇为关注。经过调查，华署认为薛中华是保守派，陈嘉庚是进步派，保守派是一股腐朽落后的势力，而进步派会积极推动慈善教育事业；再者，陈嘉庚的才能超过薛中华，在闽侨中的威望也高于薛，深得闽侨的拥护，因此，华署决定支持陈嘉庚。有了华署的支持，加之雄厚的经济实力和社会地位，福建会馆的改组势在必行了。1923年3月，福建会馆选出了新的领导层，共选出委员40名，其中常务委员5名，另有候补委员10名。委员各司其职，其中监察委员5名，经济科5名，教育科7名，总务科8名，慈善科5名，陈嘉庚任主席，此后他连任20年。[①]

改组以后的福建会馆，会务进展蓬勃而有生气，逐渐改变了封建而又狭隘的帮会特征，成为现代性较强的地方社团组织。1930年它获得捐款5万余元，以此为基础，进行了一系列的社会改革，首先是对其所属的11所华校进行资助，并改变了过去半私塾性的教育体制，聘请受过新型教育的人为教育指导员，统一课本和会考；其次于1935年改革了传统的陈规陋习和丧仪，废除所属各神庙每年迎送香亭的仪式，并简化了出殡礼仪。此外，帮助祖国的救乡运动也成为它的一项重要内容，例如，当家乡发生水灾和旱灾时，以及当时发生日本对华侵略的事件时，它都要号召侨民捐款捐物以帮助家乡人民救灾抗敌。改革后的会馆积极介入社会事务和政治事务，使它的影响越来越大，这不仅在相当程度上改变了会馆本身的性质，而且使陈嘉庚等华人领袖逐步成为全国知名的政治人物，对其他方言会馆的改革以至全国的政治发展都有一定的影响。

第三节　秘密会社与社会控制

新加坡华人的黑社会组织统称为私会党。19世纪它对新加坡社会的影响很大。对私会党的展示，既反映了当时的社会状况下不可或缺的一个方面，也可以在一定程度上揭示当时的社会控制状况和国家与社会的关系。因此，这是一个不能避而不谈的问题。

[①] 杨进发：《战前星华社会结构与领导层初探》，南洋学会，新加坡，1977年，第14—23页。

一 秘密会社的组织与活动方式

新加坡开埠以后,华人移民中就有人把私会党组织带到了新加坡。当时,天地会、三合会等都在新加坡发展了自己的组织。据记载,到1825年时它们已经建立了义兴公司、和成公司、海山公司和华山公司等私会党组织。据曾经担任过莱佛士私人秘书的马来作家文西·阿杜拉(Munshi Ahdullah)在《阿杜拉自传》中记载,当时私会党中有一部分人从事黑胡椒和甘密的种植,但大多数人是干偷窃、抢劫和杀人的勾当,大部分人都抽鸦片和赌博。

私会党的组织甚为严密,领袖的地位高于一切,任何人在入会之前,都必须宣誓绝对服从领袖的命令。领袖一般称为"大哥"或"大伯公",在他之下还有一些小头目,可见他们是一股非常强大的社会势力。私会党的组织经费是靠征收"保护费"得来的,他们所征收的对象多数是商店、娼寮、赌馆及小贩等。可以想象,他们的人数是如此之多,当时几乎没有一家店铺能逃脱他们的敲诈。

文西·阿杜拉曾经描述了他目睹的私会党的情况:"大约在下午四点钟才抵达那个地方,我看到有三座大棚屋,每座的长度大约二三十寻,棚内的人好像虫一样团集在一起,走近时……约有20只狗向我们冲来。我看到那么多的狗着实有点害怕,那华人向棚内的人呼唤,他们便冲出来喊住那些狗。每座棚屋的入口处都凿有大沟,宽度约三寻并搭有架桥,当他们渡过架桥后桥就被拉起,使别人不能通过。"文西·阿杜拉看到棚内陈列着数百种武器,有棒投掷器,有标枪、盾牌和刀等。

阿杜拉还看到了入会仪式。据他说,在仪式举行之前,大约是晚上7点钟,他们会合到一起大吃大喝,敲锣打鼓,声响如雷,这响声犹如古之战鼓。每个人都喝酒,脸红得像大红花一样。"他们当中有一个头脑,他坐在一张高椅上,左右都站着护卫,后来又有八个执长刀的人出来站在他的左右两旁,另外还有一个人走出来,到大伯公面前,他把头伏在地上,站在左右两旁护卫的人于是喊叫起来,把刀按在他的颈项上。全体的人沉寂一阵,然后有人趋前靠他站着,那个华人头脑用方言向他问话。"那一晚一共有四个人入会,另有一人因坚持不肯入会而被处死。据阿杜拉说，过去有几十个人是在这种情况下被处死的。那些人都是在夜间从坡底被强抓过来的。私会党就是采取这种方式来扩大他们的组织。

二 秘密会社的作用

19世纪上半叶，私会党十分猖獗，控制着一半以上的华人社会。虽然他们的活动是非常秘密的，但却是以"公司"的形式公开存在着的。由于这一时期殖民政府的控制能力还十分有限，私会党就在一定程度上发挥着地方政府的作用，成为殖民地政府中的政府。虽然他们干着敲诈和勒索保护费的各种勾当，但是只要按时按量交纳这笔钱物，他们也确实能够提供一定的保护。并且，在他们的成员内部，基本保持这和平与安定。这种角色对维持社会的稳定起着一定的作用。

在当时与他们打交道的殖民官员只承认私会党的稳定作用。这些官员认为，移民多是文盲和中国的逃亡者，他们畏惧政府的权威，不了解殖民地的法律，不理解英国公正对待他们的意图，为了自保，许多移民便宁愿加入私会党。因此，如果私会党受到政府监督的话，它们可以成为政府与广大文盲群众之间联系的重要纽带。殖民政府完全可以把它当作对移民进行控制的工具。当时海峡殖民地的警察总监邓洛普少校和1877年担任首任华民护卫司的毕麒麟都认为，要控制私会党及其成员的活动，首先要控制其首领。毕麒麟发现，当政府进行号召时，私会党的首领是愿意为政府提供帮助的，并愿意把会社内部各帮派的纠纷提交给政府，而不是像以前那样诉诸械斗。这说明，私会党本身也在发生变化，逐步在承认政府的权威。私会党的这种功能为社会稳定提供了一定的保障，尤其是在19世纪中期以前。当然，私会党毕竟是一种很不正规的封建性较强的自发性组织，不能担负起社会管理的重任。他们在很多方面必然会因利益与正常的社会运作相冲突，这就使得有些帮派的首领表面上与政府进行合作，暗中却在制造麻烦。政府在19世纪中后期放逐了一些私会党的首领。

私会党之所以能够在新加坡迅速发展起来，并且颇具实力，主要有以下几个原因：

一是为了保证最大限度的利润，苦力贸易需要一个有效的控制制度，以保护对苦力的攫取、运送和销售。苦力贸易本身就是非法的，很难靠正常的手段来予以保护，而私会党在通商口岸和海峡殖民地都建立起了特殊的联系网络，加上它的野蛮性，与苦力贸易非常适应，因此就被苦力贸易商人所看重，成为保护苦力贸易的最有利的工具。有些私会党干脆自己也做起苦力贸易来。这种联系一经建立，私会党便会得到大量的金钱，其实力也就大大扩充了。

同时，殖民政府的行政体制和社会管理制度都刚刚建立，还很不完善，面对如此之大而迅速的社会流动量，其作为显得十分无力，不能确保普通百姓的人身与财产安全。加之这时的移民大多数是文盲，封建依附性强，一旦受到私会党的拉拢，为了自保，就会加入私会党。

三是华人社会中缺乏与私会党竞争的先进组织。无论是宗亲组织，还是方言组织，都没有摆脱传统的宗法制度的束缚，比私会党进步不了多少，对开发中的资本主义社会难以适应，自身发展都显得无力，加之私会党的不择手段，因此，私会党获得了得天独厚的发展条件。

三　秘密会社的衰败

私会党本身是一个腐败性组织，它是在一个特殊的历史条件下迅速发展起来的，随着殖民政府领导下的新加坡社会向健康方向发展和有序化，私会党越来越显得与正常的社会发展相冲突与不合拍，它对社会的危害性也越来越明显地表现出来。随着殖民秩序的建立，人们对私会党的依赖性越来越小，它的人力来源和资金来源也就越来越枯竭，这就迫使它更多地去偷窃、抢劫、勒索和杀人，尤其是他们还经常发生暴乱，对社会造成了极大的危害。自1824年发生第一次较大的暴乱之后，1851年和1853年又相继暴发了两起大规模的暴乱。1851年三合会对华人天主教徒进行了大规模的袭击，原因是天主教的传播使原本属于三合会的一些人转而成为了天主教徒，这就削弱了三合会的势力，令三合会首脑十分恼火，于是借故进行报复。这一次，大规模的劫掠和屠杀破坏了大量的房舍，使500余人丧生。1854年又暴发了一场空前的大暴动，这一次是私会党各公司之间的械斗，整整打了10天，新加坡到处成了私会党的战场，有近千人丧生。19世纪80年代前后私会党对自由移民的侵扰也越发厉害。一些自由移民到新加坡后，因人地生疏，无处栖身，私会党便乘虚而入，把他们收留下来，然后强行卖到猪仔馆。被卖者稍有反抗，便会遭到毒打。

私会党势力的扩张，逐渐引起殖民政府的重视，后者从19世纪60年代开始着手抑制和镇压他们。殖民初期政府之所以对私会党采取容忍态度，并非是主观上想利用它来稳定社会秩序，而是由于政府的治安力量还无法将它镇压下去，同时也是因为无法掌握它们活动的准确情报。1869年，殖民政府颁布了一项抑制危险团体的法令，规定所有的社会组织都必须登记其名称、宗旨、地址、成员人数、负责人的姓名和住址等，其目的是通过注册来对私会党进行管制。但是这些也使私会党取得了合法化的地位，它们借此机会积极扩充自己的实力。由于这项法令的实际效力不大，因此，以后殖民政府又于1882年制定了一项法令，并采取了相应的措施来限制私会党的发展，但仍收效不明显。这最终导致殖民政府下定决心，于1889年宣布取缔所有的私会党组织。至此，私会党便由公开转入地下，它们也不再像过去那样可以为所欲为地操纵华人社会，具有某些政府功能了，完全沦为一种被社会所抛弃的"黑社会"了。

19世纪对私会党的打击，使其影响力大为减弱，但它们在20世纪的大部分时间里仍然经常出没，危害社会。直至今天，私会党在新加坡也并非不复存在，不过它的影响已经很小了。

第四节　19世纪至20世纪中叶的社会阶级关系

一　转型社会中的阶级结构

19世纪的新加坡社会正处于转型期，其社会阶级结构比较复杂，既保留着封建社会的某些阶级残余，也有正在兴起的资产阶级和工人阶级，而且知识分子也处于角色转换阶段，很难界限分明地把它们划分为几个阶段。具体来说，可以对这一时期的阶级关系做如下的划分：

处于社会最上层的自然是以总督为核心的英国殖民统治者，尽管他们人数很少，但掌管着国家的政治、军事、治安和财政税收等重要的权力,从而控制着殖民地的命脉。在政治上,他们高高在上,发号施令;在经济上,他们收入颇高;在生活上,他们豪华舒适,享受众多奴仆的服侍;在精神上也具有种族和地位上的优越感。因此,他们很难与其他阶层建立起密切的关系。1864年,《海峡时报》的主编约翰·金马伦出版了一本名为《马来西亚的印度》的书,其中对新加坡的欧洲人的生活有详细的描述。金马伦在书中说:"新加坡欧洲人一天生活之开始,就是在福康宁山上重约88磅的一门铜炮,率先发炮,将1000欧洲人从酣睡中叫醒。……到6点钟光景,大伙已梳洗并已穿着整齐,乐得在晨光微曦中散步一两里路,或者在高脚屋附近乡村路上骑马,看一看甘榜景色。早晨散步归来,他们如释重负,表现出悠然神往的情绪,一杯香喷喷的咖啡,或一杯可口的香茶,闲坐在广大的骑楼上,高兴时还在面包上涂黄油,一面享受一顿非正式的早茶,一边读书或写信。"然后是梳洗,到9点钟左右再与太太小姐们吃一顿正式的早餐。接下来就乘自己的车去市内的商场"交换情报",谈生意。

商业资产阶级是殖民地经济上最有实力的阶级。由于殖民者推行自由主义的商业政策,对商业贸易很少进行干预,而新加坡又是一个转口贸易港,因此,商人大有用武之地,尤其是其中的上层,积累了大量的财富。他们之中,除了少数欧洲人和印度人外,其余大多数是华人。他们的职业包括商人、店主、转口贸易商、种植主、房地产商、金融业主等,其中真正富有的大商人或大业主只占少数,而一般商人和一般业主则是一个比较广泛的阶级。

商业资产阶级的上层一般都有比较显赫的社会地位,担当着某些较大的社会集团的领导职务。从他们的生活中就可以看出他们是多么的富有。他们穿的是质地优良、价格昂贵的丝绸长袍马褂,住的是琼楼玉宇,坐的是华车丽轿。大多数富商不仅娶有妻室,而且纳有数妾,就连他们的女眷也打扮得珠光宝气。他们经常举办盛宴,贺岁祝寿,大肆铺张。19世纪八九十年代,以章芳林为首的约30名华人富商,定期于每星期一聚会,品尝佳酿,吟诗作赋。但是,他们在政治上并没有多少发言权,他们的代表当时还没有进入殖民政府的行政或立法机构之中,因而在发展中也会不时感到殖民当局对他们的限制。

一般商人和小店主往往要为经营而整日操劳，他们将自己的大部分时间用在店铺里，很多人与妻子儿女住在店铺的阁楼之中。如果他们希望自己的事业有成，那么全家老小就要不辞辛劳地干上好几年。由于长时间的工作，加之缺乏消遣和娱乐的条件，多数人都身心交瘁。经营稍好一点的，一般雇用几名店员或帮手，自己主要从事管理工作。处于开发阶段的社会，发达的机会较多，因此他们很少过问政治，一心一意为自己的生计着想，做着发财梦。

职员这个阶层主要包括政府的低级官员、公司中的中下级雇员，他们对殖民当局和外国人有一定的影响力，作为外族统治者的英国人不敢随意轻视他们，加之在一个有着浓厚的儒家政治文化传统的社会中，他们很受普通百姓的敬畏，因此其社会地位完全可以同中小商人相比，在政治上则高于普通商人。但一般来说，他们的政治态度并不明朗，随着殖民当局政治态度的变化而变化。教师的角色正处于转换阶段，最初主要是私塾先生占据着教育领域，自19世纪50年代以后，半近代性质的学校被建立起来，从中国去的有真才实学的教师越来越多，他们带去了知识。但这一时期主要还是教授儒家文化，它虽然有利于社会的整合，但并不能完全适应迅速变迁的新加坡社会的需要。因此，到19世纪后期，近代学校建立后，其中的教师大多是社会改革文化的传播者。

手工业者主要是指雇工和个体劳动者。当时新加坡还没有实现机械化，劳动主要是靠体力进行的，因此手工业者主要包括店员、种植园工人、人力车夫、木匠、铁匠、泥瓦匠、金饰匠、厨师、裁缝以及其他一些手工业工人。其中个体手工业者的生活比较有保障，他们有的靠自己的技艺出卖劳动力，有的开店铺自己经营。他们的生活既不能与富商大贾的豪华生活相比，但他们基本能保证丰衣足食，也有稳定的住所。雇工是殖民地地位最低的阶层，他们的收入低微，加之直接从事苦力劳动，大都衣衫褴褛，面目憔悴，他们一般都没有自己的住所，住处靠雇主提供，店员就住在店里，种植园工人则住在种植园的亚答屋内。生活的艰辛和殖民地社会流动的迅速使他们改变生活状况的愿望非常强烈。但由于文化素质很低，他们很少有发财致富的办法，思想也比较保守，墨守成规。

二　阶级关系与阶级流动

这一时期新加坡的社会阶级结构主要有以下三个特点：

一是国家与社会之间的"分离"较为突出。由于统治者的专权、统治者与被统治者分属于两个不同的民族、移民身上带有的传统的封闭性的文化机制还在起着非常重要的作用，种族隔阂还很严重，语言不通，以及移民大量的涌来，使当局难以建立有效的统治网络，因此殖民当局与下层社会之间的交流非常困难，下层的疾苦与问题不能很快而有效地反映到决策层中去，同样，上面的政令也很难有效地在下层得到执行。一些华人的富商大贾尽管家财万贯，有较高的社会地位，但是他们并没有相应的政治地位，没有表达政见的渠道，因而他们在生活中总有一种不稳定的感觉，政治是否可以向他们提供保护，谁也说不清楚。总之，在统治者与被统治者之间有一条明显的种族界限。这种情况在19世纪末期稍有一些形式上的改变。

二是社会阶级流动较快。19世纪很多移民把自己在新加坡的岁月当作是一种旅居，而不是定居。那些赚足了钱的人很快就回到了祖国，而另外一些人则漂泊过来填补他们的空缺，寻求发财的机会。这种人口的流动不断地改变着阶级成员和阶级结构的成分，使阶级关系变化不定。

社会阶级流动快的另一个原因是英国殖民当局推行自由主义的经济政策。在这种经济政策之下，没有经济上的垄断，人们拥有平等的竞争机会，加上新加坡当时是一个正在开发中的社会，机会很多，这也更加促使人们拼命地奋斗，以改变自己的社会地位，结果是更多的人改变了自己的命运，爬上了较高的阶层。当然，不可避免地也有一些人在竞争中失败，在阶级地位的阶梯上滑了下来。在移民社会中以封建血统为基础的等级制度已经不复存在了，人们的地位是由财产的多寡来决定的，这更易促进等级间的流动。

三是它基本上是一个城市社会。新加坡很少有农业，至多有一些菜农。它的种植业一度比较发达，其产品也大量出口。但这种种植业在当时很少有传统农业的性质，已经属于资本主义的经营范畴了，其产品用于出口，生产方式也是资本主义企业型的，并且与资本主义市场和工业化紧密相关。到了19世纪末，新加坡的港口转运和工业已经超过了种植业，成为主要的产业。因此，新加坡社会的基本阶级结构是商人、企业主和劳工，而不是地主和农民。

19世纪的新加坡社会已经不像封建社会那样存在着诸多的对社会流动的法律和习俗方面的障碍。没有法律的限制，没有出身门第的限制，甚至没有科举考试制度的约束，财富是决定社会流动的主要因素。拥有财富的人可以爬到社会的上层，丧失财富的人则会很快坠入社会的底层。这一时期经济发展，为普通人获得财富和改变社会地位提供了许多机会，因此，相对于其他社会来说，向上流动的趋势大于向下流动的趋势。这种频繁的流动在手工业者的上层和商业资产阶级的下层中表现得尤为突出。因为对于一个掌握一定技艺或经营经验的手工业者来说，要想改变自己的地位成为一个店主，并不是一件太难办的事情，他们的收入差别并不大。19世纪中叶一个自立门户的手工业者、一个技术工人的月收入和店主的月收入一般为10—100叻币，而那时开业又不需要多少固定资产的投资。但是一个普通工人要想成为一个富商，则是很困难的。当时一个种植园工人的平均月工资是3—4叻币，年收入不过50叻币，而一个富商的岁入可达数万叻币。

英国殖民者与华人之间，富商、业主、种植园主与职员、帮工、农业工人之间的关系构成了19世纪新加坡阶级关系的主要内容。英国统治者高高在上，过着优裕的生活。为了保住自己的特权地位，他们垄断了所有的高级官职，牢牢控制着新加坡的政治、治安、社会和经济大权；在国家权力的层面上，不允许其他种族越雷池一步。显然，这种特权地位的获得，是以对其他种族的剥夺为基础的。这种剥夺有时也会使华人感到难以忍受，19世纪后期发生的一些社会骚乱，就与这种剥夺有关。英国在新加坡的统治已经不像拉丁美洲的殖民统治、不像北美种植园奴隶制，甚至也不像其他一些国家的殖民统治那样残酷，而是比较和缓的，是一种间接的剥夺方式。这一方面与19世纪以来整个世界的殖民压迫都有所减轻有关；另一方面也与英国本身的民主制度已日趋完善，并与积极推行自由主义的经济政策有关，前者使英国人不再习惯于赤裸裸的对人的剥夺，后者则需要创造一个比较自由的空间来发展经济和商业贸易。例如1824年克罗福看不惯苏丹对奴仆的压迫，声称英国人奉行人人平等。

当时社会的阶级关系更多的还是表现在商业资产阶级和手工业者之间，因为英国殖民者的剥夺大都是间接的，而商业资产阶级则要直接与工人发生关系。华人社会的阶级关系是相互依赖和带有剥削性质的。富商、业主和种植主都想方设法攫取最高利润，为此，他们极力利用一切可以利用的人力，包括宗亲组织和方言组织甚至秘密会社的势力，以确保劳资关系的协调和经营管理的畅通。许多雇主从中国招来他们的亲属，安排在自己的属下充当工人或工头。除亲属之外，他们还雇用讲同一种方言和同属一个秘密会社的成员。在宗亲组织、方言组织和秘密会社的兄弟关系的基础上，雇主与雇员之间的关系就很难完全以阶级对立的尺度来衡量了，而常被视为阶级关系的特殊表现形式。雇员们常常认为，自己的被雇用并非是由于自己的能力，而是由于自己与雇主有特殊关系。因此，在他们心目中就会对雇主产生某种感激之情，而且还会认为自己与雇主有着共同的利害关系，应对雇主负起义不容辞的效忠责任。

这种关系显然是家长式的，具有儒家文化中主从关系的余光。也就是说，在经营管理中存在着浓厚的儒家的经济伦理，这表现为，作为雇主，要以家长的姿态关心雇员的利益，尽可能向其提供保护和照顾；反之，作为雇员，必须忠心耿耿，尽力为雇主效力。谁违背了这些原则谁就会受到惩罚。雇主可以对工作有失的雇员进行严厉的批评和制裁；同样，在雇员受到外人欺负或遇到天灾人祸时，如果他们不提供保护，也会失去雇员的效忠。在这种关系之下，只要雇员忠心耿耿，工作有成效，雇主也会不时地提高雇员的工资和改善工作条件。比起缺乏儒家伦理的雇佣关系来，人情味较浓，雇主可以获得更多的忠诚，而雇员可以获得更多的保护。毕竟，当时还缺乏法律的保护。

当时新加坡还存在另外一种情况，即一个雇主招募了一批苦力或者外乡人，很明显的表现是，他们之间缺乏义务感，觉得没有必要像对待自己的家人、亲戚和同乡那样，去为其卖命。在这种情况下，雇主会千方百计地榨取雇工们的油水，而雇工也只会为取得报酬而被动地工作。在 19 世纪的种植园中，甚至在一些企业中，雇主囚禁、拷打和让雇工挨饿的情况时有发生。因此，雇工跳槽或逃跑的现象也是屡见不鲜。

需要指出的是，无论是在被儒家经济伦理的余光笼罩着的企业中，还是在雇用外人的企业中，或者是在二者皆有的企业中，资本主义的生产关系和阶级关系都依然存在，雇主和雇员之间的剥削与被剥削、支配与被支配的关系特征仍然是他们之间的主要特征。一个雇员可能会由于与雇主有着某种特殊的关系和对雇主的效忠而得到比自己的能力更多的报酬，但是他一旦由于某种原因甚至可能是偶然的因素造成的，失去了雇主的信任，就会被赶出企业而无依无靠。而且，就大多数具有特殊关系的人来说，他们不可能得到过于优厚的待遇。例如，1888 年德源号的雇员孙祖强就向华民护卫司控告其雇主吴新科不按承诺支付工资。

第五节 19 世纪的华人首领

一 华人首领的背景

19 世纪移居新加坡的华人大都是男性劳力和生意人，他们去的目的是挣钱，以便在若干年后或年老时满载而归。占移民绝大多数的属于苦力的手艺人和农民，他们的数量大大超过商人和店主。移民中很少有有文化的人，当时多数读过书的人都希望在中国的官府谋个一官半职。但是也不能排除那些在科举考试中失意和对现实不满的文化人到南洋来谋生。这一时期的华人社会是由来自中国和马六甲海峡地区的华人组成的。来自海峡地区的华人中有一些人可以流利地讲马来语，而来自中国的华人大都只能讲他们本地的方言。当时，华人建立了很多社会组织和秘密会社组织。这些组织大都是以宗族和方言为基础，因而它们的首领也都是宗族和方言组织的领导。然而，随着华人社会的发展，有一些首领超越了自己的帮，从而成为在整个华人社会中有影响的首领，在全国的华人社会以至在与其他社区和殖民政府打交道时发挥着重要的作用。

表 2 - 2　　19 世纪华人社会中著名的 15 位华人首领及其背景

姓名	出生地	所属帮	职业
陈志生（1763—1836）	广东	广东	店主
蔡沧浪（1788—1838）	马六甲	福建	店主
陈笃生（1798—1850）	马六甲	福建	零售和土地投机商
佘有进（1805—1883）	广东	潮州	棕尔茶、胡椒种植园主和销售者、地产所有人、棉花商和茶商
陈金声（1805—1864）	马六甲	福建	商人和地产所有者
胡亚基（1816—1880）	广东	广东	船用商品店主和船坞公司经理
章芳林（1825—1893）	新加坡	福建	船员、鸦片种植者和房产拥有者
陈明水（1828—1884）	新加坡	福建	商人
陈金钟（1829—1892）	新加坡	福建	木材加工厂主和船主
陈成宝（1829—1892）	广东	潮州	军火商和鸦片种植场主
颜永成（1844—1899）	马六甲	福建	捐客、劳工经纪人和地产主
佘连成（1859—1925）	新加坡	潮州	棕儿茶和胡椒商、菠萝种植和罐头生产主
陈若锦（1857—1917）	新加坡	福建	锡和其他土特产品商人、海峡轮船公司创始人
林文庆（1869—1957）	新加坡	福建	医生
宋鸿祥（1871—1941）	新加坡	福建	律师

资料来源：Song Ong-siang, *One Hundred Years' History of the Chinese in Singapore*; C. B. Buckley, *An Anecdotal History of Old Times in Singapore*。

表 2 - 2 中没有客家帮和海南帮的首领，这是由于这两个帮人数较少而且经济实力较弱，因而其首领的影响没有超出本帮，不能被称作整个华人社会的首领。成为华人首领的条件主要是财富。在表 2 - 2 中可以看到，15 人中有 13 人是商人。他们多数人的出身并不高贵，其财富来自个人的勤奋、节俭、进取心和出众的商业意识。陈笃生在靠土地投机成为一个富商以前是一个菜农和果农。佘有进在靠种植棕尔茶和胡椒发财之

前是一个船员商店的店员。胡亚基在1930年来新加坡时只有14岁，在他父亲开的船员商店里当学徒，后又在城里的食品店里卖啤酒、面包和菜。他父亲在商业上的成功使他日后成为重要的商人。陈志生在定居新加坡成为富商之前在廖内和槟城的日子非常艰苦。颜永成出生在一个贫穷的家庭里，17岁给人当学徒，日后才发展起来。在这些早期的首领中一开始就有一些资本的是蔡沧浪、陈金声、陈金钟、陈明水和章芳林。蔡沧浪和陈金声在马六甲做生意时积累了一些资本，因此他们来新加坡时就有一些钱。而陈金钟、陈明水和章芳林是从他们的父母那里继承了一些财产。他们大多数是靠自己发迹的。蔡沧浪可以算是海峡殖民地有名的富商了，然而，据说陈志生更为富有。1864年陈金声死时人们估计他的财产有200万叻币。章芳林死时，给慈善捐款10万叻币，给朋友40万叻币，另外还给他的众多的儿子留下了一笔巨大的资产。

那些想成为华人社会领袖的人必须具备某些必要的条件，财富当然是最基本的，然而这并不够，在此基础上他还必须是仁慈的、乐善好施的，具有公共服务精神。19世纪新闻传媒还很不发达，人们的信息交流和人的名声的好坏不是靠新闻媒体的褒贬，而是靠自己的行动，靠乐善好施的行为来为自己赢得声誉；加上赚钱容易，移民无根和社会流动快导致了人们没有固定的社会关系来保护自己，在面对各种问题时极需各种帮助，这些都促使慈善事业发展起来。因此，在当时，富人们开办慈善事业并经常向慈善事业捐款就逐渐成为一种传统。直到今天，一些机构仍然以当时一些著名首领的名字命名，例如陈笃生医院，颜永成学校等，这些都是捐款的结果。

同时，那些想成为华人社会领袖的人必须首先是自己帮的首领，在本帮里获得充分的信任和威信，因为帮是当时华人社会的基本细胞，它是构成华人社会松散联盟的稳固的社会支柱。陈笃生就是福建帮的无可争议的首领，他的儿子陈金生先是成为福建帮中海澄集团的首领，继而实现了对福建帮的控制，佘有进也是先控制了海澄集团后才逐渐发展起来的，胡亚基是从广东帮中走出来的。

雄辩的口才和个人魅力是当今新加坡领袖的政治资本，但在19世纪这些并不重要，掌握第二语言才是一个领袖人物更为需要的。陈金生和陈金钟都能熟练地讲马来语，宋鸿祥不但懂马来语，而且于1894年成功地创办了一份天主教的《马来日报》，当时海峡出生的华人都能看懂它。蔡沧浪可以用英语与欧洲人交谈，这使他比同行们的买卖做得更好。胡亚基也显然从他那流利的英语中得到了很多好处，如果他不能用英语与欧洲人交谈，那他就不能给欧洲人的船和船员提供饮食和各种服务。陈明水则是一个相反的例子，他由于不能熟练地使用英语而感到了诸多的不便，尤其是1882年不得不主动退出立法顾问的提名。如果他当选这一职务，他的社会服务就会多一些。林文庆先是掌握了英语，从英国回到新加坡后又掌握了中文，这对他成为华人社会中一位非常受人尊敬的人物是不可或缺的。正是由于看重了他的英语和哲学水平，1921年陈嘉庚任命他为第一任厦门大学校长。林文庆是南洋华人中对中国的知识界和教育界贡献颇多的人。直到他1957年逝世为止，他学会了法语、德语、日语、马来语和拉丁语等，是一位学识广博的新加坡华人知识分子。

在传统的华人社会中，受教育是通向仕途的必由之路，但新加坡一直没有正式的华文教育，直到20世纪随着康有为、梁启超以及孙中山领导的民族主义在中国兴起并泛及海外华人社会之后，新加坡才有了正式的华语学校。因此，早期华人的子弟大都就读于英文学校或私塾。而英文学校也没有受到殖民政府的重视，它都是由教会创办的，直到1876年以后政府才给它们提供一些资助。在1900年以前只有很少的学生能读完小学，绝大多数人都未受过正式的教育。这就决定了19世纪的华人首领也大都没有受过正式的教育，无论是英文的还是华文的。例如陈若锦，他的英文和华文都是通过家庭教师或私塾学习的。这就说明了为什么受教育水平没有成为出任华人首领的必要条件。

然而到19世纪末，文化水平对于担任华人首领来说已经越来越重要了。分别从苏格兰和英格兰留学归来的林文庆和宋鸿祥成为华人社会的首领就是证明。在早期的华人首领中，善于诗文的余有进被当作学者而受到尊敬说明华人对文化人一直是比较尊重的。

二 华人首领的仕途

19世纪的华人首领基本上都是来自商业阶级，虽然他们都有显赫的商业地位，其中一些人甚至在开始自己的事业以前就已从他们的父辈那里继承了很大的产业，但是他们都是自我奋斗的典范，都有很强的进取心和事业心。

在我们上面提到的15名首领中有10人出自福建帮。福建帮从19世纪到20世纪上半叶一直是产生华人首领最多的帮，这主要是由于它是最大的帮，并且经济实力也最为雄厚。海峡出生的华人虽然在华人社会中只占少数，但是从他们中间产生了强有力的首领，在上面提到的15人中有11人是出生在马六甲和新加坡，这些海峡出生的首领被认为"更为开明和更为有商业头脑"，因为他们已经"养成了欧洲人的习惯，习惯了欧洲人处理商业事务的方式，与欧洲人更有一致性"。威廉姆斯教授认为海峡出生的华人首领构成了华人社会的精英，他说："这些人更为熟悉殖民地的语言、政治和商业环境，他们也在投资有利可图的产业。在一个世纪中，这些华人社会的精神导师，控制了华人社会，并从中获得了极大的尊重和权威。"这些人与新加坡有着更深的感情和利害关系，他们生于此地，长于此地，这一点在19世纪与那些来自中国想挣一笔钱就走的华人是不同的。因而他们对英国和新加坡都更有感情，把新加坡看成是自己的家，这也使他们在当地政治中发挥的作用比为中国政府的贡献更大。他们很少对殖民地统治表现出不满，因为他们从和平安宁的环境中得到了巨大的商业利益。更有甚者，他们实际上是主动与殖民政府合作，以借此改善自己的地位，树立自己的权威。

19世纪的华人首领承担的一项重要使命就是在华人社会和殖民政府之间进行沟通，因此，他们必须具备某些容易被殖民政府认可的条件，即财富、文化水平、在华人中有较大的影响、会说英语和对英国女王的忠诚。

到19世纪末期，继承成为担任华人首领的一种方式。在上面15人中有7人来自3个家庭，陈笃生和陈金钟是父子关系，他们是1840—1890年的华人首领，佘有进和他的儿子佘连城于1840—1920年担任华人首领；陈金声、陈明水和陈若锦是三代人，他们都担任过华人的首领。这些情况并非巧合，这说明在出任首领必须具备的诸多因素中，财富、家庭培养和训练要比受教育水平和才干更起作用。19世纪新加坡主要是从事转口贸易，不像20世纪的经济那么复杂，没有20世纪发展起来的橡胶业、金融业和保险业等，经济的层次低和人口数量少使它没有多少可供选择的人才，因而财富就成了选择某些首领的最重要的标准。例如陈笃生、陈金声和佘有进的后代都是踏着他们铺好的阶梯出任首领的，但是他们的后代并非只是通过继承、合并取得财富，他们也通过自己的勤奋努力积累了更多的财富。他们的后代比其他首领有一点优势，就是他们可以利用其父辈建立的、早已被华人社会所认可的声誉来树立自己的威信。

在华人社会所公认的首领中，有一些人是懂得两种语言或三种语言的，即懂得汉语、英语和马来语。像林文庆、宋鸿祥、胡亚基、陈金声、陈明水都掌握了两种或两种以上的语言，他们不但因此在诸多方面获利匪浅，而且其中有的人还弥补了受教育程度低的先天不足。同时，他们一般都富有同情心、为人谦虚、具有进取心、善于给人以教诲以及乐善好施等特点，他们的这些品性和德行为后人树立了一种传统，致使后来的华人首领大都是社会工作者和改革家，并不是激进派。

随着林文庆和宋鸿祥从英国学成归来，华人首领的特点在19世纪末发生了变化。林文庆是第一个获得女王奖学金的华人，他于1887年获得了此项奖励后赴英国的爱丁堡大学深造，1891年毕业时以优异的成绩获得了医学士和医科硕士学位，1893年回到新加坡后成为一名医生。宋鸿祥是另一位女王奖学金的获得者，在剑桥法学院学习法律，1893年毕业时获得了文学士和法学士的学位，接着回到新加坡成为一名律师。这两人素质很高，与其他华人首领相比思想上更为自由和进步。林文庆和宋鸿祥都是专业人士，不是商人，因此，他们进入华人领导层可以看成是华人领导层在人员组成上开始发生变化，不再是富人的天下，有文化的专业人士也可以担任华人首领了。然而，他们两人争取华人的支持基本上是在19世纪末。1900年他们建立了英国海峡华人协会，以此为基础向传统的华人领导挑战，至此，华人领导层出现了分化。

三 华人首领的贡献和角色

19世纪华人社会的首领们开创了一种受人尊重的乐善好施的社会服务模式。这种模式之所以被建立起来，部分原因是当时殖民政府没有设立必要的社会福利机构，如医院和学校。陈笃生正是看到移民病人的痛苦才在1844年开办了一所医院。另一个原因就是华人首领把乐善好施看成向上爬的一个阶梯，更有甚者，在一个机会平等的社会中存在着一种精神，它推动那些靠自我奋斗成功的人更为关心公益事业。最早的捐献发生于陈笃生医院建立时，当时，陈本人捐了5000元，另外还有很多商人都捐了款。此后华人社会的首领负责这所医院的管理和每年的开办费用，陈金钟和陈明水还出资扩建了它的建筑。它不但为华人提供服务，也为其他种族的人提供服务。这所医院的开办说明了早期海峡出生的华人对新加坡的贡献。

华人首领在建立华文和英文学校方面也做出了贡献。1875年陈金钟修建和资助的"萃英书院"，吸收华人子弟免费入学；而同一年章苑生建立的英文学校"章苑生学校"，对所有种族的人开放。1893年颜永成建立的"盎格鲁—华人免费学校"，后改为"颜永成学校"，直到今天还存在。这里的商人还为汕头的穷人捐助了学校。当看到海峡殖民地的女孩需要受教育时，林文庆和宋鸿祥于1899年开办了"新加坡华人女子学校"。19世纪的华人首领不再局限于小学和中学，而是为大学捐款，也不再局限于本国，而是把大量的资金投入中国，资助各种福利事业。

另外，华人首领们还在其他方面进行捐助。例如，陈金声就出资修建了一条路。章芳林出资修建并维护了一座花园，现今仍称为"章芳林花园"。另一位华人慈善家赵洪天甚至修建了一座庙，供华人朝拜；此外，他还建立了一支公共救火队。1882年为方便本地居民购物建立了芳林市场。华人首领很关心公益事业。早在1857年陈金声就关注城市供水设施，并慷慨地向政府捐献了13000元以建造供水设施。虽然这个供水设施在他去世后很长时间，即到1877年才建立起来，但它为所有社区的居民提供了便利。他们还为最穷的人支付欠款；替病人向医院支付医疗费，给他们钱购买食品；他们还向中国的灾民提供捐助，例如，知名的商人，包括陈明水、陈宝成和胡亚基和其他一些人于1887年征集了约28000元捐赠给山东省的遭受饥荒的灾民；他们还在1885年给广东省遭受水灾的农民捐款；于1888年和1889年两次给安徽、山东、甘肃、河南等省遭受自然灾害的农民捐款。

华人首领还帮助维护法律和秩序，帮助协调社会矛盾。在和平时期，他们在立法委员会、市政委员和华人参事局中扮演积极的角色，帮助殖民政府管理这个岛国。他们还时常举行一些聚会，请各种族的首领和殖民政府的官员参加，给他们提供交流的机会。在这方面发挥重要作用的首领是陈金声、陈明水、胡亚基和章芳林，他们经常调解本帮的纠纷。在1854年的骚乱中，陈金声多次协助政府召集互相斗殴的秘密会社的首领开会，以协调关系，平息骚乱。余有进在这次骚乱中也帮助政府做了许多事情。在1871年和1872年骚乱期间，陈宝成和陈明水被政府任命为地方治安官，授权他们处理刑事案件。1876年福建帮和潮州帮发生了冲突，这一次主要是靠华人首领的干预才平息下来。

19世纪后期华人首领在地方政府中开始扮演一定的角色。一些富有的、说英语的华人首领被吸收进非官方的海峡殖民地的立法议会中担任职务。这些议员的职责是向殖民政府反映人民的不满和各种族的需求。对政府的立法提出建议和批评。胡亚基是第一个被授予该职务的华人。他是1869年被任命的。接着是佘连成和陈若锦，他们于19世纪80年代和90年代先后出任这一职务。他们的表现为19世纪华人首领接连出任这一职务奠定了基础。因此，胡亚基、佘连成和陈若锦是19世纪华人社会的政治精英。

除了立法委员会之外，华人在19世纪70年代以前的新加坡政治中是微不足道的。19世纪70年代以后随着民族主义的觉醒，华人的政治参与才有了一定的发展，但主要还是在康有为、梁启超的变法，尤其是孙中山的革命活动传播到新加坡以后才有了较大的发展。

在经济领域，华人首领已经把他们商业活动扩展到了新加坡之外。陈明水是第一个在新加坡之外开拓商务的。19世纪60年代他在上海创办了"金声有限公司"的分公司。陈金钟因在香港和暹罗开办了稻米加工厂而在这两地很有名气。棕儿茶和胡椒商人余有进、佘连成和陈宝成在柔佛都办有种植园。19世纪华人首领的这些经济活动为后人发展经济奠定了基础。20世纪的陈嘉庚、胡文虎和李光前等人都把他们视为榜样，把自己的商业帝国扩展到了东南亚和中国。

在外交领域，华人首领起到了一种不可替代的作用。鉴于胡亚基在当地华人中有很高的威望和号召力，1867年被俄国政府委任为俄国政府驻新加坡的副领事，1877年中国政府委任他为驻新加坡的领事，1879年日本政府也委任他为副领事，这样，他一身三职，成为唯一同时兼任领事的当地人。这种情况也说明当时的人才有限，难以找到可以替代的人物。陈金钟在这方面也很出色，1886年他被海峡殖民地政府任命为驻暹罗的总领事和日本驻暹罗的大使。后来为了表彰他在外交上的成就，英国政府和日本政府都向他颁发了勋章。当时陈金钟成为暹罗和马来西亚当地最有实力和影响的华人首领。

华人首领还主动建立与殖民政府的关系，以提高自己的地位。他们帮助政府维持秩序，同时也保护自己的商业利益。殖民政府看到了这一点，因此对他们比较放心，并鼓励他们这样做，给他们以奖励。从19世纪中期开始，殖民政府就不断授予华人首领一些勋章，以对他们的工作予以表彰。从1846年陈笃生接受第一枚奖章起，到1897年宋鸿祥接受奖章止，在19世纪后半叶华人首领接受奖章的有：佘有进、陈金声、胡亚基、章芳林、陈明水、陈金钟、陈宝成、佘连成、陈若锦和林文庆。奖章的授予对双方都有好处。华人首领从这里表面上得到的只是荣誉，实际上这对提高他们的威信、巩固他们的社会地位是非常有利的。在当时，他们会因此得到更多的合法性。殖民政府因此获得了华人首领的效忠，增加了自己的凝聚力，从而也获得了合法性，最终扩展了自己的权力。

第六节　19世纪末期以后的社会分化和社会冲突

19世纪末至20世纪上半叶，新加坡的华人社会以五大帮为基础来进行划分，它们是福建帮、潮州帮、广府帮、客家帮和海南帮。一个帮就是数个方言地区的联合体。

一　"帮"的形成及其结构

"帮"的形成过程从华人移民的早期便已开始。在移民中，那些操相同语言的人自然而然地聚集在一起，先是建立起自己的方言会馆，而会馆的建立，又反过来强化了对同一方言的认同。随着社会联系的广泛，方言会馆也需要寻求更大范围的保护，因而那些所操方言虽然并不完全相同但相近的方言会馆彼此产生了相互联合的愿望，尤其是，方言会馆大都是以一个县或一个府为基础组成的，而同一县或同一政府内的方言也可能有所不同，相反，相邻县府的方言却可能很相近，这样，自然也会产生一种冲破县府界限实现更大联合的趋势。例如，惠州客家会馆、嘉应客家会馆和大埔客家会馆自愿形成一个联合体，但它们不会与说广州话或说福建话的会馆联合，因为不同的客家集团虽然口音不同，但彼此仍能沟通思想，而广州话和福建话就很难同客家话进行交流了。从另一个角度来看，早期的移民是沿着方言的纽带来扩大自己的社会联系的，他先与自己最亲近的当然也是操着完全相同的方言人接触，然后逐渐扩大，与那些操相近方言的人交往；在碰到对他来说是一种听不懂的方言的人时，他就会自然地减少或中止交往。

思想的交流、劳动的来往以及生存的需要把相似的方言会馆及其成员联系到了一起，形成了五大帮派。每一个帮派都有自己的寺庙、墓地和学校。在新加坡，福建帮有天福宫，潮州帮有粤海清宫，广府帮有广福宫庙，客家帮有丹绒巴葛福德祠，海南帮则有天后祠。在各帮的祠庙中，供奉的神也有所不同，对不同的神的祭祀表明不同的帮有不同的经历、不同的传统和不同的职业特征。如广府帮崇拜医圣华佗和建筑业鼻祖鲁班，这是因为广府帮中的许多人都是木匠、伐木工和药材商。19世纪中叶广府帮中总共有6000余人，其中1300名是木匠和泥瓦工，1000名是伐木工和锯木工，另有同寿堂、延寿堂等十几家药店。每一个帮都主办自己的迎神出游活动，以祭祀自己的神。当时福建帮每三年举办一次，而广府帮每年都要为自己的神举办一次出游。分帮举行宗教活动，意味着华人精神生活在一定范围内的隔离。这种隔离还表现在各帮都有自己的墓地和学校。这表明，无论是在人死后的另一个世界中，还是在对未来的展望方面，他们都保留自己的精神特色。这也说明了他们精神世界具有封闭性。

二 帮的分化、冲突及其后果

19世纪后期,随着各帮人口的增多,以及商业化带来的利益分化和社会流动的加剧,帮的内部分化也越来越明显。以府和县为基础的方言会馆在各大帮内形成了自己的小帮或小的势力集团,有的还分化出了更小的集团。帮的分化实际上为打破帮的界限创造了前提条件。因为帮越来越多就意味着它们各自都不再是大而全的组织,劳动和生活都要与外邦人发生联系。这也是社会分工复杂化的结果。

19世纪的新加坡社会是不稳定的。这一时期,社会流动不断加剧,社会冲突日益激化。冲突有多种形式:商业敌对、街垒战和帮战。19世纪50年代的两次秘密会社大战就是明显的例子。关于导致社会冲突的原因,有人认为是由自由贸易冲击胡椒与棕儿茶社会所引起的。这一看法不无道理,因为新加坡社会的变迁正是在这一大背景下进行的。但是这一结论更多的是来源于理性化的推理,而不是实际情况。因为对于大多数新加坡人来说,无论是商人,还是继承了传统的种植者,都是在开埠之后到新加坡来的,他们一开始就与自由贸易有着密不可分的关系。因此,把社会冲突的根源完全归咎于自由贸易与传统的冲突是难以站住脚的,完全孤立的古老社会本来就不存在。

具体来说,19世纪新加坡的社会冲突可以归结为以下两个原因:

第一,帮的分化。帮的分化及其分立,造成了各帮之间的不和与敌视。这不仅表现在组织、语言和宗教活动中,而且也表现在经济利益方面。在当时的情况下,帮的成员需要通过帮来保护和促进自己的经济利益,并维护其成员在某些职业和商业方面的控制力。如果有成员在某一新的商务领域有所发展,那么该帮就力求将这一商务发展成能够形成垄断的程度。这还可以在招募雇员、生产、销售和传播技艺等方面体现出来:不雇用外帮的成员、帮内相互关照以挤垮外帮的竞争对手,只把技艺传给本帮成员等。这样一来,帮与帮之间的关系就僵化和紧张了。

19世纪,帮与帮之间很少有组织上的联系和个人的交往。尽管各大方言集团有些跨集团参加的活动,但也仅限于宗教和慈善活动。在不同帮成员之间有些跨集团参加的活动,但也仅限于宗教和慈善活动。在不同帮成员之间的任何亲密的交往，都不受鼓励。不同帮的成员在当时也不通婚，直到 20 世纪以后，这种界限才被逐渐打破。

各帮之间的长期对立，加之它们为经济利益而进行的争夺日趋激烈，时有可能导致冲突的爆发。当时，每一个帮都在一定程度上垄断着一定的经济领域和一定的地域范围，并小心翼翼地保护着自己的这些利益。一旦这些利益受到侵犯，或者是自己的发展受到阻碍时，它们就有可能诉诸武力，尤其是在两个势均力敌的帮之间更有可能如此。例如，1890 年新宁帮与开平帮的木匠和伐木工就为争夺工作而打了一场街垒战（《叻报》，新加坡，1890 年 2 月 28 日）。

第二，殖民政府与华人社会之间的利益冲突，也是引发社会冲突的一个因素。19 世纪，一方面，华人还没有正常的渠道表达自己的意见；另一方面，殖民者也没有像对待本民族的臣民那样关心华人移民。所以，尽管它有时颁布的立法是先进的，但由于在实践中对普通百姓采取了一种漠不关心的甚至是剥夺的运作方式，也会引起骚乱。1872 年华人小贩骚乱和 1875 年邮局骚乱就是两个例子。

19 世纪 80 年代以后，新加坡的社会冲突有所减弱，这是因为，海峡殖民地政府 1877 年在新加坡设立的华民护卫司署，加强了对华人社会的管理，它既促进了华人社会与殖民政府之间的沟通，也成为凌驾于华人各帮之上的、专门管理和调解各帮事务的权威机构，有了正式而具有现代性的解决途径，比非正式而野蛮的争夺方式更能使人接受。另外，殖民政府于 1889 年查禁了秘密公社，也是冲突减弱的一个重要原因。虽然社会冲突的根源在于各帮之间的对立以及殖民政府与华人之间的矛盾，但在冲突第一线扮演角色的往往是秘密公社；因此，削弱它们的力量，也就是削弱了冲突因素中最突出的部分，自然会大大减少冲突。还有，受中国的影响，这一时期新加坡的民族主义思潮也开始兴起，它的传播在一定程度上冲破了帮和地缘的界限，促进了整个华人社会的认同，对于抑制各帮之间的冲突也是有作用的。

我们还应看到，帮的分化与冲突在一定程度上打破了传统社会组织的界限，在当时的背景下有利于民族主义和现代西方思想的传播。

第三章

19世纪至20世纪中叶殖民政府的统治

第一节 殖民政府对华人社会的政策

自1819年新加坡开埠到1941年新加坡被日军占领这一百多年的时间里，在新加坡这个多元种族和商业社会中，殖民政府对占人口绝大多数的华人采取的是一种什么样的政策，是怎样对待华人首领的，显然是一个不容忽视的问题。

在这一段时间里，虽然殖民政府避免让亚洲人进入政府行政机关，但除此之外，基本上没有种族歧视政策，这表现在没有制定优待马来人的法律。因为马来人在这里只占少数，发挥的作用也很小；更重要的或许是新加坡是一个自由港和商业中心，平等主义在这里是不可或缺的，如果采取种族歧视政策，很可能影响社会的稳定和生意。当然，殖民政府更没有对华人情有独钟。如果说有一点歧视的话，那么或许它表现在语言上和教育上，而不是表现在种族问题上。一般来说，英国人认为华人具有进取心、工作效率高、有活力，并具有随和、刚强等特质，是殖民地的积极组成部分，相信华人对建设新加坡能够做出贡献。华人的缺点是，有相当一部分人沉溺于鸦片、赌博和秘密会社之间的争斗和骚乱，这有时对社会治安和法律造成很大的破坏。即便如此，殖民政府仍然认识到这一时期他们对社会的贡献大大超过了对社会的危害。

一 安抚与分而治之

殖民政府看到了华人社会是分裂的，因而长期坚持利用这种分裂来为自己服务。它支持华人和培育华人中说英语的人，企图使他们成为整个华人社会的领导和中坚力量，以导向华人社会的亲英价值观。说英语者与说华语者相比，特点是他们大都出生在海峡殖民地，受过英式教育，是比较西方化的殖民地的属民，被不列颠帝国的巨大影响和显赫的地位所征服，信任殖民当局的领导，崇尚英国人提倡的公平、自由和民主的价值观以及英国人的生活方式。因此英国人对他们更加信任，支持他们成为整个华人社会的代言人，与他们合作，以抵制说华语的那一大部分华人的对抗和威胁。

与此相反，殖民政府有意无意地把说华语的华人看成是移民，是暂时在这里居住的人，是对殖民地缺乏归属感和效忠意识的人。如果说这个看法对20世纪初以前的华人社会还适用的话，那么到20世纪初以后它显然是忽视了一个变化，即随着现代华文教育体制的确立，橡胶业和锡工业的迅速兴起以及妇女移民的大量涌入，说华语的华人也都把这里看成自己的永久居住地了。在19世纪时，英国人对华人是既赞赏又提防，赞赏他们为殖民地的开发而拼命劳动的精神，赞赏他们的商业能力以及开拓精神和进取心；当华人要提高自己的地位——先是通过秘密会社建立自己的组织或者"国中之国"，后是建立具有民族主义性质的国民党，这时英国人就对华人非常不信任和提防了。在19世纪华人移民渐渐地成为永久性居民时，殖民政府就感到忧虑和担心了，他们担心华人日益增长的政治和经济力量会威胁到英国人的政治和商业利益，担心日益增长的华人民族主义情绪会吸引大多数华人，以形成另一个政治中心，并用华人自己的价值观取代英国制定的法律。在这种情况下，殖民政府就会采取措施镇压华人社会的活动，这表现在它于1890年通过立法使秘密会社成为非法组织，1925年宣布禁止国民党的合法活动，这些措施都非常有效。殖民政府把它的法律和秩序看成是至高无上的，因此，任何对它们的破坏都会受到严厉的镇压。这样做的结果是在19世纪40年代初新加坡社会出现了稳定发展的局面。

一般来说，殖民政府对华人首领的态度和它对华人社会的态度是一致的。在处理华人社会内部事务时，殖民政府在大多数情况下不会剥夺华人首领的权力，然而在涉及重要政治问题时，殖民政府就不可避免地倾向于使用受英语教育的华人首领。这是因为受英语教育的华人首领在态度上更倾向于殖民政府，而且在语言上与华人社会和殖民政府都很容易沟通。虽然在很多情况下使用受英语教育的华人精英是方便和符合逻辑的，或许也并非是不公平的，但是这在说华语的华人社会看来是殖民政府的偏见和对他们的歧视。殖民政府很少邀请说华语的首领出任海峡殖民地立法议会的议员，在涉及全岛的大事上也不与他们协商。只是在极少数情况下，殖民政府别无选择，才采取实用主义的政策，与他们进行合作。例如，在殖民地建立的初期，殖民政府委任华人社会各方言组织的首领担任"甲必丹"，即地方官员，授予他们一定的执法、司法和行政权力。甲必丹们也确实帮助殖民政府收税、解决争端以及维护法律和秩序，做了不少事情。这些甲必丹大都是说华语者。当时殖民地政府与华人社会的联系还不很畅通，治安力量也很有限，对华人社会只能采取安抚的措施，加之华人中说英语的人还很少，殖民政府只能与说华语的华人首领合作。但是甲必丹制在1826年就终止实行了，当时新加坡被并入海峡殖民地，槟城的制度扩及新加坡，取代了甲必丹制度。对于殖民政府来说，取消甲必丹制度也正合心意，因为这种制度长久推行下去势必会导致华人聚居区的形成，从而可能建立起"政府中的政府"，或另一个政治中心。

二 对秘密会社：从默许到镇压

19世纪殖民政府对秘密会社的政策也是它对华人政策的一个重要的组成部分。1819—1877年，殖民政府采取容忍的政策，这主要是因为警力有限，镇压难以奏效；并且懂华语的官员很少，双方之间的交流不易畅通，管理乏力。这一时期秘密会社既不是非法的也不是秘密的，殖民官员很容易识别它的首领。警察和官员都感到应实行一种权宜之计，即与秘密会社的首领合作，以便在他们的成员发生骚乱时让他们出面调解和维持秩序。1861—1867年任海峡殖民地总督的格瓦内在发生华人骚乱时总是邀请秘密会社的首领去街头散步，以使他们及时制止骚乱。第一个会说华语的英国官员皮克在1872年到新加坡后，与秘密会社的首领建立了密切的关系，通过这种私交他在抑制骚乱方面取得了一些成功。1877—1890年，殖民政府对秘密会社采取了控制和镇压的政策。1877年成立了华民护卫司，它命令所有的秘密会社及其成员都必须注册登记，还流放了一些首领，并规定所有在海峡出生的华人不得参加秘密会社。到1889年政府通过了社会治安法令，宣布秘密会社为非法组织，开始全面镇压秘密会社，从此，秘密会社的实力大衰。

　　哪些人担任过秘密会社的首领呢？根据唐越生和布莱西的研究，大多数秘密会社的首领是受人尊敬、形象良好和乐善好施的华人社会首领，他们多数是在中国出生的，但也有少数是在海峡殖民地出生的。以史好业为例，他是19世纪20—30年代福建帮秘密会社中10位顶尖人物之一，他出生在马六甲，1926—1927年有7处注册的土地，是一位大地主。另一位顶尖人物唐克新出生于中国，到新加坡后成为一位富商。潮州帮1850—1880年也出现了几位有名的秘密会社首领，其中最能干和最令人感到恐惧的是周谋春，他出生于中国，从事各种受人尊敬的职业，如医生、戏院经理和店主。虽然一些华人社会的首领与秘密会社关系密切，但是多数华人社会的首领避免了与秘密会社发生关系，他们谴责秘密会社的活动破坏了正常的社会秩序，这些人包括陈笃生、佘有进、陈金声、胡亚基、陈明水；陈金钟和陈成宝，他们在19世纪30年代至20世纪70年代帮助政府调解或者镇压了秘密会社的冲突。

　　对秘密会社的镇压标志着殖民政府对华人首领的政策发生了变化。从此，殖民政府不再靠过去那种由于政治社会发育不全而不得不采取某些权宜之计的政策来维系社会秩序，而是真正树立起了政府的权威，以华人社会中健康而具有现代性的首领取代秘密会社首领的地位，使这些首领成为殖民政府的助手和地方官员，并在两者之间建立起正常的政治法律关系。1889年华人参事局的成立就是殖民政府正式承认华人首领的标志。建立华人参事局的意义还在于在华人首领与殖民政府之间有了正式而合法的交流渠道，政府通过这个机构可以经常得到华人社会的情况，从而改进它与各方言组织的联系。第一届华人参事局由13名成员组成，名额是按照各方言组织的实际分配的，福建帮 5 人，潮州帮 4 人，广府帮 2 人，海南帮 1 人，另外由华民护卫司使皮克充任参事局的主席，他是参事局中唯一的英国人。参事局每月开会一次，讨论所有重要的立法问题，尤其是涉及华人社会的问题，例如华人举行的各种传统的仪式、教育、社会福利以及社会矛盾等。参事局的成员也经常仲裁发生在华人社会中的种种争端，平息不满，为殖民政府提供咨询。在 1941 年前，它越来越把华人社会联成一个群体，而不是加深帮的裂痕。说华语的华人首领主要是在这个机构中发挥作用。除此以外，在市政委员会、立法与行政委员会以及 1933 年成立的总督海峡华人顾问委员会中都没有他们的代表，只有说英语的华人首领才能进入这些机构。

镇压秘密会社的深远影响还表现在它扫除了其他社团组织发展的障碍，使原先以地缘和血缘为基础的社会福利组织、工业和商业团体规模进一步扩大，组织结构也日益复杂化并突破宗教和方言的界限，越来越成熟起来。华人首领在领导这些组织发展的过程中可以得到更多的锻炼，为他们成为全国性的政治精英提供了基础。20 世纪初以后出现和发展的各类团体有许多，例如 1906 年建立的新加坡中华总商会，它代表着正在上升的商业资产阶级的利益；1910 年成立的新加坡福州协会，代表着从福建来的移民的利益；1929 年建立的漳州总会，代表着从福建南部来的移民的利益；1929 年建立的潮州会馆，代表着新加坡潮州人的利益；1929 年重新调整了的新加坡福建会馆在陈嘉庚的领导下，获得了福建人的忠诚；1938 年建立的新加坡广东会馆代表着从广东来的移民的利益。

三　华人社会的发展与殖民政策的调整

各类华人社团组织的发展说明华人社会发生了历史性的变化，因为只有在华人不再把自己看成移民，而是感到自己的利益与新加坡密切相关时这种现象才会出现；更有甚者，每个帮经过演化和发展都变得结构复杂和有影响力，成为华人社会内部的具有独立性的势力集团，这既是华人社团组织发展的原因，也是它的结果。当时，这些社团组织大都是非政治性的，是祭祀祖先和互助的组织，有的也是贸易和商业垄断的组织。但少数组织也越来越具有政治性，如中华总商会，不但成为华人社会中最具实力的组织，而且在代表华人与中国驻新加坡领事，与中国政府，甚至与殖民政府打交道方面非常有力。从这些组织中涌现出来的财源充足、具有家长式权威的华人首领在殖民当局和中国政府之间架起了一座桥梁。然而这也增加了殖民政府对华人威胁增长的担忧。在这种情况下，殖民政府强化了它偏向说英语的华人的政策，对说华语的华人首领的权力则尽量限制。在辛亥革命和五四运动的影响波及新加坡后，这里的民族主义情绪高涨起来，殖民政府于1925年对国民党颁布了禁令，给国民党以沉重的打击。然而殖民政府并未因此有所让步，1930年还驱逐了两名当地国民党的领导人和大量共产主义的同情者。在这一时期及以后的一段时间里，殖民政府对说华语的华人首领采取了疏离的态度，不再表彰他们对殖民地的贡献。

与此相反，中国的清政府自1877年在新加坡设立领事馆以后，尝试采取各种方式赢取华人的效忠。当时来访的清朝官员和驻新加坡领事公开地卖官鬻爵，出卖清王朝的各种爵位、封号和荣誉，这些虽然都是名义上的，没有什么实权，但当地的华人首领却可以借此提高自己的声誉，增加自己的合法性和号召力。同时各届领事还提倡发展中文教育，建立现代学校和教育体制。这些都增强了华人社会与中国的同一性，获得了新加坡华人民族主义者的同情。当时的华人民族主义者都希望中国能够保持独立和强大的地位，能改变贫穷的面貌，且担心中国被列强所瓜分，因为这种变化会影响他们在海外的处境。正是由于这些原因，新加坡和东南亚的华人民族主义者在20世纪上半叶的民族主义情绪特别高涨。

在对19世纪上半叶殖民政府对说华语的华人的政策进行评估之后，进一步分析华人护卫司的作用也是很有意义的。因为它是殖民政府中与华人社会接触最多的部门，也正是它能够影响殖民政府如何制定对华人社会及其首领的政策。过去一些研究只是对华人护卫司如何处理华人社会的问题进行了阐述，而很少涉及其组织结构、人员、特性以及实际的操作情况。

华人护卫司最初创立的主要目的是处理华人的"猪仔"贸易和秘密会社的问题。第一任护卫使皮克是一位颇受华人社会欢迎的人，因为他能用中文写作，可以说华人社会中的各种方言，更因为他非常重视与重要的华人首领的关系。但是在他之后的历任护卫司使似乎越来越关心华人中与中国有关的政治问题，例如与清政府的关系问题和民族主义情绪，而较少关注与华人社会首领的关系。20世纪20—30年代，护卫司发展成了一个政治机构，大量收集有关国民党和马来亚共产党的情报，同时还密切注视华人学校的动态和华人涉及政治和方言的出版物，实际上它已获得了对说华语的华人社会进行检查和控制的权利。这显然引起了华人民族主义者的不满，他们对护卫司又气又怕，称其为"情报部"。

至于对华人社会中说英语的那一部分，殖民政府的态度一直比较亲近，而且政策也十分灵活，不是那种非此即彼的态度。殖民政府对华人社会中两部分人的两种不同的态度是从自身利益考虑的。说英语和受过应试教育是华人获得殖民当局认可的重要条件，但是仅有这个条件还不够，其他的几个因素同样非常重要：财富、地位、职业、能力、个性、价值观、社会背景和华人社会的联系等，这是殖民政府选拔华人社会代表都要考虑的条件。华人首领上升的途径大体是：先是被确定为司法部的成员，然后再到市政委员会或华人参事局任职，在这期间，如果他们的能力和忠诚得到了证实，就可能被赋予更多的权利或者到海峡殖民地立法委员会和海峡华人顾问委员会任职。在1941年以前，一些华人首领就是通过这样的途径升迁，从而为殖民政府和华人社会做了更多的事情。这种精选政治精英的方法后来成了一种传统，为第二次世界大战以后选拔政治精英提供了借鉴。首先，其确立了一种亲英、亲西方和亲民主的传统，这不但成为选拔政治精英的标准，而且战前华人领袖也不得不调整自己以适应这个标准。其次，这些被选定的亲英的领袖经过一段时间基本适应了西方的民主政治，在战后的政治发展中扮演了积极的角色。最后，这些政治精英都是温和的，他们不主张采取革命的方式而主张采取改革的方式来取得政权，这对新加坡在政治发展进程中保留自由传统，防止激进情绪蔓延是非常有利的。

殖民当局通过给受英语教育的精英在立法议会中安排位置来表示对他们的承认和支持，确实起到了提高他们的社会地位和声望的作用。同时，英国还授予他们各种头衔和荣誉。胡亚基是立法议会中第一个被授予头衔的亚洲人，1876年他被授予了最低级的圣迈克尔和圣乔治勋爵士封号。但是最初这种情况很少见，英国不愿意给他的臣民过高的荣誉，这引起了其他人的不满。最初英国对这种情况视而不见，但是清政府在新加坡华人中的卖官鬻爵迫使华民护卫司采取了相应的对策。1896年，李华明护卫司使就这个问题给总督提交了一份很长的备忘录，敦促总督通过授予华人头衔和荣誉来"培养华人臣民的忠诚和对他们的努力表示理解"。但这份备忘录并未带来任何变化。1907年，当时在任的总督安德森又旧事重提，就这个问题给英国殖民部大臣提交了一份备忘录。他在这份备忘录中说，给殖民地的华裔臣民授予爵位等荣誉可以激发他们作为英国臣民的自豪感和效忠精神。或许是这份报告在殖民部起了作用，5年之后英国政府授予乐善好施但保守的立法委员陈笃生最低级的圣迈克尔和圣乔治勋爵士封号。此后，英国开始不断地把各种封号授予说英语的华人首领。

　　虽然殖民政府在制定各种政策，特别是与华人有关的政策时，确实要与进入立法和行政顾问委员会的华人首领进行协商，在法律制定和税收政策的制定上采取向人民公开和投票表决的方式，但最后的决定权还是在殖民政府手中，政治运作的殖民主义性质并没有变化。政府的权力基础非常窄，行政机构被英国人所垄断。虽然华人在贸易和商业领域中有很大的自由，但是一旦这些活动涉及政治和政府时，就寸步难行了。政府的行政部门——马来亚民事服务机构——从不允许华人涉足，但其中有少数的马来人任职。20世纪30年代的华人首领对这种状况进行了连续数年的批评和呼吁，他们要求让立法委员会的华人成员进入公共行政部门。面对这种压力，克莱曼总督于1934年设立了相对独立的海峡殖民地民事服务机构，进行部分的行政工作，才允许华人在其中担任某些低级职务。这显然是一个进步，但这并不足以安抚那些有能力的说英语的和从英国大学毕业的华人。曾担任过总督的盖勒·马德对英国的这一闭关政策这样评论道："（华人）社会中有很多商人、律师、银行家和其他富有的人，他们中不乏能人，但是除了在立法委员会和市政委员会中，他们的智力很少被利用起来。他们虽然有知识和能力，但殖民政府并不或很少征求他们的意见，他们也很少有兴趣过问政府的工作，甚至尽可能避免卷入公共事务。"他们之所以不能介入殖民地的政治，最主要的原因是英国人不愿意放弃对殖民地政治的垄断。

显而易见，殖民政府对政治的垄断不能培养出当地的掌管自己政府和取得独立的人才，反而抑制了人们的政治思维和文化创造性，削弱了人们参与政治事务的积极性。这种缺乏政治动员的政策，使殖民当局不能很好地开发殖民地的人力资源，使当地人中一些很有才华的人得不到利用。例如，在海峡殖民地出生的华人顾昆明（1856—1927）从英国的爱丁堡大学毕业，通晓数国语言，并获得语言学硕士学位。19世纪70年代他离开新加坡回到中国继承其父的地产，接着成为国立北京大学的英语文学教授，在他的领域中是公认的知名学者和作家。再比如，吴连成博士（1879—1960），从爱丁堡大学医学专业毕业，是女王奖学金的获得者，他发现中国比新加坡更能发挥他的才能，到中国后很快出了名，1910年在与东北发生的大鼠疫的搏斗中大显身手。林文庆博士（1869—1957），也是女王奖学金的获得者，并毕业于爱丁堡大学医学专业，他是一位杰出的演说家、社会改革家、出色的组织者和儒学学者，并通晓数国语言。他是一位全才，在新加坡进入了立法委员会，积极参与当地的政治，并成为中华总商会的领袖。他于1921离开新加坡到中国担任厦门大学的副学监，一干就是17年。当时新加坡没有为他提供施展才能的机会，如果不是这样的话，"他的思想、才能和领导能力会对新加坡有更大的贡献。"

以上论述虽然证明了殖民政府偏爱受英语教育的华人，但同时我们也应该注意到，在某些偶然的情况下殖民政府也会采取亲近受华文教育的华人的实用主义政策，这是因为在某些情况下殖民政府没有选择的余地。例如，在1941年12月，日军侵犯新加坡的前夕，面对这一生死存亡的困境，总督申顿·托马斯不得不进行全民总动员以支持他的军事和民事防务。要对占人口绝大多数的华人民众进行动员，就要利用华人社会的领袖。在通常情况下，这种信任和权利应该授予那些受英语教育的华人，但由于他们在华人中的群众基础很窄，而且也没有或者是不可能有这种大规模的组织能力的实践，因而只能交给受华语教育的华人领袖，当时在华人领袖中这个职务非陈嘉庚莫属。陈嘉庚出生于中国，受华文教育，提倡中华文化，主张发展中国教育，也有着对中国的忠诚，是一个中华民族主义者。在与陈嘉庚协商之后，总督授予陈嘉庚三项任务和权利：一是组织华人民防队伍；二是组织宣传队向华人进行宣传，宣传政府的房屋政策并激发群众的抗日情绪；三是伪政府征募劳工。实际上，在陈嘉庚的领导下，几乎所有的华人，包括国民党、马来亚共产党、在海峡出生的华人和各帮华人都停止了争吵，团结起来。不幸的是，由于殖民当局在1942年2月15日就向日军投降了，因而陈嘉庚也只是领导了很短一个时期。受华语教育的领袖与殖民当局合作是由于他们在整个第二次世界大战中是站在同盟国一边，站在中国一边。陈嘉庚就把新加坡的反日斗争看成是他支持中国和东南亚各国的抗日斗争的继续。"但是，更主要的原因则是由于蒋介石号召所有的海外华人行动起来支持中国政府反对日本侵略者，这是促使67岁的陈嘉庚更加卖力的重要动力。"

小结

新加坡，不像马来亚等国那样，在法律上明文规定马来人享有某些特权，这里没有这样的规定；而且马来人和印度人居于少数民族的地位，他们的问题比较容易处理，因此殖民政府把更多的精力放在处理华人事务方面。殖民政府赞赏华人的勤奋、工作效率和守法，但对华人日益增长的政治和经济影响非常担心，因此，虽然在殖民地的经济商业事务上要依靠华人出力，但一旦涉及政治权力，就不让华人插手了。当然，主要是不让受华语教育的华人插手。相反，殖民当局积极发展英语教育，并让受英语教育者进入殖民地的政治组织，虽然十分有限，但这样做的结果是，在受华语教育的精英看来，殖民政府是在推行一种分而治之的政策。

殖民政府处理华人事务的一个关键性原则似乎是法律和秩序，当法律和秩序受到威胁或被削弱时，就会采取镇压措施。殖民政府对华人社会的政策不是僵硬的，而是灵活和实用主义的。在一般情况下，其对受英语教育的精英比较偏爱的，但是当其利益需要与受华语教育的精英合作时，政策就会发生微妙而灵活的变化，这种变化足以使受华语教育的精英分享部分权利。正是这种灵活的实用主义思想使华人与马来人和印度人，或者与其他殖民地的属民相比，得到了更多的教育和羡慕，而不是斥责和蔑视。

在整个19世纪和20世纪上半叶，除了马来亚共产党的活动外，华人社会基本上没有推翻殖民统治的意向。无论是用和平手段还是暴力手段，华人都没有这方面的行动。当时华人中的民族主义是中国的民族主义的一部分，是中国民族主义运动的追随者，两者的宗旨和奋斗目标基本上是一致的，不是对准新加坡殖民统治的，更不是要把新加坡变成中国的一个省。华人社会也有反对殖民当局的活动，但前提都是英国卷入了反对中国的活动或殖民当局对新加坡的民族主义者采取镇压政策的时候，例如抑制华文教育，限制华文出版物，取缔国民党和驱逐民族主义领袖。殖民当局所推行的比较自由的移民政策，自由主义的经济政策，以及重视法律和秩序的政策，都对建立一个稳定而有活力的社会起到促进作用。这种合作是非常有用的。这表现在虽然直到1941年华人社会的民族主义者没有把华人社会完全凝聚到一起，仍然缺乏一致性，在思想意识、效忠、教育和领导层等方面仍然有很大的差别，但整个华人社会一直是生机勃勃的，并且稳定而繁荣。这是因为，那些具有聪明才智、有较高的知名度、与殖民当局保持密切接触的受英语教育的精英和那些富有的、有群众基础的、机敏的受华语教育的精英之间的沟通、理解与合作是富有成效的。

第二节　华人参事局的设立与政治参与

成立于1889年的华人参事局是半官方的第一个全国性的华人政治机构，也是19世纪后期至20世纪上半叶殖民政府与华族各帮民众进行政治交流的主要的渠道。参与只是通过宗亲组织和方言组织的首领、富商个人甚至秘密会社的首领来实现，带有很大的偶然性和非法性，效果也非常有限。在此之后，华人也即社会的政治参与开始走上正轨，但参与度还很有限。此后，直到20世纪40年代的一段时间里，华人到底能享有多大的政治权利，从中可以窥见一斑。

华人参事局成立的直接原因是英国殖民政府与中国清政府争夺对新

加坡华人的领导权。随着华人移居新加坡的人数越来越多，1877年清政府在新加坡设立了领事馆。由于其在华人中的影响很大，造成了对殖民政府的离心倾向，尤其是19世纪后期清政府通过领事馆在华人中贩卖官衔，既争取到了华人的效忠，又搜刮了新加坡的钱财，令殖民政府非常不满，迫使其不得不采取对策。同时殖民政府在19世纪80年代已经下决心要镇压私密会社，在当时，这也是一件非同小可的事情。殖民当局的力量毕竟有限，因此，其必须首先获得华人领导层的支持，而给其一定的政治权利，是获得他们支持的先决条件；同时，给我与华人领导层一定的政治权利，使其合法化，也是使他们在竞争中压倒私密会社的有效步骤，这是从根本上打击是私会党势力，巩固殖民政府统治不可或缺的一步。

不过，华人参事局设立的根本原因还是华人实力的增加，已经使殖民当局和清政府都认识到有必要为争夺这一块地盘而下赌注了。当时，新加坡的华人已达12万人，占全部人口的2/3。而且，华人在精神和生产方面都要强于马来人和印度人，因此，其经济和社会实力更不低于这个比例。这样看来，华人政治参与的扩大就有其必然性了。至于当时殖民当局所言设立华人参事局是为了在华族各帮民众中架起一座桥梁，做到上情下达，下情上传，虽然不无一定道理，但这是过于肤浅和简单化的解释。

华人参事局是咨询机构，没有参与行政和立法的权利。其可讨论和提供咨询的事务包括六个方面：①有关华族问题的政府立法以及有关华族社会的礼仪、庆典等问题；②有关各帮事务；③有关华族社会教育的问题；④有关华族社会老者和病者的赈济；⑤有关华人参事局可调停的一切华族事务；⑥华族社会任何个人苦衷需要下情上传者。显然，华人参事局可讨论的问题的范围包括政治、经济、文化和社会诸方面，非常广泛，但广而不深，因为他没有把所讨论的内容付诸实施的权力。

正是由于这个原因，华人参事局一般不讨论重大问题，因为即使讨论了，也不可能获得殖民当局的认可，甚至还可能引起猜疑。在其成立后讨论并获得殖民当局批准的事件主要有以下几个：1901年英国维多利亚女王病逝，华人参事局讨论决定全体华人闭市一日，以示哀悼。1924年讨论减少或废除小贩事宜。1926年讨论华籍三轮车夫注册、华人婚姻注册及确定华族女佣的佣金问题。从这几项内容看，华人参事局的作用这时还很小，这与殖民政府并不想给它实际的权利不无关系。但它有一个潜在的功能不应被忽视，就是华人参事局吸纳了各帮的华人领袖，并可以合法的身份代表华人与政府打交道，这与过去相比，无疑提高和巩固了他们的地位；反过来，殖民当局对华人参事局领导层的承认换取了华人对殖民当局尤其是"新加坡"的认同。这是华人参事局潜在的最大的作用。

华人参事局成员是以地缘组织为基础，加上后来成立的中华总商会等组织按比例分配名额组成的。殖民当局还对任职资格做了规定，因此，其成员一般都是德高望重、老成持重的长者，思想不偏激，能够服从殖民当局，并在华人中有一定的实际影响力，年青激进者不能入选。这些成员主要来自商界，另外法律界和医界也有人入局者，但工农无一人入选。其中受英文教育者占到一半以上的比例，一旦进入华人参事局，本人的社会地位也就随之提高，但对殖民政府的忠诚也会增强。华人领袖的这种变化，必然会影响到整个华人的态度。这种变化从根本上来说就是新加坡对华人的凝聚力增强了。同时，虽然华人参事局的作用还不够大，但这种参与方式本身就足以表明这是华人参政，进而也是新加坡整个政治发展的一个里程碑。

第三节　国民党的挑战

新加坡国民党是新加坡的第一个政党组织，在20世纪上半叶曾活跃一时。作为新加坡政治发展的一个标志，它在新加坡现代史上占有一席之地。

新加坡的国民党成立于1912年12月8日，原则上是中国国民党的一个分部。成立时这个分部有党员四五百人，以后两年发展到2000人左右。在这两年的时间里，其与国内的国民革命运动遥相呼应，积极宣传反对袁世凯的斗争。英国这时并不想因此而影响自己与中国政府的关系，遂于1914年8月，以其从事的活动影响了两国关系为由，取消其注册，随之，国民党设在新加坡和马来西亚的总部和分部都相继解散。

国民党虽然解散了，但国民党员并未因此而停止活动。由于中国的国民党还很强大，因此这些党员仍然充满信心，以国民党员的身份活跃于各种合法的场合，诸如报馆、俱乐部、夜校和书社等。当时的同德、同文、开明、公益、星洲书报社以及同仁俱乐部都是国民党人活动的中心场所。因此可以推测这一时期国民党有一定的组织上的联系。1924年孙中山与中国共产党合作共组国民党以后，以及两党于1926年联合北伐前后，这里的国民党共秘密建立了21个国民党支部。这就导致殖民当局又重新严密注视国民党的动态，其主要是担心国民党推动反英的民族主义运动。此后殖民当局经常逮捕激进的国民党人士，并把他们驱逐出境。但总的来说，殖民当局并未对国民党人的秘密或半公开的活动采取十分严厉的高压手段。从1927年下半年开始，新加坡的国民党也追随中国国民党进行清洗，把左派和共产党清除出党。不过其并未像在中国那样对共产党进行屠杀，当然它也没有这个权力。1929年清党完毕，其时国民党有党员10290名。1925—1930年可以说是新加坡国民党发展的黄金时期。

1930年2月5—7日，新加坡国民党公开举行领导人会议，参加者40余人，并将消息登在新加坡的《民国日报》上。此举刺激了刚刚走马上任的新加坡总督金文泰，他迅速做出反应，于2月20日在总督府内召集国民党领导人开会，说国民党2月初开会已违反当地法律，还说："这个国家是属于英国治理，我们不能容忍像国民党这样的政治组织的存在。"最后他训令全部解散新加坡国民党的组织，但国民党员可以个人身份参加中国国民党。在场的国民党领导人曾举出几条理由争辩，说国民党的存在限制了共产党的发展，国民党没有危害社会治安的活动，并鼓励新加坡的华人效忠于英国。这些理由实际的意思是，一是新加坡国民党并未"左"倾，不会煽动激进的反英民族主义运动，已不同于中国国民党，而是新加坡的一个组织。但金文泰的态度非常强硬，因此新加坡国民党被迫立即宣布解散。

金文泰之所以严禁国民党有他自己的考虑。他在任香港总督期间，国共两党曾发动了省港大罢工，使英国的殖民利益受到沉重打击，也使他很丢面子，令他非常恼火，此后对国民党一直持敌对态度，因此来新加坡后也伺机报复。同时，他也想在新加坡大干一番事业，整顿殖民地的法律和秩序。他认为"非法"的政党能够"公开"和公开活动，是蔑视殖民政府权威的表现，这种趋势的蔓延，必然会破坏法律和秩序，因此，必须予以取缔。从根本上来说，还是他对国民党的性质有所了解。国民党是一个民族主义政党，这是确定无疑的事实，其迟早要进行民族主义运动；况且，当时包括中国在内的亚洲和拉丁美洲一些国家的民族运动正值高潮，新加坡的国民党员的文化水平又比较高，难保在其势力壮大之后不进行反英的民族主义活动，及早地把它扼杀于摇篮之中，对于殖民政府来说实为上策。当时国民党在报界、学校、工会和商界已经有了广泛的影响，不时掀起阵阵波澜，确实值得殖民当局警惕了。

自从被宣布为非法之后，新加坡国民党由于受到种种限制，没有再公开和单独领导政治运动，但其领导人和党员往往参与了其他社会组织发动和领导的运动，推波助澜，甚至参与领导，仍然发挥着很大的作用。例如在20世纪二三十年代以陈嘉庚为首领导的各种政治运动中，都有国民党人士在其中担任领导。但无论如何，国民党作为一个政治组织已不复存在，尽管其党员坚持不懈的努力，从总的趋势来看，它已经在走下坡路了。1941年12月，日军南进至新加坡，英殖民政府一度与国共两党握手言和，共组反对日本侵略者的统一战线。但国民党并未再形成独立的政党，只是其党员可以合法活动。第二次世界大战后，新加坡的民族主义运动发展起来，政党组织纷纷建立，有志于民族解放运动的国民党员纷纷加入其他政党，国民党自然而然地销声匿迹了。

新加坡国民党是按照现代政党原则在新加坡建立的第一个政党，尽管受中国国民党的影响并与中国国民党保持联系，它还不能说是一个完全独立的政党组织，也不是与新加坡的政治发展阶段相适应的产物，而是一个早产儿，但他传播了民族主义思想，也为之后现代政党的建立积累了经验。

第四节　左翼运动与共产党的兴起

左翼运动与共产党有着密不可分的关系，它们在新加坡现代史上都曾产生过重要的影响。

在20世纪20年代初期，新加坡的左翼运动已基本形成。当时，原本是国民党员的一些人和一些年青知识分子，受到五四运动和共产国际的影响，加之孙中山的亲俄亲共政策，聚集到一起，逐渐形成了一个派别。他们渗透到华族各社会组织，尤其是工会、夜校和报社之中，积极进行民族主义思想的传播。1926年5月，左翼人士在新加坡发起组织了南洋各业职工会，设有总部和5个支部，有会员1000余人，大多是各业工人。1927—1928年，南洋各业职工会十分活跃，先后发动了新加坡电车工人罢工和全岛鞋业工人罢工等大的罢工斗争。1927年3月，左翼夜校师生为纪念孙中山逝世两周年而进行游行示威，与警察发生冲突，造成6人死亡的惨案，这就是有名的"牛车水事件"。1928年2月，左翼人士正式组建了南洋共产党。当时建党的目的是集中左翼力量，加强领导，宣传社会主义思想，并在劳工、学生和其他青年中进行动员，为开展民族解放运动做准备。共产党一建立，立即引起了殖民政府的警惕，其不能允许民族运动沿着左翼的方向发展，因此加大了镇压力度。殖民政府一方面宣布左翼团体和共产党为非法组织，不允许他们存在，另一方面则驱逐左翼人士和共产党人，这些镇压措施使左翼运动陷入低潮。共产党等组织也基本解散，共产党员只能进行地下的秘密活动。

1937年7月7日，中日战争全面爆发后，随着各地统一战线的建立，共产党和左翼力量积极投身到抗日救亡运动之中，从而得到了发展。共产党在新加坡组织了抗敌后援会，并派党员渗透到各种爱国组织中，如演剧团、校友会、工友会和无产阶级作家协会等社团组织中，都有共产党员。其中，抗敌后援会的组织严密，分布广泛，不但广布于新加坡和马来西亚各地，而且深入到下层华人的各个角落，1939年起会员总数达到3万余人。1940年殖民政府感到它的力量过于强大，担心它日后对政府的权威构成威胁，对它进行了某些限制，使其力量有所下降，但1940

年共产党建立的另外三个外围组织仍很活跃。它们是：海外华侨抗敌救国会、新加坡华侨救国服务队和青年救国联盟。由此可见，这一时期共产党及其外围组织的能量是很大的。此时的南洋各业职工会也仍有较大力量，继续领导开展罢工活动，进行激进的政治宣传和攻击殖民统治。1941年10月，其在新马地区已有70个下属组织。其实，共产党和左翼力量对民众动员的范围之广，只有陈嘉庚领导的筹赈会和南洋筹赈会可与之匹敌。如果不是殖民政府的限制，它大有超过陈嘉庚势力，与其争夺华人领导权的能力。

左翼力量和共产党的领导人与国民党有所不同。国民党领导人大都是受英语教育的，文化水平较高，而左翼运动和共产党领导人大都是受华语教育者，社会地位较低，比较能够得到下层人民的支持。但它的战略也比较激进，这是它过早受到殖民当局压制的主要原因。新加坡的情况与中国有所不同，它的经济状况比较好，就业机会也多，因而下层人民反对殖民统治者和资产阶级的情绪也就不那么激烈，搞阶级斗争不那么容易成功。

20世纪30年代共产党在领导工人运动方面取得了一定的成效，这表现在通过罢工增加了工人的工资，还使有的公司提高了工人的医疗待遇，延长了工人的假期，增加了住房津贴和改善了就业保障等。同时，深化了下层华人的政治意识和民族主义意识，使共产党成为一个有一定群众基础的政党，为新加坡的抗日斗争做出了贡献。但是由于共产党受"左"倾思想的束缚，没能联合中间力量，削弱了抗日救亡统一战线的力量以及阻碍了自身的发展。另外，它也为第二次世界大战后工人运动的蓬勃发展做了思想上和组织上的准备，尽管战后共产党在新加坡没有发展起来，但在马来亚却十分活跃，其活动也波及新加坡。

第四章

多元种族社会的形成

第一节 19世纪至20世纪上半叶 各种族的移民与人口发展

莱佛士率军登陆时，新加坡人的主要聚居地有120名马来人和30名华人，另外还有一两个小的聚居区和个别零散的住户，华人的总数略超过100人，马来人则不超过200人，加上随莱佛士登陆的少数英国军官、几十名印度士兵、侍从和少数华人，1819年年初新加坡的人口应为三四百人。种族包括马来人、华人、印度人和英国人，直到今天，新加坡仍然主要是由这四大种族构成。

开埠以后，新加坡的人口增长很快。莱佛士在1819年6月致森美塞公爵夫人的信中这样说道：我们的殖民地很快就繁荣起来了，开埠不到4个月，人口已超过5000人。据卜烈尔统计，1821年新加坡的人口为4724人，其中华人为1150名，占总人口的24%。1824年新加坡进行了第一次人口调查，统计总人数为10863人，其中马来人为4580人，占总人口的42%；华人有3317人，占总人口的31%；其余为印度人和英国人，这时已开始有其他种族的人加入进来。这一时期，由于与中国还未通商，新加坡的移民大多来自周围地区，像马来半岛、马六甲、柔佛以及印度等地，因此华人增长的速度并不很快，而马来人和印度人则显得较快。

1824年以后，殖民政府看到关税过高不利于通商口岸的发展，因此宣布降低关税，这导致了中国与新加坡的贸易迅速升温，华人移居新加坡的数量也日渐增多，使新加坡出现了持续的移民高潮。到19世纪中期，新加坡多元种族社会的基本格局初步形成。

表4-1　　　　　新加坡人口发展概况（1834—1990）

	年份	华人	马来人	印度人	其他人种	总和
人数	1836	13700	12500	2900	900	30000
	1849	18000	17000	6300	1600	42900
	1860	50000	16200	13000	2534	81734
	1871	54572	26148	11501	4890	97111
	1891	121908	35992	16035	10619	184554
	1901	164041	36080	17823	10611	228555
	1911	222655	46952	27990	14388	311985
	1921	317491	58520	32456	17445	425912
	1931	421821	71777	51019	22836	567453
	1947	730133	115735	68978	25978	940824
	1957	1090596	197095	129510	28728	1455929
	1970	1579866	311379	145169	38093	2074507
	1990	2090000	380000	190000	30000	2690000

	种族	华人	马来人	印度人	其他人种	总和
百分比		46	41	10	3	100.0
		42	40	15	3	100.0
		61.2	20	15.8	3	100.0
		56.2	26.9	11.8	5.1	100.0
		66.1	19.5	8.7	5.7	100.0
		71.8	14.7	8.8	4.7	100.0
		71.4	15.0	9.0	4.6	100.0
		74.5	13.7	7.6	4.2	100.0
		74.3	12.5	9.0	4.2	100.0
		77.6	12.3	7.3	2.8	100.0
		75.4	13.6	9.0	2.0	100.0
		76.2	15.0	7.0	1.8	100.0
		77.6	14.1	6.6	1.7	100.0

资料来源：The annual Report of the Labour Force published by the Ministry of Labour does not publish data by ethnic classifications from 1990 on wards though the Ministry has collected the data; Census Data。

从统计数字中可以看出，大约在19世纪50年代左右，华人超过马来人成为新加坡的第一大种族，马来人成为人口最多的少数种族，其次为印度人，最后为"其他人"。据1871年进行的第一次全国人口普查统计表明，新加坡有2000名欧美人，其中800名是英国人，欧亚混血种人1200名，其他还有少数的阿拉伯人、犹太人、非洲人、暹罗人和吕宋人。这种人口的基本构成状况一直保持至今，只是期间人口的比例有所变化。然而，无论是华人、马来人、印度人还是"其他人"，其绝对人数在过去170多年的时间里基本上都是上升的，只有"其他人"在1970年以后有所下降。

1931—1970年，华人增长了3.7倍，印度人增长了2.8倍，与马来人增长4.4倍相比，增长速度比过去慢了不少。原因主要有三：一是由于受20世纪30年代经济危机的影响，新加坡的经济不景气，殖民当局这一时期决定限制移民，并帮助数千名华人和印度人返回家园。二是新加坡和马来亚的统计数字都显示，在马来半岛上马来人的数量第一次不足一半，马来人可能在自己的土地上成为少数民族，这引起了马来人和殖民当局的不安。马来人担心自己日后受到排挤，殖民当局担心引发种族矛盾。因此，殖民当局从此开始采取限制华人和印度人移居马来半岛的政策。三是考虑到人口性别差距的实际情况和政治含义，殖民政府从1933年开始限制成年男性华人入境，对妇女儿童不加限制，这项措施使男女比例失调的情况很快得到改善，但总的人口移居速度减慢了。从这里可以看到，殖民政府的移民政策对于种族比例的变化是有重要影响的。

第二节 种族关系

一 就业结构

1931—1975年，新加坡的经济结构发生了重要的变化，其加工业，如制造业、建筑业和服装业等雇用工人占全国劳动力的比例从15.6%增加到32%。商业和金融业雇用工人的比例增加了近一半，从21.2%增至29.2%。而基础产业，像农业、林业、捕鱼和采矿业雇用工人的比例则急剧下降，从12%降至2.5%。另外，运输、仓储和通信业也从18.8%

降至11.8%。社会、社区和个人服务业的劳动力人数的比例也从32.4%降至24.5%。产业结构的变化影响到各种族劳动力的配置情况。

表4-2　新加坡产业结构中华族与马来族劳动力配置（1931—1975）　　（%）

产业	1931年 华人	1931年 马来人	1931年 比差	1947年 华人	1947年 马来人	1947年 比差
农业	11.6	2.6	+9.0	9.4	11.5	-2.1
制造业	18.1	10.1	+8.0	22.7	7.3	+15.4
商业	15.3	5.8	+9.5	26.1	8.6	+17.5
运输业	23.6	20.5	+3.1	13.9	19.0	-5.1
服务业	31.4	61.0	-29.6	27.9	53.6	-25.7
总和	100.0	100.0	59.2	100.0	100.0	65.8
差率			29.6			32.9

产业	1957年 华人	1957年 马来人	1957年 比差	1966年 华人	1966年 马来人	1966年 比差
农业	9.1	4.5	+4.6	4.4	2.4	+2.0
制造业	22.7	12.0	+10.7	29.2	19.3	+9.9
商业	35.5	13.8	+21.7	25.6	10.8	+14.8
运输业	9.9	13.7	-3.8	9.8	9.5	+0.3
服务业	22.8	56.0	-33.2	31.1	58.0	-26.9
总和	100.0	100.0	74	100.0	100.0	53.9
差率			37.0			27.0

产业	1970年 华人	1970年 马来人	1970年 比差	1975年 华人	1975年 马来人	1975年 比差
农业	4.4	1.6	+2.8	2.9	0.8	+2.1
制造业	31.5	25.5	+6.0	32.4	32.9	-0.5
商业	28.9	12.7	+16.2	31.8	16.7	+15.1
运输业	11.4	16.2	-4.8	10.6	17.6	-7.0
服务业	23.8	44.0	-20.2	22.3	31.9	-9.6
总和	100.0	100.0	50.0	100.0	100.0	34.3
差率			25.0			17.2

资料来源：*Singapore Development Politics and Trend*, Singapore Oxford University Press, 1983, p.53。

如表 4-2 显示，在殖民统治时期的 1935—1957 年，华人与马来人劳动力结构的差距在拉大，1931 年差距指数是 29.6，1947 年升至 32.9，1957 年则达到 37.0。在新加坡取得完全自治后，差距指数开始下降，1966 年降至 27.0，1970 年降至 25.0，1975 年更降至 17.2。这说明，在殖民政府的种族隔离和不干涉政策之下，华人与马来人的劳动力就业差距是逐步增大的；在人民行动党执政后，它们是趋向融合的。

从另外一组数字来看，1931—1975 年，华人与马来人的劳动力结构也发生了重要的变化，华人在制造业、建筑业、造船业和公共事业中受雇人数几乎增长了 1 倍，从占劳动力总数的 18.1% 增至 32.4%，而马来人同一时间在这些行业中则增长了两倍，从 10.1% 增至 32.9%。这样，在 1975 年有 1/3 的华人劳动力和 1/3 的马来人劳动力都集中在制造业中，所以，新加坡的工业化，尤其是人民行动党执政以后的工业化带来了种族的结构性融合。

表 4-3 中的等级是按照就业者的受教育年限和月收入状况排列的，第一等级受教育的年限最长，并且收入也最高，依此类推。这四个等级是以 1966 年和 1975 年的抽样调查资料为依据划分的。它反映了 1947—1975 年华人和马来人就业等级结构的状况。把华人与马来人的就业等级结构相比，1947 年它们的差距指数是 23.9，显然华人的地位大大优于马来人；这个差距指数在 1957 年降至 13.2，到 1966 年又升至 18.8，1970 年又降至 17.4，1975 年为 17.8。这说明，1947—1957 年，华人与马来人的就业等级结构有一个趋近的过程，从 1959 年自治到 1965 年独立期间，又有一个趋远的过程，从 1965 年独立后到 1975 年间，"阶级差距"指数基本稳定在 17—18，还略有下降。

表 4-3　　华人与马来人劳动者的等级结构（1947—1975）　　（%）

等级	1947 年			1957 年			1966 年		
	华人	马来人	比差	华人	马来人	比差	华人	马来人	比差
一	8.3	2.8	+5.5	6.2	4.0	+2.2	8.3	4.0	+3.4
二	25.1	6.7	+18.4	31.0	20.0	+11.0	29.7	15.2	+14.5
三	56.7	78.3	-21.6	54.0	64.7	-10.7	58.0	76.8	-18.8

续表

等级	1947年 华人	马来人	比差	1957年 华人	马来人	比差	1966年 华人	马来人	比差
四	9.9	12.2	-2.3	8.8	11.3	-2.5	4.0	3.1	+0.9
总和	100.0	100.0	47.8	100.0	100.0	26.4	100.0	100.0	37.6
比差			23.9			13.2			18.8

等级	1970年 华人	马来人	比差	1975年 华人	马来人	比差
一	10.5	6.2	+4.3	14.6	9.2	+5.4
二	31.5	18.4	+13.1	35.4	23.0	+12.4
三	53.6	69.8	-16.2	47.0	64.8	-17.8
四	4.4	5.6	-1.2	3.0	3.0	0.0
总和	100.0	100.0	34.8	100.0	100.0	35.6
比差			17.4			17.8

资料来源：Singapore Development Politics and Trend, Singapore Oxford University Press, 1983, p.54。

在华人与马来人的第一和第二等级之间，百分比的变化是平行的。1947年华人第一等级就业人数的百分比是8.3，马来人为2.8，华人比马来人多出5.5个百分点；到了1975年华人在第一等级中的百分点上升至14.6，马来人升至9.2，最上层的"阶级差距"仍然稳定在5.4%。但从另一个角度来看，华人第一等级增长了还不到1倍，而马来人则增长了两倍多。在第二等级中马来人增长了两倍多，从1947年的6.7个百分点，增至1975年的23.0个百分点；而华人同期增长了不到1/3，从25.1个百分点增至35.4个百分点，这样，在第二等级中华人与马来人的差距从18.4个百分点缩小为12.4个百分点。

二 结构性融合

根据1970年的调查，在工作场所、居住、交友和亲属中各种族的结构性结合从表4-4中可反映出来。1970年62%的华人、92%的马来人和95%的印度人在工作场所都有异族同事；其中46%的华人、71%的马来人和83%的印度人是在三大种族共同工作的场所工作。在居住和邻里关系中，有59%的华人、76%的马来人和95%的印度人都与其他种族的人做邻居。其中有30%的华人、49%的马来人和81%的印度人是处于三大种族杂居的邻里环境之中。在各种族之间的关系方面，60%以上的华人、88%的马来人和95%的印度人有异族朋友，其中39%的华人、69%的马来人和87%的印度人有三大种族的朋友。以上的数字显示了各族结构性结合的程度。

表4-4　　　　　　　各种族的结构性融合（1970）

种族结合方式	华人	马来人	印度人	总和
1. 工作场所					
华人+马来人+印度人（%）	46	71	83	51
华人+马来人（%）	13	21	0	13
华人+印度人（%）	3	0	7	3
马来人+印度人（%）	0	0	5	0
只有华人的场所（%）	38	0	0	32
只有马来人的场所（%）	0	8	0	1
只有印度人的场所（%）	0	0	5	0
总和（%）	100	100	100	100
总数	499	63	41	603
2. 居住					
华人+马来人+印度人（%）	30	49	81	35
华人+马来人（%）	19	20	0	18
华人+印度人（%）	10	0	7	9
马来人+印度人（%）	0	7	7	1
只有华人居住的地方（%）	41	0	0	34
只有马来人居住的地方（%）	0	24	0	3
只有印度人居住的地方（%）	0	0	5	0
总和（%）	100	100	100	100
总数	791	120	56	967
3. 异族朋友					
华人+马来人+印度人（%）	39	69	87	45

续表

华人+马来人（%）	18	16	0	17
华人+印度人（%）	3	0	4	2
马来人+印度人（%）	0	3	4	2
只有华人朋友的华人（%）	40	0	0	33
只有马来朋友的马来人（%）	0	12	0	2
只有印度朋友的印度人（%）	0	0	5	0
总和（%）	100	100	100	100
总数	785	121	56	962
4. 亲属				
有异族亲属者（%）	5	12	23	7
无异族亲属者（%）	95	88	77	93
总和（%）	100	100	100	100
总数	795	121	56	972

资料来源：Seen-Kong Chiew, Singaporean National Identity, M. Soc. thesis, University of Singapore, 1971, Chapter 4, Social Integration and National Identity。

表4-5显示了各种族之间相互交往的程度。

表4-5　　　　　　种族之间的相互交往（1970）

	华人	马来人	印度人	总和
1. 每周至少有几次邻里交谈				
与本族和其他种族均有交谈者（%）	18	48	68	26
只与其他种族交谈者（%）	1	6	8	2
只与本种族交谈者（%）	81	46	24	72
总和（%）	100	100	100	100
总数	462	93	41	596
2. 参加其他种族的生日和婚礼				
生日和婚礼均参加者（%）	14	31	51	19
生日或婚礼参加者（%）	16	23	20	17
均不参加者（%）	70	46	29	64

续表

| 总和（%） | 100 | 100 | 100 | 100 |
| 总数 | 795 | 121 | 56 | 972 |

资料来源：Seen-Kong Chiew, Singaporean National Identity, M. Soc. thesis, University of Singapore, 1971, Chapter 4, Social Integration and National Identity。

表4-5显示，只有19%的华人与他的非华人邻居一个星期交谈几次以上，虽然59%的华人都有异族邻居；同样只有54%的马来人与他们的非马来人邻居交谈，虽然76%的马来人有异族邻居；只有76%的印度人与非印度的邻居交谈，虽然95%的印度人有异族邻居。与杂居相比，交流率较低是由于各种语言之间缺乏对异族的吸引力，同时，种族间的不习惯与偏见也是一部分原因。

种族间关系的另一个标志是在举行生日或婚礼庆典时相互之间的参与程度。表4-5显示只有30%的华人被邀请参加这些庆典，虽然62%的华人都有异族同事，59%的华人有异族邻居，60%的华人有异族朋友。同样，虽然马来人中92%有异族同事，76%有异族邻居，88%有异族朋友，但只有54%的马来人被邀请去参加异族人的生日和婚姻庆典。

通过种族间通婚造成亲戚关系而实现的种族之间的交流甚至低于一般的种族间交流。只有5%的华人、12%的马来人和23%的印度人与其他种族的人有亲属关系。新加坡的通婚率是比较低的，1962—1978年，平均年通婚率为4.62%。

无论是在种族的结构性结合方面，还是在种族相互影响方面，华人的比率都是最低的，其次是马来人，而印度人最高。原因也许很简单，占人口绝大多数的种族与少数种族相比，多数人种在本种族圈子内活动的范围更大，因此与本族接触的机会就要多一些，少数种族则正好相反。

1989年进行的一项调查表明，新加坡的种族和谐已有了很大的发展。在所调查的四项指标中，表明种族和谐的百分率都有较大提高。在不同种族之间的友谊方面，华人中拥有马来人朋友的人由1969年的42%增加到57%。华人拥有印度人朋友的也从60%提高到67%。马来人拥有华人朋友的由85%升至92%。印度人中拥有华人朋友的也从42%升至60%。马来人中拥有印度人朋友的更是从72%激增至93%。至于印度人拥有马来人朋友的比率虽然由1969年的91%降到1989年的90%，但只差一个百分点，仍属极高的百分率。

在对与异族通婚的看法上，1989年的调查表明，47%的华人表示愿意与马来人通婚；62%的马来人表示只要对方改信伊斯兰教，也愿与华人通婚。赞成与印度人通婚的华人占45%，印度人中愿意与华人通婚的为58%。马来人中愿意与印度人通婚的占58%，印度人愿意与马来人通婚的为57%。这两者数目的接近和相对较高，部分原因是印度人中信奉伊斯兰教的比率高于华人。1962—1978年，各种族年平均通婚率是4.62%。与此相比，1989年人们的观念显然是发生了明显的变化。一般来说，多数华人不愿与异族通婚，反之，多数马来人与印度族则赞成与异族同婚。马来族坚持通婚的对象必须是伊斯兰教信奉者，这点表示，宗教是人通婚的负面因素。

在调查新加坡种族间是否必须互相依赖，尤其是否应该联合抵抗外来侵略、促进经济增长和提高社区生活水平时，三大种族赞成的答案都超过80%，这显示了三个主要种族愿意共担风险、同享安乐的决心。

在对种族关系的看法上，三个种族都有90%的人认为新加坡的种族关系是和谐的，种族之间没有利害冲突。

可见，20世纪80年代后期以来新加坡各种族在社会结构中的整合有了进一步的发展。

三 政府的种族政策

政府在促进种族关系发展方面做了很多努力，也制定了相应的政策。住宅政策就是起重要作用的一项政策。人民行动党上台伊始，全国面临住房危机，政府采取了大力发展公共组屋的政策。当时政府就颇有远见的考虑到，建设大量的组屋区不仅是要改变国人的居住条件，实现城市化，而且还应同时做到改变种族隔离的局面，通过种族的杂居来促进种族关系的结构性调整和发展，从而促进社会的稳定和发展。这样，政府有关部门在分配组屋时，就不再采取传统的以种族为基础的分区居住制了，而是打破种族界限，只按照公民身份、级别、收入高低以及家庭成员多少进行分配，并有意实行种族的杂居。因此，组屋所形成的是华人、马来人、印度人和其他种族的人毗邻而居的新型社区。

新加坡政府曾几次颁布过有关政策，最近一次是1989年3月在组屋区实行的种族按比例居住原则：

1. 华族在每一社区中的人口比例不得超过84%，在每一栋公寓中不得超过87%；
2. 马来族在每一社区中人口比例的最高限额为22%，每栋公寓不得超过25%；
3. 印度族和其他种族在每一社区中不得超过10%，每栋公寓不得超过13%。[1]

种族杂居为各族居民化解种族间的陌生和误会、增加种族间的邻里意识、培养睦邻精神创造了良好的条件。只有种族关系密切了，才能增加"新加坡人"的民族归属感，增强对国家的效忠。

当然，这种居住也带来了一些问题。政府从维护传统保持稳定的角度考虑，极为提倡三代同里和三代同堂，以增加亲戚之间的相互照顾和扶持，而种族杂居则给维护这一传统提出了难题。既要保证种族居住的比例，又要维持三代同里或三代同堂的家庭居所，使房屋的调整有相当的难度。有些新组屋区的学校由马来族学校改变而发展成混合学校，马来学生的比例较高，这使新迁来的华人家长往往不愿意将自己的子女送进这样的学校。同样，马来学生也不愿进华人太多的学校。而且，由于这一政策的推行带有某些强制性，一些少数种族的心理准备不足，他们搬进组屋区后与华人相处的不是那么和谐，有不少人要求调房。

---

[1] Jon S. T. Quan, In Search of Singapore's National Values, Singapore, Times Academic Press, 1900, p. 51.

第三节 以种族为载体的多元文化的碰撞与融合

新加坡种族关系的发展并不仅仅限于就业、阶级结构、通婚以及相互交往的亲密程度等方面,它还表现在教育、语言和宗教等文化领域。

一 教育与种族结构的变化

新加坡历史上不同时期的教育方式对种族关系的影响非常之大。

新加坡早期的学校,是由教会、殖民政府以及宗亲、方言组织建立的。当时他们都从小集团或本地的利益出发,把本族文化和语言的发展当作教育发展和培养人才的唯一方法和目标,没有为种族和谐做出多大贡献。整个19世纪乃至20世纪初,华人的学校都是用本族一种语言教学,而且学生大都来自地方组织的狭小圈子之中,教学内容也缺乏科学性;殖民政府的学校在一段时间内只接收马来族学生,那是为了保持种族力量的平衡,防止华族势力发展过大。到20世纪上半叶,公立学校增多,不但有了初级学校和中级学校,还开办了学院。公立学校的建立带来了两点变化:一是它吸收学生的范围扩大,各种族、各社团组织的子女都可入学,因此在一定程度上打破了种族界限。二是它大多以英文为教学语言,因此英语在教学中的地位不断上升。但是殖民政府推行种族分立政策,因此,这时各族自己的学校仍然是只讲一种语言,或讲华语,或讲巫语(马来语)、泰米尔语(印度语),因此,除了英文学校有所贡献外,其他语种的学校在种族融合方面都起不了什么作用。在这种教育制度下培养的学生虽然对本族文化感情较深,但对整个民族和国家的认同不够。这在殖民统治下是对统治者有利的,使其可以分而治之;但对建立一个现代型的国家来说,就远远不够了。

1959年,人民行动党上台执政后就改变了这种教育政策。政府确立的三大教育目标是:认同和效忠新加坡这个国家;提供知识、技能和价值观给学习者;增加各种族和各族群获取教育的机会,并造就机会均等的局面。除了第二条讲的是教育的一般功能外,第一条和第三条都含有发展种族关系的内容。认同和效忠新加坡这个国家实际上是种族关系发展的最高目标。各种族只有认同了"新加坡",都把自己看成是新加坡人,才能最终消除种族隔阂;而给各种族提供平等的教育机会,提高他们的教育水平,则是消除种族隔阂的基础。三大教育目标中有两条与发展种族关系有关,可见种族关系对新加坡的重要性。

1960年,政府首先开设了两所用两种语言教学的学校。学校用两种主要语言教学,就使不同种族的学生能够在同一所学校里学习。到1972年,政府建立了107所双语制学校。一般这样的学校都是用英语和一门本族语言,例如华语、马来语和印度语。这种学校打破了种族界限,创造了一种环境,使不同种族和讲不同语言的学生可以在一起相互交流,增加了接触和了解,从而培养起种族团结精神。后来,由于英语在就业和工作中的作用不断增大,而且推行英语没有种族背景,不会引起种族猜疑,所以使用英语的学生迅速增加,到20世纪80年代末政府就取消了各母语学校,各校完全以英语为第一教学语言了。

为了给各种族提供平等的受教育机会,政府的教育政策一度对马来人特别优待。建国之初,因马来人的文化水平比华人和印度人都低,所以从20世纪60年代开始政府就做出规定,凡马来人的子弟在中学和大学一律享受免费教育(当时新加坡已在小学实行了义务教育)。这一政策显然对马来人有利。但即便如此,由于传统的积淀太深,很多马来人家庭的经济收入和文化水平很低,仍然无法或不愿使子女接受中、高等教育和职业教育。据统计,1973—1985年,升入大学者,马来学生比华族学生少6—19倍,比印度学生少2—8倍,而华族比马来族的人口只多不到4.5倍,印度人甚至不到马来人的一半。以1985年为例,能够进入大学的马来族学生只占中学毕业生总数的1.2%,华族学生则占12.7%,印度学生占6.3%。显然,马来人与华人、印度人相比,在这方面的差距很大。面对这种情况,政府于1981年设立了"巫族教育基金",资助马来族学生,这就在更大的范围内帮助马来人得到受教育的机会。此后10年,马来人的教育水平和生活水平都提高很快。1990年,在一些马来人的倡议下,政府规定,马来人进入大学学习的经费,在家长收入达到一定水准时,也要交纳。不过同时规定,这笔学费上交后。由大学当局转交"巫族教育基金",仍用以资助其他马来族学生。与中国的少数民族住在偏远地区不同,新加坡的少数民族与华人住在一起,因此,只要政府的政策得力,少数民族的教育水平会很快得到提高。

二 双语制：种族关系发展的文化动力

"语言是民族的灵魂"。在多元种族社会中,各种族对自己的语言在整个社会中的地位和国语的确认都是十分敏感的,它们可能会为争取或提高自己语言的地位采取各种手段,甚至诉诸暴力。因此,语言问题是多元种族社会中最棘手的问题之一,能否解决语言问题,是关系到社会稳定和国家统一的大问题。

在英国殖民者统治时期,当局一直推行种族隔离政策,各种族都有自己居住的区域和自己的活动领域,相互间的来往很少。而且它们都讲自己的语言,甚至方言。但也有一些中上层人士会讲英语。在这种情况下,种族间的冲突虽然被压至最低,但并没有因此减少它们之间的陌生和对立情绪,它们相互之间存在着潜在的敌视。一旦这种情绪受到刺激,就会爆发出来,酿成暴乱。何况这种隔离状态只能在经济规模还不大的情况下存在,在工业化到来之后,各种族会被卷入一个工业化和社会化的体系之中,其相互间的密切交往是不可避免的。在这种情况下,种族隔离的政策再也不能推行,必须发展一种新型的、在交往中互利的种族关系才能适应现代化的需要。因此,第二次世界大战之后,尤其是人民行动党上台执政之后,当局一直都在考虑如何调整种族政策。

20世纪四五十年代,英国殖民当局一度对华语采取了歧视政策。当时华人中的激进派受马来西亚共产党的影响和操纵,反英情绪十分强烈,这导致殖民当局对他们采取了强硬的镇压政策。此外,这还导致了殖民当局继续不承认华语学校的毕业文凭,使华语学校的毕业生无法找到较高待遇和公共行政部门的工作。这反过来又激化了华人青年反英反殖的民族情绪。20世纪50年代中期,殖民政府在新加坡推行新的征兵制度,华人大力反对,尤其是在华语学校中酿成了暴乱事件。为平抚民怨,殖民政府于1955年成立了一个包括各党派在内的调查委员会,以调查社会骚乱和种族不和的原因,各党调查委员会提交了有关的教育报告,1956

年议会批准采纳。其内容如下：

由于马来族在马来西亚居于优势主导地位，因此承认马来语为国语，马来文为国文；

承认马来语、英语、华语和泰米尔语为公共行政和教育施行的官方语言；

各种不同官方语言学校的官方补助和毕业文凭一律平等对待；

小学采取强迫性的双语教育，中学则为三语教育；

重编各级教科书，无论其文字为华文、巫文还是泰米尔文，教材内容均以强调各族人民认同新加坡为主，并对各族和欧洲历史文化酌量介绍；

按地区设置学校，避免开办单一种族学校，以便使学校之间的某些活动，如体育比赛、合唱团比赛，不再是种族与种族之间的竞争，而是多元种族学校之间的比赛。

这些原则的宗旨是消除种族矛盾，在语言和生活方式等方面弥合各种族间的差异和不理解。从当时的情况来看，华语得到了官方的认可，不再受到压制。从长远来看它使学生受到有利于各族群和睦共处的教育，这就在根本上消除了种族间的歧视心理。当时，由于民族运动正在激烈的进行，英国殖民者正处在权力交接的历史阶段，学校教育没有很好地得到发展，因此，尽管此项政策很好，但实际执行的效果并不理想。

1956年人民行动党上台后对这六项原则全部予以采纳。在20世纪60年代，人民行动党政府仍然把马来语定为国语。之所以采取这一政策，主要有两点考虑：一是新加坡处于"马来人的海洋"之中，采取这一政策带有争取周围马来世界认同的策略。其实，马来语从未成为真正的"国语"，而且这也不符合新加坡华人占75%的现实。而是为了避免周围国家对这个华族居多数的国家产生疑惧，借以消除"新加坡会成为第三个中国"或共产主义国家的印象。当时，全球正处于冷战时期，资本主义与共产主义的敌对状态非常僵化，依靠左翼工人力量上台的人民行动党很担心被看成是共产党的代言人，以使自己处于不利的地区环境之中。这就是说，把马来语定为国语，主要是从政治上考虑的，与新加坡的文化和语言的现实以及发展经济的要求并不相符。因此，马来语虽然被定为国语，但政府同时宣布马来语、华语、泰米尔语和英语并列为官方语言，享有同等的使用权，人们在立法、司法和工作场合可以自由使用任何一种语言。前总理李光耀在每一年度的新年电视演讲中，都依次使用四种语言向全国人民发表演说。新加坡很多的官方文件都是以四种语言形式来表达。电视和电台也都播送四种语言的节目。这样做的结果，并没有使马来语成为第一语言，而是使英语成为最普遍使用的语言，同时，由于日后在华人中开展了推广普通话的运动，华语也有一定的发展。

1966年教育部通令小学实行双语教学制，由家长为学生在四种官方语文中选择"第一语文"和"第二语文"。一般家长都把英语列为学生的"第一语文"，把母语列为"第二语文"，即华人选华文为第二语文，马来人选马来文为第二语文，印度人选泰米尔语为第二语文。在学校中推行双语制教学产生的后果如下：

一是英语成为新加坡人最广泛使用的语言。华人、马来人和印度人都学习英语，致使十几年后通晓英语的人数大增。据1980年的统计，全国通晓英语的人已超过半数，华人家庭中讲英语的占10.2%。到1990年华人家庭中讲英语的增加到20.6%，又翻了一番。致使英语成为公共行政、法律部门、企业和商业经营的主要语言。在这种环境中，仅通晓华文或其他母语的人，其就业前途必然会受到大大限制。甚至既通晓母语，也懂英语的人还受到许多部门的歧视，而只精通英语、对母语一窍不通的人则有很好的发展机会，如有很多机会获奖学金到国外著名大学深造，学成归国后，职位可以迅速升迁，成为"精英"。因此，通晓英文的人越来越多。英文的普及对于接受西方文明和科学技术、发展经济都不无裨益，它的确促进了新加坡社会的发展。另外，无论是华人，还是马来人、印度人，都把英语作为母语以外的首选语言，这说明由于各种族之间还有一定的隔阂，都不愿别族的语言压倒本民族的语言而成为第一语言。因此，双语制下英语的发展，有利于消除种族不平衡的心理和种族摩擦，促进社会稳定。但是这种变化如此之快，造成了人们对母语语文和文化的疏离，造成了对东方价值的忽视和心灵的根的失落，这就使西方的个人至上主义有空可钻，入侵新加坡社会并造成部分人的道德沦丧。

二是促进了各种族之间的交流。英语的普及，首先是在语言上扩大了各种族之间的沟通和交流,其次是扩大了各种族同校学习、同处居住,甚至通婚的基础,为种族融合创造了良好的先决条件。

接着应该提到的是推广普通话运动。1979年李光耀开始推行华人讲普通话的运动。发动该运动的原因是面对英语和西方文化的冲击,面对由此造成的心理失衡状态,李光耀等人认为有必要用中华传统文化来规范华人的价值观念和行为,而语言是文化的主要载体之一,因此,要想保持中华传统文化就必须会说华语。但是,华人讲的华语大都是自己的方言,这不利于华人之间的交流。因此,要想推广华语就必须放弃华语中的方言,学说普通话,让华人拥有一种自己的共同语言。只有统一了自己的语言,才更有凝聚力,才能更有效地抵御西方文化的入侵。当时提出的目标是,在10年内使饭店、商场和公共场所成为用普通话交谈的场所,在15年内使华语成为华人沟通的主要工具。现在看来,这个目标只达到了部分。但华人的普通话无疑是讲得越来越好了,在很大程度上取代了方言。拿1980年与1990年相比,在家中讲方言的华人从76%降至46%;在家讲普通话的华人从13%升至32.8%。但这并没有因此限制讲英语的人数,同期讲英语的人数也从10.2%升至20.6%,这说明推广普通话的运动可能使一些原先讲方言的华人宁可讲英语也不愿再学普通话了。

推广普通话和强化母语的政策使马来人和印度人又重新意识到自己是少数民族,正在大民族的阴影下生存,从而越发感觉到疑虑不安,不时提出疑问。20世纪90年代以来,政府更加强调"亚洲价值观",而不是儒家价值观,就有消除这种种族疑虑的意思。同时,对于那些只讲英语的华人来说,推广普通话也是一个难以接受的现实。他们说华语已经很困难了,而且学华语也完全是出于一种政治目的。对于他们来说,英语已经成为他们的习惯用语了。前任总理吴作栋就不懂华文,只是在担任总理后才学说华语,而至今仍不能阅读华文作品。所幸的是,政府并没有采取过硬的措施来强行推行普通话,或许英语发展到今天,已经无法改变它势必要继续发展的命运了。

第四节　多元种族主义政治的发展

在英国殖民统治的大部分时间里，殖民当局垄断了几乎所有的政治权利，它通过种族隔离和以夷制夷的政策，既保持了社会稳定，也凝固了各种族向上的政治流动。

在整个19世纪和20世纪上半叶，华族、马来族和印度族均缺乏政治交流、政治参与和政治权利，但总的来说，华人的实际地位略高于马来人，印度人的地位也不低。在日本实行占领的1941—1945年，占领军利用马来人来统治华人和印度人，酿成了种族仇恨。在日本战败后，这种种族仇恨酿成了种族骚乱，华人中的激进分子对马来人进行了一定的报复。在20世纪40年代末到20世纪50年代初的一段时间里，殖民政府考虑到种族平衡，加之华人激进派的反英斗争所致，对华人采取了某些歧视政策，如不承认华校的毕业文凭，阻止华人进入政界等，但是这种情况随着战后民族主义运动的发展，很快就被改变了，各种族间的政治交流和政治参与不可避免地发展了起来。

20世纪50年代建立的民族主义政党无一例外的反映了多元种族社会的特点。在组织上，他们尽可能吸收其他种族的人入党，在种族政策上，主张种族不分大小，都应享有平等权利。例如，人民行动党在1954年成立时就在党内设立了"马来人事务局"负责吸收马来干部。在第一届、第二届自治政府中也都配备了各种族的代表。不过，当时也确有一些华人和马来人的激进团体具有较强的沙文主义意识，经常制造一些摩擦，传播种族沙文主义思潮。

人民行动党在成立之初就把自己看成是一个多种族的政党，在民族主义的运动中又不断加深了对这一问题的认识，懂得如果没有其他种族的支持，反殖事业很难成功。因为没有周围马来族的支持，新加坡很难实现一国的突破，何况当时新加坡就是英属马来殖民地的一部分。因此，1957年人民行动党与"马来民族联盟"达成协议，在大选中采取联合行动。1959年人民行动党上台执政后，很注重吸收马来人和印度人进入政治高层。独立时，总统就是印度人。党内最著名的政治家之一惹耶勒南也是一名印度人，他还担任过很有实权的副总理。各级法院和检察院中的法官、检察官也有很多印度人，其担任比例大大超过其人口的比例。相对来说，马来人担任官职的比例就低于印度人，这主要是由于马来族一直发展比较落后，受教育者较少，因而有政治才能的也少。但人民行动党一直拔擢马来族领袖进入政府机构服务，每届政府中都要有马来人担任部长。

人民行动党政府的多元种族主义思想很早就以政策和法律的形式确定了下来。1965年12月8日，在新加坡从马来西亚脱离出来之后的第一届国会开会时，总统尤素发表施政演说时指出："新加坡将以更大的决心，实现向来认为必须实现的多元种族、多元语文、多元宗教的容忍社会。这种政策将建立人人满意的社会，使原住民和在英国殖民时期移民的人民同感满意。"这种建立多元种族和谐社会的准则很快以法律的形式固定了下来。新加坡1967年宪法规定："矢志不渝的保护新加坡少数种族、少数集团的利益，应是政府的职责。"1970年，新加坡成立了隶属总统的少数种族团体权益委员会。根据宪法补充条款规定，该委员会的主要功能是检查国会或政府的各项任务，有无发生任何侵犯种族或宗教团体权益的事情。

在组织上，人民行动党政府越来越注意贯彻按种族比例来选拔官员，尤其是高级官员的原则。在20世纪60年代末期，在人民行动党的最高决策机构——中央执行委员会——的12名成员中，华族占全部委员的66.7%，马来族占16.7%，印度族占8.3%，其他各族共占8.3%，这与各种族的人口比例大致吻合。在党的基层组织的干部中，共有521名支部委员，其中华族占81.3%，马来族占10.2%，印度族占7.7%，其他各族共占0.8%。再从普通党员的种族成分来看，华族占67.9%，马来族占14%，印度族占16.5%，其他各族共占1.6%。这一系列数字表明，人民行动党从上至下都注意吸收各种族的代表，它确实力图把自己建设成为一个多种族的政党。

20世纪70年代末期，在政府的公务员系统中，各种族的比例是，华族占67.8%，马来族占19.8%，印度族占9.2%，其他族共占3.2%。当时新加坡各种族的比例是，华人占75.5%，马来人占15%，印度人占

7.5%，其他各族占2%。可以看到，少数种族在政府公务员中的比例略高于他们在人口中的比例，这也体现了种族平等的政策。

人民行动党执政以来，在历届政府中都有马来族、印度族甚至其他种族的代表，这几乎成为一个不成文的规定。1991年大选后组成的政府中，有6名马来人、2名印度人和32名华人，可见，政府至今一直注意种族的政治平衡。正如前总理李光耀在1988年所指出的："我们要保留多元种族，因为它是我国的资产。政府不会为大多数种族的利益而牺牲少数种族的利益。"这说明，政府已经不仅仅是为维护社会稳定而维持种族平衡，而已经把多元种族看作是一种资产；这又不仅仅是一种人力资源，它还要通过种族间的相互学习和相互促进来获得一个种族本身所无法获得的激励因素。

人民行动党及其政府不仅自己注意与少数种族分享一定的政治权利，而且还从长远考虑，注重培养少数种族的政治人才，使他们在获取政治权利的同时也获得合法性。这一点，除了在法律上有所规定外，主要体现在实际操作中。例如，新加坡原来实行单一选区代表制，这对于一个华人占绝对多数，并且华人的文化水平和具有政治才能者大大多于少数种族的国家来说，少数种族的候选人要想当选国会议员是非常困难的。因此，人民行动党控制的国会于1984年推出"集选区"的选举分区制。它把一些单选区合并成12个集选区，在集选区实行3人一组的候选人制，3人中必须有1人是马来族或印度族，一旦选举获胜，3人一起当选，一旦选败，3人一起落选。1988年又把12个集选区扩大为15个，候选人也由3人一组改为4人一组。这一方面是为了减少人民行动党失败的风险，另一方面对少数种族候选人的当选也有很大的有利之处。例如，在1991年8月的国会大选中，21个单选区都是清一色的华人候选人当选，而在15个集选区选出的60名议员中，印度族有7名，马来族有9名，华族有44名当选。通过大选当选国会议员，进而入阁，不仅锻炼了少数种族候选人的政治才能，而且能使选民和候选人都懂得，少数种族与华人分享政治权利，应该采取合法的途径，这样才能最终解决少数种族政治参与的合法性问题，也唯有如此才能树立起少数种族官员的政治权威。在少数种族还不发达，还缺乏人才的时候，由政府破例选官是必要的。这可以使他们得到政治锻炼，提高政治素质。然而从长远来看，这样选出的少数种族的官员的合法性并非无懈可击，而且他们往往也比同时入选的华族官员的政治才能稍逊一筹，这就不能最终解决少数种族的政治参与问题，不能在根本上达到与华人相同的政治平等与政治融合。

通过行政、立法、司法、选举等领域而体现的多元种族主义的政治发展，是新加坡种族和睦的政治保障，也是其政治现代化进程的一个有机组成部分。

第 五 章

东西方文化的交汇

　　早期移居新加坡的华人移民,虽然文化水平不高或者根本没有接受过教育,但在他们的观念意识之中深深蕴藏着中华传统文化的原素,这是毫无疑问的。在他们的社会生活中,保留着过春节、元宵节、清明节、端午节和中秋节等节日的习惯;他们也到佛寺和道观中去拜神求佛,以求大吉大利;他们还身穿长袍马褂,捧读四书五经,梦想有朝一日回到中国光宗耀祖。然而直到19世纪80年代,这个社会中还没有一份中文报纸,没有一所近代华语学校,甚至没有其他近代的文化传播媒体,人们只能靠道听途说和小道消息来收集社会新闻和传播信息。难怪当时来访的中国文人称新加坡还是一片"文化沙漠"。但这片"文化沙漠"并非是中华传统文化的一片净土,西方文化很早就开始耕耘这片土地了。西化与儒化的斗争一直持续到今天。

第一节　西化与儒化的历史角逐

一　西方文化的传播

　　华人社会文化和教育的贫乏导致了西方文化的传播。英国殖民者和西方人的传媒、宗教和学校教育不断填补着这一片文化空白。到新加坡的第二代华人移民,尤其是那些来自马六甲和槟榔屿的移民,西化的倾向已经在他们身上明显可见了。1881年清政府驻新加坡的新理事上任,新加坡华人给他的第一印象就是:华商虽然富裕却粗俗不堪,他们当中的一些人已有二三十年未回过中国,尤其是那些土生华人则从未到过中国。尽管他们仍然身着中国服饰,但竟以把自己看成是英国的臣民为荣,羞于提到自己的中国根源。1891年7月27日新加坡一份主要的华文报刊《星报》载文写道:"中国移民娶马来土妇为妻,将所生之子送往学西语,以利与洋人交往。此等土华人一旦要求其阅读我汉文书刊时,则会茫然不知所措。设若几十年或几百年之后,彼等便将完全忘却华语矣。届时,成千上万之中国人将沦为蛮夷,披头散发左衽左襟也。"在当时的华人民族主义者看来,土生华人不仅仅说的是令人难以听懂的"夷语",穿的是极不入眼的夷服,而且行为举止也已西化,已经在相当程度上抛弃了中国的传统价值观。

从学校教育也可以对这一时期西化的程度窥见一斑。新加坡早期的近代性质的学校均为传入新加坡的西方教会所创办。由于英国的殖民统治,传教士大都是英国人,学校也都是用英语授课。来就读的学生基本上都是有钱的华人子弟。英国人的子弟一般都在英国就学;而马来人由于宗教因素,加之经济能力有限,也不重视教育,因此他们的子弟一般不去基督教会和天主教会创办的学校就读。在教会学校里,除了教授西方宗教相关内容外,还教授自然科学的各个科目。这一时期的华商都把教会学习看成子弟将来大展宏图的有效途径。因为只有学会了英文,才能与英国人建立联系,提高自己的身价,才更有利于与英国商人和印度商人等外国商人交往。这就促进了英语的推广。可以说,19世纪教会的学校教育,在新加坡华人上层社会中传播着西方文化。

从19世纪末开始,英国殖民当局也出面开办英文学校,专收马来人推广英语。当时政府的学校都是免费的,因此马来人的子弟前去就读的人数也不少,到20世纪初,英语在马来人中也比较普及了。

政府为马来人开办英文学校是其介入教育的开端,此后,政府在教育方面发挥的作用越来越大。殖民政府的政策总的来说是限制华文教育,不但不提供经费,而且在管理上也不提供帮助。对英文学校则完全是另一种态度,既提供资助,又不断地改进管理。因此,这一时期英文教育发展较快。在这种背景下,殖民政府创办了两所学校:莱佛士学院和爱德华七世医学院。这是最早的两所大学,对新加坡的影响很大。这两所学校只收英文中学的毕业生,不收华文中学的毕业生。因此华文中学毕业生要想升入大学继续深造，只能回到中国。显然，这种教育方式吸引了大批有才华的华人子弟去就读英文学校。从李光耀那一代精英的教育背景来看，英文学校的影响已经不容忽视了。李光耀就学的时代是20世纪三四十年代，当时的英文学校对于李光耀这样的商人子弟来说，是颇具吸引力的。

二 儒家文化的传播

自19世纪初新加坡开埠以来，华人对中华传统文化尤其是儒家文化的认同就从来没有停止过。19世纪初，华人社会中就出现了私塾，随着华人移民的增多，私塾的数量也不断增多，到1885年已增加至51所。[①]私塾学堂的规模很小，大的不过20名学生，小的只有一两名。私塾主要是传授儒家学说，以《三字经》为敲门砖，继而学朱熹诠注的《四书》，即《大学》《中庸》《论语》和《孟子》，然后是《五经》，即《诗经》《书经》《易经》《礼记》和《春秋》。学习方法仍然是以死记硬背为主，着重背诵警句，并激发其对儒家先哲圣贤的敬仰。私塾的教育水平很低，而且有相当一部分先生是滥竽充数。私塾的这种状况似乎难以与教会学校竞争，但其实不然，除了富有的商人阶层外，大多数底层的华人对于私塾是认同的。因此，私塾的出现是对中华传统文化的一种认同，在一定程度上也是对西化的一种反击。

从19世纪中期开始，华人社会开始创办华语学校。1854年福建帮创立了萃英书院。附设于天福宫内。以后各帮又陆续建立了一些这类性质的学校，如1889年建立的毓兰书院等。各帮建立的学校通常是附设于各帮会馆或其活动中心之内。帮立学校最初是各帮发展的一部分，旨在培养年轻一代对帮和传统文化的认同。因此各帮的方言是学校的教学语言，入学的学生也只限于本帮的子弟。这种对帮的认同与对传统文化的认同是一致的。因为帮本身就是传统的体现，而学校的教学内容仍然是孔孟之道等传统文化的内容，没有自然科学的内容。这一时期的华语学校在形式上已经具有了近代学校的样子，但教学内容仍然是陈旧而传统的，

[①]《海峡殖民地立法委员会会议记录，1886年》，附录第17号。

仍然是华人社会对传统文化认同的一种形式。可以把它看成是由私塾向近代学校过渡的一种中间形式。

帮立学校的教学水平已经达到一定高度。帮立学校与私塾相比，有更雄厚的财力支持，各帮的商人们都会被要求解囊捐助，这使它可以从中国聘请有真才实学的教师来新加坡任教。随着教师的增加，学生数量也增多了，学校对学生进行分班，因材施教；并聘请学监来检查教师和学生的教学情况。例如，萃英学院从19世纪末开始，每年都把学生的考试成绩登在中文报纸上，以资奖励。同时，中国驻新加坡领事馆的领事也会按成绩予以奖励，激励学生努力学习。[1] 这一切都促进了教学的进步，也促进了对中华传统文化的认同。

帮立学校的发展，为华文现代学校的建立奠定了基础。20世纪初，在中国教育改革的影响下，新加坡华人社会各帮纷纷建立起现代华语学校。1905年5月5日，嘉应客家帮的应和会馆创办了应新学堂，[2] 1906年广府帮创立了养正学校，[3] 潮州帮于同年4月创立了端蒙学校，[4] 1907年福建帮又创立了道南学堂。[5] 当时创办近代学堂之风很快就覆盖了新加坡。在这些新学校中，一方面四书五经仍然是学习的内容，借此保证中华传统文化的传播；同时，与中国有关的历史地理课程的开设，也加强了保持华人传统的倾向性，使学生或多或少感到自己是中国人而非英国的臣民。另一方面，这些学校都普遍开设了自然科学的内容。这是现代学校的根本特性所在。现代华语学校的建立，把更多的学生吸引到了华校中来，结果是，一方面，学校在教授西方近代自然科学的内容，另一方面，在人文科学领域又更加普及和强化了中华传统文化。这对于那些原来没有能力受教育而盲目崇拜西方文化的青少年的作用是巨大的；也使那些既要自己的子弟对社会有所作为，又不愿失去儒家传统文化这个根的家长找到了一种心理平衡剂。使那些认为西化之风已经在新加坡甚

---

[1] 《星报》1892年1月9日第1版。
[2] 《新加坡应和会馆一百四十一周年纪念特刊》，新加坡，1965年，第15页。
[3] 《养正学校金禧纪念特刊》，新加坡，1956年，第31页。
[4] 《端蒙学校金禧纪念特刊》，新加坡，1956年，第9页。
[5] 《道南学校六十周年纪念特刊》，新加坡，1966年，第25页。

嚣尘上的文化民族主义者感到了一丝宽慰。西化和儒化正是在这种二律悖反的矛盾冲突中发展着的。

弘扬儒家文化反对西化的运动并不仅仅表现在华语学校中，自19世80年代以后，在社会上表现得更有声势。

新加坡第一份新闻报纸是1881年创刊的《叻报》。它的出版对促进华人社会认同中华传统文化起到了重要的作用。对于新加坡有文化的人来说，《叻报》的出版简直是天赐之物，它为华人之间的交流提供了一个不可多得的重要园地。人们再也不需要依靠道听途说去了解发生在其他华人社区的事情了，《叻报》给华人社会内部的交流和文化认同开辟了一条正式而通达的渠道。直到1932年停刊，该报在半个多世纪的时间里，在弘扬中华文化方面发挥了重要的作用。

《叻报》最为重要的一个特点是它以宣传中华传统文化为己任。这首先表现在它有相当大的版面报道中国的消息，对中国的报道比当地的报道还多；还经常转载清朝皇帝的诏书。这种情况反映了当地的华人非常想了解中国的消息，在政治心理上仍然有着强烈的中国倾向性。当然，这与新加坡的华人与中国有着千丝万缕的联系是分不开的。另一个表现就是它在中国激烈变革的时代中不为各党各派的政治立场所左右，始终把中华传统文化作为一个整体来宣传。当时在新加坡新创办的中文报纸几乎都卷入了中国维新派、革命派与保守派之间错综复杂的政治纷争之中了，而《叻报》在当时的主编叶季允的主持下，把自己看成是社会教育者而不是任何党派的工具，它坚持不懈地宣扬中华传统文化。《叻报》的这一立场迎合了相当一部分海外华人的心态，因为虽然海外华人关心中国，但毕竟他们与中国人的利益有所不同。在他们看来，中国内部的政治纷争与他们关系不大，而统一强大的中国才是他们在海外受人尊重的基础。正是这种"海外华人心态"的作用，使《叻报》的发行量渐增。1883年它发行350份，1892年它增至450份，1900年达550份，1911年更达1000份。[①]

紧随《叻报》之后，华人创办了一批中文报纸，如《天南时报》

[①] 《海峡殖民地绿皮书》，1991年。

《日新报》《南洋总汇报》《闽南时报》《中光时报》《南俗报》和《四卅时报》等，这些现代中文报纸也都对华人社会的传统文化认同做出了贡献，但由于它们卷入了中国的政治纷争，因此发行量和影响都不如《叻报》。

1881年8月，清政府驻新加坡的第二任总领事左秉隆上任。在任期间，他积极宣扬中华传统文化。左秉隆对于海外华人中出现的西化现象十分忧虑，对此他采取了积极的和务实的态度，极力想改变这种情况。他为新加坡的华人设定的标准是：在政治上忠于清政府，在文化上保留儒家价值观和中国传统的习俗及语言。左氏首先与华人社会的领袖建立联系，然后通过他们去影响广大的华人群众。与前任的傲慢态度不同，他主动与华人社会的领袖们接近，使他们深感荣幸。因为对于他们来说，朝廷的命官来到他们中间，并与他们平起平坐，这还是生平第一次。左氏的友善举动，使华人社会的领袖们消除了对朝廷官员的恐惧心理，使他们比以往更为主动地接近清政府。从此，领事馆成为华人领袖聚会的重要场所。每逢重要的节日和皇帝、皇太后的生日，左秉隆都要邀请华人社会中的知名人士来领事馆聚会，以示庆祝。当地的华人也十分热衷于参加这种聚会，因为他们都希望自己的地位能得到清政府的认可。[①] 在聚会中，他们都以能穿上华丽的清朝官服、炫耀官品而自豪。正是在这种日常交往中，中华传统的皇权主义的政治文化得以延续和传播。

在当地的一些记者、教师和富商的支持下，左秉隆还发起组织了一个文学团体——会贤社。由于得到了《叻报》和《星报》的支持，该社的影响与日俱增，成为左氏推动华人社会文化复兴运动的主要工具。会贤社定期举行诗文比赛，左氏通过出题、评判和给优胜者奖励来影响和吸引华人知识分子，推动对中华传统文化的认同。获奖诗文和作者的姓名都要在当地的报纸上予以登载，因此影响较大。

19世纪末至20世纪上半叶中国驻新加坡的领事馆在推动华人对中华传统文化的认同方面起了积极的作用，左秉隆及其继任的历届总领事都是中华文化的积极倡导者。

---

① 颜清湟：《清朝鬻官制度与星马华人领导层》，《东南亚研究学报》第1卷第2期。

推动中华传统文化认同的活动在民间也表现得有声有色。早在1881年，一些民族主义者就成立了"乐善社"。每月的初一和十五，乐善社在天福宫举行演讲会，依靠民间的捐助聘请一些文化人前来演讲。演讲的主要内容为"十六圣训"，它包含着许多传统的儒家价值观，例如三从四德、崇祖、守礼、节俭遵法、重农轻商和存天理灭人欲等。文化民族主义者特别强调存天理灭人欲，他们想用它来阻止华人西化和马来化的趋势。一些文人还把基督教和伊斯兰教斥为异端邪说，对其进行批判。这种演讲活动很快吸引了一批商人和文人，[1] 并在其他地方推广开来。

19世纪末在中国孔教复兴运动的影响下，东南亚的华人社会也掀起了一次尊孔活动，20世纪初，新加坡成为这次尊孔运动的中心。1902年，新加坡华人社会成立了一个由102人组成的孔教复兴委员会，以指导这次运动。该委员会的主要任务是筹款修建孔庙和开办现代华语学校。它除了举行集会和现场劝捐之外，还挨家挨户去募捐，并对巨额的捐赠予以奖励，把捐赠者的名字登在报纸上。当年就募捐到20多万新币。[2] 建立孔庙和创办华校与乐善社的演讲相比，可以给人以心理上更长久的影响。在公众中树立起孔圣人的形象，把他尊为精神领袖，把他的儒家伦理当成道德信条，使其对华人社会有一种约束力，这一切都大大地传扬了儒家伦理。

需要指出的是，新加坡华人社会对中华文化的认同，虽然在主观上是认同中华文化，但由于采取了比较务实的态度，因此在客观上也有变革的一面，实际上也有对西方文化的认同。例如文化民族主义者创办现代华语学校的目的虽然是抵御西化，但在学校中不教授西方自然科学的内容就不能吸引更多的学生，而自然科学内容的传播不可能不对学生有意识形态方面的影响；与华商建立密切的联系，承认他们的地位，虽然目的是促进整个华人社会对中华传统文化的认同，但重商主义本身就是与儒家的重农主义背道而驰的，何况商人政治地位的提高，更使他们在

---

[1] 颜清皇：《星马华侨的民族主义，1877—1912》，《现代亚洲研究》1982年第3期。
[2] 丁文江：《梁任公先生年谱长编初稿》，世界书局1959年版，第152页。

发展资本主义和西化方面获得了有利的条件。

100多年来，西方文化与东方文化在新加坡发生了激烈的碰撞，在此背景下，西化与儒化的斗争构成了新加坡文化演进的主流。虽然在某一时段上双方各有进退，但总的来说，西方文化处于进攻的地位，不断取得进展；而儒家文化则处于防守的态势，不断缩小着自己的阵地。

第二节 20世纪中期以来的文化变迁

第二次世界大战以后，亚非各国的革命和民族解放运动都是打着民主自由或社会主义的旗号进行的，无论其革命或民族运动的具体目标如何，与传统社会进行彻底决裂是各国革命和民族运动的共同特色和目标之一，也是领导集团激励人民的有利法宝。然而，对于大多数国家来说，由于它们的社会结构和经济文化都还很传统，既没有发育成熟的中产阶级，也没有先进的文化认同，缺乏实行民主自由和建立一个全新社会的内在机制，尤其是某些领导集团在取得政权后，为了巩固自己的权威，先是不自觉地在文化和社会结构中回归了传统，接着又树立起了自己的传统范式的政治权威，强有力地压制了民主、民权以至社会变迁，因此，与传统决裂、建立一个全新社会的目标落空了，现代化也就被遏制住了。

从传统与现代化碰撞的视角来看，这一时期的革命和民族运动可以分为两个层次。从社会层面来看，革命和民族运动是具有现代化导向的，因为对于一个传统的社会来说，革命和民族运动可以唤醒民族意识，把民众集合到革命和民族运动的旗帜之下，形成一股巨大的洪流，冲击传统社会；这还因为，民族运动的本性是现代化。从领导集团层面上来分析，则具有两面性。革命和民族运动的领导层在领导民族运动方面是推动现代化进程的，这毫无疑问；然而，由于他们反对的是西方殖民主义者，这就促使他们在当政后往往完全摒弃西方人的那一套治国方法，而他们自己又拿不出也不可能拿出一套全新的治国方法，结果是回归传统的治国方法；还因为，虽然民族运动具有现代性，但发动民族运动的社会结构并没有现代化，也还缺乏现代化的内在机制，因此，领导集团如果没有明确的现代化意识及治国方略，过于迎合社会，也容易陷入传统而不能自拔。由此看来，在传统与现代化的问题上，社会结构和领导层是两个最为关键的因素。社会结构决定着领导层既不能采取过于激进的措施，也不能采取过于保守的政策；但领导层在这个范围内仍然必须发挥重要的作用，由此决定着社会是进取，还是停滞或倒退。第二次世界大战后，独立的大多数亚非国家之所以在相当长的一段时间内社会发展处于停滞状态，从文化的视角来看，就是因为他们在社会结构和领导层两个方面都过于传统和保守，或许也因为他们没有像韩国和中国台湾那样有来自西方的强大压力。而新加坡与所有这些国家和地区都有所不同，在它的民族运动风起云涌之时，无论是在社会结构还是在领导层中，现代化程度和现代化意识都有相当程度的发展。

一 殖民政府的西化政策与文化输入

日本占领军投降之后，英国又恢复了在新加坡的统治。这一时期，在亚非拉民族解放运动的影响下，新加坡的民族运动也蓬勃地展开了。在这一背景之下，西化表现在三个方面：

第一，英国首先重建了它的统治，恢复了战前的西方式的殖民体制和法律制度。接着，为了更好地领导战后的重建工作，它还进行了新政体制的改革，强化了英国的文官体制，而且文官几乎为英语教育者所独占。无论以后新加坡政府进行了多少次改革，今天它的文官体制仍然被学者们划为英国行政模式，它仍然保留了当年英国文官体制的许多形式和内容。而且，从这些形式和内容中，它得到了许多好处。例如，我们注意到，凡是沿用了英国文官模式的国家，治理腐败都比较有效。新加坡治理腐败如此成功当然不能完全归功于这种文官模式，但与这种文官模式也不无密切的关系。最后，英国殖民当局还完善了它的法律制度。对此，李光耀1962年在马来亚大学法律学会演讲时，曾有一番评论，他说："英国殖民地制度是讲究实效的。它的法律制度固然应用英国议会的服饰和一些形式，但是它的内容却能够适应本地环境的要求。""殖民地法律和司法制度的巧妙之处，不在于它直截了当地采用英国法院和法律协会所详细列明的形式和条规，而是确保这些条规的采用，能够保证维持良好的政府，以及最大程度的个人自由。"① 与此同时，我们看到，李光耀这位从英国拿到律师资格证，并按照英国法律在新加坡从业的著名律师之所以成为了民族运动的领袖，在很大程度上是由于他充当了50多个工会的法律顾问，熟练地运用殖民地法律与英国殖民当局斗争的结果。由此可见，英国的殖民制度和司法制度在新加坡的普及和影响。当今新加坡的法律和司法虽然已经进行了多方面的改革，与那时相比，具有更多的东方色彩，但在形式和内容上无不打着英国文化的烙印。

第二，在推行政治民主方面，英国殖民当局做出了努力，在民族运动的压力下，殖民政府采取了妥协退让政策，不断进行政治体制改革，以建立西方式的政治民主。1948年，它首先进行了立法制度的改革，增加了民选的立法议员的人数，扩大了选举人的资格。立法议会的改革使各种政治力量看到了希望，纷纷组建政党和政治团体，为政治多元化打下了基础。1955年英国颁布了《伦德尔制宪报告书》（简称伦德尔宪法），规定在新加坡实行立法议会的普选，并由获得多数票的政党组织政府，这就大大激活了群众的选举热情和各种政治力量的竞选意识，在当年举行的大选中，各政党的竞争非常激烈，最后劳工组织阵线获得了多数并组成了联合政府。此后新加坡的政党政治非常活跃，既互相攻击，又相互争夺选民，政治局面非常热闹。1959年的大选已经表现得更为成熟，各大政治力量势均力敌，角逐更为激烈。最后，人民行动党在民族主义思潮的推波助澜之下，击败了劳工组织阵线，上台执政。此后，直到1963年的大选前后，人民行动党与社会主义阵线的竞争都是十分激烈的，随时都有发生政权更替的可能。可见，1955年至1963年期间，新加坡确实出现了一个政治多元化的时期。②

也许会有人说，政治多元化局面的出现，与其说是英国殖民当局的努力，倒不如说是民族运动的结果。其实这话与把政治多元化归结为英国殖民当局的观点并不矛盾，是一个问题的两个方面。民族运动的领袖

---

① 新加坡联合早报编：《李光耀40年政论选》，现代出版社1994年版，第320页。
② 李路曲：《论新加坡的政治发展》，东南亚研究1992年第3、4期合刊，第32、33、38页。

们反对殖民当局的专制统治，要求实行民主，这并不假，但殖民当局并非只有一条道路可选择，它可以采取强硬的镇压措施，造成一种激烈的军事对抗局面，其结果最坏也不过是民族主义者以武力取得政权，造成一种对传统的回归；而事实是，它采取了比较明智的妥协政策，这有助于多元化局面的形成。同时，在采取什么形式的民主方面，英国殖民当局也发挥了很重要的作用。一方面，民族运动的领袖们并没有提出切实可行的民主形式，他们也没有这方面的经验；另一方面，英国殖民当局虽然阻止不了民族运动的进程，但它仍然掌握者相当的军事力量，可以利用各派政治力量的矛盾影响政治进程。在这方面有两点应该引起注意：一是殖民当局对左派的镇压。1957年和1958年殖民当局两度对人民行动党内部和工会中的左派领袖进行了逮捕，并把他们长期关押在监狱内，这才使人民行动党内温和派对党的最高权力的控制失而复得；1961年人民行动党发生分裂，相当一部分党的领袖和大部分党的基层组织的干部和党员脱党，另组社会主义阵线，一度使人民行动党的处境十分困难。1963年大选前人民行动党政府在英国和马来亚当局的支持下，对社会主义阵线和左翼工会的领导人进行大规模的逮捕，才从根本上确保了大选的胜利。在这几次紧要关头如果没有英国的支持，温和派都有可能失去政权。而如果让左派掌握了政权，新加坡的历史和西化程度都很可能会改写。作为英国干预的一个后果，人民行动党的温和派掌握了政权。这一派的特点正如李光耀所说的："当时在七个身居国家高职的人当中，在新加坡出生的，只有我。"[①] 而李本人接受的也是英国教育。温和派与左派的差别之一就是，温和派大都是说英语的人士，而左派大都是说华语的人士。可见，与左派相比，这一派有相当的西方倾向性。或许这是新加坡日后比中国台湾和韩国保留了更多的民主的主要原因之一。二是新加坡的选举体制基本上沿用了英国的设计，日后它的比较民主的选举一直保留下来，与英国政治文化的影响也不无关系。

  第三，在社会层面上，在语言、电影、书刊、职业和文化意识领域，这一时期西化的速度也很快。例如，统计数字显示，1938年全新加坡在

---

① 新加坡联合早报编：《李光耀40年政论选》，现代出版社1994年版，第452页。

校学生有47586名，其中只有30%在英文学校中就读，其余在华校、巫校和印校就读。在日军占领期间英文受到压制，然而战后英国恢复统治后，英文又迅速得到发展。到1959年，在校学生共计324689名，其中就读英校的已达51%。①可见这一时期英文教育发展之迅速。100多年来，英语教育是不断发展的，这显然与英国的殖民统治有关，并不奇怪；但是这一时期英语教育发展得如此之快，甚至高涨的民族主义情绪也没能阻止它的传播，究其原因可能与殖民政府的政治经济开放有关。第二次世界大战前政治权利被英国人独占，国家与社会相对分离，处于社会底层的广大华人和马来人不参与政治，经济上也难以发展，社会流动缓慢，处于相对封闭的社会生活之中，因此下层人民只说本土方言也就足够了。战后殖民当局被迫开放政治，社会的经济和职业流动也加速了，广大的华人和马来人看到英国人只愿与那些懂英语、了解西方习俗的人打交道，只有他们才可以担任律师、医生、教师、工程师以及在工商界升任高职，并且可以在政府机关担任文官，因此学习英语的热情自然也就高涨起来。

战前英语教育与相对独立的上层社会的英国文化的熏陶，造就了一批西化程度很深的华人、马来人和印度人。到了这个时期，他们不但在语言上，而且在生活习俗、心理倾向和价值观上都发生了明显的变化。在民族主义者看来，"他们不再视自己为华、巫或印度人。他们效忠于本地社会，为人诚实、态度和蔼，似乎过于服从殖民当局。他们的弱点，就华人和印度人来说，是由于他们接受不同文化的结果。失去了本民族文化的根，失去了元气，因而有时几乎柔弱到极点。战前马来亚英校的课程标准，向他们灌输一种完全属于英人式的理想和价值观。他们丧失了自有的文化、理想和价值观。由于他们无法制定一种关于他们自有的文化方式，有如华人、印度人和西印度的黑人自己也拥有的一套，使得他们丧失了一些自信心。"②

战后世界文化事业的恢复和发展很快，电影和书刊业都发展迅速，但由于新加坡的文化基础还很薄弱，电影和书籍都远远不能满足社会的

---

① 新加坡联合早报编：《李光耀40年政论选》，现代出版社1994年版，第364页。
② 同上书，第362页。

需要，因此，在殖民政府的支持下，西方的电影和书刊便大量涌入来填补这个空白。电影院中大都放的是西方电影，书刊和书摊上也摆着大量的西方书刊。这显然有利于西方文化的传播。

这一时期西方文化的传播为新加坡独立后西化的进一步深化打下了一个非常牢固的基础，使西化成为一个不可逆转的潮流。尽管建国初期新加坡领导人曾一度打算恢复母语教育，最终因不能与现实社会发展相衔接而收效甚微。

二　20世纪60—90年代社会的西化趋势

人民行动党上台执政标志着民族主义者掌握了国家的领导权，新加坡也有了社会和政治稳定的局面，从大多数国家的发展历程来看，似乎民族化应成为时代的主流，而西化应受到遏制。新加坡却有所不同，1959年以后，它加快了工业化和社会现代化的步伐，然而，与大多数发展中国家不同的是，它采取了全方位的开放政策。随着工业化的展开和经济的发展，不但西方的商品、机器和科学技术被引进了，而且西方的管理方式、文学艺术甚至价值观念也不可避免地涌进来，对新加坡社会造成了巨大的冲击。社会的西化可以从以下几个方面来看：

（一）行为方式的改变

早在20世纪70年代《海峡时报》就在一篇社论中这样说道："自治政府于独立后所带来的是积极追求财富及以纯金钱为出发点的评估标准。挫折与奖励也以金钱来衡量。成功与成就几乎全以经济尺度来衡量。在这种情势之下，丑陋的新加坡人的出现实在是意料之中的事情，这完全是时代的产物，除非我们能发展另外一套不同的价值观……"[①] 1988年8月新加坡总理吴作栋对这方面的西化程度做了这样的描述和估计："我们的社会已经改变，我国人民到处（出国）旅游，阅读外国报章杂志，收看英、美国家的广播和电视节目，我们在不知不觉受到西方文化的同化"，"新加坡的华人，与香港、台湾或中国的华人相比较，是西化多了。

---

① 亚历克斯·泽西：《创造奇迹的新加坡》，顾效龄、苏瑞烽合译，长河出版社1983年版，第92页。

新加坡的马来人和印度人也同样西化。"新加坡前总统黄金辉1989年在其施政演说中对此进行了这样的概括："在西方生活方式和价值观的冲击下，我国人民尤其是年轻一代的态度和人生观，在不到一代人的时间内就有了改变。传统亚洲价值观里的道德，义务和价值观念在过去曾经支撑并引导我们的人民，现在，这种传统亚洲价值观已经逐渐消失，取而代之的是西方化、个人主义的人生观。"

这说明，自20世纪60年代以来人们的行为方式就开始西化了。到20世纪80年代，在一些领导人看来，新加坡已经出现了很多"伪西方绅士"，他们在生活方式和价值观念上都在很大程度上西方化了。无论新加坡的领导人是站在什么立场上说这番话的，他们的估计基本上是客观的。具体说来新加坡的年轻一代尤其是有文化的一代人与老一代的人相比，在个人生活方面，更愿意标新立异，模仿西方，而不是遵守传统；在宗教信仰方面，更多的人是去基督教、天主教或新教教堂，而且很多人是从信仰佛教和其他东方宗教中转过来的，他们不再去贡拜佛祖；在政治上有更多的年轻人和知识分子支持反对党，希望出现政治多元化的局面；在文化娱乐方面，人们更愿意观看欧美的电影电视，读西方作品；在管理方式上，传统的家族式的管理方式已经逐渐被取代，代之而起的是产权分离的现代股份制的管理方式；在风俗习惯上，过去春节是最隆重的节日，而现在圣诞节最为风光，老年人回忆起来，颇有感触："现在的春节，没有了鞭炮和传统的食品和糕饼，农历新年缺乏一种热闹和兴奋的气氛。没有了旧牛车水的戏院街，没有了摆满路边售卖新年果品和花卉的街边小贩的喧哗叫卖和耀眼灯光，这个节日似乎失去了兴奋的气氛。"童年时代他们是多么热切地盼望农历新年的到来啊！而现在他们的孩子们却更加喜欢圣诞节，"因为在圣诞节，商店的装潢布置更色彩缤纷，陈列和摆设更加琳琅满目，还有电视台播放圣诞歌曲和颂歌、专题节目和广告，增加了节日的欢乐气氛"。

（二）英语源流形成强劲之势　母语源流相对式微

人民行动党上台执政之初，李光耀曾预言各族母语在10—20年的时间内会得到加强，估计"英文在联合邦可能继续使用10年或10年以上，新加坡亦然"。而事实并非如此。这是因为在英国殖民统治下，英语已经成为上层社会习惯的语言,自治后,虽然国家在法律上规定四种语言均为官方语言,但英语不可避免地成为政府和商界的工作语言。在政府机关和商界同时使用四种语言是极不方便的。

政府和商界工作语言的英语化,进一步导致了学校中英语和母语地位的变化。新加坡自治后,政府在语言问题上的政策是听任人民自己选择,不加干预。但由于上层社会的工作语言是英语,华人、马来人和印度人的家长为了自己的子女在将来有更好的发展前途,他们中越来越多的人为自己的子女选择英校。即使在母语学校也多督促学生注重学习英语。在1959年8月李光耀曾认为在英校中学习的新一代人不会像殖民地时期的说英语的人那样西化,"我相信,他们将不会成为以往那一类'受英文教育者',因为他们多数不再完全接受异样的教育,纯粹灌输英国的文化价值观。许多受巫文教育的家长们,都令他们的子弟在家里或在其他学校里学习各自的母语文化"。而且,即使在英校中也要进行母语文化的教育。然而随着英语源流渐成强劲之势,他的看法有了改变。1966年李光耀这样说过:"我的判断是这样的,英校有英校的好处,特别是他们的设备方面,同时他们的教员在科学教学方面也很有经验。这些好处我们是要承认的。可是对于价值观念、人生观,立场和态度,我敢说,你把一个受英文教育和一个受华文教育的学生来比较,那个受华文教育的,他的背景,特别是文化方面的背景和态度,表现出足够的魄力,也表现出有足够的信心,这一点是最重要的。至于英校,那就不同了。你学的不是你自己的语言,你在学校所念的书,大部分跟你的生活没有关系,结果心里有矛盾,很少人有办法克服这个矛盾。"可见,短短几年,政府已经对英语普及得如此之快表示担心了。

为了解决英语化过快导致人民价值观西化与只学母语难以谋生的矛盾,政府强化了推行双语制的工作,即在英语学校强化学习母语,而在母语学校强化学习英语,使学生毕业后既可以获得谋生和发展的语言,又不至于过于西化而导致传统价值观崩溃。这样做虽然学生学习母语的机会增多了,然而英语更加明确地成为各种族的共同语言,结果英语扩张的势头并没有被遏制住。这表现在学生对学校的选择上,华文高级中学的毕业生越来越多地选择读英语的新加坡大学或到英语国家留学,读华语的南洋大学的学生越来越少。例如，1964年华文高级中学毕业生进入新大的仅有37名，而1970年达到了271名。到1979年全国已有90%的入学学生报名读英语学校。看来实用主义战胜了政府的政策，世俗化战胜了保护传统的价值观念。

面对英语扩张的形势，新加坡政府又调整了政策。1979年8月19日李光耀在国庆群众大会的演说中宣布了这一政策，表示英语是过去经济成功的语言媒介，它可以成为新加坡的共同工作语言，"10年前，我会用四种语言来表达我所说的话。现在，我发觉到这样做太过麻烦了。而且，这也是很不必要的。……让我们现在就采取行动，迅速地朝向我们的共同工作语言的目标迈进"。由于政府明确地表明了态度，英语电视电影和报刊的进口和普及率都增加了。1984年年初政府又进一步宣布到1987年华语学校与英文学校合并成英校。虽然政府从种族和谐的角度考虑没有对巫校和泰米尔学校进行改革，但这些本来就很少的学校已名存实亡。应该看到，政府这项政策的实施一方面是面对英语普及的强劲之势，采取了明智而实用主义的政策，承认事实；另一方面这也代表政府放弃了维护传统文化和价值观念的政策，只是认为，使用英语同样可以传播传统文化。李光耀在1984年的春节联欢会上专门就此问题发表了演说，他说："我不相信不以第一语文来教导华文便会失去文化的根。语言和文化是有关联的，但却不等于是文化……一个民族的语言和文化必须不断改变，以解决新的问题。事实上，一个民族和文化的潜在力，在于它的适应性，是不是能帮助这个民族随机应变。例如，一百多年前，也就是自1868年的明治维新时期以来，日本的语言和文化经历过很大的进展和改变，以应付新的需要。……基督教徒把圣经从希伯来文和希腊文译成拉丁文、英文、法文、德文、西班牙、中文等几百种语言，使基督教传遍世界各地。不论用什么语言祈祷，他们的信仰都是一致的。这说明了传达思想的媒介或语言尽管不同，它所传达的思想内容却是持久不变的。"他不但不相信传统的价值观会因此被改变，而且认为语言也不会因此而有太大的改变："我不相信我国会变成一个单纯讲英语的社会。老一辈的人大都不会说英语……另一方面，年轻一代大都会说华语，而且也将继续使用华语，只要我们能创造说华语的有利环境。"然而无论新加坡的领导人如何解释这个问题,人们所看到的事实是,政府在政策上不断退让以便给予英语越来越多的扩张空间,而华语的空间则越来越少。同时,尽管政府开展了推广华语运动。也只是对说方言的人有所改变,对英语的扩张没有丝毫的阻碍。正如过去一样,政府加强华语的政策这一次也并没有奏效,没有能够为说华语创造有利的环境,原因是人们更看重自己现实的生活,不愿意为了民族的传统而牺牲自己现实的幸福。

从英文报纸和华文报纸的发行比例方面也可以对语言的变化窥见一斑。20世纪70年代以来,英文报纸与华文报纸的竞争十分激烈,由于学校双语教育政策日益加强,英文报刊的发行量不断增加。英文报刊发行量占全国报刊发行总量比例在1973年为36.5%,1975年增至41.7%,1981年又增至44%,在20世纪80年代由于推广华语运动的影响,英文报刊增长缓慢,但到20世纪90年代初,英文报刊的发行比例已经越过50%。

语言虽然不能完全等同于文化,但它确实是文化的重要组成部分,它是一定的历史、社会和思维方式的产物,因而必然深深刻着它们的烙印。为什么一种宗教在同种语言的社会中传播得要比在其他语言的社会中要快得多呢?例如基督教、新教和天主教等,它们先在西欧社会中得到了内化,与当地的语言融合起来,因而在向海外英语社会传播时就快得多了。而在非英语社会,例如东亚各国,尽管现在有了很多现代化的传播媒介,这些宗教的传播仍然不是那么顺利。吴作栋总理举的两个例子也很能说明语言与文化的联系。第一个例子是,他说:"小学一年级英文课本的第一课是'A是Apple'的纯知识灌输,而华文课本第一课则是"爸爸早,妈妈早"这类富有伦理道德的内容。"第二个例子是,"他曾去台湾参加一次金马奖最佳影帝影后颁奖典礼,在颁奖典礼上,每个获奖者都表示感激父母的关怀与照顾。吴作栋对这种'非常华人,非常儒家'的情景极为感动。反观奥斯卡金像奖颁奖,很少有获奖者表示感谢他们的父母"。这无疑说明,一定的语言和一定的思维方式是紧密相联的。用英语接受英语国家的文化会更正宗也更容易,英美的电视节目越来越多就是证明。如果新加坡说英语的人越来越多,那么西方的文化肯定会更多地同化新加坡人,企图用英语来保留儒家传统文化是很难行得通的。

(三) 传统的家庭观念与家庭模式的改变

这表现在两个方面：一是传统的三代同堂家庭趋于解体，让位于两代人的核心家庭。20世纪七八十年代以来，青年一代不愿意与老年人生活在一起的现象明显增多。据1980年的人口普查显示，新加坡50岁以上的老年夫妇单独组成的家庭有7773家，单独生活的寡妇鳏夫有5950人，这就是说，有20000以上的老人没有与他们的子女生活在一起，与建国之前相比，这个比例是大大增加了。1981年1月25日李光耀到一个卫星镇视察，惊愕地发现这个新镇居然有两间安老院，他认为不应该鼓励这种现象的发展。并在2月3日的春节献词中专门阐述这个问题。然而1982年入住老人公寓的数字激增，与1980年相比，增加了90%。当年的调查表明，在25—35岁的青年人当中，只有一半的人与父母或岳父母住在一起。另一组数字也可以说明传统家庭分离和核心家庭增长的情况。在1968年，每个家庭的平均人数为6.2人，到1987年则下降为4.3人；20世纪70年代初80年代初的10年间，由两代人组成的核心家庭占家庭总数的百分比从71.5升至77.9，上升了6个多百分点，速度非常快，居亚洲各华人社会之首。长期以来，在新加坡社会中，父母都竭尽全力扶养子女成人，子女成人后也承担赡养父母的责任。随着工业化的飞速发展，家庭的模式也迅速地发生了变化，成年子女回避赡养父母责任和不愿意与父母生活在一起的人越来越多，像西方社会那样，听任老人依靠国家和社会照顾。而大部分老人仍愿意与子女生活在一起，不愿住到安老院中去，在他们看来，赡养老人仍是后代的责任。这种家庭矛盾与社会矛盾的交织是新加坡社会在工业化进程中社会变迁与社会观念不相适应的一种表现。

据1992年3月29日新加坡人口计划署负责人保罗·张对《星期日泰晤士报》的记者说，政府的统计数字表明，全国7名女子中就有1名一辈子不愿结婚，第一次怀胎生孩子的妇女的平均年龄从1985年的26.3岁上升到了1992年的27.7岁。他还说，很多青年夫妇一再推迟做父母的时间，而选择一种"半婚姻"状态，即睡在一起、玩在一起的婚姻生活。"以往的婚姻总要经过外出、幽会然后过夫妻生活的全过程，而现在婚姻的意义已简化为只是生孩子。"

据新加坡统计局的统计，在1978年至1988年的10年中，新加坡离婚率从4.4%增至11%。以非伊斯兰教徒为例，1960年只有20宗婚姻破裂，1978年达668宗，1988年以上升至2023宗。离婚原因主要是：分居（57%）、无理行为（21.6%）、遗弃（13.7%）、外遇（6.9%）。马来人和印度人的离婚率也呈现上升的趋势，1988年已达893宗，离婚率高达18.6%。妇女堕胎的数字也在不断地增加，1970年全国合法堕胎总数为1913宗，其中未婚少女堕胎96宗，占5%；到1975年堕胎总数激增至22000宗，其中竟有四分之一是未婚先孕者选择的。离婚率提高得如此迅速和未婚先孕者的增多无疑是人们在工业化面前无所适从的表现，是传统社会正在西化和两种不同的价值观念激烈碰撞的表现。

传统家庭的解体和核心化令政府非常担忧，他们认为这是西方个人主义和享乐主义对青年一代的腐蚀，是青年一代淡化个人责任、公民责任甚至民族责任的表现。也许从李光耀如下讲话中更能看出政府关心这个问题的实质，李在1981年春节和1982年元宵节分别这样讲道："五伦里的权利和义务受到适当的遵循，社会就会稳定和有秩序。""在这种改变或现代化的过程中，我们必须不惜任何代价加以避免的，就是决不能让三代同堂的家庭分裂。……如果我国社会要在不失去他的文化冲劲、同情心和智慧的情形底下自力更生，我们就必须保存这种珍贵的家庭结构。"人民行动党政府虽然承认家庭的变迁是西化结果，然而它把这种变化看成是消极的，认为传统的家庭是维护社会稳定的内在机制和社会发展的动力。

在新加坡出版的《东南亚研究评论》对家庭的这种变化做的评论也许更客观一些："仅仅在一代人以前，我们今天所讨论的'家庭中的合作与责任'这一论题似乎还是难以理解的。从传统上看，结婚与抚养孩子是如此紧密地构成了社会生活和文化生活的内容，以至被认为是理所当然的事。丈夫与妻子的作用相当明确，几乎不成为问题，两个人一旦结了婚，几乎肯定会白头偕老。只有当配偶双方实在不愿意履行婚姻和家庭责任时，才会被裁决离婚。此外，传统的家庭还要求成年子女将照顾年老的父母和年迈的祖父母作为自己的道德责任和社会责任。然而时代不同了，许多人不再将婚姻和家庭生活看作一个与地位、常规、传统的权利与责任相关的体系,而是越来越认为婚姻和家庭生活是享受、舒适、交际、性调节和丰富生活的代名词。如果这些目的达不到,那么夫妻双方就很可能感到他们的婚姻是不成功的。于是,离婚便越来越成为终止不幸婚姻的办法。"这是在说,家庭和婚姻的这种变化是一种自然的现象,它更能与现代化相适应。实际上,在迅速变迁的工业化中,家庭的稳定和变迁一直都是人们所关注的问题,过于稳定或变化太快都会给社会带来消极影响,不利于社会的稳定和发展。

(四)个人主义文化的蔓延

这一时期,个人主义文化逐步地蔓延开来,传统的集体主义观念日益淡化。这个概念本来是很难界定的,并且存在争议,然而新加坡政府近十几年来一直强调这个问题,并且是作为社会腐化的现象来看的,因此我们有必要对这个问题做出判断。

20世纪80年代以来,新加坡的政治领导人和报界经常批评年轻一代为"丑陋的新加坡人",说他们"只求享受,不求进步","只问价钱,不问价值","非常缺乏文化素养"。许多人胸无大志,变得越来越实际,他们读书和工作并不是想为社会和国家做出什么贡献,而是为了自己更富有,甚至青年一代的知识分子也是如此。1996年5月30日《联合早报》以"'新加坡梦'梦断何处"为题发表文章说,具有大专学历人士的梦想是"在做了几年工作后,能够买到一辆汽车,也能买到私人住房。他们梦想的5C,就是现款,职业,汽车,信用卡与私人公寓。……这些似乎代表了他们的整个人生目标。……新加坡梦只是照顾到自己、家人和子女,并没有把梦想扩大到帮助他人、爱护他人。这可以说是极端的家族主义的表现。"对此。年老一辈有无限的感慨:19世纪四五十年代,在殖民地时期,青少年的抱负并不在于个人的财富和地位。他们关心民族国家的前途,不论他们是左派、右派或无党派,他们的志愿都是想为社会国家献出一点力量,哪会以一栋房子或汽车为自己努力的目标?抽样调查表明,工作是为了社会和国家做贡献的人越来越少,大多数人表示首先是为了自己的生活。据《联合早报》载,1990年8月初,一位中学生因在公共汽车上劝别人不要抽烟而遭三名歹徒的毒打,而车上的乘客无一人提供援助,三名歹徒在众目睽睽下抢劫之后若无其事地下车离去。1996年年底，一名中学教师在住所楼下的停车场遇盗，高喊救命，惊动了左邻右舍，然而无一人前往相助，个个冷眼旁观，致使这位教师在挨了几拳后眼睁睁看着自己的汽车被劫走。这位教师对邻居们的冷眼旁观和见死不救深感不满和痛心。

我们可以从两个方面来对这种情况进行判断。一方面，我们认为新加坡官方对这种情况的描述基本上是符合实际的，然而把它出现的原因归咎于西方个人主义的侵蚀，却失之全面。人们一般都认为，东西方文化的基本差异之一是个人主义和集体主义的差异，这一点没有什么分歧，然而对于个人主义和集体主义的理解却存在着很大的差别。在西方人看来，个人主义是他们生存和发展的一种重要文化机制，个人主义的最重要的内涵就是"你希望改变自己的命运"。在这种因素驱动之下，人们不断地追求自己的幸福，发展自己的能力，创造自己的财富，建立自己的家庭；他们不能容忍生活中存在着的依附性、不平等和对个人自由的限制，认为家庭出身、地位和阶级都不能决定一个人的命运，追求幸福和改变命运是一个人的天职；他们还进一步认识到，个人主义必须遵循适当的模式，即得到社会的承认，而不能是无政府主义和利己主义的，因此个人是自由的，但这种自由是有限制的，这个限制的机制就是社会契约，是法律。而在东方某些人看来，个人主义仅仅是无政府主义的泛滥和个人野心的极度膨胀，因此这显然是不全面的。其实，新加坡社会出现这些情况是很多国家都遇到过或正在遇到的。工业化带来了社会变迁，变化了的社会不能再沿用旧的道德体系来规范人们的行为，但是新的道德观念又不可能像社会变迁那样迅速地在人民中得到内化，这就会出现一定时期的道德真空。于是，暴发户们虽然在物质方面丰富起来，却很少有道德修养，甚而腐化了整个社会。新加坡20世纪80年代进行的一项社会调查很有说服力：新加坡人自愿参加义务慈善工作的人在总人口中的比例远远低于美国和西欧，只有美国的六分之一，西欧的四分之一。如果把生活水平和受教育水平作为衡量这项工作的两个主要条件的话，那么新加坡人的比例远不止如此。难道美国和西欧的个人主义还不如新加坡那么丰富吗？显然并非如此。一般来说，在工业化的过程中，个人主义文化的增加是必然的，也是有益的。在这一过程中出现的某些社会腐化现象是极端利己主义的表现，这在东方传统社会中并非不存在，并不能完全归咎于西方文化。

进一步说，新加坡从个人主义那里得到过不少好处。众所周知，新加坡是一个由移民建立起的国家，移民的勤劳和开发精神是举世公认的，然而，移民离开父辈们千百年来恋守的村子，走出自己土生土长的圈子，他们比传统的农民们多了一些什么呢？多了一些冲破传统、改变自己命运的抗争，多了一些创新精神，多了一些个人主义！从经济角度来看，李光耀曾经苦于新加坡缺少企业家。确实，在一个儒家经济伦理非常深化的社会里，需要独立发挥作用和具有个性的现代企业家顽强地成长并推动着经济的发展。据1986年的一项调查，有86%的私有企业属于股份制企业，经理是由董事会任命的，40%的权益操纵在董事经理或其家庭成员手中，60%是由一般董事会掌握的。这就是说，与过去完全是家族式的企业相比，新加坡的现代企业家在经济发展中发挥着越来越大的作用。这是个人主义在企业界发展的又一种表现。民主党议员詹时中就持这样一种观点，他说，新加坡之所以有今日的成就，并不是亚洲价值观和儒家文化起作用的结果，而是移民身上勤奋的本性，以及接受西方文化的结果。

一方面，近几十年来，个人主义在新加坡不断传扬，给社会带来了活力，给经济发展带来了动力，这是现代化的必然结果。另一方面，个人主义的过度膨胀也造成了一些腐化现象的滋生和蔓延，这要靠政府和社会建立和强化新的道德规范体系和法律体系加以消除。实际上，新加坡在这方面做得非常成功。由于社会管理比较严格，新加坡的社会风气要比大多数发展中国家好。

（五）政治文化的多元化趋势

由于20世纪70年代经济的迅速发展，新加坡很快摆脱了生存危机，公众的注意力也就更多转向关注自身的政治环境了。这20世纪70年代末开始，新加坡的政治空气逐渐热化。1981年反对党在议会的补缺选举中打破了人民行动党一统天下的局面。此后，国内要求政治民主化的呼声越来越高，选民对反对党的支持率越来越高，人民行动党与反对党之间的竞争日趋激烈，反对党在议会中的议员越来越多，能量越来越大。

1984年《海峡时报》进行了一次调查，结果表明，在21—24岁的青年中，有68%的人认为国会中必须有一个政治反对派。1984年有37%的选民投反对党的票，1988年这个比例达到38.2%，1991年则达到39%。

自20世纪90年代以来，新闻界发表不同看法的文章越来越多。1991年3月8日《联合早报》发表了一篇题为"审美观受大小传统的影响"的文章，在国内对儒家文化的一片赞扬声中，表示了自己不同看法。认为儒家文化使人们在日常生活中和艺术中的情感处于自我压抑中，不能充分而自由地表达自己的情感，因此"虽然儒家的理性主义在社会领域肯定有它的优点，它在美学中所产生的抑制作用却也是看得到的"。该文还指出，正是这种压抑，使曾经创造惊人的艺术、手工艺和四大发明的中国无法在近代发展系统的科学，以及没有能发展出一种有系统的认识论。这个评价等于否定了儒家文化的作用，与政府的主张是背道而驰的。

第三节　20世纪中期以来的儒化

一　儒家文化的复兴

20世纪四五十年代，殖民政府是不鼓励弘扬儒家文化的。人民行动党执政以后，虽然政府也采取了一些明确维护历史文化传统的措施和政策，例如在保持华语、马来语和泰米尔语的地位方面，但是，不仅这些措施没有收到预期的效果，而且政府似乎表现得非常被动：既没有表现出坚定的信心，也没有拿出系统的政策来维护传统价值。这就导致了在社会领域儒家价值节节败退。同时，在国家的政治领域，情况似乎恰恰相反。政府虽然标榜民主社会主义的建国纲领，标榜法律和秩序，然而它却在根本的政权形式上建立了一个儒式政府，改变了20世纪50年代中期以后出现的政治竞争局面，建立了中央集权的政治体制。总之，20世纪六七十年代新加坡没有全国性的儒学复兴运动，政府也没有刻意去追求儒家的治国思想和社会伦理道德，然而到20世纪80年代情况就不同了，无论在社会领域还是在政治领域，新加坡政府都发动了一场规模空前的儒化运动。这主要是以下几个方面的原因促成的：

"儒学复兴"对新加坡的影响。当代新儒学兴起于20世纪二三十年代，兴盛于20世纪七八十年代，在东亚以至欧美都产生了巨大的影响。1982年台湾的《中国论坛》曾以"当代新儒家与中国现代化"为题举行专题研讨会并出版专集，其中提到的新儒家是熊十力、梁漱溟、张君劢、唐君毅、徐复观、牟宗三、钱穆等。杜维明则把当代新儒家分为三代，第一代是梁漱溟、熊十力、张君劢；第二代是牟宗三、唐君毅、徐复观、钱穆、方东美；第三代是陈荣捷、余英时、杜维明、成中英等人。因此，可以说新儒学是以一批著名学者为代表的、重新诠释儒学传统的儒家理论。其中尤以第三代新儒家对新加坡的影响最大。他们大都访问过新加坡，被新加坡领导人奉为座上客，在新加坡讲学和撰写文章，新加坡政府也大力宣扬他们的思想。例如，1982年新加坡政府出面请来了余英时、杜维明、熊玠、吴元黎、唐德刚、吴振族、许卓云、陈真爱八位美国和中国台湾的新儒学学者，以帮助新加坡在中小学开设儒家伦理课程和制定大纲。

新儒学复兴的主要背景是东亚工业文明的兴起。随着20世纪七八十年代以来，日本、新加坡、韩国和中国台湾、中国香港地区经济奇迹的出现，以及中国等其他东亚国家经济的起飞，出现了"第三种工业文明"的理论，提出了第三种工业文明与儒家传统有何种关系的问题，以及欧洲中心主义和韦伯主义的失势、"全球意识"和"寻根意识"的相互激励，所有这一切都给新儒家注入了新的自信力，使他们得以摆脱40年代那种"花果飘零"的悲苦心境，也不必再像50年代那样大声疾呼"我们并未死亡"，而是理直气壮地提出了儒学正在经历着第三期发展的论断。

20世纪初，德国著名社会学家马克斯·韦伯发表了《新教伦理与资本主义精神》和《儒教与道教》两部影响颇大的著作。在第一部著作中他提出了新教伦理对资本主义工业化和现代化有着内在的促进作用；在第二部著作中他认为儒家伦理没有产生资本主义的社会基础和动力，断言儒家伦理的功能在于适应世界而不是改造世界。韦伯的这些观点长期以来被学术界奉为经典之作。但在20世纪70年代以后，第三代新儒家以东亚的经济发展为后盾，对韦伯的理论提出了有力的挑战。他们认为，儒家精神与现代化并不是互相排斥的，东亚各国正是走了一条"儒家资本主义的道路"，这种发展模式的特点是把儒家伦理揉进资本主义的经营管理之中，把西方只重个人才能的发挥，改变为具有人文色彩的行政管理工程，注重心理调节和人际关系的调节，并发挥群体的力量。他们还指出，儒家伦理中的自我在群体中寻求实现的意识，以及勤劳节俭的品格是资本主义发展的动力。

新儒学首先是对李光耀，吴庆瑞等老一辈领导人产生了重要的影响。20世纪70年代末80年代初，新儒学学者对日本的经济奇迹进行了研究，得出的结论是，儒家伦理是日本取得成功的重要因素。有学者指出，1882年天皇给日本军人所下的命令就是以儒家思想为核心写成的，这个命令强调了儒家思想的五个美德：忠诚、礼仪、勇敢、信义、节俭，它实际上日后成为日本全体人民的守则。这一思想对一直把日本作为主要学习目标的新加坡的领导人逐渐产生了影响。1982年吴庆瑞曾对李光耀谈到如下观点："日本哲学家森岛森夫最近写了一本书《日本为什么成功？——西方的技术和日本的民族精神》，国际舆论认为这是一本严肃的学术性论著，作者深入分析了日本的民族精神对其经济起飞所起的作用。作者认为，日本从20世纪30年代中期以来，逐步形成一个'民主的法西斯国家'，战后虽经改革，但至今其经济结构仍与战前基本相同。作者在《结论》中指出：'在从中国引入到日本国内的儒教和道教，不仅是儒教，而且连道教也被改造成了亲政府的第一类型的宗教。日本的儒教与中国的儒教相比，对现政权的支持更为热心。'由此可见，日本人在引进外来文化中是多么精明，也可以看出中国儒家学说对日本的经济、政治、文化领域影响之大，实在是无法估量的。"当时李光耀讲了一番非常有意思的话，他说："我最近读了马克斯·韦伯写的《新教伦理与资本主义精神》一书，他认为精神对物质有反弹作用，精神对经济的发展也有制约的或促进的功能。我在日本做了长期的考察，他们运用中国儒家学说充实日本的民族精神，对其经济成功起了重大的促进作用。战后，日本的经济和文化处于悲惨的境地，他们也是运用中国儒家学说，强调亲政府的忠诚，一跃而成为世界经济强国，这对韦伯的论点是最好的注释。"一般学者都指出韦伯主张儒家伦理是阻碍资本主义发展的，而李光耀却认为韦伯的精神与物质关系的论断恰好说明了儒家伦理对经济发展的促进作用。

1982年7月新加坡副总理兼教育部长吴庆瑞博士率团专程飞往美国，与一些华裔新儒家商讨推行儒家伦理教育的问题。接着又邀请美国和中国台湾的新儒家访问新加坡，进行更为广泛的讨论。与此同时，新加坡掀起了全国性的宣传儒家伦理的运动，并在中小学中开设了儒家伦理的课程。

工业化引发的价值观念的失范和真空也是儒学复兴的原因。从20世纪60年代中期开始，新加坡开始了迅速的工业化过程，经过了十几年的发展，社会结构和社会面貌都发生了很大的变化，然而价值观念的转变却没有那么快。因此，传统的价值观如何与工业化社会相适应就成了一个严重的社会问题。工业化社会所带来的诸如家庭的核心化、离婚率增高、个人主义意识强化以及精神空虚、犯罪现象增多等社会问题严重困扰着新加坡人。对这些在工业化进程中日益严重的社会问题，除了在法律上加强制约以外，建立新的道德规范体系是不可或缺的重要方面。李光耀在1982年这样说道："和经济的发展比较起来，我们在精神方面花的力气太少了。我最近做了一番调查，发现西方的思想和生活方式、生活作风，对我们的侵蚀越来越严重。尤其是受英文教育的上层分子，更是洋化得厉害。西方世界盛行的个人主义、唯我独尊思想，已使部分新加坡人变得贪图逸乐，凡事只顾自己，把家庭、父母、子女都看得淡薄，只顾自己不认娘。这是20世纪80年代的危机啊！"政府高层领导对社会状况的这种评价，是其利用新儒家思想重建道德规范体系的重要原因。

当然还有一些其他原因是政府不宜公开讲明的，例如随着中产阶级的崛起，他们对政治多元化的要求也越来越公开了，使坚持儒式政治统治的人民行动党政府感到有丧失执政地位的可能，而儒家的政治伦理有限制政治多元化的功能。

二 人民行动党政府的文化实施

近20年来的儒学复兴运动，主要表现为政府的推动，民间的社会团体和个人除了在寻根方面表现得比较积极以外，在大多数领域中都表现得较为消极和被动，与政府的动作比较起来，相形见绌。

除了进行大规模的宣传和开展如"文明礼貌月"等社会运动外，在更深的层次上，李光耀还对儒家思想进行了概括和重新解释。他认为儒家思想的核心可以用八个字来概括，即"忠孝仁爱礼义廉耻"。新加坡政府把这些思想和精神向社会宣扬和灌输，并采取了相应的政策把其贯彻到新加坡人的行为准则中去。

忠，就是要忠于国家，要有国民意识。新加坡是一个移民社会，从最初的移民到现在还不足180年的时间，所以，现在的新加坡人或者是移民，或者是移民的后代，或者是受移民意识影响很深的人。他们的先辈来自中国、马来西亚、印度、印度尼西亚或其他国家，有各自的语言和文化传统。在英国殖民统治时期，他们作为侨民在这里谋生，大都有落叶归根的思想，并没有争取新加坡独立的强烈愿望。新加坡独立初期，不少人认为这个人口很少、资源贫乏的弹丸之地的独立只是暂时的，迟早要归并到马来西亚之中，因此把新加坡当作自己祖国的观念仍然是比较淡薄的。自20世纪60年代末期以来，调查资料表明，新加坡人的国民意识已经有所增强。然而，自20世纪80年代以来，在西方文化的冲击下，一些人用西方的国家制度来批判新加坡的国家制度。这或许与新加坡民族的根本利益并不相干，但它降低了人们对以人民行动党为代表的国家的忠诚。儒家文化中有强烈的忠诚意识，用它来强化民众的国民意识，增强人们对人民行动党政府的效忠，是一种有力的文化机制。

具体来说，忠的含义有三层。一是要对新加坡有归属感。每个新加坡人都要意识到自己已是新加坡共和国国民，是新加坡人，而不是中国人、马来西亚人、印度人或印尼人等。要把新加坡看成是自己的故乡，自己是归属于这片土地的人。对此，李光耀是这样描述的："新加坡人是一个出生、成长，或居住在新加坡的人，他愿意保持现在这样一个多元种族、宽宏大量、乐于助人和向前看的社会，并时刻准备为之献出生命。"二是要以国家利益为第一需要，强调国民要忠于国家，热爱国家。当个人利益与国家利益发生冲突时，必须把国家利益放在第一位，牺牲个人利益。三是要有群体意识，使每个人认识到经济和社会的发展是集体协作劳动的结果，个人与集体密不可分。每个人的生活和工作都与集体息息相关，工厂生产的好坏，社会关系是否和谐，都要依赖全体员工和全体社会成员的相互协作。只有每个人都有这种强烈的群体意识，才能促进生产和社会发展。这种文化在群体与个体的关系方面显然与西方文化有很大差异,其更多地强调了群体的作用。与新加坡的现实状况相比,它也过于泯灭个性。因此,它的功利性很明确,就是要抑制日益西方化的社会倾向,强化对人民行动党政府的忠诚。

为了培养忠诚的国民精神,新加坡政府采取了一系列的措施。例如,政府规定,从小学入学开始,每天都要举行升国旗仪式,直到中学。目的是在这些幼小的心灵深处逐渐培养起一种根深蒂固的对国旗、对国家的神圣感和自豪感,并逐渐演绎出为了国家的荣辱和尊严甘愿献身的精神。特别值得一提的是它的国民服役制度,这项制度规定,凡年满18岁的男青年在高中毕业后都要服兵役1—2年。退役以后即进入预备期,每年仍需回到军营两周,接受军事训练。我们知道,"军人的天职是服从",经过训练的青年人自然就多了一份忠诚和服从的意识。在日常训练中,军人要接受军事训练和爱国思想的教育,培养誓死保卫祖国的精神和遵守纪律以及吃苦耐劳的品质。实践也确实说明,经过训练的青年人都在不同程度上增强了国家意识和纪律观念,有着较强的"为国家安全而献身的神圣感",也更敢于面对困难。涉及面如此广泛的军事训练和国家意识的教育,不仅使青年人得到了锻炼,同时也培育了他们的忠诚意识,使人民行动党的统治少了一些不安定的因素。因此,这项制度尽管受到反对党和一些人士的强烈反对,政府却坚持不做让步。李光耀还以身作则,先后把自己的两个儿子李显龙、李显扬都送去服兵役。此外,政府还大力提倡唱爱国歌曲,利用歌曲这种容易普及的传播手段向人民灌输爱国主义思想。李光耀甚至亲自指挥,带领他的阁僚们登台大唱特唱,以振奋国民爱国热情。

孝在儒家伦理中就是孝顺长辈,尊老敬贤。在传统的东方社会中,孝是伦理的起点,其他社会伦理都是由孝道而生,而孝道的实践,又以孝顺父母为本。可见,孝道是与家庭紧密相连的。人民行动党的意识形态中有很多孝道的因素,于此相适应,其儒式统治方式也需要孝道的思想意识来支撑,这是它大力提倡孝道的根本原因。鉴于孝道的基础是家庭,因此人民行动党推行孝道主要是以维护传统家庭模式来实现的。

在工业化的过程中,家庭由三世同堂或四世同堂的传统的大家庭向核心家庭转化以及单亲家庭增多是一个普遍的现象。这是祸是福一时还难以断言，但是这确实是与工业化紧密相连的一种社会现象。如果这种现象发展得过快，而政治、法律制度以及社会保障体系没有相应的调整，并且由此引发的思想观念上的代沟反差非常之大，那么肯定会引起社会的不稳定。在这种情况下，代表保守势力的国家和政府一般都会抑制这种现象的发展而不是改革社会制度。自20世纪70年代末开始，新加坡政府就逐步认识到传统的家庭是维护新加坡政治体制的基础，因此应该对其加以保护。20世纪80年代末人民行动党政府对形势作了一番估计，认为在早期的移民社会中，人们本来具有浓厚的孝悌意识，但自20世纪七八十年代以来，在西方自由主义思潮的冲击下，新加坡社会的家庭结构已经发生变化，过去家庭观念浓厚的华族，现在孝道已经大为淡薄。许多人视父母为累赘，甚至虐待抛弃。1991年春节李光耀在对全国发表电视讲话时说："如果孝道不被重视，生存体系就会变得薄弱，而文明的生活方式也会因此变得粗野。我们不能因为老人无用而把他们抛弃。如果做子女的这样对待他们的父母，就等于鼓励自己的子女将来同样对待自己。"他极力反对子女抛弃年老的父母而组织小家庭单过，主张按照儒家传统，保持三代同堂的家庭。20世纪80年代后期以来，政府为了确保传统家庭结构不被分裂，采取了一些措施，主要是不鼓励养老院的发展，不对单身生活进行补贴，而是把钱用于补贴尊老携幼、生活和谐的家庭。政府还明确提出要求至少必须有一个子女与已经丧偶的父亲或母亲同住，以便侍奉老人、化解老人的寂寞和痛苦。同时，每年都在旧历新年开展敬老运动，届时政府要员和国会议员都要去自己的选区慰问老人，造就一种尊重老人、关怀老人的社会风尚。

当然，新加坡政府20世纪七八十年代以来所有维系的家庭关系已经与传统的家庭关系有很大的不同。在传统的儒化家庭关系中，有严格的等级关系，儿子必须对父亲极为尊敬，并要绝对服从；男人高于妇女，兄弟高于姐妹，长子高于次子。但是在新儒家所倡导的家庭关系中，儿子对父亲是尊重而不是绝对服从。根据法律，儿子可以控告他的父亲，只要他有必要的证据。再比如，医疗保健制度已经扩大到直系亲属，包括丈夫、妻子以及子女们，但不包括父母双亲。这就是说，如果妻子生病了，丈夫可以送她去医院，由国家来负担医疗费用。然而如果是这位丈夫的父亲病了，医疗费用的一部分必须由儿子来承担。这显然与儒家的理论是不一致的，区别是这已经在传统的家庭关系中注入了平等的因素。

仁爱，就是要富有同情心和博爱精神，要关心体贴他人，政府所宣扬的"理想的新加坡人"就是被赋予了一定新的含义的"儒者"，一个富有同情心的人。政府认为，仁爱精神应体现在社会的方方面面和各个层次之中。在现代化急速发展和社会变革的时期，有两个问题需要解决。一是由于不同文化的碰撞，每个人的观点都可能有所不同，处理不好就会使矛盾激化，引发冲突。二是城市化使邻里之间的交往越来越少，人与人之间情感联系的纽带非常薄弱，出现了"老死不相往来"的情况，削弱了社会的凝聚力。但如果大家富有同情心，就可以互相容忍和帮助。"如果我们为人真诚而热情，对人体贴，尊重和礼貌，那我们就能与他人幸福地生活在一起。我们必须记住，这样做是一个公民的义务。"

具体来说，发扬仁爱精神的意义表现在以下四个方面：第一，新加坡是一个多元种族的社会，种族矛盾随时可能激化，破坏社会稳定与发展，但如果有了仁爱精神，人们富有同情心，就会缓解种族矛盾。仁爱是促进多元种族和睦的极好的精神工具。一个有仁爱精神的人，是宽宏大量、善解人意、容易与异族人和睦相处的人。第二，它可以调解劳资关系。新加坡是一个市场发育完全，已建立了自由企业制度的工业化国家，现代企业是国家的经济支柱，因此，劳资关系的好坏对于能否促进生产力的发展和社会稳定是至关重要的。20世纪80年代新加坡的中学教科书中这样写道："人们在工作中大发牢骚是很平常的事情。经理们抱怨手下的工人是如何如何的无用，忘恩负义。而另一方面，工人们则抱怨经理和管理人员是多么的不公和霸道，这种心态导致了强烈的敌视和摩擦。儒家学说告诫这两种人都要显出同情心，不要对别人施加自己所不愿意接受的待遇（己所不欲，勿施于人）。因此经理们对待工人就要像自己希望上司对待自己那样，工人对待经理就要像自己希望年轻人对待自己那样，如果工人和经理都忠实而真诚地这样做，互爱和信任就会建立起来。"第三可以作为代沟的沟通桥梁。新加坡正处于社会转型时期，代沟差距不断扩大是其面临的又一个重要社会问题。政府认为，如果有了仁爱精神，将有助于新老两代人的相互了解和尊重，有助于年轻人充分评价老一辈在新加坡创业中的功绩，在工作中虚心向他们请教，在生活上关心照顾他们。老一代人则会关心爱护青年人，善于发现青年精英，尽力培养提携，并在适当的时候主动让贤。例如在师徒关系中，仁爱精神可以促使师傅毫不保留地向徒弟传艺，不思保留；徒弟则会尽力做到尊重师傅，认真向师傅学艺，学有所长后不要看不起师傅。当然，这其中也有相当程度的政治因素，因为在政治领域，政治分歧在相当程度上也是一种代际差异，在青年人中反对人民行动党一党统治的人大大多于老年一代，仁爱精神则会削弱这种政治竞争。第四，仁爱精神在家庭中就是要讲究对妻子、丈夫、子女和父母富有同情心和责任感，对家人体贴入微。尤其是不能轻易离婚，否则要受到严厉的谴责。

礼仪，就是礼貌和信义。礼貌就是对人要尊敬、客气、热情。礼貌成为人与人之间的相处之道，形成风气，社会自然就会文明得多，进步得快。信义就是待人接物要坦诚守信，不搞欺骗狡诈。具体来说，信义包括两层含义：第一层意思是领导人要言而有信，对人民的各种承诺一定要说到做到；另一方面，人民也要信任政府，"人民一旦相信他们的领袖确实有献身精神，深信他们不仅能干，而且始终能以人民的利益为重，个人的生存为轻，那新加坡的前途将无可限量"。即人民也就会焕发出极大的建设积极性。第二层意思是每个人之间都要以诚相待，守信用，不要尔虞我诈。如果人人都能做到以诚相待，那社会就会健康而有生气。

按照政府的解释，一个充满礼义的现代社会，就是一个文明向上、社会和谐、政治稳定的社会。一个社会只有文明向上，才会具有持久的发展潜力，这是对礼义社会最为功利的解释。然而，把礼义社会与保持政治稳定联系起来，显然是针对要求政治多元化的势力的，是过于政治化的解释。新加坡建立礼义社会的最富有特色的举措就是开展举世闻名的礼貌运动，不仅启动各种传媒宣传礼义，而且采取各种措施约束规范人们的行为。此后还规定每年6月为文明礼貌月，定期开展礼貌运动。此外，在平时的社会生活和工作中政府还采取了许多措施抑制"不礼貌行为"，例如，政府明确表示反对奇装异服和嬉皮士作风，长发披肩的男人如果到政府机关办事，要等到其他人办完才行，政府所提倡的礼仪已经没有了传统社会中的繁文缛节，但与西方的文明礼貌相比，它多了一些谦恭的色彩，少了一些自信和平等的意识。

廉耻，是指为官清廉和羞耻之心。为官清廉是指官员除了自己应得的薪俸之外，不取分外之财。李光耀非常推崇儒家"修身、齐家、治国、平天下"的信条，强调政治领袖必须首先具备廉洁之德，才有资格治理国家。政府认为国家兴旺与否的关键是能否保持一个廉洁有效的政府。对于新加坡这样一个政治上权力比较集中的体制来说，尤其要依赖高级官员的廉洁和效率。贪污腐化曾在20世纪五六十年代困扰过新加坡，因此人民行动党在成立之初就喊出了"打倒贪污"的口号，并把党旗基本色调定为白色以示清廉。人民行动党执政后李光耀十分强调政府要在政治和行政方面保持廉洁，公务员必须做到两手干净。他在公务员培训班上说："如果我们允许你们把手放进别人放钱的口袋里，那么，在政治上我们就完了，我们会被人民大众所唾弃。"政府官员都深深懂得，只有自己为政清廉，人民才会信服；只有人民信服，政府的办事效率才能提高，做到事半功倍。如果政府官员不廉洁，贪污成风，虽然个个可以一时得利，但社会会因此而受到极大的损害。人民行动党十分清楚地认识到，自己之所以能够长期执政，最重要的原因之一就是它的政府能够保持廉洁，坚持把贪污腐败分子毫不留情地从政府公务员中清除出去，从而始终得到人民的信任。

人民行动党政府在反腐倡廉方面取得成功的最主要的原因是其领导人表现得十分坚决，以铁的手腕贯彻反腐倡廉措施。在一个政治权利比较集中和相对不受制衡的政治体系中，领导个人的作用是十分关键的。李光耀十分懂得这个道理，他在1981年的一次国会辩论中曾这样说过："如果我要贪污，没有人可以阻止我贪污，但其代价是整个制度的崩溃。"因此他非常注意以身作则，廉洁自律，自己不越雷池半步，也从不允许自己的亲朋好友从自己身上获取特权，他刚当上总理之后不久，就对自己的父母兄弟说："从今以后不应该指望从我这里得到特殊照顾，你们应该像普通百姓一样来对待自己。"自己做到了为政清廉，治理其他官员的腐败行为就显得坚决有力，前国家发展部长郑章远曾与李光耀并肩为国家独立而奋斗，在历史上有过很大政绩，并与李光耀私交很深。但当他贪污受贿 50 万新元被贪污调查局查出，面临法律的制裁，向李光耀求情时，李光耀考虑再三，决定不徇私情，坚决依法办事，最后郑章远畏罪自杀，此案一度轰动了新加坡国内外。当然，政府同时也采取各种措施保障官员的收入，提高他们的薪水和各种待遇，做到以俸养廉，使廉政建设富有人情味。

就治理腐败的方式而言，传统社会主要是靠行政体制内部自上而下的监督来实现，现代西方社会则多了一个独立的司法机制和社会舆论的监督，而新加坡则似乎正处于这两者之间。它的反贪机构只受总理的制约，并且得到法律的授权，可以自行决定对任何级别的官员进行立案侦查和搜查，这是司法相对独立的表现。社会舆论可以通过传媒议论官员的腐败现象，尤其是反对党竞选时可以公开指责政府官员的腐败行为，因而也构成了一定的监督，但显然这些都是不完全的。30 多年来它之所以能保持一个廉洁政府，就新加坡的特色而言，主要是领导人的自律。这表明，李光耀所倡导的"廉"的含义主要是儒家的自我约束和家长的约束。

耻，即羞耻之心。在现代化进程中，随着文化的急剧变迁和道德的断裂，容易出现丧失羞耻心的现象，因此，政府认为，必须进行广泛的道德教育，培养明是非、知羞耻的观念，要使全体人民，尤其是青少年分清羞耻和荣辱，去除邪气，弘扬正气。李光耀还指出，在许多亚非拉国家，领袖和官员不知羞耻，把当官看成是自己发财致富和飞黄腾达的捷径，从而使整个社会丧失羞耻心，受到腐蚀。因此，首先要在国家领导人和官员中树立羞耻心，分清什么是该做的，什么是不该做的，这样，才能树立起良好的社会形象，带动整个社会风气的好转。可见，在政府看来，知羞耻是进行廉政建设，建立一个文明健康、有教养的社会的前提。就耻的形式来说，李光耀所提倡的耻与儒家传统的耻并没有什么不同，然而，新加坡已是一个法治社会，因而在很大程度上判断耻的标准是法律和道德并重，而传统社会判断耻的标准主要是道德。

从以上看来，李光耀当政时期对"忠孝仁义礼义廉耻"的儒家思想进行了宣扬和改造,把它灌输到政治生活和社会生活之中,作为其统治的意识形态和社会道德规范体系的重要组成部分。由于这在很大程度上是对历史传统的继承并且做了符合现实的改造,因而它成为影响新加坡政治和社会生活的重要的文化机制。

第六章

宗教的文化、社会和政治导向

新加坡虽然是一个世俗国家，然而从19世纪初开埠起，各种宗教便蜂拥而至，从世界三大宗教到一些几乎绝迹的小宗教，在这个小岛上都可以找到。宗教与新加坡的移民开拓和发展有着密切的关系，在这里各种宗教都自由地组织着宗教活动以传播自己的宗教。1990年的人口普查统计，在全国10岁以上的人口中，各教派的信徒占总人口的86%，这么多人都不同程度地受着宗教的规范和约束，不可能不对社会发展产生一定的影响。

新加坡的宗教很多，主要有佛教、道教、伊斯兰教、基督教、天主教、新教、兴都教、耆那教、锡克教、犹太教和拜火教，我们可以通过对几种主要宗教的分析来阐述宗教在新加坡所起的作用。

第一节 主要宗教的输入与传播

一 佛教的输入与传播

从19世纪到20世纪初支配华人社会的主要宗教是佛教。早在19世纪初叶，中国福建、广东一带的移民就把佛教带进新加坡了，在1820年前后，第一批佛教庙宇被建立起来。据记载，恒山亭是当时最著名的佛教庙宇，当时有不少人定期前去朝拜。

1838年，各方言组织的领袖筹措资金建立了天福宫，它很快成为整个华人社会宗教活动的中心，其地位一直保持到19世纪末。天福宫主要供奉航海保护女神天后，观音和关帝次之。这是因为当时新加坡的华人与航海有着密切的联系，许多来自中国的大帆船满载货物和移民，船主和移民都希望在海上能够平安，以保证贸易的成功和人身安全。他们面对大海的无能为力使他们寻求这位航海女神的保护。这种愿望在天福宫的匾额"波靖南溟"中体现得极为明显，它的意思是南海平静。移民社会的动荡也加剧了人们对其他神的崇拜。

除了宗教崇拜之外，早期的华人寺庙还具有其他职能。例如天福宫就成为事实上的华人甲必丹的衙署。据记载，19世纪后半叶著名侨领陈念绅就曾在庙中办公，办理闽籍华人的婚嫁手续。寺庙成为甲必丹的工作场所，主要是因为甲必丹被推举出来协助维持华人社会的秩序，但没有给他们经费去履行职责，因此他们不得不借用公共场所，而当时唯一的公共场所就是寺庙。另外，许多华人经常到寺庙进行朝拜，这里已成为当时华人社会交往最为频繁的场所，在这里办公易于与人交往，办事方便。同时甲必丹并没有掌握具有强制性的世俗权力，因此借助神灵来调解纠纷，有利于问题的化解。

天福宫所发挥的作用填补了华人社会相互交往中的某些空白之处。因为各方言组织都带有强烈的地域性，彼此隔阂很大，通常很少交往。而天福宫是各方言组织共同的宗教活动场所，各方言组织的人都要来这里进行朝拜，这就自然而然在宗教活动中，增加了相互之间的交往。而且华人社会与外界打交道时，尤其是与殖民政府打交道时，必须以一个整体出现，这时甲必丹的作用就显现出来了，天福宫作为甲必丹的办公场所，就可以使其在某种程度上发挥行政中心和福利中心的作用。

一般来说，各方言组织和宗亲组织自己的寺庙和保护神的作用要大于共同的寺庙和保护神，华人更经常的是到各自方言或宗亲组织的寺庙中进行朝拜，并以此为中心举行各种公共活动。虽然19世纪和20世纪初大多数华人组织都崇拜天后、观音和大伯公，但这种崇拜是在各自集团的寺庙中进行的。例如，福建帮是在天福宫（19世纪末它已基本成为福建帮独占的场所）崇拜女神天后，潮州帮则是在粤海清庙中崇拜她，而海南帮则是在附属于海南会馆的天后官庙中崇拜她。同样，福建帮是在恒山亭和大伯公庙崇拜大伯公，而客家人祭祀他则是在福德祠内。宗教崇拜的地方化反映了19世纪末20世纪初这一时期华人社会的严重分化。早期，各方言组织共同修建天福宫，表明他们希望携手合作，但这种愿望和努力没有抵御住分化和敌对。这或许是因为早期各组织的人数还很少，难以自立。随着各方言组织的壮大，他们有更多的自身利益要维护，也不再需要那些既不方便也不及时的更大范围的保护了。相反，各组织之间的竞争多于合作。更为根本的是，传统的方言、观念和习俗还没有被现代化所突破，这就使他们自然而然地在竞争中选择了分化。尽管佛教没有把整个华人社会联结在一起，但其却为各方言组织和宗亲组织内的联合提供了一种联系的纽带和精神力量，并且使整个华人社会始终拥有同一种崇拜的偶像，为日后他们的联合做了某种精神上的准备。

佛教在19世纪末20世纪初仍有一定的发展。1898年，福建和广东的著名和尚贤慧、会辉和转道等人组织兴建了新加坡佛教首刹莲山双林禅寺。1926年，中国另一位和尚太虚大师，到新加坡"弘法"，带有弟子北京佛教青年会的张宗载、宁达蕴二人。他们除了演讲佛法，还编印出版了佛教杂志《觉华》。1928年，在太虚大师的倡导下，新加坡成立了中华佛教会。

据20世纪八九十年代的一些统计数字表明，新加坡不同程度的佛教信仰者约有50万人，占10岁以上的人口五分之一以上。教徒大部分为华人，其他种族的教徒不足1万人。全国佛教寺院有128个，每400个佛教徒和每5平方公里就有一座寺园或庵堂，形成一街三寺、两巷一庵的局面。其中影响较大的有莲山双林寺、光明山普觉寺、千佛山毗庐寺和龙山寺等。这些寺中长年香火旺盛，前来朝拜的人络绎不绝。新加坡的佛教组织也很多，如新加坡僧迦联合会。其教徒中除了华人外，还有印度人、马来西亚人、缅甸人、斯里兰卡人和日本人等。该会的宗旨就是联合各种族的教徒，实现宗教上的种族和睦。新加坡中华佛教会成立于1928年，是20世纪三四十年代新加坡佛教徒的领导中心，20世纪90年代仍有一定影响。

新加坡佛教总会，成立于1949年，此后逐渐取代了中华佛教会的领导地位，成为新加坡佛教徒的领导中心，20世纪90年代初有130多个团体成员。

另外，世界佛教友谊会新加坡分会和新加坡佛教居士林也很有名。

佛教徒都在不同的程度上以佛教教义规范自己的心灵和行为，他们中很多人经常到寺院中参加佛教仪式和活动，也有些人在家中进行朝拜。新加坡佛教徒最大的活动是庆祝吠舍节，每年5月中旬的月圆日都要举行全国性大规模的活动，纪念释迦牟尼的诞生、成道和涅槃。另一个节日是盂兰盆会，在中国阴历七月十五日，各寺院要举行盛大的讲经法会，信徒还要举办水陆道场、放焰口等宗教活动。佛教对新加坡社会的影响是比较大的。

二 道教的输入与传播

在1819年新加坡开埠之前，道教就已在当地的华人中有一定影响，当时已发现有金兰庙。1812年第一艘中国帆船抵达新加坡的直落亚逸海岸，到来的华人在那里摆下香炉，尊奉妈祖神位，此后这里便成为道教的一个活动中心。在道教的诸神中，妈祖是海上保护神，而新加坡是一个港口国家，所以尊奉妈祖的道教徒比尊奉其他神的教徒要多。1840年天福宫在直落亚逸建成后，它也成为道教徒活动的一个主要场所，直到今天。

道教是各种宗教组织中最为松散的宗教，它以"清静无为"为宗旨，没有规范教徒的各种教规，没有统一的组织，也不宣传吸引人入教，一切顺从自然，因此，虽然教徒很多，但对社会的影响很难判断，在一个具有高度竞争性的社会中，它只能起一些心理平衡作用，或者给竞争落败者以心灵安慰，或者供修身养性者尊奉，而不会有多少直接的社会政治经济功能。它似乎是人们逃避严酷现实，寻找精神自由的一个避难所。

1979年以后，道教出现了联合的趋势，各神社先后联合建立了几个大的道教组织，其中最大的是1990年创立的新加坡道教总会，它有20多个团体会员和数百名个人会员。1991年3月29日至31日，该会连续3天在通淮庙举行大规模的法会，纪念道教圣祖老子诞辰和道教总会成立一周年。此后，该会每年在阴历七月十五日的中元节和道历二月十五日的老子诞辰日都会举行较大的纪念活动。这是道教面对日益衰落的情势的一种抗争。

新加坡属于道教的神社现在仍然不少，约有 100 多处，是比较忠诚或比较需要的教徒朝拜的地方；而更多的是设在个人家里的神坛，这是那些不愿去神社，而又要朝拜的人的方便之举。到 20 世纪 90 年代中期，道教徒有 40 万人左右，不足全国 10 岁以上人口的六分之一，道教香火最盛的是天福宫、开山寺和上帝庙。

三　伊斯兰教的输入与传播

据史书记载，公元 12 世纪阿拉伯人和印度人就将伊斯兰教传入了新加坡。1819 年莱佛士在新加坡登陆时，那 120 名马来人显然都是伊斯兰教徒。此后，随着周围地区马来人的不断移入，伊斯兰教徒也不断增多。在大部分时间里，增长都是缓慢的，但在 20 世纪初有一个较大的增长，猛增到 4 万人。1931 年成立了回教传道师协会，它联合回教各清真寺势力，大力推广伊斯兰教势力。

鉴于自 20 世纪 60 年代以来伊斯兰教徒在世界范围内都很活跃，是一支不容忽视的力量，因此，政府对它也十分看重。1968 年成立了专门管理伊斯兰教事务的最高机构——回教理事会，代表政府管理全国的伊斯兰教事务。目前，全国有伊斯兰团体 60 余个，它们出版刊物，传播教义，很有活动能量。全国共有伊斯兰信徒 30 万人左右，清真寺 80 余座。清真寺是伊斯兰教徒进行宗教活动的主要场所。与过去不同的是，现今的清真寺，除了进行宗教活动之外，还是体育场所，是某些社区中心和娱乐活动的场所。这是清真寺吸引教徒的一种方式。

对于新加坡的穆斯林来说，听清真寺的阿訇讲经，到清真寺或在家进行宗教礼拜、实践教义和参加庆典活动都是其日常生活的一个组成部分。在这一点上，他们比其他宗教的教徒要"虔诚"一些。一个穆斯林的孩子出生不久就会听到其长辈吟颂"清真言"；一个人临终时还要吟颂《古兰经》和"清真言"。清真寺内的教主也经常为教徒颂读《古兰经》。可见，新加坡的伊斯兰教徒同其他国家的伊斯兰教信徒一样是比较虔诚的。

四　西方宗教的输入与传播

主要包括基督教、天主教和新教。1819年新加坡刚开埠不久，1名天主教神父率领一支由13名教徒组成的队伍泛舟来到新加坡，这就是西方宗教在新加坡传教的发端。1822年第一座英国教会教堂——圣安德烈教堂被建立起来。1841年全国已有500余名天主教教友。此后，教会开办了一些学校，在教授自然科学的同时，也进行西方宗教的传播。随着英国殖民统治的加强，西方文化的涌入和资本主义的发展，20世纪初以来，西方宗教在新加坡有了很大的发展。到了20世纪90年代中期，全国的西方宗教的教徒有60万人左右，已成为新加坡拥有教徒最多的宗教，教堂有近300座。

以天主教为例，它拥有统一而完善的组织系统。它的最高组织机构是"新加坡天主教总教行政机构"，总主教为最高领导，下辖有礼仪、教理、教友、争议和平、司铎灵修和财务6个委员会，在这个中央领导机构之下还有10多个天主教团体。另外还开办神学院、神学校，发行两份天主教报纸，一份是英文的《公教报》，另一份是中文的《海星报》。

与天主教不同，新教没有统一的中央机构，它分成许多教派，各自为教。后来新教也建立了几个松散的联合机构，如全国基督教理事会、新马基督教联合会、新加坡华文基督教联合会等。它还办有5所神学院和一些学校。它们在青年中间的活动范围广泛，尤其是在中等和高等学府的青年学生中。

与新加坡的其他宗教相比，在组织形式和活动形式上，基督教表现得尤其突出。从组织结构来说，基督教各教会较之佛家、道教、伊斯兰教和印度教会更加严密。不但天主教有统一的中央集权式的组织结构，形成了自上而下的管理体系；就是新教，虽然没有统一的领导机构，但各教派内部的组织比较严密，管理有效，而且它还通过全国性的理事会联合会来协调教务活动。在组织方式上，基督教会的活动比较注重实际。除了宗教仪式外，它经常为教友甚至非教友提供团聚相处的联谊活动，如郊游、联欢会和露营活动等。它还根据不同的年龄、性别和职业结构建立起各种常设的联谊组织甚至幼儿园、儿童俱乐部。显然，这种方式更能吸引人，更容易传教。这比起其他宗教只有较少的娱乐，拥有更多的烦琐仪式，以及与传统、方言和种族更为密切的关系来看，更具有竞争力。

五　印度教的输入与传播

在新加坡开埠之后不久，印度人就把印度教带进了新加坡。新加坡最古老、最著名的印度教堂是建于1843年的室利·摩里亚曼寺，另一个主要的寺庙是1859年建立的檀底楼特波尼寺。在20世纪90年代中期共有20多座印度教寺庙，教徒10万人左右。

新加坡的印度教也没有统一而严密的组织，只有几个组织松散的联合会，其中较大的是印度教咨询会。它成立于1917年3月，旨在督促政府关心印度裔教徒的宗教、生活习惯和各种涉及印度裔公共福利的事务。印度教布施基金会，1968年成立，负责一些主要的印度教寺庙的管理和财产布施分配等工作。新加坡雅利安社成立于1927年，它是一个宗教革新和福利团体，反对印度教的传统形式，主张废除多神制和实行一神制，废除偶像崇拜，但也反对西方文明。

印度教徒从生到死都要受到宗教的深刻影响。在他们一生中的不同阶段都有相应的宗教仪式相伴随，大多数虔诚的教徒家中都设有祭坛或用来做祈祷祝寿的房间。可见新加坡的印度教徒与印度的印度教徒在受宗教影响方面，差别不大。

第二节　多元种族与多元宗教

在新加坡，种族与宗教有密切的关联。一般来说，伊斯兰教是马来人的宗教。根据1980年人口普查的统计，全国有38.5万名穆斯林，其中马来人占了90.2%。各种族伊斯兰教信仰者的比例是，马来人占了71.6%，印度族占了21.8%，华族占了0.1%。华族的比例之低甚至低于在中国本土中回族在总人口中的比例。显然，除马来人外，印度人中也有一定的穆斯林信仰者。

佛教道教基本上是华人的宗教。根据1988年的统计，佛教徒占10岁以上全国总人口的28.3%，占华人总人口的38.1%，佛教徒中99%是华人，印度教、马来族和其他种族的人加起来才占1%。信仰道教的占全国总人口的18.3%，也几乎全是华人。

印度教徒都是印度人。也有极少数华人和其他种族的人自称为印度教徒。只有基督教不是建立在种族基础上的宗教，基督教虽然来自西方，然而却得到了新加坡各种族的接受。在当今全国60万基督徒中，华人占3/4以上，欧洲人不足1/10，印度人占1/10，马来人和其他种族约占1/100。在基督教徒中华人的比例之所以如此之高，除了华人人口众多是一个重要的因素之外，华人较少受到传统宗教的束缚也是一个原因。欧洲人只占基督教徒的1/10左右，这完全是因为它的人口数量少，因为几乎所有的欧洲人都信奉基督教。

第三节　多元宗教与多元语言和教育

在新加坡，一般来说，只会说母语者多信仰与本民族传统密切的宗教。例如，只会说华语者多信仰佛教和道教，当然也有一些其他的与华人传统有关系的宗教；只会讲马来语的人多信仰伊斯兰教；只会讲印度语的多信仰印度教；只会讲英语者则多信仰基督教，这其中除了欧洲人外，还有相当数量的华人，尤其是近十几年来增加很快。当然，在华人和欧洲人中，无论他们讲什么语言，都有很多不信教者。

至于会说两种语言和两种语言以上的人，宗教信仰状况则难以进行简单的划分。新加坡学者彼得·陈在20世纪70年代进行的一项调查表明，在新教徒中，有62%是接受英语教育者，37%是接受华语教育者；在天主教徒中，接受英语教育者占81.5%，接受华语教育者占16.7%；在穆斯林中，59.6%的人是接受马来语教育者，28.8%为接受英语教育者，1%为接受华语教育者；在印度教徒中，接受泰米尔语教育者为24.3%，接受英语教育者则占70.3%；在佛教徒中，接受华语教育者占60.1%，接受英语教育者占30.4%；在道教徒中，接受华语教育者占80.5%，接受英语教育者占15.9%。

近 20 多年来，英语源流日益强劲，这导致了不仅无宗教信仰者越来越多，而且信仰基督教的人也越来越多，尤其是近 10 年来，信仰基督教的人猛增。由于经济上和社会政治上的某些原因，会讲双语的人越来越偏好于讲英语，因此，他们中的很多人都会逐渐改变自己原来的宗教信仰而成为基督教的追随者。

从受教育程度来看。按 1988 年的统计，在没有受过教育的人中，道教徒占 36.1%，佛教徒占 33.3%，基督教徒仅占 4.6%；相反，在具有高中教育文化程度的人中，道教徒只占 5.6%，佛教徒占 21.5%，而基督教徒占 30.8%；在具有大学文化程度的人中，道教徒只占 6.8%，佛教徒只占 18.8%，而基督教徒占 41%。同时，伊斯兰教徒和印度教徒的文化水平也比较低。但印度族中会讲英语和信仰基督教者众多，因而印度人的文化水平要高于马来人。马来人受教育的平均值也低于华人。[①] 统计数字还表明，信仰本种族宗教的人受教育程度要低于信仰基督教的人。而且，20 世纪 90 年代以来，这种趋势仍在加强。随着教育的普及和英语源远的强劲，各大种族的传统宗教可能面临严峻的挑战。

第四节　宗教与社会经济地位

从经济收入来看，穆斯林、佛教徒、道教徒和印度教徒的收入偏低，大都属于低收入和中低收入者，中高收入者不多，高收入者很少。而基督教徒的收入偏高，而且大都是中高收入者。

表 6-1　　　　经济收入和宗教信仰的关系（20 世纪 70 年代）　　（%，新元）

收入类别 宗教类别	低收入 250 以下	中低收入 251—550	中等收入 551—850	中高收入 851—1150	高收入 1151 以上	总计
新教	8.4	30.1	20.5	21.7	19.3	100（91 人）
天主教	13.3	35.6	26.7	13.3	11.1	100（856 人）

[①] 中国社会科学院世界宗教研究所：《世界宗教资料》，中国社会科学出版社 1990 年版，第 42—44 页。

续表

收入类别\宗教类别	低收入 250以下	中低收入 251—550	中等收入 551—850	中高收入 851—1150	高收入 1151以上	总计
伊斯兰教	63.6	24.5	9.1	2.3	0.5	100(556人)
佛教和道教	24.5	58.7	11.5	3.9	1.4	100(1394人)
印度教	51.1	28.7	10.6	7.4	2.2	100(94人)
无宗教信仰	14.3	54.9	17.2	7.1	6.5	100(297人)
其他	32.1	39.3	17.9	3.6	7.1	100(28人)
合计	32.1	42.5	15.5	7.0	2.9	100(2500人)

注：均为月收入。

资料来源：John Clammer, *Singapore Ideology*, Society, Culture, Published in 1985, Chopmen Publishers。

表6-1是20世纪70年代进行的一次抽样调查的统计数字，基本反映了当时经济收入与宗教信仰的关系。以穆斯林为例，月收入在低收入的250新元以下的占63.6%，在中低收入的251—550新元的占24.5%，在中等收入的551—850新元的占9.0%，在中高收入的851—1150新元的只有2.3%，而在高收入的1151新元以上的更少，只占0.5%。因此，信仰伊斯兰教者的经济收入大大低于其他宗教教徒，而新教和天主教的收入则是最高的。

我们还可以与1988年的一项调查作一比较，以得出一个动态的比较。1988年的低收入标准是月收入500新元以下，在这个范围内，道教徒占12.7%，这个比例初看起来并不高，甚至比20世纪70年代的还低不少，但考虑到此时的道教徒已从1980年占全国10岁以上人口的29%降至18.3%，人数从58万人降至不到39万人，这个比例就不算低了。佛教徒在这个范围内占34.2%；两项合计占46.9%，比20世纪70年代的24.5%上升了22.4个百分点，几乎上升了1倍。再看基督教，20世纪70年代新教和天主教在低收入范围内合计占21.7%，而1988年的百分点是12，减少了几乎一半。佛教徒和道教徒的收入增加了1倍，而基督教徒的收入减少了一半，两者形成的反差如此之大，其发展趋势十分明显。在其他阶层的收入比较中也可以反映出这种反差趋势。收入越高，基督教徒占的比例就越高。在月收入1500新元以上的最高层中，基督徒仍保持在30%以上。如果考虑到这时加入基督教的青年人大大增加了，而其他教徒相对老化，那么保持这个比例或许仍然意味着它的实际比例在上升。

上面的两项统计数字说明，无论是在20世纪70年代还是在20世纪80年代末期，各种族传统宗教教徒的经济收入都比较低，基督教徒的收入则比较高，而且这种差距在继续拉大。

第五节　当代宗教的变化与发展趋势

一　西方宗教形成强劲之势

1995年12月一位新加坡学者说，新加坡可以说是一个介于中国和西方的一个国家，或者说，它基本上是一个西方国家。他的意思可以被理解为近年来西方文化对新加坡的入侵已经越来越多地被接受了，或许正是这个原因，近十几年来基督教的发展非常迅速。1980年基督教徒已经占到全国人口的9.9%，1990年更是迅速发展到13%。[①] 1995年12月，据一位本人就是基督教徒的新加坡年轻学者说，20世纪90年代以来基督教的发展仍是有增无减，犹如一股暗流，在青年一代中的影响越来越大。目前，在10岁以上的人口中，大约每6个人中就有一个是基督徒。

与其他宗教的教徒相比，基督教徒的特点如下：①比较年轻。就目前而言，基督教徒中青年人占绝大多数。其中大多数人都不是在基督教家庭中成长起来的，而在成年后改变宗教信仰，加入基督教的。②受教育程度较高。③有较高的社会经济地位。最突出的表现为中等收入以上的人所占的比例较高，特别是专业人士、知识分子较多。④多数上过教会办的学校，从小接受英文教育，在家主要用英语交流。⑤对信仰比较热忱并积极投入宗教活动。例如上主日学校，参加基督教青年活动和其他基督教活动的热情都比较高。前面提到的那位新加坡年轻学者是研究人才资源开发的，他说他基本按时参加基督教活动。

[①] 中国社会科学院世界宗教研究所：《世界宗教资料》，中国社会科学出版社1990年版，第42页。

第六章 宗教的文化、社会和政治导向

虽然新加坡领导人近十几年来经常提到"亚洲价值观"和儒家文化，抨击西方文化，在国家层面上坚持儒式政治，但社会文化的变迁并非一定按照这种政策和宣传的导向进行，因此，对于基督教变迁原因进行探讨就显得非常重要了。

概括起来，基督教的发展可以归纳为以下几个原因：

一是这种变化与工业化、现代化有密切的联系。在这方面，新加坡的工业化过程有两个特点值得注意。第一个是新加坡作为后发现代化的国家，在短短几十年内就完成了早发现代化国家上百年甚至数百年时间才完成的现代化过程，即使与其他后发现代化国家相比，它的这一过程的时间也是最短的，1996年它已成为东南亚第一个进入"较先进发展中国家"行列的国家。如果说人们总是为工业化的物质过程和技术过程的迅速变化而欢欣鼓舞的话，那么面对由此引发的社会结构和价值判断标准的迅速变化却总是有一种失落感。比如，工人们会为使用效率提高数十倍的先进的自动化和电子设备取代落后繁重的手工劳动而欢呼跳跃，也会因为从低矮简陋的平房搬入现代化设备齐全的高楼大厦而夜不能寐，尽管他们也会表现出一丝对过去的怀念，但是，对于利益群体的重新分化以及旧的人们已经习惯了的不平等分化为新的不平等，对于现在那种"重利轻义"和"冷漠"的人际关系，他们有一种深深的失落感和不适应，这可能引起剧烈的社会冲突，例如学生游行和工人罢工，在某些国家还能导致军事政变。像一些社会学家所描述的，城市化使人们生活在一个完全陌生的社会环境里，农业社会中那种人与人之间的温情与淳朴让位于工商业社会的金钱与关心个人私利的人际关系。在不到一代人的时间里，人与人之间的关系发生了根本性的变化，社会也进行了重新组合，面对这一系列的变化，人们的社会心理失去了平衡。

那么，塑造一种什么样的价值系统才能弥补社会心理的失落，或者说什么样的价值观更能吸引群众呢？第二次世界大战结束以来，处于社会转型期的各国的政治领袖们可以说是绞尽脑汁，采取了各种办法，也提出了各种各样的价值观，有的辅之以相应的镇压手段而显得比较成功，有的则不那么成功，但无论成功与否，他们都不可能做得十全十美，总有一些空白无法填补，甚至可以说，如果没有一定的强制手段，或许没

有任何一种意识形态能够真正做到人心所向，这实际正是转型社会的特点。从实践来看，传统的价值观念肯定不能适应工业化进程，尽管一些国家的政治领袖举起了传统文化的旗帜，甚至新加坡也曾大力鼓吹儒家文化，但即便是对传统文化的内涵进行了很大的改造后也还是不那么有效；而西方文化也不能照搬，因为那是工业化社会的产物，而且一般来说也不愿意接受。在这种情况下，各种具有多维性的文化系统就被塑造出来或自然而然地形成，以统治大众或平衡大众的心理。如对儒家文化进行"创造性地改造"的新儒家，对西方文化有取有舍的社会主义特色文化等，不一而足，这些意识形态都起到了一定的作用。但有一点是未被人们注意到的，就是基督教在这方面也能起到相当重要的作用。过去东方国家的学者和政治家都把基督教的扩展看成西方文化的侵入，实际并非全然如此。对于一个还很传统的社会来说基督教的侵入可以被看作西方文化的社会化，但是对于像新加坡这样一个已经渐趋成熟的商业社会来说，基督教是一个很好的社会文化系统，它能够起到平衡和丰富大众心理的作用。因为基督教虽然比西方文化更讲究尊重人的价值，但它并非鼓吹过度的个人主义，它实际上很提倡为社会做奉献。尊重人的价值和个人主义是有区别的。相对于东方文化来说，它更尊重东方的价值，相对于西方的个人主义文化来说，它更尊重社会价值。被某些人称为"麻醉剂"的文化与个人至上并不完全是一回事。因此，对于新加坡来说，基督教徒的增多是多了一些社会稳定的因素。或许在其近20年来迅速工业化和西化的过程中，能够保持高度的政治文化稳定的文化机制之一就是基督教的功效。

二是与政府的全方位对外开放政策和西方文化的传播有关。在20世纪四五十年代的重建时期，英殖民政府继续推进西化进程。人民行动党上台执政以后并未像许多发展中国家那样采取完全排斥西方的态度，它只是排斥了英国的政治领导，而对于西方的建设经验、模式和文化仍然持学习态度，采取一种市场化的态度来确定政策导向。其主要表现是，在经济上，全方位对外开放，实行自由港政策；在政治上保留了多党制和言论、出版自由；在文化上引进西方国家先进的人才、技术和管理经验，电影和电视节目也大多是西方国家的；在语言上，尽管把马来语定为国语和使用四种官方语言，但其实际上是在鼓励和纵容英语的发展，正如一位新加坡学者所言，如果不是政府在暗中支持英语的发展，它就不会关闭华校。

20世纪70年代以来政府在政治和社会上，20世纪80年代以来在文化上的政策有所变化，开始加强控制和提倡东方文化，但除了在政治和社会控制比较成功以外，在经济上仍是全方位开放，在文化上推行的儒化政策也根本抵御不住西方文化的渗入，西方文化和英语继续扩展。正如一些新加坡人所说，儒家文化中固有很多好东西，但在新加坡社会中现在已很难找到多少儒家传统了，新加坡可以说基本是一个西方社会了。西方文化的传播尤其是英语的扩展对基督教起了很大的推动作用。这是因为新加坡的工业化在很大程度上是由西方输入的，在这一过程中，作为与先进的经济和工商业技术紧密相连的经济语言，加之英殖民政府处于统治地位，英语自然而然地扩大了自己的影响；在此基础上，双语政策的推行不可避免地使英语成为各种族青年都想掌握的语言，成为他们的第一语言。而在新加坡，基督教不仅本身是用英语为第一传播媒介的，而且英语也有其特定的西方文化内涵；同时，基督教本身也是西方文化的一部分，其内容与西方文化也有着许多不可分割的内在联系。因此，在西方文化日益强劲的社会中，以英语为主要语言者，做基督教徒比做其他宗教的教徒更容易，也更实际和更符合逻辑。

三是基督教的传播与种族关系的发展和社会变迁有一定的关系。在新加坡的历史上，一定的宗教是以一定的种族为载体的，佛教和道教是华人的宗教，伊斯兰教是马来人的宗教，印度教则是印度人的宗教。在种族分离时期，不同的宗教是不同的种族保持种族界限的一种文化标志，在很长一段时间里，人们很难突破这个传统。但是，随着工业化的整体效应越来越强，人们不得不走出传统封闭的狭小圈子，而进行越来越密切的社会交往，一些人甚至"改换门庭"。当然，对于大多数人来说，要从一种种族的宗教信徒变成另一个种族的宗教信徒似乎还不可能，这既脱离现实也不符合社会发展的潮流，而基督教恰恰是一个非种族的宗教，与新加坡的几大种族也没有任何密切的联系，处于中立地位。这就是社会变迁和种族关系发展导致基督教徒增多的原因。在这方面，华人青年走在了前列。

二 亚洲宗教相对式微

道教的衰落最为严重。1980年和1988年进行的调查统计表明，道教信徒在急剧减少和老化。1980年道教徒占全国10岁以上人口的38.2%，1988年则下降到18.3%。① 20世纪90年代的情况表明，这一下降趋势将继续下去。另外，道教徒的受教育水平普遍较低，在家庭生活中多讲方言，社会经济地位也多属于中下层，从这些特点来看，道教的衰落有其必然性。

我们可以对道教的衰落作进一步的分析：

一是道教与工业化进程不相适应。在资本主义市场经济的环境中，只有努力竞争，锐意进取，知难而进，才能获得生存发展的条件。尤其是，新加坡30多年来经济和社会发展蒸蒸日上，绝大多数人都在这种进取和竞争的生存环境中得到了实际的物质利益，这不仅使他们感到满意，而且决心要通过平等的竞争去获取更好的生存环境。在这种情况下，人们怎么能把"清静无为"作自己的人生信条呢？因此，对于新加坡这样一个正在迅速发展和向上的社会来说，大多数人不会对道教感兴趣。在这个意义上理解为什么道教成为老人的宗教，成为讲方言者、受教育程度低和社会经济地位低的人的宗教就容易得多了。这些人缺乏竞争力，而新加坡政府又不主张提供更多的福利，使这些人多处于逆境。道教与现实发展的脱节使它成为社会落伍者在物质生活相对匮乏面前聊以慰藉和平衡心理的一种精神手段。只要新加坡社会保持发展的势头，道教衰落的趋势就难以改变。需要补充的一点是，信教尤其是信什么教是一件很复杂的事情，它是由各种原因促成的，不能用一种因素来说明所有的教徒，因此，在道教徒中也不是没有富人和讲英语者。

二是道教自身的某些特点使它在现代社会中越来越难以生存。道教没有统一的神，也没有统一而系统的神学理论和教义，因此，它往往被

---

① 中国社会科学院世界宗教研究所：《世界宗教资料》，中国社会科学出版社1990年版，第42页。

看成是一种没有躯干的礼俗。这就使它很难利用现代的传播媒介和宣传手段进行传教活动。在传统社会中,父传子、子传徒的方式几乎是一切宗教的主要传播方式,但现代社会的广播、电视、通信、学校、交通的发展以及人们社会交往的频繁和扩大,使得传统的传教方式显得十分孱弱了。新加坡的其他宗教,尤其是基督教充分利用这些现代传播手段,而道教则无法利用,这就导致了它缺乏竞争力。另外,道教的组织结构也比较松散,这也是它缺乏竞争力的一个原因。

佛教也缺乏生机和活力。根据1980年和1988年统计数字的比较,自称信仰佛教的人数1980年占全国10岁以上的人口的比例是34.3%,1988年则达到38.1%,增加了3.8个百分点。从表面上看,在其他亚洲宗教人数都有所下降的情况下,佛教徒的人数反而有所上升,是一个例外,但其实没有那么乐观,佛教徒变化的特点是佛教徒的来源多样化了。从年龄结构上来看,各年龄段的人都占有一定的比例,青年人也不少;从受教育程度来看,佛教徒众虽然大部分人是受教育程度较低者,但受教育程度较高者也占有一定的比例,高于道教和伊斯兰教信徒,而且在20世纪80年代中后期还一度有所增加;佛教徒的经济地位也呈现多层次的局面。

佛教徒一度增加原因有三。第一,一些受过教育的佛教徒在探寻佛教的现代化。他们从这里和现代化的高度来重新审视新加坡的现代佛教,期望对佛教做一番改造和扬弃,赋予其某些理性的内容,以构建一种能适应现代社会发展的新佛教。从基督教和儒教的情况来看,也只有如此,才能使佛教有所发展。这或许也是部分华人在自己的宗教不断孱弱的情况下的一种应战。在这种背景下,一些华人知识分子开始进行弘扬佛教的活动,他们鼓吹佛教是一种逻辑性较强、系统规范并与现实合拍的宗教,它在现代社会中仍然发挥很好的作用。第二,佛教不断完善自己的组织,传教活动也更为系统。自20世纪80年代以来,佛教集中的趋势不断强化,原先各自为教的组织越来越注重协调活动。例如新加坡佛教总会就试图担当起全国性的协调领导机构的角色,多次召开全国性的佛教会议,树立自己的威信。同时,各佛教组织更加频繁的举办各种例行的聚会、佛法讲座、静坐班,并开展志愿福利和慈善活动等,以加强"弘法"。各高等院校的学生中也出了佛学会和佛教青年团组织,在青年知识分子中开展传教活动。第三,与政治参与有关。这或许是最重要的原因,20世纪80年代以来,新加坡政治有所升温,要求多元化的呼声高涨起来,各种团体都有政治参与的打算,宗教组织是其中力量较大的团体。但是,除了大选之外,新加坡直接而独立的政治参与十分有限,这样,对政治参与最有兴趣的华人通过加入佛教组织来进行间接的政治参与就是一种选择了。这也是20世纪80年代后期政府多次警告宗教组织不要干预政治,并对某些教徒进行逮捕的原因。

正是由于政治和"海外文化心态"等因素导致人们自称是佛教徒的比重比较大,因此,佛教徒中真正称得上是教徒的人的数量要大大少于官方的统计数字。这可以从以下几个方面来分析:

第一,什么是佛教徒?许多自称是佛教徒的人自己并不清楚。基督教徒是指那些在教堂受过洗礼并注册的人,而佛教并没有类似的手续,因此对于大多数教徒来说是难以确认的。佛教徒一般可以分为两类,一类是出家人,他们必须受戒、在寺庙登记,这部分人容易确定。但这类佛教徒在新加坡很少。另一类为不出家者,即所谓的居士,这类人占佛教徒的绝大多数,他们大都没有受戒或在寺庙登记,也没有系统的佛教组织对他们进行例行和有效的管理,所以很难界定他们到底算不算佛教徒。

第二,除出家人外,大部分的佛教徒并没有例行和经常性的宗教活动。基督教徒中每月至少4次去教堂进行礼拜活动的人占80%以上,而佛教徒中每月至少4次去寺庙的仅占7.7%,每月至少去1次的也不过占44.9%,加起来刚刚超过佛教徒总数的一半。既然不去寺庙参加宗教祈祷,那么居士们是否在家里进行个人的宗教活动呢?据统计,在家中进行祈祷的佛教徒占教徒总数的54.7%,烧香的占41.1%,阅读佛教读物的占22.3%;与此相比,基督教徒在家进行祈祷的占基督徒总数的83.7%,阅读基督教读物的占85.3%。几乎有一半自称佛教徒的人不参加正式的佛教活动,其中还有不少人在家也不进行佛教活动,这一部分人显然不能称作佛教徒,无论他们自己怎么说。另外,仅仅在家中进行一些祈祷活动就成为佛教徒也十分勉强。在中国历史上,甚至现今的中国,很多人逢年过节或有红白喜事都要烧香叩头,求神问祖,但他们不见得都知道佛教为何物,也从不称自己为佛教徒。实际上,这种人大都是很世俗的人。

第三,可以称得上一种很传统的政治文化因素在起作用。正如上面提到的,很多华人自称信仰佛教可能是在一个多种族社会中,在中华传统日益屡弱的情况下滋生的一种对中华传统文化的怀恋,对现实的一种应战。佛教虽起源于印度,但它发展于中国,在中国历史上有着深远的影响,对于海外华人来说,它甚至可以算是中国的传统宗教。在受教育程度较低的华人中,很多人对于佛教和道教并没有很明确的划分,当问其信仰什么宗教时,他们往往回答:"中国宗教"。当然如果再细问下去,他们也会对佛教和道教作一个选择。这种情况显示,许多声称自己是佛教徒的人,在宗教信仰上并没有很强的确定性,只是通过选择一种中国宗教来向别人表明他们对传统文化的眷恋。

从上面几个情况来看,实际可以称得上是佛教徒的人数要比人口调查所得来的佛教徒的数量少得多。尤其是20世纪80年代末90年代初以来,随着政府宣布取消中小学的宗教课程,制定政策反对宗教干预政治,以及儒学运动的逐渐屡弱,自称是佛教徒的人已经显示出有下降的趋势,它的教徒已经有不少改信基督教。

伊斯兰教和印度教,由于这两种宗教和种族的关系十分密切,因而变化不大,教徒人数略有下降。在基督教的扩展和佛教的"复兴"面前已经显得不像过去那样引人注目了。

自20世纪60年代末以来,宗教激进主义掀起了一股复兴运动,并很快影响到了所有伊斯兰世界,为了稳定新加坡穆斯林的情绪,推进各族和睦,政府采取了各种对马来族的优惠政策,并曾一度出巨资建造了几座富丽堂皇的清真寺,也维修了印度教寺庙。但这两个宗教在传教方面都没有太大的变化,既没有增加多少教徒,也没有减少多少教徒,这主要是因为他们与宗族的联系根深蒂固。在大多数新加坡的马来人看来,不信伊斯兰教简直就是一种叛逆,印度人不信印度教也会陷入同样的境况。但即便如此,也有极少数马来人和一些印度人改信基督教。这与华人的情况大为不同,历史上华人从来没有统一的宗教,没有与种族联系十分密切的宗教；同时，华人中始终都有大量的不信教者，因此，作为一个整体来说，华人从未受到严格的宗教束缚。正因为这种特点，伊斯兰教和印度教既难以被其他种族的人接受，也难以被其他种族所削弱。就20世纪八九十年代的情况来看，新加坡的伊斯兰教和印度教是处于招架而不是进攻的地位。

三　无宗教信仰者增加

无宗教信仰者的人数不断增加，也是与宗教变化有关的一种趋势。据1980年和1990年两次调查表明，无宗教信仰者从占全国人口的12.9%增至14%。这其中大部分是华族的中青年人，也有少数其他种族的人，他们否定或怀疑神的存在，不愿接受任何宗教，认为宗教很难有所作为。另一类人不是无神论者，其中虽不乏对神持怀疑态度者，但他们未入教的主要原因是既对传统的宗教不满，又对基督教难以接受。从成员结构上来看，无宗教信仰者有以下几个特点：一是比较年轻；二是受教育程度较高，多有社会批判精神；三是有较高的社会和经济背景；四是其中多数人是出自信仰华人宗教的家庭，对华人传统宗教有所体验。他们一般认为，佛教和道教已经不能为自己提供精神寄托，但同时认为基督教也不能解决精神寄托问题。其中有一些人因担心被父母或亲戚朋友指责为叛逆者，因而也参加一些传统宗教的祈祷活动，依此类推，一些人未参加基督教或许也是担心受到指责。

四　宗教与社会价值观

我们需要引申一步的是，华人选择了佛教、道教或基督教，究竟会有什么不同？当然在外表上是没有什么区别的（除了出家的和尚和道士外），但在礼俗上，进而在思想意识上确实存在着差别。这主要表现在：

第一，基督教是一神教，只崇拜创造天地万物的独一真神耶稣和上帝，不准敬拜别的偶像。佛教和道教则没有这样严格的规定，其教徒除了崇拜自己的教神外，还应该根据中国的传统礼俗敬拜祖先，敬拜祖先使教徒们保持了与中华传统文化的联系。但基督教拒绝祭祖，对于在祖先的牌位或坟墓前烧香、跪拜，它是反对的。但它认为可以在祖先墓前献花、祈祷来表达教徒的感情。正因为如此，基督教徒常受到佛教徒和道教徒的攻击，说他们忘了祖宗。基督教和华人宗教礼俗上的差异对于接受中华传统文化还是西方文化是有一定影响。

第二，由于不敬拜祖先，故父母去世后基督徒照例不去敬拜，对此，很多华人难以接受。但基督徒对此有充分的理由予以解释。他们说基督教是孝敬父母的，《圣经》中就有"十诫"，其中之一就是孝敬父母。这就是说从基督教义来看，是讲究孝敬父母的。区别是，基督徒认为孝敬应表现在父母健在的时候，如果父母活着的时候不去孝敬，而在死后去举行各种祭拜，那不能算是孝敬。这表明基督徒是很讲究现实的。因此，基督教徒的增多，也说明新加坡人讲究现实的人也在增多。

第六节 宗教的政治化与政府的宗教政策

在一个存在着多元宗教，但又主要是世俗社会的国度里，政府的宗教政策从外部制约着宗教的变迁及其对社会的影响。因此，新加坡政府的宗教政策与其国内多元宗教的发展有着十分密切的联系，而政府制定宗教政策的主要依据也主要是视其对社会的影响而定。

一 非政治化与宗教宽容

人民行动党政府的宗教政策与殖民政府时期是有区别的。在殖民地时期，英国殖民政府在指导思想上对各宗教的态度基本上是平等而宽容的，但是，当时的西方人始终认为，基督教要比东方各宗教更先进，因此，殖民政府对西方宗教的传播提供了比其他宗教更为便利的条件。同时，由于它推行种族隔离政策，各种族之间缺乏交流，致使宗教活动的空间也受到了限制，各种族宗教之间没有培养起和睦相处的经验。因此，这一时期的宗教平等和宽容具有相当的局限性。人民行动党执政后，继续推行宗教宽容和平等政策，但它是以培养各种族宗教之间的交流与和睦相处为基础的。它不但使各宗教组织处于平等的生存地位，而且使它们自由地选择生存空间，在交往中和睦相处。当然，20世纪六七十年代的情况与第二次世界大战前已经不同了，这时工业化已经全面启动，经济规模迅速扩大，在这种背景下，各种族宗教之间的交往日趋频繁；而且20世纪四五十年代的民族运动已经把各种族及其宗教卷入了同一个现代化进程之中。因此，人民行动党的促进交流与和睦的宗教宽容政策只是顺应了历史潮流。

在殖民地时期和新加坡取得自治后，宗教所发挥的作用有所不同。在殖民地时期，由于推行种族和宗教的隔离政策，各种族教徒均被局限于一个狭小的圈子里，没有国家层次上的政治和社会参与，因而也就缺乏对国家和民族的责任感和归属感；相反，宗教除了给人们精神寄托外，只能是各种族分立的工具。战后，民族意识得到了很大的发展，商品经济和社会联系也日益强化，这直接影响到了宗教领域。1949年3月成立了一个由各教派领袖联合组成的宗教联合会，该机构成员包括佛教、基督教、伊斯兰教、印度教、犹太教、锡克教和拜火教等组织和教徒。其宗旨是力促新加坡的多元宗教成为一种促进种族团结、抑制分裂的力量。该组织鼓励各宗教之间的联系，促进彼此间的容忍、谅解和相互尊重，避免分歧和争论，最终达到和睦相处。这一时期，各宗教之间新型的合作关系正处于培育和初创阶段，它不是由政府培育的，而是宗教界人士自发活动带来的结果。

人民行动党政府成立后，顺应了这一潮流，积极推行新型的宗教政策。政府的宗教宽容政策主要表现在：不干涉宗教活动；让人民自由选择自己的宗教信仰；各宗教组织的建立和扩展一般都不会遇到障碍；鼓励不同宗教信仰的人杂居和交流。1974年在政府的鼓励下，新加坡宗教联合会制定了一份各宗教共同的"联合祈祷文"，供各宗教人士在联合祈祷时宣读，其内容如下：

"上苍啊！望你增进我们的觉悟和智慧，使我们摆脱贪婪、憎恨和愚昧的枷锁，使我们觉醒、奋起、前进，达到最终的目标，将肉体奉献给工作，将精神奉献给上苍。让我们积极遵守戒律，使我们的内心、家庭、城邦以至全世界永远安宁。让我们学会自制，将斗争的精力升华为创造的源泉，全心全意为人类服务，为主服务。上苍啊！帮助我们坚持不懈地遵照这些方式，促进世界和平，人类的幸福。望您赐恩，使人类生生不息，万世昌盛！"

制定各宗教的联合祈祷文是历史上从来没有的事情，因此，制定本身就说明政府想通过各宗教的联合来为国家和社会做出积极的贡献。从联合祈祷文的内容来看，除了反应各宗教共有的修身养性的特点外，有两点应引起注意，一是鼓励人们奋发工作，二是以自律达到社会安定，即希望宗教以"入世"的态度来工作，以"脱俗"的态度保持社会稳定。鼓励宗教以某种方式"入世"，这本身就是以往所没有的事情，说明人民行动党与殖民地时期的政策是有所不同的。我们可以清楚地看到，"入世"来工作，"脱俗"求稳定，与政府既定的"政治稳定，经济发展"的方针是一致的，这表明，除了发扬宗教给教徒提供精神寄托的功能外，政府尤其希望它还能为政府的建国方针服务。

正是在这种背景下，从 1979 年开始，政府决定在中小学开设宗教知识课程。先是在 1979 年开设了圣经知识和伊斯兰教知识，1982 年又扩至佛教、兴都教、世界宗教、儒家伦理和锡克教。学生可从中任选一门学习并参加考试。开设宗教课程的目的是使学生通过学习宗教知识提高道德水准，以及培养宗教和谐与宽容精神。政府通过掌握教材的编写，来引导人们的宗教意识。

但是，宗教课程开设后却产生了政府所没有料及的后果，学生间出现了宗教对立情绪。原因主要不在课程本身。当时，全球性的宗教狂热和宗教对立正值高涨之时，对新加坡人的宗教意识也产生了重要的影响。学生在学习宗教知识时，不仅对各种宗教不同之处难以理解和宽容，反而更加看重了这种歧异，模仿起世界其他地方的对立来。同时，20 世纪 80 年代后期以来，宗教界参与政治的倾向有所发展，也使政府感到担心。面对这些情况，政府于 1989 年 10 月宣布取消中小学中的宗教知识课程。

二　精神鼓励与政治控制

在实行宗教宽容政策的同时，政府也划了一条严格的界限，不允许教会和教徒越雷池一步。这就是宗教团体在行使宗教自由权时，不能引发社会争端和危及政治稳定。对宗教活动有所限制，是因为 20 世纪 80 年代后期新加坡政治空气热化，宗教势力十分活跃，积极干预政治，也引起了某些教派冲突和社会不安。

20世纪80年代中后期由宗教团体引发的"不安定"事件主要表现在以下几个方面：

宗教干预政治。即少数教徒要求实行政治民主化，从事反政府活动。根据新加坡内部安全局披露的材料，20世纪80年代各宗教干预政治的事件主要有以下几宗：

"天主教传教士社会行动案"。20世纪80年代中期，一些天主教团体和教徒看到国内的政治形势有白热化的趋势，有越来越多的选民支持反对党重返议会，遂决定推波助澜，形成自己的压力集团。它们出版小册子，发表文章，屡屡批评政府的政策。1985年5月，他们发表文章指责政府削弱工会的独立作用，使工会成为政府的附属品；政府制定的劳工法案是剥夺工人的权利；并说"全国工资理事会"只会压低工资。同时，一些传教士在布道时宣扬政府的"内部安全法令"是非正义的法令，说在该法令下被捕的人是受害者；把新加坡的政治气候说成是"高压"，敦促教徒为"非正义行为谎言和假话的全体牺牲者"祈祷，说"新加坡人是在诚惶诚恐和绝望中生活"，号召教徒起来"对抗非正义行为"。一些传教士还在大选期间的礼拜弥撒上，呼吁请教徒"睁开眼睛投票"。

"回教教主反对政府案"。一些外国的回教神学家不时对新加坡的教徒发表煽动性政治演说，挑拨新加坡的马来人反对政府。1984年1月20日一位叫默·沙默敏穆哈默的马来回教教主在新加坡回教徒的一次集会上发表演讲时说，他对新加坡在进行市区重建时强行拆除旧伊斯兰清真寺表示失望，"这等于是拆毁真主阿拉的殿堂"。他还说，"新加坡属于马来人，因为他们是岛上的原住民"。实际情况是，外国人大量涌入马来人的新加坡，使马来人变成少数种族，听命于他人。他号召马来人团结起来反对多数种族。

"回教兄弟会案"。受国外宗教激进主义运动的影响，20世纪70年代末一些伊斯兰教活跃分子组织了"回教兄弟会"，该组织以进行宗教活动为幌子，从事反政府活动。该组织主要是在青年学生中进行活动，宗旨是要建立一个回教国家，为此在必要时可以诉诸武力。

宗教对社会的滋扰。20世纪80年代以来基督教十分活跃，他们在大中学生中发展了不少教徒。政府认为,基督教牧师过分热情地向学生,尤其是向那些因考试失败而精神沮丧者传教,劝说他们皈依。在医院里,一些医生基督徒向病人传教,利用病人在危难之时的心情使病人接受基督教。在组屋区内也经常有人上门传教,使一些居民感到不快。政府对这种局面也深感担忧。

不同宗教之间的摩擦。一些时候,兴都庙的墙上被贴上召开基督教会议的海报,引起印度教徒的不满;个别基督教团体散发用马来文书写的印刷品,宣扬以上帝取代真主安拉,把伊斯兰教说成是残忍、邪恶的宗教,甚至歪曲历史,说伊斯兰教鼓励杀害基督教徒;一些伊斯兰教徒则大谈基督教的危险性,出版对圣经的可靠性表示怀疑的书。甘地夫人遇害后,新加坡的印度教徒和锡克教徒矛盾一度激化,几乎发生冲突。

同一宗教内部不同教派或团体之间的冲突。在伊斯兰教内部,正统的伊斯兰教组织与阿玛底亚回教派互相诋毁,争夺教徒;印度教徒发生内讧;新教徒散发传单攻击天主教会和教皇;天主教刊物则攻击基督教团体。

面对宗教干预政治和由其引发的诸多不稳定因素,政府采取了一系列措施,主要是:1987年政府逮捕了22名天主教徒,指控他们从事反政府的颠覆活动,这就是著名的"马克思主义阴谋"案;1989年政府决定取消中小学的宗教课程;1989年政府颁布了《维持宗教和谐白皮书》,①全面制定了限制宗教组织进行超宗教活动的政策。

1989年12月28日政府颁布的《维持宗教和谐白皮书》是一个很重要的文件,它规定了政府此后一段时间对宗教"过热"问题的政策和政府对宗教问题的基本立场。现摘要如下:

《白皮书》指出:"新加坡不是一个宗教国家,宪法是政治权力的最高权威,宪法保障了宗教自由。但是,在新加坡,种族区分却加深了宗教信仰的区分:宗教的极化将引发教派的纷争,只有实行宗教容忍和节制,我们才能享有融洽及和睦共处的种族关系。""一向以来,宗教团体

---

① 中国社会科学院世界宗教研究所:《世界宗教育资料》,中国社会科学出版社1990年版,第42—44页。

从事教育、社会和慈善的工作，为国家社会做出了重大的贡献。虽然如此，他们绝对不可越出这个范围，例如涉及激进的社会运动、宗教与政治，必须严格区分。""宗教团体绝对不可卷入政治活动中，相对地，任何组织也都不能利用宗教的问题或操纵宗教团体以挑起不满的情绪，或争取政治上的支持。……在一个多元宗教的社会里，如果有一个团体触犯了这个禁忌，其他的团体将会有样学样，后果将是相互间的斗争和冲突……如果抵触了这些原则，不管它有多好的意图，都将使我国稳定的政治局面受到破坏。""假如一个宗教团体介入政治问题，其他宗教团体必定采取同样的做法来保护自己的地位，结果是大家都想超越对方，以免失去教徒。一些政党也将争取宗教团体支持他们，这一来，将导致宗教团体和政府冲突，以及宗教团体之间的冲突。……僧侣、传教士以及其他宗教领袖或宗教团体应把宗教和政治活动划分清楚，同时不参与政治活动，这一点是非常重要的。"

《白皮书》还指出，"新加坡有不同的种族、语言和宗教，……宗教与种族的和谐，就不单是一个理想的目标，而是一个国家能否团结生存的必要条件"。"新加坡绝对不能成为宗教国家，政府必须是依据宪法取得最高的政治权力，而不是天意安排或神明降旨赋予权力。政府推行政策的一大基本原则是维持宗教和谐，政府不可以和人民的宗教信仰对立，而必须以中立的立场不偏不倚，公平地对待每一个宗教组织。政府的职责是确保每个公民都能自由选择自己的宗教信仰，同时，任何公民都不能在行使他本身的宗教自由和其他权力时侵扰到他人权力和敏感的情绪。"《白皮书》还引用宪法第15条规定："人人都有权信奉并宣扬自己信仰的宗教"。但宗教自由"并未授权予任何人可以任何行为触犯有关公共秩序、公共福利或道德的一般法律"。指出有关宗教和谐的法案，"不会影响或抵触宪法的这项条款"。指出人们应以国家整体利益为重，接受法律的约束。

政府的《白皮书》指出了存在的问题并指出了解决宗教矛盾必须遵循的相关原则。它说："近年来，我国一些基督教、回教、佛教和其他宗教的信徒，对信仰的热忱，教徒的热心，以及坚持己见的态度，在程度上有了显著的提高。争取信徒和改变他人信仰的竞争，使宗教团体间的

第六章 宗教的文化、社会和政治导向 / 147

关系日趋紧张和尖锐,越来越多不同信仰的新加坡人,倾向于排斥异己的信仰,而失去了对其他宗教的宽容精神以及和平共存的胸怀。""这个趋势是全球性宗教复兴运动的一部分"。"这种趋势增加了我国各宗教组织之间摩擦和误解的可能性"。"我们不能把宗教和谐当成是理所当然的事。有关各方面,特别是宗教领袖和组织都应该自觉地并且努力地去维持它。""要维持宗教和谐必须具备两个重要的条件,第一,不同宗教的信徒必须相互谦让和容忍,避免引起宗教间的敌视和仇恨;第二,宗教和政治必须严格地区分。"具体原则如下:

A. 认清我国是一个多元种族、多元宗教的社会,应该特别留意避免冒犯其他宗教团体的感情;

B. 应该强调各宗教信仰共同的道德价值;

C. 尊重他人宗教信仰的自由,也尊重他人选择或拒绝某种宗教的权利;

D. 管制本教的信徒、教徒、教会负责人或传教人员,不让他们对其他宗教、宗教团体有任何不敬的行为;

E. 不鼓动或煽动自己的教徒仇视或以暴力对付其他宗教和非宗教团体。

《白皮书》还特别强调了宗教介入政治的危害性和处理好宗教与政治关系的原则。它指出:"如果宗教组织冒险介入政治或政党利用宗教情绪来争取民心,都会威胁到新加坡的社会结构。……使得政治不稳定,国家四分五裂。"所以,"宗教领袖和教徒都应该自行约束,不再以宗教为掩护,去助长任何政党或政治目标。宗教领袖不应该煽动他们的信徒去反对、非难或积极抗拒政府的非宗教政策,他们不应该动员信徒或宗教团体的力量去进行颠覆活动。……推翻失去人民支持的政府是反对党和选民的责任,而不是任何宗教团体的责任"。它进一步指出,"在新加坡,假如任何一个宗教团体以推翻政府为己任,那么,不但不会把情况变好,反而会把局势弄得一团糟。……宗教团体的教徒可以以个人的身价参与民主政治活动。……但是,他们绝对不能代表宗教民众参与有关运动"。

宗教领袖"不应该利用宗教的职权来影响信徒的思想,更不应该煽动他们来反对政府。"

关于处理宗教与政治关系的原则,《白皮书》指出,"把宗教与政治分开的目的是要制定一套准则,通过这项准则,各种不同信仰在我国能求同存异,和平共存。……各种宗教彼此间避免争取政治上的影响力,是宗教容忍与和谐的一个重要因素"。如果人人不负责任地不理会这些必要的准则,我们的政治结构将受到无法弥补的破坏。因此,趁现在的趋势已经显示出来,但各宗教之间的关系依然良好,未雨绸缪地来防范未来是最好的。如果等到情况恶化,情绪激昂的时候才来立法,便更难取得协议了。因此,政府决定立法,"立法将赋予政府权力,使它能迅速并有效地对付那些在言行上威胁宗教和谐的人"。

最后,《白皮书》还从正反两个方面阐述了新加坡各宗教的现实作用,并阐述了政府对宗教活动,尤其是对宗教干预政治和社会生活的态度及处理这类问题的原则立场。现概括如下:

第一,新加坡各宗教的现实作用。政府充分肯定了宗教和宗教组织的积极作用。指出宗教团体在从事教育、社会工作和慈善事业方面为国家和社会都做出了重大的贡献。同时,政府领导人还指出信教在精神领域可以给人以归属感,有凝聚力,还能产生理想主义的精神动力。宗教教义中关于不说谎、不欺诈、不偷窃的说教是提高人们道德水准、维系社会和谐的重要精神力量。但一些教义也能使人意志消沉,不能成为青年人向上发展的动力;更有甚者,一些宗教团体干预政治、滋扰社会,这是非常消极的。

第二,政府认为,处理政治与宗教关系的原则是:新加坡是一个世俗国家,不是宗教国家,因此无论是普通人还是教徒的社会行为都应该是与宪法、法律相一致的公共道德,而不是任何一种宗教信条,政府行使权力的依据是宪法和法律,而不是"天意"或"神明降旨"。由于维系宗教团体的纽带是宗教,而不是宪法和法律,所以宗教团体不应从事世俗政治活动和与法律相悖的社会活动,也没有理由反对政府。李光耀曾说:"一旦人民基于对宗教的虔诚而在社会经济问题上被动员起来,结果是大家都没有好处。"但教徒可以以个人身份或通过加入世俗团体参加政治活动，与任何人一样享有平等的政治权利。

人人都享有自由信教和传教的权利，但这种权利在行使过程中不应违背世俗的公共秩序和道德的一般准则。在一个世俗国家里，宪法和法律是高于宗教教义的。同时，宗教自由也意味着一种宗教不应损害另一种宗教的利益。在像新加坡这样一个有着多元宗教的国度里，这一点是十分重要的。

在新加坡这样一个有着宗教自由和多数人都有宗教信仰的国家里，无疑，宗教对人的精神生活和行为规范起着一定的作用和影响。这主要表现在宗教情感是新加坡人精神生活的重要组成部分。宗教感情是人们对宗教的精神反应。它是教徒由于对超自然、超人间的神的崇拜而产生的一种内心感受和精神体验，主要表现为：对神的敬畏感、依赖感和对神的神奇而巨大的力量的惊异感；因为相信神能够对自己的不端行为进行审判而产生的罪恶感和羞耻感，信仰神的仁慈与宽恕而产生的安宁感；自觉与际遇或与神合一的神秘感。这些宗教情感在人们学习宗教教义、按照教义修身养性的过程中产生并得到强化，从而成为一种目标导向明确、持久而稳定的心理现象。这种宗教情感一经产生就会成为教徒的精神支柱并转化为巨大的精神和物质力量。当然，这种对教徒所拥有的宗教感情的判定是在纯粹的意义上进行的，实际上在新加坡很少有如此虔诚的教徒，大部分人都是部分的拥有这种宗教感情。但无论如何，只要一个人信仰宗教，那么宗教感情就是他情感中较高层次的内容，是他精神生活的某种支柱，并对其他情感生活产生一定的影响。

20世纪70年代坦尼尔在新加坡对各宗教进行过一次抽样调查，结果是，关于上帝或真主的存在，新教徒和穆斯林的相信程度最高，其次为罗马天主教徒，最后为佛教徒。在被问到遇到问题时是否向上帝、真主或自己所信仰的神进行祈祷时，对这个问题做出肯定答复的比例是：天主教徒为39%，新教徒为38%，福音派新教徒为52%，穆斯林为15%，佛教徒为7%，除穆斯林外，与对上面那个问题进行回答的各宗教的比例也基本相符。这些统计数字说明，宗教情感在新加坡肯定会起某种作用。

这种作用也表现在教会和教徒活动的各个方面。例如，正如李光耀所说的："天主教会所创办的学校、高等学府、孤儿院和医院都自律很严，根本不需要政府派人监督。"另外，其他许多宗教团体也都不遗余力地从事教育、社区服务和其他社会福利工作等。同时，人民行动党的领袖们对宗教的精神作用也十分推崇。李光耀曾说，政府希望人民有宗教信仰，一个虔诚的回教徒和印度教徒，总比无所适从的无神论者可靠。人民行动党的机关刊物《行动报》在1990年9月还刊登了人民行动党国会议员白振华的文章，认为"宗教在新加坡这样一个现代化和物质生活十分富裕的社会决不是无所作为的"，"因为在科技和物质生活水平颇高的现代社会里，宗教是人类精神生活里极重要的一部分，它对人生的鼓舞和振奋，具有无比的力量，它又可以安定社会、净化人心，使人类对未来充满信心和希望，使人们可以过一种较合理又高尚的生活。可以这样说，宗教对于悲观的人，具有安抚慰藉的作用；对于为非作歹的人，又具有阻吓警惕的作用；而对于纯洁善良的人，却能有鼓励和嘉勉的作用。"

人民行动党对宗教的精神作用的评价如此之高，显然别有一番用心。宗教在工业化社会转型所带来的情感和道德失范过程中能给教徒提供一定的精神寄托和心理平衡，这当然是不可否认的。但是，宗教是古代社会的产物，即使在那时，它也主要是一种精神的寄托，社会发展的主要精神动力是世俗的社会精神和产业精神。在现代工业化社会转型过程中，人们情感、精神、道德和心理的真空需要一种新的精神来予以填补，但这种新精神只能是与工业化进程相适应的新的社会精神和产业精神，而不是与现实脱节、几千年来一成未变的宗教。数百年来世界由教化走向世俗的过程就是一个证明；当今世界各国均不能以宗教来作为全体人民的主要精神动力也是一个证明。人民行动党以往虽然竭力维持宗教和谐，但并未对宗教有如此高的评价，只是到20世纪80年代以来新加坡国内的政治空气不断升温的情况下才给予宗教如此高的评价，显然是想利用宗教感情来降低人们政治参与的热情。因为，无论是哪一种宗教，都是主张仁爱、忍耐和宽容的，而不主张斗争，尤其反对宗教介入政治。

第七章

20世纪四五十年代的政治发展进程

第二次世界大战以后，亚非拉许多国家和地区反对殖民统治、争取国家独立的民族解放运动风起云涌，形成了一股巨大的潮流，新加坡也被卷入了这股潮流之中，民族主义运动逐步发展起来。

第一节 第二次世界大战后初期的社会政治状况

战前，新加坡一直是英国的殖民地，1941年12月太平洋战争爆发后，日本军队大举南进，在不到半年的时间内，未经激烈的抵抗，就占领了整个东南亚，这一方面说明了日本皇军的势力强大、训练有素，另一方面也说明了欧美殖民者的外强中干、不堪一击。英军在新加坡的丧气表现，改变了当地华人和马来人对英国历来所持的崇拜态度。当时英军在马来岛有10万人，号称战无不胜，可拒敌于国门之外。然而一旦面对日军的进攻竟不堪一战，节节败退，终于全军在新加坡向日军投降。这种令人懊丧的表现，不但使英帝国的威信扫地，也坚定了当地人民争取独立的决心。

战争结束后，日军撤出马来半岛，英国重新开进，恢复了统治。1945年9月至1946年4月，实行了7个月的军事管制。在这期间，新加坡没有立法议会只有一个咨议会，也没有合法的政治组织和政治活动。1946年4月1日，英国的军事管制在新加坡和马来西亚同时宣布结束，恢复正常的民治，新加坡再度恢复"英国皇家殖民地"的地位，并脱离马来亚的政治建制。

　　1946年4月1日建立的新加坡政府，是以英国钦定派驻新加坡的总督为首长，下设各级行政机构。总督与各部的行政首长组成"行政会议"，行使最高权力。另外还有一个以总督为会长的"咨议会"由7名官方议员和总督指定的10名非官方议员组成。这是一个以总督的咨询机构形式出现的立法性质的机构。立法的最终决定权仍由总督掌握。显然，这是一个过渡性的体制，因为建立起具有合法性的立法议会还要有一段时间的筹备。战后与战前不同，如果立法议会中完全没有民选议员，那么它在人们心目中就缺乏合法性了。这一时期司法系统也恢复了旧制，最高法院被建立起来，它在处理民事和刑事案件方面有着广泛的权力。

　　1948年3月，新加坡举行了第一次立法议会的选举，在全部22个议席中，只有6席是供民选的，其余均为官方议席或总督指定的民间上层人物的议席。这一次有22000名英籍选民参加了投票，结果是3名进步党人和3名无党派人士当选。这一届立法议会的组成是：总督，兼会长；官方议员9人均为政府高官；非官方议员13人，其中3人分别由英人总商会、中华总商会和印度人总商会选出，4人由总督任命，6人为民选。① 官方议员和总督指定的议员无疑都是听命于殖民政府的，即使是民选的议员，在政治上也是保守而亲英的。即便如此，这一届立法议会也没有最终的立法权，立法权仍然掌握在总督和英国殖民部手中。但是，并不能因此而低估这次选举在政治发展进程中的地位。虽然从政治动员的广泛性和政治参与的深度来看，都还是十分有限的，但是这毕竟是经过130年的殖民统治后新加坡破天荒的第一次民选，因此，其意义是不可低估的。一是普通民众有了正式而合法的参与渠道，尽管当时的民选议员与下层群众的联系还是十分有限的；二是进步党人的当选标志着政党政治登上了国家层面的政治舞台，尽管这是一个亲英的政党。

　　1951年4月经过一次改选，议员总数增加到25名，其中官方当选议员4人，委任官方议员5人，委任非官方议员4人，民选议员增加到12人。

---

　　① 郑文辉：《新加坡从开埠到建国》，新加坡教育出版社1977年版，第184页。

第二节　政党政治的兴起

第二次世界大战后，随着民族的觉醒和政治的发展，新加坡的现代政党组织也如雨后春笋般地建立起来，形成了向传统和殖民政治的挑战。

1945年12月21日一批激进的民族主义者在新加坡建立了马来亚民主联盟，其宗旨是结束殖民统治，建立统一的新加坡和马来亚国家。这可以说是新加坡战后第一个政党组织，但它只是昙花一现。1947年8月25日进步党成立，这是保守的商业资产阶级政党，它在战后初期的政党政治中扮演了重要的角色。1948年该党作为新加坡唯一的政党参加了新加坡有史以来的第一次立法议会的选举，并有3名候选人当选。虽然政党在这届议会中起的作用还很小，该党又采取了亲英立场，但无论如何，它标志着作为民主政治支柱的政党已经登上了政治舞台，新加坡的政治发展进程又揭开了新的一页。

与进步党属同一类型的还有1948年成立的民主党。民主党的核心是当时全国最大的商业资产阶级组织中的商界人士，他们大都为巨商富贾，经济实力雄厚。处于这种特殊经济地位的人，都与殖民当局有着千丝万缕的联系，因此，他们重视保护自己的财富，甚于独立。加之他们都受英文教育，华人的观念有所淡化，不以受殖民统治为耻。因此，在政治态度上，与进步党相同，主张与殖民政府合作，主张保持社会的安定和繁荣，他们在暗中得到殖民政府的鼓励和支持。

20世纪50年代以后，政治形势发展很快，不但政党建立得越来越多，而且越来越大，越来越有群众基础。劳工组织阵线和人民行动党都是这一时期建立起来的。群众运动有左翼化的趋势，因而在1955年的立法议会选举中，结果出人意料。在全部25个民选议席中，进步党只得4席，民主党只得2席。在选举前，这两个政党知名人士多，经费充足，又得到殖民政府的支持，因而颇为各方面看好，但结果却与1948年时大相径庭。这说明当时的形势发展很快，人民群众要求独立的愿望非常迫切，对听命于殖民政府的政党日渐反感。1957后两党合并为自由社会党，仍以保守的政治面目参与政治活动，没有多大起色。

劳工组织阵线在20世纪50年代一度是最有影响的政党，它是工人党与新社会党为了参加1955年大选合并而成的。该党的领导层多为自由派人士，与下层群众并无密切的联系，但是他们的自由主义的政治主张，尤其是主张独立的纲领得到了广泛的赞同，加之其组织的发展和宣传的广泛性，使它声望日增。因此，虽然殖民当局不喜欢它，但它仍然能在1955年的大选中获胜，得到10个议席，受命组织政府。

当时最"左"的政党就是共产党了。新加坡的共产党是作为马来西亚共产党的一个分部而建立的，在1927年马来亚共产党建立不久后就在新加坡开始活动。第二次世界大战期间由于积极参加抗日战争，在山区开展游击战以困扰日本占领军，因而得到了英国武器装备的支援，从而发展起来。战后初期共产党活动甚为激烈，从事武装反对殖民统治的活动。他们破坏殖民地的社会秩序，袭击殖民政府官员、警察甚至欧洲商人，不断制造流血事件。1948年马来亚殖民政府颁布非常法令，宣布共产党为非法组织，对其加以严厉镇压，迫使马来亚的共产党退居山林地区。新加坡地区的共产党由于无山林可去，就转为地下，即渗透到劳工组织和学生组织中去，在工会和学生中开展工作，并取得了相当的成功。20世纪50年代，许多左翼工会和华语学校政治运动的领导权都被共产党所控制，成为最活跃的政治力量。例如，当时最著名的工人运动领袖林清祥就被认为是共产党在前台的代表，他领导的众多的左翼工会控制的工人最多。由于共产党对于和平选举不感兴趣，容易采取一些过激的行动，因而受到殖民当局的严密监视和镇压，在战后的政治舞台上影响越来越小。

这一时期新加坡共建立了近20个政党组织，但除了少数几个外，影响都很小。多数政党的党员人数只有几十人，数百人，多的也只有上千人。一般来说，刚刚从传统社会脱胎出来，出现众多而人数很少的政党组织是政治发展的一个必然的阶段，因为这时新的阶级、阶层以及不同的利益集团都急于推举出它们的政治代表，而建立政党是唯一可行和有效的政治参与形式；但是这些新的政党不但会因为自己所代表的那些阶级、阶层和利益集团的力量还没有发展起来而难以发展自己，而且还会因为它刚刚从传统社会中脱胎出来而不可避免地与传统力量有着千丝万缕的联系,这使它们无法在现代性上取得共识,形成统一而强大的政党组织。

但是,对于新加坡的政治发展来说,这一时期政党政治出现的意义是巨大的,因为"现代政体与传统政体的不同之处在于具有政治觉悟的人口的多寡和参政的人口的多寡"。现代的发达政体与传统的发达政体的区别在于它们的政治体制的性质。传统政体的体制只需将社会一小部分成员的参政结构化。现代政体的体制则必须将大部分人的参政组织起来。这样,这两种政体在体制方面的关键性区别也就在于它们是通过不同的组织来实现群众参政结构化的。因此,标志现代政体的体制是政党。[①] 政党政治的运作,说明新加坡的政治现代化发展到了一个新的水平。

第三节 林德宪制和自治政府的成立

随着民族主义运动的发展,殖民政府考虑到形势的变化,决定进行宪制改革。1953年总督任命了以林德爵士为首的制宪委员会,对新加坡的国情和宪制情况进行调查,并于1954年2月公布了《林德宪制委员会报告书》,主要内容有:

1. 人民应自动参加选民登记。
2. 立法议会改为由民选议员占多数的立法议院,内设议长1名,官方指定3名议员,即政务部长、财政部长和律政部长,委任非官方议员4名,民选议员25名。
3. 以部长会议取代行政会议,作为政府的最高决策机关总督任主席,另有6位民选部长,其中1位是首席部长,由议会中的多数党领袖担任。另外6位当选的官方议员也参加行政议会。总督直接掌

[①] 塞缪尔·P. 亨廷顿:《变动社会中的政治秩序》,张岱云等译,上海译文出版社1989年版,第96页。

握外交、国防和内部治安权力，首席部长负责一般行政事务，但大事的最终决定权仍在总督手中。

4. 建立"新加坡市岛议会"，完全由民选产生。①

按照林德宪制，新加坡将成立完全由民选产生的立法议会，由议会中的多数党组成政府。这与1948年的宪制改革相比又有了一些进步。如果林德宪制切实得到了实施，民选政府将在内政、经济和社会方面拥有广泛的权力。在第二次世界大战之后，当殖民统治难以维持下去的时候，英国殖民当局一般都采取了主动退出并在当地推行扩大选举的政策。这样做的结果是，弱化了反殖情绪，灌输了民主意识，为独立后政府采取发展经济的政策准备了条件。当然，林德宪制并不是一个彻底摆脱殖民统治、取得独立的方案。

1955年4月1日，按照林德宪制改革方案举行了大选。当时全国登记的选民为299850名，其中有70%以上的人参加了投票，结果是劳工组织阵线得10席，成为议会中第一大党；进步党得4席，人民行动党3席，民主党2席，独立候选人3席。4月5日，劳工组织阵线党魁马歇尔律师奉命组织第一届自治政府，成员是首席部长兼工商部长马歇尔、劳工部长林有福、教育部长周瑞麒、政务部长裕末、交通部长汤玛斯、卫生部长布拉加、政务部长顾德、律政部长大卫士、财政部长哈特。以马歇尔为首的自治政府并没有获得多少实际的权力，马歇尔说："我的困难是英国官员对我的公开蔑视和设置障碍拒绝向我的政府转让权力。"② 马歇尔是一位犹太人，虽然自己是一位自由派人士，但受到左翼力量的控制，因而得不到英国官员的信任。据说，马歇尔刚担任首席部长时，英国人连办公室和工作人员都不给他配备。直到他威胁说要在一棵树下办公时，殖民当局才给他配备了一套靠楼梯底层的房间和一名勤务员。看来马歇尔和他的政府还要为争取自治权进行艰苦的斗争。

---

① 郑文辉：《新加坡从开埠到建国》，新加坡教育出版社1977年版，第185页。
② Riaz Hassan, *Singapore: Scx-iety in Transirion*, New York: Oxford University Press, Lot. 3, 1976, p. 34.

自治政府成立后争取独立的民族运动更加高涨，这种背景下，马歇尔政府决定加快争取独立的步伐，与英国政府进行谈判。1956年年初，以马歇尔为首，由林有福、布拉加、阿都哈密、黄富南、林春茂、林坤德、林子勒、李光耀、林清祥等13人组成了"新加坡默迪卡"（默迪卡意即独立）代表团，准备前往伦敦与英国政府进行谈判。在赴英之前，各政党发起组织了"默迪卡运动周"，发表宣言，发动签名，举行集会。3月18日加冷机场举行了有10多万人参加的群众集会，声援代表团赴英。从4月23日至5月15日，默迪卡代表团与英国殖民部共举行了13次谈判，新加坡代表提出在英联邦内独立，而英方却认为新加坡还没有建立稳定的民主政府的能力，并且要求保留国防与外交方面的权力，双方在总督人选问题上也有分歧，无法达成协议，最终谈判破裂。回国后，面对日益澎湃的工潮与学潮，马歇尔感到自己难以适应当前的形势，遂向总督提交辞呈，并举荐林有福出任首席部长。林有福是一位右翼工会领袖，他在当时是一位比较合适的人选，因为工会和殖民部都能接受他。他上台后，对左翼激进力量进行了压制，得到了殖民当局的信任，并与殖民当局进行了某些妥协，遂使独立运动有了起色。

1957年3月11日，林有福率由各政党组成的代表团赴伦敦举行新的宪制谈判，代表团成员有：劳工组织阵线代表周瑞麒、华巫联盟代表裕末、人民行动党代表李光耀、自由社会党代表林春茂。4月11日双方签署了一项历史性的协议，规定只有外交、国防和最后取消宪法的权力保留给英国。其要点如下：

1. 新加坡今后称为新加坡自治邦。
2. 马来人与少数民族的利益应予一视同仁。
3. 新宪制可能在1958年1月1日后的任何日期付诸实施。
4. 新加坡将为新加坡国，首席部长改称总理。
5. 由英王委派一出生于马来亚人士充任新加坡之国家元首。
6. 英国将派一高级专员为驻新加坡之代表。
7. 新加坡国家元首与联合王国驻新加坡专员之职务，在实施新宪制6个月后合并。

8. 新立法议院共由 51 个议员组成，全部民选，非新加坡出生人士，如拥有合格规定居住之期限，将有投票权利。

9. 内部治安方面，情势需要英军给予援助时，将由新加坡部长予以决断。目下由英国殖民部委派的政务部长、财政部长和律政部长 3 职位将由民选部长接替。

10. 新加坡将拥有与外国进行贸易与文化交流的权力，英政府将控制对外防务和对外关系。

11. 设立一个新英政府联合委员会，作为所有有关重复事项之咨询机构，唯内部治安不在此例。①

此项《新加坡自治法案》于 1958 年被英国女王正式批准，并经议会上下两院 3 读通过，依照英国宪法，此法案当即生效。新加坡在英联邦内取得了自治领的地位，而邦内的公民——新加坡公民——的独立的国籍得到确认。新加坡所面临的重要问题是在适当的时候按照这一自治法案举行大选，选出新一届民选政府。

林有福政府虽然在自治方面取得了成果，但是在内政方面却失去了群众。当时，人们把自治地位的取得更多地看成是民族运动推动和各政党共同努力的结果，而不完全是林有福政府的功劳，林的亲英倾向使他没有也不可能利用自治为自己捞取政治资本。这是他的一个失误。当时，正值民族主义运动高涨的时期，人民的思想比较激进，而林有福却采取亲英的立场，先后两次大肆逮捕共产党人和左翼人士，因而失去了广大左翼工会和广大华语学校学生的支持。但有一点应该指出的是，林有福政府的两次逮捕可能改写了新加坡的历史，因为 1956 年和 1957 年人民行动党内以林清祥为首的左派已经压倒了以李光耀为首的温和派，甚至一度取得了党的最高领导权。正是这两次逮捕把他们送进了监狱，才使李光耀等人重新恢复了对人民行动党的控制。

另外，林有福政府执政期间，政绩平平，工作缺乏效率，贪污成风，还被揭发出了教育部长周瑞麒接受贿赂的事件，这些都损害了政府的

---

① 陈尤文、马志刚等：《新加坡公共行政》，时事出版社 1995 年版，第 30 页。

形象。

第四节 20世纪50年代的工潮与学潮

战后，工人运动和学生运动得到了恢复和发展，到20世纪50年代，工人运动和学生运动都达到了高潮。工运和学运高涨的直接原因有两条：一是当时新加坡的政治已处于转型时期，殖民政府的权威已经大大降低，而民选政府的权威还远远没有建立起来，这样，历史上依靠政府来调节劳资冲突的政治机制被大大破坏了；同时在民族解放运动的推动下，工人的力量越来越大，要求越来越高，而资方还不习惯于向工人妥协，这势必激起工人的更大的抗议浪潮。二是共产党在工会和学生中的影响很大，它进行反对殖民主义、争取国家独立，进行社会革命的宣传和鼓动，对青年人很有煽动性。当然，国际国内民族运动高涨的大背景对工运和学运的发展也有着不容忽视的推动作用。

这里需要指出的是，新加坡是一个商业城市，农业所占的比重很小，因而工人人数构成了劳动者的绝大多数；同时，新加坡的教育也比较发达，在当时来说主要是中小学教育，因此在校的学生比例就比较高，中学生成为学生运动与青年运动的中坚。如果把工人运动与学生运动结合起来，使其遥相呼应，那无疑会主宰国家的命运。

在20世纪50年代的工潮与学潮中，有三位人物非常重要：林清祥、方水双和孙罗文。林清祥被认为是共产党在工会中的代表，当时已成为工人运动的巨头。他只受过中等教育，但有很强的组织能力，具有苦干精神，再经左翼报刊广为宣扬，把他誉为劳工运动的英雄和真正的人民代表；说他不仅是劳工运动的代言人，而且是一位称职的国家领袖，这使他一时名声大震，成为当时最引人注目的少数政治领袖之一。林的特点是能与下层劳工密切相处，关心群众的疾苦，有深厚的群众基础。他经常一天工作18个小时，夜间就睡在办公桌上。1954年林清祥的工会与李光耀等人合作。建立人民行动党后，考虑到自己与共产党的关系，不便出头露面，因此林主动不担任党的重要职务。1955年经过大选他成为人民行动党的国会议员。当时，他在国会的每一次发言，左翼报刊都详加报道，因而成为家喻户晓的人物，在很多人看来，他终有一天会取代李光耀在人民行动党内的地位。

另外两位：一位是方水双，他是新加坡公共汽车职工会的秘书长。处于这样的地位，他可以在工人运动中发挥很大的作用。他也是一位左倾人物，因而决心利用当时的有利时机，扩大工人运动，以扩展以共产党为领导的左翼工会的力量，迫使资方做出让步，并最终取得政权。因此，他在工潮中起了推波助澜的作用。一位是孙罗文，是华文中学学生联合会的执行委员即实际领导者，是当时最有名的学生领袖，有很强的组织能力和号召力。在那几年里，他参与领导的左翼学潮波澜壮阔，是民主运动中一股强大的社会力量。

1955年4月，福利公共汽车公司发生罢工风潮，有100多位工人参加了罢工。资方态度强硬，把参加罢工的所有工人都解雇了，并另行雇用一批新工人代替他们，在这批新人中有黑社会分子。工人的态度也很强硬，于4月24日在公司门口组成纠察线，强行阻止未参加罢工的工人和新雇用者出入，使公共汽车无法开出，公司业务完全停顿。这样一直僵持到第三个星期，双方到了剑拔弩张、一触即发的地步。5月13日一些新职工准备强行将公共汽车开出厂门时，罢工工人排成一道"肉墙"，挡在大门门口，不让通过。政府请来不少警察帮助，准备强力冲破工人的纠察线，于是冲突终于爆发了。双方工人，以及在场的警察、救火队和学生都加入进来，混战一场，救火队还用高压水龙头进行喷射。在当局调集大量警力后才予以平息。结果是共死4人，2名警察，1名美国记者，1名学生。伤者更多，还有数辆汽车被翻倒烧毁，为了防止事态的蔓延，政府调集警力采取了戒严措施，并命校方开除了一些学生领袖，关闭了华侨、中正两所学校，但这些措施并没有从根本上制止住事态的扩展。[1]

流血事件激起了其他工人团体和学生团体的愤怒，导致了他们的介入。流血事件发生的翌日，13家公共汽车公司的工人宣布集体罢工，支

---

[1] 陈烈甫：《李光耀治下的新加坡》，商务印书馆1982年版，第84—87页；亚历克斯·乔西：《勇往直前的李光耀》，赵国材、杨喜汉合译，台湾新生报社出版部1970年版，第63页。

援福利汽车公司被解雇的工人,这样一来,全市的公共交通都陷于瘫痪状态。政府见高压政策已无济于事,遂决定以温和的公平仲裁方式解决问题。站在工人背后的左翼领导人也认为工人的力量已经得到了充分的发挥,如果继续搞下去,不会再有什么好处,应该适可而止。这才使此次罢工和劳资双方的对立以仲裁方式得到了解决。"5·13"流血事件给新加坡人的历史留下了沉重的一笔。

当时的工潮由于学生的加入,而更添加了激进的色彩。这一时期华文中学的学生的政治意识比较敏锐,一般都积极投入到民族主义运动之中。他们在知识、心理和生理上都还处于不成熟的阶段,容易冲动,因而多受左翼思想的影响。以当时最大、最有知名度的华文中学——华侨中学和中正中学——为例,可窥见一斑。这两所中学是左翼力量控制的重点,在学校里建立了许多学生读书会,这是共产党的外围组织,它控制了学生的活动,校方已经对学生无能为力了。当时华文中学的中等学校联合会就是以这两所学校为大本营。"5·13"流血事件发生前后,学生举行募捐,购买食品和日用品运至现场进行慰问。他们高呼"工人学生大团结"的口号,并组织演出,高唱歌曲,表演歌舞与街头剧,慰问鼓励工人。当时各华语学校学生有组织地分批前往支援,罢工工人由于得到支持而精神振奋,坚持不散。学生与工人的联合使罢工运动声势大震,政府处理此事时颇感棘手。

学潮爆发的导火索是实行强制性的义务兵役制引起的。在殖民地政府于1954年颁布这一法令后,立即引起了学生的普遍反对,尤以华侨和中正两校表现得激烈。5月13日,两校学生分别占领了各自的校舍,举行抗议大会,并举行各种学习会,讨论局势和对策。学生占领校舍使整个学校的校务陷于瘫痪,是新加坡前所未有的事情。接着,有500多名学生举行了游行示威,当队伍从乔治五世公园出发后,在途中受到了警察的阻挡,双方相持数小时,学生坚持不散,警察发动了攻击,搏斗中数名学生受伤,队伍也被冲散。当时的左翼领导力量利用这次冲突大做文章,对事件进行渲染,极力指责政府和警察的残暴,想以此唤起社会的同情,造成革命的气氛。

"5·13"流血事件发生后,各华校学生在中华总商会举行了一次抗议大会，并决定成立一个组织，以争取中等华语学校学生免服兵役。此外，由于传说政府鉴于华校为左翼分子所控制，有意停办华校，因此还决定"为华文教育的维持而奋斗"。政府鉴于学潮越演越烈，遂决定学校提前放假，使学生散居家中，不易集合生事。但这并未达到预期效果，6月12日，华侨、中正两校学生有组织地进入学校，抗议政府的兵役法和停办华校的企图，坚持数日。政府竭力向学生说明并无关闭华校之意，并成立了一个委员会，研究学生服役之事，学生方认为抗议目的达到，退出学校。

当时，学潮确实颇为澎湃，学生中流行着不少爱国歌曲和口号。例如，为了纪念"5·13"流血事件，左翼人士编写了《5·13纪念歌》和《5·13进行曲》，其他还有《我们的队伍无比坚强》《学工纪念舞》《我爱马来亚》及《鬼道理》（鬼指殖民主义）等歌舞，学生们一唱起这些歌曲，精神大为振奋。

1954年至1956年的两年时间里，工潮澎湃，学潮汹涌，两股激流又时常合为一股，使形势十分严峻，社会动荡不安，但也给殖民统治以沉重的打击，动摇了它的统治基础。激进的工人运动和学生运动都是由左翼分子领导的，而这些左翼分子由于不能独立生存，所以大都隐藏在人民行动党内，因此人民行动党受到了政府的特别注意，此后两次逮捕了该党内的左翼领导人。

第五节 人民行动党的成立与发展

一 李光耀争取独立的思想

第二次世界大战后的初期，一批留学英国的新马知识分子，面对世界范围内风起云涌的民族解放运动，开始思考自己祖国的前途。他们经常聚集在一起讨论国家独立的问题，并组织了名为"马来亚论坛"的沙龙。李光耀当时正在剑桥法学院读书，听说后就加入了这个沙龙。在这个沙龙中，有一些日后新马非常著名的人士，如该论坛的发起人和组织者之一的拉赫曼亲王日后成为马来亚和马来西亚的总理，拉扎克日后成为马来亚的部长、马来西亚的总理，李光耀成为新加坡总理和人民行动党的秘书长，杜进才日后成为新加坡的副总理和人民行动党的主席，吴庆瑞日后成为新加坡的部长和副总理。当时很多新马知识分子经常聚在一起发表自己的政见，讨论新马前途问题。

在马来亚论坛时期，李光耀争取独立的思想已基本形成了，这体现在他于1950年1月在该论坛发表的题为"留学生"的一次演说中，他这次演说的主要内容有以下几点：

第一，认为民族独立的时机已经成熟。他说："帝国从来不会永远长存。或者是主人与臣服民族最后合并为一个统一的社会，譬如在不列颠，威尔士人和苏格兰人一度受到英吉利人的统治。现已成为一个政治社会的一部分，同英吉利人享有同等的权利。或者是臣服民族强烈反抗，最后出现一个单独的民族和政治实体，于是帝国也就告终，例如爱尔兰共和国、印度、巴基斯坦和印度尼西亚就是这样。一个民族受另一个民族的无限期压迫，只有在臣服民族思想上和体质上都是天生劣等的地方，才有可能。人类学家不能证明一个民族对另一个民族有天生的优越性。我想，这个科学事实，同没有一个帝国能维持超过一千年这个历史事实，并不仅是巧合。我们目前在马来亚正在看到，英国统治了100年之后，进入末期了。殖民帝国主义在东南亚已经死亡了，只有马来亚除外，而我们这一代也将看到它消灭。"当时，在新马半岛普遍存在着对政治的冷漠，民族觉醒的程度还很有限，上层人士大都亲英，并不要求很快独立，因此，李光耀的这个思想是先进的。

第二，认为留学生应该掌握民族运动的领导权。李光耀指出，留学生在战后民族运动的发展和国家的重建中可以起到十分重要的领导作用。他说，殖民当局把他们的语言、制度和生活方式强加于马来半岛，因此，个人越是能接近于这个标准，他的社会地位和经济地位就越好。受英语教育的人自然地享有这个特权，而留学生则形成了最上层的社会。与此相关，我们看看留学生在英国统治下的印度、荷兰统治下的印度尼西亚和美国统治下的菲律宾所起的作用，就再清楚不过了。"在短短的4年之中，我们已经看到了在6个亚洲国家中出现了民族独立：印度、巴基斯坦、缅甸、斯里兰卡、印度尼西亚和菲律宾。""在所有这些新的亚洲国家中，曾经领导过独立斗争的是留学生，印度人、巴基斯坦人、斯里兰卡人和缅甸人是从英国回来的，印度尼西亚人是从荷兰人回来的，菲律宾人是从美国回来的。他们形成了民族主义运动的先锋队。"这说明李光耀已经认识到留学生是马来半岛知识分子中最先觉悟的部分，而且由于他们的文化素质较高，完全可以担负起民族运动的领导任务。实际上，这一理论，也为他日后与国内的受华语教育的激进派争夺领导权奠定了基础。

在这个演说中，李光耀还从殖民者和人民两个方面分析了留学生回国掌握领导权的可能性。他说："我们留学生将会是英国内比较能接受的那一类领导人，因为正如事实所证明的，如果抉择是在一个共产党的马来亚共和国和一个英联邦范围内的马来亚之间，而后者是由那些尽管是反对帝国主义，却仍与联邦有若干共同理想的人领导的，那么毫无疑问，英国人将会看出哪一种害处将会少一些。""我们的王牌是，有责任感的英国领导人认识到马来亚一定要独立，而且将要独立，因此还不如把马来亚交给那些同情英国生活方式、愿意使马来亚成为英联邦成员之一的领导人，而最重要的是，愿意留在英镑区域。……我们心中有数，没有人能比英国人能够态度自若地迁就一个已经不能维持下去的局面了。"至于普通民众方面，李光耀是这样分析的："马来亚的一般老百姓，正确地或者错误地把知识和才能与在英国受教育联系起来，或是因为这样一种教育使人有可能在马来亚更多地更快地发财，普通民众的这种认识是留学生争取领导权的最好的条件。"后来的事实证明，李光耀等人从英国人的这种支持中获益匪浅。当人民行动党内的派系之争使李光耀等人失势时，恰恰是殖民当局指使林有福政府逮捕了林清祥的激进派，原因正是李光耀的温和派表现出的中间态度使殖民当局对它掌权更为放心。他们掌握政权后，极力推行精英主义，这是它在民众中利用"留学生"的特殊地位树立自己形象的一种成功的方法。

第三，必须以和平缓进的方式取得政权。在英国的殖民统治行将结束之时，"我们留学生能够做的两件事是：（一）这个变化怎样能够快而有条不紊；（二）我们在新的马来亚能否找到一个地位"。他明确表示反对共产党以武力手段夺取政权，并进一步指出，为了对付共产主义的威胁，有产阶级必须在一定程度上抛弃自己的既得利益，进行社会改革，实现社会公平。他说："如果公开宣称英帝国主义必须离开，那是立即可以见效的。但是，如果我们不予以领导，那么领导将会来自社会上的其他阶级，如果这些领导人得到群众支持而掌了权，那么我们将会看到，我们作为一个阶级，不过是换了一批主人而已。如果我们仍没有组织起来，那么在英国人、日本人和将要出现的新主人之间出现的差别，不过是程度上的差别，而不是性质上的差别。"在李光耀看来，他们这一批留学生还远在英国，与国内的民族运动还缺乏联系，他们也没有建立自己的政党和取得民族运动的领导权，如果这时英国人撤出，那么领导权肯定会落到其他阶级手中，而那些或左或右的领导人都没有能力改造新加坡社会，只不过是以当地领导人取代外国人而已。因此，夺取政权不应立即进行，而应等留学生们牢牢掌握了民族运动的领导权之后，由他们来宣布殖民统治的结束。那么，在什么情况下才能保证由留学生来夺取政权呢？李光耀认为，前提条件之一是达到华人与马来人的团结，只有这两个最大的种族联合起来，英国殖民者才不易利用分而治之的手段阻止独立，尤其是不会在英国殖民者走后因种族不和而出现权力的部分真空；前提条件之二是要"发展一个统一的政治战线，这个战线要有足够的力量不诉诸武力而能移交政权"。这个统一战线不仅包括不同种族的力量，更重要的是动员各阶层的人民，启发他们争取独立的政治觉悟。建立广泛的各种族和各阶层人民参加的统一战线是取得独立的重要因素。[①]李光耀的这次演说在留学生中引起了很大的反响，使他的威信提高了许多。这次演说所表达的思想可以说是他早年的政治纲领。

二 人民行动党的成立

1950年7月，李光耀回到新加坡，马来亚论坛的其他人也在他前后回国。这些人回到新马后，依然继续接触，举行集会讨论国家大事，并加紧宣传，发展组织。不过，新马人物基本上分道扬镳，拉赫曼等人以马来亚为大本营，从事马来亚的民族运动，而李光耀等人则以新加坡为大本营，从事新加坡的民族运动。李光耀回国后，开办了一家律师事务

[①] 亚历克斯·乔西：《李光耀》，上海人民出版社1976年版，第39—49页。

所，从事律师工作，很快就小有名气了。当时新加坡的工人运动日益高涨，工会在与资方和政府的谈判中急需既懂英语，又懂法律的华人作为法律顾问，李光耀便利用这个机会积极地介入工人运动。他担任了许多工会的法律顾问。1952年邮电工人举行大罢工，李光耀作为邮电工会的法律顾问，日夜操劳，每天起草文件、参与谈判，发挥了很大的作用。罢工胜利后，李光耀在工人中的威望大增，名声也大了很多。从此，聘请他担任法律顾问的工会达到了50多家。

这时，李光耀、杜进才等人开始筹备建党。他们主动与由共产党控制的左翼工会建立密切的联系。当时有人对此提出异议，因为这不但要冒很大的风险，而且有可能改变党的路线。李光耀则另有看法，他认为，共产党不管是对还是错，谁也不能否认它具有极大的号召力和煽动力。在反对殖民主义的斗争中需要建立最广泛的统一战线，需要广泛的动员群众，这些都需要利用共产党的力量。而这时林清祥也派人与李光耀等人联系联合事宜，共产党在殖民地是非法的，他们只能加入其他政党才能进行公开的活动。这样，在反对殖民统治的基础上，他们决定联合建党。

1954年12月21日上午，人民行动党的发起人在新加坡维多利亚纪念堂举行大会，正式宣告人民行动党成立。这一天，各界人士1500多人参加了大会，气氛十分热烈，这是自1948年以来新加坡最大的一次政治性大会。会上，首先宣读了《人民行动党宣言》，它的基本原则有5方面的内容：

1. 以和平手段争取新加坡的独立。
2. 在普选的基础上建立统一的马来亚民主政府。
3. 建立一种新的社会经济制度，消除现存的不公平的贫富悬殊和机会的不平等。
4. 建立老弱病残的社会保障制度。
5. 向人民灌输举国一致、自尊自立的精神，激发他们为创造一个繁荣、稳定和公正的社会而奋斗。[①]

[①] 陈烈甫：《李光耀治下的新加坡》，台湾商务印书馆1982年版，第69页。

这个《宣言》主要包括两方面的内容，一是反对殖民统治，即以和平方式结束英国在这里的统治；二是重建国家，即建立统一的马来亚国家。具体内容有：这个新国家在政治上是民主的，这首先要废除英国殖民当局颁布的旨在镇压激进力量的《紧急法令》，人人享有言论、出版、结社和游行的权利，有选举权；在经济上实行平均主义，消灭贫富差距，在就业、工作和分配方面一律平等，这显然是一个比较左的纲领。《海峡时报》在1954年11月22日发表文章说，这是"为了吸引那些头脑简单的人，这不过是一种不考虑实际情况的好听许诺而已"。但是，这个纲领或许是十分策略的。因为它表示以和平方式争取独立是殖民政府可以容忍的，而"争取独立"本身就已经可以对人民有所交代了。尤其是它重建社会的激进主义主张，很能吸引下层人民。而独立是现实面临的任务，人民行动党在这方面表现得不那么激进是他们未遭受镇压的重要原因；重建社会是一个比较遥远的任务，并不需要立即付诸实施，它表现得激进一些并不会引起殖民政府的过度恐慌，但这对于吸引下层人民的支持却十分有利。所以，尽管人民行动党在执政后并不打算实行这些平等的重建社会的主张，它甚至从《紧急法令》中得到了许多好处，但它现在仍然愿以左倾的面目出现，以此来吸引两个人数最多的传统集团——工会和受华语教育者。在成立大会上，李光耀也发表了演说，他的演说重申了反对殖民统治和为建立一个公平社会而奋斗的决心。除人民行动党的发起人外，还有两位来自马来亚的著名人物：一位是拉赫曼亲王，他当时是马来亚最大的政党巫统的领袖，他日后被称为"马来亚独立之父"；另一位是陈祯禄爵士，他是马来亚最大的华人组织马华工会的领袖。虽然这两位政治家的政治立场偏右，但在争取独立这一点上，与人民行动党是一致的。两人在马来亚有极高的声誉，他们到会祝贺，并发表热情洋溢的讲话，是对人民行动党的有力支持。

人民行动党的发起人共14人，主要有李光耀、杜进才、王永元、拉惹勒南、吴庆瑞、贝恩以及原马来亚共产党人伊斯迈、方水双等，这些人大都当选为人民行动党的第一届中央执行委员会委员，李光耀为秘书长，杜进才为主席，王永元为司库，除贝恩和吴庆瑞因是殖民政府的公务员，按法律不得参加任何政党，因而没有当选外，其他人均当选中央委员。林清祥由于是共产党的重要代表人物，受到殖民当局的特别注意，因此没有被安排重要职务。当然，这也正中李光耀等人的心意。

人民行动党成立两个月之后就面临按照林德宪制改革方案举行立法议会的选举。当时考虑到党刚刚成立，在人员和组织上都不成熟，不宜推出过多的候选人，选举失利会影响党在群众中的形象，因此只推出了4名候选人，他们是：李光耀、吴秋泉、林清祥和迪万·奈尔，他们分别在4个选区参加竞选，1955年4月2日的投票结果是前3人当选，迪万·奈尔由于缺乏经验而未当选。这在全部32名议员和25名民选议员中都不怎么引人注目。但对于一个刚刚成立的政党来说，这已经是一次不小的胜利了；更重要的是它获得了在议会中阐述自己的观点的机会，这对于扩大影响和树立威信都是不可缺少的。

李光耀在这次选举中表现出色，是得票最多的候选人。他在竞选中主要是打下层群众、工人和华校学生的牌。从他当时印发的《告选民书》中就可窥见一斑。他在这份文件中说："亲爱的选民：今年4月2日，丹绒巴葛区的候选人都会叫你们到投票站去投票，有些候选人还有汽车载你们到投票站去。他们希望，给你坐一次免费汽车，你就会选他们出来。我希望你们去投票，我只有很少的汽车，我的政党，人民行动党，专门为工人和穷人的利益而奋斗，所以，有汽车的有钱人都不大愿意把他们的汽车借给我。……我是第一个反对学校注册修正法令的人，根据这个法令，什么华语学校都会随时被关闭。去年年底，当一些英文报纸发动了些攻势，诬指华文学生为共产党时，只有我的政党起来发言保护学生，也只有我的政党曾经出来反对民众服役法令，因为我们主张，唯有独立和完全民选的立法议会才有权利实行征兵法。多年来，我一直积极地帮助工人，扶助他们的职工会。1952年邮差大罢工时，我跟他们一直奋斗。我也曾为许多职工会争取更高的工资和更好的工作待遇。我觉得，马来亚的工人创造了巨大的财富，却分不到一点公平的份额。"[①] 在这一段文章中，他提到了穷人、华校学生和工人，这是最基本的群众，占选民的绝大多数。

---

① 张永和：《李光耀传》，花城出版社1994年版，第247—249页。

人民行动党在这次竞选中提出的纲领是，争取民族独立。增加立法议会的权力，与马来亚合并，终止强制征兵制度，废除限制言论自由的紧急法案，制定劳工保护法，实施 16 岁以下的免费义务教育制、清除贫民窟、改建都市、保护本地工业等。这个纲领显然是偏左的。当时人民行动党故意以偏左的面目出现，这样可以争得更多的选票。这一策略非常见效，每次人民行动党举行竞选集会时都会有大量的工人和华校学生参加，而且做报告的人不时紧握拳头高呼反对殖民主义的口号，与会群众也高唱激进歌曲。可以肯定，人民行动党在这次选举中得到了地下的马来亚共产党的支持。因为在竞选中有很多学生和工人帮助林清祥和迪万·奈尔，而李光耀和吴秋泉就得不到这种帮助。

第六节　人民行动党内部温和派与激进派的权力角逐

人民行动党在成立之初是由两个派别组成的，一派被称为温和派，另一派被称为激进派。温和派是以党的主要发起人李光耀、林进才和吴庆瑞等人为首，他们主张以温和手段争取独立，促进社会改革。激进派则是以林清祥、陈从今等人为首，他们被认为是马来亚共产党在新加坡和人民行动党内的代表，主张以激进的暴力手段推翻英国殖民统治，进行社会革命。虽然它们之间存在着深刻的分歧，但在争取独立的目标上是一致的。这在当时民族矛盾是社会的主要矛盾，民族运动是国家政治生活的主流的时期，共同利益大于分歧点，因此能够联合起来。

实际上，在人民行动党成立前夕，劳工组织阵线就多次与温和派进行联系，商讨建立左翼联合阵线的问题，但李光耀没有同意。当时他考虑到两点：一是劳工组织阵线当时的势力比较大，如与其联合，就会造成温和派加入劳工组织阵线的局面，使温和派居于从属地位，这与自己建党而居于主导地位显然不同。二是李光耀看到以林清祥等人为代表的激进派在工会和受华语教育的工人和学生中具有广泛的号召力，与他们联合，可以把众多的下层群众吸引过来，扩大自己的群众基础。因此，温和派选择了与激进派联合。同时，从激进派方面来说，由于共产党已经被殖民当局宣布为非法,它难以再进行独立而公开的活动,因此也需要加入其他政党以取得合法地位,这样,具有民主社会主义思想和左翼倾向的人民行动党温和派就成了它联合的首选目标。

人民行动党成立之后不久,温和派与激进派争夺领导权的斗争就显露出来。1955年6月3日人民行动党召开全体党员大会,会上决定以后每年选举一次中央执行委员会,凡是交纳党费的党员均可参加会议和投票选举。对这个决议,林清祥、迪万·奈尔和伍德哈尔是表示反对的,因为他们的支持者大都是处于社会最下层的工人和学生,这些人一般都不交纳党费,如此下来,他们被剥夺了投票权,就削弱了激进派在党内的领导权。因此,这个决议的通过,是温和派的一次胜利。

1956年7月人民行动党召开了第二次党员大会,在选举中央执行委员会委员时,林清祥得了1537票,而李光耀仅得1488票,[①] 看来林清祥的影响力大有超过李光耀的趋势。但是不久,由于发生了工人暴动和纵火案,殖民当局认为这是激进派指使的,因而逮捕了林清祥等人。这次逮捕,对激进派领导层是一个沉重的打击,使他们在关键时刻失去了一次争夺党内领导权的机会。但对正处于旺势的整个激进主义运动来说,影响不大。

1957年8月人民行动党又召开了例行的全体党员参加的选举大会。在会上,激进派对温和派的政策提出了一系列的批评,他们反对李光耀参加以劳工组织阵线为首的各党派联合组团的与英国进行的宪制谈判,反对与马来亚合并,反对设立内部安全委员会。这是由于,与英国进行谈判的结果,必然是权力的和平移交,从而在一定时期内使英国的权益得以保留,这是激进派所不愿意看到的;与马来亚合并,必将使当时马来亚最有势力的领导和组织——右翼领袖拉赫曼统一掌握国家的最高权力,他们对新加坡的激进派不会手软;而设立由英国殖民当局和马来亚控制的内部安全委员会肯定会对激进派采取镇压手段,这一点当时已经被他们的所作所为证明了。对这三个问题的不同看法是温和派与激进派在争取自治问题上的根本分歧,也是激进

[①] 《海峡时报》1956年7月9日。

派之所以能够获得广大下层群众支持而温和派假借殖民当局之手以压制激进派的砝码。

在这次党员大会上照例举行了中央执行委员会的选举，结果是温和派与激进派各得6票，在中央执行委员会的12名委员中平分秋色。但如果考虑到林清祥、方水双等这样著名的领导人还在监狱之中，因而实际上激进派已处于优势，而温和派处于劣势。温和派看到自己已丧失对中央执委会的控制权，就拒绝在中央执委会中任职，结果激进派的陈从今当上了党的主席，T.拉贾当上了党的秘书长。但这种情况并没有持续多久。激进派在人民行动党内的夺权引起了殖民当局和林有福政府的担忧，一个月后，自治政府援引"紧急条例"，下令逮捕了35名激进的工会领导人和激进派人士，其中包括5名人民行动党的中央执委会委员。当时法院颁布的第33号《赦令》声称，共产主义的破坏活动变得越来越频繁和嚣张。《赦令》引述了共产党的内部文件，证明马来亚共产党企图渗入人民行动党，而且暗示这次逮捕也是为了避免人民行动党的领导权落入共产主义集团手中。[①] 这次逮捕之后，温和派重新控制了党的领导权，杜进才、李光耀又官复原职。从这一系列的变化中我们不难看到，如果没有这次逮捕，激进派很可能改变人民行动党的颜色。这也说明殖民当局更能接受温和派而不是激进派。

实际上，李光耀一直很清楚他们是骑在左翼激进势力的虎背上，迟早要同他们发生冲突。他过去担心的是，如果激进势力一直在党内隐藏到新加坡与马来亚合并之后，再行夺权，那时没有什么力量可以阻止它，那是很危险的。使他松了一口气的是，在英国的力量还存在的情况下，激进派就忍不住夺权了，暴露了自己的力量。他认为，这是共产党人在错误的时间做出的错误选择。

激进派领导人的被捕，不但使激进主义运动受到了打击，而且使整个人民行动党的力量也被削弱了。道理很简单，人民行动党的力量基础很大一部分是激进主义运动。为此，温和派积极扩建党的组织，发展党员，准备迎接议会大选。党内斗争暂时告一段落。

---

① 《立法议会辩论会公报》，政府印刷所，新加坡，1957年9月12日。

第七节 争取自治的斗争

1959年3月，在民族主义运动的压力之下，英国驻新加坡最后一任总督古德爵士下令解散新加坡立法议会，由各政党提名候选人参加第一届自治邦立法议会选举，这一次参加竞选的政党共有13个，它们是：人民行动党、人民联盟、星巫人协会、自由社会党、工人党、劳工组织阵线、人民党、公民党、马华工会、泛马回教党、巫人协会、印度国大党和加东工会，另外还有几名独立人士。

这时的人民行动党虽然刚成立5年，但已今非昔比，党的支部从1954年刚成立时的5个发展到了几十个，党员人数虽未公开，但根据赛尼卡斯在1958年5月10日的《海峡时报》上说，人民行动党在其花名册上有1.7万名党员。但他在1959年进行了一次调查，结果是该党只有4860名党员。不管哪一个数字更为准确，人民行动党都已成为当时的第一大政党，而且党的素质和纪律性也大为提高了。1957年温和派对党的领导权失而复得后，总结教训，进行了整党，对党员进行了严格的控制和采取了保密措施，规定了四种党籍：预备党员、普通党员、预备干部党员和正式干部。只有"真正对党做过有益工作"的党员才能成为正式干部，才能参加中央执行委员会的选举。为此还专门设立了一个干部选拔委员会，其成员都是温和派。这就使它可以精心按照温和派中央的意图来选拔干部，不致使重要的职位落入激进派分子手中。这也就确保了党内的选举被操纵在温和派手中，从而最终保证中央执行委员会的委员都是温和派成员和党的路线的一致性。当然，温和派也不能与激进派闹翻，因为它非常需要站在激进派背后的广大群众和共产党人支持。

人民行动党全力投入了1959年的大选。早在1959年2月它就拉开了一系列竞选活动的序幕。当时，在芳林召开的一次群众集会上，该党领袖揭露了美国政府通过教育部长周瑞麒赠予劳工组织阵线一笔"政治捐款"，意即该党有卖国行为，不宜再执政。在整个竞选活动中，人民行动党都利用这个材料为难执政的劳工组织阵线。人民行动党还出版了《今后的工作》丛刊，连续阐述了党的竞选纲领。党的领导人向人民许诺，它执政后的措施是：设立经济发展局，全力促进经济发展；彻底改革教育制度，使人人都能受到教育；设立一个有充分权力的工业仲裁法庭，公平仲裁劳资纠纷；建立强大的工会组织；兴建廉价住宅；实现男女平等。尤其是党的经济权威吴庆瑞宣布，如果本党在大选中获胜，将立即与马来亚组成一个共同市场。① 这个观点既没有说与马来亚进行政治合并，使左派不至于特别担心，又使一般人看到了经济复苏的希望。因为当时从上到下人们普遍的看法是，新加坡由于市场狭小，不可能单独生存。此外，为了笼络激进派和左翼工会、学生，党的领导还宣称，除非把过去根据紧急条例逮捕的林清祥、方水双、陈从今、蒂凡那（均为激进派成员）等8人释放，否则即便在大选中获胜，也拒绝执政。据当时一些知情人士分析，人民行动党发表这样一个声明是其在大选中争取选票的必不可少的一步棋，否则它很可能失去左派和大多数下层选民的选票。甚至有人认为这是李光耀与共产党人做了一笔交易。从温和派在执政以后的做法来看，他们并不想与林清祥等人合作，殖民当局在选举揭晓后释放了这8名人士。

随着大选的临近，各党的竞选活动也越发频繁。当时各党都频繁召开群众大会，发表竞选演说。当时的形势是，右翼政党之间矛盾重重，各行其是，互相争夺选民，更谈不上彼此联合了。右翼政党没有采取联合策略的原因主要是它们没有对局势做出正确的判断，低估了人民行动党的实力，没有料到它发展得如此之快。如果右翼政党认清形势，采取联合阵线的形式，互相协作，加上它们的声望较高和财源雄厚，会得到更多的选票，或许能取得联合执政的地位。它们失利的另一原因是只注重在社会上层的发展，注重与殖民当局的关系，却没有广泛地发动下层群众和建立有效的基层组织。例如自由社会党就是如此，它既有有声望的领导层，又有较雄厚的财政来源，但是它只注重与殖民当局的关系，却没有设立基层组织，没能把群众发动起来，因而没能得到下层群众的选票。执政的劳工组织阵线由于在1956年和1957年两次逮捕左翼人士，失去了下层群众的支持；而且由于殖民当局并未放权给它，使它的权力

---

① 《海峡时报》1959年3月23日。

极为有限,这导致了行政效率低下,人民怨声载道;再加上被揭发出来的腐败问题,也不可能获得多少选票了。

人民行动党则获得了广泛的支持。一方面,该党几乎每周都要举行一次群众大会,在会上带领群众高呼反殖口号,鼓舞人心。它在每一个选区都组织了一批志愿人员,深入各个角落去为它争取选票,十分重视得到下层人民的支持。这些志愿人员大都是左翼工会会员和华语中学的学生,他们本身就生活在社会的下层,把这项工作开展得有声有色。另一方面,人民行动党的领导层大都是从西方留学归来的先进知识分子,很有见地。其组织经过整顿,不但严密有序,而且建立了许多基层支部,与下层的联系十分密切,易于发动群众。

1959年5月30日全民投票开始,6月3日公布投票结果,人民行动党在全部51个选区中获得43个议席,人民联盟得4席,星巫人协会得3席,人民行动党超过半数,可单独组阁。当时,新加坡合法选民共有587797人,参加投票的有524420人,与过去相比,参加投票的比例如此之高,除了与高涨的民族情绪有关外,还因为实行了义务投票制。

投票结果公布后,林有福宣布辞去首席部长职务,古德总督请李光耀出任自治政府总理,并组阁。6月5日,新政府组成,名单如下:

  总理:李光耀
  副总理:杜进才
  国家发展部长:王永元
  卫生部长:依勿拉欣(马来族)
  财政部长:吴庆瑞
  劳工与律政部长:贝恩(欧洲人)
  文化部长:拉惹勒南(印度人)
  内政部长:王邦文
  教育部长:杨玉麟[①]

[①] 张永和:《李光耀传》,花城出版社1993年版,第257页。

第七章 20世纪四五十年代的政治发展进程

从内阁人选来看,温和派控制了全部职位,激进派没有一个人入阁,只有王永元等几名中间人士入阁。但任命林清祥、方水双、蒂凡那和兀哈尔为内阁部长的政治秘书,这相当于副职。

从当时的表现来看,人民行动党政府与劳工组织阵线政府已经有很大的不同。劳工组织阵线政府主要是得到了部分中上层人士的支持,基础不够广泛,权威没有树立起来,因而也没有得到足够的权力,对殖民当局的态度也就比较软弱。人民行动党则采取中间偏左的立场,坚决要求民族自治,剥夺英国人的统治权,因而有较广泛的群众基础,这也使自己的权威得到了承认。从组织结构上来看,劳工组织阵线也很松散,且缺乏广泛的基层组织;人民行动党则与此相反,它的组织严密,且建立了一大批基层支部,成为党在群众动员方面的得力工具。但不能据此就认为人民行动党完全是一个左翼政党,它与其他左翼政党和党内激进派采取的极左路线是有所区别的。它主张以武力反对殖民当局,不主张殖民当局及其军队立即全部撤走,不要求殖民当局立即交出外交、国防和一部分保安权力,都表明它不是一个左派政党。当时的情况是,面对左翼激进派的夺权活动以及周围马来国家的敌视,李光耀政府感到自己有些力不从心,因而不希望英军撤走。

第八章

20 世纪 60 年代的政治发展

第一节 20 世纪 60 年代初期的政治、经济和社会改革

尽管殖民政府的战后恢复工作相当有效,但进入 20 世纪 50 年代之后,随着民族运动的高涨,人们把主要精力都放在反对殖民主义和争取政治权力的政治运动方面了,殖民当局进行的社会经济改革措施很难贯彻下去,发展非常缓慢。人民行动党上台伊始,就面临着诸多严重的社会经济问题,对此,它进行了大刀阔斧的改革,以稳定局势,发展经济。

一 自治政府面临的困境

建国初期,政府所面临的主要问题是:第一,经济停滞,失业问题严重。当时,新加坡基本上仍然是一个转口贸易城市,面对日益增长的人口压力。无法提供更多的就业机会。加之民族运动一度使经济萧条,更加重了失业人口。因此,如何发展经济和解决失业问题,就成了政府面临的首要问题。第二,学校教育发展滞后,到 20 世纪 50 年代末期已成为严重的社会问题。1959 年,新学年开始时,家长在学校门前排起了长队,为子女争取入学机会。然而,增加学校需要建造校舍,还需要训练教师,这一切又需要大量的资金,一时难以解决。第三,当时,有很多人无家可归,很多人居住在很简陋的草棚中,处境非常困难。在过去 27 年间(1932—1959),殖民政府只建造了 32000 套住宅。平均每年 1200 套,相对于这一时期移居来的和自然增加的几十万人口来说是杯水车薪,

当时新加坡到处是贫民窟，脏乱不堪。据统计，1959年人民行动党上台执政时，在这个有158万人口的城市国家中，市区居民有84%的家庭是住在店铺和简陋的木屋区，其中40%的人住在贫民窟和窝棚内，情况十分恶劣，只有9%的人住在比较像样的公共住宅内。[①] 因此，如何迅速地建造廉价住宅，使人民"安居乐业"，也是政府所面临的一大问题。第四，由于动乱和社会的无序，导致秘密会社、卖淫业、黄色文化泛滥，社会问题严重。

二 政治和社会改革

面对这种严峻的形势，人民行动党政府采取了一系列措施：

（一）改革和整顿行政体制

整顿行政体制包括对公务员的改造和机构改革。当时的公务员大都是在英国统治下受聘的，而且大都是受英语教育，对殖民当局有着一定的感情，也存在殖民官僚的"殖民心态"，对下层人民缺乏感情，对人民行动党也有抵触情绪。为此，政府成立了政治研究所，这是一个培训机构。让公务员在那里通过学习"了解动摇英国政治力量的原因"，增加对下层人民的感情。当时人民行动党政府考虑到，殖民当局留下的这支公务员队伍是非常训练有素和专业化的，是一笔宝贵财富，因此没有像一些国家那样在民族运动胜利后把公务员的主体全部换掉，而是把他们保留下来，只进行必要的改造。对这支队伍的改造主要是进行思想感情的改造，使他们从效忠于殖民当局转为效忠于民族国家，从为殖民国家服务转向为民族国家服务。

当时政府采取的改造公务员的"殖民心态"的主要措施有：一是经常组织公务员参加公共服务活动，如清扫垃圾，参加公共工程劳动，增加与下层人民群众的联系等，使他们感到自己是人民的一员，是这个新国家的一员。二是吸收受华语教育的中学、大学毕业生进入公务员队伍，以增加说华语与说英语的人士之间的交流，互相学习，进而改变公务员的情感。殖民当局在战后初期和第一届自治政府时期，也都表示要吸收

[①] 马志刚等：《新加坡的社会管理》，群众出版社1993年版，第98页。

受华语教育者进入公务员队伍，但它们多停留在口头上，实际很少有受华语教育者被吸收进去，人民行动党看到了这一问题的重要性，因而比较多地吸收了一批受华语教育者。

同时，政府还对公务员队伍进行了纪律整顿和机构调整。由于社会、政治的动荡以及权力交接，公务员人心涣散，行政运转松散无序，工作效率大为降低。对此，政府不得不进行整顿，严格纪律，做到赏罚分明。其中还包括辞退少数懒散人员，及早让身体虚弱和不能适应工作的年龄较大者退休，使公务员队伍变得精干而有朝气。同时，政府还根据新的需要进行了行政机构的重组，重新划分了各部，尤其是为了推动社会经济的发展，设立了一些法定局，这是一种非常设的负责实施专项任务的半政府性半独立的行政机构，它独立核算，又受到政府的帮助，既具有灵活性，又因受成本和市场的制约而机构精炼，因此日后发挥了很好的作用。法定局的设立和运转在一定意义上体现了人民行动党的市场导向原则，这在当时新独立的民族主义国家中是非常难能可贵的。

行政体制的整顿与改革，使公务员的精神风貌焕然一新，提高了工作效率，为落实人民行动党的竞选诺言，缓解危机局面，推动社会经济的发展奠定了基础。这一时期改革的不足是降低了公务员的待遇，随着经济的恢复和机会的增多，一些有才能的公务员逐渐离职，而且一些新人也不愿加入公共行政系统，到20世纪60年代中后期已经削弱了公务员队伍的素质，使政府不得不再提高公务员的待遇。

（二）坚持对外开放，吸引外资，发展新兴的和民族的工业

对于刚刚摆脱殖民统治、面对百废待兴局面的民族政府来说，发展经济是头等大事，这是不言而喻的，也是各国民族政府的共同选择。但是采取何种方式和何种政策来发展经济却是大相径庭的。对于大多数民族主义政权来说，由于它们在民族运动中是以暴力斗争的形式与殖民当局斗争并取得胜利的，加之某些意识形态上的原因，因而在取得政权后采取了一种完全摒弃与西方打交道的政策，不但在政治上如此，在经济上也是如此。这是它们在当代史上与世界现代化进程失之交臂，经济发展延缓了三四十年的根本原因。然而正如少数东亚国家的政府一样，人民行动党政府紧紧抓住了这个机遇，而且它做的尤为突出。它从一开始

就推行了全方位的对外开放政策，为了与世界经济接轨，政府的领导人明确表示社会主义不适于货物集散地的新加坡，要实行市场经济，尽管人民行动党一直鼓吹民主社会主义的建国纲领。这一方针的实施，使本来在人民行动党上台后开始悄悄撤走资本的外国投资者又回到了新加坡。

1959年年初，人民行动党政府刚刚组建就颁布了第一、第二号法令，即《新兴工业（减轻所得税）法令》和《工业扩展（减轻所得税）法令》，前者规定凡属促进国家工业发展，或国家尚未开发的新兴工业所用的原料，一律免征进口税，后者规定凡投资已获国家批准的现有企业，可按所投资本之多少累进计算所免税收。也就是说所投资本越多，相对减税就越多。这两项法令对吸引外资起了重要作用，此后，外资流入加快。政府为什么急于采取这两项措施呢？被称为新加坡"工业之父"的吴庆瑞对此作了回答："我们继承下来的殖民地经济造就了熟悉贸易、海运和金融的商人，但缺乏制造业人才。我们懂得，发展制造业可以吸收大量的失业工人。可是由于缺乏众多富有制造业经验的两人，很多困难无法解决，唯一的办法是吸引外资……"这就是说，政府十分明确地决定采用吸引外资的方式来解决工人失业和经济发展问题。

接着，政府着手制定经济发展的远景规划。为了使远景规划具有国际先进水平，政府特别邀请了联合国工业调查团来新加坡实地考察，并为新加坡起草了第一个工业化计划。为实施这项计划，政府于1961年专门设立了经济发展局。负责具体贯彻执行：为了解决资金来源，李光耀与国家发展部长王永元、财政部长吴庆瑞先是商定由政府发行一亿元政府公款；同时还以贷款和参股形式面向社会和国外筹集资本。

20世纪60年代新加坡在制造业方面主要是发展劳动密集型、低技能、低投资的中小型企业，如食品加工、服装加工、木材加工和半导体装配等，这类企业需要的投资少，因此很快就如雨后春笋般地发展起来，从而很快就缓解失业和贫穷问题，也使大批劳动力得到了初步的技能训练。在工业发展初期，新加坡没有像一些发展中国家那样根据某种理论或意识形态采取优先发展重工业的方针，这使它受益匪浅，因为新加坡既不具备发展重工业的技术，也没有资金和训练有素的工人，而且发展加工业使它很快回笼了资金，继续按照经济规律追加资本，使经济始终在有利可图的轨道上运行，按照市场规律运行。这在当时也是难能可贵的。

20世纪五六十年代绝大多数新独立的国家中，第一个牺牲品就是外国商人，而这种情况在新加坡没有发生。在进行了短时间的观望和踌躇之后，欧洲的商业很自然地进入了新加坡的政治和经济版图。我们可以对新加坡政府采取这一开放政策的原因进行一番简单的概括。一是新加坡是一个受过100多年商业文化熏陶的开放性社会，其领导人又大都是从西方留学归来，对西方的情况了解得很清楚，认识到实行闭关锁国政策对国家没有好处；二是新加坡是一个转口贸易港，断绝了与外国的联系等于自绝生路；三是民族独立是以和平方式完成的，与殖民主义没有十分强烈的民族仇恨，加之人民行动党面临的局势也需要英国的帮助。

在20世纪60年代的大部分时间里，政府主导思想是发展民族工业。但它并非采取那种闭关锁国和"自力更生"的政策，而是推行对外开放，吸引外资和利用经济杠杆来保护民族工业的政策。它并非要在所有的经济领域都达到自给自足，而是着重发展那些新兴工业，并且结合自己的国情，发展新兴工业中的劳动密集型的工业产品。

（三）教育、文化和社会治安的整顿与发展

在教育方面，政府给予了高度的重视。面对当时小学生入学难的问题，在执政的第一年，在财政十分困难的情况下，就大幅度增加教育经费，拨款达6300万元，占当年财政预算的24%，积极新建和扩建校舍。到1962年新学年开始，小学入学人数达到5.7万名，这个数字与6年前出生（包括移民）的人数相等，说明在小学阶段已达到百分之百的入学率。1963年教育经费为1亿元，占财政开支的25%。[1] 从教育投入来看，政府已尽了最大的努力。当时其领导人就多次表示，教育是经济发展的基础，只有把教育搞上去。培养出第一流的人才，国民经济才有根本的依托。政府在教育方面卓有远见的投资和雄心勃勃的扩展计划，为提高整个国民素质和经济发展打下了基础。

人民行动党执政后，面对严重的色情、吸毒和私会党猖獗的情况，

---

[1] 新加坡联合早报编：《李光耀40年政论选》，现代出版社1994年版，第435—436页。

采取了一系列果断措施。首先是发动了一次反黄色文化的运动,封闭了一些妓院、有自动电唱机的娱乐场所和弹子房。严禁跳脱衣舞,并逮捕了数以百计的私会党徒,净化了社会空气。与此同时,政府投资发展高品位文化,当时李光耀与文化部长拉惹勒南商定,由政府投资设立国家剧院基金,以繁荣文艺事业。政府采取的这一系列措施为日后建立一个文明健康的文化社会打下了基础。

推行"居者有其屋"政策 面对当时十分严重的住房危机,政府认识到这已经不仅仅是一个生活问题,而且已经成为一个政治和社会问题,不解决这个问题,就很可能引起社会骚动和经济崩溃,因此政府对此高度重视。同时,政府认为单单依靠市场手段来解决会是一个比较缓慢的过程,这不利于社会的稳定,也难以很快实现竞选诺言,取得民心,因而政府决定在这个问题上有所作为,筹措资金建造大量的廉价公共组屋。

1960年2月政府设立了建屋发展局,统筹公共组屋建设事宜。建屋发展局也是法定机构,运作比较灵活。该局成立后,协助政府制定了一系列的政策、法规和计划,积极发展住房事业。建屋发展局的经验有两条非常值得重视,一是全力推行购买政策。它规定,上至部长,下至普通职工。除经济上十分困难的以外,一律必须按计划购房,解决自己的居住问题。当然售房是采取薄利多销和分期付款的原则,使平民百姓都能够买得起房。二是最初的建房资金虽然是由政府提供的,但政府提供的贷款是通过银行提供的低息贷款。这样就迫使建屋发展局必须进行成本核算,以便每6个月偿还一次贷款本息。这就是说,建屋发展局虽然是半政府性的法定机构,垄断了公共组屋的建造,并得到政府的优惠,但是它仍然必须是自行决策、自主经营、自负盈亏,这种以价值规律来支配公共组屋发展的方法,能够及时收回资金,再行投资。从而建立起一种良性循环的机制,使住房建设有充足的后劲。最终解决所有人的住房问题。这就是新加坡为什么比很多采取完全由政府包下公职人员住房政策的国家更快地解决了住房问题的原因。

除以上几方面以外,人民行动党在执政初期还在许多方面都有所动作,如在统一工人运动,打击左翼力量以及计划生育等方面,都取得了很大的成效,由于本书在其他章节对此有专门论述,这里不再展开。人民行动党政府在执政初期采取的改革措施涉及政治、经济、社会和文化各个方面，范围非常广泛，似乎难以做出全面的评价，但从发展的角度来审视，有两个最重要的特点应该引起重视。一是它的务实性，即非意识形态性。除了某些政治措施是为了巩固权力和社会稳定外，它采取的主要改革措施都是社会经济发展方面的，这与当时很多发展中国家仍然高举反帝反殖大旗或高唱"主义"之高调是有很大不同的。这使它抓住了发展的机会。二是它的市场原则。在采取何种方式发展的问题上，它选择了市场，而不是什么"主义"。历史早已表明，发展经济必须首先尊重市场原则，但是很多国家的政府由于受到各种"主义"的束缚，当时并没有认识到这个问题。新加坡人民行动党的领袖们虽然在当时还没有放弃民主社会主义的理论，但是他们更重视现实，能够从新加坡的现实出发，从而选择了市场原则，这是其领导层具有现代性的表现。

第二节　人民行动党政府与社会主义阵线的斗争

人民行动党与社会主义阵线的斗争是20世纪60年代前半期新加坡政治变迁的主流。人民行动党在1959年大选获胜后，一些为竞选而建立起来的政党自行解散了，剩下的或无所作为，或失去了吸引力。相反，人民行动党迅速地壮大起来，成为全国和人们注视的政治中心，一时间，似乎一党为主的政治局面就要形成了，然而事情并非如此简单。

一　派系分化与权力角逐

正如前述，人民行动党之所以迅速发展壮大起来，在大选中获胜，是由于左翼资产阶级知识分子和工人运动的结合。它使人民行动党得到了广大下层工人群众的支持，扩大了自己的群众基础。另一方面、也使激进的工人运动披上了合法的外衣、获得了成熟的领导。这两段力量反映到人民行动党内，就是温和派和激进派。当时，除了策略上的原因外，它们合作的基础主要是反对殖民主义的统治。人民行动党上台后，反殖任务基本完成了，它们合作的基础也就消失了。在建国方略上，它们之间的分歧很大。温和派代表资产阶级的利益，主张建立以市场经济为基础的、阶级调和的资本主义制度。激进派主张建立斯大林模式的社会主义制度。两派都很清楚它们之间的分歧，是两股不同性质的力量。李光耀曾把温和派与激进派的联合比喻为"骑在老虎背上"。

温和派与激进派的斗争最初表现为党内的权力之争。1957年激进派在中央执行委员会中一度占了上风，迫使李光耀、杜进才等人辞职，只是由于殖民当局和林有福政府的逮捕才使李光耀等人恢复了职务。当时，由于面临民族斗争的任务，两派都还不愿分道扬镳。人民行动党上台以后，控制领导，的温和派给刚从狱中释放出来的林清祥等人安排了较低的职务，林清祥只是部长政治秘书，这显然与林的声望极不相符。这说明温和派不想与激进派分享权力，因此，党内斗争又趋激化。

1960年6月，在人民行动党上台执政一周年之际，党的中央执行委员会委员，党的国会议员和各支部的执行委员召开了一次联席会议，目的是总结党一年来的工作和教训。会上，芳林支部提出了"16点议案"，主要内容是指责党内缺乏民主，党的路线越来越右倾。由于芳林支部的主席是党中央执行委员会的司库、国家发展部长王永元，因此这可以被看作是直接向党的最高领导挑战。之所以说王永元提出党内缺乏民主这个问题是向党的最高领导挑战，是因为按照党的干部制度，党员要经过一个时期的考验。由中央挑选其中忠诚的和有才能的党员担任干部。只有干部才有选举中央执行委员会的权利，这就意味着绝大多数党员对党的重大事务没有发言权，久而久之，甚至中央执行委员也要由李光耀等核心人物来定。因此，该党一直被认为是缺乏党内民主的，王永元本人也是这个制度的创立者之一，现在他又反过来指责这个制度不民主，显然是醉翁之意不在酒。

党的司库是仅次于秘书长和党主席的职位，王永元从1954年之后一直就任这个职务，因此很有实力。尤其是1957年后他还当选为新加坡市长，一度声名大震，当时被看作是党内地位仅次于李光耀的第二号人物。过去王永元被认为是温和派，也有人认为他是一个中间派。那么，他为什么要挑起这一争端呢？据分析，人民行动党执政以后，李光耀与王永元之间发生了权力之争。王永元任市长之后，其声名不在李光耀之下，因此对于只得到国家发展部长这个职位感到很失望。这个职位比起从前他当市长的时候较少受人注意了。他感到这是李光耀在排挤他。在某些左翼分子看来，两人之间的矛盾导致了李光耀决定顺从左翼分子的意见，污蔑王永元排斥受英语教育者，要他对受英语教育者包括公务员对抗人民行动党政府负责。这表现在人民行动党削减公务员薪金的政策受到了公务员的强烈反对。王是司库，自然被认为是罪魁祸首，但实际上这是不公平的。

从1960年6月20日的会议记录来看，关于王永元的"反党活动问题似乎是在这次会议以前就通过了。"李光耀等人已经决定要对王采取措施。而在王永元方面，也认识到一次激烈的冲突已不可避免，迫在眉睫，因此决定先发制人。为了把这一权力之争装扮成原则之争，就通过支部的形式提出了"16点议案"。其实，没有这个提案，李光耀等人也会对他采取行动的。党中央的领导人在大会上宣布的王的错误是，在担任市长和国家发展部长期间不称职，在党内和国家发展部搞独立王国，中伤同僚。

王永元没有得到反对派的多大的支持，他在"16点议案"提出要求释放在1959年6月3日以前在内部治安条例下被捕的左翼人士，要求重新举行宪制谈判以争取更大的独立而不是自治，在很大程度上是为了争取左翼领导人的支持，然而这并没有取得成功。左翼人士认为他是一个机会主义者，不可靠。一位左翼工会领袖当时曾发表过这样的意见：如果林清祥与李光耀发生了这样的私人冲突，甚至如果林清祥提出了这"16点议案"。林可能得到较大的支持。而李可能被驱逐出境。因此，激进派领袖不想在王的问题上与温和派决裂。林清祥、方水双和伍德哈尔签署了一项联合声明，宣布支持人民行动党的基本政策，与王断绝关系。左翼力量没有支持王永元，主要是出于策略上的考虑，他们认为时机还不成熟。

王永元并不是处于完全孤立的地位，在群众中他有很多支持者。1960年6月12日，大约有一万名支持者挤满了当时经常举行大会的羽毛球广场，举行集会，表示对王的支持。王永元在大会上发表了题为"怎样同殖民主义作斗争"的演讲，他说，"眼前的这场斗争是维护殖民势力与反殖民势力的人之间的斗争。这也是人民行动党统治集团同几千名党员之间在意识形态上的一场斗争。"这说明王永元是以左翼形象来吸引群众，并获得了成功，但是，群众的支持并没有起多大的作用。因这次冲突而退党的人不足200人。

在人民行动党的上层王永元也没有获得支持。在人民行动党的42名国会议员中，只有两人站在王永元一边。党主席杜进才在这次会议上宣布："我不想谈论这些提案的功过，目前的问题是党的集体领导受到了挑战。"最后，党的联席会议一致做出决议，以"图谋瓦解党的团结和破坏党的集体领导"的罪名支持中央执行委员会将王开除出党，解除其国家发展部长和中央执行委员会委员的职务。接着，王自动退出了议会，按照宪法，举行了一次补缺选举，王永元以他新成立的人民统一党的名义参加了选举，结果以7747票大胜人民行动党的候选人易润堂，重新当选为国会议员。这虽然可以说明王永元在群众中有广泛的影响，但没有上层派系的支持他也很难发挥重要作用了。

与王永元的斗争可以说是温和派与激进派争夺权力的前奏，温和派先在自己的阵营中清除不安分子，巩固内部的团结，然后再与激进派摊牌。

二 建国方略上的分歧与派系矛盾的深化

1961年的新加坡，政治局面非常混乱。激进分子与左翼工会都在积蓄力量，准备有朝一日夺取政权，建立一个社会主义国家；中间派则态度暧昧，与人民行动党离心离德，左右摇摆不定，削弱了中央的权力；温和派则急需扩大自己的统治，以实现竞选诺言。看来，无论是哪一派都不甘心自己的处境，不会允许这种局面延续下去了。

人民行动党上台以来，把持权力的温和派为了压制左翼分子，巩固自己的权力，推行的政策越来越向右转；迟迟不肯释放那些被林有福政府关押的政治犯；公民法案的修订剥夺了某些左翼领袖的公民权；人民行动党没有对华语教育者更为重视，使其中一些幻想在反殖斗争取得胜利后改变地位的人失望；党对左翼工会的重视程度减少了，不想再依赖它，这就使左翼力量的地位受到了挑战；温和派甚至成立了由自己控制的"全国职工总会"来分化工人运动,从根本上削弱左翼工会和左翼力量。这一切都引起了激进派的十分不满,越发感到不进行反击就会威胁到自己的生存了。

权力之争很难摆到桌面上来,在其斗争的初期它的体现往往是政策之争。当时与马来亚合并问题是一个重大问题,因此对方首先围绕着这个问题展开了争论,新加坡与马来亚合并本来是党的既定政策,在1954年党的成立宣言中就有与马来亚合并的内容,当时主要是考虑到新加坡市场狭小,又无原料,建立独立国家难以生存。人民行动党执政以后,这个问题被重新提到议事日程上来了。但马来亚考虑到新加坡的左翼力量很大,而且华人很多,合并后将使华人与马来人的数量基本持平,不利于马来人的统治,所以迟迟不愿意合并。当时合并对新加坡的政治影响是,合并意味着马来亚的右翼政权会对新加坡的左翼势力进行镇压,从而巩固温和派的力量,因此,温和派对合并持积极态度,激进派则持相反的态度;因此,现在是否合并,首先是一个政治问题,从经济上考虑则不是那么迫切。

在芳林补选中输给王永元后;温和派决定借机使人民行动党退出议会,以造成右翼可能夺权的局面,迫使马来亚政府同意合并,以镇压左翼力量。在党的纪念刊上,温和派强调"新加坡的独立必须使它确实成为一个较大的、有生存能力的国家单位的一部分";因而"马来亚联合邦与新加坡的合并,从历史观点来说,是不可避免的。"从而公开提出了挑战。温和派退出议会的举动,使马来亚政府面临着两种选择:或者赞成合并,这样可以支持温和派继续掌权;或者不予理睬,这样可能使政权转入激进派之手,这是右翼的马来亚政府所不愿意看到的,这样一来,新加坡就可能会成为共产党的活动基地。激进派则强烈反对人民行动党退出议会,他们不仅担心合并,而且还担心温和派的退出会导致右派力量在新加坡上台,这对他们就更加不利。同时,激进派要求废除内部安全委员会,这会使在这个委员会中占有1/3席位的马来亚丧失对新加坡治安的发言权。面对这种情况,马来亚总理拉赫曼终于在1961年5月27日对这个问题做出了回应,他发表了如下的谈话:"她(马来亚)迟早总要与英国取得谅解并与新加坡、北婆罗洲、文莱及沙捞越的人民取得谅解。我认为要完成这种较为密切的谅解还为时过早,但我们对这一目标必须向前看,并想出办法使这些地区能在政治和经济上紧密合作,这个趋势是不可避免的。"① 这就使合并成为可能。在这种情况下,温和派更加积极地推动合并进程。

至此,双方的斗争公开化了。激进派不得不做出反应。1961年6月2日,被称为"六巨头"的六位著名的左翼工会领袖发表了一项声明,除为了不使温和派抓住把柄而例行表示支持人民行动党外,特别提出要在继续反对殖民主义和改善人民生活的基础上实现人民行动党与左派的团结。这显然是要求温和派采取更左的路线。声明最后提出,"由于不可能在平等的条件下与马来亚联合邦实现真正的合并。人民行动党应该团结人民,为实现真正的内部自治而奋斗。"② 明确表示反对合并。温和派对这一挑战立即做出了回应,6月9日,党主席杜进才宣布,党的目标就是通过合并而谋求完全独立。他的声明得到了由人民行动党控制的全国职工总会的一些领导人的支持,他们纷纷发表声明表明自己的立场。

激进派毫不示弱,把这场声明战推向了高潮。6月12日,"六巨头"又发表了第二次声明。他们要求人民行动党政府必须立即做到:立即释放所有在押的政治犯,促成工会运动的统一,对于反对殖民主义有过贡献的人赋予公民权,实行出版、言论自由。在6月20日又发表了第三次声明,强调目前的主要任务仍然是反对殖民主义,因此必须立即撤销内部安全委员会。他们还进一步指出,以往支持人民行动党并不是支持党内的某些人,而是支持党的政策。直到目前为止,人民行动党从未满足过他们的要求。如果他们的要求不能立即得到满足。他们威胁说他们会立即撤销对人民行动党的支持。然而,这时已掌握了国家权力的温和派的态度已经强硬起来。7月11日,著名的工会领袖这时已成为温和派骨干的迪万·奈尔暗示说党的分裂已迫在眉睫。他在第二天举行的安顺区补缺选举竞选的群众大会上攻击"六巨头",并说:"林清祥和他的同伙与人民行动党的基本原则和政策,以及同人民行动党与马来亚合并的基

---

① 冯青莲:《新加坡人民行动党》,上海人民出版社1975年版,第22页。
② 同上书,第24页。

本目标，都有根本性的分歧。他们却利用囚犯问题作为掩护，借以分散公众对这些问题的注意力。"这种公开的指名道姓的批评，说明温和派已经决定与激进派分道扬镳了。

温和派认为左翼激进派要求废除内部安全委员会，然后争取完全独立的策略，势必会削弱自己依靠英国当局和马来亚政府控制局势的能力，这是绝对不能迁就的。因此，合并问题应该立即提到日程上来。据激进派分析，温和派找马来亚政府帮忙，目的是使它们能够"在新加坡扫荡左翼势力，以免人民行动党领导在下次大选中被左翼击败。"此外，激进派也认为，现在是与温和派分裂的比较好的时机，因为人民行动党执政后，很多人都盼望会很快繁荣起来，得到更多的工资，减少工作时间，但这些都没有得到满足，因此，他们感到对人民行动党不满的情绪比比皆是。这样看来，两派都认为组织上的分裂是不可避免的了。有一点应该指出的是，赞成合并，人民行动党对群众的解释是要解决经济发展问题，而不是扫除左翼势力，因此，政治问题被掩盖起来，突出了经济和生存问题，这就比较能赢得人心。而反对合并、激进派的解释是继续反对殖民主义，争取独立和自由的问题，它解释说，只有彻底摆脱英国和马来亚的干扰，才是真正的独立，才能有自由。这显然是突出了政治问题。当时，人民的反殖情绪依然存在，但已经不如从前那样高涨了，因为他们看到主要的政治权力已经掌握在人民行动党手中。他们更关心的是生活问题。

在迪万·奈尔7月11日的讲话后，有8位人民行动党的国会议员表示反对他的观点，宣布支持"六巨头"所提出的要求，并要求尽快召开51个支部的执行委员会议，以便讨论和检查人民行动党的任务和政治形势，第二天，李光耀开除了他们的党籍。接着，在安顺区补缺选举的群众大会上前首席部长戴维·马歇尔提出了完全独立、撤销内部安全委员会和拆除英国海军基地的主张。激进派乘机对此大加宣传和支持，一时影响较大。加之人民行动党内部开始混乱，因此他击败了人民行动党的候选人、公共汽车工会主席阿旺，以微弱多数票当选为议员。接着他向李光耀及其内阁发难，攻击其政策，要求内阁辞职；这是在近3个月中的第二次选举失败，温和派感到形势紧迫，于是李光耀于1961年7月11

日要求议会对政府来一次信任投票,并准备随时辞去总理职务。本来温和派与激进派的斗争是人民行动党的党内斗争。应该在党内解决,但李光耀等人却把它交给议会,这是什么原因呢?这是因为激进派在党内的中下层干部和党员中有着广泛的群众基础,大部分支部和党员都支持他们,加上这时党内比较混乱,难以控制,温和派感觉在党内通过大会解决没有把握。他们分析到,虽然议会中有 8 名议员被激进派拉过去了,但大多数本党的议员还是支持温和派的。少数具有右翼倾向的其他党派的议员面临两难选择,或者投票赞成政府,使温和派继续执政,这对自己或许是比较好的选择;或者投票反对政府,使温和派下台,这样做的结果,很可能使激进派上台执政,推行左倾路线,对自己更加不利。面对这一形势,李光耀选择在议会中而不是在党内来向世人表明自己是受大家信任的,是聪明的举措。

议会于 7 月 20 日开会,从晚 8 时一直开到翌日凌晨 3 时 55 分,因为这时的信任问题主要表现在是否应该合并的问题,因此双方围绕着合并问题进行了激烈的辩论,最后进行表决,结果是政府获信任票 27 张,其中人民行动党议员 26 张,新加坡人民联盟议员 1 张;得不信任票 8 张;弃权票 16 张,其中有 13 名人民行动党议员。这样,在全部 51 个议席中支持政府的超过半数;政府可以继续执政。温和派又度过了一个险关。

三 社会主义阵线的建立

在信任投票结束仅几个小时,人民行动党中央执行委员会就做出决定,开除了一批激进派和对党中央不忠分子的党籍,这中间包括林清祥、李绍祖和方水双等左翼领袖以及 13 名议员、4 位部长,另外还有 14 个支部的执行委员被停职反省。这次清党虽然在一定程度上削弱了党的力量,但也纯洁了党的组织,为温和派日后动用政府的力量来解决权力之争奠定了基础。

7 月 26 日,被开除的林清祥等人发起组织了社会主义阵线,李绍祖任主席,林清祥任秘书长;毫无疑问,这是一个左翼政党。也被认为是一个没有打着共产党招牌的共产党组织:社会主义阵线一开始就采取了人民行动党 1959 年以前争取政权的策略,鼓动反对殖民主义的情绪,攻击英国对新加坡的干涉，并极力控制工人运动。集结在林清祥周围的工会领袖们很快组成了新加坡工会联和会。至此，社会主义阵线与人民行动党公开对峙的局面形成，两党之间的斗争成为新加坡政治运作的焦点。

激进派与温和派的分裂以及社会主义阵线的建立使人民行动党一度处于十分混乱的状态，脱党的党员很多。脱党的人可以分为三类：被开除、退党和不交党费任凭党籍失效的人。1961年脱党的人数约占党员总数的84%，达9000余人；同时，在党的全部51个支部中，有35个集体辞职。绝大部分党员和党的基层组织都失散了，可见问题的严重程度；脱党的人数之所以如此之多有以下几个原因：一是赞成社会主义的路线，但这种人并不多；二是左翼人士对某些党员进行威胁；三是有些人认为人民行动党将败在共产党手下，继续留在人民行动党内没有什么前途；四是"相当多的人退党也许仅仅是由于他们感到人民行动党没有实现它的竞选诺言。"很多人对政府的要求过高，他们认为民族政府上台之后在极短的时间内就会解决所有的经济和社会问题。所以，当工资没有增加而生活费继续上涨时。他们有受骗上当的感觉。五是一些人认为党的领导尤其是中央变得越来越专断，不重视来自基层的意见。东陵支部执行委员会在集体辞职时给中央执行委员会的信中就指责中央"脱离群众和实行独裁，把群众的意见和批评当作耳旁风"。从上面五项原因来看，人民行动党内确实存在着各种问题，但导致党内如此混乱的根本的原因恐怕还是人民行动党一直是一个由两个在性质上存在着根本差异集团的联和体，它们的建国路线根本不同，难以调和，而且哪一派也没有真正控制着全党，温和派只是控制着党的上层和少部分的下层。激进派则控制着大多数的下层和少部分的上层，温和派的上层之所以显得更有势力一些，在相当程度上是因为激进派碍于英国当局和马来亚控制的内部安全委员会的作用不敢采取更激烈的行动。

四 人民行动党的重组

党的大部分基层组织和党员的脱党，使党面临着重新组建党组织的任务。为此党的领导人采取了一系列18项措施，以挽救危局。首先于

1961年8月27日召开了全党的代表大会，重新选举了党的中央执行委员会的委员，主要当选人的名单和分工是：

主席：杜进才

副主席：吴庆瑶

秘书长：李光耀

副秘书长：王邦文

财政：易润堂

此外还有拉惹勒南、陈家彦、Y. 穆罕默德、李炯才、贝恩、陈翠嫦等7名委员。从人员构成来看，都是清一色的忠诚的温和派成员，尤其是核心领导李光耀、杜进才和吴庆瑞更是深交，在英国留学时就是志同道合。

接着，党的中央委员和组织秘书遍访各个支部，发展新党员，并劝说自然脱党的党员重新入党。1962年有730人入党。同时，由于缺乏基层领导，中央指派剩下的本党的26名国会议员兼任各自选区党的支部的主席。从此以后，所有人民行动党的议员在各自选区的支部里不是主席就是顾问，掌握着支部的实权。这种制度一直延续到现在。人民行动党采取的这一系列组织措施基本上使党稳定下来并有所恢复。留下来的党员都是对党比较忠诚的，因此，虽然党员的人数减少了，但更加一致了，这有利于党内的团结，更有利于贯彻党的路线。

在议会中，社会主义阵线成立后，同人民行动党展开了激烈的夺权斗争。这时，社会主义阵线声势浩大，有众多的支持者。在议会中，他们是最大的反对派，有14名议员，仅次于人民行动党，因而要求人民行动党下台，重新举行选举。这时，正值人民行动党的一名议员艾哈德·本·易卜拉欣去世，使它的议员减至25名，不够半数，不能执政了，在这关键时刻，林有福的新加坡人民联盟的一名议员表示支持人民行动党，才使它得以继续执政。即使如此，刚够半数的议员，其合法性也仍然不够理直气壮。但人民行动党中央研究的结果是，如果在现在形势下举行大选，对人民行动党可能是不利的，究竟能得到多少选票没有把握。原因是显而易见的,"从1954年起直到1961年,人民行动党的干部是工会会员和华语中学里的学生领袖。正是这些扎根在群众中并且受华语教育的人或文盲,在1959年破天荒第一次构成了选民的多数。正是这些怀有中国信仰(或东方传统)的人,使选举免于失败"。1951年以前,这些人是人民行动党的基本群众,之所以能够如此,就是因为激进派的存在和人民行动党采取了较左的路线。在社会主义阵线与人民行动党分裂之后,这些人在感情上显然是倾向于前者的,他们不再是人民行动党的支持者了。于是,李光耀等人决定暂时不进行大选,待在宣传合并过程中争取到群众,党的基础得到巩固后再进行选举。对人民行动党来说,这无疑是一个正确的决策。

在工人运动中,社会主义阵线也与人民行动党展开了激烈的争夺。这时,原新加坡职工总会的权力机构——执行秘书处——分裂成两派,多数派是林清祥的支持者。1961年7月间就是他们中43名著名的左翼工会领袖公开表明支持林,谴责人民行动党的领导人以"通过合并而取得独立"的口号来取代反对殖民主义,是一种新殖民主义。亲人民行动党的一派是以迪万·奈尔领导的,这一派的势力较小,控制不了该工会。于是人民行动党决定解散"新加坡职工总会",成立"全国职工总会",以仄·阿旺和迪万·奈尔为领导。而社会主义阵线的支持者则另组建了"新加坡工会联合会"。这就使工人运动分裂成两大派系。前者控制的工人人数较少,但有政府的支持;后者虽然人数较多,但后台不硬。

五 在与马来亚合并问题上的斗争及其政治后果

人民行动党与社会主义阵线之间的斗争最终要在合并过程中一见高低。是否合并,关系到这两种政治势力力量的消长,因此成了它们为之全力角逐,企图一见高低的政治砝码。出于对人民行动党的分裂和新加坡政治形势变化的担心,拉赫曼亲王的态度日益坚定,1961年8月24日他与李光耀联和发表了一项声明,表示在合并问题上双方已经达成初步的协议。对此,社会主义阵线攻击这是"虚假的合并",是不平等的,是以马来亚的新殖民主义取代英国的老殖民主义的协议。此时。双方在议会内外的宣传攻势和争夺进一步升级。人民行动党政府一方面加紧推进合并进程，一方面动手开发裕廊工业区。按照规划，裕廊工业区将成为未来新加坡的经济命脉。开发该工业区，不但从长远发展来说对新加坡十分有利。而且从眼前来说，也颇有战略眼光，因为它的开发，可以吸收大量的失业工人，以增加人民行动党的政治资本，政府认识到，如果有众多的工人失业，找不到工作，流离失所，势必被反对派拉过去闹事。这样，斗争就不仅仅是议会里的辩论和斗争，而且会导致社会的动荡和冲突。这样一来，政府的一切改革和努力都会毁于一旦，从而在根本上瓦解了人民行动党的统治基础。因此，1962年元旦一到，李光耀总理、杜进才副总理等人到裕廊工业区考察、当场确定了一些鼓励投资的优惠政策，以加快该工业区的开发。

党内的形势和社会形势稍有稳定以后，人民行动党又加紧了政治斗争。1962年7月6日它在议会中提议并以26票（其中一票为新加坡人民联盟议员投的）对18票战胜了社会主义阵线等反对派，通过了就合并问题进行全民公决的议案。全民公决定于9月1日举行。在这一个多月的时间里，两派都发动了无孔不入的宣传战，其热烈程度，不亚于一场大选战。使其成为一次"生气勃勃和热火朝天的普选运动。"李光耀跑遍了51个选区，所到之处都要发表演讲，宣传人民行动党的意图，为党拉选票。他还利用担任总理的方便在广播电台发表了一系列的讲话。社会主义阵线也是竭尽全力，深入群众进行宣传。但是在利用传媒方面，它显得不如人民行动党那么有力，大多数报刊特别是英文报刊倾向于人民行动党，左倾报刊的影响要小得多。

在举行全民投票的准备阶段，有两个因素对社会主义阵线不利。一个是社会主义阵线在策略上的失误。当时议会通过的议案有三个合并方案供人民选择：

1. 按照1961年第33号指令发布的宪制方案给新加坡劳动和教育方面的自治权。

2. 按照马来亚联邦宪法条文，新加坡作为一个州完全地无条件地加入马来亚，其体制与另外11个州完全相同。

3. 加入马来西亚，其地位与婆罗洲地区同样优越。

第一种方案是人民行动党的主张。按照人民行动党的设想，这既可以使它利用马来亚的保安力量除掉社会主义阵线，又可以解决市场和经济问题；同时，保留教育和劳动权利不但使马来亚政府能够接受，而对于人民行动党来说，这也不是不重要的。教育在保持语言平衡方面起着关键作用，否则新加坡可能由于马来亚政府的偏见而大力推行马来语，其后果不堪设想。劳动权实际上是对工会和工人的控制。失去了工会的支持，人民行动党就如空中楼阁，随时都有垮台的危险。至于行政权，即使合并，也是由州政府行使的。第二种方案是社会主义阵线一度坚持的，这正是它策略上的失误。社会主义阵线是一直反对合并的，但感到仅以反对殖民主义向人民作出解释似乎不那么具有说服力，因此在1961年9月间曾一度提出完全合并，使新加坡被马来亚吞并，完全置于马来亚的控制之下，这实际上是想借此激起人民对合并的反感，使人民更看清合并的害处。因此，这既不是长久之计。实际上也没有起到多大的作用，所以很快就放弃了。但人民行动党却抓住了这一点，在议会中强行通过把这一提案付诸表决，说它是社会主义阵线的主张，实际上压制了社会主义阵线的真正主张，别有用心的拿这个方案作一个陪衬，表示自己的公平。第三种方案是新加坡人民联盟的主张。这一主张使新加坡具有较大的独立性，但可能因此而不能获得马来亚的市场优惠，加之该党在议会中只有4席，与星巫人协会合作也只有7席，而且它也缺乏深厚的群众基础，因此这一方案对群众的吸引力不大。

第二个不利因素是议会议案规定的在具体操作中的不公平之处。由于议会通过的议案规定只能在这三个议案中选择一个，如果不在这三个方案中间进行选择，而投空白票（即实际是表示反对），那么选举委员会可以随意计算这些选票。实际上，有很多人是不赞成合并的，但由于没有反对票可投，只好投弃权票，以示反对，但这种空白弃权票如何被政府来计算，就是另一回事了。1962年7月，人民行动党中央执行委员、国会议员何佩珠夫人辞职，据她说，辞职的原因是人民行动党可以在公民投票中随意计算空白选票，选举不公平。另外，人民行动党的决策是由少数人做出的，不征求她的意见，从这一点来看，这次公民投票确实有问题。

公民投票于1962年9月1日举行，在62.4万名选民中，有561599

人即 90% 的选民参加了投票，其中 397626 人即 71% 赞成第一种方案，9412 人即 1.7% 赞成第二种方案，7911 票即 1.4% 赞成第三种方案，147077 人即 25% 的选民投了弃权票。弃权可以被政府看成是赞成合并，政府解释说这说明投票者让政府随意计算。但这个数字是否真实，是值得怀疑的。选举后，人民行动党公开表示投票结果证明"新加坡人民是严肃地支持与马来西亚合并的"。李光耀称公民投票是一种民主的尝试，并取得了成功。但党的领导人私下曾表示，这次公民投票"可能并不完全公正"。社会主义阵线指责这次公民投票是一个"骗局"，"整个公民投票的实质是人民既必须接受合并，又必须接受第一种方案所规定的条件"。

无论在这次选举中是否有不公正的因素，普通群众不得而知，对历史进程有重要影响的是，人民行动党政府从这次公民投票中使自己的合并路线获得了承认，这不仅强化了当时还不够稳定的权威，而且直接为动用强制手段对付社会主义阵线提供了合法性依据。但是，无论如何，这两大政党之间的竞争对于站在社会主义阵线一方的广大的工人激进力量和人民行动党的领导层都有深刻的影响。在这一过程中，广大群众至少部分地接受了领导层的现代化目标，而领导层也不得不部分地接受或考虑到下层群众的传统的价值准则。

六　围绕 1963 年大选而展开的权力争夺

1963 年是新加坡的大选年，围绕大选，人民行动党和社会主义阵线继续进行它们的还未见分晓的政治斗争。这实际也是它们在合并问题上的斗争的深入。对于人民行动党来说，要借在合并问题上取得胜利的东风，最终击败社会主义阵线，以便独占国家权力。对于社会主义阵线来说，面对人民行动党咄咄逼人的攻势，势必全力以赴，通过这次大选在议会中站稳脚跟，与人民行动党分享权力，以达到日后取而代之的目的。从当时的形势来看，虽然由于人民行动党掌握着国家权力而占有一定的优势，但国内局势并非对它十分有利。对于普通群众来说，在合并问题上的选择在很大程度上是优先进行经济发展还是优先选择政治制度的问题，他们当然更关心自己的生存问题。而且还有计票上的问题。而这一次是选择什么样的发展道路问题,都是面对经济发展问题,两者在同一问题上进行竞争。因此,在合并问题上投赞成票并不意味着这一次也会支持人民行动党。人民行动党很清楚,现在与之斗争的这些人,就是1959年它在大选是取得胜利的主要依托力量,是受华语教育者和工会会员。

面对这种形势,人民行动党通过政府提前采取了行动。1963年2月2日凌晨,新加坡警察和联邦特工部的警官们联合采取了突然行动,逮捕了以社会主义阵线领导人和新加坡工会联合会领导人为主的左翼人士111人,其中包括林清祥、方水双等主要领导人,还有一些乡村社会的领袖和南洋大学的学生领袖。李光耀在议会中解释了这次逮捕的原因,他说,林清祥、方水双等人扬言,如果马来西亚建立,就会出现暴力行动和流血事件。"后来发生的事件表明,他们准备利用文莱的马来人并亲自与外国集团勾结,在婆罗洲地区加速武装暴动,以阻止马来西亚的成立。"他还说,由于有了前一次文莱暴动的教训,因此这一次由新加坡、英国和马来亚代表组成的新加坡内部治安委员会决定迅速采取行动。但是,据马来亚政府的调查,前一次文莱暴动是由亲印度尼西亚的游击队策划的,他们与新加坡的左派并没有直接的联系。而且这一次说社会主义阵线要在婆罗洲策划暴动,并无足够的证据。因此,对社会主义阵线采取这种突然逮捕的行动,显然是另有目的。

李光耀在议会的讲话中也能说明一定的问题。他说:"在这种消除共产党阵线组织者的过程中,最危险的一个方面是国家呈现出一种安全的假象。共产党阵线的领导人不在公开场合出现,看不到他们的粗野姿态,他们的强硬声明,他们的罢工和煽动性演说,人们会相信共产党人的威胁墨经消失。我们千万不要骗自己,认为这次人民行动党削除了共产党的威胁。即使是内部治安委员会逮捕了联合阵线的所有其他干部,并且取缔了他们的组织,也只能使问题稍微缩小一些。但基本的威胁依然存在。"[①] 李光耀把左翼力量说成隐蔽的共产党,而共产党自战后以来一直归于非法组织,这显然是为镇压左翼力量制造口实。那么,逮捕左翼力

---

① 亚历克斯·乔西:《李光耀》,上海人民出版社1976年版,第175页。

量领导人到底是因为他们企图组织暴动还是由于他们是隐藏的共产党呢？如果是共产党，为什么在社会主义阵线成立时或1962年不把这些左翼人士逮捕并把这个非法组织解散，而让它存在了一年半之久呢？而如果是由于他们确实要举行暴动而逮捕他们，那何必又要把他们说成是共产党呢！显然是两种证据都不很充足。而且，李光耀还提醒人们共产党并未因为政府的这次行动就已消灭干净，并非如此，仍有大量的共产党人在活动，因为"基本的威胁依然存在"。这是为日后的镇压埋下伏笔，或许这时已经想把采取强制性手段作为一种对付反对派的政策长期坚持下去了。

3月22日，社会主义阵线组织了抗议游行，又有12人被捕。当时国际国内对于人民行动党政府以清除共产党势力、维护国家安全为名，大肆拘捕左翼分子事件，争论很大，赞成者有之，反对者也有。赞成者认为，人民行动党政府的这一行动，是清除共产党势力的有效手段，保证了国家安全和社会安定。过去七八年来，由于共产党势力的煽动和捣乱，把新加坡搞得乌烟瘴气，混乱不堪，如果任其发展下去，加之联合外界，很可能导致共产党夺权。人民行动党以勇猛的气势，断然对共产党下手，根绝后患，实为适时之举。反对者认为，人民行动党之举，未免太无情，手段也太毒辣了。左翼分子寄生人民行动党内，密谋夺权，自是事实。但他们善于组织和宣传群众，使人民行动党在短短几年内由一个小党一跃成为新加坡第一大党，在选举中获胜，功不可没，这也是无可否认的事实。如果说他们篡夺领导权，把他们清除出党，也就足矣，脱党之后，他们另组社会主义阵线，居于反对党的地位，这在民主国家是合理的现象。社会主义阵线采取左翼亲共政策虽是事实，但他们并未公开举起共产党的旗帜，也没有进行武装斗争，而是采取合法斗争的形式。如此就对其大加逮捕，难免使人不怀疑人民行动党是为了保住自己的执政地位而采取非法手段来建立独裁统治。实际上，围绕着这个问题的争论仍然是关于建国方略的争论，是采取何种制度和何种发展战略来实现现代化的问题。因此，对这个问题的评价既要看到它的"合法性"与"非法性"，因为这涉及新加坡是否应该建立民主政治的问题，但又不能仅仅局限于这个只属于"手段"的问题，还应看到在当时的背景下，双方对峙的激烈程度以及政治发展水平使人民行动党很难用民主的手段来解决双方的冲突，要想推进自己的那种市场型和赶超型的发展路线，只能采取比较果断的措施来控制局势，否则可能失去很好的发展机会，甚至失去政权。

在选举的准备阶段，人民行动党的秘书长利用其总理的身份。以"为了保证新加坡政府的工作尽可能保持在高成就的水平"为名依次到51个选区进行调查，然而这次调查的主要目的是为人民行动党拉选票是显而易见的。李每到一处，除了视察工作外，念念不忘宣传党的政策，抨击左翼反对派。在这次选举前的宣传战中，人民行动党已不像它在1955年、1957年和1959年的选举中那样以左的面目出现了，人们已经很自然地把它看成是中间派了，它自己也倾向于这样的评价，这在形势已经不像以前那样具有剧烈的对抗性的情况下对自己是有利的。

人民行动党还有一个有利因素是，现在它在建设和发展方面的努力已经初见成效了。自执政4年多来，它已建成了相当数量的廉价组屋，部分地解决了房荒问题；规模宏大的裕廊工业区的建设已经展开，已经并正在吸收着大量的失业工人；在教育方面高瞻远瞩的投资已经解决了学生的就学问题，中高等学校也收到了政府的投资，教育事业取得了令人瞩目的成就；还有，1959年年初已经空空如也的国库也有了4亿美元的盈余，这对当时的新加坡来说，已经是一个不小的数字了，经济和社会的发展使人民对人民行动党政府树立起了信心，也使很多原来对它持反对态度的受华语教育的下层群众改变了对它的看法。

社会主义阵线和左翼工会的选举策略是在对日索赔问题上大做文章。战争赔偿是战后以来东亚一些国家共同存在的一个问题。战后初期，一方面是日本不具备赔偿能力，另一方面是由于美国的包庇，赔偿问题一直没有彻底解决。但随着日本经济的恢复，这个问题又被重新提起，在新加坡，20世纪60年代这个问题也被提起。最初是由一些与中华总商会有联系的商人提出的。由于这个问题直接涉及人们的民族感情和经济利益，尤其是那些在战争中受到日军侵害的人的利益，所以一经提出，就受到了普遍的关注。在大选来临之际，社会主义阵线考虑到这既是一个可以争取民心的问题，又是一个可以使人民行动党感到为难的问题，因而把这个问题炒得火热。社会主义阵线知道，人民行动党在推进工业化进程中，要与日本进行资金、设备和技术方面的合作，这就势必要与日本保持良好的关系。当时，人民行动党政府已经提出了"向日本学习"的口号，李光耀也在讲话中提倡学习日本工人的劳动精神，因此，如果赔偿问题上逼得太紧，就会影响与日本的关系。这时，人民对这个问题的关心程度已经超过了合并问题，因此，如果社会主义阵线的企图成功，那么预定在9月16日成立的马来西亚联邦就会成为泡影，这就意味着人民行动党的重大挫折，更有甚者，这会直接影响到5天之后举行的大选。

社会主义阵线加紧宣传向日本讨还血债的问题，这使人民行动党感到进退两难：如果袖手旁观，社会主义阵线就会无限扩大问题的范围，激化反日情绪和民族热情，把群众争取过去。人民行动党领导人不会忘记当年他们就是借助这张王牌上台执政的，如果人民行动党要表现出它与人民同呼吸、共命运，参与到这个日益扩大的反日运动中去，就会丧失取得日本帮助的机会，更重要的是，这可能导致一种激进化的战略取代市场化的战略，使经济发展脱离轨道。当然，人民行动党领导人最关心的或许是这样一来他们就成了社会主义阵线的追随者，成为左翼力量和资本家建立的临时联合阵线的牺牲品。而如果明确表示反对向日本讨债，则可能失去群众。

面对日益紧张的局势，人民行动党领导人感到当务之急是把反日斗争的领导权接过来，掌握在自己手中，然后再进行调整。这时，李光耀通过民间的讨还血债委员会发布消息说。政府已决定大力支持这个运动，并做出某些决定。使日本方面看到它必须做出一些赔偿的姿态，才能与新加坡相处。政府政策的这种调整，使民间的反日力量对政府有了好感。然而李光耀等人决不会为了迎合民间的这种情绪走得太远。因为他们很清楚，走得太远会掉入社会主义阵线布下的泥潭。

8月25日，政府举行了群众大会。参加的人数之多反映了群众对这一问题的关心程度，李光耀在会上发表了演说，很策略地引导着群众的情绪，阐述人民行动党的观点。他演说的主要内容如下：

第一，阐述了工业化与日本的关系及政府的对日政策。他说："你们大家都知道我的同行和我都非常强调迅速实现新加坡的工业化。我们的政策是从世界其他各地将专门技术和管理技术引进新加坡,以提高工业比的速度。能引进东南亚的最廉价的专门技术和管理技术都是来自日本。然而在今晚的大会之后,以及在求很公平合理的解决办法之前,同日本人不合作的决议被正式通过以后,将不再为新加坡新的工商企业向日本人发出更多的签证。"①

第二,在日本做出道歉和让步之后,应该发展与日本的经济关系,因为这是一种互利关系。"作为一个讲究实际的民族来说。日本人是会变得明智起来的,会与新加坡、马来亚、北婆罗洲和沙捞越,甚至香港等地人民的代表达成协议。我对此并非不抱希望。现在可由他们来选择,他们是否想要经营有利可图的马来亚工商业……日本必须和我们在马来西亚问题上达成协议,否则就会失去马来西亚的市场——一个在目前和未来都是世界上这一部分最富的市场。"②

第三,向群众解释说人民行动党领袖们与人民的感情是相通的,合并只会对新加坡带来好处。他说:"心平气和地商讨和头脑冷静地考虑并不意味着我的同僚和我对此问题漠不关心。的确,对我们许多人来说,这是一个高度激化了的问题。我的同僚吴庆瑞博士和我的内弟,当时都是星洲义勇军的成员。我的内弟被枪杀了,但是吴博士幸免于死,继续在马来亚历史上发挥他的作用。"李光耀还描述了他是怎样从一辆装着一批被送去处决的人的卡车上死里逃生的。"……现在只须几天,我们就要成为一个自由的民族。我们不打算经常更换主子。对那一切我们受够了。在我们自己的国家里,我们将是自己的主人。我们宁死不要新的主子。我相信,马来西亚人民的团结,联合起来在和平和宽容中共同生存的愿望,自由繁荣的愿望,以及和睦、公平、持久地与邻邦修好,这一切都将保证我们的生存,并防止被敌人占领和再占领的那种恐怖重新出现。欧洲国家对我们的凌辱贬低是够糟的了。落到像日本那样的亚洲征服者手中,那更糟。要是落到东南亚邻国手中,那就糟透了。""当我说到我们已经做够了外国的走卒和玩物时我想我是说出了我们每个人要说的话。

---

① 亚历克斯·乔西:《李光耀》,上海人民出版社1976年版,第183页。
② 同上。

我们有我们自己的意志，我们有依靠自己在和平中生存的权利。那么让我们在马来西亚内部团结起来，并防止悲剧的重演。如果可能的话，就让我们和平地解决第二次世界大战遗留下来的这些问题吧。如果我们必须用其他方式解决的话，就用其他方式解决。"①

李光耀的这次演说，以通俗的语言，从阐述政府的对日态度入手，表明人民行动党与群众的感情是一致的，他还很有感情地叙述了他自己、他的同事和他的亲属在日军占领期间受到的迫害和参加抗日斗争的情况，这就博得了群众的同情。同时他向群众暗示新加坡的工业化需要与日本和世界合作，而且应该也可以用和平手段解决两国之间的遗留问题。最后，它认为这些问题应该在马来西亚联邦内加以解决。李光耀的演说，很有技巧，因而博得了群众的信任。尽管在他演讲时一些左翼分子企图煽起骚乱，并且出现了几次与警察殴斗的事件，但始终没有扩大。看来，群众对政府处理对日关系已经有了信心。

1963年9月16日，马来亚、新加坡和沙捞越等地同时宣布马来西亚成立，新加坡成为马来西亚的一个特别州，接着举行了大规模的庆典活动。9月21日新加坡举行大选，结果是：人民行动党得37个议席，社会主义阵线得13个议席，统一人民党得一席，新加坡人民联盟、其他党派以及独立候选人均未当选。虽然人民行动党所得议席比社会主义阵线多两倍。但它所得到的选票占总选票的46.9%，只比社会主义阵线的33.3%多13.6%，再加上其他因素的影响，尤其是社会主义阵线的主要领导人都还在关押中，不能发挥作用。否则，这真是一场势均力敌的较量。

人民行动党在这次大选中取得的胜利和压倒多数的议席，又为人民行动党政府获得了一次合法性的认可。问题是，这次合法性的获得是与它借助政府权力对反对派进行镇压联系在一起的。它以反对共产党颠覆、维护国家安全为名对以社会主义阵线为首的左翼力量进行镇压，在这种背景下取得选举的胜利，这显然是增强了逮捕的合法性。事实也正是如此，在大选胜利后仅几天。政府又对社会主义阵线进行了一次扫荡，逮

---

① 亚历克斯·乔西：《李光耀》，上海人民出版社1976年版，第185页。

捕了15位骨干分子。

人民行动党在1963年取得的一系列胜利，特别是借助政府权力使镇压合法化，沉重打击了社会主义阵线等左翼力量。尽管它在议会中仍然是第二大党团，但是处于警察监督之下的该党议员们只能发挥一些表面上的作用，不能有实质性的动作，否则随时都有被捕的可能。总之，这个最大的反对党失去了活力，而右翼政党早就没有什么势力。因此，从此至今30多年政治舞台再也没有能与人民行动党匹敌的对手了。这表明，1963年新加坡一党独大的政治体制基本形成。

社会主义阵线失败的原因，虽然与英国和马来亚政府参与的内部治安委员会的镇压不无关系，但更为深刻的原因恐怕还是它的左倾路线在新加坡这样一个商业城市国家中难以得到生活较好的市民的坚定的支持；而且，它的斗争策略也有一定的问题，一般来说，在当时的环境下，坚持左翼路线的组织要想取得斗争的胜利，不宜太公开和太合法化。两相比较，人民行动党更强调生存问题而社会主义阵线更强调民族尊严（反对殖民主义和国家独立），在这个问题上，前者的主张更符合国情，也更实际一些。

第三节　在马来西亚联邦内争夺领导权的斗争

现在看来，新加坡加入马来西亚的两年，只不过是新加坡历史进程中的一个插曲，并不像人民行动党政府所说的那么重要，是与新加坡人生死攸关的问题。但是，人民行动党政府及其各派政治力量在联邦中的政治角逐，是其政治发展的一个重要组成部分，分析这一过程，对于认识人民行动党政府及其政治经济路线是有重要意义的。

一　争夺华人领导权的斗争

新加坡作为仅次于马来民族统一机构的政治力量——加入联邦，就引起了该机构领导人的担心。以往马来亚政府不愿意新加坡加入联邦，就是担心其力量过大和新加坡的华人太多，使马来人在联邦中的优势丧失，从而失去领导权。尽管马来亚总理拉赫曼等人为了不使共产党在新加坡掌权而同意新加坡加入联邦，但新加坡内部的矛盾一旦得到解决，人民行动党政府就会自然成为华人的代表而与马来民族统一机构竞争，而且合并本身就会转移新加坡人的视线，使新加坡内部的矛盾在一定程度上转化为华人与马来人的矛盾，转化为新加坡与马来亚的矛盾和人民行动党与马来民族统一机构的矛盾。因此，拉赫曼等领导人的担心不是没有理由的。具体的表现是：其一，如果新加坡不加入联邦，那么马来人就是多数，占总人口的50%，华人只占37%，马来人既是多数种族，就有把握占据优势地位，而新加坡一旦加入，华人的比例就上升到一半左右，与马来人持平，长此以往，马来人很难保持优势地位。其二，拉赫曼对李光耀等人和人民行动党较为了解，早在英国留学期间他们就有密切交往，知道这些人非等闲之辈。尤其是看到这10年来人民行动党迅速发展壮大，并有效的领导了新加坡的发展，坐稳了江山，更是不敢轻视。因此，虽然表面上频频赞赏，但内心不得不有所防范。新加坡一加入联邦，人民行动党就在槟城、马六甲、吉隆坡和森美兰等重要地区建立支部，从事政治活动，这引起了拉赫曼等人的警惕。他们认为，人民行动党很可能取代原马来亚最大的华人组织、亲马来民族统一机构的马华公会在华人中的领导地位，进而与马来民族统一机构争夺全马来西亚的领导权。这说明，合并刚刚开始，就露出了不愉快的苗头。

　　争夺全马来西亚华人领导权的斗争，可以追溯到联邦成立以前。早在1963年5月，即在联邦成立前4个月，马华公会的领袖T. H. 陈和许开保就到新加坡进行访问，寻求华人对马华公会的支持。这实际上是为在马来西亚成立之后由它掌握马来西亚华人社会的领导权做准备。当时，人民行动党表现得十分恼怒。李光耀说："我的信念是：拉赫曼亲王和阿卜杜勒·拉扎克不单是在今天或下一个月，而是在今后苦干年内将同我们合作。"这句话的意思是说，是由人民行动党及其政府代表全体华人来与马来民族统一机构合作和分享权力，而不是由马华公会来承担这一历史重任。从这时起，这两个组织就表现出为争夺华人社会的领导权而持敌视态度了。

　　人民行动党同马华公会之间的论战由于人民行动党决定参加1964年

的马来西亚大选而越加激烈了。最初，1963年9月9日，李光耀曾宣布人民行动党不参加这次选举。因为"我们要向马来亚华人公会表明，即使人民行动党不参加马来亚本土的大选，马来亚华人公会仍然会落选。"①然而到了1964年年初，人民行动党改变了态度。1月17日，拉惹勒南宣布："人民行动党必须在一个泛马来西亚的基础上作为一个泛马来西亚政党采取行动，去帮助建立一个繁荣、独立及和平的马来西亚。"② 3月1日，党的主席杜进才也表示要参加竞选，并强调说，"我们参加选举的目的是为了同马来民族统一机构合作……我们将扮演象征性的竞争者。"③他还说，"本党曾在马来西亚的建立过程中起了重要作用，现在应该使自己表现为是一个全国性的政党"。3月20日，人民行动党发表竞选宣言，声称该党参加选举的目的是帮助"建立一个民主和社会主义的马来西亚……并且使社会主义阵线不会从反对马来亚华人公会的大量选票中得到任何好处"④。说社会主义阵线会从反对马华公会中得到好处，意在表明新加坡华人中有广泛的反对马华公会的情绪，这实际不过是一种烟雾，是为自己取马华公会而代之制造口实。至于人民行动党领导人多次强调说它参加竞选只是"象征性的"，只想扮演一个"忠实的反对派的角色"，这很难被他们的行动所证明：先是在一些重要地区扩建支部，又改变了不参加竞选的决定，继而又表示要成为一个全国性的政党和建立民主社会主义体制。马来民族统一机构是以马来人为主的右翼政党，人民行动党是以华人为主的中间偏左的政党，两党在依靠的阶级力量和建国方针上都有很大的差别，拉赫曼等人是不同意民主社会主义的建国方针的，因此，如果人民行动党要"成为全国性的政党"并要"建立民主社会主义"国家，那么两党肯定会发生冲突，这一点双方都很清楚。这就是说，马来民族统一机构与人民行动党难以合作的根本原因无非有二：一是种族差异，尤其是前者更希望保持马来民族的优越地位；二是两党的性质和建国方针都有很大的不同，前者要保持上层阶级的利益，后者声称要

---

① 《海峡时报》1963年9月10日。
② 《海峡时报》1964年1月18日。
③ 《海峡时报》1964年3月2日。
④ 亚历克斯·乔西：《李光耀》，上海人民出版社1976年版，第193页。

建立民主社会主义的社会,虽然日后它并没有那样做。

有一种说法,认为人民行动党确实是想在马来西亚扮演一个忠实的反对派的角色,批评和帮助联邦政府,并不想夺权。因此不应该怀疑人民行动党领导人的合作诚意,不应该说人民行动党参加竞选是背信弃义。对这个问题,我们可以进一步用李光耀自己的话和人民行动党政府的所作所为来说明。他当时这样说道:"西方式的民主为什么还不能在亚洲新独立的国家扎根?其原因之一是执政者不愿意镇静地考虑把权力转移到反对派手中,也因为反对派之所以要反对,只是为了搞垮政府,不管对国家带来多么大的损害。我们人民行动党扮演了一个反对派的角色,而同时要在新加坡起一个执政党的作用。我们作为议会中的一个反对派,责无旁贷地要体谅执政党面临的困难和微妙的问题。"① 但是人们不禁要问,一个在自己执政下的新加坡都不允许反对派发挥作用、对它们采取镇压措施的党又怎么能让马来西亚的执政党相信它会在那里当好反对党呢?更何况亚洲的"执政者不愿意镇静地考虑把权力转移到反对派手中。"

最后,人民行动党推出了9名候选人参加马来西亚议会的选举。他们在选举中清楚地表明人民行动党要取代马华公会的位置:他们批评马华公会是"有产者"的党,而人民行动党是"无产者的"党。李光耀在槟榔屿的群众大会上说:"前两任马来亚的财政部长都是马华公会的领袖","他们要穷人为国家的竞选按比例地出与富人一样多的钱"②。攻击马华公会不照顾下层群众的利益,同时,人民行动党又表示愿与马来民族统一机构合作。但拉赫曼亲王拒绝了人民行动党的这种要求,继续执行原来的政策,并成立了由马来民族统一机构、马华公会和马来国大党三位一体的马来亚联盟。因此,人民行动党在竞选中实际上是与马来民族统一机构在竞争选票,这就增加了它竞选的难度。3月22日,拉赫曼亲王在吉隆坡的一次群众集会上说:"如果人民行动党候选人获胜,将会

---

① 亚历克斯·乔西:《李光耀》,上海人民出版社1976年版,第197页。
② 冯青莲:《新加坡人民行动党》,上海人民出版社1975年版,第39页。

引起马来亚的社会革命"。[①] 4月4日，马来民族统一机构的秘书长贾巴尔·阿尔巴尔要求"停止敌视马来人，不要向他们提出挑衅，否则马来人将要把民主扔到一边，开始用拳头教训人民行动党"[②]。由于马来民族统一机构公开表明反对人民行动党以及马来亚联盟与人民行动党的对立，致使绝大多数马来人和相当一部分华人没有把票投给人民行动党的候选人。最后，该党只有一名候选人迪万·奈尔当选，这使人民行动党领导人非常失望。

二 人民行动党与马来亚联盟的分裂

大选之后，人民行动党与马来亚联盟的关系更加恶化，而且，这已经影响到了新加坡华人与马来人之间以及新加坡政府与联邦政府之间的关系。马来亚联盟指责人民行动党搞地方自治主义，而人民行动党指责马来亚同盟搞沙文主义。这时，虽然双方都没有提出解散马来西亚，但在联邦政府和新加坡政府的权利和义务上存在着很大的分歧，谈判迟迟没有结果。

在一些马来种族主义者的煽动下，新加坡的马来人中也出现了要求把在马来亚的马来人享有的政治特权延及到新加坡的情绪，实际上是要求由马来人统治新加坡，这势必要激化华人与马来人的矛盾。面对日益激化的种族矛盾，新加坡的领导人不断提出警告，一方面发表讲话批评种族沙文主义，另一方面拟在教育、就业和住房问题上给马来人以优惠。1964年7月19日，李光耀对1000多名新加坡马来非政治组织的领袖发表演说，认为在教育、就业和住房三个问题中，教育是根本问题，因为如果教育问题解决了，其他问题就好办了。他还说："这是一个长期的和持续不断的进程，还要继续好多年，因为不同种族发展速度的不平衡，需要整个一代来调整。但是如果我们经常努力提出解决办法，人们就会知道事情越来越好，以后还会更好些。"[③] 此后，政府采取了一些措施优

---

① 亚历克斯·乔西：《李光耀》，上海人民出版社1976年版，第195页。
② 同上书，第194页。
③ 同上书，第200页。

惠马来人，如免除学费，在同样条件下优先就业和分配住房等。但政府并没有因此而放弃原则，它主要的着眼点是培养马来人的能力，而不是把他们养起来。它指出，从根本上来说，要想提高自己的待遇，首先是要提高文化水平，这不仅是政府提供优惠政策，还要靠马来人自己的努力，而且这是一个较长的历史时期，要进行长期的努力。显然，政府的态度是诚恳的，但这并没有抑制住马来人的种族情绪，马来亚的一些政客继续发出种族主义的叫嚣。《马来先锋报》仍在显著的版面上发表他们的言论。

1964年7月21日，在伊斯兰真主穆罕穆德诞辰纪念日那天终于爆发了严重的种族冲突事件。在新加坡市街头，发生了华人与马来人的冲突和殴斗，有数千人卷了进去，骚乱持续了五天，结果导致22人死亡，461人受伤。事件发生的当天，李光耀在广播和电视中发表讲话呼吁停止这种"愚蠢的行动"，同时，警察也竭力维持秩序。第五天，局势基本平静了，李光耀再次发表讲话，他说，"经过政府和民众的努力，秩序已经恢复正常，我们重新有了安宁，现在将要有一个长期的、从容的过程，使人们恢复正常生活。亲善委员会已经建立，我们有一百条理由和睦相处，却没有半条理由流血动乱。我们决不能想象几天前还在闹事的人突然会后悔，并且变得对人们慈善起来。依靠谁来宣传信心、亲善和友好，必须谨慎小心。"这次发生骚乱时，拉赫曼亲王正在美国访问，8月12日他回到吉隆坡，说："我经常告诫领导人讲话时要注意避免互相争吵，但是有些人的发言漫不经心，造成了事件的发生。"不久，就到新加坡进行了两天的访问。李光耀陪同亲王视察了骚乱地区，当着亲王的面，李光耀对民众说："现在我们正站在十字路口，马来西亚向何处去？一年前，当我们在伦敦签订成立马来西亚协定时，新加坡人是信任亲王的领导的，我们信任他的才干能使每个人都得到公平对待。"[①] 这是说给民众听的，告诉他们亲王是反对种族主义的，同时这话也是说给亲王听的，希望联邦政府确实能发挥作用。因为当时马来亚的一些政客不断在煽动种族主义情绪，这不能不说联邦政府有一定责任。

[①] 张永和：《李光耀传》，花城出版社1994年版，第368页。

新加坡人给亲王以热烈的欢迎,所有51个选区的代表聚集在东海滨路一所学校的广场上举行了一次空前规模的盛大宴会,可见当时新加坡人对亲王的尊重和对他寄予的很高的期望。他发表讲话说:"真主诞辰那天发生的骚乱,是被别有用心的人煽动起来的。我相信,今后再不会发生这种悲剧性事件。"8月21日的《海峡时报》发表社论说:"亲王对新加坡的访问是成功的,应该有积极的步骤削弱种族情绪,只有亲王才拥有这种力量和权威,去有效地制止种族不和的争吵。"① 亲王的讲话起到了鼓舞人心的作用,因为他宣扬了正义。但是这并没有制止住一些种族极端分子的活动,甚至在联邦政府内部也有人忽视亲王的意见,直到9月2日(第二次骚乱发生的当天),才宣布要成立一个调查委员会来调查7月事件,到10月9日才宣布委员会组成人员名单,但从未发表过一个调查报告。

9月2日,第二次骚乱又爆发了,这一次有12人死亡,109人受伤。新加坡政府尽了最大的努力,出动了大批的警察,最后终于将暴乱制止住了。对此,李光耀表示,"我们拒绝在受威吓之下表示默许!"人民行动党政府拒绝在种族平等立场上后退。此后,人民行动党政府一方面继续推行对马来人在教育等方面的优惠政策,一方面毫不动摇地镇压从事分裂活动的种族沙文主义者。1966年就逮捕了6名属于"新加坡伊斯兰青年运动"和"马来飞行团"两个地下组织的成员,指控他们企图挑起种族仇恨。②

由于政治权力争夺和种族矛盾的不可调和,1965年人民行动党与马来亚联盟之间的关系恶化到了极点,双方领导人的相互指责有时达到了歇斯底里的程度。联邦财政部长指责人民行动党在新加坡的统治已经堕落为"恐怖统治",5月27日,《每日消息》报道一位州长说:"李光耀不仅是我们的敌人,他还是对马来西亚安全最危险的威胁。"马来民族统一机构秘书长阿尔巴尔再次要求马来人联合起来,不要忘记他们是马来

---

① 张永和:《李光耀传》,花城出版社1994年版,第369页。
② Jon S. T. Quah, *Government and Politics of Singapore*, New York: Oxford University, Press, 1985, p. 15.

人。李光耀在 5 月 30 日反驳说："我认为宪法说我们都是马来西亚人，我说，我们还是现在就来决定我们是马来西亚人还是马来人，因为我不可能是一个马来人，我可以是一个马来西亚人。而 60% 的马来西亚人民可以是马来西亚人，能忠于马来西亚，并接受马来西亚这个概念。"① 李还把马来亚联盟的政策说成是"保守的马来人传统领袖们沟通华人买办和资本家共谋私利的政策"。普通群众则怀着极为不安的心情注视着柔佛长堤两岸的不断争吵，而双方政府坚持要把他们的"冷战"进行到底。

在这种情况下，人民行动党开始着手在联邦议会中组建一个反对党团。拉赫曼亲王很快得到了消息，并抢先宣布了这一新闻，4 月 24 日他宣称人民行动党打算同某些政党在马来西亚议会中组织一个"反对党大联合"。几天以后，人民行动党的主席杜进才不得不宣布即将举行一次亲马来西亚的反对党会议。尽管他强调这个反对党团不反对马来西亚宪法，不攻击马来人的特权地位，但他呼吁以"马来西亚人的马来西亚"来替代"马来人的马来西亚"。这是马来种族主义者所不能接受的，这实际上也是在挑战马来人的特权地位。参加反对党团——马来西亚团结大会——的有人民行动党、统一人民党、人民进步党、沙捞越人民统一党和沙捞越马华达党。这些政党都是以华人为主的政党，不依靠马来人的选票，因而不能不引起马来人的疑虑，激起了各马来政党的反对。马来民族统一机构的一位领导人认为："在人民行动党继续依靠自己的政策和意识形态在马来亚寻求政治力量的时候，反对党统一组织的成立是一个显而易见的失误。"在他们看来，这给马来人以反击的口实。

正当人民行动党与马来民族联盟斗得火热之时，人民统一党的领导人王永元戏剧性地宣布辞去新加坡议员的职务，这样芳林补缺选举问题一时又成为新加坡内部矛盾的焦点。李光耀认为这是一个阴谋，是新加坡的左翼力量企图联合马来亚的右翼势力的一次策划，是"同心协力地但徒劳无益地企图制止并摧毁新加坡政府的进步与信心。联盟党（指马来亚联盟）和《马来先锋报》公开支持社会主义阵线的候选人王清杉"。因此，人民行动党又与社会主义阵线展开了激烈的竞争，在把全部人力

---

① 亚历克斯·乔西：《李光耀》，上海人民出版社 1976 年版，第 238—239 页。

投入竞选后，人民行动党的候选人李坤卓以 6398 票险胜社会主义阵线的候选人，前者的得票率为 54%，后者为 46%。人民行动党借机宣传这次胜利是它的马来西亚人的马来西亚这个概念的胜利。这是对联盟过激派的宗派主义和种族主义政治煽动的一次猛烈打击。这次斗争之后，马来西亚联邦政府与新加坡政府的关系继续恶化。

马来亚联盟中以拉赫曼为首的温和派主张将新加坡分离出去，以最终解决各种矛盾，但激进派反对让新加坡分离出去，主张在马来西亚内部"改造"新加坡，甚至研究过逮捕李光耀及其一些同僚的方案。最终，温和派的意见占了上风。8月9日，拉赫曼亲王宣布新加坡从马来西联邦中分离出去，并表示继续与李光耀政府合作。同一天，李光耀也发布了一项宣言，他在最后说："我，李光耀，新加坡总理，于此代表新加坡政府和人民宣布并声明：从今天，本年 8 月的第 9 日起，新加坡将永远是一个建立在自由与正义的基础上的民主、独立的主权国家，并在一个更公正、更平等的社会里，永恒地谋求人民的安宁和幸福。"[①] 至此，分离成为事实。

概括起来说，人民行动党与马来亚联盟之间的冲突有以下几个方面的原因：一个原因是它们的社会基础有所不同。人民行动党的支持者大都是中下阶层的华人，它奉行带有"平均"色彩的民主社会主义路线。尽管与社会主义阵线分裂后该党有向右转的倾向，但它至多算是一个中间派，它在思想路线上仍然把民主社会主义作为奋斗目标。马来亚联盟的社会基础主要是马来贵族和华人实业家，又以马来贵族为主，因而它奉行的是一条保守右倾的政治路线，主张维护富人的利益。另一个原因是争夺领导权的问题。无论是马来亚民族统一机构还是人民行动党，都是既得利益者，都是通过建立了一个政治集团，而且是不同的政治集团而得到了权力。由于没有经过政治同化，它们难以在一个政治实体内和平共处，这样，为了保住、巩固自己的权力以及争取更大的权力，它们就想排斥对方。虽然人民行动党被贴上的是地方自治主义和地方沙文主义的标签，还没有公开提出向马来亚联盟争夺全国的领导权，但是马来

[①] 亚历克斯·乔西：《李光耀》，上海人民出版社 1976 年版，第 250 页。

领袖们已经看到，人民行动党有取得联邦领导权的能力和意图，同时，马来族中的极端种族主义势力坚决要求把人民行动党和华人置于仆从地位，对于人民行动党争取权力的斗争非常敌视，更不能容忍它的存在。第三个原因是种族的对立，这也是双方的社会基础的不同之处。联邦政府主要是依靠马来人，人民行动党则依靠华人，马来人以土著居民自居而企图保持自己的特权地位，华人则要享有平等的政治参与权，双方在缺乏必要的交流基础和经验的情况下仓促合并，就会引起种族仇恨。

第四节 一党为主的政治体制的形成

新加坡退出马来西亚联邦后，人民行动党在国内的统治进一步的得到强化。现在，它既无可与之匹敌的国内政治对手，又无来自外部的直接威胁，可以独掌政权。从此，新加坡一党为主的政治体制得以正式运作并充实起来。

在新加坡一党为主的政治体系中，只有人民行动党具有统治能力。它之所以有力量，最重要的原因是它在政治发展过程中把其他亚政治组织纳入了它所规定的现代化进程之中。通过与它们建立密切的联系，实行组织上的相互参与，把它们同化，使它们从属于人民行动党的领导，人民行动党则牢牢把握住政治决策的权力。而国内的其他政党，甚至很多正在进行现代化的国家的执政党，在当时都没有能建立起这种起支持作用的组织上的联系。它们或者没有能建立起密切的联系，或者由于建立了密切的联系而失去了控制权，或者虽然建立了密切的联系并取得了控制权，但在实质上却被地方性和传统性的亚政治组织所同化，成为传统的而不是现代化的政治统治者。这就是人民行动党能够在群众中具有强大的动员力量和现代化导向力量而其他政党所没有这种力量的原因。有时候，某一个政党的领导人，如社会主义阵线的林清祥等人，确实具有相当大的号召力，但是他们从来没有建立自己的正式的组织和全国性的体系来实现自己的现代化意图，或者说他们的现代化意图本身就缺乏现代性。他们一开始是依附于人民行动党内，后来虽然建立了独立的社会主义阵线，但很快就由于人民行动党的镇压而失去了有魅力的领导人，也没有能建立起自己的有效的组织机构,所以很难形成气候。

新加坡政治体系的可贵之处在于它并非是一党专权,而是有众多的反对党存在,尽管这些政党很小,不足以与人民行动党抗衡,但是各个政党仍然能够与人民行动党为争夺同一批选民而竞争,并且足以对执政党形成一定的压力。这或许是使人民行动党保持清醒头脑的原因。或者反之,正是由于人民行动党有清醒的头脑,有现代性,才使这些小党具有竞争力。在这种竞争中,人民行动党有压力要把自己输给这些小党的损失减少到最低,以防止这种趋势蔓延,否则后果可能难以收拾。即当反对党在选举中的票数有所增加时,人民行动党就不得不调整政策,以抵消它当时最有竞争力的对手的号召力。因此,往往会出现这种情况:当群众的倾向偏左时,人民行动党就转向那个方向以减少左翼政党的收获。与社会主义阵线的斗争就是如此。当群众的倾向偏左,社会主义阵线有很大收获时,人民行动党在与社会主义阵线进行斗争的同时,也向左调整了自己的路线,采取了迎合下层群众要求的政策,如注重教育、住房和失业问题,在联邦中维护华人利益等。一旦社会主义阵线失败,它就把路线调整到中间的位置上来了,20世纪60年代后期,它主要是约束工人阶级,从而为外国资本提供廉价而有纪律的劳动力。20世纪80年代,政治领域中要求多元化的呼声日益高涨,群众支持反对党的选票也急剧增多。这时,人民行动党也适时进行了一些民主化的改革,把政策向右调整,如加快人民行动党和政府的自我更新,让更年青和更有新思想的人接管权力。例如,与李光耀相比,吴作栋更是一个技术官僚,而李光耀身上政治官僚的因素则更多一些,这种变化是很多发展中国家向政治现代化转变的一个重要标志。另外,开放媒体,给反对党以更大的活动空间等,都是人民行动党政府为了争取选票而不得不进行的明智的改革措施。这一切都说明,自20世纪60年代中期以来,一党为主的政治体制支配着新加坡的政治发展进程,它既给新加坡带来了稳定与发展的社会局面,又从反对党的竞争与挑战中汲取了改革与发展的动力。

第五节　20世纪60年代后期的政治斗争

新加坡退出马来西亚时，人民行动党政府已经完全控制了国内的局势。这时，政府把更多的精力放在了经济发展方面。这时政治发展的主要特征是继续在全国范围内集中和扩展自己的权力，同时，制造稳定的政治和社会环境。这表现在许多方面，其中一个重要的方面就是继续对社会主义阵线、学生和工会中的反对派进行镇压。

对社会主义阵线，人民行动党首先是不让它在议会中发挥作用，利用自己在议会中的多数席位强行通过各种法案。实际上剥夺了社会主义阵线议员和反对派议员的发言权。面对人民行动党政府的强硬政策，1966年10月社会主义阵线宣布退出议会，指示它仅存的9名议员以"抗议政府的非民主行动"为名而辞职。这一举动旨在向人民公开宣告在新加坡已经没有议会民主可言，议会已经成了人民行动党的天下。与此同时，社会主义阵线决定采取非法手段继续进行斗争。在它的组织下，义安学院和南洋大学的学生在11月举行了街头游行示威，抗议政府的独裁统治，并与警察发生了冲突。由于事态不断扩大，政府采取了果断措施，出动保安部队，逮捕了60多名学生，冲散了游行队伍。

这一时期，学校里经常出现激进的学生与校方的对抗。一些思想激进的师生宣传武装革命的思想。受到校方的制止，因此出现了好几起学生殴打校长的事件，一些学生受到逮捕或开除。随着政府的控制越来越严，到20世纪60年代末就没有这类事件发生了。

这一时期，政府对工会的政策也发生了明显的变化。李光耀于1966年11月28日阐述了政府对工会的新立场。他认为，目前国家给工人和雇员的福利太高，已经没有刺激性，不能提高工作效率了。"在某点上，我们制造了这些问题，因为在独立之前，我们的工会是政治群众运动的一部分。合法的工会主义变成了一辆有用的载运必须分给群众的胡萝卜的公共汽车，如果你需要他们和你联合起来驱逐殖民势力出去的话。"他还说："工会主义成为一种有系统地为有组织的群众闹事补充新力量的手段。罢工、怠工、抗议、要求增加工资、额外救济，都在同其他各地盛行的类似形式的基础上增加起来了。"对于这些不良行为，李光耀认为必须予以改变，必须恢复工作效率，监督、纪律、工作定额必须建立起来。在1968年的"五一"祝词中他还谈到，只关心工人的需求和反对老板，不理解工人所依靠的经济实际，这样的工会领袖会和恐龙一样过时。这样的言论，在反对殖民主义的斗气中，甚至在新加坡退出马来西亚之前从人民行动党领导人口中是听不到的。

与此同时，政府采取了一些措施。先是对罢工进行压制和镇压。这一政策的推行，使罢工事件急剧减少。在1966年至1967年的一年零五个月的时间里没有发生一起罢工事件。1967年中，当一个工会对政府的政策表示不满，并不听全国职总和政府有关部门的劝告，组织了罢工后，政府果断地进行了镇压，逮捕了15名罢工领袖，并对他们进行了公开的审讯和罚款。接着，国会于1968年通过了两项劳工法案，即《雇佣法》和《工业关系法》。这两项法案对工人的劳动纪律和罢工进行了严格的规定，劳动必须遵守严格的纪律，而罢工几乎成为不可能。给劳资双方关于工资和其他问题的争端规定了解决的方式，争端必须通过集体谈判的方式来解决，如果双方通过谈判不能解决问题，那就由政府进行调解和裁决。这两项法案的制定和执行，与过去相比，剥夺了工会的独立地位，使它不再是人民行动党的主要依靠力量而成为从属力量。在与资方的关系上，工会也丧失了自主权，实际上是资方根本利益的追随者。工会的地位在20世纪90年代以后才有所提高。

第六节　公共行政体制的发展及其现代性特色

一　行政体制的历史沿革

当1819年莱佛士来到新加坡时，这里还是一个尚未开发的封建社会，苏丹的统治是家族式的和包罗万象的，没有现代型的行政体制可言。面对这种情况，莱佛士很快就颁布了第一个行政备忘录，任命法夸尔为第一任驻扎官，并为他配备了5名助手，负责全面领导接管和开发新加坡的工作。法夸尔的机构是按照资本主义的蓝图来改造这个社会的，因此，它无疑是新加坡现代公共行政体制的雏形。

从 1819 年至 1824 年法夸尔及其继任者与当地的首领先后签订了 5 项条约，剥夺了当地首领的权力，使殖民当局成为新加坡独一无二的权力机构和行政当局。这时的行政当局，从形式上来说与传统的体制没有多大的区别，它的体制没有区分化，结构也很简单，职能是包罗万象的。从征税、司法、治安到移民、贸易和开发，都由单一的英国行政当局统一领导。然而这些英国管理者要按照他们的目标发展现代商品贸易，他们要按照现代的经济原则、法律原则和政治原则来开发和改造新加坡。例如，在开埠之初，它便征募和组织民工修筑道路，开发交通和通信联系，并按照现代城市标准规划城市。还有前面授到的克罗福释放苏丹奴仆之事，都说明殖民当局是具有现代性的行政机构。

随着经济和社会的开发、移民的大量涌入和转口贸易的发达，各种事务的管理越来越复杂，要求也越来越高，因此，英国政府于 1867 年决定改新加坡由东印度公司管辖为英国殖民部管辖。从此，新加坡建立了自成体系的政治和行政制度。这时的体制是，总督集行政和司法大权于一身，是新加坡的最高首脑。在他之下设立了 11 个行政部门，有殖民地工程局、勘测局、卫生局、警察署、信贷署、财政署、印刷署、秘书处、辅政司、看守所和基督教事务局。由此可见，行政当局的职能主要集中在经济开发和社会治安方面，对其他方面管的不多或很少，也无力去管。但是，行政体制的机构设置已明显的区分化和专门化了。公共行政管理的区分化和专门化有利于政府权威的合理化，加之它与资本主义经济和社会发展相适应，应该说这个体制已经具备现代行政体制的基本框架了。此后，这个行政体制的机构和功能随着社会的发展不断的改革和强化。例如，19 世纪 70 年代殖民政府设立了华民护卫司署，积极插手"猪仔"贸易，打击中间经纪人和秘密会社对华工的欺诈，收到了很好的效果。到 20 世纪初终于制止了这种非法血腥的贸易。这一行政措施的贯彻成功，不但促进了自由劳动，而且也显示了行政管理效力的提高。

1945 年，英国人赶走了日本军队，开始在战前的基础上重建新加坡的公共行政体制。战后初期的行政改革包括：①恢复和健全行政机构。总督的权力得以恢复，并设立了政务部、律政部、财政部、工商实业部、上地建屋部、教育部、卫生部、劳工福利部和交通公务部 9 个部，此外还有几个专业局,如市政局、改良信托局、乡村局、海港局、电话局等。可见,这时的机构比战前更为复杂化和专业化了。②1947年殖民当局把公务员分成四类,第一类为高级行政人员和高级专业技术人员,第二类为中级行政人员,第三类是办事人员和初级技术人员,第四类为辅助人员及外勤人员。按照级别给予不同的工资和待遇。这一改革使公务员的工资结构趋于合理化,调动了他们的工作积极性。

战后初期公共行政的主要任务是协助殖民政府处理战后遗留问题,恢复秩序,制止猖獗的非法活动,为居民和政府提供粮食。公务员在面临巨大困难的情况下全力开展工作,表现了很高的敬业精神。到1948年这些问题基本上得到解决。这说明,战后行政体制的恢复和改革是有效的。但这时的公共行政仍然主要是维持社会的重复运转,在推动经济发展和社会变迁方面显得软弱无力。

1949年以后,殖民政府对行政体制继续进行改革。1949年10月,殖民政府将莱佛士学院和爱德华七世医学院合并为马来亚大学,规定公务员应该从该校毕业生中选拔。这实际上是把文凭定为公共行政系统中用人的标准。这比英国人优先进入行政系统称任人唯亲的标准都要进步得多。只是以后几年实际从这所大学中选拔的公务员并不多。1950年在当地人民的压力下,殖民政府设立了"公务员选拔委员会",它直属总督领导,当时的主要工作是通过公开招聘考试来征募本地公务员,企图改变过去公务员几乎被英国人垄断的状况。这一工作取得了一些进展,但总的来说,它所招聘的本地人的高级公务员仍然很少,1951年委任了3名,1952年1名,1953年3名,1954年4名,1955年6名。到1955年劳工组织阵线政府成立时,本地的高级公务员仅38名。① 公务员的民族化是争取自治的新加坡政府接管权力的重要条件。马歇尔政府之所以被置于无权的尴尬境地,重要的原因之一就是欧洲籍的高级公务员不愿意协助他们工作。

1955年新加坡第一届自治政府成立,在以后的4年中,它与英国进

---

① 新加坡全国职工总会主编:《朝向明天》,叶钟铃译,台湾教育出版社1974年版,第107页。

行了不懈的斗争，以收回权力。与此同时，它也进行了行政改革。首先是增加了行政机构，使各部局达到32个。接着推进公务员本地化的发展。它任命了一个"马来亚化委员会"，拟定了一个使公务员全面本地化的计划，提出立即使4个部本地化，其余28个政府部也在2至5年内本地化。虽然这个计划最终因为殖民当局的阻挠没有完成，但它实施后确实加速了公务员本地化的进程，尤其是为以后公务员本地化制造了舆论，奠定了基础，在争取民族独立的国家中，公务员的本地化是政治权力民族化的一部分，因此它的意义是非常重要的，对这一进程的推进是公共行政发展的重要标志。

二 人民行动党政府的行政改革

1959年人民行动党在民族主义的浪潮中上台执政，李光耀担任政府总理。这时的自治政府在内政方面已经握有实权。人民行动党上台后立即采取的措施就是对公共行政体制进行改革。李光耀担任总理后所办的第一件事，就是巡视政府各部门，推行改造和培训公务员的计划。

对于第二次世界大战后刚刚夺取政权的国家来说，公务员体制的改造在宏观上有两种不同的方式。一种是"革命"的方式，即更换所有或大部分公务人员，以新上台的执政党党员为主组成新的公务员队伍。这种方式在20世纪40年代至60年代通过武装斗争夺取政权的国家中非常盛行。因为在这些国家中，武装斗争造成了非常激烈的民族主义情绪和内部对抗情绪，在夺取政权的过程中，掌权者和夺权者双方都付出了血的代价，双方都有众多的追随者献出了生命。加上要求复仇的情绪，使胜利的一方反对旧体制下的一切，当然首当其冲的是旧的体制和其中的公务人员，因而很自然的要求取而代之。"革命"的方式虽然可以迅速地建立起一支全新而又忠诚的公务员队伍，但是它中断了行政体制的正常运作，而且它往往导致新人们带有偏见地采取一种全新的工作方式，无论旧体制下的某些运作是否合理，他们都不愿意仿效。新的公务员也缺乏工作经验。更为严重的是，这种政治化和情绪化的工作方式，往往会导致以一党的利益来代替国家利益，这对公平的贯彻国家政策非常不利。

人民行动党采取的是一种"改良"的方式。即以旧公务员为主体，通过对他们的改造和逐步录用新人的方法赋予公共行政体制以新的活力。无疑，人民行动党有着明确的反殖意识，但是，由于它不是通过武装斗争，而是在英国殖民者采取让步政策的形势下通过选举上台执政的，因而它没有那种强烈的敌视情绪和复仇心理，也就不想把旧的公务员置于无路可走的境地。加之当时的周边形势不稳，新加坡还需要英军的国防保护，因而也不愿采取得罪英国人的措施。更重要的或许是人民行动党认识到，英国人建立的公共行政体制虽然需要改造，但它已经具有相当强的现代性功能，同时，民族主义政权下的公共行政体制的确立不是一种制度推翻另一种制度的革命，不需要也不可能建立一种全新的行政体制。基于这种判断，人民行动党政府选择了改良的方法。

1959年以后新加坡政府对行政体制的改革可以分为两个方面，一是在心态方面，二是在机构方面。

第一，心态方面的改造。人民行动党执政后面临的问题是，大多数公务员由于习惯于服从殖民当局，对人民行动党存在着对立情绪。而且，他们的思维方式是殖民化的，习惯于自上而下的为殖民当局服务，对普通下层人民习惯于发号施令。对此，政府采取了三项措施：一是成立了政治研究所。1959年8月15日李光耀在该所成立仪式上对高级公务员发表演讲时说："这个公务员研究中心是要将亚洲战后造成革命的政治和社会力量的主要因素当作一个研究课题。你们最少可以明了动摇英国统治的力量的起源。你们都是在英国的统治下参加民事服务，并且获得终身服务的保障，而以养老金作为结束。你们当中有些人，可能被我们要你们做的事所表现的不耐烦而感到迷惑或困窘。如果这样，那么我希望你们在这个研究中心结束课程以后，如果不能同情我们的没有耐心，最少你们也明白，为什么我们认为民主国家要生存，那么，民主的组织必须与人民的感情和政治变迁的节奏取得协调。"[①] 这个讲话阐明了政治研究所的宗旨是改变公务员的殖民心态。通过政治研究所的学习，公务员们对民族国家的历史使命有了新的认识。

---

① 新加坡全国职工总会主编：《朝向明天》，叶钟铃译，台湾教育出版社1974年版，第109页。

心态方面的改造还包括在组织上采取一些措施。一是增加讲华语和讲马来语的人进入公务员队伍，以改变过去公共行政被英国人和少数讲英语的当地人控制的局面。这些讲民族语言的人民族感情深厚，对新政府的忠诚感强，他们的加入从组织结构上改变了公务员的价值取向。同时，为了增加公务员与普通人民的感情，改变他们脱离群众的地位，降低了公务员的一些待遇。并且严肃工作纪律，让无才者和不能胜任工作者提早退休。还经常组织公务员参加一些社会劳动，如清洁城市等。这些措施在很大程度上改变了在公务员中存在的"统治者"的心态，使他们把自己看成是一个普通的国家公民。不过，公务员待遇的降低曾在20世纪60年代后期和70年代一度影响了公务员的吸引力。

心态方面的改造使"公务员集团"在民族主义和现代化的基础上与其他的社会集团取得了某些认同。不同社会集团对其现代化方式的认同是转型社会稳定的一个重要因素。

对殖民心态的改造，也在公务员中建立起了对国家和政府的忠诚。1961年至1963年左翼激进政治力量为夺取政权而与温和派展开了激烈的斗争，制造了分裂，并在劳工、学生和新闻领域酿成了一系列的骚乱，给人民行动党以沉重的打击。人民行动党不得不借助政府的力量对左翼力量进行镇压。这时，公务员大都比较坚定地站在政府一边，忠实地执行了政府的命令，有效地制止了骚乱。

第二，行政体制的改革。人民行动党政府并没有在上台之初就对过去的行政体制进行全面的改革，改革是逐步推开的。1959年进行了三项改革，一是设立文化部，在当时，它的意识形态的倾向性非常明显。政府设立该部的目的是加强对黄色文化的打击力度，以健康向上的文化来取代黄色文化。二是在各部设立政务部长和政治秘书，协助部长工作。这是因为人民行动党刚刚上台执政，新部长没有执政经验，需要高级公务员和其他人的协助。三是改组和设立了一些法定局，以加强对社会经济事务的领导。

法定局的设立是新加坡行政改革的一大特色。法定局是国家专门立法设立的直属中央政府的行政机构。从法律上来说，它是与政府各部不同的半官方的法定实体，然而这种区别主要表现在立法和形式上。而在实质上，它们与各部几乎没有什么区别，区别是"各部负责常规的事务，而法定局不受常规程序的约束"①。法定局是政府为了贯彻某项经济或社会发展计划而设立的，不受常规和繁杂程序的约束，加之它往往在经济上实行独立核算，因而在操作上具有更大的灵活性，在管辖范围上更为专一。从长远来看，也是一个临时性的机构。这些正是法定局兴起的主要原因。

以建屋发展局和家庭计划与人口局为例，可以对法定局的工作窥见一斑。20世纪60年代初，新加坡面临住房危机，绝大多数居民都住在极其简陋的住房中，为了解决住房问题，政府于1960年设立了建屋发展局，其宗旨是建造符合人民购买力的高质量住房，并协助社区发展。建屋发展局成立后，首先促使国会通过了《建屋与发展法令》和《土地征用法令》，保证了它对土地的优先和充分使用。然后利用大量的低息贷款迁徙安置居民，征用土地，建造低价组屋和向购房者提供低息贷款。建屋发展局在国家的资助下，坚持独立的经济核算，自负盈亏，向居民提供廉价住房，既使各方都有利可图，又保证了资金的流动，使住房发展有活力和动力。在这种正确方针的指导下，住房事业的发展非常迅速，到1977年几乎解决了所有居民的住房问题。从1978年开始建屋发展局又着手全面改善居住环境，1989年开始全面扩大居住面积，到20世纪90年代初有90%以上的居民居住在建屋发展局建造的住房内。建屋发展局在工作中把行政手段与市场有机地结合起来，不失时机地制定出符合实际情况的发展计划，卓有成效地开展工作，有力地推进了社会变迁。

由于人口出生率高和移民增加，而就业机会增加缓慢，新加坡在20世纪40年代末就面临着日益增长的人口压力。在这种情况下，1949年成立了民间性的家庭与计划协会，并开始推行计划生育。但是，尽管该协会的工作很努力，由于它是一个民间组织，在资金和组织方面都没有得到有效的保障，因此成绩非常有限。在1947年至1957年间，新加坡的人口自然增长率为3.5%，如果按照这个速度发展下去，全国人口将从1957

---

① Jon S. T. Quah, "*Statuary Boards and National Development in Singapore, 1959 – 1979*", Paper Prepared for Government and Politics in Singapore Project, 1979, p. 11.

年的145万人增加到1977年的300万人。1964年，新加坡的人口增长率仍为3.2%。1965年，政府着手接管计划生育工作，1966年正式成立了新加坡计划与人口局。该局成立后利用各种手段大力宣传计划生育的意义，使全国每个人都能经常听到有关计划生育的宣传，从而使人们越来越感觉到了计划生育的重要性。同时，它促使国会通过了一系列的立法和政府颁布的行政和经济制裁措施。例如，它促使国会通过了《堕胎法》，使某些堕胎合法化；推行自愿绝育政策，并对少生孩子的家庭在经济上和教育上予以奖励。这些措施实行以后，人口的增长率明显下降了，到1977年人口自然增长率已降至1.14%。到20世纪80年代，新加坡已基本上控制了人口的增长。随着经济的发展和就业机会的增多，它还出现了人才和工人短缺的情况。现在，计划生育已成为人们的一种生活方式，被广为接受。

依靠法定机构促进社会发展，已经成为新加坡政府进行公共行政管理的一种必要的手段。据1984年的统计，除了在外交、国防和环境发展方面没有法定机构外，在其他所有领域都有法定机构的存在，共有83个。[①]

以政府各部为核心的公共行政部门在1959年以后也有了长足的发展。人民行动党政府组成之初，只设立了九个部门：总理公署、副总理公署、国家发展部、卫生部、财政部、劳工律政部、文化部、内政部和教育部。显然，从结构复杂化与合理化，从促进社会变迁和工业革命的角度来看，这是很不够的。在以后的15年中，根据发展需要，它又先后设立了社会事务部、外交部、国防部、科学工艺部、交通部和环境发展部等。公务员也由20世纪60年代初的2.8万人增加到20世纪90年代初的6.8万人。

新加坡的公共行政管理和公务员队伍的素质经历了内在的本质的变迁和成长过程。从殖民心态到拥有新加坡人的价值观，从统治者到社会服务者，从消极的社会管理到积极的促进社会变迁，从20世纪60年代初主要集中于解决温饱、住房、失业和社会稳定问题到20世纪70年代推动工业革命、治理环境，以及20世纪80年代以来推动信息革命，进行政治

---

① 新加坡文化部新闻组编：《新加坡政府指南》，1984年。

改革等，公共行政体制和公务员队伍的行政管理无论在深度上还是在广度上都有了长足的发展。

三 现代性特色

公共行政管理的现代化特色主要表现在三个方面：一是公务员的素质高，二是行政管理在推动经济发展和社会变迁方面十分有效，三是公共行政体制的制度化水平高。

新加坡公务员是一个人数众多、管理范围广泛、工作效率很高的特殊的政治集团，其根本特色是它的素质高。公务员是由三个部门的工作人员组成的：政府各部的工作人员、政府独立机构的工作人员、公立学校的教师，总共不足7万人。这些人按工作类别可以分为三大类：一是行政管理类，指在政府各部工作的公务员；二是专业类，指在政府机构和国有部门工作的医生、教师、律师和工程师等；三是部门类，主要有移民局官员、警察、监狱看守和消防人员等。公务员分为五个等级，即高级和一、二、三、四级。高级公务员由行政管理类和专业类的高级公务员组成。例如，在政府各部中都有10—15个高级公务员，帮助部长制定政策。公务员的职务分为常任秘书、副秘书、首席助理秘书、助理秘书、高级行政助理、行政助理等，每一个职务又对应几个工资级别。从结构和职能划分来看，公务员管理已经相当专业化和系统化了。

新加坡的公务员遵纪守法、办事效率高、有较高的思想修养和自我约束能力，这已为世人所公认。它之所以能够培养出这样一支优秀的公务员队伍，固然有各方面的原因，但最主要的原因是由于国家对公务员的要求十分严格。这首先表现在对公务员的录用、提升、调动和奖惩方面。在这方面，国家设有直属总统而独立于政府之外的公务委员会，对公务员的录用、提升、调动和奖惩全面负责。公务委员会的委员均由学术界、商界、金融界和其他社会知名人士兼任，不得由政界人士出任，加之他是独立于政府之外，不受政府各部的制约，因此，能够严格按照法律行使对公务员的选拔和处罚。

公务员录用要经过严格的考试和考察，还有学历限制。例如，考一类公务员要有大学本科以上的文凭，二类要有专科文凭，三类要有高中文凭，四类要有初中以上文凭，而这只是参加考试的最低限制。实际上，在同级考试中，只有较优秀的考生才能被录用。除了文化考试外，还有心理测试，分析被录用者的基本素质和潜在能力，以便根据各自的特点安排适当的工作，以弥补只凭学历用人的不足。公务员被录用后，有两年的试用期，试用期间，要放到不同的岗位上进行锻炼，以便熟悉工作。如果两年内工作没有起色，则会被取消公务员资格。公务员晋升也要经过严格的考试、考察和审批。一般在工作岗位上做出成绩后，由所在部门的人事部门推荐，由公务委员会考察审批后方可提升。由于公务委员会与各具体部门无工作关系，也不受它们的制约，因而能较公平地做出提升决定。

国家一直在公务员中贯彻精英主义的用人原则，除了学历要求外，还鼓励他们在工作中进行竞争，坚持能上能下的原则，给工作有成绩者奖励和提高待遇，这也是提高公务员素质的一个有效的方法。在繁杂的行政事务中，除了严格执法以外，还有一个执法水平的问题，有大量的事务需要行政人员根据自己的判断做出决定。公务员的素质越高，处理好问题的可能性就越大。

公共行政在推动经济发展方面也是十分有效的。利普赛认为，国家政权的有效性，主要体现在它是否能够推动经济和社会发展上。在谈及30多年来新加坡取得的经济奇迹时，人们往往首先提及政府推行的现代化政策，这当然包括政策的制定和政策的执行，而无论是政策的制定还是政策的执行，都离不开行政机构和公务人员。尤其是政策的执行，主要靠公务员。在新加坡这样一个政府经济职能较强、政府干预较多的体制中，更是如此。

遵照政府的宏观调控政策，公共行政管理部门具体地贯彻了对经济发展的指导和调节，这主要表现在五个方面：①协助政府制定经济发展的战略目标；②集中和组织财力投入基础设施建设，为吸引国内外投资创造良好环境；③运用汇率、税收等手段引导资源配置、结构调整和国民经济各部门的平衡发展；④严格实施国家的经济法令；⑤通过执行税收、工资和住房政策等协调社会各阶层的物质利益关系。在经济发展的各个阶段，行政部门都有效地执行了国家的宏观调控政策，具体指导着经济各部门的运作。例如，从行政部门对国有企业的人事参与中可以对它的经济职能进行一个透视。国有企业在新加坡一直占有重要的经济地位，并且效益一直很好。为了对国有企业进行有效的指导和管理，政府专门设立了一个由经济专家和管理人员（均为公务员）组成的董事会，负责任命国有企业的董事长。国有企业的董事长和董事多由公务员出任。他们中的多数人虽然不直接经营企业，但是有权对本企业的重大问题做出最后决断。另外，无论是国有企业还是私营企业，虽然行政部门并不干预它们的经营管理，任其按照经济规律运行，但是行政部门在财政、法律和政策方面的监督和调控是非常严格和有效的。在发展的各个阶段，企业都被纳入了政府设定的发展轨道，这显然与行政部门的有效工作是分不开的。国有企业的成功充分说明了公共行政管理高效而注重经济发展。

第七节　现代化进程中的社会基层组织

新加坡社会基层组织的特色是具有有限的民主性。虽然这些基层组织必须服务于政府的路线和政策，也受到中央政府的控制，但是，无论在领导人的产生方式还是在实际运作过程中，它都比较能反映民意。

在19世纪和20世纪上半叶，殖民政府对于社区发展事业并不热心，也很少过问本地人的教育和福利事业。这一方面是由于新加坡正处于开发时期，经济还很落后，殖民政府无力顾及这些事情；另一方面则是因为殖民政府与下层群众缺乏沟通，互相都疏于来往，而且移民的流动性很大，殖民政府难以建立起能够进行有效管理的基层组织。因此，殖民政府的策略是，与群众自发建立的社会组织建立联系，通过它们来进行自己鞭长莫及的社会管理。

这样看来，早期新加坡的社区发展和基层组织的建设是靠民间推动的。早期的社会基层组织主要是分属各种族的地缘、血缘集团。如方言组织和宗亲组织，甚至秘密会社也在相当程度上发挥着基层社会组织的作用。这些组织依靠各自的文化、宗教和物质的力量，吸引着其成员的忠诚和支持。在维护和促进本种族、本社区成员的生存和发展方面发挥着重要的作用,在教育、卫生和其他社会福利方面也做出了积极的贡献。然而,随着现代化进程的深入,这些带有浓厚传统色彩的社会基层组织显得越来越难以适应工商业社会的需要,其消极性变得越发突出了,因而其作用越来越有限。

在第二次世界大战中,英国人尝到了失败的滋味,高人一等的情绪受到了重创。又由于华人和英国人并肩战斗,在反日战争中做出了贡献。在这一过程中,"下层"与"上层"建立了感情和联系,因此,殖民政府在战后对社区发展就持比较积极的态度了。正是在这种背景下,殖民政府建立了第一批民众联络所,由当时的福利厅管辖。由此可见,民众联络所当时主要是一个福利性的组织,负责本地村民的一些联络和互助活动,如传达来自殖民政府的政治信息,向上反映民情,组织村民进行互助和联谊活动,向有生活困难的人提供来自政府的救济和帮助等。但是,由于战后的新加坡百废待兴,殖民政府一时没有能力投入更大的人力和物力来进行联络所的建设,加之当时的民族主义情绪逐渐高涨起来,民族矛盾加深,殖民政府进行的基层组织建设更难有所发展。这种局面一直持续到1959年人民行动党上台执政。

一 人民协会和民众联络所的建立与发展

人民行动党上台执政的初期,由于经济状况恶化,一些游击队、种族主义分子和私会党徒经常出来活动。他们煽动人心,进行抢劫并制造暴力事件、使整个社会动荡不安。另外还有一个重要原因是,社会主义阵线从人民行动党中分裂出来以后,人民行动党与下层华人尤其是农村的联系渠道中断了,它急于建立起自己的联系网络和社会基础。在这种背景下,人民行动党在采取其他措施的同时,决定着手建立社会的基层组织,以加强控制,缓解激烈的社会矛盾,贯彻政府的各项政策。

1960年7月政府组建了人民协会。人民协会的主席由政府总理兼任,另有一位部长负责日常工作。它的常设领导机构是人民协会的董事会,共有包括总理在内的15名董事组成,多数是政治家、国会议员和部长。其中10人是由总理任命,其余4人是由人民协会各附属团体选举产生(20世纪90年代初人协附属团体已有90余个)。当时给人民协会制定的宗旨是：协助政府，联合民众，克服各种困难，促进人民的和谐共处、社会安宁与繁荣。

最初，人民协会的主要基层组织就是民众联络所。人民协会成立之初首先接管了殖民政府留下来的28个民众联络所，然后又着手在全国各地建立同样性质的联络所。因此可以说民众联络所是人民行动党上台后建立的第一种全国性的社会基层组织。在20世纪60年代，由于大多数联络所都是在很短的时间内建立起来的，加之经济落后，联络所的设备十分简单，所内的音乐、教育、文化以及会议等其他活动的场所极为简陋。虽然如此，在当时极为困难的条件下，联络所仍然深受本地人民群众的欢迎，很能吸引群众。那时候，多数人的文化水平都很低，在乡村也很少人有条件和能力收听广播、看电视和阅读报纸，政府也不可能经常召开大会，因此，小道消息和谣言成为日常的信息来源。在这种状况下，民众联络所的作用就显的非常重要了。由于政府控制了网络全国的联络所，因此，它就成为向民众解释政府政策、传播正式信息的主要场所和渠道。

随着民众联络所的增多和正规化，它作为社会基层组织的作用也越来越大，为了对它进行有效的领导，充分发挥它的作用，政府决定建立民众联络所管理委员会———一种比较正式的管理组织，来对联络所进行管理。1964年10月2日首批16个民众联络所管理委员会宣告成立。当时给它规定的任务是：

1. 为联络所附近的居民提供文娱活动的场所和机会，并积极鼓励和组织他们参加这些活动；

2. 根据人民协会的规定，代表人民协会管理民众联络所；

3. 向政府或人民协会反映附近居民的要求，并把政府对这些要求所采取的措施和政策传达给居民；

4. 帮助联络所附近的居民发展公民意识。①

民众联络所管委会成立后，联络所的工作更加有序和规范化，作用也发挥得越加充分，增加了普通群众与政府之间的交流，民众的公民意

---

① 《人民行动党》，新加坡，第190—199页。

识也得到了发展，这在当时是很重要的一个进步。

民众联络所从表面上看来并不是一级政府或政治机构，只是一个社区的文娱交流中心，但实际上，在发展文娱以外，在当时其他交流渠道和基层组织都还欠缺的情形下，政府在相当程度上是想通过这种渠道来吸引民众、组织民众、教育民众和导向民众，以扩大人民行动党的社会基础。这种组织与政治组织比起来，虽然缺乏强制性和权威性，但它的吸引力更大，使人们主动而不自觉地增加了对人民行动党政府的感情。

随着其他基层组织的建立，民众联络所的政治作用越来越小，但作为文娱活动中心的作用却有所发展。以社区为基础的活动，也具有不可替代的作用。据1992年年初的统计，共有111家民众联络所平均分布于全国的城郊和部分城区。

二　公民咨询委员会的政治功能

公民咨询委员会是以选区为基础的带有地方议会特色的基层组织，与民众联络所相比，它的政治色彩更浓一些，因而也更具有权威性。

人民行动党政府之所以建立公民咨询委员会，最初是因为党派斗争的需要。1961年至1963年期间，人民行动党与社会主义阵线斗争正酣，党的领袖们经常要到各选区进行活动，为此一些人民行动党的基层干部组织了欢迎委员会来负责接待工作，并帮助党的议员联系群众。李光耀等领导人感到这是一种与群众取得联系、获得群众支持的有效形式，就决定建立一个永久性的正式的组织来做这项工作。在这种背景下，1965年3月，首批4个公民咨询委员会在义顺、榜鹅、三巴旺和实龙岗花区4个选区成立。到1966年共有51个选区都成立了公民咨询委员会。由于它是以选区为基础设立的，因此随着选区的增减它的数量也要有所变化，到1993年，全国共有81个公民咨询委员会。公民咨询委员会由总理公署总辖，它通过五个专设的秘书处协调和管理全国公民咨询委员会的工作。

早期制定的公民咨委会的任务有二：

1. 做到上情下达，下情上传。即根据人民的要求向政府提出建议，并将政府采取的措施和政策传达给人民。

2. 向国民灌输公民意识。

从这两项任务来看，公民咨询委员会的任务主要是听取选区民众的意见，把这些意见整理后通过正式的渠道反映给政府；同时，调解选区内各种社会和生活矛盾；最后，还要向民众解释和传达政府的政策，作为政府的代言人。在政治上，他们起着桥梁的作用。与地方议会相比，它不具有立法权力，因而也没有与此相适应的权威，但有提议权和调解权。并且，由于它与政府有着密切的关系，因而它的提议和调解都具有一定的权威性和约束力。拉惹勒南曾经这样评价过公民咨询委员会："我们尽量奖励委员们在选举时参加自己选区的作业，这些委员会为了要促进某地区居民的福利，就得跟居民们一起讨论该做哪些事情。同时代表居民们劝告和批评政府，即等于实际上的地方议会。政府不能只关心国家的重要问题，而忘记地域性问题。"

自20世纪60年代末以来，它在协助政府推动全国性的社会运动和组织选区内的各种社会活动方面发挥着重要的作用。新加坡是一个社会运动非常频繁的国家，因此，进行社会运动的组织和宣传就是一项繁忙而重要的任务。

公民咨询委员会的委员一般由民间推荐当地的有影响的人物担任，该选区的国会议员负责监督他们的工作，如发现工作不够热心，在任职一年后就可罢免。但为了防止议员随意罢免委员，总理公署内备有每个委员的活动记录，以便与议员的报告相互对照，从而最终决定是否罢免。

公民咨询委员会也是一个全国性的基层组织，它除了具有地方议会的一部分职能外，还具有政府的部分职能。其议会职能包括：委员会每月都要与本区议员举行一次讨论，研究政府的各种有关本区的政策以及应该向政府提出的议案，向政府提交改善本区福利的预算报告。其政府职能包括：在本选区内配合政府发动和组织全国性的社会运动，协助政府做好选举工作等。但它不具有议会的立法权和政府的行政权威，因此，它可以被看成是一种半政府性半民间性的社会基层组织。

三 民众联络所管委会和公民咨询委员会的组织结构

民众联络所管委会（也叫运营中心）和公民咨询委员会的成员主要

是由两部分人组成：一部分是当地的中小企业主、商人和店主。在一个以工商业为主的国度里，工商业主总是当地有影响的头面人物。据一项抽样调查统计，在124名公民咨询委员会的成员中，有47%是工商业主，但是其中大企业主仅4人。显然这种地区性的组织对于大企业主缺乏吸引力，他们往往是到全国性的团体中去任职。另一部分是教育工作者，包括校长和教师等。在儒家文化传统中，教师被看作是灵魂的导师，很受人尊敬。为了保证基层组织在群众中有影响力，政府鼓励教师参加这两个委员会的工作。在新加坡，公文学校的教师大都是二、三等级的公务员，因此，教师的工作成了政府控制这些基层组织的一部分。

这两个基层组织成员的一个显著的特点，就是他们大都还居于某个传统的社会团体。传统社团的头面人物一般也是地方上的知名人士。政府有意把他们吸收到这种半政府性的基层组织中来，以便利用他们的社会基础。而他们也愿意担任基层组织的职务，因为他们也想借机在迅速变迁的社会中扮演更重要的角色。在这一过程中，他们往往受到政治制度化及其现代性的熏陶。

四 城市化过程中的居民委员会

居民委员会是在城市化的过程中建立起来的。新加坡的城市化过程发展很快，从20世纪60年代启动工业化计划和组屋建设工程，到20世纪70年代后期已有70%以上的居民住进了高楼大厦，现代化都市基本建成。在这一过程中，人民的文化水平和生活水平都有了很大的提高，还出现了"城市化"的新一代年轻人。这些在城市化过程中出现的迅速而来的社会变迁无疑给社会管理组织提出了新的问题和挑战。

新的组屋区的形成和城市化的生活，使居民们面临着一种全新和陌生的生活。首先是，建屋发展局分配住房的原则是先申请先分配、公开抽签和按种族比例分配，这就打乱了过去按种族和按传统社团聚居的局面。使不同种族、不同社团和不同区域的居民在新的住宅区中进行了重新组合，从而出现了不同种族、文化、语言和宗教背景的新社区。这种变化割断了人们数十年甚至上百年建立起来的传统而熟悉的生活环境和社会联系。使大多数居民都生活在一个完全陌生的环境里，而且这种变化是在很短的时间里完成的，令很多人深感不适。接踵而来的是城市化本身的问题。高楼封闭单元式的住宅本身有利于私生活的保护，增强核心家庭的生存能力，但它不利于居民之间的来往，不利于建立密切的社会联系，相反，却可能促进个人主义的发展，导致社区精神的衰落。同时，城市化本身就意味着人们文化水平和物质水平的提高。随之，人们必然会产生与新的生活相适应的新的和多元化的需求，而这一切都是传统的社会联系和社会组织所难以满足的。

这些迅速而实质性的社会变迁，使已有的社会基层组织难以适应发展的需要。原有的基层组织，像民众联络所和公民咨询委员会面对这些挑战都采取了积极的态度。当政府推行大规模的建设计划时，原有的社区趋于瓦解，许多居民受到迁徙的影响。这时，这些组织的成员挺身而出，尽可能帮助居民们在迁徙的前后不至于遭受太大的不便和痛苦。与此同时，政府也为此采取了多项措施，使联络所管委会和公民咨询委员会能适应这种迅速的变迁。1967年政府设立了隶属于联络所管委会的妇女小组，促使妇女积极地参与社区活动，以应付妇女走出家门、参加工作和社会生活以及社会地位不断提高的变化。1972年政府还在人民协会之下设立了青年团组织。通过吸引青年参加联络所的活动，以适应青年人在新形势下的要求，更有效地领导他们。同一时期，政府还帮助设立了公民咨询委员会的分会，负责与较零散的居民进行联系，以在多变的居住情况中保持公民咨询委员会的广泛性和权威性。人民协会还自1979年以后推行了一项民众联络所的发展计划，以便每个选区都有一座设备齐全的现代化社区活动中心，满足居民们在量和质方面的更高需求，以对他们更有吸引力。另外，为了解决联络所管委会和公民咨询委员会成员的年龄老化和文化水平较低的问题，政府不断鼓励受过更高教育和专业训练的青年人加入到这两个委员会之中，参与领导工作。这些措施都收到了一定的效果，使这些基层组织的活动与过去相比有了很大的提高。

然而，无论是联络所管委会还是公民咨委会，在人员和结构方面都有相当的局限性，这是一个不易解决的问题。旧的社区领袖们与青年一代相比，一般都更具有献身精神，而且经验丰富，有一定的社会影响力，如果让他们很快地离开领导服务岗位，不但会使社会服务出现断层，而且会增加他们的不满情绪,使他们有一种失落感,不利于社会稳定。更为重要的是,在一个保留着某些传统政治的体制中,老人往往是一种维持传统权威的制衡力量,因此,政府也不愿意让他们很快就退下来。但是,旧的社区领袖们也有他们的局限性,这表现在年龄的老化,使工作缺乏生气;他们的思维方式也比较僵化,习惯于传统的一套做法,与青年人、受教育较高的知识分子越来越难以沟通,无论在办事效率和办事方法上都不能满足新一代人的要求。他们习惯于温和的说教,但缺乏民主和效率。这种组织结构和组织方法没有为组屋区里的年轻人和知识分子提供足够的机会阐述自己的观点和愿望,从而扮演更重要的角色。因而,自20世纪70年代之后,出现了一种倾向,居民们越来越少地去找这两个委员会来解决问题,而更愿意去找政府解决问题。这除了与年龄老化和思想僵化有关外,还与组织结构有很大的关系。过去,这个问题表现得不是很突出,是因为在城市化还未深入以前,人们的要求还比较低,对于个人权利看得不是那么重。随着城市化的深入,人们的要求就越来越高和具有多元化了。可是,联络所主要是一个综合性的娱乐机构,它可以进行说教和反映,但不能经常而有效地解决社区里的其他社会问题。公民咨委会是一个咨询性而不具备行政权威的机构,随着人们文化水平的提高和参与能力的增强,仅仅是咨询而不能很快地解决实际问题已经越来越没有吸引力了。一般性的追随政府的政治参与,还可能引起人们的反感。正是在这种背景下,居民委员会应运而生。

建立居民委员会的计划是在1977年提出来的,其目的是适应城市化的需要,在新的社区中解决居民的实际问题,发展居民的社区意识和对国家的认同感。政府首先在马林百列和丹戎巴葛两个选区组建居民委员会,进行了试验,然后逐步推开。到1981年,大多数组屋区都建立起了居民委员会,到20世纪90年代,全国有300多个居委会。

建屋发展局负责领导居委会的全面工作。总理公署设立了24个居委会秘书处,分片协调居委会的工作。秘书处设在建屋发展局各区的办事处内,受建屋发展局领导。每个居委会平均为500户居民服务,居委会的委员都由本区的居民担任。它的主要任务是,处理社区内出现的各种问题,组织居民开展体育、社交、文化和其他活动,配合政府开展各种群众运动，增加居民之间的交往，从而在社区内培养起强烈的社区精神和国家认同感，同时不断优化社区结构，推动社区发展。

居民委员会的工作表明，它是一个更能适应城市化需要的新型的社会基层组织。居委会与传统的基层组织相比，其成员比较年青，文化水平较高，管理比较民主，组织结构也很灵活。因此，它能够在更大的程度上动员和争取民众的支持。它通过开展各种行之有效的社区活动和计划，促进和发展了居民的社区精神。作为政府与群众之间的一座桥梁，它较少的局限于传统的说教，而是召开大众问题研讨会，更多地反映和解决居民的现实问题，向政府提出建议和计划；同时，积极贯彻政府的政策，协助政府开展全国性的社会运动，推行公民教育计划等。居民委员会的这些作用的发挥使它成为城市化后最基本的社会基层组织。

毋庸置疑，居民委员会的建立，在一定程度上取代了联络所管委会和公民咨询委员会的某些功能，但是，它并不能取代这两个组织。那么，它们之间有什么区别呢？公民咨询委员会是选区里的咨询性的"议会"组织，具有"区议会"的某些功能，同时在组织选举和推动社会运动方面也发挥着一定的作用。联络所管委会只负责联络所的工作，在居民委员会成立后联络所只负责社区中心的文娱和社会联谊活动。居民委员会是社区里的受政府指导的居民自己进行管理的具有综合性功能的机构。它不像管委会和咨委会那样功能比较专门化，因而在特定的领域中，如讨论和反映政府的政策，立法问题，利用联络所持定的场所进行文娱活动，不如这两个组织更能发挥作用。但居民委员会活动的形式多样，内容丰富，它不但可以进行某些组织工作，在社区内解决居民的一些实际困难，具有一定的行政功能，从而使咨委会和管委会的工作经常需要得到居委会的帮助，而且可以更经常性和广泛性地开展了解民意的咨询活动和文娱活动，不过它的这些工作不像这两个组织那么正式。

五　基层组织的作用

三个基层组织在各个区域、各个领域和不同的层次上进行着有效地运作，成为国家对全国进行控制的最基本的组织网络。政府通过这些基层组织对社会进行控制的方式是：通过把民众吸收到这些基层组织即政治体制之中参与管理，实现了有限的政治参与，在一定程度上消除了官僚体制与下层群众之间的隔阂。一些商业团体和民间社会组织以及各种地缘、血缘组织的头面人物被吸收进基层组织的领导机构，避免了政治体制与这些传统的社会团体之间的许多利益摩擦，并把它们卷入了政治现代化的历史进程，从而扩展了政府的权力。另一方面，公民的政治组织和政治活动被融入这种半政府性的基层组织之中也限制了其自由度和政治参与的深度，使政治生活不至于过热，有利于政治控制和社会稳定。这种带有有限民主性的社会基层组织将遍及全国的地方组织纳入了政治体制，它在政府和大众之间建立了一种体制上的联系。而前者的稳定有赖于后者受控制的程度，它也提供了公众有限参与的渠道，而且这也可以作为日后扩大参与的基础。因此，从政治发展的视角来看，这种结构的形成是政治权力扩展的一种表现。

第八节 社会组织的发展与"互赖式治理"

为了适应经济市场化和社会多元化的发展，新加坡政府提出了政府与社会组织进行"互赖式治理"的方针，不断改革传统的由政府单独治理的方式，以建构政府与社会之间的良性互动关系。由此，政府对社会组织持越来越开放的态度，大力培育和创建社团组织，鼓励它们在社会治理中发挥越来越大的作用。

治理理论指出，提高现代国家治理能力的重要基础就是要处理好国家与社会的关系，因为国家能力的消长是社会需要的结果。国家的治理能力可以具体分为国家的汲取能力和国家的规范能力。国家的汲取能力是指国家从社会中获取财富和人力等资源的能力。一个国家首先要具有相当的汲取能力，否则它不能获得支持自己生存或运转的资源。但这不是说汲取的越多越好，因为在任何体制中国家对社会的汲取都有一个度的问题，超过了一定的限度，会使社会的资源越来越枯竭，国家可汲取的资源就会减少。国家的规范能力既包括国家对社会结构的规制管理能力，也包括国家对社会资源的管理或分配能力。然而这并不是说规制的越严说明国家的规范能力就越强，这也存在着一个"度"的问题。规范过度，会使社会失去活力；规范不够，会使社会发生混乱；规范适应，社会活而不乱。从社会结构上来看，对产权的规范是最基本的规范内容，因为产权本身就是一种社会结构，是个人对自己所拥有的劳动、物品和服务的占有，是一种法律规则和组织形式。

　　政府如何合理地使用自己的权力或处理好与社会的关系，这在所有国家都是一个最基本的治理问题。而且是一个动态的平衡治理问题，即随着社会经济和政治的发展，政府与社会的关系也要不断地变化，否则，即使是原来合理的关系也会变得不再合理。因为静态的国家与社会的关系不可能在不同的时间、地点和环境中都产生同样的效力。对于多数后发展国家来说，随着市场化和社会组织的发展，政府与社会的关系也要有所改变。在这一改革中，既要在微观上给政府留有足够的自由裁量权，也要在宏观上调整政府与社会的关系，换言之，既要保证政府有足够的权力来规范市场和社会的运作，又要限制政府过度地使用手中的权力，从而压抑社会的活力。处理好这个问题，可以调动国家与社会两方面的积极性。

　　一般来说，如果国家强大，则社会就弱；反之，如果社会强大，国家则弱。但是对于大多数国家来说，并不会处于这一比较框架的极端位置，换言之，如果我们以国家和社会作为两个变量而建立一个坐标的话，每一个国家都会在这个坐标中找到自己的位置，无论是国家还是社会都会处于较强或较弱的位置。对于新加坡来说，它在遵循这一规律的同时，也有自己的特点。这就是，由于政府在一定领域中主动发挥社会组织的作用，同时由于法律严明，社会组织在政治上也受到法律的保护，因而社会组织可以积极地发挥一些重要的作用。

　　随着市场和社会的发展，新加坡在保持政治稳定和治理效率的前提下逐步积极地改善国家与社会关系，与多数已经完成市场化的国家相比，它是以"强国家"来推动市场化和社会化改革的，在这一过程中国家一直扮演着重要的角色。同时，由于法治化程度很高，国家的权力是受到严格限制的，社会组织受到法律的保护，也有很大的活动空间，发挥着越来越重要的作用。

　　我们可以这样来描述新加坡这种"强国家"和"强社会"的特点：

所谓强国家，是指其一党长期执政，政府高效而廉洁，国家主导经济和社会发展。同时，尽管政府主导经济和社会发展，但它并不是一个大政府，政府的规模很小，机构少而精，权力的边界也很明确，因而对具体事务管的并不多。所谓强社会，是指企业和个人有高度的经济自由和经营自主权，凡是法律授予社会组织和企业及个人的权利，政府及官员很难越权干预，社会组织和个人可以在法律的保护下积极地参与社会和国家事务。2015年世界经济体自由度排名中新加坡已经名列世界第二，并且已经建成了高度法治化的社会，社会权利和经济权利都很少受到行政干预尤其是不受官员个人的干预。

具体来说，新加坡社会组织的发展有两种方式。一种是由政府自上而下创建的，这种是半政府半民间性质的，如人民协会领导下的居民委员会，还有早期的民众联络所等。它们的功能是组织民众活动，沟通民众与政府之间的联系。由于这种社会组织的领导成员并不是专职的，因此，他们并不总是政府的代言人，而在很大程度上是民众与政府沟通的桥梁。政府对这种社团组织给予一定的资金和人才支持，也适度干预其人事安排。由于这些社会组织遍布全国所有的基层社区，因而在社区治理中发挥着不可忽视的作用。

社会组织建立的另一种方式是自下而上的，也即由民间自发组织的各种功能性的社会组织，例如各种族群协会、商会、环境组织、工会、慈善组织、宗教组织等。近二十年来，新加坡的非政府组织有很大的发展，在各自领域中发挥着越来越大的作用。例如，无论在国会中还是通过媒体，都可以对社会治理提出建议，并积极地参与到社会治理之中。社会组织积极发挥作用，不仅调动了它们的积极性，也弥补了政府的不足，尤其是社会组织多是根据社会的需要建立和运作的，也不会过多地需要国家的经济和人力支持，不会产生不必要的浪费。

在社会组织的发展过程中，政府的作用不可低估，这是保证其有序发展的重要前提。新加坡的经验是在政府的扶持和帮助下培育一批具有实际办事能力的社会公益组织和社团，授予它们在特定领域的优先代表权，政府在经费上给予适度支持。同时，为保障社会组织能够按照政府的政策行事，要保证政府在这些社团领导人的构成上有一定的发言权。

在社会组织的协助下，政府的简政放权不仅不会导致治理能力的弱化，反而可以在不增设新的政府机构的情况下扩大治理范围，提高治理效力。同时，采取这种"互赖式治理"的方式有助于消弭国家与社会之间的相互不信任感，拉近二者的距离，构建合作式治理格局。社会组织能够在国家的监管和指导之下逐步发育成长，政府也能在社会整合的同时，保持其自主性，增强执政效率，进而提升国家治理能力。

在现代国家建设的初期，由于是国家控制社会，因此国家的管理能力更为重要。在现代国家建设达到一定阶段后，由于市场经济和社会组织发展起来，因此国家与社会之间的互动更为重要。在这种环境中，国家的管理能力与国家对社会的适应能力是相辅相成的，因为国家只有在适应社会的基础上才能实行有效的管理；同时国家只有实行有较强规范力的管理，才能为社会组织提供良好有序的发展环境，使社会得以健康的发展。而在国家与社会之间起到重要中介作用的是法律，只有严格按照现代法律划分国家与社会之间的界限，保障它们各自的权力和权利，才能实现它们之间的良性互动或"互赖式治理"。

第九节　亨廷顿政治发展理论对新加坡的适用性

一　亨廷顿政治发展理论产生的背景

20世纪五六十年代，后发展国家的主要任务逐步由争取民族独立向国家建设方面转变，经济和社会的全面发展成为它们新的使命。随之在相关的学术领域，关于"发展"的研究成为诸学科中的显学，发展经济学、政治发展和比较政治学、社会发展和比较社会学等实践和理论研究基本上被"发展主义"所主导。

当时关于发展中国家政治发展的研究，学界主流的观点是，把政治发展视为一个从传统到现代转变的普遍的、必然性的过程，所有国家都要遵循这种模式。市场经济的引擎一旦启动，随之而来的便是中产阶级的成长，工人、农民和社会大众的政治动员，从而导致社会和政治变迁，其发展趋势是走向更高水平的多元民主政治。这一单线的、可预测的普世性发展过程的最终产品是令人愉快的民主和自由公正的社会。[1] 这种早期的政治发展研究显然带有鲜明的西方中心论色彩，他们有意或无意的把西方国家的政治发展模式当成标准，认为后发展国家会走一条与西方国家大致相同的政治发展道路。由此，这一理论认为，"在第三世界新兴国家的现代化过程中，经济的发展和社会、文化的改造占有优先地位，政治现代化即使不是第二位的，至少也只有在前者发展后才能水到渠成"[2]。

这种单线性的政治发展观自第二次世界大战后直到20世纪70年代主导了美国及以后西方世界的对外援助计划，[3] 该计划认为可以通过培育被援助国市场经济的发展来促进其中产阶级和市民社会，并建成多元民主政体。但是实践却与理论预设有很大的差距。首先是经济援助中的许多钱并没有被用于经济建设，而是流进了私人腰包。"经济发展也没有自然导向民主，而是产生了更大的腐败以及造成了威权主义的巩固和强化。"[4] 更为重要的是，面对迅速动员起来的下层民众，当政者由于害怕马克思主义式的革命暴力或在选举中被推翻，所以压制社会动员的扩展，由此掀起一波右翼军人的夺权浪潮，导致很多新兴国家刚刚发展起来的民主政治被打压下去，取而代之的是寡头和威权统治。[5] 正是出于对以上政治发展论断的质疑和不满，在对既有主流政治发展观点的直接批判基础之上，亨廷顿提出了自己的政治发展思想。

二 政治发展的目标：稳定与民主

较之于当时的多数政治学者对后发展国家政治发展的民主化前景持

---

[1] 霍华德·威亚尔达编：《非西方发展理论——地区模式与全球趋势》，董正华等译，北京大学出版社2006年版，第1—2页。

[2] 塞缪尔·P. 亨廷顿：《变化社会中的政治秩序》，王冠华等译，上海世纪出版集团2008年版，译者序。

[3] 实际上，在笔者看来，这一时期以苏联为代表的主要社会主义国家的对外援助也遵循着一种模式相似但方向有所不同的单一发展观，认为可以通过社会主义的援助来改造被援助国家。

[4] 霍华德·威亚尔达：《新兴国家的政治发展——第三世界还存在吗？》，刘青等译，北京大学出版社2005年版，第46页。

[5] 同上。

更乐观的态度,亨廷顿却指出这些国家的民主化过程充满了暴力、腐败等政治衰败现象,于是他把研究重心转向对政治衰败现象根由的探析上。在《政治发展和政治衰败》①一文中,亨廷顿分别从现代化和制度化两个方面论述了政治发展。他强调,政治发展理论需要增加一种关于政治衰败的理论分析视角。实际上,"不稳定、腐败、权威主义、国内的暴力、制度衰败以及政治分裂的理论,而不是与之相反的理论,能够告诉我们更多关于发展中地区的信息。"②继而,在1968年出版的《变化社会中的政治秩序》这一经典著作中,亨廷顿进一步发展了这一思想并全面展示了其政治发展思想。它提出新兴发展国家的首要任务是实现政治秩序化与政治稳定,而政治制度化的水平是实现此目标的最重要的手段,在此基础上才能实现高制度化水平的民主政治。亨廷顿立足于发展中国家的政治现状,探讨一条非西方的后发展国家政治发展的路径,寻找政治发展和政治稳定之间的平衡机制。

在亨廷顿看来,"各国之间最重要的政治分野,不在于它们政府的形式,而在于它们政府的有效程度"③。与欧美等国安定有序的政治局面相比,在第二次世界大战后的几十年中,正处于现代化或政治转型之中的亚洲、非洲和拉丁美洲国家处于政治混乱和衰败之中,腐化和对公民权利和自由的恣意侵犯、政府效率的低下和权威丧失以及内乱是一种普遍现象。这样的政府是失败和无效的,它无法建立起强大的、有适应能力的、有内聚力的政治体制,因此在这样一个连最基本的秩序都无法维持的社会,政治发展根本无从谈起。是故,亨廷顿说,"首要的问题不是自由,而是建立一个合法的公共秩序。人可以有秩序而无自由,但不能有自由而无秩序。必须先存在权威,而后才谈得上限制权威"④。

---

① Samuel P. Huntington, "Political Development and Political Decay", *World Politics*, April, 1965, p. 386–430.

② Ibid., p. 393.

③ 塞缪尔·P. 亨廷顿:《变化社会中的政治秩序》,王冠华等译,上海世纪出版集团2008年版,第1页。

④ 同上书,第6页。

亨廷顿把政治动乱的政治原因归之于政治参与与政治制度化之间的失衡。具体来说，发展中国家政治不稳定的根源在于社会大众被卷入了现代化进程，政治动员使他们参与了政治并导致了政治混乱，而这并非政治现代性的缺乏，而是这些国家没有建立起保证其参与急速扩大的政治秩序。"现代性孕育着稳定，而现代化过程却滋生着动乱"①。现代化进程一方面带来了广泛地民众动员和期望值的提高，另一方面是满足这些新渴望能力的不足，如此便在期望和满足之间出现了差距。社会动员虽然提高了民众的期望，而与现代化相伴的经济水平的提高，理应能通过满足社会期望的方式来缓和社会不满及消弭由此引发的政治动乱，但结果却事与愿违。"经济发展本身就是一个不稳定的进程，并且正是这些能够满足希求的变革又趋于扩展那些希求"②。因为在经济增长以某种速度促进物质福利提高的同时，却又以另一种更快的速度造成社会怨愤的积聚。格尔的"相对剥夺感"理论认为，"每个人都有某种价值期望，而社会则有某种价值能力，即使大众的价值期望获得满足的能力。当社会变迁导致社会的价值能力小于个人的价值期望时，人们就会产生相对剥夺感。相对剥夺感越大，人们造反的可能性就越大，造反行为的破坏性也越强"③。

亨廷顿并不认为期望与现实之间的巨大差距一定会导致动乱，是否引发社会动乱还要取决于另外两个干预变量，即社会流动机会以及政治制度化水平。社会挫折感产生后，如果社会能够提供充分的流动机会，就会缓和这些挫折感，使民众不致因此而寻求更积极的政治参与或诉诸激烈的暴力。如果没有种流动性，就会导致政治参与过度。此外，如果社会拥有较高的政治制度化水平，就能为民众提供合法的渠道来表达自己的政治参与诉求并被有效地吸纳，从而在较大程度上满足人们的要求，由此消弭了政治不稳定因素。但问题的关键在于，这两个干预变量在发展中国家都不具备，或很难建立起来。这样，既缺乏充分的流动性

---

① 塞缪尔·P. 亨廷顿：《变化社会中的政治秩序》，王冠华等译，上海世纪出版集团2008年版，第31页。
② 同上书，第38页。
③ 赵鼎新：《社会与政治运动讲义》，社会科学文献出版社2012年版，第78页。

机会，亦没有高水平的政治制度化，社会挫折感就会产生政治动乱。基于此，他极力强调政治秩序在后发国家现代化过程中的优先地位，为了达致政治稳定，在必要的时候，可以对政治参与采取一定程度上的压制。

亨廷顿从政治保守主义立场出发，极为强调政治秩序的重要性，政治秩序不会从现代化过程中自动产生，而是要主动地构建。没有政治秩序，无论是经济发展还是社会发展，都不可能发展下去。既然政治衰败的原因是政治制度化和政治参与之间的失衡，那么进行政治制度化建设就成为处于现代化转型过程中的国家的首要任务。亨廷顿认为，政治制度化就是指政治体系在组织上和程序上获得价值和稳定性的过程。没有强有力的政治制度，政治共同体就缺乏实现共同利益的手段。"创建政治制度的能力就是创建公共利益的能力"[1]。因此，政治制度化水平低的政府，是一个弱而无效的政府，它无法有效地履行自己的统治职能。

在阐释政治制度化之于政治发展作用的同时，亨廷顿特别强调了政党及政党制度在政治制度化建设中的作用与功能。对正处于现代化转型过程中的国家来说，建立国家不仅仅意味着创建有效的官僚制度，更重要的是还要建立一个有效的政党体系，借此来疏导新兴集团的政治参与。政党组织着政治参与，政党体系影响着政治参与扩展的速度，政党能够为变革提供稳定和有序的制度保障。对于正处于现代化转型中的政治体系来说，政党的力量直接影响着政治稳定，只有在一个强大的政党领导下，才能够实现政治的稳定有序。虽然政党可能会因争夺选民而引发腐败，但强有力的政党却能以制度化的公共利益取代四分五裂的个人利益。[2] 他根据政党数目与政变次数之间关系的统计数据，指出在这一政治发展阶段中，一党制比多党制更倾向于稳定，多党制与高水平的政治制度化和政治稳定不相容，他又通过对政治参与量与政治制度化之间的比

---

[1] 塞缪尔·P. 亨廷顿：《变化社会中的政治秩序》，王冠华等译，上海世纪出版集团2008年版，第19页。

[2] 同上书，第332—360页。

较，提出多党制不易在处于现代化之中的社会生根的观点。[①] 准确地说，这一论断反映了多数后发展国家在这一发展阶段的主要的政治现实，换言之，多数国家在较短的时期并非如此，它们都出现过短暂的多党制的时期，更有少数国家例如印度则一直是两党或多党制体制，尽管它也有一党独大的时期。

亨廷顿主张政治秩序的优先性绝非集权政治辩护，而是把这种集权政治看成是与一定的政治发展阶段相适应的，是后发展国家通向成熟的民主政治的一条路径，其归宿是稳定有序的民主政治，这可见于其另一著作《第三波：20世纪后期的民主化浪潮》。在该书中，亨廷顿认为近代以来共出现过三波民主化浪潮[②]，一国民主化的进程不是独立发生的，而是在一定范围内波及他国，由此形成一波又一波的区域性或世界性的民主化浪潮。虽然在本书中亨廷顿依旧延续了其早期的观点，认为秩序与无政府之间的分野比民主与独裁之间的分野更为根本，不过较之于以前的立场，亨廷顿此时根据形势的变化对民主的前景也作了乐观的判断，他看到并肯定了民主的发展。

亨廷顿是这样描述"第三波"各国政治转型的："民主是如何制造出来的呢？民主是用民主方法制造出来的，舍此别无他途。它们是通过谈判、妥协和协议造就出来的。它们是通过示威、运动和选举造就出来的，还是通过分歧的非暴力解决造就出来的。它们是政府和反对派中的政治领袖亲手缔造出来的，因为他们都勇于挑战现状，并且勇于使他们追随者的眼前利益服从于民主的长远需要。它们是政府和反对派中的政治领袖亲手缔造出来的，因为顶住了来自反对派中的激进分子和政府中的保守分子的暴力挑衅。它们是政府和反对派中的政治领袖亲手缔造出来的，因为他们足够智慧地认识到，在政治中，没有人能够垄断真理或美德。妥协、选举和非暴力，是第三波民主化的共相。在不同程度上，发生在

[①] 塞缪尔·P. 亨廷顿：《变化社会中的政治秩序》，王冠华等译，上海世纪出版集团2008年版，第350—360页；彭锦鹏：《政治安定的设计家——韩廷顿》，允晨文化实业股份有限公司1982年版，第178—179页。

[②] 塞缪尔·P. 亨廷顿：《第三波：20世纪后期的民主化浪潮》，欧阳景根译，中国人民大学出版社2013年版，第11—20页。

这一波中的大多数主动转变、政权取代和交相改变，打上了这些烙印。"①在这里，他肯定了统治者中和反对派中的政治精英所做的政治妥协，也肯定了民主是一个国家的长远的利益和需要。

亨廷顿对于后发展国家民主的未来作了进一步的阐述：经济发展使得民主成为可能；政治领导使得民主成为现实。政治精英必须相信民主对社会和对自己来说是一种最不坏的政体，同时还要掌握实现民主转型的必要技巧。民主化正在一波接一波地冲击着独裁的堤岸，在经济发展浪潮助动下，每一波浪潮都比前一波进得更多，退得更少。在有智慧有决心的领导人推动下，历史会前进，民主乃世界大势，各国转型模式虽异，且困难重重，但民主化的道路不会因之扭转，时间属于民主一边。②

三 政治发展的方式：革命与改革

亨廷顿把革命视之为"对一个社会的主导价值观念和神话，以及其政治制度、社会结构、领导体系、政治活动和政策进行一场急速的、根本性的、暴烈的国内变革"③。即通常所称的"大革命"或社会革命。亨廷顿把革命分为两种类型：西方式革命和东方式革命。在西方式革命中，旧政权的政治制度土崩瓦解，继而新生团体就被动员起来投身政治，然后是新的政治制度的创设。东方式革命则与之大为不同，它首先是动员新生集团参与政治，创设新的政治制度，最后以暴力的方式推翻旧的政治制度。在西方式革命中，政治动员是旧政权瓦解的结果，而在东方式革命中则是旧政权灭亡的原因。

革命起因于政治制度和社会势力之间出现的差距或矛盾。具体来说，革命的发生要具备两个条件：第一，政治制度无法为新生社会力量参与政治和新的社会精英进入政府提供管道；第二，被排斥在政治之外的社会势力具有参与政治的愿望。此参与愿望之所以产生，是因为该集团需

---

① 塞缪尔·P. 亨廷顿：《第三波：20世纪后期的民主化浪潮》，欧阳景根译，中国人民大学出版社2013年版，第158页。
② 同上书，第297页。
③ 塞缪尔·P. 亨廷顿：《变化社会中的政治秩序》，王冠华等译，上海世纪出版集团2008年版，第220页。

要某种象征性或物质性要求，且唯有经过政治途径方可获得。鉴于此，那么革命就不可能发生在经济和社会发展水平都很低的高度传统化的社会中，亦不会出现在高度现代化的社会中，如同社会动荡和暴力一样，而最有可能发生在经历过一定的社会和经济发展，而政治现代化和政治发展进程又落后于社会与经济变化进程的社会里。① 一场全面的革命包括摧毁旧政治制度，动员新兴集团的参与，重新界定政治共同体和政治观念，创设新的政治制度等。从创立新的政治秩序这个意义上，某些革命为政治发展创造了条件。革命不仅建立起新的政治共同体，且在政治价值观和政治态度方面也会引发迅速的变迁，以前被排斥于政治之外的民众现在认同了新的政治制度，而以前可能认同于传统体制的精英人物，现在则被排斥在新体制之外。

革命的目标就是要建立一个同质性的共同体，而迫使反对分子和不愿同化分子流亡，这是其重塑同质共同体的方法。恰恰是这种被许多人视为革命体制弱点的东西，实际上正是该体制得以强化的手段。革命祛除了旧的政治制度中的腐败之点，造就了一套新的更加严格的道德、权威和纪律，从这个意义上说，革命也促进了道德的更新。与革命相伴的暴力与动乱，虽然可能导致社会更趋落后，但革命本身却重组了社会与经济发展，以及社会与政治发展之间的关系，从这个层面看，革命强化了政府与政治秩序。以革命手段建立的新政权，一般都是强政府，因为革命带来了政治体制中的权力集中和权力对社会的更广泛渗透，同时，这也有利于创设新的政治结构，借此使权力的集中和扩大得以稳定化和制度化，以完成革命任务。

与革命相比，改革在那一特定的转型时期是更少的选择，其对改革者的要求也更高。在亨廷顿看来，改革是一条比革命更艰难的道路②，改革者要面临着比革命者更为困难的问题，这体现在三个方面：首先，改革者必须两线作战，同时面对来自保守和革命两方面的反对。其次，改

---

① 塞缪尔·P. 亨廷顿：《变化社会中的政治秩序》，王冠华等译，上海世纪出版集团 2008 年版，第 220—221 页。

② 当然是指后发展国家政治发展的特定时期。——笔者注

革者不但要比革命者更善于操纵各种社会力量，而且在对社会变革的控制上也必须更加老练。最后，在如何处理改革的各种关系和问题面前，改革者比革命者面临着更为复杂的选择。面对这些困难，对于一个志在进行重大变革的改革者来说，有两种可供选择的战略，即闪电式战术和费边式战术，而最有效的策略是把两种战术相结合，这亦是对政治改革者政治智慧如何的一个严峻考验。

关于改革的前途，一种观点认为，当国家面临日益积聚的改革压力时，若在领导层和政策方面实行持续不断的小规模改革，将可避免在制度、社会结构和价值体系方面发生激烈的暴力革命，即改革可以成为革命的替代物。另一种观点则认为，一旦实行改革并做出让步，这就会刺激进一步改革的要求，从而极易形成滚雪球式的革命运动，改革不但无助于政治稳定，反而会造成更大的动荡甚或革命，此时，改革就成了革命的催化剂。亨廷顿认为，在改革与革命之间形成一种竞争关系，改革是否会引起革命，取决于改革的性质、改革者的成分和改革的时机。[1] 从革命与改革的基本趋势来看，在政治现代化的早期，通常革命是主要的变革形式，而在政治现代化较为成熟的时期，改革日益成为社会和政治变革的主要形式。[2]

四 亨廷顿的政治发展理论与当代的政治发展

亨廷顿的政治发展理论充满着创见，极大地改变了人们对政治发展的既有看法。他从对西方政治发展模式的研究出发，深入研究了亚、非、拉后发展国家的政治发展道路，提出了具有广泛影响的政治发展理论。"亨廷顿的政治稳定理论跳出以往单纯从经济角度或社会角度研究的局限，整合了以往政治稳定理论的研究成果，从政治、经济、社会以及心理等多角度阐释政治稳定"[3]。

---

[1] 塞缪尔·P. 亨廷顿：《变化社会中的政治秩序》，王冠华等译，上海世纪出版集团 2008 年版，第 305 页。

[2] 李路曲：《世界政治转型方式的变化与中国的政治发展》，《甘肃社会科学》2013 年第 3 期。

[3] 孟军：《亨廷顿的政治稳定理论及其当代启示》，《社会科学战线》2008 年第 3 期。

亨廷顿指出政治现代化的道路是多线发展的，后发展国家并不是完全按照西方的政治现代化历程发展的，它们的政治发展路径在很大程度上取决于其历史传统。从发展中国家的政治现实出发，亨廷顿认为，在现代化进程的初期，威权政治是比民主政治更好的选择，甚至认为威权专制是通向民主政治的必经之路。不过应当指出的是，他并不赞成为了维持政治秩序，可以对民众的政治参与诉求一味地予以压制，而是有限度地压制。他的政治发展理论具有明确的目标指向，即政治民主化，而维持政治稳定是达致政治民主的前提条件。

政治制度化是亨廷顿政治发展理论的核心所在，这是指政治程序的共识与政治参与制度性管道的确立，这是发展中国家寻求政治稳定与政治秩序所要解决的重要课题。亨廷顿把政治发展的关键定位为政治制度化的程度，而在其对政治制度化的分析中，又极力强调政党及政党制度的作用。他认为政党能够组织有序的政治参与，因此能够避免现代化过程中政治参与过度地扩张，进而达到政治制度化的目标。正是基于这一考虑，亨廷顿认为，就发展中国家政治制度化建设而言，一党制是一种更好的现实选择。他还阐明了政治发展、政治制度化、政党三者之间存在着一种直接而明确的有机联系，从而为政治发展提供了有效的路径。当然，由于亨廷顿刻意凸显了政党在政治制度化中的作用，尽管这是研究方法的需要，但无论如何政治发展并不仅仅取决于政治制度化，它还与公民文化的养成、有效官僚组织的建立和经济现代化等因素密切相关，缺少这些因素的现代化，真正的政治发展不可能实现。政党虽然能够保证政治动员的有序性，但若没有有效的官僚组织相配合，民众也仅仅只能有效表达利益诉求，却不能保障利益得到有效实现。从政治制度化的标准来看，政党与官僚组织各有其不同的制度性功能，亨廷顿着重强调了政党的作用，却没有阐述官僚组织的作用，尤其是没有系统阐述两者之间的关系，这是其政治发展理论的局限性。[1] 不过，亨廷顿对政治秩序、威权主义和政治制度化在政治发展中的作用的阐述，在一定程度上

---

[1] 彭锦鹏：《政治安定的设计家——韩廷顿》，允晨文化实业股份有限公司1982年版，第175页。

弥补了这一不足。

亨廷顿提出四个标准来衡量政治制度化水平,但这四个标准没有具体地与政治发展水平相联系,致使政治制度化与政治发展水平的关系难以衡量。具体来说,当我们评价一个组织或制度的民主化和制度化水平时,一是要以一定的社会发展水平或发展阶段为基础,二是在探讨政治文化或价值偏好对民主化和制度化的影响时,要考虑它们与社会发展水平或阶段的关系,它们是否是一个社会的主流文化或预示着其发展方向的潜在的价值选择。这就是说,一个与一定的社会发展水平或社会结构相适应的、与当时的先进的、主流的政治文化和价值观相一致的组织或制度一般具有更高的制度化和民主化水平。在此基础上才能运用经典的制度化理论评估具体的组织或制度。对处于不同发展阶段制度的制度化、政治发展或民主化水平的判断不能仅以一种孤立的标准进行衡量。例如不与社会发展阶段相联系的适应性、复杂性、自主性和内聚性,是缺乏说服力的,正是在与发展阶段相联系的基础上,我们才更能阐明政治发展或民主化与政治制度化之间的有机联系。[①]

有人以正处民主危机中的体制与那些制度化水平较高的专制体制相比较,借此否定制度化水平与民主的实现程度之间的正相关关系。此种比较存在方法上的谬误,因为他没有注意到,任何一个政治体制都有一个从产生、发展到成熟和衰落的发展过程,处于产生和发展阶段的体制还不能与既有的社会经济结构相适应,因而出现不稳定状态是正常的。民主体制在其产生和衰落时期都可能有与社会经济发展不相适应的一面。应该说,这时政治体制的制度化水平不高,或者说在适应性、自主性、复杂性和凝聚力方面都不成熟。但这并不仅仅是民主体制的状况,集权或专制制度也有一个从产生、发展、成熟到衰落的过程,在其产生和衰落阶段与社会经济发展也表现出绝对的不相适应状况。如果我们拿其发展的成熟时期与民主体制的不成熟时期进行比较,并按各自的社会状况来说明其体制的制度化水平,显然缺乏可比性和说服力。一般来说,处

[①] 关于在发展水平的前提下,考察民主化与制度化的关系,详细分析可参见李路曲《关于民主化、制度化与发展水平关系的思考》,《晋阳学刊》2008年第1期。

于较高发展阶段上的、并且能够在一定程度上与之相适应的政治体制比处于较低层次发展阶段的、即使能够完全与之相适应的政治体制的制度化和民主化水平更高。即是说，与更高发展阶段相适应的政治体制比与较低发展阶段相适应的政治体制更能适应更高水平的社会和生产力的发展；其自主性建立在较高社会发展层次上的利益集团的利益协调基础上；其凝聚力建立在民主和自觉的价值选择基础上，而不是建立在动员和被动追随的意义上，因而其凝聚力也是较高的。

亨廷顿把后发展国家的"政治衰败"，如政治秩序的混乱、政府权威的丧失、效能低下、合法性危机、公共道德和公共精神的缺乏等，归之于缺乏有效的政治制度。这并没有错，其抓住了直接原因，问题是处于不同区域和不同历史发展阶段的这些后发展国家是否面临的现实选择都是进行政治制度化建设，或者说其共同体是否还未达至进行现代国家制度建设的水平，而需要培育公民文化或市场经济。

2014年福山出版了其巨著《政治秩序和政治衰败：从工业革命到民主全球化》一书，本书沿着其3年前出版的《政治秩序的起源》一书进一步探讨了政治社会运作的机理。实际上，也仍是以讨论亨廷顿《变化社会中的政治秩序》所提出的"政治秩序与政治发展"问题为核心，尽管讨论的范围要广泛得多，尤其是探讨了一些新的问题。福山从分析西方殖民主义之后非西方国家国家能力低下的原因入手，提出一个秩序良好的社会需要具备强政府、法治和民主问责三个基本要素，缺一不可。他像亨廷顿一样，批判了那种认为只要推进现代化就可以提高国家治理水平的论调。在福山看来，政治发展顺序非常重要，在进入现代化转型之后，应先建立强势政府而不是民主制度，尚未建立有效统治能力就进行民主化的政府无一例外会遭受失败。在此之后才能有民主问责。此外，他还强调政治衰败并不仅仅存在于后发展国家，一个成功、稳定的自由民主体制，并不意味着它永远如此，如果处理不善，亦会发生政治衰败。① 实际上，无论是对后发展国家的政治发展的原因、模式和西方国家

---

① 《福山新作探讨"政治衰败"：不斗争，历史将在嘘声中终结》，澎湃新闻（http：//www.thepaper.cn/newsDetail_ forward_ 1267968）。

的政治发展的探讨，福山实际是在更广泛和更现代的意义上进一步论证了亨廷顿的政治发展理论，证明了其理论的现实意义。

小结

塞缪尔·P. 亨廷顿的政治发展理论的目标指向是政治稳定与政治民主。它从发展中国家的现实出发，指出在其走上政治现代化道路的相当一个历史阶段中，建立并维持政治秩序比实行民主化具有优先性，而高水平的政治制度化是实现政治稳定的关键所在，尤其是政党在政治制度化建设中发挥着至关重要的作用。在这一时期，革命与改革都可能是政治发展的动力，但改革是更有效的选择。在亨廷顿之后，一些政治学家关于后发展国家的政治建设有诸多新的表述和贡献[1]，但都没有突破亨廷顿的政治发展与政治稳定关系的思想。今天，我们仍可以用亨廷顿的这一理论解释后发展国家政治发展的基本问题。

---

[1] 例如福山的新书提出了秩序政府与民主的关系。

第九章

国家意识形态

第一节 文化构建与国家认同

文化构建和国家认同是一个国家整体建设的不可或缺的重要的组成部分,尤其对东亚大多数国家来说,在过去几十年中,由于其独特的政治和文化传统,往往需要建立起单一的意识形态,因而这种文化构建和国家认同就显得非常重要了。实际上,文化构建是精神文明建设的基础和重要组成部分,而国家认同是民族意识在国家层面上的体现,它们的构建是否成功,对于一个国家的现代化建设来说,是至关重要的。对于新加坡来说,进行国家层面上的文化构建和国家认同的培养,是从1965年独立后开始的。

一 制约和促进国家认同的各种因素

新加坡的文化构建和国家认同的推进受到各种传统和外来文化的制约。由于自1819年以来新加坡就一直是英国的殖民地,所以它的文化、经济和政治都是依附性的。它的人口来自世界各地,有不同的文化背景,这些最初并不打算在此久留的移民构成了人口的多数。他们,尤其是华人有很高的适应性,可以做到在不同的时期与不同的权威和睦相处,并对其服从。然而,无论是哪一个种族,即使是在本地出生的居民也把自己内心的效忠给了他们想象中的祖国,例如华人是效忠中国,马来人是效忠马来亚,印度人是效忠印度,欧洲人则是英国或欧洲某一个国家的效忠者。在家里和在由本地组织资助的学校中都进行与这种效忠密切相关的文化传播。例如在 19 世纪和 20 世纪上半叶，在华人各方言组织创办的华校中，除了讲授自然科学知识外，一般都以教授儒家文化为主；在教会和殖民政府创办的学校中则强调对教皇或英国女王的效忠。正因为如此，当时"新加坡人"的文化和认同是一片"空白"。

这一时期的新加坡以殖民经济为基础，形成了独特的殖民地文化。殖民政府分而治之的政策和没有工业化的转口贸易促进了按种族划分的劳动分工：在种族分层的最上层是白人；其次是受英语教育的印度人，他们在殖民当局的低级官员中占有很大的比例；最低级的差事，像邮差、士兵和警察中有一部分是马来人；华人则被排除在公务人员之外，他们广布于经济领域，大多经商或者从事低收入的体力劳动，后者被称为苦力。这是一个等级化的多元社会，由于各种族之间很少来往，超越种族界限的越轨行为很难施展，因此各种族能保持相对的和睦。在当时，"人民"是分属于各种族的，作为一个国家的"人民"的认同是不存在的，也是不可想象的。

在 1819 年至 1959 年的 140 年的英国殖民主义的政治遗产中，"新加坡人"作为一个政治概念是不存在的。一个移民，或者被看作外国人，或者是属于英国的臣民。不过，在这份遗产中，除了受殖民主义统治的耻辱外，还使当地的居民，尤其是受英语教育的居民有了少量的对西方民主和其他西方文化的认识，例如对政治自由和科学技术的理性认识。这份殖民遗产可以说是给了亚洲人一份可以实际操作和有效的经验。不可回避的地理因素也在起作用。文化与地理因素的交互影响使新加坡成了在马来人的世界中的一块华人占绝大多数的"飞地"。在"飞地"内部，由于受到来自外部的强大压力，因而更易形成一致的文化认同。

这些因素都对国家认同的产生起着潜移默化的阻碍或促进作用。在英国统治时期，由于它的统治延及马来亚和周围其他一些地区，因此"飞地"并没有在国家的层面上成为现实。一旦英国的殖民统治结束，这里的华人建立起自治政府，这块"飞地"就成为现实了，这时就需要构建出一个"国家"和它的"人民"，以维持生存和发展。

二 "新加坡人"的文化和认同

文化、经济、政治和地理等因素构成了一种相互作用的合力,这种合力推动了作为一个国家的"新加坡"和作为其公民的"新加坡人"的形成。新加坡人的文化史的特点是流动性较高。因此,不能把过去作为一种既成的事实,而要把对1965年以前的"历史"真实性的回顾放在当年的环境中来考察,必须作为当前对这个"国家形成"的论证的一部分。

一些基本的因素一直是新加坡政府在制定和贯彻其特定政策时所重视的。例如,它在制定和贯彻经济、住房、人口、教育和语言等方面的政策时总是要考虑到特殊的目标——政治稳定。同时,除了这些特殊的目的外,在抽象的层次上,这些政策在构建一个新国家的认同方面也产生了一些持久的效果。这些政策和与其相关的一些事件是如何导致一种新的国家,一种新的经济,实际上是一种新的社会秩序的建立,换句话说,它们是如何导致了"新加坡"和"新加坡人"的形成的呢?

把新加坡人的认同史作为一个课题来研究只是近几年的事情,其积累还非常有限,因而这项研究还是相对肤浅的,不确定的。与其他有着深厚的文化底蕴的国家相比,这两个论题的模式是相对含糊的。但是对新加坡的分析无疑具有特殊的意义,因为这可以使我们通过对那短短30多年的追溯描绘出这些论题形成和演化的过程。在这种情况下,我们能够相对不受历史和文化回忆束缚,从而最清晰地看到国家扮演的角色及其文化建设过程。

在20世纪50年代后期,新加坡的居民普遍认为由于缺乏自然资源和工业品的销售市场,新加坡作为一个独立的政治实体很难生存下去。他们看到自己的命运是与马来半岛连在一起的。马来半岛是它的腹地,是它的市场和资源供应地。因此,当1959年新加坡建立了自治政府之后,马来语就被定为唯一的国语,为合并做准备。这一时期,新加坡人的忠诚也是朝向马来亚的。合并在1963实现了,但是在两年之后,新加坡就被迫退出了。这时,对于新加坡来说,就不得不构建一种新的自己的国家认同和国家忠诚了。

独立之后,新加坡就开始了雄心勃勃的以出口导向为先导的工业化计划，这种发展道路已经被韩国、中国台湾、中国香港，当然还有日本所采纳。继之而来的经济成功在新加坡人心中注入了一种民族骄傲和民族认同的意识，促进了其居民的国家认同感。实际上，从那时起，"成功"就成为新加坡的同义语和象征，30多年来一直如此。

尽管工业化的成功对发展国家文化和认同做出了贡献，但是工业化的成功也还有赖于某些文化特性的发展和变化。工业化不仅是一个技术和经济概念，而且还必须把居民变为守纪律的劳动者，即建立起一种理性化的社会秩序，使人民都有强烈的成就感。换句话说，在受经济逻辑支配的基础上发展起相关的文化。

与经济发展相关的文化发展是：加强劳动纪律，进而扩展到加强社会纪律；增强竞争意识，以及不断提高人们的受教育水平，提高竞争能力。这些文化特点今天已经是新加坡人的普遍的特质和追求，成为其日常生活的一部分。例如，子女的教育已经成为双亲最关心的事情。这些受经济支配的价值观是这个高速增长的城市国家最重要的、高于其他价值因素的文化特色。

需要着重指出的是，这些以经济为基础的价值观在这个岛国取得政治独立的时候并不突出。当时的高失业率导致了个人主义，人们由于没有工作而变得非常自由，不受劳动纪律的约束，尽管这种自由是以物质贫乏为代价的。因此，新加坡工业体制的文化需求不得不由政府干预来建立。政府通过宣传使劳动纪律在人们心中成为"为生存而奋斗"的一部分，创造工作机会成为当时新国家优先进行的工作。政府为培育出居民的计划生育意识，也把它与经济和生存联系得非常紧密。当时的出生率很高，一般高于4.3‰。政府的工作使人们在思想意识上把自己与国家及其公民义务紧紧联系在了一起。这样，在独立之初，强化劳动纪律及其观念相对发展其他文化因素而言被放在了更为重要的地位。因为它不仅直接被用来发展经济，而且它所包含着的"成功"和"对国家的效忠"对于国家认同也有着重要的促进作用。这种状况一直保持到今天。

以上对政治独立以来文化发展的概述反映了政府的文化实施的过程。然而，这并不是说这种如此具有政治意图的文化建设取得成功是自然和必然的，是公民们不加思考遵从政府设计的结果。民众对此进行抵制以及导致政府改变决定的情况在每一个时期都发生过。例如，在工资政策上就发生过这种情况。自20世纪60年代初到1979年，政府为了吸引外资一直都实行低工资政策。随着工业化的发展，问题出现了。由于劳动力价格低廉，雇主不愿意投资改进机器设备，造成长期进行劳动密集型的低附加值的生产。20世纪70年代出现了劳动力短缺的情况，而且工人们消极怠工的情况也越来越严重，致使工业化的发展受到制约。为此，政府于1979年颁布法令规定连续3年每年提高工人工资20%，并且以后逐年提高工资，以迫使雇主投资，实现产业升级。然而长时间过快提高工资使企业又难以承受，导致在1985年出现了经济衰退，政府不得不再次调整工资政策。在这种政策调整的过程中，政府始终掌握着控制权。它适时地进行调整，既没有使工人由于工资过低产生抵触情绪，也没有使他们由于轻松地拿到高薪而养尊处优，从而也没有削弱国家的文化凝聚力。

三 "新国家"的构建与文化认同

一旦取得了政治独立，就面临着构建一个"新国家"的任务。新成立的政府采取的第一个战略性的动作就是疏远包括工会和华校学生在内的左翼利益集团。这些集团曾是人民行动党在大选中获胜的关键性因素，但现在疏远是必需的，这可以使人民行动党政府成为不隶属于任何特殊利益集团的执政党。为此，在刚刚独立之时，外交部长拉惹勒南就宣布："人民行动党已经意识到工人阶级是既得利益者，人民行动党是为了整个国家的利益，而不是为某一个阶级的利益服务的"，"它寻求代表这个国家中的所有人的利益"。

这种远离利益集团的另一项政策是实行"多元种族主义"。政府通过这项政策为各种族划定了政治活动的空间。由于明确确认新加坡是一个"多元种族主义"的社会，种族宽容受到法律的保护，致使各种族在要求"额外的"政治权利上只能处于无所作为的状态。这样，政府就能处于中立地位，从而不给任何利益集团以特权。使种族文化与一般社团的文化处于同等的地位，不给它以任何特权，从而使它与"国家文化"拉开距离。

保持中立的地位使国家处于高度的自治状态并免于受到来自各种族

集团的压力。第一，任何种族不能对国家表达特殊的种族利益，这是不合法的，因为这破坏了宪法中规定的多元种族主义的准则。第二，由于种族不能作为独立的集团，所以政治领袖们可以自由地处理各种族的事务，而不被看成是任何特殊利益集团的代表。这样，尽管新加坡是一个华人占绝大多数的国家，但它从来就不是一个华人高高在上的国家。多元种族主义有两方面的效果：一方面在社会领域中种族差异受到重视，另一方面使作为一个政治集团的种族不复存在。

实施这种战略的后果可以从马来西亚的政治发展模式中得到最好的反证。马来西亚的政党不是采取"多元种族主义"来埋葬"种族主义"，而是以种族为基础来建党。表达和保护种族利益依然是国家政治的中心。其结果只能是执政的马来政党与占人口多数的马来人的利益保持一致。当然它并非完全不尊重华人的利益，但在政治上显然是马来人优于华人。然而在新加坡，除了一个马来人的政党外，其他所有的政党包括执政党都是由多种族构成的，甚至排外的马来政党在1988年选举中也试图建立起多种族的联盟。在议会中，很多华人议员都受到来自少数种族组织的压力，要求他们不能只代表选区，而且还要为选区中的少数种族利益而呼吁。当然，只能在多元种族主义和国家利益的范围内来谈少数种族所关心的事情。

多元种族主义为国家利益划定了一个标准，使那些以种族利益为基础来解释政治问题的种族组织被看作"种族沙文主义"，而这被认为是破坏国家平衡的潜在的不稳定因素，是从内部破坏国家的一种力量。因此，被指控为沙义主义的宣传和行为会受到严厉的法律制裁，包括按照授予政府不经审判就可以逮捕并关押两年的内部安全法进行监禁。当宪法中确认了种族宽容的原则的同时，那些在大规模的民间庆祝，如节日、舞蹈和服装展示中，强调种族差异的内容也受到了严格的限制。简言之，这种具有"国家利益"的"新国家"的形成为控制种族、阶级和其他可能制造对立的组织提供了合法性。

最后，当国家确保了相对的自治后，它就对那些陈旧的思想意识——即认为在马来世界的海洋中华人"飞地"在经济上的不可生存性进行了改造。不断增长的失业率、出生率和恶劣的卫生保健以及住房条件等，使得国内困难的各个群体都没有对新国家有足够的认同，而是认同他们移民前的祖国。在这种恶劣的环境中，政府通过反复灌输和强制执行等手段在每个新加坡人心中都植入了"国家生存"的意识。具体来说，这种植入是通过强化与工业化的劳动有关的价值观和加强人们的纪律来实现的。现在非常明显，建立在"国家利益"基础之上的"国家"的文化已经凌驾于独立之前盛行的各种文化实践之上。

四　新经济秩序的构建与文化认同

经济上的生存意味着把转口贸易变成以制造业为基础的经济结构。对新加坡来说，这要通过利用外资来实现。在推动外国资本发展的过程中，本地的贸易组织一度被忽视了，尽管本地的中小企业向政府提出抗议也无济于事。直到1985年出现了明显的经济衰退之后，本地资本的意见才被考虑，政府在这一年制定了一系列鼓励本地中小企业发展的政策。

在个人的层次上，工业化需要发展新的新加坡人的利益，通过自愿充分发挥自己能力的勤奋劳动来提高收入和生活水平，这意味着要同步发展高消费和高效生产的文化取向。在生产领域中，需要强化并使其占支配地位的文化精神是在工人、雇主和国家之间建立起"互相信任"和"互相合作"的精神，以便工人们能最大限度地进行生产，为企业创造利润，从而达到国家的经济增长和生存的目标。这种新型的国家和个人之间的关系产生了一种独特的意识，即建立在新的"新加坡人"的利益和社会行为方式之上的国家意识。

然而，强化工人的劳动意识并不只是加强文化熏陶就可以做到的，它还要通过制定旨在建立和维持稳定的工业关系的立法来予以保证。为此，政府首先通过宣布左翼工会为非法组织，并逮捕它们的领导人以改变工人运动的方向。同时，建立起亲政府的全国职工总会，以实现对工会的控制。继之，通过1968年、1982年和1984年的立法限制工会为提高工资和改善工作条件所进行的集体谈判的能力。同时，由于赋予全国工资委员会每年例行的提出全国工资增长幅度的权利，从而限制了工人的要求，进一步缩小了工人在这方面的权利。工人们得到的报答是他们的生活水平确实得到了提高。政府对于那些批评工人的劳动条件达不到起码的合法水平的反驳是:"难道他们没有从经济增长中得到好处吗?"

在劳动者中确立生产至上的文化导向需要以提高生产者的物质待遇为基础。为此,政府做了许多工作。改善人们的居住条件就是其中卓有成效的努力之一。鼓励人们拥有公共住房自然就把人们卷进了工业化进程。因为对一个人来说,获得购房抵押贷款最好的方式就是自己拥有一份稳定的职业和稳定的收入。而使工人稳定在工作岗位上是进行工业化和保证政治稳定最基本的条件,稳定的收入则是支撑稳定的职业的基础。这实际上意味着政府有目的地把人们卷入了工业化过程,通过实现政府所宣扬的"住房民主",在公民与国家之间建立起了一种物质联系。

培养这种新型的劳动者要有一定的文化前提。前提之一是劳动者要懂英语,与此相适应的是在经济上要有依赖外国资本的意识。从新政府成立之初,英语这个殖民地语言就被保留为政府的工作、法律和商业用语。然而,多元种族主义要求各个种族的语言都被给予正式的平等的地位。因此,"华语""马来语"和"印度语"也取得了法律上的平等地位。然而,由于英语在民事服务和经济领域中的优势,使母语学校学生的入学人数急剧减少。英语的支配地位反映了经济理性的支配地位。而且,政府规定那些未能通过正常的学校考试的学生要想获得就业机会必须掌握英语,从而进一步加强了英语的地位。

在这种生产至上的资本主义经济导向下,否定了以种族为基础的资源分配,强化了精英主义,这是保护公民私有财产的最重要的成果。例如,住房的分配是依据家庭的付款能力而不是照顾人数众多或贫穷的家庭。在这里,社会的不平等被看作是由于一个人缺乏能力或者不够勤奋造成的或者两者兼而有之。政府的指导思想是鼓励个人奋斗,它认为这是发展生产所必需的,而实行高福利政策只能带来懒惰。

五 新社会秩序的构建与文化认同

毋庸置疑,政治和经济的发展战略可以对社会组织施加影响。同样,新的国家和新的经济秩序的构建过程也就是新型的社会组织发展的过程。在新加坡,三大种族居民的日常生活受到那些为发展经济和加强国家认同而制定的政策的深刻影响,例如受到教育、语言、住房以及家庭计划政策的深刻影响。

除了加强纪律外，工业化还要求劳动者必须受过一定的教育，从而具有较强的工作能力和高度的忠诚感。自1960年年初以来，在政府的努力下，人们受教育的机会迅速地增加了，然而它并未局限于传授技术知识，同时还向受教育者反复灌输支持国家建设的社会价值观，使教育成为开展"社会工程"的一种主要的方法。

在殖民制度下，除了少数英文学校由殖民当局提供经费外，大多数人受教育都要由种族和方言组织自己筹集经费和聘请教师。这种按照种族的政治、文化和语言划分的母语学校的教育效果是很不相同的。教师和教科书都要从它们的"祖国"引进，教科书的内容也很少涉及这个新的国家。在20世纪60年代初，自治政府为了避免激化种族情绪，引发潜在的政治对抗，它的教育政策是在各母语之间保持名义上的平等。不过，在这时，政府也已开始力图构建一种新的"国家"教育体制，它制定了各语言学校的共同的教学大纲和课程表，编写本地的教科书，培养本地的教师，制定统一的考试标准。通过这种统一的教育在当地人民中建立起共同的政治、经济和社会的价值取向。这在新加坡的历史上是第一次。

在政治上，规定了一些国家礼仪。例如，中小学每周都要举行升旗仪式，在国歌声中，国旗缓缓升起。还有向国家宣誓的仪式，最初是用四种语言，现在只用英语了。举行这些仪式都是为了不断灌输国家认同和忠诚。然而，学生最初对举行这些例行的仪式缺乏必要的热情。在唱国歌时，大多数学生对其含义都不理解，因为它是用马来文写成的。马来语虽然名义上仍是国语，但是学生们并没有义务去学习它。当然，随着不断地重复和日积月累，在一代一代的学生中也产生了一定的效果，现在它已经是每个公民基本素质的重要组成部分。

对于个人来说，长期以来文凭已经是社会和经济流动的一个主要的参数。最初，由于大多数移民都没有受过教育，因此在工业化迅速推进的时期他们都有一种受教育的迫切愿望，很重视教育，把它看成是建设新生活的重要的谋生手段。国家的精英主义政策也使一般居民都很重视一系列的考试，希望通过考试以便获得必要的文凭，取得较好的工作和较好的待遇。在这里，"自我证明"的过程就是通过取得相当数量的文凭的过程，以此来使自我价值得到实现。

政府认为它的任务是为每个人提供平等的机会，然后让精英取得不平等的成果。教育层次越高，提供的机会越少，这在学生和家长之间都造成了尖锐而激烈的竞争。这种竞争的实际结果进一步巩固了英语的地位。因为英语学校的教育水平高，而且英语国家也是世界上最发达的国家，只有懂英语才能学到最先进的文化知识和科学技术，最具有竞争能力。这导致了母语地位的丧失和学生放弃母语，最后使所有的学校在1987年归入"国家源流"，以英语为主要语言。这就完成了新的"国家"层面上的教育体制的构建。

然而，到20世纪70年代后期，由于物质至上主义的盛行，政府对教育内容进行了重新审核。在这个过程中，政府提出英语占据支配地位产生了以下几个后果：第一，虽然熟练地掌握英语使新加坡人有更多的机会与世界经济接轨，然而这也使他们更易受西方文化的影响，受"西化"的影响。这种"西化"过去是，而且还将被看成是具有极度个人主义的取向，其表现为吸毒、性解放、高消费和政治自由主义。第二，在基础教育中英语的统治造成了感情上的问题，因为英语是"上层遗留"的西方语言，缺乏文化上的根基和合法性。李光耀总理曾这样说过："在感情上，英语不像母语那样容易为人们所接受。"[①]

政府认为，在道德教育方面的缺陷和对"西化"的难以摆脱应当通过在中小学中进行双语教育来加以改正。在学校中学生将把英语作为第一语言，而母语作为第二语言。它认为学习母语将保留"传统的亚洲价值观"，这对于抵制"西化"的消极影响是有利的。通过给亚洲价值观和西方价值观定义并在两者之间划分界限，阐述两者的不同质的内容，从而构建起一套新的道德体系，使前者优于后者。此外，这样做可以使各个种族通过对各自母语的保留来满足它们情感和认同的需要。最后，在20世纪80年代初政府按照这一思路制定了一个"短命"的进行道德教育的大纲，其中包括在中学进行宗教教育。这个大纲由于宗教和种族的对立而很快放弃了。

---

① 《海峡时报》1984年9月22日。

六 住房建设与文化构建

公共住房工程给人们带来的巨大的物质生活条件的改善是无可争议的，这个工程加强了群众对人民行动党政府的忠诚这一点也是确定无疑的。评价社会在整个住房工程建设过程中所付出的代价应与它带来的好处联系起来考虑。居民们所付出的最明显和最直接的代价就是在组屋工程建设中要强行拆除他们过去建立起的已经住惯了的定居点，以便为建立新的住宅区让出空间。他们一度进行了抵制。然而到20世纪70年代初这种有组织的抵制搬迁的斗争由于政府的公共组屋的条件明显好于过去的旧房而自动瓦解了。正是这种普遍的利益分配使得人们获得的好处超过了它所带来的消极效果。

这一搬迁过程尽管使所有受到影响的人都曾感到痛苦，但对于少数种族的人来说更为严酷，因为这种分散使他们失去了过去只能从本种族的成员那里得到的某些特定的支持。以马来人为例，由于宗教在食物和性关系方面的严格规定，使有工作的双亲很难把孩子委托给非马来人照料，而杂居使他们在生活和交友方面遇到了困难。此外，收入低也使他们难以把孩子送到幼儿园。这些付出与国家力图通过使各个种族在新的住宅区混合居住以加强它们相互之间的理解和避免种族冲突的目的相比，还是值得的。实际上，各种族的杂居不仅在住宅区内，而且延伸到了每一栋居民楼中。三个种族的数量在每一栋楼中都要保持一定的比例，国家甚至规定卖房者必须把房卖给本楼中数量未超过规定的那个种族的买主。

还应看到的是，由于过去的村庄是按照种族居住的，在华人中则是按方言组织居住的，因此这些定居点的拆除等于破坏了种族的据点和依附于此的文化实践。先申请先分配的原则和种族杂居的政策加速了这种分散过程，从而也加速了地方割据意识的破灭和国家意识的增强。

住房所有权的获得加快了家庭的核心化。与工薪阶层的经济独立相适应，能够较容易地得到公共组屋使新婚夫妻相对较容易按照自己的意愿搬出去住，只操理自己的事务，而不必经常卷入大家庭的复杂事务。实际上，在20世纪60年代初，当时的财政部长就说过，家庭过大对于发挥个人的创造力和生产力都是一种抑制因素。因此，核心家庭产生的文化效力对于工业化是有积极推动作用的。在20世纪70年代后期，政府对这种核心化进行了重新估价，改变了政策，并且再次通过像优先分配住房和扩大家庭最高收入的范围来逐步减缓核心化的速度，鼓励复合家庭的发展。

家庭的重建以及1965年新加坡独立之时所面临的失业、住房短缺和转口经济下降等问题，都与人口增长过快有关，因此降低过高的人口出生率是解决这些问题的有效方法。为此，政府制订了一个严厉的人口控制计划，其核心是"最多生两个"的政策。它由一系列的物质奖惩政策予以配套，例如，在住房分配、孩子受教育、税收和保健福利等方面都有一套规定，并且辅之以群众运动。

在这个计划实行20年之后，也得益于教育水平的提高和经济发展，出生率从1960年的3.6%下降到了1984年的1.6%。这个显著的成功部分的也是由于某些传统的价值观的丧失，这些传统的价值观主要是家庭越大越好的观念、重男轻女的观念、养儿防老的观念。计划生育的成功也导致了一种在婚姻问题、家庭生活和亲属关系上的实用主义观念的发展。例如，现在的新加坡，像奖励和惩罚绝大多数都要靠物质刺激一样，做出求婚、结婚和培养子女的决定也是以物质为基础的。

最后，出生率的急剧下降也带来了一些问题，即人口增长率的下降是与国家不断发展同步出现的。这就造成了在经济和国防领域中出现人才的潜在短缺。到20世纪80年代后期这种短缺已经非常明显，政府不得不取消"最多生两个"的政策，实行了"如果养得起，可以生3个或更多的孩子"的政策。然而，对于低收入并只有两个以下孩子的母亲的物质鼓励仍然有效，而对高收入的母亲则实行了慷慨的税收优惠。新的鼓励出生的政策成效并不显著，自1987年正式推行以来，新加坡年出生率只有最低限度的增加。

七 发展与反文化现象及其对策

从以上来看，到20世纪70年代后期，在新加坡人中新的文化观念的植入是非常成功的。这一时期，经济每年以两位数增长，而人口增长率急剧下降，从失业转向了劳动力短缺。居民的居住条件在世界上改善是最快的，而且非常之好。有的经济学家认为新加坡出现了住房的超级消费，同时随着教育机会的增多教育水平也大大提高了。

简言之，在独立20年之后人们的物质生活水平大大提高了。到20世纪70年代后期，物质主义的导向已经被确立起来并成为新加坡人"意识形态"的一部分。政府认为，这表现在行为方式和思想观念两个方面，人们的各种形式的"高消费"和思想意识上的"极度的个人主义"就是这两方面的体现。

与此同时，消费性的服务行业迅速的扩展，原来用以供应有钱的旅游者的高档宾馆和食品饮料商场现在本地人也同样的光顾了。本地的消费者大量地购买从世界各地时兴的商贸中心进口的独特的商品。然而，不应该把这个过程过早地称为"过度的"或"令人吃惊的"消费。从历史发展来看，首先，消费的迅速发展是经济赶超的重要的一步，没有消费就没有生产。其次，政府对消费的限制仍然是相当严格的。在商品房和汽车购置上的极高的税收，加上由社会保障部门强迫执行的高储蓄，即中央公积金制，提取了所有人很大一部分工资，减少了他们用于消费的收入。尽管如此，在自身的装饰，如服装、饰品等方面，人们很少受到影响，生活上的高消费将继续下去。

就个人主义的表现而言，政府所指出的第一个现象是现在工人们为了挣更多的钱而显得"干劲十足"，并且经常跳槽。政府认为这是对雇主缺乏忠诚的表现，不利于他们掌握技术和做出贡献，也不利于集体主义的发挥。这种解释不无道理，但不够全面。在市场力量是唯一重要的制约因素的条件下，积极地寻找更好的工作机会的工人应该被看作具有强烈的企业精神。实际上，造成劳动力短缺的重要原因之一是各公司互相挖对方的人才，它们知道哪些雇员愿意来或愿意走。在任何情况下，这些所谓的"工作欲望"都反映了积极的生产动力。

越来越多年轻的专业人士申请政府建造中等水平的公寓，原因显然是急于离开他们的双亲，这可能过早地导致家庭的解体。因此，政府认为必须予以制止。它不断地退回这些申请者的款项，停止他们的申请，阻止他们建立单人家庭的企图。这确实有效地减缓了那些买不起高价私人住宅的人发展个人自由的速度。

实际上，所谓个人主义的蔓延只是一个相对的概念，因为我们可以随处听到对新加坡人的批评，批评他们消极保守和墨守成规，尤其是在政治上。这其中既有外国人，也有新加坡人自己。由于新加坡是一个小国，人口相对稳定，人们的接触相对频繁，熟人、朋友和亲戚之间会面的机会也很多，这种"熟人社会"是一种对个人主义的有力地制约因素，它减少了一个人损害公共利益和发挥个人主义的机会和倾向。"过度"的个人主义在新加坡人的公开表述中已经有了具体的"形象"，褒义的形象是："已经获得的成就和积累给了新加坡人自信与自尊"。贬义的形象，其中最难以言喻的形象是"丑陋的新加坡人"。

对此，我们的思路可以展开一些，即20世纪60年代美国的知识分子也有一场对个人主义的批评，当时他们面对西方发达资本主义社会的一些发展病进行了自我解剖。这是在近几十年的历史中的很少的几次知识分子的左右两翼得出一致结论的批评。在美国，新马克思主义和新保守主义是20世纪70年代在西方内部发展起来的两种不满意识，是从左右两翼向日益扩张的对社会不负责任的过度个人主义进行抨击的思潮。反映这两种思潮的具有里程碑地位的学术著作是"左"倾的《自我陶醉的文化》和右倾的《资本主义的文化矛盾》。后者主张回到传统的家庭和宗教中去。还没有什么证据表明新加坡政府受到了这种观点的影响。但后一本书受到了20世纪70年代新加坡的教育部长的公开赞赏，他依据此书预言，如果新加坡不对正在发展的个人主义进行抑制的话，其后果是不堪想象的。

人民行动党政府与新保守主义的一致性部分地说明了新加坡的西化已经构成了对一个正在日趋繁荣的新国家的潜在威胁。正如一位社会学家所说的："如果说个人主义与工业化的开发时期相适应的话，那么新儒家的集体主义就更能适应高度发展的工业化。"[①] 在人民行动党政府看来，"西化"是一切资本主义发展病的制造者，与此相反，含义不严谨的"亚

[①] Beng—Huat Chua, *Communitarian Ideology and Democracy in Singapore*, 1995, 11 New Fetter Lane, London EC4P4EE.

洲价值观"却被美化为抑制腐化的因素。因此，政府建议举行一系列的社会运动来激活"亚洲价值观"。这包括制定政策强化家庭结构，例如给三代同堂的家庭优先分配住房，改变早先优先给核心家庭分配住房的政策；把母语教育定为第二语言，以加强母语的地位；在学校中开设道德教育课。

与早期的旨在为新国家的经济发展和人民的物质康乐培养出高效而守纪律的劳动力的政策相反，20世纪80年代中后期以来的政策的动机在于有选择的激活和制造出"传统的"观念和价值观，即一种普遍适用的能够涵盖"三个"种族的"亚洲思想"。这种思想被激活并用来抵制新加坡人的其他思想，如个人主义。这种"亚洲思想"的再生有利于激励个人自愿对社会承担责任，而不破坏社会的等级秩序。这种"亚洲价值观"的引入，与正在盛行的强化责任感和弱化个人权利的意识形态是相吻合的。

小结

在新加坡独立之后的最初20年间，"国家利益"和"种族文化与种族认同"的差异在政府的表述上是很明确的。作为一个没有自然资源并且转口贸易经济正在下降的岛国，其生存的需要迫使政府在宣传上和实际的国家建设上都极为认真地去改进人民的物质生活。政府所表达的这种关心通过各种意识形态的宣传而不断地强化，并且渐渐地植入人民的心中。这些意识形态的努力还得到了立法的支持，国家在必要时为这些宣传和支持也动用过警察。

同时，华人、马来人和印度人的种族文化及其认同在多元种族主义的理论之下受到高度的尊重。但是政府只是把种族组织视为一般的社团组织，这意味着它们不应该有特殊的政治要求，只能在社会生活领域中保留自己的特色。在每个宗教的假日和节日中政府都扮演了积极的支持者和参与者的角色，但这正像它通过有弹性的政策来判定"种族沙文主义"，从而对种族的文化表达进行限制一样。更有甚者，政府通过取消排外的种族"飞地"来消除潜在的可能构成种族选区的因素。它没有料到的是母语学校不得不被取消，以及发展资本主义经济所必需的竞争意识和精英主义对传统价值观念的必然取代。多元种族主义的根本目的是使以种族为基础的政治利益的表达被压低到最小限度。

值得思考的是，在经济和物质主义的价值取向被确立起来之后，新加坡出现了明显的文化倒转。在这个新国家建立 30 年之后，由于担心这里的亚洲人被全盘西化，致使可能会出现种族文化消失的问题被提出来了。在这里，反复灌输亚洲价值观逐渐被看作是抵制"道德上值得怀疑的"西方价值观侵入的必要手段。在这种动机下，个人主义这个资本主义的必然产物被从经济领域中分离出来，融化在反西化的道德说教之中。个人主义在相当程度上被曲解了，实际上，如果新加坡确实出现了过度的个人主义的话，部分也是政府的政策所致。政府一直实行激烈而公平的竞争政策来实现它的精英主义思想，这毫无疑问是在鼓励个人主义的发展。政府对此解释说，精英主义是正确的，但它的某些含义被曲解了，即精英主义应该包括一个人领导团队的能力和做好集体一员的能力。正是这种对精英主义的曲解导致了一些专业人士、公务人员和私人机构的成员发展起粗俗的、自私的和利己主义的思想。

对教育和语言政策的重新调整是在 20 世纪 70 年代的后期，是在 1979 年颁布新的教育政策和《道德教育报告》之时。这一年在华人中开展了说普通话运动，此后这个运动每年举行一次。1984 年，道德教育和宗教教育被引入中学教学大纲，成为义务教育的一部分。进而，随着儒学宣传的强化，使人们即使不把它看作是战后亚洲资本主义发展的根本原因，也要作为部分的原因。最后，儒家文化是否应作为华人的一种生活方式的问题，也被提出来进行讨论了。显然，在这些反文化现象中，被重新贴上"亚洲性"标签的经过选择的文化因素是用来教育公民，以抑制支配他们的经济至上主义的价值取向的。现存的两种道德体系的竞争在这时被看作是好的亚洲道德和坏的西方道德之间的竞争。

尽管这些被挑选出的亚洲文化是与传统相联系的，但给它们贴上"亚洲性"标签的意图之一仍然是促进生产和经济发展，因为新加坡过去的经济发展很大程度上是在社会稳定和强化纪律的情况下取得的。当然，或许其更为重要的意图是维护现存的政治体制。应该看到的是，并非所有的"亚洲性"的文化实施都会产生政府所希望的效果，例如，宗教课程的开设引发了过热的种族和宗教信仰的冲突以及对政治的干预。在这种情况下，政府会及时地改变这种"亚洲性"的文化政策，1990年正式取消了在中学教授宗教和儒家伦理的课程，并且立法限制教会参与社会和政治活动。

如上所述，在新加坡"国家形成"过程中的公共的和私人的、传统的和现代的、亚洲的和西方的、种族的和国家的这些相反的价值取向及其运作是其国家认同的最主要的组成部分。新加坡的情况之所以复杂是因为传统被包融在各种族文化之内。因此，激活和重新使用传统的价值观，就意味着激活和重新使用各种族文化。这个两难处境是激活传统是否会对新加坡国家和社会融合产生危害，它是否会阻止凌驾于种族文化之上的国家文化和国家认同的发展。迄今为止的情况表明，在"国家的形成过程"中这一活动确实有其正反两方面的效力。正面的效力是它有利于社会稳定，也在一定程度上有利于生产的发展；反面的效力是它过多地限制了政治参与，或许对资本主义的公平竞争也有抑制作用。

第二节 社会政治文化的形成与演变

探究新加坡社会的政治文化，毫无疑问，首先应该寻根问祖，探讨儒家政治文化的影响和作用。但是，自20世纪中叶以后，西方的政治文化在新加坡逐渐占据了越来越重要的地位，成为社会和国家意识形态的一个重要来源，因此，也应该予以高度重视。

19世纪中期以后，随着华人移民占据社会的主导地位，儒家的政治意识也就自然而然成了社会的主导的价值观念。虽然在100多年的时间里，政府是由英国人组成的，法律也是按照英国模式设计的，但是，他们要统治一个儒家伦理氛围仍然比较浓重的社会，就必须在统治方式上与这个社会认可的政治价值观保持相当程度的一致，否则双方就会格格不入，英国人的政治权威也就难以确立。巧合的是，虽然东西方文化存在巨大的差异，然而殖民主义对权力的垄断与儒家社会传统的对权威的敬畏在新加坡发生了某种程度的吻合。

一　传统文化中的权威主义

儒家政治文化的主要内容是建立在家族与家长制基础上的权威主义，以及与此相关的等级观念和清官思想等。这种观念意识在传统的新加坡社会中有着深刻的反映。

新加坡著名学者陈庆珠在谈到这一点时说，新加坡人传统的政治哲学是崇尚"仁慈的政府"，认为政府的所作所为应当是合乎道德和取信于民的，对待臣民既要严厉又要加以保护，就向家长对待子女一样。因此，"仁慈的政府"实际就是家长式的政府，是集权式的政府。同时，新加坡人传统的政治意识中有着浓厚的家族观念，"家庭中的伦理纲常被延伸为政治伦理，对父母的孝敬被延伸为对君主的忠诚，而兄弟关系则成了公民关系"[①]。理查德·所罗门也对这种传统的社会关系进行过分析。他指出，在儿童成长阶段，就接受了集团意识和权威主义。无论是华人，还是马来人和印度人，每个人都以特定的社会集团为依托，以保护自己不受欺辱。同时，他们也可以不惜任何代价保护自己的集团不受侵害，这就使社会的个体产生了一种特殊的心态。一般来说，每个集团都是家族或地域血缘集团的延伸，因此，在这些集团中，家族集团主义得到了弘扬，家长式的权威被树立起来。而集团与集团之间则需要国家的权威来予以平衡，于是，国家的家长式的绝对权威就被树立起来。在这个社会中，"一方面，人们渴望得到权威的保护，以避免相互倾轧和财富被剥夺，这就使他们把一元的有绝对权威的政治领导看成是一种'自然的'现象；另一方面，他们又畏惧这种严厉的权威，避免与'猛虎般'的政府权威发生摩擦"[②]。把统治者的权威看成是一种至高无上的、家长式的，同时又是一种自然的历史现象，这是典型的家长式的权威主义。

清官思想与这种家长式权威主义紧密相关。把"威严"而"仁

[①] Chan Heng Chee, *The Dynamics of One Party Dominance*, Singapore Univerity Press, 1976, p. 231.

[②] Ricliard Solomon, *Mao's Revolution and the Chinese Political Culture*, Berkeley: University of California Pres, 1971.

慈"当作理想的统治形式,当社会矛盾激化时完全依赖于政府的保护,把社会和政治的好坏完全系于一个人或几个人的品质之上,使社会政治系统的运作带有很大的偶然性,这是典型的清官思想。在传统的华人社会中,这种思想很有市场,它成为家长式权威主义的有力补充。

在家长式权威主义的文化氛围之下,少数精英的参政意识十分强烈,他们具有一种救世型的政治心态,认为只有他们自己才能担负起治理国家的重任,而且这是义不容辞的责任。而大众则形成了另一种政治心理,认为政治和国家事务是政府官员的事情,与己无关,自己也不具备参与国家事务的能力。因此,他们对官员很尊敬,甚至是敬而远之。这是新加坡社会的政治参与程度一直比较低的重要原因。

从整个历史来看,自19世纪初殖民统治确立之日直到20世纪中叶,在新加坡的政治交流中,除了少数商人的声音能够被反映到决策机构之中外,大众几乎没有明确的政治表达的意愿,也没有正常而畅通的表达渠道。从第二次世界大战结束到20世纪60年代初的十几年间,是政党蓬勃兴起的时期,当时在政治舞台上一度出现了多元化的趋势。然而多数政党都不注重发动群众,只注重上层社会的沟通,因而公众对他们组织的选举也不感兴趣。而工会虽然拥有广大的工人群众,但它缺乏严密的组织和正确的斗争策略以及成熟的领导人,因此也没有形成气候。1954年人民行动党成立后,实现了中产阶级知识分子与工人阶级的联合,并以民族主义相号召,一度使政治动员达到了高潮,似乎新加坡权威主义时代行将结束,民主和大众的政治参与时代行将到来。然而这时的群众并不具备民主参与的素质,也不懂得民主是什么,他们的政治热情和政治参与是以民族主义为基础的,他们反对英国人的殖民统治,反对英国人对政权的垄断,但他们不懂得如何建立民主政治,因而拥戴的只能是本民族的少数精英对政权的垄断,从而建立起新的家长式权威主义政治体制。1959年人民行动党上台执政后,便开始限制和分化工人运动和学生运动,打击反对党,在社会政治生活的各个领域限制政治热情和政治参与。"政府的政治稳定政策以及长期的说教在大众中强化了这样一种政治文化:认为矛盾、对抗、讨价还价是不对的,而安定、请愿、不冒政治风险受到称赞。"① 而且,"由于政治活动的合法性很难界定,所以很多人不愿涉足这个领域"②。由此看来,无论是在传统的政治文化中,还是在政府有意灌输的政治文化中,都有较强的臣民心理。这就是人民行动党之所以能够重新确立权威主义政治的文化基础。

二 家族集团意识的政治功能

在一个处于东西方文化交汇和转型中的现代化社会中,集团意识是非常复杂的一种群体意识,是由两种不同质的群体意识融合而成的。一种是现代型的集体主义,它是建立在现代化大生产的分工与协作的基础上的,人与人之间的关系是平等互助的,是以民族国家为价值取向的,有时甚至是世界主义的。人与人之间联系的纽带是契约。另一种集团意识则是传统型的,它实际上是家族关系的延伸,所以也可称之为家族集团主义。它是建立在传统的血缘、地缘基础上的,人与人之间讲究辈分和等级,是以小集团为价值取向的。在这种关系中,人们把家族的和小集团的利益看得至高无上,而轻视民族和国家的利益。实际上,在推进现代化的社会中,这两种集团意识是交织在一起的。这里先对家族集团主义进行一番判断。

从 19 世纪初到 20 世纪中叶,新加坡华人的社会组织仍然是以地缘、血缘为纽带的各种同乡会、宗亲会和商业、手工业行会组织,即使是在具有近代工业性质的交通运输业、港口和商业中也存在着这种行会组织。在这些组织的结构中都不同程度地保留着宗法等级制度的内容。在这一时期,普通人的社会活动和政治活动以及政治参与都是依托于这些组织的。一方面每个人都是通过自己所加入组织的头面人物来向社会和政府表达自己的政治愿望,并积极参加本组织的社会和政治活动,为自己的组织效力。一般来说,他们更愿意为地缘组织和血缘组织效力,而对于为只具有雇佣关系的组织或国家出力则显得被动得多。另一方面,这些

---

① Riaz Hassan, *Singapore: Society in Transition*, New York: Oxford University Press, Lot. 3, 1976, p.43.

② Cardyn Choo, *Singapore: The PAP The Problem of Political Succession*, Prinads Press, Malaysia, 1988, p.85.

组织和他们的头面人物也承担着保护自己组织成员的义务。每个成员受到自己组织的保护，就使组织有了凝聚力。显然这是一种传统的社会组织。然而新加坡从开埠起，就是一个移民社会和商业社会，因此，与传统的血缘和地缘组织不同的是，这些组织的头面人物不再是本族中的封建官员和地主贵族，而是在移民社会中涌现出来的出身寒微的新一代商贾。而且，它在管理自己的内部事务时，也不像过去那样完全由族长一人说了算，而是由董事会或理事会的成员投票决定，要民主得多。由此看来，这些新一代的商贾虽然还不能完全摆脱传统的束缚，在很多情况下也还要依靠传统的力量来巩固自己的地位，但是在他们身上已经有了许多新文化的内容。他们是在资本主义经济环境中发达的、政治参与方式带有英国色彩的新一代社会精英。同样，这些组织的普通成员之间也具有某些新型的人际关系。虽然在近亲和远亲之间仍然要以辈分和财富论尊卑，但是在一般情况下，这只是一种尊敬的形式，对普通成员并不具备很强的约束力，他们也不再受到头面人物的剥削，只要他们不做错事，就是自由的。

自20世纪60年代以来，新加坡的现代化进程加快了。在这一过程中，工业化对传统的社会组织造成了巨大冲击，加速了民族化和国家化的进程。而且，政府也有意把传统组织的头面人物吸收到政治体系之中，以加速传统社会的改造。例如，建立居民联络所管理委员会、居民委员会和人民协会等基层组织，改组传统的工会，一方面把传统组织的头面人物吸收进来，另一方面又把这些组织纳入国家的政治体系，使其卷入现代化进程，从而实现了对它们的世俗化改造。因此，自20世纪七八十年代以来，传统的血缘和地缘组织大都只是徒有其名了。人们的价值观已经大大地世俗化和现代化了。与权威主义的政治文化相比，家族集团主义的文化残留更少一些。

三 精英主义的扩散与张扬

早在殖民地时期，新加坡政治文化中的精英主义就非常浓重，对社会政治的运作有着重要的影响。这与儒家政治文化中精英主义的传统和英国文化的影响都有关系。

新加坡的精英主义之所以在建国之后很快地发展起来,与儒家传统不无关系。在传统的儒式社会中,虽然总的来说社会文化的取向是平均主义的,但它确实包含着精英主义的因素。那时,在占人口绝大多数的农民阶级内部,在地主阶级内部,甚至在官僚阶级内部,都有着浓重的平均主义的价值取向。但是,或许正是由于这种平均主义过于浓重了,才需要有一定的精英主义文化调节各阶级和各阶层之间的关系,维护官僚阶层内部的金字塔式的等级关系。科举考试制度、等级观念和权威主义都是精英主义的某种体现。早在十七、十八世纪,欧洲杰出的思想家莱布尼兹、伏尔泰等就对中国的精英政治羡慕不已。在清朝后期,中国的政府官员几乎全部来自精英分子组成的一个蓄水池,即总数大约100万人的士绅集团,包括秀才、举人、进士、翰林四个完全凭借考试成绩循序晋升的阶层。他们全部熟读儒家经籍,并受到共同的政治伦理道德的熏陶。当中国匆忙抛弃科举制度导致吏治长期混乱不堪时,日本却继承了东亚文明的这一传统,把近代高等教育与官吏考试制度很好地衔接了起来。19世纪当日本开始建立自己的近代政府制度时,辗转地引进了在形式上类似于中国科举考试制度的近代文官考试制度。它在推行高等文官考试后,合格者几乎全部都是新建立的大学的毕业生。在1894—1937年的高级文官考试行政科的全部合格者中,仅东京帝国大学一个学校的毕业生就占62.4%。可见,在儒式社会中,精英人物不仅在古代起着举足轻重的作用,而且在近代以来他们仍然把持了国家的最高权力。

儒家政治文化对新加坡最重要的影响莫过于在这个国家建立了一个"君子政府",或曰"家长式的政府"。儒家主张"贤人政治"和"人治",李光耀就是这样一位坚定的"君子当政主义者"。他公开宣称:"任何社会都有一个最高阶层,其人数不超过总人口的百分之五,他们德才兼备。正是由于有了他们,我们才有效地利用了有限的资源,使新加坡成为南亚、东南亚出类拔萃的地方。"对人民行动党政府来说,少数精英是最宝贵的资源。李光耀常说,国家的前途寄托在部长们的人品和素质上。他还说,行政、军队、警察和法定机构中的杰出人物在挑着国家的大梁,他们凭着自己的业绩、苦干和出色的表现使新加坡出类拔萃。他曾经毫无愧色地说,在他的周围集中了全新加坡第一流的人才,这些精英人物在最上层约有 300 人，在基层约有 2000 人，他们掌握了新加坡的前途和命运。"目前负责和策划的重担，主要落在 300 名主要分子的肩上。他们包括人民行动党要员、国会议员和干部党员——他们负责动员民众和向民众解释政策，……他们是靠着自己的资历、刻苦工作和高度的表现升上来的。他们聚合在一起，构成一个紧凑而互相配合的核心。如果这 300 个人都同在一架巨型珍宝喷气客机中坠毁而同时死去，那么，新加坡就难免要瓦解。"①

鉴于精英的这种"重要"地位，政府历来十分重视精英的培养。例如，在高级官员中实行职务轮换制，"高级官员必须熟悉新加坡的一切，具有多方面的才能——从商业、制造业到工会乃至体育协会"。人民行动党的第二代领袖人物如吴作栋、王鼎昌、李显龙、林子安、陈庆炎、丹那巴与、杨林丰、黄根成等，都曾经在几个专业互不相关的部担任部长，并同时担任两个以上的部长职务。第三代领导人也是如此。在教育方面，从小学到大学都实行分流教育制，重视培养优等生，最杰出的学生被保送到美、欧、日、澳等地留学，学成归国后便成为政府各部门的骨干，而且提拔很快。为了更好地贯彻这些精英主义的政策，总理直接掌管两个机构，一个是人员编制局，另一个是反贪调查局，以使得对"君子"的选拔、培养、制裁和约束在关键问题上排除外界的干扰。

与此同时，国家对于少数精英百般照顾，给他们以很高的待遇。例如，总理的薪金在 1995 年为 100 万美元左右，几乎比美国总统的薪金高出 3 倍，部长的薪金也高于西方发达国家的部长的薪金，而新加坡一般公务员的薪金和人均国民生产总值却低于西方发达国家。这也促成了精英们自身优越感的形成，他们自认为是国家的核心，因而形成了自己的特殊的社交圈子。成立于 20 世纪 60 年代的金字塔俱乐部就是由高级政府官员、实业界和学术界精英人物组成的，它是人数为 300 人左右的高级社交沙龙，各部长、国务部长、1/3 的国会议员、一些高级公务员、高级军事将领、商界领袖和著名学者等都经常

---

① 新加坡联合早报编：《李光耀 40 年政论选》，现代出版社 1994 年版，第 137—138 页，第 452—471 页。

光顾这个俱乐部。该俱乐部设在古德坞山,内有优雅的会议厅、聚餐厅、游泳池和网球场等高级设施,精英们高高在上,讨论国家大事。这种优越的地位虽然促进了精英们的参与意识,但却削弱了民众的参与意识。

"君子"之上便是"贤王"一般。李光耀担任新加坡的最高领导职务政府总理共31年,其地位就同一位"贤王"一般。他威严、清廉、勤奋工作、博识好学,西方学者把他比作新加坡国家的大家长。他集国家大权于一身,设计新加坡的未来,有着当政的强烈的使命感,并且,只要不威胁到他的权威,还时时表现出对民众的关怀。"贤王"政治的一个鲜明特色是整个国家的运作和前途系于"君王"一人之身。如果"君王"表现得精明强干,为政清廉,那么整个国家的运作在一定时期内就会好得多;但如果"君王"不那么能干,自己也不那么廉洁,那整个国家就可能陷入混乱。因为在权力机制中缺乏对"君王"的制约。所幸的是,李光耀和吴作栋都属于前者而不是后者。从这里我们也许可以看出一个问题,即新加坡在近40年的时间里都是"贤王"当政,这并不仅仅是一种幸运和巧合,而是因为新加坡的政治已经主要不是一种儒式政治,而是带有某些儒式政治形式的现代型政治。这首先表现在它虽然缺乏由权力分立形成的权力制约,但其政治体制内部已经形成了一定的制约机制。这一点在有关腐败的一节中进行分析。自1990年11月吴作栋继任李光耀担任总理以来,其政风有所改变。与李光耀相比,吴作栋更能平和待人,作风朴实,也更讲民主。现在看来,尽管李光耀仍然担任着内阁高级咨政,对新加坡政坛发挥着重要的影响,但无论如何,吴作栋的影响在日益增大,这已经使新加坡的"贤王"政治有所改变,但精英政治还没有变化的迹象。

精英治国的原则本身就意味着反对平民参政。在李光耀执政时期,他就坚决反对让普通人参与国家的管理。他曾经警告说:"如果庸才和投机主义者在我国掌权,人民就必须付出重大的代价。如果新加坡的选民由于一时的疯狂冲动,为了反对而反对,投票反对党,新加坡就可能意外地由庸才和投机主义者接管。只要由这一批人执政5年,大概是组成一个联合政府,新加坡就要跪地求饶。几十年苦心经营,在社会组织、工业、银行、商业、旅游业等方面建立起来的成就，在几年内就会被摧毁。"[1] 吴作栋执政后，仍然贯彻这一方针，十分重视搜罗人才。为了解决一度困扰国家的人才外流现象，他一方面提高人才的待遇，另一方面也注意从国外高薪聘用外籍人才。这一政策固然一时解决了人才匮乏的问题，但它拉大了精英与普通群众之间的差距。差距应该保持在什么样的水平上，与一个社会的文化有关。如果一个社会的文化更多地认同精英主义文化，注重刺激个人才能的发挥，那么差距大一些一般只会带来积极的效应；如果一个社会的文化更多地认同平均主义文化，那么差距小一些会减少不满和磨损。一般认为，儒家文化和其他东方传统文化是平均主义的文化，而西方文化则比较认同精英的作用。但是关于儒家文化也有人持不同看法，认为它也很重视发挥精英的作用。实际上，儒家文化的平均主义和精英主义是相统一的。在同一阶层内部，它主张平均主义，在不同的阶层之间，它主张发挥上层社会的作用。这种文化实际上并不利于社会流动和刺激个人奋斗。对西方文化一般并无太大的分歧，《圣经》中所谓"如果他打了你的左脸，那么你应该伸出你的右脸让他打"就是与精英主义相适应的说教。就新加坡而言，它已经不是一个儒式社会了，而是一个高度工业化的社会，因此，社会对于精英主义（而不是平均主义）有着普遍的文化认同。尤其需要指出的是，新加坡长期受英国统治，李光耀等第一代领导人大都是从英国留学归来，社会和领导人都长期受英国文化的熏陶，而英国文化又是西方文化中最讲究精英主义的，所以，新加坡推行精英主义有着丰厚的土壤。这里并不是说新加坡这个国家不利于平民参政，而只是说在过去很长一段时间里，精英主义确实发挥了非常有效的积极作用。当然，随着社会文明的进步和中产阶级的扩大，参政扩大化和民主化是迟早都会到来的。从新加坡的现实来看，人民群众对人民行动党和某些精英高高在上享受政治经济特权的情况已日益表现出不满，越来越多地对人民行动党的政策提出批评，参政议政的热情和水平也越来越高。此外，人民行动党长期执政固然能吸引大量人才，但反对党未必就都是庸才。它们在巨大的政治压力和很

---

[1] 新加坡联合早报编：《李光耀40年政论选》，现代出版社1994年版，第459页。

小的生存空间中顽强地生存和抗争，显示出很强的生命力，在 1991 年的大选中获得了 39% 的选票，这能说他们是庸才吗？所以，精英政治的另一面是反对与他人分享政权。

精英治国的另一个特点就是推行强人治国的原则。人民行动党上台执政以后，在近 50 年的时间里一直推行强硬的治国和发展政策，其中最主要的手段就是援引内部安全法对反对派和持不同政见者进行镇压。几十年来政府在国内进行过数百次的逮捕和采取查封报纸或出版机构的行动，有数千人先后被拘捕或关押过。李光耀明确指出："一个国家首先必须要有经济发展，民主才会随之而来。除了几个例外，民主并没有为新的发展中国家带来好政府。民主并没有导致经济发展，是因为政府并没有建立经济发展所需的稳定和纪律。""李光耀的价值观是要建立一个诚实、有效率、能够有效地保护人民，让所有的人在稳定与有秩序的社会中，追求良好的生活之政府。"[1] 为此，这个政府必须用铁的手腕来对付那些持不同政见者。

精英治国论者也从现代管理学中找到了根据。李光耀曾得意地推荐帕金森的《帕金森定律——组织病态之研究》一书。机关的领导若非一流人才，他也就不可能有一流的下属；如果一个机关的首长是二流人才，那么他的身边也至多是二流货；而那些三流人才就会挑选三四流的人才做自己的下属。于是就发生了愚蠢比赛，每个人都竞相表现自己的愚蠢，因为无能的首长最嫉妒部属中超过自己的人才。李光耀非常推崇这种观点，他认为机关组织运作的成败完全取决于领导者的决策正确与否。如果没有好的领导者，其手下执行者的能力再强，也发挥不出来，徒劳无功。他说："高素质的部长的领导是没有任何东西可以替代的。属下官员无论多么优秀，并给予部长强有力的支持，都不能弥补部长在思想敏捷、活力、想像力、创造力、干劲和冲劲方面的不足。"[2] 他认为，领导者的内在才华具有不可替代性。

平心而论，帕金森定律具有普遍性，它是人的劣根性和保守性的表

---

[1] 洪镰德：《新加坡学》，扬智文化事业股份有限公司 1994 年版，第 133 页。
[2] 新加坡联合早报编：《李光耀 40 年政论选》，现代出版社 1994 年版，第 460 页。

现。但是，它并不是时时处处都能表现出来并主宰一个社会组织或一个国家的命运。其表现得如何主要在于权力是否受到制约。在一个权力受到制约的社会里，一个政府的首脑既可能由于能力不足而被迫辞职，也可能由于不起用有才华的新人而受到谴责；一个公司的经理或董事长如果压制人才也会受到董事会的制约；其他社会组织同样如此。这就是说，问题不在于是否应该让最优秀的人担任领导——这是毫无疑义的，而在于如何选拔最优秀的人才和谁能保证最优秀的人才不犯错误。按照帕金森定律，如果最初不是一个最有才华的人担任最高领导，那么有才华的人就永远不会被提拔上来。更为重要的是，历史证明，无论多么优秀的人都会犯错误。据有关学者研究，即使在新加坡、韩国、中国台湾和中国香港经济和社会发展最迅速的30年间，政府在决策方面仍有很多失误。有的决策甚至不是根据客观需要，而是由于政治斗争的需要而做出的。李光耀最初担任总理并不是由于某个"精英"的提拔，而是民主选举的结果。因此，权力的制约而不是强人政治才是确保人才的有效利用和社会正常运转的根本机制，新加坡是一个以行政为主导的权力比较集中的国家，行政权力相对不受外部的制约，这就导致了它的政治运作带有一定的偶然性，常常引起人们的担忧。这一点吴作栋看得很明白，他在接任总理一个月以前，即1990年10月在国会发表演说时讲道："我们感到特别幸运，因为31年来，新加坡一直由英明正直的人统治，他们没有滥用职权，他们使国会制度运作得很好。因此有些人便会得出结论，认为现有制度没有什么不妥，不必改善。不过我却认为，我们的国会制度能够运作得这么好，应归功于当政者的素质及良好的品格，而不是制度本身的优点。""当正直的人仍然在位的时候，我们应慎重地为政治制度引入制衡的制度，不应指望幸运之神永远眷恋我们，在未来的30年中仍会有又英明又正直的政府出现。"这个讲话既暗示了精英政治的缺陷，也列出了可能替代的体制。无论他讲得多么含蓄，都说明他们已经意识到新加坡的强人政治应当有所改变了。1985年已经是部长和国会议员的年轻有为的李光耀的长子李显龙在新加坡国立大学演讲时被出乎意料地质问"何以见得人民行动党是永远正确的？""不要高人一头地对我们说话"等，显示出年青一代对君子当政、缺乏民主的不满情绪。

四　西方政治文化的输入及其社会影响

西方的政治文化具有天赋人权的政治人生观，自由主义的平等与正义的政治价值观和理想性观念，以个人主义为基础的政治伦理和社会契约观念。西方文化也崇拜权威，但在人们心目中没有永恒的权威；在评判权威的标准中，也较少看重职位的高低，而更看重业绩，并且相信自己也可以成为权威。因此，西方政治文化中的等级意识比较淡薄，也不提倡绝对服从；而以机会均等为基础的自由竞争，包括多元化的政治竞争和个人的平等的政治参与，得到比较普遍的认同；更为相信法制的力量，主张以多元制衡取代强人政治，取代人治；人与人之间的关系是契约关系。

实际上，与东亚其他新兴工业化国家相比，在整个19世纪和20世纪的大部分时间里，新加坡东方文化的传统更少些，而西方文化的影响最大。自19世纪初英国在新加坡确立殖民统治之日起，西方政治文化也就随之输入了。像前文提到的，1824年有27位姬妾奴仆不堪当地苏丹的虐待，向英国殖民当局投诉。当时的英国驻扎官克罗福判决将她们释放。当遭到苏丹抗议时，克罗福回答说："这是英国政府的立场，英国人信奉人类平等"。苏丹对此无可奈何。可见，在短短的几年中，当地的群众已经懂得用英国人的价值观来保护自己了。由于一开始，西方的政治文化就是官方认可的、在国家政治生活中占主导地位的价值观，因此它的传播是比较快的。有一点需要指出的是，在19世纪至20世纪的很长一段时间内，新加坡的国家与移民社会之间是相对分离的，因此，西方政治文化传播的快慢还取决于社会在多大程度上与国家相沟通。

1867年殖民政府参照英国宪法颁布了新加坡历史上第一部成文宪法，自此，西方的政治法律制度和政治价值观进入了一个新的发展时期，其地位日益强化。当时移居新加坡的华人都把自己看成是中国人，把这块土地看成是英国人的属地，因此，他们小心翼翼地遵守当地的法律，轻易不越雷池半步。一些上层华人也以学习英国法律、以按英国法律处理本族和族际关系而自豪。久而久之英国的法律制度在他们心目中获得了合法性，树立起了权威。与此同时，殖民政府还完善了政治体制，建立起了仿效英国文官体制的一整套行政机构。在这些机构中，一些华人和印度人也充当了低级官员，他们在处理民间事务时，其行为方式和思维方式都要受殖民地法律的制约，因此其价值观也逐渐西化。1912年新加坡出现了第一个近代政党——国民党，虽然这是一个受中国国民党影响而建立的具有反清色彩的民族主义政党，还不像西方政党那样具有民主政治的内在机制，但是就这种政治表达方式而言，不能不说是受西方政治价值观影响的产物。这说明西方近代先进思想在华人中间的影响已经日渐深化，形成强劲之势。

第二次世界大战结束以后，是新加坡政治开始发生重要变化的时期。这一时期，随着日本占领的结束和民族主义的觉醒，现代型的政党组织纷纷建立起来，当时政治领袖大都是在国外留学归来或在国内受英语教育的人。在这些人中，就重建社会而言，"一些人想以'继承者'的姿态出现，保留原制度；而另一些人则想建立一个种族和社会平等的社会"[1]。前者是在不改变集权政治的基础上，以民族统治者的形式继续发展英国式的政治法律制度和文化；后者主张"社会平等"，含有自由主义的政治价值成分。两派政治势力在政治舞台上进行角逐，斗争激烈，然而，我们看到，无论哪一派力量上台，他们的政治主张中都含有西方文化的烙印，而不会是重建儒式社会。

部分是由于英国政府的有意推动，部分是由于英国政治文化对上层社会的长期影响，伴随着现代政党制的形成，出现了全国性的政治竞争局面。1955年劳工组织阵线通过大选上台执政，1959年人民行动党通过大选击败了劳工组织阵线组成了第二届自治政府。此后，虽然人民行动党大权独揽，但多党制和多党竞争的激烈场面一直保持了下来，成为新加坡各政党和人民群众一致的文化认同。人民行动党每隔四年都要从大选中取得对自己的合法性的认可，它也从未有取缔反对党的意图。这一方面是由于人民行动党的领袖本身具有西方民主社会主义的思想，尤其是在20世纪六七十年代，李光耀多次表示过反对党对于执政党进行监督

---

[1] Pon Seng You, *Singapore: Twenty—Five Years of Dvelopment*, Nan Yang Xing Zhou Lianhe Zaobao, 1984, p. 236.

是一件好事；另一方面也由于西方的政治文化传统已经对新加坡社会有了比较深刻的影响，任何人都难以彻底地背离这一社会现实。例如，即使是在新加坡经济高速发展而人民行动党政府威信颇高的时期，仍有相当多的选民在较为紧张的气氛中投反对党的票。1968 年有 13.3% 的选民支持反对党，1972 年为 29.6%，1976 年为 25.9%，1980 年为 22.3%，1984 年为 37%，1988 年为 38.2%，1991 年为 39%。[①] 从 20 世纪 80 年代以来的增长趋势来看，在不久的将来反对党很可能会打破人民行动党一党独大的局面。对于 20 世纪 80 年代以来的这种政治变化各界人士都有评论。当时的第二副总理拉惹勒南说："这是由于年轻的选民希望议会中有反对党。"一位学者指出，人民感到"人民行动党过于强大了，需要监督"。当时李光耀也曾说过这样的话："时代变了，20 世纪 80 年代新加坡人对于取缔反对党而由老一代领导人进行统治的方式已经不感兴趣了。"[②] 在近几届大选执政党所举办的政见发表会上，参听人数剧减、与会者态度冷漠，而与此截然有别的则是反对党竞选声势的热烈，群众情绪的高涨。群众情绪的变化从传媒中也可以看出，近年间政府对传媒的控制较松，报上言论版开始发表人民大胆的评论，尤其是 1993 年曾出版了一本题为"哈罗！作栋，再见！光耀"的小册子，对吴作栋和李光耀等政治领袖进行了嘲弄，竟然也被允许发行。这说明，在政治价值性成分上，传统的文化心理已经失去了平衡，出现了向西方政治观念的倾斜。

五 政治文化变迁的连续性与非连续性变迁

（一）政治文化变迁的问题与争论

白鲁恂一方面认为世界文化的传播对非西方国家的政治发展起了决定性的作用，另一方面又看到世界文化的扩散只能削弱和摧毁传统社会的结构却不能轻易重建一个现代社会。对于这样一个似是而非的结论，

---

① Michael Haas, "The Politics of Singapore in the 1980s", *Journal of Contemporary Asia*, Vol. 19, No. 1, 1989, p. 51; Cardyn Choo, *Singapore: The PAP and the Problem of Political Succession*, Prin—Ads Press, Malaysia, 1988, p. 39;《新加坡1991年大选》，1992 年。

② Cardyn Choo, *Singapore: The PAP and the Problem of Political Succession*, Prin—Ads Press, Malaysia, 1988, pp. 203 – 204.

他的解释是，文化同化的过程需要创建大量的社会组织传播和支持与现代生活相适应的社会、政治和经济活动，但与此同时，人们从心理上难以支持社会组织发挥这种功能。由此看来，现代文化的扩散决定了现代政治体系的建立，而传统价值的存在又阻碍了现代文化的进一步传播，那么，这两种文化到底哪一种起决定作用呢？实际上，它是在不同的层面上使用这两种文化的，一个是在宏观层面上决定历史进程，另一个是在微观层面上决定心理反应。[1] 白鲁恂做这个假设时显然只是从系统功能要求的角度来着眼的，没有顾及文化作为生活世界符号结构之一的解释学意义。由此看来，已有的政治文化理论对政治的结构、态度和行为中发生的变化缺乏有效的解释，因此有人对这种方法提出了质疑。例如，罗格夫斯基指出政治的文化主义者对待变迁的解释不够充分，他们对与自己的假设不相符合的变化的解释过于牵强，有过多拼凑的痕迹，以此种方式把对政治变迁的解释归入他们的认识框架，显然存在缺陷[2]。的确，政治文化方法的基本假设对于变迁的解释还存在明显的缺陷。然而，尽管从它的这些假设中演绎出一种合乎逻辑的和可信的关于政治变迁的解释是困难的，但并非不可能。

阿尔蒙德等人把政治文化与政治结构和行为进行了区分[3]，斯皮罗对作为意义系统的文化与作为文化建构要素的社会结构、行为、信仰、仪式等进行了区分[4]。这种把文化与结构区分开来的研究视角表明，结构等要素是对文化的反映，但它们并不等同于文化本身，而且是可以独立测量的。由此，考察文化与文化构建要素之间和谐与否的条件就成为研究变迁问题的基础，包括文化、结构和其他现象是否以模式化的路径发生

---

[1] 加布里埃尔·A. 阿尔蒙德、小 G. 宾厄姆·鲍威尔：《比较政治学：体系、过程和政策》，曹沛霖等译，上海译文出版社 1987 年版，第 30—80 页。

[2] Ronald Rogowski, *Rational Legitimacy*, Princeton: Pricetion University Press, 1974, pp. 1-27.

[3] 加布里埃尔·A. 阿尔蒙德、小 G. 宾厄姆·鲍威尔：《比较政治学：体系、过程和政策》，曹沛霖等译，上海译文出版社 1987 年版，第 30—88 页。

[4] Melford E. Spiro, "Some Reflections on Cultural Determinism and Relativism with Special Reference to Emotion and Reason", in Richard A. Schweder and Robert A. LeVine, eds., *Culture Theory: Essays on Mind, Self, and Emotion*, Cambridge: Cambridge University Press, 1984, p. 116.

变迁等都是如此。这实际上也建立了一种比较的变量和单位,使我们可以对不同社会之间的文化与文化建构要素之间的和谐程度进行比较,而一个社会和谐程度的高低可以检验公民对于政府的满意度、政治参与和政治稳定等要素的状况。

在用文化分析研究政治与社会变迁时,我们应注意到文化分析的两个特点:一是与比较政治中的利益或制度理论对政治现象有直接而明确的解释力不同,文化分析的解释一般是间接而含糊的,但这并不否定它的实际效用。在未建构的、变化的背景中,当缺乏制度化的程序来解释和指导行动时,关于他人动机的文化解释和假定对于解释政治过程就特别重要,即使在通常情况下它在不同程度上也是不可或缺的。实际上,建构的不完整性、制度化的低水平性和变化的永恒性才是一种常态,尽管它们总被看作是"非理想的"状态。二是文化不是固定不变的信仰和实践标识,它具有互动性和建构性特征,具有修正信仰和行为的能力,理解可以发生变化,并可以在与其他文化碰撞时调适自己。

文化可以在政治变迁中发挥重要的作用。尽管文化本身并不能轻易地改变,但是当政治需求通过文化意义来表达时,会使目标变得鲜明,动员更加有力,一些民族主义尤其是宗教性的表达和政治动员就是如此。当文化进行身份重构,并以此种方式动员支持者,以及挑战现有政策和制度的合法性时,通常特别有力量[1]。宗教激进主义、基督教原教旨主义和儒家文化在某些国家不同程度地复兴都说明了这种情况。

(二) 政治文化理论的假设和连续性预期

正是由于政治文化理论的假设在整体上导致了对文化连续性的预期,并把它看成是一种常态,因而导致其在完全客观地阐明变迁的过程和原因时产生了困难。要弄清为何如此,就要弄清文化理论所赖以产生的基本假设。在文化主义者的著作中,这些假设阐述得并不完全,或者在解释困难时有意避开了某些部分,然而,如果我们要阐明在一种文化中什么经验是常态的,什么文化理论能够或不能够调适,那么就必须澄清这

---

[1] Alison Brysk, "'Hearts and Minds': Bringing Symbolic Politics Back In Society", *Polity* 27, 1995, pp. 580–592.

些问题。

政治文化理论的基石是关于"行动导向的假定"（the postulate of oriented action）。它指出行动者不是直接对情况做出回应，而是通过调节"导向"来进行回应。可以说，政治文化理论的所有解释或者是阐明这个假定，或者是根据这个假定而展开的。

行动导向是在一定环境中引导行动者以特定方式行动的并具有相当普遍性的倾向，它使行动模式化。如果行动者没有这些倾向，如果导向没有形成或不一致，那么行动就没有确定的方向，就会发生无范式的、无道德准则的和无一致目标的混乱的行动。行动导向是遵循心理学的刺激——回应模型运行的，但它不像单一关系的行为主义模型那样在经验和回应行动之间没有主观介入，而是一种中庸调节模型，它认为对于刺激的回应是把客观经验和行动者的主观经验结合起来而产生的，正是导向进行了这种操作。

导向与态度是有差别的，态度是指特殊的意向，而导向是指稳定而具有普遍性的意向。态度来源于并表达着导向，态度可以通过范式化帮助我们发现导向。导向是由一般的态度所构成的，因而也构成了文化的主题。白鲁恂等把文化主题划分为四种类型：信任与不信任、等级与平等、自由与强制、地方认同与国家认同，他们认为建立这种类型学有助于进行文化比较[①]。这些主题还说明导向可以使某些特殊的行动和态度形成普遍性意向。通常认为导向由三种因素构成：认知因素，即解码经验并赋予它意义；情感因素，把感觉融入认知，促使行动者采取行动；评估因素，给行动者提供行动的目标。

一方面，导向一旦形成，就有一定的稳定性，但并非不可变；并且它不仅仅是主观对客观现象的反映，主观经验也会影响导向。如果导向是一成不变的，或者说如果经验影响行动的过程是相同的；如果它被限定在生物学的层面上；如果它只是理性主义的成本收益计算的表现，那么调节心理的因素就会被排除在理论之外，这显然不符合实际。导向不

---

① Lucian W. Pye and Sidney Verba, *Political Culture and Political Development*, Priceton: Priceton University Press, 1965.

可变还意味着,我们只需要知道行动的初始背景,包括情形和结构,以此为基础就可以解释行动,因为我们已经掌握了完成一种解释所必需的所有的普遍性的规则。当然,理性选择理论在通过同一导向来联系背景与行动时也表现出了一定的灵活性和独创性,但是这并没有从根本上改变理性主义的局限性,即如果没有导向的可变性,我们只能停留在行为主义的世界里。在这种情况下,只有在解释异常情况时需要变量来调节,而对常规的超结构的行动只需了解它的初始起点和背景就可以对其做出解释了。这种对复杂而丰富的政治世界进行约化的解释方法显然不够客观,也不能满足现实的需求。

另一方面,如果行动者没有明确的导向,只有可变性,那么其中的某些可变性因素可能会逐渐形成导向;并且,如果导向不是主观对客观环境的简单反映,那么导向赖以形成的可变的环境一定是文化本身。人们不能自然地获得导向,它一定是习得的结果。这样,如果坚持导向及其可变性假设的话,那么也一定要承认文化社会化及其作用:导向是向外部"社会人"所习得的,社会文化的承载者传授着把经验融入行动的认知、情感和评价的全部技能。这一过程既可以由文化直接传导,也可以间接而明确地通过文化经验所习得和养成。

尽管理性主义也不拒绝政治社会化的概念,但文化主义与理性主义在这一点上是有区别的,这表现在对后天学习或再社会化的看法上。文化主义是从一种"累积的"社会化假定出发的,这包括两方面的意思:一是认为早先的文化学习对后来的学习有一种扩散作用,它制约着后来的学习,尽管如此,文化学习仍然是要持续一生的;二是认为存在着一种个体的碎片化的认知、情感和评估逐渐凝聚成连贯而协调的系统的认知、情感和评估的过程和趋势,这就是文化和导向形成的过程。

累积性文化学习的假定文化主义拥有了如何解释社会行动者从事经济活动和互动的结果可预见性这两个基本需要的方法。如果一个人不得不仔细思考每一个行动和所有相关的信息,那么其生活会陷入无限的麻烦之中,实际上也是不可能的。因此,导向性设计首先是节约了决策成本,其次是对行动者互动影响的相对可靠的预期有利于建立稳定的社会秩序,最后是行动的不确定性使专制权力有了成长的空间,这在第二次世界大战后东亚各国从社会无序走向威权主义的历史过程中有明显的表现。

我们也应看到，文化主义对经济行为和社会可预测性问题的处理方案无论看起来是多么合理，也不应该被看作是唯一正确的，理性主义也有它的合理性，经济行为是由"意识"或者有判断力的决策者授权的，理性选择是按照一种不变的原则预期社会生活，因此，一个人可以预期他人的行动，可以据此调节自己的行为以适应这个预期，进而通过理性公式和强有力的契约安排或普适性的法规来实现社会行为的可预测性。同时，理性主义的各种经验性模型也对大量的"异常"案例进行了处理和解释，这也在一定程度上弥补了它过于单一的解释路径。这些都与文化主义有相似之处。

文化主义与理性主义对经济动机和社会行为的预期有所不同，从而开启了另一个观察视角。文化主义通过常规性的认知、情感和评价倾向把经验融入行动。它认为每个社会中的这些范式倾向是不同的，它们也不会由于社会的客观情况或结构的变化而变化，但会由于文化上的执着学习而变化，这种学习是寻找同一倾向和导向的过程。这是在决策与行动之间注入"经济化"的纽带和实现对群体互动的可预测性所必须做的，也是一个自然的过程。

如前所述，政治文化方法在解释政治变迁方面面临的困难与它的连续性预期有很大关系，它甚至认为即使是在政治行动的客观背景发生变化以后文化也具有连续性。文化的连续性及其集体和个体导向具有连续性预期的理论来源有三点：第一，政治文化理论认为导向不是主观对客观结构的超结构的反映，而是人们把认知的和规范的意义注入结构和行为之中所产生的，是一种主观对客观的注入。第二，认为导向是通过社会化而形成的。在言传的意义上，社会化是直接的，它会产生普遍的连续性，社会人也即文化人为这种文化传承或社会化所形塑；在经验的意义上，社会化是间接的，但仍然存在着普遍的连续性。权威性经验的传播首先发生于家族之中，然后是在学校，在这一过程中后人一直师从于他们的前辈。第三，认为导向是累积性文化学习的产物。这不仅是指文化学习的持续性，而且也指早先的学习影响着以后的学习，因而行动者会趋于追求相同的导向。这一方面会给成年人的社会化和再社会化留有一定的空间，尽管不是很多；另一方面它排除了不时产生的相异性的碎片化的变化倾向被内化的可能性。

同时，文化的变化是一定会发生的，如果绝对地排除文化范式和主题的变化，那么政治文化理论就不能对变化了的世界做出解释，就会失去意义。文化主义对此的解释是，文化连续性是人们在抽象而核心的文化世界中所持有的一种理想预期。它类似于伽利略的惯性运动概念，物质运动是惯性的，但这并不排除它在受到外力影响时发生的加速、减速或休止性的变化，这是根据偶然的、可能撞击惯性运动中的物体的情况而提出的。与此相似，文化的连续性是一种固有的规律，它制约着运动的变化，但如果遇到强大的外力撞击的话，它会改变运动的方向或速度。因此，与物质运动惯性相似的动机中的惯性这一概念有助于文化主义对社会变迁进行解释。

然而，这种动机中的惯性概念可能引发对政治文化变迁的即兴化的解释。我们发现，如果一种理论方法对文化连续性有很强的偏好，或者抵制文化的变化，那么它总是意欲创造"特殊"条件以补救这种理论，即通过对概念和理论进行调适以对社会和文化的复杂或"偶然的"变化做出回应，以此对那些根据连续性难以解释的或"异常的"变化进行解释。如果说这种理论的困境是由于过分强调早期社会化的作用而引发的，那么为什么不削弱对它的强调，以给后来的社会化或再社会化留下更多的空间呢？如果这是因为试图建立相同的导向而削弱了理论对于某些现象的解释力，那么为什么不直接地构建对相异性导向的更多的包容，或为什么不重新定义相同性导向？然而，在这些方面，政治文化论者们可能仅仅因为不愿改变相关术语的连续性含义而终结了进一步的研究，它也排除了其他具有理性意义的术语。这正是文化主义在解释政治变迁时应该受到批评的关键所在。

对文化理论的修正旨在使政治文化理论对变迁的解释更有可信性，同时在此过程中还要防止对文化理论的假设及其意义进行随意修补的情况发生。这样一种理论首先要阐明常规的文化变迁的基本特征，其次要对异常的变迁做出解释，阐明政治文化方法在逻辑上适用和不适用哪些变迁。要构建这样一种理论，就要分析那些"自然地"产生于情景和结构环境中的变迁和那些"人为地"精心改变政治结构和行为所导致的变迁这两种基本的文化变迁类型。

（三）范式保存的变化与非连续性变化

世界的变化经常使我们面对新的情景，例如，市场化把农民卷入现代化进程所引发的社会结构和文化的变迁等，这会使行动者固有的倾向系统不再适于处理的新的情况。在一定意义上来说，人们面临新的情景是一种常态，一个人从家庭走向社会，从初级学校走向高级学校，从学校走进社会，都是面临新的情况。新的情况可能是内部发展的结果，一方面是内部客观发展的结果，另一方面也可能是主观思想变化的结果。例如，它既可能是社会内部的差异或裂变所导致的结果，包括社会运动和政治运动引发的政治的不稳定和分裂等，也可能是统治者主动推动的改革所导致的变化。同时，新的情况也会由来自外部的压力所引发的变化所致，例如，移民来到新的国度，或社会内部的移民或流动都会使行动者面临新环境的压力。一般来说，在个体层面上比在宏观层面上会更多地遇到新的情况。

新的情况可能是瞬时剧变的结果，有时它是短命的，在这种情况下既不需要，也不可能进行文化调适。然而，如果这种情况持续发生的话，或者说它显示出文化惯性的话，那么人们的预期和偏好就会发生变化。在这种情况下文化的范式和主题所发生的变化通常是保持它们本来状态的变化，也就是说，文化中的变化是适应变化了的结构和情景而发生的，但这种变化是保持现存的文化范式并与它相协调的变化，即文化发展的特征是"范式保存"。"万变不离其宗"就是这个意思。在现实社会政治中有很多这方面的例子，例如近20多年来英国的保守党对英国工人阶级选民的争取和工党对于资产阶级选民的妥协都是这方面的重要案例。布莱尔时期的工党和卡梅伦时期的保守党领导层在竞选时为了争取更多的选民对本党的传统政策进行了大刀阔斧的改革，这种改革适应了新环境的变化，最终尽管两党发生了变化，但这是在保持自己传统基础上的创新。

另一种保持范式的变化的方式是对新的经验和情况做出强求一致的

或自己的理解和解释，这会导致一定的认知和准则的变化，这在进行不同的个体认知的实验中经常会发生"知觉的扭曲"[1]。近几十年来一些发展中国家农村的选举经历了这种变化。一方面，在一些国家中，村长的民主选举最初被当地人看作是他们长期以来习惯的对当地家族首领选举的翻版，从而把现代民主的选举变成了传统家族的选举，或者说只借用了民主的某些形式而没有民主的实质，这就是知觉扭曲的选举。但从另一方面来看，像选举家族首领这样的制度已经长期存在于传统文化之中，"候选人"是少数传承下来的有地位的家族中的代表人士，在很短的时间内完全改变这种传统的选举方式并进行全新的民主选举，无疑会受到很多限制，人们难以适应。然而，通过调整知觉扭曲的选举方式并把它应用于新的民主的村长选举，要比完全摒弃旧的选举而采用新的选举方式更容易实行。

文化主义的一个预期是，虽然现代社会中的社会流动使人们经常面对新的情况，但不能因为社会流动而轻易地改变文化的本性，否则会导致文化功能失调，会因此而付出昂贵的代价，所以，保持范式的文化变迁是一种渐进而有效的变化。文化主义的另一个预期是，社会越是具有现代性，交流越多，文化就越容易具有普遍性。由于文化在现代社会中，情景和结构变化的频率和速度越来越高，而关于导向具有惯性的假设否定了导向可以经常而迅速的重新定向的可能，所以我们只能预期文化规则的僵硬度会适度放松，以便它可以适应和包容更多的社会流动和变化。

承认和坚持文化的弹性化是一条既可以保持文化的范式和主题又能适应变迁的路径。由于社会的变迁越来越迅速，文化要保持自己的范式和主题就要发展起可以兼容各种"内容"的"形式"。涂尔干曾论证了各种文化发展所产生的普遍的相同点，他指出，在早期社会中，一个群体的环境在本质上是确定的，那里的道德有自己的品质，与其他社群有所不同。随着社会的发展，社会的"共同道德"被升至多样性的各群体道德之上，"继而变得更为抽象……普遍性思想的出现是必然的并变得具有

---

[1] Jack W. Brehm and Arthur R. Cohen, *Explorations in Cognitive Dissonance*, New York: Wiley, 1962, p. 17.

支配性"①。

　　文化的普遍性和弹性会随着社会的发展而增加这种情况，还可以从以下三个方面来进一步阐述：第一，"理性"的行动意向提出了社会流动性所必然要求的文化的普遍性和弹性特质，而韦伯的研究也指出现代生活的理性化这种居支配地位的特质是文化对结构或环境变化的适应性变化所至。

　　第二，在文化的弹性和刚性这两个现代社会中相互竞争着的因素之间找到适当的平衡，在理论上是说得通的，其困难只是操作上的。在协调文化的弹性和刚性时，处理好内容和抽象以及形式之间的关系是关键性的，人们通常更关注它们在现代社会里所发生的矛盾或不协调性，实际上它们之间和谐的一面也很多，甚至经常存在于其矛盾之中。我们看到，社会的混乱不仅仅是由于对行动缺乏内在的引导，而且还会因为导向太过于一般化或松散、不能对特殊经历进行指导所致。因此，在一定意义上来说现代社会或许本质上是非文化的，它对于包括礼拜和教义等在内的替代文化现象来说，是非连续性的或脆弱的。

　　第三，文化弹性这一现象适用于所有现代社会，它甚至包括最初有严格的信条，但已经成功地走上现代化道路的政体，例如某些政教合一的国家和传统的社会主义国家等。在现代社会中，既存在着由最初的文化惯性所产生的预期，它总是企图排斥新的文化倾向的产生；还存在着对保持范式的变化的预期或文化，抑或"知觉的扭曲"等；还会产生文化变迁会向更有弹性的方向发展的预期和现实，这既可以对原有的信条进行新的解释，也使文化更具有调适能力，也即在文化的刚性与弹性之间保持一种动态的平衡。

　　有时环境会发生巨大而迅速的变化，它既不是保持范式的变化，也不是逐步放松文化刚性以应对社会流动性的变化，而是有中断性或非连续性的。人们常常把工业化所引发的变化作为这样的例子，战争或新政体取代旧政体通常也会导致社会关系的剧变，而像20世纪30年代的经济

---

① Durkheim, Emile, *The Division of Labor in Society*, Glencoe: Free Press, 1960, pp. 287 – 291.

危机在美国、德国等西方一些国家所产生的精神创伤也导致了文化的变化。在这种非连续性或中断性的变化中，通常外部力量不如内部力量那样有更大的改变文化的能力。

显然，我们是在文化的规范是否发生了变化这个意义上来讨论文化的非连续性变化问题的。一些文化主义者似乎有意避开这个问题，或者是把社会创伤的情况简单地归结为异常情况，这种处理问题的方法在理论上有很大的局限性，并且它也偏离了文化惯性理论。

发生了非连续性变化的创伤社会与环境稳定的或不那么迅速变化的社会相比，文化的变化是有明显不同的，但这并不能成为人们即兴创作以把文化变化的结果规范化的理由。如果文化主义者关于文化惯性的假设是正确的，那么在逻辑上创伤社会的非连续性变化应该并不存在，然而非连续性确实存在，因而文化惯性的假设是有局限性的。

一些文化主义者不承认社会剧变会导致文化导向在较短的时期内被改变的可能性，然而这并非不可能，只要行动者在推动变化的新的组织的早期就投身进去，在其中进行学习，就可以理解新的经验并建立起对新规范的认知。没有一个文化主义者预期德国甚至日本在第二次世界大战后短短的几年时间里就形成了民主的政治文化氛围，也没有人预期在非洲某些后殖民主义的部族社会中能够确立起现代国家的形式及其相应的文化，尽管在这些国家中并非不存在文化的连续性及其预期。非连续性的政治文化变迁最初基本是无形式的，也可以称之为社会的反常状态或非规范化，这种现象的实质是文化失去了黏合结构。学者们在政治文化变迁的连续性与经济和社会发展的关系上也存在不同的看法。利普塞特认为20世纪前后美国经济的迅速发展是与像无政府主义和工团主义这样的"无目的的抗议运动"所产生的"极端主义"或新的文化运动联系在一起的，但亨廷顿等人则指出这种发展是与政治稳定或保存范式的文化变迁相关的[①]。

在社会经济发生非连续性变化的情况下会出现无形式的文化变化是

---

① 塞缪尔·P. 亨廷顿：《变动社会中的政治秩序》，张岱云等译，上海译文出版社1968年版，第85—100页。

具有一定普遍性的现象，然而这并不是绝对的，甚至在任何情况下都不会发生所有的文化变化都是非连续性的这种情况，例如像家庭这样的私密性很强的社会组织，可以挺过巨大的社会剧变，甚至在所有的变迁中都没有改变家庭存在或家庭特性这一事实。官僚机构有时也是如此，一些国家的官僚体制在政治转型后被保留了下来，它们都是一定文化的载体。还有，如果学习是累积性的，那么老人会显示出强有力的保守倾向，甚至当社会经济巨变发生时也是如此。可以说，一个制度中的导向越是根深蒂固，越具有凝聚力和一致性，它也就越不易迷失方向或发生变化，就会有更多的类似于"知觉的扭曲"这样的机制性的习惯性意义被融入经验之中。政府的权威有时也会在文化的非连续性变化的环境中保存下来，而且，如果内化的文化特性不能支配行动和互动，那么政府权威会变得更有力量。

在政治文化高度无形式的情景中，人们的政治行动会有很大不同。一些学者指出，在社会和文化非连续性变化的情况下，某些权威保持下来，但是它会呈现某些特点，例如，会趋于仪式化。仪式的特点在于它使人们无须承担义务而顺从，一个人据此行事，不是因为其他原因，而只是因为他被仪式所告知应该如此，他很难有其他的选择。这种情况通常发生在高度顺从的政治文化之中，在那里，为了私人利益而发生的利己的和机会主义的顺从，包括为获得政治权力而实施的顺从行为，扭曲了准则和规矩。狄更斯在他的《美国随笔》中发现，在移民社会或至少部分移民中，由于流动而进入了一个陌生的文化系统之中，因而发生了文化非连续性的情况，这时一个人可能希望要点小聪明而表示"顺从"[①]，即背离自己原来的行为准则和导向。由此看来，政治文化的非连续性并不只是在由剧变所导致的不稳定的文化之中才会发生。

在文化非连续性的情景下，还可能发生的一种变化是人们的从众性减弱，使自己的生活从"外部的"较大的社会退入到较小的"内部的"更为熟悉的家庭、村庄或某些地方性的和宗教的社会细胞之中，有人称之为退却主义。这时，也会出现对权威的反叛和抵抗。从马克思到摩尔

[①] Charles Dickens, *American Notes and Pictures from Italy*, London: Oxford, 1957, p. 246.

和斯考克波尔，人们总是把社会、经济和政治的非连续性与政治暴力联系起来，由于反叛和不妥协总是会付出代价，并且需要更多的能量，因此，退却主义者进入小的社会细胞或尊崇仪式的行为有时就成为一种更为现实和可行的选择，这是一种保持文化连续性的行为。尤其是在社会中有强大的传统的支配性权力起作用的时候，更可能如此。

在社会和文化的非连续性变迁或发展中断之后会发生什么情况呢？如果人们的个体和集体生活确实需要行动的经济动机和可预测性，那么这就会出现新的文化范式和主题。但是，由于文化范式和主题是靠累积性的学习来形塑的，所以这一过程是缓慢的，通常需要几代人的时间。并且，在历史上的转型时期，这往往是以出现严酷的权力、社会倒退和由倒退所产生的强制动员和反叛为代价的。因此，新政治文化形成的过程是长期的并需要全社会为此付出代价。如果社会的细胞组织一直不受或很难受到社会、经济和政治的非连续性的影响，那么新文化的形成就需要时间。

改变人的倾向性或文化范式的另一个值得注意的问题是要在社会的宏观结构中发现易于进行重新定向的特殊因素，例如，年轻人比老年人更易受重新定向因素的影响，因为他们没有厚重的文化积淀；而那些处于主流文化边缘或裂隙间的社会边缘组织或社群就非常易受重新定向的影响，这是由于它们没有固定的受人尊重的社会地位，因而主观上易于接受新的文化，并往往成为重新定向的先锋[1]。

（四）政治转型时期的文化变迁

政治转型是研究政治文化变迁的重要的时期和现象，在这一时期，文化的连续性和非连续性问题可以集中地展示出来。典型的政治转型是近代以来发生的社会革命，这种革命提供了最清晰和生动的转型案例。

由于社会革命本身是最重要的非连续性事件，它们一般都发生在社会和政治剧变时期，尤其会导致政权的更替和政治转型，所以前面所列举的关于非连续性的预期均适用于转型。我们可以文化论者从革命转型过程中得出的某些预期来评价政治文化变迁理论，这一视角是非常重要的，因为转型过程毕竟不仅仅是社会文化顺其自然的变化或必然性的调

---

[1] Rejai Mustafa and Kay Phillips, *Leaders of Revolutions*, Beverly Hills: Sage, 1979.

适，同时也是人们主观精心设计的巨大的社会文化变迁。

一般来说，革命性的转型在短期内很难导致社会和文化的根本性改变，尽管有时会发生形式上的巨大变化。人们当然期望通过迅速的革命行动来实现社会的转型，例如企图通过驱逐地主和重新分配土地、结束封建特权和义务、实行普选等来建立一个新的社会，但是，这只是一些形式上的变化，是否能在根本上或社会结构上完成转型则要经过长时间的努力，至少要建立起与这些社会形式相适应的内容或基础，也即相应的生产力水平和市场环境。从文化视角来看，革命这种非连续性事件会在相当一段时间内导致"无形式"的文化，尽管革命者会以某种革命文化来迅速地取代"传统的"文化，但实际上这很难在短时期内实现，也就是说，革命者很难在短期内或一代人的时间里通过教育人民来重新确定文化导向。同时，重新定向的可能性越小，革命前的文化就保留得越多，如前所述，它会使更多的地方组织或制度成为躲避权力转换或抵制文化重新定向的堡垒。

这里的问题是，革命打破了政治生活的常规准则，那么用来填补它留下的真空的是什么呢，或者说革命文化的形式和内容是什么？革命性转型是使用暴力手段推行的，它使用强大的革命权力和法律强制社会取缔旧的和固有的文化模式。"革命法规"曾是1791年法国大革命中雅各宾专政和1917年布尔什维克掌握政权后使用的一种基本的制度设计，它企图用政治权力正面攻击并改变社会，然而，这样做的效果并不明显[1]，以至于革命后不得不存在长期的退潮或"补课"。20世纪中叶，很多国家在革命或民族主义运动取得胜利后都发生过类似的情况。

"革命性法规"是对革命的或者情景环境发生巨大变化所造成的文化断裂的一种普遍的回应方式，它在特定情况下可以持续稳定的替代规范文化，因而它也是一种文化形式。这种"革命性"或"文化性"法规被广泛用于判定政治立场或决策，是特定环境中处理矛盾和争端的一种规范方式。但实际上，革命性法规在相当长的一个时期中只是压制而不是改变文化，所谓革命的法规或文化一般都无法达到革命者所设想的目标，

---

[1] Gregory J. Massell, *The Surrogate Proletariat*, Priceton: Priceton University Press, 1974.

而只是变更了政权的形式和文化的表现形式，而没有发生实质性的变革，至多也只是"知觉扭曲的"变化。从一些国家的情况来看，在革命后的初期主要是刑法在起作用，以后它的作用会逐步下降，而民法会逐步发展起来，广泛地规范社会的互动方式。这就是说，发展会松动革命的文化规范，也只有在这时新的文化才有可能发展自己的适用性。

一些重要的案例说明很多革命在完成后长期达不到革命的预期目标，而更像是回到了革命前的社会状况。在哪一个阶级或阶层真正掌握了权力、推行什么样的发展路线等重大问题上往往如此。例如17世纪的英国资产阶级革命和18世纪的法国资产阶级革命都发生了这种情况，1688年英国的"光荣革命"和1793年法国的"热月政变"，使两国的革命从革命高潮时构建的制度和法规退回到革命初期的状况，史学家们主流的观点认为这是退回到现实的发展水平上了，这实际上意味着政治文化的连续性仍然存在，尽管变化是不可避免的。重构的文化模式和主题之所以大大不同于革命的愿景，而更加趋向于旧的社会和体制范式，其基本原因是革命的超前性缺乏相应的社会和文化结构的支持。

革命本身并不能把新的文化内化到整个社会之中，因而在转型后仍然需要在整个社会中全方位的学习和内化新的文化。虽然革命的教诲对形塑年轻人起着重要的作用，但是它很难取代地方组织的社会化作用；同时，它也不像教师及其类似的角色那样对大多数人有重要而持久的教育作用；它主要是对处于边缘位置的少数群体起作用，他们沉湎于用革命教义替代常规，因为这样可以改变自己的地位，或者是对那些把革命愿景看成是人生全部意义的革命者起作用，然而这种革命者毕竟人数太少了。传统文化的惯性会在革命减弱以后重新发挥作用，这趋于使转型转变为范式保存的变化，从而在很大程度上趋于把革命转变为只是具有革命修辞或形式上的转型，而很少是具有实质性意义的转型。由此看来，革命转型的短期效应很可能要大于长期效应，人们只能在剧变过程中尽力做一些改变，但当生活再次平静下来后，就不再能改变什么了，或者说其改变是渐进而缓慢的了。

一般来说，在长期的增量的变化中所完成的转变要多于企图通过激烈的革命所完成的转变，尽管在特定情况下革命所推动的转型是必不可少的。我们注意到一些国家把文化变迁看作是一种系统的社会工程，它们通过长期的文化和社会化活动来实现由传统向现代社会的转型，而不是以文化革命的方式来完成这种过渡，但却发生了实质性的转变①。

小结

文化的连续性是存在的，但是过于僵化的连续性预期或缺乏对非连续性变化的处理导致了以往的文化主义者在处理政治文化变迁问题时不得不进行牵强的理论补救。尽管如此，从文化主义预设的前提条件中仍可以产生一种有很强说服力的关于政治变迁的文化理论，它认为社会文化变化的特性通常是范式保存的变化，如果这种变化是与现代化进程相适应的，那么它就是趋于规范的、具有普适性和有弹性的文化变迁；它认为突然的社会的非连续性变化的文化是存在的，至少在一定时期内是"无形式的"，这时它对个体来说是缺乏凝聚力的，对总体来说是碎片化的；当文化因素或文化惯性及其载体退入传统的或未受政治转型、新文化冲击的地方性结构中的情况发生时，普遍的一致性就成了仪式主义的和机会主义的；革命及其操作不可能在短期内完成文化的转型，革命者试图借助专制权力或革命法规完成这一转型，然而，从长期来看，这种转型是有回归倾向的。尽管文化主义认为人们只能在很小的程度上设计变化，但我们认为主观推动的实质性的政治和文化变迁是客观存在的，只不过它是在客观的社会结构发生变化的基础上，通过长期和系统的文化工程来实现的。

第三节　民主社会主义的建国思想

第二次世界大战之后，民族主义运动风起云涌，在此背景下，社会主义演变成一股世界性的潮流。当时，除了苏联和东欧九国之外，亚洲

---

① 李路曲：《新加坡华人社会：西化与儒化的历史角逐》，《中西政治文化论丛》，天津人民出版社 2002 年版，第 66—98 页。

的中国、朝鲜、越南以及亚非拉的许多国家甚至北欧的一些国家的执政党都打起了社会主义的旗号。社会主义成为一种革命的时尚和理想的目标，社会主义思想广为流传。但是，社会主义也不是铁板一块，而是有着各式各样的流派和模式，各国的革命党人都是根据各自的需要选择不同的流派和模式。

一　民主社会主义思想的形成

人民行动党在建党之时之所以选择了欧洲的民主社会主义，是和新加坡与英国的历史渊源密切相关的。自19世纪初以来新加坡一直是英国的殖民地，英国是新加坡的宗主国，新加坡的优秀学生和富家子弟都要到英国去留学，这样，英国的社会生活方式和思想文化意识对新加坡人就有着很深刻的影响。20世纪40年代后期，李光耀、杜进才、吴庆瑞等人都在英国留学。当时整个亚非拉以及本国的民族解放运动方兴未艾，社会主义思潮极为风行，这两种时尚在既是宗主国又是工人运动的发祥地和中心的英国都有深刻的反应，尤其是对那些来自殖民地国家的留学生影响更大，他们经常聚集在一起讨论民族的命运和世界的前途，讨论斗争的方略。这一时期，英国工党改变了以往工人运动与政府尖锐对立的局面，采取与政府合作的态度，取得了合法地位，因而影响很大。李光耀等人与英国工党领袖威尔逊、摩根多普斯等人多次接触，深受他们的影响。一次李光耀在谈话中对威尔逊说："我来英国读书，学到了许多知识，特别是贵党的政治主张。推行社会民主主义，对我们很有启迪，我们正在为马来亚的民族独立而努力。"

回国以后，李光耀等人坚持用民主社会主义思想来指导自己的政治活动。在争取民族独立的方式上，他们反对共产党的以暴力手段立即夺取政权的路线，而主张以渐进的和平方式来实现政权的平稳移交，即采取与殖民当局有限合作的方式上台执政，尽管他们有时为了争取选票也高喊一些激进的打倒殖民主义的口号。20世纪50年代初期，李光耀已经是很有名气的律师，在民族运动中，他不是像激进派那样去鼓动工人与当局对抗，而是作为工会的法律顾问，与当局进行谈判，采取合法手段维护工人的利益。当时李光耀是几十家工会的法律顾问。20世纪50年代中期，李光耀作为人民行动党的代表积极参与劳工组织阵线组织的与殖民政府的制宪谈判，尽管他的这一举动受到了党内激进派的批评。正是由于人民行动党的温和派坚持民主社会主义的政治方针，使它没有采取激进的反殖运动手段，与共产党划清了界限，不致引起殖民当局的担心，才没有遭到镇压；同时，它又坚持反对殖民统治，争取民族独立的斗争方向，与右翼政党的妥协划清了界限，从而也就没有失去下层群众的支持。这是它推行民主社会主义路线的结果。

然而在建国方略上，人民行动党的民主社会主义已经有所变化。李光耀在当上总理之后不久曾说，像人民行动党这样一个民主社会主义的政党的主要任务之一就是"对自己的理想保持根本的信仰和信心"，但是我们"必须在一个十分资本主义化的制度中为确立社会主义价值而斗争"。他认为，我们现有的是成功的资本主义经济，"我们不能把这种经济转变为一种社会主义经济而不使任何人不遭到灾难性的后果"①。1960年2月24日李光耀对新加坡工商界的领袖们说："我们从来不认为或妄想我们的经济关系会有激烈的改变。我们之所以不对社会阶级关系做更激烈的改变，并不是我们缺乏革命的目标，而是我们了解到，我们的政策和行动路线，首先受到新加坡局势的限制……一个社会主义政府，在一个本质上仍然是自由企业的制度下，被赋予发展工业的任务。只要你对这个制度的发展有所帮助，你将得到政府的支持。"② 这就是说，在20世纪60年代初期，李光耀已经结合新加坡的实际，对民主社会主义思想有所修正。一方面，他表示要继续为实现民主社会主义的国家蓝图而奋斗，另一方面，他认为在近期内还要在经济领域里保持资本主义制度。

这一时期，李光耀还在不同场合阐述了他的民主社会主义观。他认为，民主社会主义主要有三方面的内容，一是社会公平。即"人人平等，即使不能在最终的社会成就方面完全平等，至少要在谋求同样的教育、成就和报酬方面得到平等的机会"③。"虽然社会经济的基础在短期内不会

---

① 亚历克斯·乔西：《李光耀》，上海人民出版社1976年版，第63页。
② 新加坡联合早报编：《李光耀40年政论选》，现代出版社1994年版，第116—117页。
③ 亚历克斯·乔西：《李光耀》，上海人民出版社1976年版，第63页。

有基本的改变,不过还是必须做到这点。作为一个民主社会主义政党,我们行动党的任务就是要证明这项工作,它虽然艰巨和微妙,但还可以办到。无论如何,从长远来说,要变化的还是经济基础本身。"这一点主要讲的是经济。他认为应该为分配平等而奋斗,但新加坡的现实是适于推行机会平等。从长远来说,应该实行公有制经济,但现实只能保持资本主义经济体制,为实现公有制做准备。二是实行民主制。1959年8月15日,李光耀在政治研究所向公务员发表演讲时说:"我们的工作是要证明民主制度能产生有效的结果。我们所要证明的是,在'一人一票'的制度下,能建立一个有效而诚实的政府,并通过一个有效的行政组织,为人民利益工作。"他还说,"如果政府和公务员的工作做的不好,人民就会对民主制度失望。因此,我们的责任是使人民永远不会面临这种失望"[1]。李光耀把民主制度完全建立在"一人一票"的基础之上,可见,这时他的观点与资本主义的和民主社会主义的民主观点基本是一致的。三是使人民享有充分的自由。李光耀认为,人民有言论、出版和结社的自由,有人身不受侵犯的自由。在人民行动党执政初期,人民的这些权利基本能够得到保障。这说明,这一时期,李光耀在经济上没有实行民主社会主义的经济纲领,但在政治上和社会上仍主张保持民主社会主义的治国之道。

二 民主社会主义思想的转变

在新加坡取得独立之后。李光耀和人民行动党政府进一步背离了民主社会主义的建国纲领。从理想到现实、从民主到集权,有很大的改变。

人民行动党政府的治国之道发生重大变化的原因有以下几点:第一,新加坡的政治文化环境与民主社会主义的要求有很大差异。在新加坡的政治文化传统中,儒家政治文化和伊斯兰政治文化占有很大的分量。在这两种传统政治文化中,都缺乏个体的政治自主的因素,普通群众没有政治参与的经历、意识和能力,他们始终与政治保持着一定的距离,有一种政治恐惧感;同时,由于生存能力较弱,他们希望得到强权的保护,

---

[1] 新加坡联合早报编:《李光耀40年政论选》,现代出版社1994年版,第522页。

因而拥护和盲从权威。在民族运动中，群众似乎表现出了很高的参与热情，但那是在追随的意义上进行的，结构自主的程度很低；而且，那也只是一种批判的文化，与实际意义上的自主管理的文化还有很大的距离。因此，真正的民主参与一时还难以有效实施。与此相反，上层的政治精英则有着强烈的使命感和政治参与感，他们认为只有自己才能担负起安邦救民之责。李光耀等最高领导人虽然在英国学习和接受了不少民主思想，但也学习了英国的精英主义，这种文化与儒家传统中的精英主义有着某种一致性，因而很容易被接受和被采用。这样，只是在少数人身上有所体现的民主社会主义思想，一接触新加坡的现实和大众，很快就被融化掉了。李光耀等人既然是接受了西方的政治思想，因而也就是比较务实的，他们总是把"生存"作为政治思想的核心，绝不会为了"主义"而牺牲现实。当时，民主社会主义虽然已形成了系统的理论，但它是在欧洲土壤中生长出来的，难以经得住新加坡现实的检验；而在现实中能够行得通的政策，虽然还未升华为系统的理论，但却具有很强的可操作性。

第二，人民行动党上台之初，面临着严重的生存危机：大量工人失业，劳资关系紧张，种族矛盾尖锐，政治斗争激烈，马来国家的敌视，以及人民生活艰难。政府的当务之急是稳定局势，通过留住和吸引外国投资来解决失业和发展经济。新加坡的经济现实是，它是一个转口贸易港和外国资本占多数的国家，失去了外国投资，就失去了发展的机会；保住了外国投资，就抓住了机会。因此，社会变革受到了一个重要因素的制约，即不能进行大的政治经济变革，因为这势必要带来社会动荡和外国资本的流失。政府不是通过长期的武装斗争、建立起一支强有力的武装力量之后再上台执政的，因而没有力量对社会进行绝对而有效的控制（而且英国也不允许这样做），这样，进行大的政治经济改革就只能带来社会动荡，接着是外国投资者抽走资本，经济崩溃。而要做到这一切，人民行动党政府就必须牢牢掌握住权力，以强有力的政府权威来稳定局势，不能让当时力量颇大的主张进行社会主义革命的社会主义阵线左右政策制定，这又导致了中央集权的产生。因此，新加坡的政治经济体制是互为关联的，在当时都难以进行大的形式上的改革。

第三，20世纪60年代，福利主义在英国已经走下坡路。英国推行的民主社会主义式的福利政策助长了人民的惰性，削弱了竞争机制，从而制约了经济的发展。人民行动党的民主社会主义主要是从英国学到的，英国的变化对从英国留学归来的人民行动党领导人影响很大。李光耀也看到了这一点，认为这种政策利小弊大，不易推行。而提倡纯朴的品格，像勤奋、节俭、诚实，并使之与资本主义精神结合起来，才是发展的动力。所以新加坡一直没有实行高福利政策。正是出于以上的原因，人民行动党并没有真正实行民主社会主义的建国纲领。所以，尽管人民行动党长期打着民主社会主义的旗号，但其内涵与欧洲的民主社会主义和社会党国际的主张有着很大的差异。

三 民主社会主义思想的特色

那么，人民行动党执政以后，其政策究竟与传统的民主社会主义模式有哪些区别呢？

首先，人民行动党在国内实行的是一元政治而不是多元政治。从1961年它以政府的名义第一次逮捕社会主义阵线和左翼工会领导人开始，直到20世纪90年代，无论是对左翼还是对右翼的反对派人士，无论他们是多么地不能自卫，只要人民行动党认为他们的活动有损于社会稳定和国家利益，就可以毫不留情地予以逮捕。尽管这些人士只是发表一些攻击人民行动党或其领导人的一些言论。在新闻界和工会中，人民行动党政府也采取了几乎一样的政策。人民行动党政府上台后的50年来，在每一个重要的历史关头，都有敢于发表不同声音的新闻从业人员被逮捕。1968年以后，雇佣法对敢于违抗政府命令进行罢工的工人予以毫不留情的打击，逮捕罢工领袖，解雇罢工工人。实际上，人民行动党政府垄断了所有的政治权力，反对党无从分享任何有实际功效的政治权力。这显然与民主社会主义所主张的多元政治和民主政治是大不相同的。

其次，无论是在1959年竞选期间，还是在上台执政之后的各种施政演说中，人民行动党的领袖们都把反对不平等作为一个重要的目标来宣传，表示要"满足广大群众改变社会阶层关系的热望"。1960年李光耀还说，"在未来的4年内，可以预见到政府的唯一干涉就是经济成果的重新分配"①。虽然人民行动党政府也指出不可能立即实行社会平等,却明确提出"在未来的4年内"或"在执政的后期"等有时间性的目标,但在20世纪60年代中期以后,它的态度却大大改变了。当时李光耀在全国职工总会发表演讲时指责社会主义阵线说:"这些政客在竞选中靠玩弄平等报酬或平等主义手段获胜:向有成就的人榨取,以支付穷人的福利,而结果是大家一样穷。如果我国有朝一日人才外流,最有才智和最有才能的人都跑到外国去,因为我们实行极尽取宠大众的政策,主张向那些能干和成功的专业人士征收重税或向他们榨取,以补贴那些没有什么才干、受教育水平低和工资较低的人,那新加坡就会崩溃,而受苦的将是无法移居的工人大众和他们的家人,因为他们都不是富裕和发达的说英语国家所需要的人。"这个态度显然与前几年的态度截然相反。在一次回答外国记者的提问时,他还批评了民主社会主义关于社会平等的观点。当时记者问他赞成哪一类社会主义,他说:"现代社会主义和新左派信奉的是分配平等,而不是机会平等,我认为,在亚洲发展中的地区,人们需要的是机会平等,以便发挥自己的才干,创造财富。但是要使人们如此行为,必须是按劳取酬,而不是不论工作如何,一律平均分配。"②"民主社会主义不能把一个穷人变成富人,但它却为穷人提供了机会,使他健康,受到良好的教育和训练,获得一个有意义的并能使他得到同他对社会的贡献相称的报酬的职业。"20世纪70年代,当有人抨击新加坡存在着贫富悬殊的情况时,李光耀坚定地表示,这是经济发展所必需的,政府不会为消除贫富差距而影响经济发展。从近40年来政府的工资、利润分配和税收政策来看,它确实无意消除或缩小收入差距,它不但不再提社会平等,而且明确表示不应推行高福利政策,甚至大力提倡精英主义,主张拉开收入差距。自20世纪七八十年代以来,不断给"精英"们增加工资。总理的收入已经由年薪10万元增加到了20世纪90年代中期的100万元以上。这显然也不是民主社会主义的社会分配原则。当然,我们应

---

① 亚历克斯·乔西:《李光耀》,上海人民出版社1976年版,第115、116页。
② Alex Tosey, *Singapore: It's Post Present and Future*, Eastern University Press, SDN. BHD, 1979, pp. 52–53.

该看到，它所推行的这种精英主义的政策或许比传统的民主社会主义的分配原则更符合新加坡的实际。而且近几十年来，即使是低收入阶层的平民百姓，其绝对收入也大大提高了。

再次，认为"发展"应先于"民主"，在发展阶段不宜实行民主。人民行动党最初主张的民主制，正如上述，是以"一人一票"制为基础的，是以社会党国际的民主社会主义的多党制为蓝图的。但在20世纪60年代初期，人民行动党与反对党争夺权力的过程中它就开始改变了态度。1962年李光耀在皇家国际事务学会的一次演讲中首次对"一人一票"制提出了异议："我认为在不发达和教育程度低的世界中，在任何地方实行这种制度将使它成为极其危险的制度……"① 他还说，"选举代表，然后由代表在合乎心意的人中选出内阁，然后由内阁选出为首的人，这是一种有那么许多往往不存在的基本情况作为先决条件的制度，我并不认为它能够生效。这些制度都已被有效地无限期授权给一个人或一个集团的制度所取代了。政府要有效能，至少必须给人以能够持久的印象，而一个政府在不是文盲，而是在更坏的半文盲把他们所划的十字投进票箱时，易于接受投票箱中的幻想，那么它在开始执政以前就变得软弱无力了"。他还补充道："如果我在新加坡无需询问那些被治的人对我们所做的事是否满意，就能无限期地执政下去，那么我就能够更有效得多的为他们的利益而执政，对此我没有丝毫怀疑"。他还指出，在一个正在通过强硬手段促进经济发展的发展中国家，成立建立在一人一票制基础上的政府实在困难。他甚至怀疑如果当时英国就采取了一人一票制度的话，或许产业革命就不会发生在那里了。这些讲话的实质是认为新加坡当时还不适于实行民主社会主义主张的广泛的民主，否则会使经济的发展受到制约。

从更广阔的背景来分析李光耀讲话的含义，可以进一步加深我们的理解。人民行动党执政60年来，一直是通过大选来取得某种形式上的合法性，对它来说这是必不可少的，也乐此不疲，因为每次通过这种民主形式它都能获得绝大多数的议席，甚至全部议席。可见，李光耀主要不是反对一人一票的形式。但是从另一方面来看，人民行动党从未承认这

---

① 陈烈甫：《李光耀治下的新加坡》，台湾商务印书馆1982年版，第86页。

种选举结果在 20 世纪 80 年代以前与人民行动党政府的镇压、舆论控制和选举制度的某些不合理性有重要的关联。

1963 年人民行动党政府逮捕了大批的左翼反对派人士，包括社会主义阵线的领导人和国会议员，以及左翼工会领袖，迫使仅存的两名社会主义阵线的议员"失踪"，这两位议员在给议长的信中要求"准予缺席，直到政府能保证他们有不受随便逮捕的安全和自由为止"。对议员的逮捕，显然是从根本上践踏了一人一票制的原则。在 1965 年的选举前夕，政府又进行了一次逮捕，这直接影响到了选举结果，最后迫使社会主义阵线不能参加 1968 年的大选。1981 年工人党领袖惹耶勒南一举惊人，打破了人民行动党长期控制全部国会议席的局面，在安顺补缺选举中击败了人民行动党议员，成为议会中唯一的反对党议员。一时间这一突变在国内外引起很大反响，成为时事追踪的焦点。对此，人民行动党先是指控他犯有诽谤罪，诉诸法律，最后使法院取消他的选举资格，甚至采取过短期的逮捕措施。自 20 世纪 60 年代后期以来，人民行动党政府对于那些敢于发表反对意见的报刊采取各种手段进行压制，或者逮捕发行人，或者查禁、限制发行，从而完全控制了舆论导向，减少了反对党领袖的影响，败坏了他们的声誉，最终使他们在竞选中失败。另外，通过选票的票根可以查出选民把票投给了谁，这在六七十年代使很多人心有余悸。无论人民行动党采取这些措施是多么的"合法"，然而这些措施本身限制了反对党的发展和破坏了一人一票制的原则，是确定无疑的。

"一人一票"制在其发源地的西方是与多党制或两党制相联系的，在野党通过选举得到的议会席位对执政党有着明显的压力作用，这是人民行动党本想从民主社会主义中借鉴过来的，但在它执政后实际实行的却是一党专权，长期执政，尽量减少反对党的压力，只让它们起顺从或"建设性的"作用，这显然与民主社会主义的建国纲领是大相径庭的。

自 20 世纪 80 年代以后，新加坡的议会选举越来越具有竞争性，选民受到的压力和顾虑越来越小，"一人一票"制正在发生新的变化，尽管这或许是人民行动党领导人所不愿意看到的。

最后，对人民应该享有的自由权利的认识也有所改变。按照民主社会主义的原则，人民应享有充分的自由。正因为如此，在人民行动党的早期以及它执政前历次竞选的纲领中，它都表示要废除殖民当局制定的《内部安全法》和保障人民有言论、出版、结社和罢工自由，保障人民的人身权利。《内部安全法》规定当局可以不经审讯就逮捕那些被当局认定为危害公共安全的人。这种法律在西方本身就是非法的。人民行动党上台执政后，本应实施民主社会主义的自由原则和它的竞选诺言，但事实并非如此。《内部安全法》不但没有被废除，反而成了人民行动党手中的工具，最初它利用该法镇压反对派人士，巩固了自己的统治；以后它又扩而广之，把该法律从政治领域扩大到社会领域，无论是政治问题还是种族问题、宗教问题、文化问题，只要它认为那些行动或言论有损于国家利益和社会安定，就对相关人士予以逮捕。同时，人民行动党政府对人民的言论、出版、结社和罢工都进行了严格的限制，甚至一度使不同政见的表达和罢工等成为不可能。例如，1971年政府以《南洋商报》刊文要求政府用华文出版宪报，是企图以华文为唯一官方语言和危害种族和谐的表现为名，对4名编辑予以逮捕。这就在社会生活和政治参与上造成了人人循规蹈矩、小心翼翼的局面，从而极大地限制了人们的自由活动空间。

20世纪70年代以来，人民行动党提出了与西方的自由所不同的"自由观"。首先，是在社会管理方面，新加坡以"管得严"而著称于世。为此，政府制定了一整套的法律、法规和禁令，大到政治体制、经济管理、商业往来、公民的权利义务，小到旅店管理、停车规则、钞票保护、公共卫生，都有相应的法律规定，甚至人们的衣食住行、言谈举止皆有章可循、有法可依。例如，为了维护公共场所的卫生，法律禁止生产和销售口香糖，类似的法规应有尽有，不一而足。更重要的是，它建立了一套严密的法律监督体系，使违法犯规者遭到惩处的概率很高。执法人员往往站在不易被人发觉的地方，见有人犯规即前来执行惩罚。例如，为监视居民是否从高层建筑往下扔废物，建工局甚至每天有人用望远镜进行监测。全国虽然只有200名交通警察管理近60万辆汽车，但因在每个路口都安装有电子监测系统，如有犯规者会自动记录下来并迅速发出罚款单，没有人敢不交罚款，因此，尽管司机经常见不到警察，但在交罚款处却经常排起长队。在这种状况下生活，很多新加坡人都说："太严了。"难怪一些人一出国就感到松了一口气，在生活上犯起"规"来。新加坡人之所以表示理解这种制度，是因为近几十年来他们的生活水平提高很快。对这种人人感到受约束的社会生活状况，其领导人的解释是，西方社会虽然有很大的个人自由，但因此造成了很高的犯罪率，人身安全缺乏保障，而很多罪犯的"自由"却被保护了下来。在新加坡，人们走在街上，绝不会担心遭到暗算，可西方社会就不那么保险了。总之，人的自由是多方面的，没有一个社会是完全自由的，新加坡有它自己的自由。

其次，表现在新闻自由方面。对此，李光耀曾多次阐述了对这个问题的看法。他认为，新闻媒介和文化艺术必须为政府的政策服务，新闻媒体的工作动机不应是利润至上，工作动机不应是"新、特、奇"，以爆冷门来吸引读者，取宠观众。在西方国家中，新闻媒体以新闻自由为名，对政府进行责难和攻击，是缺乏道德和社会责任的表现，其实质是赚取利润。他认为，在发展中国家，由于经济的滞后性，其发展的压力很大，这就需要政府在工业化过程中发挥比西方国家的政府更大的作用，集中更大的权力；对于新加坡来说，独立后面临的生存危机、政治分裂、民族认同、种族矛盾和宗教等各方面的问题，都需要政府集中权力来加以解决。如果新闻媒体有批评政府的自由，势必会削弱政府的权威，干扰工业化的进程。因此新闻媒体不应扮演反对派和监督者的角色，而应是政府的喉舌和助手；它应帮助和促进国家的团结和稳定，而不是煽动人民不满和起来反对政府；它要向人民宣传和解释政府的政策并向政府反映民意，而不是为反对派提供阵地和制造分裂。

从以上内容来看，新加坡政府的社会自由观主要是在发展与自由的问题上有别于西方的自由观。按照西方的自由观，自由是人的本性，是与生俱来的一种权利，因此，它没有时间和条件的限制。当然，自由不应包括损害他人的自由。而人民行动党政府则认为，在发展中国家，首要的任务是发展经济，而经济发展的先决条件就是政治稳定和社会有序，为此必须严格约束人们的行为，使整个社会都按照政府规定的方向运转。只要提高了人民的生活水平，实现了社会的稳定，人民获得了经济领域和人身安全方面的自由，就获得了最根本的自由。这也是获得其他自由的先决条件。从此，人们不难看出，人民行动党政府认为，新加坡的自由有待于扩展到西方的那种更高层次、更广泛的自由。李光耀在20世纪70年代确实也是持这样一种观点的。但八九十年代以后，人民行动党政府又提出了一种"亚洲价值观"，似乎认为东西方自由观的差异是一种与生俱来的文化差异，会永远存在，改变了以前的看法。

毫无疑问，人民行动党在执政前后的民主社会主义思想发生了很大的变化，执政后，党的指导思想与社会党国际的纲领也越来越远了。这是它1976年被社会党国际除名的根本原因。这些变化主要表现在民主、自由和分配问题上。对这些变化如何评价，离不开当时的世界形势和新加坡的国情。概括来说，第二次世界大战后独立的亚非拉国家，大多数都采纳了集权政治体制，其中一些国家先后推行民主改革，但由于引起社会分化和政治动荡，继之而来的是更为严厉的军人统治。另外一些国家采纳了民主制度，如印度，但是在大部分时间里它的经济发展非常缓慢。新加坡虽然放弃了民主社会主义的建国蓝图，但即使是在20世纪六七十年代，它在某些领域中也仍然保留着一定的民主和自由。在民主方面，允许反对党存在，并可以在选举期间与执政党较量，个人也可以把选票投给反对党。在言论方面，除了选举期间反对党可以批评执政党，虽然不能在公开场合发表不同的政见，但在私下里还是可以批评政府的，不必担心被告发。这在六七十年代的发展中国家已经是很不错的情况了。而且报纸上偶尔也有不同的声音，虽然这从来没有形成什么气候。这就是说，当时的新加坡仍然保留了一定的民主和自由，尤其是经济领域的自由，这与人民行动党曾经以民主社会主义为指导思想不无关系，也是它仅存的民主社会主义的内容。当然，与瑞士等北欧国家推行的民主社会主义制度，甚至英国等所采纳的民主社会主义的某些原则比起来，新加坡无论如何从来都不能算是一个民主社会主义国家。

第四节　国家合作主义——一种隐含的意识形态

脱离马来西亚后，随着人民行动党地位的巩固，它越来越感到在领导现代化的过程中，必须把党的利益与国家的利益尽可能地一致起来，才更具有全民性和合法性。过去偏左的路线在很大程度上更代表下层群众的利益，这不利于工业化进程和发展市场经济，于是，它的政策逐渐右调，企图建立一种具有超阶级的全民性的政治路线，它的体现，就是国家合作主义的政策和意识形态。

20世纪60年代以来，新加坡人民行动党推行和发展了一种国家合作主义的政策和思想，并取得了令人瞩目的成功。本书对国家合作主义的政策和思想产生的历史背景和内容进行了分析，认为国家合作主义是在新加坡的民族运动、文化交汇、历史传统、经济发展以及国际因素的压力等多种因素的综合作用下产生的，它是一种"超阶级"的带有民主色彩的现代化导向明确的现代政治集权主义。

一　缘起和发展

国家合作主义产生的历史背景可以追溯到第二次世界大战之后、新加坡的民族主义运动兴起之时。当时，新加坡的民族主义运动趋于成熟，加之在第二次世界大战中一度失败使英国殖民政府的权威大大降低，因此，在抗日战争中得到锻炼和加强的民族民主运动空前活跃，各种思想得到了传播。面对新加坡的现实，人民行动党萌生了国家合作主义的思想，并在执政后广泛予以发展。

国家合作主义产生和发展的政治原因有以下四点：第一，工人运动的激进潮流和资产阶级的软弱是国家合作主义产生的基础。20世纪50年代的新加坡由于社会主义思想的传播激起了持续高涨的激进工人运动。当时，主张社会主义路线的林清祥等人控制的工会会员已达4万余人，仅1955年就发动罢工162次，他们构成了新加坡工人运动的主流，控制着运动的方向。李光耀和人民行动党的其他领导人清楚地看到了这一点，采取了与林清祥联合的政策，以壮大自己的势力。但为此付出的代价必须是向左转，依此调整党的路线。当然，也应看到，人民行动党之所以能与左翼工人运动联合，是与它本身在当时坚持民主社会主义这一偏左的路线以及当时的反殖斗争的需要分不开的。虽然这种运动从实质上来说是一种民族主义运动，但它采取的斗争方式不是推动社会的渐进演变，而是一场社会革命。尽管英国殖民政府在交出权力时是通过和平方式完成的，但毫无疑问，这首先是民族革命运动力量强大所致。不但传统的斯大林的社会主义思想中的国家观念与国家合作主义有某些共同之处，例如它们都主张实行集权主义政治，而且这种革命方式对国家合作体制的形成也有很大影响。国家合作主义作为一种强制推行的政治体制和强制推行的意识形态无不与革命斗争的惯性有关。同时应该指出的是，新加坡的资产阶级在与这股激进的民族主义力量进行竞争方面，显得软弱无力。当时，新加坡还是一个以商业为主的社会，中产阶级中最有力量的是商业资产阶级，但是他们在政治上和经济上与殖民政府的联系过于密切，享有不少特权，因而与民族主义运动的方向很不合拍。尤其是他们以说英语为主，与大多数华人群众隔阂很大，就更使他们得不到群众的支持。而工业资产阶级还未形成，或者说还很不成熟，因而也就没有自己独立的集团利益，推不出能代表集团利益的强有力的政党。当时，许多企业主和商人都通过与激进工人运动有姻亲关系的人来讨好和支持工会。[1] 显然，资产阶级的软弱无力也是激进主义取得成功的重要原因。

第二，国家合作主义是民主社会主义和儒家政治文化相融合的产物。人民行动党和李光耀都曾大力提倡过民主社会主义，在上台执政之前，他们以民主社会主义为建国蓝图。民主社会主义是主张政治多元化和以多种形式的公有制并存并允许私有制发展的计划与市场相结合的政治经济模式。但这种一厢情愿的主体性选择与新加坡的现实有很大距离。因为在占社会多数的华人大众中儒家政治文化的积淀非常深重。这种文化使人对"仁慈的家长式"政府有一种认同心理。对于普通民众来说，"一

---

[1] John Drysdale, *Singapore: Struggle for Success*, Times Book International, Singapore, 1984, pp. 61–68.

方面，他们渴望得到权威的保护，以避免相互倾轧和财富被剥夺。这就使他们把一元的有绝对权威的政治领导看成是'自然的'现象；另一方面，他们又畏惧这种严厉的权威，避免与'猛虎般的'政府权威发生摩擦"①。在这种文化机制中，少数精英的参政意识十分强烈，他们怀有一种救世型的心态，认为由自己管理国家是义不容辞的义务。而大众的政治心理则与此相反，认为管理国家是政府的事情，与己无关。面对这个现实，新加坡领导人认为儒家思想与民主思想可互补不足之效，"只有儒家思想，没有民主制度的保障，儒家的以民为本，以民为贵的思想不能落实；若只有民主观念，不辅以儒家伦理补之不足，民主制度也会产生不少流弊，无法更理想地实现"②。就新加坡的现实来说，反对党的存在以及其他民主因素可以说是民主社会主义和西方化的体现，而人民行动党的集权统治则是儒家政治文化的张扬。当然这种儒家的集权主义是被改造过的，因为家长式政治毕竟不利于体制功能的区分化、专门化和法制化，而新加坡的政治体制在这方面已经非常现代化。由于个人受到严格的道德约束而建立起守纪律和稳定的社会秩序是儒家政治文化的内化，而法律的无处不在又不能不说是现代民主社会主义和西方文化的发挥，这就是国家合作主义的体现。

第三，维护种族和谐是国家合作主义产生的又一个促成因素。新加坡是一个多元种族的社会，种族矛盾曾长期困扰着政治领袖和各族人民。建国之初，各种族的原始忠诚和传统的民族文化积淀都还很强固，尤其是华人和马来人这两个种族由于在日本占领期间所持不同的政治态度而形成的矛盾加深了它们之间的对立。另外，华人虽然居多数，文化水平和经济地位都比较高，有着种族优越感，但同时又被马来人看成是外来人。马来人自诩是土著居民，有着一种占地为主的主人意识，而且周围邻国都是马来人为主或伊斯兰文化的国家，时刻关注着新加坡的种族政策，并施加压力，因此马来人要求特殊待遇的势头也很强劲。他们对华人的种族主义情绪非常敏感并有着强烈的抵制情绪。20世纪60年代这两

---

① *The Dynamics of One Party Dynamics*, University of California Press, Berkerly, 1971, p. 232.
② 《联合早报》1990年3月4日。

大种族曾发生过多次重大冲突事件。印度人和其他人种也有自己的种族感情和政治平等要求。因此，推行一种国家合作主义来缓和种族矛盾很有必要。对此，人民行动党政府在两个方面采取了措施：一是在组织结构和国家体制上，二是在政治行为和文化行为方面。人民行动党在1954年成立之初就注意到了保持种族平衡，在党内成立了马来事务局，负责吸收马来族干部，处理马来事务。20世纪七八十年代，在培养党和政府的接班人中马来人和印度人都占相当的比例。同时，人民行动党政府提出和不断完善"新加坡人"的标准，以重塑民族心态。六七十年代它曾提出"新加坡人"应是"一个乐于维持一个多元种族的、乐于助人的、向前看的社会"的人。1991年更完善地提出了"新加坡人"的五项标准：①国家至上，社会为先；②家庭为根，社会为本；③社会关怀，尊重个人；④协商共识，避免冲突；⑤种族和谐，宗教宽容。从这里我们不难看出，不仅维持种族和谐一直是塑造新加坡人文化心态的重要内容，而且它与"国家至上"这一中心内容有着必然的联系。只有标榜国家至上，才能做到抑制种族沙文主义；反之，只有种族和谐，才能保证国家至上；只有树立国家的权威，才有利于维持种族和谐。因此，在新加坡这样一个多元种族的社会中，多元种族主义成为国家合作主义的基础是有其必然性的。

第四，一党为主的政治体制需要将国家合作主义作为自己的意识形态。人民行动党希望长期保持一党独大的地位，就需要有与这种体制相适应的意识形态，因此，国家合作主义应运而生。一党为主的政治体制可以说是东亚许多国家从传统政治走向现代政治的过渡时期的产物。一方面，通过民族主义运动建立的国家虽然在形式上完成了改朝换代，但其内在机制，包括大众的文化心理，尤其是政治文化和体制的内在机制的转变还为时尚远，条件还不成熟，因此，集权性的政治体制被保留了下来。另一方面，西方文化和制度对它有着难以抵御的渗透力，因此，众多小党的制约虽然还不能改变一党独大的根本统治和导向，但自身已经可以生存下来，并对执政党产生了某些不可忽视的压力作用。还有，由于新加坡在殖民统治结束的时期曾一度出现过多党竞争的局面，因此有人指出一党独大的体制是人民行动党使用非常手段镇压社会主义阵线和其他反对派的结果。因为一党独大的政治体制是人民行动党在 1963—1965 年击败社会主义阵线后初步形成的。这一时期，伴随着一党独大的政治体制的形成和完善，国家合作主义的理论和政策也在不断发展，无论是在指导思想上，还是在实际推行的政策上，人民行动党政府都积极地推行各社会团体和各阶级之间的合作，并在此之上确立国家的仲裁地位，从而使国家凌驾于社会之上，从制度上巩固一党独大的政治体制和人民行动党的统治地位。

国家合作主义产生的经济原因同样深刻而富有现实意义。

第二次世界大战之后，亚非拉的民族主义运动风起云涌，形成了一股世界潮流。然而，民族运动取得胜利之后，民族国家的政府由于与前殖民主义对立的情绪，往往采取了一种经济上闭关自守和自给自足的发展路线，这对国家的政治发展也有着深刻的影响。经济上的自给自足和不依赖对外贸易，势必导致在本国范围内加强协调和联系，这就使国家在制定经济计划和指导社会发展方面的作用急剧扩展；同样，在一个较为封闭的国家中，无论在经济上还是在政治、军事上，与外国打交道的主要是国家，而不是企业或其他较小的单位，这也会大大扩展国家的作用；而在国内的各个单位之间，这种自力更生的政策可以促进它们互相依赖，从而产生一种民族团结精神；还有，对于发展中国家来说，在与发达国家存在着巨大差距的情况下，为了尽快缩短现代化进程，赶超先进，它们往往不得不设法获得从经济结构中无法获得的推动力，这就是动员全民族的热情，进行比早发现代化国家广泛得多、热烈得多的社会动员，而这只能由国家来进行，这就必然会大大促进国家权力的扩展，新加坡也是如此。从人民行动党执政到 20 世纪 90 年代，政府发动的社会运动达百次以上，动员方式更是五花八门，形式多样，人民行动党从中获益匪浅。这些都是促进国家合作主义产生的因素。

新加坡式的国家合作主义之所以没有在其他许多发展中国家得到发展，是因为它们曾一度把与前殖民国家乃至整个发达国家的对抗和自给自足的政策绝对化了，这就导致出现了超度的集权主义甚至专制主义，即只有"国家"而没有"合作"可言了。这其中有多种原因，但很重要的一条是它们不具备重商主义的传统。

新加坡自开埠以来，由于其得天独厚的地理位置，一百多年来一直以进行转口贸易为主，是世界性的自由贸易港。这种经济传统已经变成一种文化心理和经济伦理渗透于整个社会，制约着国家的政策制定。加之，新加坡是一个城市国家，国内无资源可开发，市场又小，迫使它不得不重视商业贸易。重商主义促使新加坡面向世界，成为一个经济上全面开放的社会。要开放，要进行自由贸易，就要有完善的市场，就要有独立的经济法人。而要有独立的经济法人，就必须在政治上对其予以保护并反映他们的利益，这就是国家合作主义中的有限的利益表达的基础。因为上面谈到的各种因素的制约，新加坡还不具备实现多元化的利益表达形式的条件，所以，国家合作主义就成了现实可用的体制形式。

二 体制和内涵

国家合作主义是新加坡社会中各式各样的利益群体或个人按照一定的方式组成社团组织，并以国家为中心形成一种特定的合作关系模式。

从体制上看，国家合作主义有以下四个特点：

第一，这些法定的社团组织的组成方式是多种多样的，既可以按职业来组织，如工会和商会等，也可以按政治态度来组织，如各个政党组织，还可以是经济的、社会的、宗教的、地缘和血缘的，等等。

第二，在这种合作体制中，一些社团是由政府直接建立的，因此，它们一开始就受到国家的控制。全国职工总会就属于这一类。另一些组织，像各式各样的地缘组织以及旧的文官队伍等，是进行了必要的改造后把它们纳入合作体制的，前者的头面人物被吸收进民众联络所管委会、居民委员会等半政府性的地方管理机构之中，因而他们的组织自然也就受制于政府了；后者是在人民行动党执政后接受了思想意识和行为方式上的改造，改变了殖民心态，并吸收大量会说华语的当地人加入文官队伍，使其成为贯彻人民行动党政府意图的得力工具。还有少数社团被允许在国家合作之外发挥作用，如反对党。新加坡一直有反对党存在，目前有20个左右。这些反对党在选举和组织上都对人民行动党形成一定的压力，对政策制定有一定的影响。20世纪60年代前期左倾的社会主义阵线对人民行动党进行挑战，形成了强大的压力，使人民行动党政府的政策比较注重下层群众的利益,如大量建造组屋,解决失业和普及教育等。20世纪80年代随着反对党议员重返议会,舆论出现向右转的趋势,人民行动党就加快了自我更新的步伐。这也是一种政策的调整,因为年青的部长比老一代领导人"更易听取不同意见,也更易改变他们认为不合理的政策"①。一些商会组织,如中华工商总会、中小企业工会等,虽然也受政府的一定约束,但其独立性已经越来越大,地位也越来越高,政府在制定政策时已经越来越多地与它们协商。最具独立性的当然要属教会,它们在精神领域中发挥着重要的作用,但政府给它的活动划了严格的界限,因此,在50多年的时间里,它的大多数活动是有利于国家合作和政治稳定的。

第三,主要的法定社团组织的结构具有传统的形式。例如全国职工总会(简称"全国职总")就是中央集权制和等级化的。全国职总是唯一的工会组织,其理事会和秘书长是最高的领导机构,虽然组织上它并没有十分严格的结构,然而实际上下面的各级工会都隶属于它,它对下面的各个工会组织有很大的约束力。一般来说,它的政策与政府的意向基本一致,得到政府的支持,下面的工会必须贯彻执行。新加坡的企业也大都是通过商会组织来表达自己的利益和要求,因而商会的作用在日益增大,它们的组织结构也变得复杂起来。商会的这种上情下达和下情上传的桥梁作用,促进了其内部的统一,使其制定的政策越来越具有一致性和约束力。这种一致性和对其成员的约束力便利了政府对它的控制,使它在大政方针上始终与政府保持一致,从而加强了"国家合作"。

第四,人民行动党政府是这个体制的中心。政府通过相互参与和掌握仲裁地位来制约各种社团组织。它不仅与全国性的社团组织互派代表,担任彼此机构的职务,而且通过它的各级行政组织和公务人员参与地方性的社团组织来直接领导它们。这样各种社团组织就很难形成与政府对抗的独立力量。

从利益表达方式和权力分配来看,国家合作体制又有以下三个特点:

---

① Cardyn Choo, *Singapore: The PAP and The Problem of Political Succession*, Prin —Ads Press, Malaysia, 1988, p. 223.

第一，在国家合作的体制之中各个社团组织在一定程度上可以表达自己成员的独立利益。一般来说，政府与各社团组织交流的渠道是比较畅通的。例如，通过半官方、半民间性的民众联络所、居民委员会和人民协会等组织，可以把最下层的群众和社会团体的利益要求反映到政府的决策层中。各种地方社团组织的头目被邀请与这些地方组织共同商讨，为制定地方政策提供决策依据，这就加强了下层与政府之间的合作。在各大商会中都设有向政府提供咨询和信息的对政策制定施加影响的专门机构和渠道，政府也主动征求它们的意见。全国职总在政府各部门都有代表，政府也派代表在全国职总工作，一般来说，全国职总的秘书长都由政府的副总理担任。各种社会组织都可以发表不同意见，对工资、就业、文化、教育、社会甚至政治问题提出不同意见，对此政府一般不采取强制性的压制手段。但在根本问题上，例如涉及政治稳定，像对最高领导人的公开批评，以及罢工、游行、种族要求、语言问题和社会运动等活动，政府则采取严格的措施予以控制和指导，使其不越雷池一步。

第二，国家合作体制不鼓励体制之外的利益表达。例如，新加坡有大量的工人没有参加工会，他们没有制度化的和有效的表达渠道，也很难享受到工会会员享受的保护。反对党也是在国家合作体制之外存在的一个压力集团，它们的利益表达也受到严格的限制。然而，从另一个角度来看，由于政府对反对党采取了较为严格的控制措施，例如，除大选的10天之外，不允许反对党举行公开的集会和发表反政府言论；议会中仅有的4名反对党议员虽然可以在议会中自由发表言论，但传媒受到控制，其作用十分有限，这就使得反对党在很大程度上成为一个陪衬，成为群众发泄不满的一个渠道，正像日本公司让雇员在心理失衡时击打总经理的橡皮塑像以保持心理平衡一样。因此，在国家实行严格控制的条件下，反对党不自觉地也充当了国家合作体制的一个平衡阀。反对党虽然会给执政党和政府压力，但又无力直接影响政策的制定；执政党从反对党的政见和群众对反对党的支持中了解民情，调整政策，获益匪浅，但这往往是在对反对党进行了严厉的打击之后或对其进行严格控制的情况下采取的。这可以说是新加坡合作体制的利益表达和权力分享的又一特色。

第三，国家以仲裁人的身份来制约各社团组织的利益表达和权力分享。除制定严格的法律并依法行事外，政府并不直接介入各种利益冲突，而是超脱于各种矛盾之上。在市场体制中，各独立的法人都有处理自己内部事务的权力和义务，政府没有必要介入其中，包揽所有事务，这样做的好处在于它使得各种社会矛盾往往不会针对政府，而是发生在各社团组织或各社会群体之间，否则等于引火烧身。从新加坡的情况来看，工人要求提高工资或争取劳动权益往往造成的是工会与雇主之间的对抗，很少把矛头指向政府。这就使政府处于比较超脱的地位，在它们之间的矛盾激化时出面调解，显得比较公正。1960年新加坡就成立了一个"中立"的仲裁法庭，对劳资纠纷进行最终的裁决，实际上这个法庭是由政府控制的。在大多数情况下，政府处理劳资纠纷的办法就是按照这一原则施行的，或者是通过仲裁法庭，或者是通过政府在工会和雇主公会中的代表分别进行调解。这一处理劳资纠纷的原则延续至今。例如1988年新加坡的香港银行等五家银行为了吸引雇员，在全国职总的压力下突然宣布把其雇员的工资提高30%，这引起了全国雇主公会的代表和全国职总的代表在仲裁法庭上进行了激烈的辩论，相持不下。最后由当时的第二副总理王鼎昌出面干预。他说，工人在1985年经济衰退时做出了牺牲，现在应予以补偿。最后，此案以工会的胜利了结。[1] 相反的例子也有。1989年数家大公司在全国职总的压力下提高工资之后，全国雇主公会警告这些公司如果不改变作法，势必影响自己的长远利益。为此全国雇主公会与全国职总的争论也持续了几个星期，直至王鼎昌出面干涉，要求工会不要提出过高要求，此案才以雇主的胜利了结。这种仲裁地位保护了政府的形象，巩固了国家的中心地位。

三 实质与功效

国家合作主义的实质是国家介入社会的程度和发挥什么作用的问题。在合作主义的国家中，国家在一切公共领域都扮演了合作者与指导者的角色。它从不放弃介入社会的任何一个方面，用李光耀的话说，就是

---

[1] Workers Praised for Helping Singapore Out of The Recession, ST, 28 April 1988.

"如果我们不这样做,我们就不会发展到今天这个样子"①。这是它与西方国家所不同的方面。同时,除了对少数反对派进行镇压以外,国家也很少使用强制手段,而是以调解和说服为主,辅之以法律手段来贯彻自己的意志。这是它与传统的集权主义国家所不同的方面。

国家合作主义又是一种合作意识和合作制度,尤其是为建立一种超越阶级对抗和弥合其他分裂因素的新的社会合作而服务的意识形态和体制形式。按照人民行动党的观点,阶级差别是人为制造的,至多是 19 世纪西方工业化时期的产物。② 而国家合作主义可以超越阶级观念,是各个功能不同但互相依赖的社会组织为它们的共同目标——民族国家的富强——而奋斗的一种民族团结精神,也是国家的意识形态。按照国家合作主义的理论,在实行国家合作的社会中,各社会团体是一种互相依赖和互相平等的关系,国家可以按照各社会团体的不同功能及作用的大小把不同的权力和义务强加于它们身上;同时,为了国家的利益,如政治稳定和经济发展等,国家可以对任何组织和个人进行约束以至镇压。在这里,处理一切事务的原则是"国家利益"。凡是符合"国家利益"的行为都是正确的,否则就是不正确的。而"国家利益"是由人民行动党政府界定的,因此,所谓国家合作就是社会各团体在政府指导下的合作,社会团体本身的自主性受到一定的限制。它还是一种掩盖阶级差别的合作。人民行动党的理论家拉惹勒南 1986 年这样说道,"我相信,在现存的政治体制和经济体制中,无论是从意识形态还是从体制形态上来讲,没有一种能带着我们去适应 21 世纪的情况"③,"我们必须设计一种民主模式以适应我们的需要,而不是从其他地方拿来即将过时的体制"④。显然,在人民行动党看来,国家合作主义是一种新的、长期适用的政治体制和意识形态。它既不同于西方资本主义——自由市场与多元政治相结

---

① *Not Unresonable for Union to Seek New Wake Talks*, ST, 25 July 1989.

② Venkatraman Anantnrnman, *Singapore Industrial Relations System*, Singapore Institute of Management Mcgraw —Hill Boo Co, 1990, p. 85.

③ Philippe C. Schmitter, Still A Gentry of corporatism ? *Review of Politics*, Vol. 36, No. 1, January 1974, p. 122.

④ Rajaratnam's Adress Students of National University, *Full Text of The Speech Reported in The Straits Times*, Dec. 23, 1986, p. 21.

合的政治经济体制,也不同于传统的社会主义——政治经济一元化的体制结构,而是介于两者之间的一种体制。

那么,这究竟是一种什么样的体制呢?对于这个问题的认识,我们可以从关于新加坡社会经济性质的争论入手来理解。一个国家的经济制度属于何种性质,可以从两个方面进行判断。首先要看其企业的所有权是公有还是私有,是以公有为主还是以私有为主。但是仅仅从这个方面来判断并不够,还要看企业是在市场经济中运转还是在计划经济中运转。由于所有权是一目了然的,所以分析市场经济和计划经济的问题就成了判断新加坡经济性质的关键。

在判定新加坡是市场经济体制还是计划经济体制方面,学术界一直存有不同看法。一种观点认为,新加坡是自由市场经济体制,因为它实行自由贸易政策,无论是私有企业还是国有企业都不能指望得到政府的补贴和经济保护,都要在平等竞争中求得生存。另一种观点认为新加坡奉行干预主义政策,政府对土地、劳动力、价格和分配都进行干预,许多私有企业根据政府制定的价格政策进行经济核算和制定投资政策,因而经济带有很大的计划性。第三种观点认为当今世界上没有纯粹的市场经济体制,也没有纯粹的计划经济体制,因此,新加坡经济体制的根本点是国家控制与市场经济的高度统一。对这三种观点做出判断的关键是对企业制度做出分析,因企业是经济体系的物质承担者和运作的实体,通过对企业实际运作的分析就可以得出必要的结论了。

从总体上来看,新加坡的企业不仅在所有权上是以私有企业为主,这包括外资企业和本地私有企业,而且更重要的是它们都在市场经济环境中运行。虽然国有企业和国家的计划指导曾起过相当重要的作用,但是不仅国有企业已经不是发展的方向,而且更重要的是它的国家计划指导基本都是以尊重价值规律为基础的,它不是作为市场的对立物而出现的,而是完善市场的一种手段。这就是说,市场在自发的运行过程中带有一种盲目性,往往产生一些违背经济规律的情况,这时就需要国家计划来进行调节,这种调节如果适度,就只能完善市场而不是干扰市场。新加坡政府对土地、劳动力、价格和分配进行的干预就是如此。因此,新加坡的经济性质在本质上属于市场经济应该是毫无疑问的。当然,新加坡的经济还有它自身的特点,与欧美国家相比,其国家干预的成分要大一些,与中国等国家相比,其市场则更完善一些。

在对新加坡的经济性质做出判断之后,我们可以说新加坡的国家合作主义体制是一种集权政治与市场经济相结合的二元政治经济结构。

小结

人民行动党的国家合作主义可以概括为以下五点:第一,它是一种国家的意识形态。由于在特定的政治体系内,各个组织和个人的状况、角色和地位在相当程度上取决于它的意识形态,因此,只有成为国家意识形态的思想体系才能对社会的各个单位有约束作用和指导作用,国家合作主义正是起到了这样一种作用。尽管它可能不是明确提出的,但它的确是实际存在的。第二,它是一种合作意识,或者说是在社会各团体之间,以及社团与国家之间的一种凝聚精神。这种精神可以促使各团体之间的协作,并使它们卓有成效地为那个有机整体——国家制定的目标而奋斗。第三,它是一种具有一定的多元利益表达和内部合作功能的自上而下的政治体制。这种多元利益表达在经济领域多一些,在政治领域则少一些。各团体之间经常表现为一种"合作"关系,虽然经常是不得不为之,但它们还是要不时地放弃自己的利益,以服从国家的利益。各个社会集团都必须以政府为中心,服从国家的需要。但是这种服从有自身的特点,这就是由于市场化在经济领域和政治领域导致的多元利益表达,使这种服从并不是完全盲目的和绝对的,政府要认真倾听社会团体的意见,根据它们的要求制定政策,政府主要是在根本问题上进行决断。第四,国家合作是一种开放的政治体制。它也可以被称作是集权主义与重商主义相结合的国家体制。它与具有封闭性的集权政治体制不同,由于重商主义的历史传统和领导人的现代性强等多种因素的影响,它从来都是以现代化导向明确和尽量与世界现代化进程接轨而著称。第五,国家合作主义企图成为一种不受任何阶级和阶层所控制的政治体系。按照人民行动党的观点,在合作国家内部任何集团都被看成是相互关联和相互依赖的亚体制,最优化的国家体制目标只有通过一系列次国家体制的最优化目标的实现才能实现，而不可能只是通过某一个亚体制的最优化目标的实现来实现。国家合作是要使任何一个阶级和阶层的特殊利益服从国家利益。从实践上来说，这有利于协调全社会的利益和矛盾。但是在集权主义国家中，它必须有一个享有特权的阶层凌驾于社会之上，国家权力是受这个阶层所操纵的，只不过这个阶层的社会基础非常广泛，与其他阶层间的交流和流动非常频繁，也不受哪一个阶级的左右。

第五节 "共同价值观"的功效和实质

1991年1月15日，新加坡国会通过了政府提出的"共同价值观"，其内容是：①国家至上，社会为先；②家庭为根，社会为本；③社会关怀，尊重个人；④协商共识，避免冲突；⑤种族和谐，宗教宽容。这是以当代新儒家的社会思想为核心，兼容其他东方文化的由政府钦定的"新加坡人"的价值体系。

提出这一价值观的背景主要有三：一是为了应付西化的挑战。政府在提交给国会的有关"共同价值观"的白皮书中宣称，新加坡社会正处于急剧变迁之时。人民普遍接受英文教育，受到西方文化的影响，社会有完全西化的危险。因此，有必要提出一种新的价值观，以建立新加坡自己的价值体系。二是为了弥补儒家文化的不足。新加坡虽然是一个华人居绝大多数的国家，但却又是一个由多种族组成的多元种族社会，只把儒家文化作为社会的共同价值观，必然会引起其他种族的不满，引起种族摩擦。因此，有必要建立一种各种族都能接受的共同价值观。三是在社会和价值体系都在发生急剧变迁的现代化进程中确立一种有别于传统价值观的价值体系。从政府提出"共同价值观"的动机来看，其主要目的是用维护和弘扬传统的价值观来对付西方价值观和现代价值观的急速传播，但它又不可能完全把传统的价值体系照搬到现代社会中来，因而在它提出的共同价值观中不可避免地要具备工业化社会中应有的价值观，在传统文化中融入现代文化的内容。

一　国家至上，社会为先

这一条是指在处理国家、社会、社区、社团和个人之间的利益关系时，其他利益应服从于国家和社会的利益。这里没有具体说明国家和社会是一种什么样的关系，似乎把二者等同了起来。其实，在国家和社会的利益相一致时，当然国家就是社会的象征。但在很多情况下国家和社会是分离的，它们之间会产生不同的利益要求，这时，是国家服从于社会，还是社会服从于国家呢？在这种情况下，政府显然是要社会服从于国家。因为在人民行动党的精英们看来，他们的党即是政府，政府即是国家，而国家是永远代表社会的，其利益也永远代表社会的总体利益和长远利益。在集权政治下，统治者总是强调国家利益而压抑个人的利益，这是确立国家权威的一种必要的手段。在这一点上，新加坡政府坚持了儒家的政治学说。

这一条的确立首先是由于社会政治传统所致。新加坡领导人认为，国家利益先于个人利益是新加坡过去取得成功的重要因素。正是由于坚持这一原则，才使国家克服了以往的艰难险阻。例如，20世纪70年代英军从新加坡撤军，1985年出现全国性的经济衰退，前者使政府的财政收入减少2/3，后者使新加坡在经济高速增长近20年后突然出现了负增长，使政府不得不宣布两年内全国雇员不得增长工资。在这两次危机中，国人以国家利益为重，上下同舟共济，尤其是工人表现出了很强的自制力，才使国家安然度过这两次危机。在儒家社会中，除了极端贫困和反对外国统治者以外，很少会出现激烈的与政府对抗的行动。相对来说，新加坡人没有十分贫困的时期，因此，他们也没有与政府对抗的传统。政治传统中没有激烈的斗争因素，使群众在政治觉悟有所提高时，通常也表现出比其他民族更强的自制力，表现出对国家的服从。

亚洲人的文化背景也是选择这一价值观的重要原因。无论是华人还是马来人，其文化背景中都强调国家和社会的中心地位，面对工业化进程中社会价值观的急速转变和对政府的传统权威的挑战，政府认为有必要利用传统的价值观以进行应战。社会的价值体系不是可以随意塑造的，它是一个社会在思想文化领域中长期挑战和应战的结果,已经根植于社会大众的心灵深处,政府要想对新的价值观做出应战,可资利用的武器只能是传统的价值观,而且,传统的价值体系往往与其统治是一致的。从实践上来看,亚洲还没有哪一个社会已经全盘接受了西方文化,像西方那样确立了个人主义的中心地位。正是基于这样一些判断,政府才把这两条原则拿来并放在了最重要的地位。这里有必要补充的是,笼统地讲国家、社会的利益高于社区、社团和个人的利益是没有多大意义的,因为在任何一个现代国家中,包括在西方国家中,也并不允许个人利益凌驾于国家和社会利益之上,但是在国家、社会与社区、社团、个人之间,应有一个比较合理的权利分配的度。在度这个问题上,东西方确实存在着差别。新加坡的问题是,它要维持儒式集权政治的特色,比较多地强调了国家或当权者的权利,在一定程度上剥夺了社会团体和个人的权利。而西方社会留给人的自由要大得多。

还有,新加坡社会正处于转型之中,一方面,市场已经逐步发育完善,在此基础上,社团组织林立且有相当程度的独立性,尤其是一些社团组织历史悠久,能量很大,其中的种族集团还有国际背景,更有甚者,近几年来,一些社区日趋变成反对党的基地,致使政府对这种现象表现出焦虑。政府领导人公开指出,社区领袖要成为政府与民众之间联系的桥梁,而不能像西方的反对党那样,为了讨好选民,赢得选票而随意反对政府的主张。总之,在各个社团之间以及它们与政府之间有着错综复杂的利益关系,因而必须有一个权威的调节机构对这些错综复杂的矛盾关系进行调节。另一方面,它的政治体制的整体框架仍然是传统的中央集权式的,行政主导是其政治运作的特色,因此,政府也即国家成为调节各种社会集团利益冲突和矛盾的权威机构就是不可替代的了。正因为如此,人民行动党政府尤其强调强化国家的权威和个人的献身精神。这就说明,在现实情况下,提出国家至上的原则有利于人民行动党对反对党的限制。

二 家庭为根,社会为本

这是指通过维持一个传统而健全的家庭来促进社会的发展和稳定。

政府指出，近几十年来，在许多西方国家中，家庭日趋解体，家庭的传统功能日益衰败，离婚率上升，两性关系放纵，单亲家庭增多，子女独居盛行，老人处境万分悲惨。新加坡正受到这股西风的侵蚀，家庭问题越来越严重，这势必要影响到社会的安定和下一代的成长。因此，有必要维护家庭的和谐与稳定。

按照人民行动党政府的观点，只有把家庭看作是社会的基本构建单位，并使其稳定下来，才能建立一个大而稳定的社会结构。在家庭中，夫妻之间，父母与子女之间最能自然地表达相互之间的爱和感情，他们彼此间可以达到一种其他社会交往所不能替代的美满与交融。此外，父母还可以向孩子提供一个安全而温暖的环境，使孩子在适宜的环境中接受最初的知识和社会经验的传播。家庭是最有利于孩子成长的第一个课堂。作为后代，孩子只有生活在一个健全的家庭中才能更好地理解老人，照顾老人和满足老人的需要。因此，家庭对每一个人来说都是必不可少的重要的生活场所，只有家庭稳定了，社会和国家的稳定才有保证。否则，夫妻感情破裂，孩子出走，老人无人照料，会激化各种社会矛盾，破坏社会的有序运作。

然而，人民行动党的这个观点是值得商榷的。首先，不加区别地把家庭的解体归结为是受西方文化的冲击，是没有多少道理的。就社会的主流文化而言，西方社会并没有否定家庭的存在的必要。尽管在它们的社会中确实有大量的家庭解体，但是更多的家庭仍然维持得很好。其次，新加坡社会家庭的变化究竟是西化的影响还是工业化的产物？或者这两种因素在多大程度上分别影响着社会？如果完全是西化的影响，那对于一个东方社会来说当然应该予以抵制，但正如上述，西方社会也并不主张不要家庭，因此，家庭的变迁在更大程度上是工业化时期的必然产物。既然是工业化时期的必然产物，那么就不是要不要家庭的问题，而应该关注维持和建立一种什么样的家庭和家庭关系，这种家庭是传统的三代同堂的大家庭还是现代核心家庭，这才是问题的关键。我们知道，在工业化过程中，家庭的许多功能已经社会化了，这是使人摆脱过于沉重的家庭负担，以专业化、社会化的形式得到解脱的必不可少的方法，也是经济规律不可抗拒的结果。而家庭之所以能够造成这种非专业化、非社会化的包罗万象的功能或曰负担,就是因为其自身大而全的结构。因此,核心家庭是工业化进程中适应社会变迁的一种新的家庭模式,它的特点是可以使人较少地受家庭的约束和较多地投入社会,更专业化,因而更多地为社会做贡献。就人的本性而言,谁不愿意较少地投入而较多地产出,从而有更多地自由度呢?当然,如果一个社会在工业化进程中家庭解体或核心化过于迅速,导致多数人在这个问题上心理失衡,或者整个社会机制无法适应这种变化,那么这种由工业化引发的家庭变迁同样会导致社会的不稳定状态。就新加坡的社会现实来看,家庭的解体是一种超常的现象,它应该受到抑制;而家庭的核心化虽然速度略显过快,其势头也应有所抑制,但其主流和发展方向是无可厚非的,所以,新加坡人面临的问题不是设法对它进行何种限制的问题,而是面临着如何对与其有关的社会机制依据它的变化而进行调整的问题。政府之所以如此卖力地维护传统家庭的结构,除了要保持社会的稳定外,恐怕另有原因。

人民行动党政府自20世纪80年代以来强调维护传统家庭模式的另一目的,应该说与维护儒式政府的集权统治有关。传统的家庭及家庭关系是儒式政府的社会基础,人民行动党要想长期保持自己一党独大的统治地位,就非维护传统家庭的稳定不可。就社会变迁的现实来看,我们还没有发现哪一个社会占多数的家庭在实现了向核心化的转变,以及人们的观念接受了这种转变之后,其政治结构依然是一元化的。

三 社会关怀,尊重个人

这是指保护个人的生存权利。在任何一个现代社会中,个人的权利和利益都应该受到尊重。但是,个人与国家或个人与社会永远是一个矛盾统一体,个人的权利和利益经常与国家和社会的权利和利益发生冲突,在这种情况下,如何处理它们之间的关系,各自应分享多大的权利和利益,每个国家和社会就有很大不同了。在现代西方社会,个人的权利主要是指人的自由权与政治参与权,而在新加坡则有很大的不同。既然人民行动党政府要在一个后发现代化的国家中继续维持一个儒式政治体制,那么它所保护的个人权利主要是指人的生存权与发展权,而不是人的政治参与和自由权。

在对这一点进行解释时,政府毫不掩饰自己的观点,指出,提倡关心个人,主要是指各个社区对那些"时运不济"的人给予同情和帮助。这是由于在市场经济的商业社会里,不论一种社会制度设计得如何完善,在激烈的竞争中,总会有失败者。在这种情况下,如果社会冷落、遗弃他们,显然是不公正的。那么,以何种方式对他们进行帮助呢?政府认为,首先是要建立一套完整的社会保障机制,以保障每个人在任何情况下都享有基本的生活权利;但更重要的是帮助他们解决发展的需要,例如就业培训,用现代技术装备他们,使他们能够自立,重新投入到竞争中去,这样才能从根本上解决他们的生存问题。其原则就是社会要向每一个人提供平等竞争的机会,保证比较公平的分配。无论人民行动党政府对这项权利解释得如何完满,它也没有超出人的生存权的范畴。

关于现代社会中个人应该享有哪些基本权利的问题,东西方近几十年来一直争论不休。李光耀是提倡亚洲人权观较早和影响较大的领导人之一。他认为,在当今180多个国家中,推行英美式以个人自由、自主、放任发展为主轴的法治国家实在屈指可数,不过20多个国家,如欧美国家和日本、澳大利亚、新西兰等。其余大多数国家仍挣扎在创业、救贫、治安、教育和免于饥饿的基本任务之上。对于这些国家的百姓而言,如何获取生存权、劳动权,比什么言论自由权、政治参与权还重要。因此硬把西方的人权和自由价值观套在东方人的脖子上,是两三百年来西方政治宰割、经济剥削和文化渗透的帝国主义和殖民主义政策的延长。[1] 李光耀还说,"或许,西方必须自我承认,居住在其他大陆的人民和具有牢固文化传统的其他文化群体,即使没有我们欧美人认为必须具备的民主结构,也可活得非常快乐"[2]。

正如亚洲其他国家坚持批判西方人权观的领导人的观点一样,李光耀在这个问题上实际上涉及一个问题的两个方面,即东西方在人权问题

---

[1] 洪镰德:《新加坡学》,扬智文化事业股份有限公司1994年版,第164页。
[2] 新加坡联合早报编:《李光耀40年政论选》,现代出版社1994年版,第573页。

上的差异是社会发展水平所致，还是文化差异所致？抑或兼而有之？如果是发展水平所致，那么，发展水平与自由人权是一种什么样的关系？如果是文化差异所致，那么是否亚洲人永远都不会享有西方式的人权？但是亚洲的一些领导人包括李光耀都不曾把话讲得过于绝对，他们在一些场合也都谈到将来亚洲的人权也会发展到西方的水平，只不过现在时机还不成熟。正如上面我们引述的李光耀的讲话中所包含的意思，如果解决了生存和发展问题，自由就会随之而来；如果经济发展了，民主迟早也会来到。实际上，东西方领导人在这个问题上的分歧主要不是发展水平和文化差异所造成的对人权和民主的认识的不同，而是在亚洲现有的发展水平上人民到底应该享有多大人权的问题。从发展水平上来进行比较，新加坡是同等水平中自由与民主最少的国家，甚至比它发展水平略低的韩国和中国台湾地区自20世纪90年代以来在这方面也高于新加坡了。至于是否由于新加坡政府统治的严厉而有序使其人民因而享受到了更高的生活质量，虽然我们一时无从比较，但新加坡的很多百姓并不以为然，他们感到政府过于严厉了，这是造成人才外流的重要原因之一。普通百姓虽然不愿意因人民行动党下台而失去优越的生活环境，但他们同样也不愿意长期生活在过于严厉缺乏自由的管制之下。

新加坡人不可谓没有民主，也不可谓没有自由，实际上，近十几年来，它在这方面仍然有明显的发展，然而，如果在一定的发展水平上人们享受不到相应的权利，那么，无论是个人自身的发展还是社会的发展都会受到限制。与经济发展取得的显著成就相比，在人权方面新加坡似乎逊色得多。

四　协商共识，避免冲突

这是指在遇到各种问题和矛盾时，应该通过协商对话的方式来加以解决，而不是各讲各的理，各行其是，尤其是不能采取对抗的形式，激化矛盾。白皮书在谈到这一点时说，团结是新加坡的珍贵资产，要十分珍惜；而要团结首先必须具有忍让精神，如果缺乏忍让与求同存异的精神，社会就会成为一盘散沙，危及国家的稳定。

从原则上来讲，通过协商对话取得共识，从而避免冲突，是任何国家在解决矛盾争端时所应采取的基本态度，非此社会不能有序发展。但现实社会中很多问题难以通过协商来取得共识，这时就要有一种权威来协调对立双方的矛盾，在西方国家多数是通过表决做出最后决定的，而新加坡做出最后裁决的权威是政府，尽管有时政府本身就是对立的一方，置身于矛盾冲突之中。近60年来，政府在处理种族矛盾、劳资冲突和其他社会问题时，虽然也是以强制性手段为后盾，但除少数外，基本都是采取了协商对话的方法。在这方面取得成功的根本原因是它制定和发展了一套能够得到社会认可的解决问题的方式。一开始，它可能是强制推行的，但是由于它与大多数人的根本利益相一致，因而在实践中逐步获得了社会多数人的认同。例如，在处理劳资纠纷方面，先是由劳资双方举行集体谈判，只要双方不大动干戈，尽可以激烈地讨价还价。等到双方都充分阐明了自己的利益所在和困难之处，也知道了对方的利益所在和困难之处以后，双方即使不能达成协议，火气也降了一半。这时政府出面仲裁就容易多了，而且，由于政府一般都处于比较超脱的地位，能够比较公正的平衡双方的利益。久而久之，大多数人就认可了这样一种解决争端的方式，取得了比较一致的文化认同。这是协商共识取得成功的重要原因之一。然而对于政治反对派的政治活动，尤其是反对人民行动党政府的政治活动，包括对政府高级官员的公开指责和对政府政策的批评，在选举日之外的集会和有组织非暴力的秘密活动等，均采取较为严厉的镇压措施，以扼其于摇篮之中。在这方面很少表现出宽容。这就是说，协商是有一定限度的，在涉及政治和社会稳定的问题上，在涉及人民行动党的统治地位问题上，绝没有协商可言。这也说明，在处理其他社会问题方面，协商之所以能够取得相当的成功，也是由于它被限制在了一定的范围之内。

五　种族和谐，宗教宽容

指导种族和宗教关系的原则在上述四条中已经有所概括，但由于种族和宗教关系和谐与否对新加坡社会尤为重要，因此专门提出以引起重视。白皮书指出，种族与宗教和谐是新加坡得以稳定和发展的最重要的基础之一。殖民时期和人民行动党执政的最初10年间，种族矛盾比较尖锐，20世纪50年代初和20世纪60年代中期还发生过大规模的种族冲突，严重地威胁了国家的生存和发展。因此，自20世纪60年代以来人民行动党政府一直小心翼翼地处理种族关系，致使近30年来未发生过种族骚乱。鉴于这些历史的教训和经验，以及现今仍然存着的各种族在文化、语言、宗教和社会习俗等各个方面的巨大差异，政府把这一条作为各族人民的生活准则提出来，让人民经常记住它的重要性，并加以遵守，这是十分有益的。

长期以来，政府在处理种族和宗教关系方面积累了丰富的经验，形成了一套易于操作的方法和原则。通过让马来人免费上学来提高马来人的文化水平，以达到与华人享有平等的竞争机会；在选拔官员时保证马来人和印度人都占有一定的比例；实行多种族杂居政策，鼓励人们交异族朋友等，这些措施都促进了种族关系的和谐。然而，新加坡的种族关系还有待于进一步发展。在一些发达国家，不同种族的人可以公开地进行批评和表扬，就像对待本种族的人一样，没有多少顾忌。由于每个种族都有自己的优缺点，因此，这种批评和表扬是正常甚至必要的。但是在新加坡，政府是不允许不同种族之间、包括发自个人的公开批评的，唯恐会激化种族矛盾。当然也担心这种批评会延及国家政治，对人民行动党的统治产生不利影响。这样做究竟在多大程度上符合新加坡的现实，现在还难以估计，然而在近60年来它确实稳定了种族关系。不过，从社会发展的角度来看，每个种族都不应拒绝来自异族的善意批评，而应该做到宽宏大量，兼容并蓄，这样才能发展自己。

宗教问题是与种族问题紧密相关的一个问题。一般来说，不同的种族都信仰不同的宗教。在新加坡宗教问题主要是尊重少数种族的宗教信仰问题，尤其是尊重马来族的伊斯兰教信仰问题。因此，政府曾经出巨资修建富丽堂皇的伊斯兰教堂。然而自20世纪80年代后期以来，基督教会和佛教会也加入了进来。近20多年来，宗教介入政治生活的事件时有发生。因此，政府一方面划定严格的界限不允许宗教干预政治；另一方面提倡宗教宽容，不仅要求各教之间和谐相处，而且要求它们不要与政府争夺权利。

"共同价值观"是根据新加坡各种族传统文化的基本精神，并吸收了某些现代西方文化的内容而制定的。例如，把国家、社会和种族的利益绝对置于个人利益之上的原则是亚洲文化普遍的基本原则之一；而提倡和谐的人际关系，突出家庭的核心地位，把政府与人民的关系看成是家长制的关系，即人民应该充分信赖政府，而政府应该严格要求人民并真诚地为人民办事等，则是儒家文化的内容。当然，传统文化的内容已经不可能原封不动地照搬于新加坡了，政府对这一点也非常清楚，指出产生于农业社会的儒家文化和其他东方文化不可能完全适应已经是工商业社会的新加坡，因此，"共同价值观"虽然从总体框架上带有较浓厚的东方文化色彩，但在内涵上已经相当程度上"现代化"了。如在确保国家和社会稳定的基础上，已经给了个人一定程度的民主和自由。平心而论，在政治参与的水平方面，新加坡虽然不如发达国家和一些东亚新兴工业化国家，但它比许多发展中国家要高得多。在个人自由方面，虽然人们经常抨击其法律过于严厉，然而与那些虽然法律不那么严厉，却实行高压政治并且腐败盛行的社会相比，人们的自由度不仅在经济生活领域，而且在社会的其他领域也要大得多。在家庭关系中，传统的"三纲五常"的观念已经被注入了夫妻平等、父子平等的内容。在新加坡的家庭中，父子平等和夫妻平等已经不亚于任何一个东方社会以及许多发展中社会。政府所提倡的服从与忍让、毕恭毕敬的精神中，已经融入了相互尊重的内容。人民行动党的议员和政府高官与下层群众之间的接触与交流也是很多发展中国家所不能比拟的。

我们还要认识的一点是，"共同价值观"虽然是人民行动党政府考虑到社会的现实情况而制定的，但它仍在相当程度上是"钦定"的结果，是政府的一种期望，而不是各种价值观"自由碰撞"和相互交融的结果。制定这一"共同价值观"的好处在于它具有超前性，能够指导社会精神文明发展的方向，对社会中存在的不健康的文化现象和过时的文化予以摒弃；缺点是它可能在相当程度上反映了政府的主观意志，在为人民行动党政府的目的服务，这在现实中已经有所反映。从实践上来看，"共同价值观"强调一致和稳定的因素要多一些，在这方面，它无可否认地获得了成功；但对文化的发展则不够重视，企图以过多的传统来适应现实，与社会急速的现代化进程所引起的多元化和不断高涨的民主与自由的呼声相比，它显得作为不大。政府也深知思想意识不但具有相对的稳定性和继承性，而且也具有多元性，因而在实际操作过程中并没有像某些国家那样过多地采取强制灌输的方法，除了压制少数过激的思想意识的公开表达以外，更多的是采取了求同存异和循序渐进的方法，允许不同思想的存在，通过发掘、导向、弘扬能够为大多数人认同以及对政府有利的文化观念来发展国家的主体意识，增强社会的凝聚力。

第十章

工人运动与工业关系

第一节 19世纪至20世纪90年代的工人运动

在19世纪70年代以前,新加坡的工人人数不多,而且都是个体的或小作坊性质的手工业工人和种植园农业工人,没有形成行业规模,难以组织共同行动。而且,他们都分别隶属于不同的方言集团和宗亲集团,其本来就不大的规模又被这些地方集团所分割,几乎看不出有什么独立的利益。对那时的人来说,地方集团的利益要比同业工人的利益明确得多,也来得重要。因此,当时不可能有比较成形的工人运动和工人组织。后来属于工会的一些职能是由宗亲会和互助会来实现的。他们可以代表工人与雇主讨价还价,还可以组织罢工。19世纪上半叶,宗亲会和互助会组织的这种活动已经时有发生。宗亲会和互助会的功能是包罗万象的,涉及政治、经济、法律、社会和文化各个方面,含有家族组织的因素,而且它们有时还代表雇主的利益。所以,它们不是真正的工人组织。

随着商业经济的发展,行业规模越来越大,为工人运动的发展奠定了基础。19世纪40年代以后,码头业和交通运输业粗具规模。新加坡开埠后,马车就成为主要的交通工具。19世纪40年代以后,马车夫已经成为一种职业,承担出租业务。新加坡街头经常有马车载着有钱人穿街而过。到19世纪70年代,全国已有4000多辆马车,形成一种颇具社会影响力的行业。1872年工部局颁布条例,对出租马车的车资和各项出租的条件进行了限制,引起了马车夫们的不满,他们群起抗议,与警察发生了冲突。这是历史上有名的第一次"马车夫之乱"。第二次"马车夫之乱"发生在1881年。这是由于从1880年开始,大量的人力车被输入新加坡,这种车服务价格低,使马车夫的生机受到了威胁,因而发动了罢工抗议,但很快就失败复工了。[1] "马车夫之乱"可以说是近代工人运动的开端。虽然他们还缺乏组织,但已有了明确的共同利益和要求。

人力车的兴起也很快。1919年它已经发展到顶峰,共有9000多辆,车夫达到2万多人,成为当时最主要的行业之一。当时全国人口仅30余万人,可见,这是一支庞大的工人队伍。而且它的觉悟和组织性也有很大提高。1901年11月和1903年1月人力车夫组织了两次罢工,前一次,"虽然有几辆人力车冒险出来,结果被打得落花流水";后一次,"市民们一觉醒来时,发现街上竟是一辆车都没有"。[2] 这说明他们的斗争已具有相当的组织能力和团结精神。

自19世纪80年代后期新加坡引进"蒸汽电车",1896年第一辆汽车被引进后,发展很快。到20世纪20年代汽车开始取代人力车。到30年代,汽车已经成为主要的交通工具,工人的素质也有了很大的提高。

20世纪20年代以后,殖民政府对工人组织的态度开始发生变化。在这之前,按照殖民政府颁布的协会法,工人组织的同业工会是非法组织。当时,面对分散的工人和同业工会反对雇主的活动,殖民政府的策略是,一方面委任亲政府的华人或印度人、马来人代表前去调解,以确定"公平的"工资;另一方面则派警察去逮捕工人领袖,对工人采取压制政策。但是,面对工人队伍的壮大和工人运动的发展,尤其是20年代世界范围内民族解放运动和工人运动的高涨,殖民政府认识到,拒不承认工会的合法地位只能激发工人的敌对情绪,于是在1928年首次批准同业工会向政府注册登记。这实际上是承认了工会的合法地位。到了30年代后期,政府和雇主真切感到必须与工会进行某种合作以改变局势。1937年和1938年由于通货膨胀引起了旷日持久和广发的罢工风潮,虽然政府一度

---

[1] 郑文辉:《新加坡从开埠到建国》,新加坡教育出版社1977年版,第66页。
[2] 同上书,第119页。

也进行了大规模的逮捕和镇压，但是工会并未因此而屈服。这就使政府和雇主都认识到工人的力量已经强大了，工会将不可避免地成为代表工人的最普遍和最基本的组织。如果想要维持生产并保持一个稳定的社会局面的话，就不能一味地采取强硬政策。于是决定进行政策调整，以缓和工人的不满情绪。

这个时期殖民政府进行的政策调整是间接性的。它并没有直接满足工人要求增加工资的请求，而是协同雇主通过改善工人的卫生保健条件、增加女工福利等间接提高了工人待遇。这样做既不会被看作是向罢工妥协，又能在一定程度上缓和工人的不满情绪。此外，1938年政府一度禁止了移民，使就业情况有所好转；加之从1930年以来殖民政府一直提倡工联主义，这些因素促进了工业关系的缓和。这一时期雇主个人是不愿承认工会的，但是作为整体来说，它在法律上已经不得不承认工会了。其标志是1939年政府颁布了劳动仲裁法规。按照这个法规，雇主与工人发生冲突时，要由政府和法庭在雇主和工会之间进行调解甚至仲裁。这就使工会在法律上得到了承认。

总的来说，早期工业关系的特点是家长制居主导地位，在其后期，向现代工业关系过渡，工人争得了某些合法的权利。其表现在发生矛盾冲突时，雇主不想与工人坐下来进行谈判，而是想维持传统的家长的角色，由他们来对单个工人的冤情进行审判。政府则是维护这种体制的工具，因为这一时期它对付工人运动的主要手段是动用警察进行镇压，或者警告，或者鞭挞、逮捕。但是到了20世纪30年代后期，随着工会法律地位的确立和集体谈判能力的趋于增强，为工人地位的进一步改善创造了条件。当然，这时工人的实际地位并未有很大的实际改善。政府还可以援引《内部安全法》对工会领导人进行逮捕。

日军占领时期（1941年12月—1945年8月）工人运动基本处于停滞状态，但有一些工人参加了抵抗运动，他们在斗争中得到了锻炼，为战后工人运动的发展奠定了一定的组织基础。

第二次世界大战之后，工人运动发展到了一个新的阶段，呈现出勃勃生机。在战后世界民族主义思潮和工人运动的激励之下，加之在第二次世界大战期间英国统治的崩溃，使它的权威大大降低；还因为战后重建需要大批劳动力，这一切都为工人运动的发展创造了条件。这一时期的工人运动是民族主义运动的一部分，工人运动的主流是争取民族独立，当然也有改善生活待遇的要求。例如，1945年成立了旨在建立泛马来亚共和国的新加坡职工联盟（1948年注册登记为新加坡工会联合会），稍后，泛马来亚职工会联盟也建立起来。无论从组织上还是从规模上看，这两个组织都比以往的工会组织有较大的提高。从此，构成激进主义先锋的工人运动争取独立运动的斗争拉开了序幕。

1947年年初，经济危机导致了此起彼伏的罢工运动，面对这种动荡的局面，雇主们纷纷加入各种协会，自动联合起来对付工人，对政府施加压力。6月，政府明显地站在了雇主一边，因为政府认为工人运动已经超出了可以容忍的范围，已经破坏了正常的社会秩序，并且对殖民统治构成了威胁。这时，政府颁布了《紧急法令》，在与雇主的代表协商之后修订了劳工立法，制定了工会活动章程和更加严格的工会注册办法。这些措施对于当时的工人运动尤其是左翼工会的限制和打击非常明显，1951年政府逮捕了"新加坡英校教师联合会"的左翼领导人后，工人运动陷入低潮。虽然工会争取政治权利的努力没有实现，但是工人运动还是获得了一些实际的经济利益。这里需要关注的一个问题是，作为这次工人运动领导者之一的泛马来亚工会联盟没有能够得到更广泛的工人群众支持。它成立之后并没有受到政府的限制，但在发展过程中它越来越集权化和官僚化，这不仅使它与下层群众的联系不那么紧密了，而且出现了腐败、权力争夺和机会主义，从而失去了斗争锋芒，在罢工斗争中很快就向雇主和政府妥协了。它的这种政策使它失去了很大一部分群众的支持。这说明，当工会得到政府承认的同时，它们也被限制住了。

殖民政府在当时对付工人运动的主要政策是推行工联主义，因此这时比较温和的工会是得到政府的鼓励的，在这种背景下，新加坡工会代表大会于1950年建立起来。这是一个温和的工会组织，它要求独立，但主张采取和平手段实现这一目标。它成为劳工组织阵线的主要支持者。1954年，新加坡的民族运动和工人运动重新高涨，殖民统治难以维持下去了，因此殖民当局主动安排了各党派的民主竞选，让新加坡以和平的方式取得自治，这样可以保留英国的部分的利益。1955年劳工组织阵线在选举中取得了胜利并受命组织了联合政府。劳工组织阵线政府是比较温和的,它执政时期新加坡的自治和独立都没有太大的成果,因此这可以看成是殖民当局推行工联主义的成功之处。

工联主义的流行阻碍了工人运动和民族运动的发展,这说明新加坡的工人运动必须有先进的民族主义政党的领导才能继续发展。当时能够认识到这个问题的只有李光耀等从英国留学归来的知识精英。1954年在他们筹备建立人民行动党时就主动与林清祥领导的工人组织取得了联系,当时林清祥属下的各工会是人数最多的工会组织。民族主义政党与工人运动的结合极大地改变了全国的政治形势,使民族自治运动有了很大的发展,其明显的结果就是1959年人民行动党通过大选上台执政,并实际掌握了国家权力。人民行动党的上台说明工人运动与民族运动和民族主义政党以及政府有着密切的联系,工人运动是它们的主要支柱和群众基础,同时,工人运动要想获得发展也必须由民族主义政党领导。

1959年以后工人运动发生了分裂。1961年人民行动党内激进派与温和派的分裂在工人运动中引起了分裂。当时从人民行动党内分离出来的激进派成立了社会主义阵线,它取得了新加坡最大的工会组织——新加坡工会大会——下属大部分工会的支持,人民行动党取得了少数工会的支持,这迫使人民行动党政府另组工会,以重新赢得工会的支持。这一年,在它的操纵下成立了"全国职工总会",以重新统一工人运动。与此同时,对左翼工会采取了镇压措施,1962年至1965年间在对社会主义阵线领袖进行逮捕的同时对左翼工会领袖也进行了大规模的逮捕,沉重打击了左翼工人运动。[①] 人民行动党对左翼工人运动的一系列逮捕实际上打击了工人运动中最活跃的部分,保护和警告了温和的工会组织,结果是使工人运动的独立性被削弱了,目的是使它们成为政府的追随者与合作者。

导致人民行动党政府在工人运动中采取国家合作主义政策的原因是:首先,人民行动党作为一个新兴国家的民族主义政党,与其他一些发展

---

① Carry Rodon, *The Political Economy of Singapore's Industrialization*: *Nation State and International Capital*, Macmillan Press, 1989, pp. 71 – 72.

中国家争取独立的政党一样,既要依靠工人的力量争取民族独立,又要动员工人的民族热情来发展经济。因此,它既不简单地像极权主义国家那样滥用高压政策来抑制工人的要求和利益,否则只会带来不满和对抗消极情绪的蔓延,这些都会阻碍经济的发展;同时,它也不愿意在政治上采取自由放任和多元化的政策,使工会成为一种可以与政府相对抗的独立的政治力量,进而成为一种不稳定的因素。它采取了一种使工会在追随的意义上与政府进行合作的政策,使工会既在根本问题上听命于政府,又在具体问题上受到政府的尊重,这或许是吸纳和控制工人运动参与社会发展的有效途径。这样做既能在一定程度上保护他们的积极性,又不至于失去控制,使他们有过高的要求和过火的举动。其次,马来亚政府对人民行动党政府的政治态度十分敏感,如果人民行动党政府不有所表示,不对左翼激进运动进行镇压,马来亚是不会允许新加坡加入马来西亚联邦的。而在人民行动党政府看来,加入马来西亚联邦是获得市场和生存的先决条件,这就足以促使它对左翼工人运动进行镇压。镇压的结果必然是工人运动失去活力。最后,从吸引国际资本方面来看,也需要稳定的环境。国际资本是新加坡投资的主要来源,20 世纪 60 年代中期,外国投资已经创造了 3 万人的就业机会,[①] 为新加坡解决了很大的困难,因此要完成工业化没有国际资本是不可想象的。但是好斗而频繁罢工的工会往往使外国投资者持观望态度,畏缩不前。只有把工会纳入政治体系,才能对它们进行有效的控制,从而使外国投资者树立起信心。

随着左翼工会被镇压,人民行动党控制的全国职工总会成了全国唯一的工会组织,成为工人运动的主要组织者。按照法律规定,全国职总是独立的工会组织,并不受人民行动党政府的领导,但实际上在方针、路线和重大问题上它都要遵从政府的旨意。政府对全国职总的控制主要是通过人事参与来实现的。全国职总的实权掌握在秘书长手中,这个职务由政府的副总理或其他高官来兼任,另外,政府和工会都互有一些代表在对方的各个部门工作。全国职总及其下属工会在 20 世纪 90 年代初共有会员 22 万余人,这虽然只占工人总数的 1/4 左右,但它是唯一的工人

[①] The State of Singapore Development Plan 1961 – 1964, Government Printing Office, p. 58.

组织系统，其他大部分工人都处于无工会组织的状态，形不成统一的力量，因而政府实际上通过全国职总控制了工人的主体。

全国职总下属有 75 个分支机构，一般是按照行业划分的，如公共机构雇员联合会，造船及海事工程及工友联合会等。工会的宗旨是改善会员的工资待遇和工作条件，为职工谋取合理的利益；并通过改善劳资关系、促进劳资合作来提高生产率和职工地位。全国职总的一个特点是，它既不像西方国家的工会那样成为政府的对立面，也不像极权国家那样成为政府的一个分支机构，而是介于两者之间，在重大问题上与政府保持一致，在具体问题上代表工人与雇主和政府讨价还价。

工会内部是比较民主的，职工本身有权决定是否参加或退出工会，从部分工人不是会员可以看出全国职总在这方面并没有强制性措施。除了少数重要的职务（如全国职总秘书长）外，下属各工会的领导人都是由会员秘密投票选出的。工会的重大决策，如举行罢工等，都要经过秘密投票表决。20 世纪 70 年代以来，全国职总的下属工会一般不举行罢工，因为它们的基本利益可以通过谈判来解决，政府和雇主也比较重视它们的要求。而且政府对罢工也进行严格的限制，政府对职总的控制使它难以做出罢工的决定。相反一些非工会会员工人则很少顾及政府的限制，尤其是他们不举行罢工就很少能受到资方政府甚至全国职总的重视，因此罢工往往发生在这些工人中。20 世纪 90 年代以来，新加坡的小规模的罢工事件时有发生。

工人所处的这种地位以及它与政府的合作关系使工会的组织者和会员比非会员能够从政府甚至雇主那里获得更多的利益，这是他们支持政府的根本原因。当然，他们享受的自由也少一些。

第二节 合作与控制：工业关系的新模式

人民行动党政府 20 世纪 60 年代所建立的政府、资方与工会的合作关系模式是一种与家长制政治有关的国家主义、精英主义和民族主义的联合体。对于企业来说，这种合作是一种交流渠道和确保获得政治支持的手段；对于多数工人来说，他们的独立利益要求受到了很大的限制，因为一旦他们的组织失去了独立性,要想有独立的利益要求也就非常困难了,而全国职总则可以从它对有组织的工人运动的垄断中得到一些补偿。对于政府来说,在这种体制中它可以使自己处于仲裁地位并游刃有余,在它看来,劳资双方的利益都应该有所限制和照顾,这样才能维持现有体制,并培养和动员工人的支持,使工业关系按照政府设定的路线发展。

20世纪60年代初的合作方式包括政府给全国职总提供经费,派官员到职总去任职,指导职总的工作;同时,有近百名工会代表在几十个政府部门工作,全国职总执行委员会20名左右的成员都是国会议员;另外,政府官员、工会领袖和资方代表经常坐在一起办公,协商他们共同关心的问题。例如,政府专门设立了一个工资委员会,负责为政府制定工资政策,这个机构较好地体现了这种合作关系。工资委员会由13人组成,政府、工会和资方各派4名代表组成,另外政府任命一名"中立"的主席作为召集人。该委员会每年都要提出一个工资计划,其指导思想是在把利润和工资挂钩的基础上,尽量缓和劳资双方的利益对抗,为政府的常规发展战略服务。[①] 在这个委员会中,劳资双方的代表在政府官员的协调下坐在一起就工资和分红等问题进行正式的和经常性的协商,政府则根据实际情况不时对双方施以压力,因而其制定的工资政策一般都能照顾到双方的利益。工资委员会制定的宏观工资政策实际上已成为各公司劳资谈判的基础,他们的谈判结果一般不会与工资委员会的政策有很大的出入。在工资委员会的谈判桌上也会围绕工资调整的幅度而发生激烈的争论,这时,政府就有最后的决定权。由于有了这样一个正式的指导性的机构,解决劳资双方在工资问题上的分歧就容易得多了。

工会与政府和资方的关系一直是对工人运动做出评价的一个重要的方面,在这个问题上一直存在着不同的看法。当有人问全国职总如何才能改变它在公众眼中软弱无能的印象时,全国职总的一位副秘书长说,多数人想象不出在紧闭的大门里由全国职总的干部和来自全国雇主联合

---

① Michael Burauby, Between the Labor Process and the State: The Changing Face of Factory Rigimes Under Advanced Capitalism, American Sociological Review, Vol. 48, October, 1983, pp. 587 - 605.

会的代表以及政府劳工部的官员所召开的无数次的会议和谈判是如何进行的,"当会员和公众看不到他们在干什么的时候,就会产生工会是软弱的感觉"①。这似乎是在说,公众的看法是一种错觉,是不切实际的,因为政策本来就应该是政治和技术精英关起门来制定的,在制定过程中,工会并非不考虑工人的利益。确实,全国职总有时是在可能的范围内尽量为工人争取利益,但它太听命于政府了。

对工人运动的垄断和官僚化的趋势使全国职总越来越脱离下层工人而靠近政府。全国职总的优越地位使它总是力图"维持一个强有力的中央组织结构",这对工会领袖和政府都是有利的。工会领袖可以因此而扩大自己的权力,从而也更受政府的重视,政府则可以从这种结构中实现对工人运动的控制。同时,新加坡对文凭的重视也使全国职总越来越被那些受过高等教育的专家治国论者所控制,这些人对政府的精英主义政策持非常积极的态度,对基层工会那些受教育水平低的工人干部则越来越轻视,使他们升迁无望。在20世纪80年代后期这已经引起了基层工会领导人的不满,全国职总的一个下属工会的负责人说:"我希望他们能够更多地与基层工会领导人商谈,而不是仅仅依靠他们自己的思路和想法做出决定。"另一位基层领导人说,"全国职总的统治者很少是从基层上来的,因此,他们的主张缺乏可信度,如果他们是从基层上来的话,情况就不是这样了"②。全国职总确实在追随政府而与基层工会有所分离。1988年人民行动党在大选中的得票率有所下降,全国职总为了配合政府对反对党的反击,宣布其下属工会不得由反对党人担任干部。1989年全国职总所属出租车协会的两名司机因为担任了反对党的议员候选人而被全国职总下令除名,因为他们违背了全国职总关于所属组织成员不得参与任何被它断定是有偏见的组织的规定。当年进行的一项调查显示,很多工人认为工会"不能提出执政党所不能接受的问题"。工会会员的权力变得"屈从和受政府控制"。在工会中,"人民行动党和政府是至高无上

---

① NTUC News, Mid October 1989, p. 2.
② ST, January 1986.

的"。① 显然，在多数工人看来工会的独立性是很低的。这说明，在这种合作关系中，工会处于依附地位。

对人民行动党执政后颁布的一系列法规进行分析，也可以看出工会与政府进行合作的性质。从1960年开始，政府颁布了一些法规，其基本目的是缩小工会与雇主自行谈判的范围，避免双方的矛盾激化。这时，由于在反殖的民族运动发挥了主力军的作用，工会的地位有了很大的提高，独立谈判的能力很强。但1960年议会通过的《工业关系法》规定了以政府为主导解决工业争端的办法。根据这项法案建立了工业仲裁法庭，它具有终审权，一旦裁决，不得上诉。它的裁决对任何一方都有约束力。无论是工人还是雇主，以及政府的劳工部都可以把争端提交给仲裁法庭，并且，一旦仲裁法庭受理了此案，再举行罢工就是非法行为。由于仲裁法庭是由政府控制的，因此，这实际上是要对工人的罢工进行管制，即一旦劳资双方发生争端，如果政府或任何一方尽早把矛盾提交给仲裁委员会，罢工就是非法行为了。这使人感到政府阻止罢工的主要手段就是：给罢工者制造困难，利用制度化的手段最大限度地提高罢工的代价。这项《工业关系法》实际上把工人在民族独立运动中获得的独立谈判的权力"还原"为管理的特权，置于政府的控制之下。这就使工会和工人在与政府的关系上，在与雇主的关系上都处于被动地位，资产阶级找到了通过加强与国家的联系来对付工人的方法。当时正值国内局势动荡的时期，因此这项法案的作用一时还难以充分发挥出来，但它为以后处理工业争端提供了法律依据。

20世纪60年代中期以后，国内的政治局势基本稳定下来，人民行动党决定以稳定的工业关系来促进国外投资和经济的发展。1968年国会通过了《雇佣法》和《工业关系法》，这两项法案对工人强调了劳动纪律，对雇主强调了管理纪律，强调了政府和法律在解决工业争端中的作用。例如规定工人不得随意请假、旷工，雇主不得随意开除工人和为工人支付医疗费等，而一切难以调和的争端由仲裁法庭予以裁决。当时，工业仲裁法庭主席对此评论说："这些法案在新加坡开辟了工业关系和工业调

---

① *Journal of Contemporary Asia*, Vol. 20, No, 4, 1990, p. 494.

解模式的新时代……它标志着稳定时期良好的投资环境和劳资和谐时代的到来"。"它们旨在使边际利益标准化和平均化……尤其是要把它和工作劳动时间、休息日、公休日、加班、年假、病假、红利、节约和退休联系起来"。它们还为"劳工部长提供了额外的权力,并对那些并不违法的要求进行了更严格的限制"。[①] 通过这两项法案,政府把原属于工会和资方的一些权利收归已有,加强对工业关系的管理,目的在于增加企业利润和国家积累。这两项法案颁布后,并经过对少数罢工者的严厉处罚,到20世纪70年代已很少有劳资矛盾激化和罢工事件发生。这两项法案使工人和工会的政治权利被削弱了,他们获得的是经济上的繁荣。

人民行动党政府对它的新的工业政策的解释是,在发展中国家,在经济发展的任务还非常繁重的情况下,谈其他权利是不现实的。全国职总之所以能够发展壮大,而与其对立的新加坡职工联合会则自生自灭,是因为在20世纪60年代后期多数工人对分裂的工人运动和政治斗争已经感到厌倦了,对于全国职总追随人民行动党,号召工人努力进行生产、发展经济的政策感到更符合自己的切身利益。这里需要指出的是,在全国职总与新加坡工会联合会的斗争中使它们力量对比发生变化的一个重要因素是政府对后者采取的镇压措施。然而,无论如何,对经济生活的重视是全国职总更能吸引工人的重要原因。

许多发展中国家的政府和人民行动党政府一样,在取得独立后,把工会置于自己的庇护之下,以控制工人运动。工会以牺牲自己的某些权利为代价换取政府的保护,同时成为政府制定的现代化目标的追随者和支持者。而不是像工业化过程中的西方的工会那样,与雇主和政府采取激烈对抗的态度,只会与雇主和政府讨价还价。

人民行动党政府和工会领导人都曾谈到工会与政府的合作关系。1989年11月24日王鼎昌在全国职总的代表大会上是这样描述这种合作关系的:第一,工人可以从中得到诸多好处。通过这种合作,工会的代表可以在政府的各个机构甚至内阁中发表自己的意见,工人们不需要到街头去发泄自己的不满了。政府也会更加考虑工人的利益,例如,政府

---

① *Annual Report of the President*, Industrial Arbitrition Court, 1968, pp. 12–13.

为工人提供了廉价优良的住房和医疗保健服务；政府还以特惠地价和税收对待全国职总设立的各种合作社、俱乐部、度假村和幼儿园等，使众多的工人得到优惠和方便。第二，这种合作符合工人的长远利益。一方面，只要人民行动党政府继续支持工人的意愿，并制造机会带来美好生活，全国职总就会与政府维持良好关系；另一方面，只要全国职总继续推行负责任的工运政策，并尊重国家的长远利益，人民行动党政府也会继续把全国职总和工人运动看成是自己的支持力量。

20世纪90年代以来，人民行动党政府采取了一系列措施企图从根本上改变工会与政府的关系。在理论上，人民行动党明确地提出了工人、资方、政府三位一体的合作观点，提出三者有着共同的利益，其合作是国家发展和民族和睦的需要。在实际操作中，政府主动让工会创办一些经济实体，使工会也当雇主，改变工会的性质，增加它与雇主和政府的利益一致性。李光耀在20世纪70年代就说过，工会的活动不应仅仅局限于争取更好的工作条件和待遇，而应扩展到经济、社会和教育等各个方面。20世纪90年代初王鼎昌强调说，"一个职工会的效率，不应该以它的斗争行动和发表的激烈言论来衡量。若是这样，对于一个强大的职工会来说太简单化了。我们可以在一夜之间取得这些成果而不需要长远的策略。不过，我们相信职工会的效率必须决定于它能否保障工友的机会以减少损失及改善工友的薪酬待遇"[1]。这就是说，工会要想得到发展，就应摆脱政治对抗，追求经济利益。显然，这只能通过与资方和政府合作来实现。20世纪90年代初，全国职总主席奥里维罗更明确说道，"我们已经开始看重彼此（指工人与雇主之间）的共同利益以及强调在不导致激烈对抗的情况下来解决工业纠纷。大体上，目前的职工运动更加愿意也准备同雇主分担负责来促进工会业的成功"，因为，"雇主能够支付较优厚的薪酬给雇员，最终决定于公司业务的繁荣程度"。在这些思想的指导下，全国职总制定了"抛弃劳资对抗、推行劳资合作"的工运方针，强调要摆脱阶级冲突，维护工业关系的安定，提出劳资政三位一体的合作关系是工会根本的行动准则。

---

[1]《新加坡的精神文明》（文集），红旗出版社1993年版，第69页。

工会创办经济实体对工人运动有着深刻的影响。1969年11月全国职总召开了以"职工运动现代化"为主题的研讨会，会上除了确立三位一体的合作关系外，还提出要把全国职总建成具有全国意义的经济、社会组织，主要手段就是创办经济实体，即合作社，以便让工人能直接分享经济成果。在这个方针的指导下，从1970年起全国职总陆续建立了6个合作社，它们是1970年建立的英康保险合作社和康复交通工友合作社，1972年建立的平均合作社和牙科保健合作社，1977年建立的托儿合作社，1991建立的职总之声（广播）合作社。这些经济实体得到了政府的优惠，前3家的效益很好，利润丰厚，工会会员都可以得到它们的服务或成为小股东。例如平均合作社已成为全国最大的超级市场，有40多家分店，会员均可购买800新元的股份。全国职总下属工会的经济实体更多。

第三节　分离主义倾向

东亚新兴工业化国家高速的经济增长使当地的政府相信工会从属于政府是工业化取得成功的一个重要因素，因此，这更促使它们采取强硬立场，制定严厉的劳动法规来对工人运动进行约束。然而这些威权主义者未曾料到，正当自己国家和地区的工业化使全球都感到震惊的时候，却出现了政治多元化的力量。这种情况在韩国和中国台湾已经成为现实，在新加坡正表现得越来越明显。工人运动也表现出了这种倾向。

自20世纪80年代末以来发生的变化表明工人运动已经出现了某种离心倾向。1989年全国的工人总数上升了2%，而同期加入工会的工人却只增加了1%，到90年代初仍只有25%的工人是工会会员。国家的领导人也对此表示了担心。李光耀在一系列例行的工会会议上都谈到了这个问题。他在题为"工人运动的方向"的演说中强调指出，工会与政府的合作关系并不是自然而然形成和发展的，它需要"培养、发展和维护"。他列举了工会所面临的两个问题：一是在雇主和工人中都存在着对工会角色的不正确的认识，错误地认为全国职总是执行政府政策的机构。这也导致了工会会员的减少。二是对建立新工会和开展工会活动都持消极态度。这说明李光耀也看到了工人对政府建立的这种合作关系已经表示不满，而且这已经削弱了工会的群众基础。同时，他感到解决这一问题的办法是适度地放松对工会的控制，使工会的独立地位有所恢复，以吸引工人的支持。①

全国职总似乎一直在努力表现出对工人的关心和于政府、资方之处的独立性。1986年1月2日美资海利私人有限公司的61名工人举行了50小时的罢工，抗议资方采取高压手段迫害该公司工会会员。据当地报纸报道，这次罢工事件的起因是自1983年以来资方对工会活动和工会领袖持敌视态度，并从1985年起，借口经营状况不佳无故辞退9名工会会员，其中包括该公司工会的主席和一名工会干事，因而激起了该公司工人的愤怒。罢工发生后，全国职总表现出了十分明显的积极态度，支持工人的罢工行动，这与以往有所不同。全国职总的两位助理秘书长吴志伟和林文兴以及职总一些下属工会的领导人和一些工人都赶到罢工现场给罢工工人鼓劲。林文兴还表示，全国职总绝不会允许资方坚持这种无理的行径，无论今后在哪里发生这类事件，都将给予大力支持。后来，在政府劳工部的调解下，这次争端得到了解决。资方答应了工人提出的条件，重新雇佣一名工会领袖，对另外5名被辞退的工人进行赔偿。

值得注意的是，由于合作而带来的经济上的迅速发展已经成为导致这种分离的重要因素。1988—1989年经济的迅速增长使得劳动力严重短缺，这首先在最有利可图的金融业中导致了分离现象。全国职总下属的新加坡银行雇员工会是银行业的唯一的工会组织，所有的银行都有雇员参加这个工会，因此，它总是作为银行业雇员的代表与资方打交道。与此相同，所有银行的资方在与工会打交道时也是推荐它们的共同代表。但是设在新加坡的香港银行于1988年在未与银行雇主工会协商的情况下突然宣布把其职员的工资起点提高22%—33%，这在银行业中引起了明显的分歧。香港银行的这一动作立即受到了全国雇主工会的批评，该组织的代表与银行方面的代表进行了磋商，但没有取得一致的结果。这样，另外3家本地银行及其分支机构也于8月和9月进行了同样的工资调整。这样做显然是为了吸引雇员。此后由于抵挡不住竞争的压力，提高工资

---

① ST, 13 October 1989.

的银行很快增加到了 11 家。增加工资的直接原因是经济的发展使工人选择工作的机会增多了，致使工会在与雇主方面讨价还价的价码提高了，而这时银行急需增加雇员以扩展业务和技术更新。11 家银行的动作在全国 46 家银行中引起了严重的分裂，它们分裂成 5 个集团。一些反对给雇员加薪的银行代表在全国雇员工会的支持下越过银行雇员工会直接把问题提交给了仲裁法庭。在法庭中，全国职总的代表和雇主工会的代表进行了激烈的争论，各不相让。最后，当时的第二副总理兼全国职总秘书长的王鼎昌代表政府出面公开表示支持全国职总，他提醒雇主们不要忘记在 1985 年的经济衰退时他们裁减工人、工人同意削减雇主应为他们支付的 15% 的公积金和冻结工人工资等事情，既然现在经济已经好转了，就应该补偿工人所做的牺牲。① 最终法庭判决全国职总胜诉。这场风波说明了工会的独立性有所恢复。

20 世纪 90 年代，工会与雇主的矛盾延伸到了国家权力机关。那些担任国会议员的全国职总的领导基于基层工会的压力，多次提出要求政府调整政策，增加工人权利，限制雇主对工人的管制和处理。但劳工部长似乎总是一个压制工会不满情绪的制动器。他说，新加坡的就业机会并不少于其他新兴工业化国家，如果迫使雇主无限制地出高价来雇佣工人的话，就会导致工资飞涨。② 工会还多次指责政府行政部门故意不执行国家关心工人的政策。例如，只是在王鼎昌进行了公开的干预之后，行政部门才把迟迟未决的电信工人的退休年龄提高到了 60 岁。另外，按照私有化政策进行的国营公司的结构调整也一度激化了工会与行政部门的矛盾。由于国有企业的最高决策者是政府的行政部门，因此一些工人把私有化对他们个人利益带来的不利归结到了政府官员身上。电信雇员工会主席说电信业的私有化使工会会员的士气受到了影响，现在他要把"很大的精力"放在处理工人与管理者的关系方面，这种情况再也不能继续下去了，工会一定要全力让管理人员明白应该关心工人。③

---

① Workers Praised For Helping Singapore Out of the Recession, ST, 28 April 1988.
② ST, July 1988.
③ Speech at Third Triennial Odinary Conference of Representatives of the UTES, October, 1989.

另一方面，随着国内政治民主化趋势的发展，很多工人对现行的工业化政策越来越表现出不满，认为工会屈从于政府，不能很好地代表他们的利益，因而脱离工会的现象也有所扩大。这首先表现在熟练工人中。这些工人感到自己组织起来与经理们谈判要比通过全国职总系统的工会进行谈判对自己更为有利。在经济迅速发展的时期，各公司都争相扩展业务，因而深感技术人员人手不足，这就使他们有求于技术工人，不得不提高他们的工资。与此相比，非熟练工人对工会更为满意一些。这或许是由于全国职工总会系统的工会不能满足工人更多的要求和利益，只能满足一些应有和基本的利益，这是造成熟练工人和非熟练工人对它的满意度有差别的原因。同时，人民行动党政府的精英主义政策或许也是这种情况出现的一个原因。

表 10-1　　　　雇员对工会、资方和政府合作关系的看法　　　　（%）

受教育程度	受过初等教育者	受过中等教育者	大学生	大学毕业以上者
工会屈从于政府	5.9	29.7	23.3	25.8
工会不愿充当反对派	5.9	15.6	4.6	16.6
政府需要工人的支持	23.5	15.6	9.3	12.9
是政治稳定、投资和繁荣的需要	35.5	23.4	41.9	19.4
是提高生产率的需要	11.8	3.1	7.0	3.2
合作的积极意义大于消极意义	88.2	54.7	72.1	58.1

资料来源：《现代亚洲》1990年第4期，第500页。

具有讽刺意味的是，这项调查的结果与国家一直推行的精英主义政策不相吻合。国家总是奖励那些受过高等教育和天资聪明的人，给他们以很好的待遇。然而有23.5%低文化水平的工人认为政府是保护他们免受雇主侵害的，认为国家维持了工资的平衡。一些人说国家起着"帮助工会"的作用。当然，他们之中也有半数的人认为这种合作关系是有必要的。大多数人支持这种合作，认为合作带来了长期的社会稳定、工作效率和经济繁荣。文化水平低的工人对这种人人都能就业的状况非常满意。尽管多数工人之所以受教育少是因为经济上的原因，但他们仍然对政府反复宣扬的精英治国论表示赞同。

由此引发的一个问题就是，贫富差距对社会的影响到底有多大？新加坡的贫富差距是否因为精英主义的贯彻而拉大了，这是一个有争议的问题。李光耀说新加坡有 3/4 以上的人、到 2000 年将有 90% 的人属于中产阶级，"雇主的生活方式完全对工人开放"①。相反的例子是，新加坡高官的薪金比西方国家高官的薪金要高得多，甚至数倍以上，而下层官员和工人的工资则要低得多。调查显示工人并未把社会看成存在着以生产资料所有权为基础的利益对立的两个阶级，但是他们确实把社会分成"精英和普通人""富人和穷人"两个不同的阶层。不平等的存在，或许是造成工人与全国职总系统的工会离心离德的一个原因。但从现实的情况来看，工人也能到乡间俱乐部游乐，可以打高尔夫球和网球，因此，这种不平等似乎并不严重，看来这不会成为不平等的重要因素。

工资问题一直是工会与资方讨价还价的一个重要问题，它能够在一定程度上表明工会地位的变化和政府对工会的政策的变化。过去政府的政策多是压制工会的要求，使工会在制定工资政策时无所作为，往往被工人看成是屈从于政府和资方。但是自 20 世纪 80 年代末以来，情况发生了某些变化，工会在工资问题上的发言权似乎越来越大了，它也使政府表示出对它的支持，无论这是情愿的还是不情愿的。1988 年 7 月全国职总对雇主工会进行了批评，它告诉雇主，如果他们想要在劳动力紧缺的市场上招到合适的工人的话，就应该大幅度地提高工资。一位工会负责人就李光耀在"五一"讲话中提到雇主不应阻挠工人增加工资的要求的讲话说，今年雇主不像以往那样重视李光耀的讲话了，他们认为今年的讲话不那么重要了，这是在向谁的地位和态度挑战呢？1989 年 6 月底雇主工会就数家大公司提高工资一事发表了公报，指出如果这些公司坚持违背全国工资委员会的政策，就会损害自己的长远利益，这种做法没有

---

① ST, 13 October 1989, p. 30.

考虑到大幅度地和不加区别地提高工资可能带来的危害。① 在这种情况下，政府出面进行了调解，认为工会不应提出更高的要求，同时雇主也应做出一些让步。如果考虑到 1988 年工人刚刚大幅地提高了工资，那么这次斗争的结果并非对工会有多大的不利。工会在与政府和 500 名雇主进行秘密磋商之后，雇主工会改变了以往的立场，督促雇主今后按照经济发展、劳动力的短缺和工人的损失来采取"更为灵活而慷慨"的工资政策。经营好的公司应该提高工资的起点，发更多的奖金并在年底给予"一次性的"报酬，并说"我们永远也不要把自己置于与全国职总针锋相对的地步"。②

自 20 世纪 80 年代后期以来，政府有意加强工会的建设，原因是长期的低工资政策已经越来越引起工人的不满，这可能导致他们降低工作效率；同时对工会失望的工人人数增多，工会会员的减少使政府与工会和雇主合作的意义降低了，这可能损害政府长期推行的工业政策。进一步说，就是工人脱离政府控制的全国唯一的工会组织，可能是政治多元化和经济多元化的前奏，会给一党为主的政治统治造成威胁。政府对工会的政策倾斜使工人的待遇有了明显的提高，这已经引起了雇主的不满。新加坡国际商会主席指出，政府倾向于工会的政策导致了生产成本上升的情况，这使人想起 1985 年经济衰退前的情景。他还提出政府在做出对商业状况有重大影响的决策前应与商人进行更多的磋商。③ 对此，政府似乎显得毫不动摇，它认为雇主"削弱了三角关系的基础"。王鼎昌说，自 1982 年以来，工会建立新组织的活动有 1/2 遭到了雇主的阻挠，而在其中 4/5 情况工人们都在秘密投票中支持建立新的工会分支机构。④ 这样，雇主对工会的不满或许还蕴含着另一层意思，即雇主不仅仅是针对工会的，而且也有针对政府的一面。在 20 世纪 90 年代初这或许只是偶然

---

① Business Times, 16–17 July 1988.

② "End to Wage Controversy in Sight: SNEF Accepts NEUC's Proposal for Better Stating Salaries", BT, 4 August 1988.

③ Speech Given at Luncheon Organized by the Rotary Club, Singapore, January 1990.

④ Speech at the Singapore Institute of Management's 25th Anniversary Dinner and Dance, November 1989.

的情况，但谁能说这不是中产阶级的政治要求呢？他们或许在想，既然政府控制不了工会，那么就由雇主自己来作决定吧。如果情况照此发展下去的话，那么雇主对一党统治的威胁要远大于工会。

政府与工会的合作一直是国家社会稳定和经济发展的基础，但是，政府和工会领袖为建立这种长期合作关系而做出的长期努力削弱了工会的独立地位，这与20世纪60年代削弱工会的地位能够带来政治稳定不同，90年代以来工会独立地位的削弱已显示出对社会稳定构成了威胁。这不仅表现在工人脱离全国职工总会可能成立另外的工会组织（国家现在不允许成立独立于全国职总之外的工会）或成为反对党的支持者（这已经在相当程度上变为现实），而且还有一个不为人所注意的情况（却为新加坡的安全部门注意），即自20世纪80年代后期以来，在青年一代中出现了一种反文化现象，与旧的生活方式和统治方式格格不入。例如，由于出身工人阶级家庭，一些青年人在激烈竞争的社会中落伍了，他们异化于这个只重文凭和天资的社会，成为一种对现存社会秩序不满的力量，他们还没有被组织起来，否则相当可怕。政府也意识到了这一点，所以一方面通过各种社会组织吸引和引导他们，让他们参加各种政府所倡导的社会活动，不使他们游离于现存秩序之外，另一方面国家安全机构也把目标对准了他们，防止这种反文化现象政治化。有的学者指出，对于这些青年人来说，重要的不是他们跟不上这个只有精英才能享受的飞速发展的社会，而是这种精英主义是与集权政治联系在一起的，这让他们感到难受。

要重新使全国职总对工人有吸引力，树立起它在工人中的威信，不是一件轻而易举的事。如果掌握失度，过多地放权给工会，就会削弱以政府为主导的合作关系，还会诱发雇主阶级的反对，使他们与政府离心离德，产生新的不稳定因素。然而，对于新加坡的政治精英来说，他们就该懂得，任何政治原则都是动态的，政治稳定应该在政治发展中来实现，这不仅要在人民行动党及其政府的自我更新方面下功夫，而且更要在它们与外部的关系上进行调整。政府在这方面的努力还局限于给工会一些经济优惠，这当然是有积极意义的，但这种关系的核心是政治关系，它迟早要求政府在政治方面有所动作。一味地强调政治稳定而抱持一成不变的传统的政治原则、哪怕是曾经行得通的原则不放，那不是明智的做法。对于东亚国家来说，一个正在走向经济全面开放的国家保持社会稳定是非常重要的，这时需要精英主义和集权，尤其是后者。但是，如果它的经济已经发展起来，社会结构也据此进行了调整，那么仅仅推行集权政治也许就不够了，它需要扩大参政，从而建立一种更为民主的政治关系。新加坡政府、工会和雇主的关系恐怕也要据此做出调整，才能适应社会的发展。然而这种调整已经不会是历史上工会与雇主和政府激烈对抗的关系的回归，而是一种更有人道主义的合作。

第十一章

反对党的压力有多大

第一节 反对政治的形成

在新加坡，真正的政党政治是在第二次世界大战之后才出现的。虽然国民党和共产党出现得更早一些，但它们在很大程度上并非是政治发展成熟的产物，而是受中国国民党和中国共产党的影响而产生，并且为中国的民族斗争的需要而运作的，主要是一个民族主义组织，对新加坡的政治进程影响不大。新加坡政党政治的特色就是一党独大而长期处于执政地位，反对党势力弱小而长期受到压制。但政党政治在第二次世界大战以来的半个多世纪中发生了很大变化，并且20世纪90年代以来正在发生重要的变化，这些已经和必将对新加坡的政治进程产生重大的影响。

在一党为主的政治体系中，反对党的政治活动空间是十分有限的。在新加坡，某些固有的结构性因素导致反对党被迅速的击溃和难以发展起来。这些结构性因素是，岛国狭小的活动空间，一元化的政治体制和选举体制。正是由于这些原因反对党没有远离国家、摆脱控制的基地进行集结，没有时间和力量鼓动人民和培植自己的势力。人口虽然是多种族构成的，但并没有体现在主要的选举方式上，因此反对党不能利用种族的多元性来获得发展的条件，也不能利用种族文化中的原始忠诚及其持久性来获得有效的支持。选举体制对反对党的制约不仅表现在种族特色被抹杀了，而且它还不断地变化使反对党处于不利地位，这表现在单一选区代表制的推行和集选区的出现使反对党尽管有时间得到了很多的选票，但却不能有更多的候选人当选。

一 反对党的出现

新加坡自20世纪40年代后半叶出现政党以来，政党的发展速度还是非常之快的，到1955年4月根据林德宪制改革方案进行全国第一次大选时，政党政治已基本成熟。当时有7个反对党的69名候选人和10名无党派候选人参加竞选，选举32名议员中的25位，其余7位由总督等政府高级官员自然当选。与1948年的选举相比，选举人的资格扩大了许多。当时规定，联合王国和殖民地的公民均具有选举人资格，自动登记者也予以考虑。这不仅意味着选举人数从1948年即上届的76000人增加到300299人，而且更为重要的是选民的构成从只是英国人和受英语教育的上层人士转变为主要是受华语教育的下层人士。在以往的选举中，选举是自愿的，因此许多华人对此并不感兴趣，这一次却是一种义务。而且，以往选举的最终成果只是当选议会成员，而这一次则要组成政府。当月公布的选举结果是，没有一个政党获得了绝对多数，根据规定由当选最多的政党联合其他政党组成联合政府。于是总督邀请劳工组织阵线的领导人戴维·马歇尔组阁。内阁的首席部长是马歇尔，另有10名劳工组织阵线的成员和3名马来亚全国统一联盟、马来亚华人协会和新加坡马来联盟组成的联盟的议员入阁。他们组成了新加坡第一届自治政府。议会里的反对派是4名反对党议员，3名人民行动党议员，2名民主党（它很快就与进步党合并了）议员。

劳工组织阵线等政党虽然组成了新加坡人的政府，但是殖民当局并没有交出多少权力，因此，包括劳工组织阵线在内，这时的政党实际上都处在反对党的地位。这一时期，他们的主要任务仍然是同殖民主义进行斗争。与过去不同的是，这时的殖民斗争不仅表现为由各民族主义政党领导的、以广大群众为基础的外部的对抗，而且增加了体内的合法斗争形式，使政党的作用得到了充分的发挥，这就为殖民当局最后交出权力和政党政治垄断舞台奠定了基础。

到1959年大选时，有13个政党的代表和34名独立候选人参加竞选，这时已经发展起来的人民行动党获得了胜利。据一些人民行动党的老党员回忆，这次胜利的主要原因是，右翼阵线的分裂削弱了自己的力量。

由于接受国外贿赂的事件被揭露出来，劳工组织阵线的大部分成员，包括当时的首席部长林有福都退出该组织，林组建了新加坡人民联盟。另外，人民行动党在选举中组织了一大批义务工作人员，他们深入到全国各个角落中去动员群众，这弥补了人民行动党在竞选经验和竞选机构方面的不足。但最重要的还是人民行动党比较能贴近下层群众，它的竞选口号很务实，如除了反殖民主义外，改革教育制度、实行男女平等和解散腐败的市议会等纲领很受群众的赞赏。人民行动党在这次选举中得到了全部51个议席中的43席，取得了绝对多数。人民行动党政府的组成，标志着反殖民主义的民族运动取得了基本的胜利，国内政治的主流由民族斗争转变为政治斗争，政党政治完全垄断了政治舞台，"执政党与反对党"的政治形式形成了。

此后，在执政的人民行动党政府与在野的反对党之间为争夺政治权力进行了激烈的斗争。1963年的大选以及在此前后人民行动党对反对党的一系列镇压完全决定了政治发展的方向。在这次选举中，人民行动党击败了当时最有势力的反对党——社会主义阵线，并且在此之后对它进行了数次大规模的逮捕，大大削弱了社会主义阵线的力量，基本上树立了一党独大的政治局面。这一局面的政治含义是，反对党无力对执政党独占国家权力构成威胁，无力参与政策制定，但对政策的形成有一定的影响，执政党有时不得不考虑反对党的压力。此后，新加坡的政党政治基本上是在这一框架内运行的。

二　右翼反对党的消长

在人民行动党执政前后，大多数由受英语教育的本地精英领导的早期建立的政党就被突然变化的政治形势压垮了。这些政党大都缺乏群众基础，组织松散，也不具备左翼政党用花言巧语煽动群众的能力，这是这些建立较早的只走上层路线的政党变成一具政治僵尸的主要原因。

主张渐进主义的进步党从不注意改变自己的"亲殖民主义"形象，这在激烈的反殖民主义的时代显得非常不合时宜。1948年就已建立的新加坡劳动党主张民主社会主义，反对共产主义对工人的影响，但是它从未在这方面发挥作用。该党缺乏有才干的优秀领导人，缺乏严密的组织纪律，内部争吵不休和派别严重对立使它很快趋于瓦解。从东亚各国政党的发展情况看，早期的这两个政党明显还不成熟。但是劳动党的一部分 1954 年从当中分裂出来，并成立了社会主义政党，1955 年又更名为劳工组织阵线，当它在该年度的大选中获胜时，政治学家们充分肯定了它存在的价值。

劳工组织阵线的组织能力要强得多，它以反对殖民主义为号召吸引了相当一批追随者，因而发展很快。劳工组织阵线为政治发展做出了不小的贡献，这表现在，首先，劳工组织阵线组成了新加坡第一届自治政府，1955—1959 年，它是自治政府的核心。虽然它没有从殖民当局手中争取到多少权力，但它毕竟得到了部分权力，更为重要的是，它是一种标志，从此以后，有民族主义政权才是合法的，殖民当局的权力不再具有合法性；最后，这一届政府为新加坡人独掌政权积累了经验。其次，虽然劳工组织阵线政府执政期间逮捕了一些共产党人及其支持者，但它执政的时期仍然是最自由和最民主的时期。最后，它在政治体制方面做出的最大贡献是在选举失败后和平移交了政权，没有引起任何社会骚动，这为承认民选的合法性，进而使民主政治得以在新加坡有所保留起到了不可多得的作用。然而这些重要的贡献在当时并没有引起人们的注意，它被更为人们所关注的在它执政期间所呈现出的政治不稳定和领导人的腐败所掩盖了。尤其是在执政的第一年，政治不稳定表现得很明显，而政治腐败问题则由于揭发出教育部长周瑞麒受贿外国的大笔资金而达到了顶峰，引起了人们普遍的愤怒，加之它没有从殖民当局手中夺到多少权力，不能适应反殖斗争的需要，行政效率也不高，下台就成为必然。

劳工组织阵线下台后，更名为新加坡人民联盟，在 1963 年大选中正式加入了新加坡联盟。在加入马来西亚时期，由于与执政的马来民族统一机构及其领导人关系密切，受到人民行动党政府的排斥，其力量进一步被削弱。

新加坡联盟也是一个右翼政党，1965 年它进行了全面的改组，重新注册为新加坡联盟（APS），它是马来亚的马华公会在新加坡的盟友。但该党在成立之初就发生了分裂，8 月，该党的一名领导成员由于对党的组织结构不满以及政策上的分歧而宣布退党。她说："我们真诚地希望新加坡联盟会有助于新加坡脱离马来西亚问题的解决，并使之永久化。"[1] 在她之后，她的支持者也退出了该党，使党的力量有所削弱。此后，新加坡联盟企图通过吸收职业阶级和工会来复兴自己。但由于它从未改变自己是"富人"的政党的形象，加之它在新加坡独立后仍被指控与马来西亚的政治家做交易，失去了华人的支持，因而没有发展起来。它除了发布周期性的报告外，在政治上没有什么影响。在1968年和1972年的大选中甚至推不出一个候选人。

我们看到，右翼政党的衰落主要是因为它们不能根据迅速变化的政治环境来调整自己的政策和组织结构，以赢得群众的支持。从政治发展的角度来看，在政党出现的初期，政党众多但规模一般都很小，其领袖们也只是在殖民政府边缘上的一批派系分子，随着民族运动的发展，他们往往被各种可供选择，同时又互相矛盾的目标所困扰，如被同化、参政、地方自治、恢复传统权威、全面独立、公平竞争等。通过民族斗争，参政得到发展，政党组织也发展起来了。在政党的酝酿阶段，需要有意愿或被迫让政党存在的殖民政府，尽管它们之间已经或正在为权力而进行角逐。在这种环境之下，民族主义政党能够获得时间、斗争经验和责任感。到一定的时候，问题明了而简单化了，派系合并了，于是"统一而目标明确的"民族主义运动开始吸引人民，不能吸引群众的派系终于被能够吸引群众的派系所压倒。民族运动也会因此而取得胜利。

三 左翼反对党的消长

除了处于地下状态的马来亚共产党外，在20世纪四五十年代，人民行动党就是最主要的左翼反对党。温和派正是由于打出了偏左的旗号才能把左翼工人运动吸引到自己的麾下。这是它压倒其他政党并取得民族主义运动胜利的主要原因。以往人们把人民行动党最大的历史功绩只归结为领导了民族斗争的胜利，无疑，这并没有错，从殖民主义政治转变为民族主义政治是政治发展和社会全面发展的必要前提；但是这并不全

---

[1] Chan Heng Chee, *The Dynamics of One Party Dominance*, Singopre University Press, 1976, p. 193.

面，温和派另一个重要的贡献是在这一历史过程中始终主导着党的组织和路线，它并没有被激进的左翼力量所同化，反而部分地同化了左翼力量，对于那些无法被同化的左翼力量则让它们分离出去，最终加以击败。这一贡献同样非同小可。如果说民族主义政权的建立是为现代化奠定了最为根本的条件——政治基础，那么温和路线的胜利则规定了现代化的方向——这是现代化成功的唯一选择，否则新加坡的现代化历程可能会像许多发展中国家那样要走许多弯路。

人民行动党执政后，它的主要的左翼反对党就是从该党中分离出来的社会主义阵线。1961年人民行动党的分裂和社会主义阵线的建立是很自然的事情，它结束了温和派与激进派之间的脆弱的联盟。李光耀曾经深刻地分析了两派联合的目的和不同点。他说："1954年我们开始与受华语教育的人士联系。当时华人中学生暴动反对政府，但他们被击败了。骚乱发生之后，他们被带上了法庭。通过辗转他们同我们建立了联系。""在与受华语教育的社会之间，我们架起了一座桥梁，他们是充满了活力、力量和革命精神的人。过去30年来，共产主义者在其中坚持不懈地开展工作，取得了相当大的成功。""我们受英语教育的革命者一直试图开发这座政治资源的油田，然后架起一条越过共产党的输油管道。我们是选择开发同一座油田的后来者，共产党认为我们是在他们独占的领域中的偷猎者。""在这个领域中我们先后结识了林清祥和方水双，他们加入了人民行动党。1955年我们参加了大选。由于我们插手这些复杂的事情，插手共产党地下组织的分支机构，一些工会和文化组织独立起来。"①李光耀的讲话至少说明了两点，一是两派合并各有目的，温和派是为了获得更多的"政治资源"，而激进派则是为了披上合法的外衣；二是路线不同，激进派是要进行共产主义革命，温和派则主张社会改良。左翼力量在民族主义运动中的贡献是发动了群众。

社会主义阵线成立之后，与人民行动党在争夺权力和公众支持上展开了激烈的竞争。过去人民行动党曾讥讽它的右翼对手劳动党为"乡巴

---

① Chan Heng Chee, *The Dynamics of One party Dominance*, Singopre University Press, 1976, p. 194.

佬"，进步党为"无能之辈"，但是这个左翼对手却不是这样，它带走了一些主要的组织和成员，使人民行动党遭受了严重的损失。其时，社会主义阵线控制了大量的群众组织和基层组织，势头正劲。当时，它有一个看起来很难对付的领导层和组织系统。林清祥等人都是久经沙场的职业政治家，在群众中的威信并不亚于李光耀等人。同时，它很快建立了一系列的基层群众组织，像全国工会大会，还有新加坡商贩公会、新加坡乡村居民协会、老人协会等。该党建立之初似乎是在遵循列宁主义的建党原则——党是无产阶级的先锋队。不很看重数量而很讲究质量，真正积极的人才被吸收进党内。1961年它大约只有1000名党员，但是它表现出了很强的活力，获得了最广泛的群众支持。面对这种状况，人民行动党被迫转向仍然在他们手中掌握着的最强有力武器——国家武装力量，对社会主义阵线进行了镇压。除了在1963年大选前后对社会主义阵线及其左翼力量进行的一系列逮捕外，在1965年新加坡从马来西亚分离出来后，人民行动党政府对社会主义阵线也采取了周期性的镇压，尤其是对它进行的宣传活动进行频繁的压制。社会主义阵线也进行了顽强的抵抗。例如，当社会主义阵线被迫改变斗争策略，将斗争由议会内部转到议会之外，于1966年10月组织街头游行示威时，受到了严厉的镇压。事件经过是，10月23日晚，社会主义阵线在盖伊露天广场举行声援越南抗美斗争的集会，政府认为这是社会主义阵线借此发动群众，壮大自己力量的企图。结果发生了警察与群众的扭打，有6名警察和10名群众受伤。事件发生后，社会主义阵线计划在城中发动广泛的游行，但是局部的游行刚刚举行，就遭到了大规模的逮捕，党的22名重要干部，包括党的组织秘书和一些工会领导人都被拘留了，一些左翼工会机构还被查抄。[①] 1970年初，社会主义阵线声称政府突然对自己的5个据点进行了查抄，具体是它的总部和4个支部所在地。这次警察拿走了大量的印刷半成品。6月，警察又逮捕了社会主义阵线的11名干部，其中包括3名中央执行委员。7月底，政府又进行了一次逮捕。该党主席李绍祖声称这两次逮捕彻

[①] Chan Heng Chee, *The Dynamics of One Party Dominance*, Singopre University Press, 1976, p. 198.

底摧毁了社会主义阵线。

社会主义阵线衰败的另一个重要原因是其领导层内部的不和。表现之一是党内经常发生政策之争。不能确定明确的奋斗目标,这就削弱了它的吸引力,损害了它在公众中的形象。例如,在与马来西亚合并时期,李绍祖领导的《南洋早报》一派与党的国会议员组成的另一派在根据《兵役法》进行登记问题上产生了激烈的争论。李的一派认为应该抵制这个登记,因为它是人民行动党进行专制统治的一种手段。后一派则认为由于人民的觉悟还很低,不能联合抵制这个政策,所以应该在表面上支持这个政策,以免给人民行动党政府以镇压的口实。争论导致了党的不团结。在新加坡从马来西亚分离出来以后,党内又发生了一次危机。面对人民行动党政府的镇压,李绍祖主张抵制议会,令社会主义阵线的议员退出议会。由于在这个问题上持不同的意见,它的很多党员退党,包括党的创始人之一贝尼。这次退出议会使社会主义阵线失去了合法斗争的工具,警察对它进行毫无顾忌的逮捕就是从这时开始的。

在放弃了议会斗争6年之后,社会主义阵线决定参加1972年的大选,重返议会。这个决定在表决时,5名中央执委中有4名支持,1名坚决反对。李绍祖是这样解释他的立场转变的:"之所以能通过这个决定是因为它符合这个岛国的实际,它也符合大多数被压迫人民的愿望。"党的副主席说,90%的党员都反对李的这一决策,因为政治状况很糟,党推不出高质量的候选人。这是事实。① 不过党内反对李的派别屡次被看成是"共产主义"和激进派。

20世纪70年代初社会主义阵线已经没有什么力量了,党的组织涣散而缺乏纪律性。可见,人民行动党政府对其组织上的破坏确实奏效。李绍祖在1971年曾说,他确实不了解党的各级组织都在干什么,因为党的权力已经下放了,各个支部的领导自己安排支部的活动,总部只是定期下发党的方针和政策。党中央对下层的失控主要是由于警察的监督十分严密,使党得不到有才干的领导人,从而形不成凝聚力。当时党员总数

---

① Chan Heng Chee, *The Dynamics of One Party Dominance*, Singopre University Press, 1976, p. 200.

约为7000人,有29或30个支部。这个数量还是相当可观的,但在讨论党的活动和组织时,干部们显得愤怒和茫然,不了解情况,也没有明确的目标,表现出混乱的状况。他们的组织虽然是公开的,但活动是非定期和秘密的,因为如果警察侦察到情报,就会前来逮捕骨干分子。有一个支部在20世纪60年代来一直非常活跃,但到20世纪70年代它的一半成员被逮捕,因而被迫停止活动。当时一位学者对社会主义阵线的5个支部进行了抽样调查,发现它们之中只有一个支部能进行正常的党的活动。农村选区传统上一直是社会主义阵线控制的地区,在1963年的选举中它赢得了所有的农村选区的席位。1971年有一个支部、4个分支部,还经营一个有300个孩子的幼儿园,每到晚上这里就有许多年轻人来进行讨论和举行其他娱乐活动。[①] 社会主义阵线只能以这种形式来吸引群众和组织活动。

20世纪60年代,甚至可以追溯到它的前身,人民行动党内的左翼激进派在20世纪50年代的活动,是社会主义阵线最辉煌的时期。在20世纪50年代,正如前述,它对于人民行动党上台执政有着重大的贡献,这是显而易见的。人们所没有注意到的是,在20世纪60年代,它对于新加坡的历史进程仍然有着重要的影响。这表现在,由于它的压力作用,人民行动党政府的政策在20世纪60年代中期以前一直是偏左的,执政后对公务员的改造,把迅速解决所有小学生的入学问题、工人失业和人民的住房问题放在工作的首位,虽然不能完全归结为社会主义阵线的压力,但与此也并非毫不相关。到20世纪60年代末,由于公务员待遇偏低,已经很难招揽到人才了。这时,由于社会主义阵线已经被严重的削弱,才使人民行动党可以调整政策,在公务员中首先推行精英主义,提高他们的待遇;在工业关系中制定劳工立法,严格工人的劳动纪律,与过去的政策相比,这时的政策要右倾得多。还有一个重大事件是,新加坡与马来西亚的合并,虽然当时有经济和其他因素的考虑,但人民行动党之所以急于和马来亚政府在1963年合并,主要是由于社会主义阵线形成的左

[①] Chan Heng Chee, *The Dynamics of One Party Dominance*, Singopre University Press, 1976, p. 201.

翼压力在发挥作用。合并与分离对新加坡造成的潜在影响是,给人民行动党政府创造了镇压的条件,迫使它更加努力地开拓海外市场,在某种程度上也由于政府的失误而降低了自己的威信,使它更为谨慎的处理国内问题①。

第二节　20 世纪 70 年代后期反对党的复兴

像很多发展中国家一样,新加坡的宪法并没有剥夺反对党生存的权利,加之随着经济和社会状况的稳定以及人民行动党政府统治的巩固,到 20 世纪 60 年代末政府对反对党的控制有所放松,因此,自 1969 年以后,为了参加 1972 年的大选,新的反对党如雨后春笋般地建立起来,老牌的政党也有所复兴,向人民行动党政府的权威进行挑战,其阶段性目标是,在一党为主的政治体系中为争取小党的地位而斗争。

一　新加坡马来民族统一机构

新加坡马来民族统一机构早期是马来民族统一机构设在新加坡的一个支部,在 1965 年以前它有 14000 名成员,81 个支部,这是它的巅峰时期。即使在当时它也有一个致命的弱点,就是组织涣散,领导层矛盾重重。1965 年一位马来西亚的政治家批评它说:"多年前新加坡的马来统一机构是以淘金者闻名的,因为在其内部经常发生争执和分歧。"② 这是事实。在新马分离之后,该党被迫终止了与马来西亚的总部的联系,这使它无所适从。此后它的势力每况愈下,造成这种情况的原因有四:一是由于原先该党的成员主要在农村,城市化使农村的人口大量移动,这些人自然失去了与党的联系,使一些支部被迫停止了活动。二是一些法律规定这时起了作用。有关法律规定只有新加坡公民才能成为政党的成员,而 1945 年以前在农村和小岛上出生的大部分马来人都没有进行公民的注

---

① 新加坡联合早报编:《李光耀 40 年政论选》,现代出版社 1994 年版,第 391 页。
② Chan Heng Chee, *The Dynamics of One Party Dominance*, Singopre University Press, 1976, p. 208.

册登记，这一部分人现在已经成年，其中有很多人是城市市民，但不能参加政党，这就削弱了党的来源。三是该党的领袖们说马来人都受到威胁，凡参加该党者将受到惩罚。新加坡独立后，有文化和高学历的马来人大都是公务员（多为公立学校教师），按规定公务员不得积极参加党派的政治活动，然而实际上是政府在任何情况下都不允许公务员参加反对党的活动①。一度与该党有密切联系的马来人教师工会和马来亚教育委员会都疏远了与它的联系。一些大学生感到，如果他们继续与马来民族统一机构来往，就有失去事业和前途的可能。四是随着人民行动党高压政治的巩固和经济的发展，使马来青年像华人青年一样，对政治已经不像以前那么关心了，尤其是对一个平民政党的政治更是如此。1967年该党在新加坡重新注册为新加坡的正式法人，其成员必须是有新加坡公民权的马来人。1972年它已减少到4000名成员和20个支部。

20世纪70年代以后，马来民族统一机构有中产阶级化的趋势。当时党的领袖是穆罕默德·H．塔夫，他原先是一名农场工人，后来被提升为农场的经理。该党中央的22名成员都是由中产阶级组成，有律师、商人等。党员大都是司机、工人、小商贩、出租车司机和三轮车夫。据党的秘书长说，党的支持者主要是那些对马来文化有着强烈认同意识的伊斯兰教徒和深受传统的马来文化影响的人。用该党官员的话说，在20世纪70年代，与其说它是一个政党，倒不如说它更像一个"慈善组织和社会团体"。它的政治角色已经大为淡化了，它不能成为马来人的代言人，也不能进行效地组织工作。党最重要的工作就是开办了一所幼儿园，利用它进行一定的组织联络。党还定期组织人员参加清真寺的维修和清扫公墓的工作。有时它也组织一个较大规模的互助活动，进行布道和《古兰经》的知识竞赛，为某些马来人聚居地的居民举办各种社会活动等。这些转变使它在20世纪70年代得以生存。

1967年政府为削弱传统的马来选区的力量而调整了选区，这使马来民族统一机构估计到改变选区对自己产生的不利影响，遂决定不参加

---

① 新加坡联合早报编：《李光耀40年政论选》，现代出版社1994年版，第393页。

1968年的大选①。1972年当它感到马来人的不满情绪已经高涨起来时，决定参加大选，它还得到了部分华人的支持。当年有800人加入该党，这显然预示着它有所复兴。然而无论如何，它的被削弱表明，这一时期马来人的种族主义政治没有多少市场。

二 统一民族阵线

1969年4月28日新加坡建立了一个新党——统一民族阵线，声明其宗旨是争取与马来西亚合并。党的主要领导人是R. 维特里维鲁和林阿寇，后者是马来人。20世纪70年该党在参加两个选区的补缺选举中得到了30%的选票，而且它是在既没有经验也没有准备的情况下赢得这么多选票的，因此看起来非常令人鼓舞。但是，某些政治家评论说，这并不意味着人民对政府的不满，也不意味着该党有巨大的潜力，而只是说明现在人们已经希望议会中应该有一些反对党的议员，不应是清一色的人民行动党的议员了。

该党一直没有能够吸收知名人士和受过高等教育的政治积极分子入党，缺乏得力的领导，这是它不为人们所重视的重要原因之一。该党的政治主张从它成立时发表的67点声明中可以窥见一斑。其中最主要的是关于国防、外交、共同市场、民族、劳工运动和新闻政策的部分。具体内容是，在国防方面，它除了支持与马来西亚已有的防务条约外，反对与任何强国签约，也反对政府的国民服役制度。在外交方面，它坚持万隆会议原则，主张实行中立，寻求与中国建立外交关系。在共同市场问题上，主张与马来西亚建立共同市场，争取与马来西亚、印度尼西亚和中国缔结贸易协定。在劳工问题上，主张给由城市建设而受到损失的平民以更多的补偿，力主废除限制工人的工业关系条例，禁止政界人士在工会中兼职（这显然是针对人民行动党的高管和国会议员的）。在新闻出版方面，主张新闻自由，制定新闻法，以取代政府每年一次的新闻政策发布。

从这些主张来看，它是一个左翼政党。对于新加坡这样一个小国来

---

① 新加坡联合早报编：《李光耀40年政论选》，现代出版社1994年版，第394页。

说，不结盟并不一定有利于它的安全，给下层居民以更多的补偿和放松劳工控制都不利于吸引外国资本和进行资本积累，而这是新加坡发展经济的重要因素，与马来西亚合并已不切实际，对新加坡也无利可图，新闻自由从当时的形势来看，应让位于国内政治的稳定和经济发展。总之，在当时的环境中，统一民族阵线没有能力实践这些主张，甚至连进一步发展它的组织都没有做到，因此，它的影响很小。

三　人民阵线

人民阵线是1971年3月25日成立的，它的领导委员会的社会背景是，翁庆生是一位前社会主义阵线的国会议员，另外两位过去曾经是人民行动党支部的秘书。还有几位专业人士和教师。这个新党起初最为引人注目，被认为是最有可能对人民行动党构成威胁的政党。原因是它的领导人具有比较丰富的政治经验，而且纲领也比较吸引人。该党成立时发表的政纲有7个要点：

建立真正独立的新加坡民主社会主义共和国，推动包括新加坡在内的统一的马来西亚民主共和国的建立。

保护新加坡各族人民的基本权利、自由和利益。

削弱外国对新加坡经济的各种形式的支配和操纵。

根除经济上、社会上以及各种现存的不平等。

取缔或者修改那些不符合人民利益的法律，尤其是《工业关系条例》《雇佣法》《内部安全法》和《刑法》。

与不同种族和宗教的国家发展紧密的经济和社会联系。

无条件地支持中华人民共和国作为联合国和安理会的成员国。

从人民阵线领导人的社会背景和这七点声明来看，它是想争取广大下层华人群众的支持，建立具有苏式特色的民主社会主义的共和国。

当时有两个因素阻止了该党的发展。第一个因素是，在人民阵线成立刚刚一个月的时候，李光耀在一次讲话中称人民阵线的一位著名领导人是"我们的代理人"，这个人被认为是赞卡亚·巴哥哈伊，致使其他领导人要求解除他的职务，而党的秘书长则反对解除他的职务，双方产生了分歧。后来虽然他们两人都留在了党内，但矛盾并没有解决，对党的工作产生了影响。第二个不利因素是秘书长不愿意让专业人士、学者和其他著名人士进入党内，也没有适时地建立起总部和支部，这使党内对秘书长非常不满，要求他下台。他对此解释说，在新加坡建立党的支部是毫无意义的，因为执政党在任何时候都可以把它们"清除"掉，没有必要过早显示党的力量，以使它被消灭在摇篮之中。可是，如果没有知名人士加入，不发展党的基层组织，党就没有威望，发展党员的工作也很难有效开展。这使党失去了一个时期的发展机会。矛盾的持续发展，导致了5个月后党的主席、副主席和司库的辞职。这次分裂严重地损害了党的形象，报纸称其为"危机党"。

1972年年初它成立了14个选举筹备委员会，以迎接大选。5月，它还召开了一次公开的会议，邀请戴维·马歇尔等人和新加坡大学的几位著名社会学者参加，给该党增色不少。但是，这只是很短暂的，因为6月党的财政丑闻被媒体曝光，使它不得不重新对党的组织进行整顿。这又导致了秘书长助理、组织书记、助理司库和一名领导委员会的委员辞职。

人民阵线之所以产生了一定的影响，是它比较注意群众性，与下层群众建立联系，其领导人也有比较丰富的斗争经验。但它也有重要的缺陷，就是在新的环境下不注重吸收有才干的人担任领导职务，党的领导人的文化素质低，内部也不团结，这是它难以发展起来的重要原因。

四　工人党

工人党成立于1957年11月，当时马歇尔由于与英国殖民谈判自治问题不成而辞去了首席部长的职务，决心成立该党以图东山再起。当时该党打出的旗号是独立、民主和社会主义。但它并没有极力宣传和推行它的这些主张，而是注重该党属下的工人的实际利益。该党最初的影响很小，原因是马歇尔只是把它为一个政治跳板，以此为基础来争取群众的支持。当时它被许多人看成是"左翼之箭上的第二根弦"，这多半是由于马歇尔推行与左派联合的政策，想借左翼力量的支持来发展自己的势力。

1962年以后，该党出现了裂痕，主要是左派实际上控制了该党，马歇尔大权旁落。在行将对政府关于合并问题的白皮书进行全民公决时，党内出现了两种声音，一种表示全力支持合并，另一种鼓吹对"厚颜无耻和不道德的"全民公决投弃权票，以示反对。这种矛盾很快就激化了。马歇尔宣布工人党将遵从公民投票多数人的意愿，而党的副主席在华文报纸上发表谈话谴责公民投票是"肮脏、虚伪和不民主的"。马歇尔说："极左分子控制了该党，并说左翼的华人工人不懂得对一个民主体制来说，民主和忠诚的含义是什么。"[1] 1963年马歇尔退出了该党。此后，该党的活动基本上停止了。直到1971年以律师惹耶勒南为首的一批人接管了该党的领导层之后，才恢复活动。

在这批新的领导成员中，有几名律师、一名建筑师、一名出版界人士、一名工程师和一名前工会活动家，这批专业人士改变了党的左倾和缺少文化素养的形象，也提高了党的组织能力。这引起了已经悄然兴起的受英语教育的白领阶层的注意。他们希望在议会中有反对党的议员来对人民行动党进行制约，但是苦于没有适合自己口味的政党，现在他们找到了。惹耶勒南还对此进行了解释，他说："注册一个新党要花很长时间，而工人党邀请我们，所以我们决定接管它。"这表明，他虽然沿用了工人党的招牌，但党的性质已经有很大的不同了。不改变名称的目的是保证参加将要举行的1972年的大选。当时党面临的组织上的困难是，政府不允许把公共住房作为党的组织活动的场所，这使发展基层组织特别受到限制。

该党提出的纲领是比较务实的：

1. 重新考虑每年审查出版执照的规定。
2. 促进区域性共同市场的建立，鼓励外国投资。
3. 废除《雇佣法》，代之以合理的立法；修改《工业关系条例》；制定一种工人和雇主利润分享和平等参与的《工业条例》。
4. 把初级方言学校的教学水平提高到同级英语学校的水平，以确保在中级水平上实行双语制教学。
5. 改变新加坡大学是政府高级学校的地位，恢复其传统的角色。

---

[1] Chan Heng Chee, *The Dynamics of One Party Dominance*, Singopre University Press, 1976, p. 215.

6. 取消进入高级学术机构的证书制度。

7. 制定削减部长权力的立法，把行政裁决变成独立的法庭裁决。

8. 修改内部安全法，制定防止滥用权力的法律。

9. 在合法的范围内，恢复言论和结社自由。

10. 重新审查移民政策，取消宪法中授权部长可以剥夺公民权的条款，还权于法庭。

11. 与马来西亚交涉取消打工许可证，以使人们可以在公路两旁自由通行。

12. 修改土地法，改善获得土地的条件和土地环境①。

由于惹耶勒南是律师，因此这个纲领偏重从法律的角度来向人民行动党政府提出问题。从纲领的内容来看，它的某些条款，如有关新闻管制、工业关系、行政仲裁和内部安全等方面的，虽然不太切合实际，也不会为政府所接受，但为人民所同情，尤其是文化水平较高的人。其他有关教育、打工和土地方面的条款照顾到了一般群众的实际利益，但不是很迫切的问题，没有引起足够的重视。

围绕1972年大选的斗争，这次大选于1972年9月2日举行。虽然按照选举法的规定，公开而正式的竞选活动只能有9天，但实际上，秘密而非正式的准备活动早在一年前各反对党建立和改组时就开始了，它们的这些活动的一个很重要的目的就是为了参加这次大选。随着政治领域中的选举气氛越来越浓，人民行动党也采取了一些措施。1972年5月1日，政府正式批准了全国工资委员会的建议，在年内提高工人工资的8%，这显然是人民行动党抛出的一个砝码。各反对党的宣传品都强调了它们参加选举的严肃目的和能力，其中有一份文件说反对党可以推出65名候选人。所有的反对党都认识到如果让自己单独与人民行动党竞争，或单独组成政府，那么自己的力量是太弱了，需要建立联盟。一开始，它们在各党的议席分配问题上有过一番争论，最后，工人党、人民阵线和马来民族统一机构达成协议，建立竞选同盟。而社会主义阵线和统一民族阵线则建立了另一个联盟。在提名日，只有人民行动党在

---

① 新加坡联合早报编：《李光耀40年政论选》，现代出版社1994年版，第399页。

65个选区都有候选人,其中在8个选区没有竞争对手。反对党推出的候选人要比它们承诺的少,统一民族阵线33人,工人党27人,社会主义阵线10人,人民阵线7人,马来民族统一机构2人,另有两名独立候选人。选举结果是,人民行动党赢得了所有65个议席和69.2%的选票,反对党共赢得28.9%的选票,约有2%的选票作废。在反对党中,工人党表现最佳,它得到了11.9%的选票,统一民族阵线的得票率为7.2%,社会主义阵线为4.5%,人民阵线为3%,马来民族统一机构为1.3%,独立候选人得到了剩下的1%。[1] 从反对党的得票率来看,它们似乎应该有几位候选人当选,但单一选区代表制使它们没有享受到这个分成。

无论如何,参加1972年的大选,是反对党有所复兴的一个标志。但选举也暴露了反对党的一些缺陷。席勒斯生动而恰当地描述了当时反对党的处境:"当执政党的地位看起来是不可动摇的时候,最使反对党沮丧了,也使它们干起来没劲。人民不可能支持一个必然的输家,而反对党则会因此而变得沮丧和绝望。对于前途的悲观不仅使其无从发展,而且还会激起组织内部的妒忌和争吵,使这个组织越来越无生气。拼命地进行激烈地控诉,游行,抵制议会,抵制一切,荒谬的指控,纠缠于琐碎的事务,这一切都使反对党变得毫无效力。"[2] 从反对党难以与人民行动党相匹敌来看,直接的原因就是它们没有有能力的领导人。很多有才干的人认为加入反对党会损害自己的前途,有时甚至是人身安全。它们的候选人也缺乏竞选经验,对选举知之甚少。

这次大选使人民行动党重新获得了霸权和合法性。在选举后立即召开的新闻发布会上,人民行动党的发言人声称本党起初对两个席位没有把握。但党的基层组织的严密性使反对党候选人很难跳出它的严密的组织网络。在选举之后,人民行动党感觉自己的地位得到了巩固,因而打算采取一些措施来压制反对党。它声称,某些反对党的竞选资金来自国

---

[1] The Government of Republic of Singapore, *Republic of Singapore Government Gazette*, Vol. XIV, No. 82.

[2] Chan Heng Chee, *The Dynamics of One Patty Dominance*, Singapore University Press, 1976, p. 218.

外的资助，因而表示要制定一项法律以使反对党经常公开自己的账目，因为如果从外国得到资金将会把反对党变成外国的代理人，这不利于国家的安全。如果这样一项法案被通过，毫无疑问会使反对党的赞助人望而却步，断绝反对党的财源。幸而在 1972 年 11 月举行的新一届议会上，尽管通过了一项旨在保护新加坡宪法和主权的宪法修正案，却没有提出调查反对党财物的法案。通过的宪法修正案指出，将来要把新加坡与任何州、联邦和国家合并或联合起来的动议，都要经过全民投票决定，而且要有总投票人数的 2/3 以上的人通过才能生效。这显然是对一些反对党在选举中把与马来西亚合并作为争取选票的一种手段的回应。另外一项措施是，政府决定起诉两名反对党候选人，因为他们在选举中有越轨行为。一位是社会主义阵线的秘书长，被指控有煽动群众刺杀政府领导人的嫌疑；另一位是哈班斯，也是社会主义阵线的候选人，被指控在公众场合诋毁总理的声誉，他因此而被监禁 6 个月。政府还严正声明，无论反对派的强弱，只要它们有越轨行为，都将受到惩罚。这些措施的实施，一方面说明反对党的复兴给人民行动党造成了一定的压力，另一方面也说明一党独大的政治体制更加制度化了。

第三节　一党为主的体制内的生存空间

一　反对党的生存空间到底有多大

现在我们可以对 20 世纪六七十年代反对党的生存形势和地位的变化作一番评价了。在与反对党的关系上，人民行动党执政后采取了一套限制反对党发展的战略。这个战略就是，它利用自己执政的优势，缩小政党的作用，扩展政府的功能，利用国家权力对反对党进行种种限制和镇压。它不仅在关键的时候直接进行逮捕，而且在一般情况下，会采取各种措施限制反对党的活动空间，断绝它们的人力资源，从根本上使它们难以发展起来。

这种抑制政治对手的手段并不是人民行动党发明的，它可以追溯到第二次世界大战后。当时殖民政府为了对付共产党和恐怖分子的活动，于1948年颁布了"紧急条例"，1955年这项法令的内容被写进了《公共安全保护法》①，这项法案授权公共安全委员会主席可以不经审讯就拘留嫌疑犯两年，只要他认为此人的"活动方式有损于马来亚的安全，或不利于维护公共秩序"。林清祥等人和左翼力量是这项法令的主要受害人。新加坡取得基本自治后，许多左翼著名活动家多次提出要取消这一法案，但一直没有受到人民行动党政府的响应。1963年马来西亚成立时，马来西亚的《内部安全法》延及新加坡，《公共安全保护法》停止使用。《内部安全法》授予总理以更广泛的权力，规定他有权镇压颠覆、危害国家安全的人，保留了不经审讯就可以拘留的权力。由于对国家安全造成危害的行为的界定是由政府来做出的，因此，它实际在很大程度上反映了人民行动党上层的意思。自这项法案生效一直到今天，这个法案主要的使用对象似乎就是反对党，在20世纪六七十年代，它镇压的主要对象是左翼人士，20世纪80年代以来则是反对党中的右翼民主人士，虽然它确实也对一些种族极端分子和其他犯罪分子进行过镇压。例如，1963—1968年，仅社会主义阵线就有72人被逮捕，他们都是党的总部、支部或外围组织的领导人。20世纪80年代被逮捕的著名人士有惹耶勒南等。这样，虽然名义上《内部安全法》是被用来对付共产主义分子的，但大多数情况下它被政府延伸到对付那些潜在的政治对手，成了对付多元化的工具。

除了利用《内部安全法》进行镇压外，人民行动党政府在体制上，采取了一些重要的措施，这首先表现在它对劳工运动的改组。新加坡是个工商业国家，因而工会是这个国家内最强大的群众组织。人民行动党政府在上台之初就通过分化和镇压左翼工人运动，建立全国职工总会而把工人运动的主要力量控制在自己的手中。1959年议会就通过了《工会条例》（修正案）②，授权政府取缔或拒绝给黄色工会和零星的小工会注册。20世纪60年代有37个工会被迫取消了注册，另外6个工会被取缔。20世纪60年代议会通过《工会法》以替代过去的《工会条例》，规定各独立的工会必须按照职业、行业组织起来，接受由人民行动党控制的新

---

① 新加坡联合早报编：《李光耀40年政论选》，现代出版社1994年版，第402页。
② 同上书，第403页。

加坡工会大会的领导，一度实现了工会运动的统一。但是在工会大会内部，由"六巨头"领导的左派力量和由迪万·奈尔领导的温和派之间随着人民行动党内激进派与温和派的斗争的加剧也发生了分裂，"六巨头"指责温和派企图独占劳工运动，排挤左翼力量。然而实际上，左翼力量控制着大部分的工会和会员。在这种情况下，政府解散了工会大会，另组全国职工总会，其对手组建了新加坡工会联合会。双方都在积极争夺工人运动的领导权，1963年，政府对工会联合会的领导人进行了大规模的逮捕，并取缔了该组织，这就大大削弱了左翼工人运动。1965年，社会主义阵线面对人民行动党政府的限制，决定抵制议会活动，退出议会，致使它属下的工会运动又发生了分裂，约有30个小的左翼工会脱离了社会主义阵线的领导，因为它们不同意采取外部对抗的斗争方式。到1971年新加坡还剩下9个左翼工会组织，总人数在1万人左右。其中最大的一个是新加坡产业工人工会，拥有三四千名工人，它的领袖在当时就说，裕廊公司的政府官员已经不承认它们的合法地位了。此外，政府的保安部门密切监视着这些工会的活动。20世纪70年代它们曾组织过一些小规模的罢工，但大都遭到了镇压。20世纪70年代后期至今，全国职总是新加坡唯一的一家工会组织了。把最具有广泛性的群众组织抓到自己的手中，使反对派难以扩展自己的群众基础，从而也就不能形成对执政党的有力的挑战了。

此外，这一时期人民行动党政府像许多发展中国家一样，在与反对派进行权力争夺的过程中，对大众传媒进行了有效的控制。对于那些"注定"要损害国家利益、公共秩序和安全的印刷、出版、发行、广播、电视行为进行限制和镇压。从20世纪60年代后期开始，政府就对支持社会主义阵线的报纸及其编辑、发行人等进行了查封和逮捕。1971年5月，政府关闭了两家英文日报《东方太阳报》和《新加坡报导》。《东方太阳报》被指控是香港共产党支持的第五纵队报纸；而《新加坡报导》的罪名是它在最重要的领域——国家行政、宣传、劳工和内部安全——与政府唱对台戏，并且提倡时髦、鼓励性解放、吸毒和奇装异服，这腐化了人民的精神意志。它们这样做的目的是接管新加坡政府。政府还逮捕了《南洋商报》的4名高级编辑，声称该报煽动华人的种族主义情绪，企图用华语作为新加坡的唯一语言，因此对它采取措施是必要的。政府的这些行动都是打着维护国家安全、社会稳定和经济发展的旗号进行的，这并非没有道理，但是只是因为被带上根本无从查考的共产党支持的罪名而被禁止发行，显然是为压制公开讨论政治问题制造口实。而且，对于已经大权在握的人民行动党政府来说，似乎也没有必要对报纸的一些不合时宜的报道大动干戈，政府从未完全取缔过红灯区，从未对时髦、性解放和奇装异服作一个恰当的界定。

李光耀对政府的新的新闻政策进行了阐述。1971年6月9日他在赫尔辛基举行的国际报业协会大会上对大众传媒在新兴国家中所起的作用提出了自己的见解。他说，新加坡政府有责任使新闻媒介发挥作用抵消西方媒介所散布的不良因素，也有责任打消共产党的代理人通过篡改新加坡人民的意志而获取政治利益的企图。"在这种情况下，新闻自由和新闻从业者的自由应该服从于新加坡的团结和民选政府的政策，我们要求大众传媒增强而不是削弱在我们的中小学和大学中反复灌输的文化价值和社会观念。"① 1972年11月15日，他在新加坡的记者俱乐部发表讲话说："每天早晨我的任务是读5份，现在是4份报纸，这可算是苦差。那些低级趣味的无聊作品，我都留意到。这我还可以容忍。但是，如果任何报纸每天都在散播有关激起语言、文化和宗教情绪的毒素，那我可得套上'撒手锏'了。"② 李光耀的这些讲话是很有代表性的，从这些讲话中我们可以做如下的归纳：一是他认为新加坡传媒的立场既不应该偏左，站在共产党的立场上；也不应该偏右，站在西方国家的立场上。二是传媒应该与政府的政策保持一致，即它起着一种向人民灌输的作用，但这种作用并不是政府的喉舌作用，而是一种正面的、向上的积极作用，即不是一种经常宣传阴暗面的作用。三是对于不利于种族和睦的言论要比对领导人个人的攻击更为敏感，这种言论是打击的首要目标。政府的这种做法是可以理解的，因为种族冲突会给社会造成很大的危害，而且这种冲突极易发生。

---

① 新加坡联合早报编：《李光耀40年政论选》，现代出版社1994年版，第533、530页。
② 同上书，第542页。

人民行动党政府对传媒的这种控制使反对党很难找到公开表达自己不同意见的渠道，虽然并非一点不同的声音都没有。它们只能在大选时自己印刷一些宣传品来进行宣传，这使它们难以扩大自己的影响，让群众了解自己，从而限制了自己的发展。

二　反对党难以发展的原因

反对党在新加坡没有发展起来的原因是多方面的，其中一些是历史上遗留下来的因素造成的，一些因素是在人民行动党上台之后发生的，这些因素的融合导致了一党独大局面的确立。

（一）制度原因

首先，人民行动党接管政权时，它幸运地从殖民政府手中接管了一套经验丰富而具有现代性的官僚行政体制。确实，人民行动党接管政权之初，面对公务员对它的抵触情绪和他们与民族主义运动及下层人民相脱节的情况，下大力气对他们进行了改造，这种改造使公共服务系统中的公务员不再被看成是独立于民族主义政权和下层群众之外的一个政治团体，而是政治体制的一部分。重要的是人民行动党从来就没有对这个系统的现代性有所怀疑。在语言上，它始终坚持英语是第一工作语言，体制上，它保留了英国体制的基本框架和运作形式，使这个体制不但在与群众的交流上，而且在效率和成就上都恢复了以往的声誉。更为重要的是，人民行动党并没有成为这个体制的俘虏，而是通过内阁牢牢把握着国家的最高决策权，使这个体制忠诚地听命于政府，高效而有力地贯彻政府的各项方针政策。人民行动党政府与官僚行政体制这种关系的确立，使人民行动党可以借助这个高效的工具对反对党进行抑制和镇压，在所有的方面都给反对党制造麻烦，它们既发挥不了应有的作用，也得不到人力物力资源的补充。更为根本的是，这样一个高效的行政体制，使政府的现代化政策得到了有力的执行，这就提高了人民行动党的声望，赢得了选票。

在新加坡，应该引起注意的一个问题是，一党权力的巩固是伴随着政治权力迅速扩散至行政机构和"行政国家"的形成而完成的。新加坡独立以后，人民行动党的发展战略是国家主导经济的发展，当政府制定国家的宏观调控政策，制定繁多的经济法规，当官员被指定负责法定局的工作和国营公司的董事局成员，当他们对私营公司进行管理时，这就增加了他们的权限。而这一过程的实现也是党、政府和行政机构一体化的加强。把党等同于国家是执政党确立自己的统治地位和对反对党进行压制的最根本的政政治手段和标志。

其次，国土面积狭小而紧凑也是不利于反对党活动的一个重要因素。这样一种地理环境对于要建立渗入社会各个角落不留空间的集权体制来说，是有利而无害的。20世纪六七十年代新兴国家的领导层大多都力图在自己的国家中扩大控制权，它们信奉的是，集权是实现现代化的必要途径。但其中很多国家的实验都失败了，因为它们的领土极为广阔而自己的能力和可调动的资源十分有限。这些国家的政府在庞大的国家中只拥有很小的权威。非洲和美洲的很多国家就是如此，亚洲的印度、巴基斯坦等国也是如此。而新加坡却没有遭到同样的命运。尽管20世纪六七十年代的人民行动党政府在名义上是主张民主社会主义，反对集权统治，但它实际上是在集中自己的权力和扩大自己的统治，以此作为推动现代化的手段。毫无疑问，国土面积狭小对它进行社会动员、行使自己的权力，甚至进行思想的灌输都是极为方便的。既不存在政治资源中心地向广阔的外围地区扩展资源的过程中出现大量资源消耗的情况，否则反对党可能因此而逃脱控制；也不会出现以地区利益干扰国家计划而不被发现的情况，很多国家的反对党正是因此而施展了自己的抱负，赢得了声誉。而且，在这样小的一个国度里，经济的增长和好处会很快地被全体人民感觉到。只要增长能持续发展，执政党就会从中捞到政治利益，反对党则相反。当然，如果出现了较长期的经济衰退，执政党也可能因此而下台。这并不是说，一个岛国必然会产生一个寡头政治，而是说如果执政党要建立这样一种政治权威它是方便的。

再次，人民行动党在不长的时间内就通过政府建立了广泛而严密的基层组织网络建立了制度化的动员机构，有效地控制了社会动员的渠道；而反对党的正式而制度化的动员渠道一开始就破坏掉了，使它们不能进行公开的、经常性的和广泛的社会动员。

与大多数一党为主的体制和一党体制中的执政党不同，人民行动党并没有建立一支庞大的党务系统,也不鼓励他们参与政府的行政系统和地方基层组织[1]。相对于集权国家长期掌权的执政党来说,人民行动党的权力结构分散,党员和党的积极分子的人数有限,从而使党缺乏生气。主要原因是在20世纪60年代初分裂时,党的领导一度失控,迫使其领导层不得不依靠国家力量来收拾局势,甚至干预党内反对派和反对党活动,这就造成了党的领导层对国家权力而不是党的权力和基层组织的依赖。当然,我们也看到,在一些集权国家中,执政党的组织分裂后又得到恢复,即领导层总是通过政党的凝聚力来维持自己的统治的。因此,人民行动党的领导层没有恢复党的组织的政治地位的另一个原因恐怕与它不主张通过政党来干预行政和社会工作有关。例如,它一直使党组织和党员处于秘密状态就是一个证明。当然,党组织在选举中的作用仍然是非常重要的,这与西方的政党倒是有相似之处。党的组织的不发达和党对行政事务的较少参与,给行政组织留下了很大的活动空间。从20世纪60年代前期开始的社会基层组织的建设,如民众联络所及其管理委员会、公民咨询委员会和居民委员会的建立,很快就取得了成就,在群众中确立了自己的中心地位。缩小政党的政治框架,扩展政府机构及其合法性的影响,通过混淆党与政府之间的界限确立起以政府为主导而党处于从属地位的政治关系,使人民行动党及其领导人经常以政府和政府领导人的面目出现,这就使他们在一个具有一定竞争性的体制中能够得到更多的合法性,而反对党则无法利用这一点。

  社会基层组织比党的基层组织更具有合法性,因而在进行动员和交流时也更具有广泛性和有效性,这是人民行动党对它十分重视、很快使它们成为遍布全国的严密的组织网络的重要原因。人民行动党是通过操纵(不能替代)这些社会基层组织来争取政治资源的。党的领导认识到,在一个具有竞争性的体制中,需要更有效的交流渠道在领导和人民之间进行信息交流,这样,他们的思想和目标就能通过畅通的渠道传播下去[2]。正如前述,20世纪60年代的民众联络所和20世纪70年代以后的

---

[1] 新加坡联合早报编:《李光耀40年政论选》,现代出版社1994年版,第408页。
[2] 同上书,第409页。

居民委员会在上情下达方面是非常成功的。同时,"信息也是一种政治资本,党的领导希望保持交流系统的畅通,以使他们可以在不满情绪形成危险之前就做出预测和反应。从基层组织得来的信息可以使政府精确地预测出政策的效果。得到某些信息可以使国家领袖们以较小的代价达到自己的目标,也可以轻而易举的增加其他方面的来源。在政治领域特别需要的是了解他人的意图、他人的政治资源来自何处,以及他人重视和不重视哪些事情"[1]。公民咨询委员会和居民委员会在这方面都发挥了特殊的作用。它们通过了解和解决群众的困难,开展各种活动,把群众吸引到自己的周围,然后引导群众支持人民行动党政府的政策。反对党没有这种基层组织,也就不具备解决社会问题的权威和合法性,从而缺乏政治竞争力。

最后,人民行动党政府在吸纳传统的社会团体进入政治体制方面也十分成功,这就集中和扩展了自己的权力,压制了反对党势力的发展。人民行动党相对于国内其他政党的优势是,它的现代化导向更为明确,这一点是相对于社会主义阵线等左翼政党而言的;它更能动员群众,这一点是它相对于右翼政党而言的。正是由于这两点优势,它在执政后扩大和集中政治体制权力的过程中,成功地吸纳和同化了传统的社团组织,把它们卷入了人民行动党政府所规定的现代化进程之中,而不是被传统的社团组织所异化,削弱政治体制的权力,给反对党留下太多的活动空间。如何利用传统的权力来源和合法性为新的政治体制服务,这是所有的新兴国家的执政党不能回避的一个重要问题。自近代以来一直到第二次世界大战之后,许多新兴国家在吸纳传统组织民主化和现代化的过程中,不是把这些组织现代化了,而是被这些组织所传统化了,导致了现代化进程的倒退或停滞。人民行动党政府在这方面表现出非常娴熟的技巧。我们知道,传统社团组织领导人的权威是在过去很长时间里得到确认和合法化的,因而他们手中有着巨大的政治资源和广泛的社会基础,这对于扩展政治体制的权力既可能是一种障碍,也可能是一笔财富。如果政府与它们采取对立态度,从他们手中夺取权力,那么它们就会成为

---

[1] Warren F. Ilchman and Norman Thomas Uphoff, op. Cit., pp. 67–68.

扩展政治体制权力的障碍,随着他们权力的被剥夺,他们手中的政治资源也会在很长一段时间内消失,而不是成为政治体制的基础和权力来源;而且对于一个不拥有一个强大的政党的政府来说,这要冒很高的政治风险。人民行动党成功的奥秘在于,它使党的规模尽可能保持在较小的程度上,其目的是,使党在现代化的目标下尽可能的纯洁,首先,是在党内清除了一个势力强大的传统的势力集团——社会主义阵线,这就使党的现代化政策能够被贯彻下去;其次是给传统社团的领导人安排一个位置,不剥夺他们的权力,但要利用手中的权力为政治体制服务。这一安插过程是逐步的,并且要逐步地改造他们。在20世纪六七十年代人民行动党政府的整个政权建设和权力分配过程中我们都可以看到这一现象。人民行动党在利用政府的力量扩展自己的社会基础和权力方面的成功,是反对党无法效仿的,它们也因此失去了扩大自己的社会基础的可能性。

正是由于上述因素的作用,反对党在与人民行动党的竞争中被削弱了,其发展也受到了限制。但是新加坡并非丝毫没有反对党的生存空间,人民行动党允许一定程度的政治竞争,或许这种有限的民主也是人民行动党获得合法性、从社会主义阵线那里争取到群众的重要原因之一。在20世纪60年代,政府主要是对左翼力量进行了镇压,并未对任何政党都动用警察。在20世纪70年代,加强了对所有政党的控制,但从未剥夺反对党在大选举中与人民行动党进行较量的权力。[①] 对这种一党独大的政治局面的出现,人民行动党领导人有他们自己的解释。他们认为,反对党参政造成了政治损耗,本来政府可以投入更多的精力用于经济发展,但在反对党政治中要用很多精力对付反对党的吵闹。早在1971年,人民行动党的元老,当时任外交部长的拉惹勒南就在一次公开演讲中说:"由游民、机会主义者和低能儿组成的反对党会使民主陷入危机,引起争吵、无序和暴力。这种情况在许多国家都已发生过,或正在发生。这同样也能发生在由无赖和醉鬼组成的一党议会中。""同时,一党议会制也能够捍卫民主,带来和平、进步和繁荣。自1968年以来新加坡就已经是一党议会制了,如果你不是用现成的理论框架去套,而是正视严酷的现实,

---

[①] 新加坡联合早报编:《李光耀40年政论选》,现代出版社1994年版,第411页。

你会发现，尽管人民行动党掌权已有12年之久，但它在提高人民福利方面取得的成就只是一党议会制下的产物。"[1] 这一时期人民行动党的领导人就提出在新加坡一党执政是政治稳定的前提，而只有政治稳定才能保证经济发展。

(二) 文化因素

社会政治文化与政治体制之间是一种辩证的关系。共同体意味着"信任的制度化"，公共当局的主要职能是"增强盛行于社会整体中心的相互信任"[2]，依据主流文化建立起相应的政治体制。在一个社会共同体中，只有在主流文化中才能建立制度化的信任，才能依据这种制度化的信任建立起制度化的体制。如果社会政治文化中缺乏信任，或者政治领导企图建立的政治体制与主流政治文化相悖，或者这种体制不能被建立起来，或者建立起的体制与原来设想的出现了某些本质上的不同，发生了变形。

政治文化可能是使人民行动党一党独大而反对党难以与之竞争的潜在的和最为根本的原因。人民行动党在执政之初可能就感觉到了在这个岛国占支配地位的儒家文化遗产的作用。无论如何，在这个华人占绝大多数的国度里，华人对权威、权力和社会冲突的态度是影响政治体制形式和功能的决定性因素。这或许也是人民行动党逐渐放弃民主社会主义建国方略的重要原因。

严格地说，在新加坡的政治史上从未有过真正的政治竞争，因而反对党的角色和地位也从没有制度化。英国在其100多年的殖民统治中，在立法、行政和司法方面都是中央集权的。从20世纪40代末开始的议会选举只不过是上层的一种有限的权力分配。1954年人民行动党的建立代表着第一个群众性的政党走上了政治舞台，它在动员华人群众方面取得了成功。此后，它与劳工组织阵线的竞争似乎在国内开辟了真正的民主竞争的新纪元，然而不幸的是，这种政治民主化给人们带来的首要印象是腐败、效率低下和政治无序。这或许向人们表明，在英国的强制推行下，

---

[1] *The Mirror*, Vol. 7, No. 34, August 23, 1971.

[2] 伯兰特·德·儒佛内尔：《主权》，芝加哥大学出版社1963年版，第123页。

在短短的几年时间里就改变人们已经习惯了的无竞争的体制是不可能的。除了少数受西方教育的知识分子以外,"民主的价值"和"政治自由"从未被大多数民众所考虑过。这在1959年之后也得到了证明。新加坡人完全控制了国内政治之后,政治竞争和选举很难说是为了建立一种民主体制,实际成了主要政党和派系争夺反殖斗争果实的工具。因而,这种竞争的结果,不是民主体制得到确立,而是反对党遭到极大的削弱,群众的参与树起了一个新的集权的政治偶像。而这个集权体制确立后,在不长的时间内就对群众做出了回报,它不仅建立了严密的法律、秩序和保安体系,而且提高了人民的生活水平,这似乎是在表示家长式政治适应了华人文化对好政府的要求。

中华政治传统是以儒家政治文化为主要内容的,而儒家政治文化中的政府是道德化的家长式的政府,因为它的社会基础是传统的家庭[1]。在这种体制中,家庭伦理的延伸就是政治伦理,对双亲的孝道被延伸为对君主的忠诚,而兄弟关系的延伸就是公民意识。作为对这种忠诚的回报,政府应该在最大限度地发展经济的同时给人民提供越来越好的福利。只要实现了这一目标,政府就拥有了进行统治的合法性,否则,它就不拥有合法性。人民行动党在执政后不久就找到了这一理论根据,尤其是在20世纪80年代以后大肆进行宣传。新加坡在20世纪六七十年代的历史似乎表明,大多数人接受了政府的这一说教,政府也基本上完成了一个家长式政府的任务。

当这种家长式统治按照这个轨道正常运转的时候,人民是不会反对这个体制的。实际上,在儒家政治文化中就包含了避免进行对抗的内容,传统上华人对权威有一种恐惧感,只要不是被逼到极点,他们宁可更多地服从而不是冒犯。尽管在新加坡这种政治文化已经发生了某些变化,政府通过在群众中安排一些代表来消除人民群众对政府的恐惧感,想以此来在新的环境下得到更多的支持和信息。年轻一代也对民主有了进一步的要求,但这一切并没有发生根本性的变化,很多人还不理解政治上的讨价还价的意义是什么,政府也不允许与它平起平坐,最多只会允许

---

[1] 新加坡联合早报编:《李光耀40年政论选》,现代出版社1994年版,第413页。

通过请愿来建立一种新的联系渠道。显然，这种政治文化机制最初非常不利于反对党对一党权威的挑战，到20世纪七八十年代它也还没有为反对党政治提供十分强劲的文化动力。

从对政治文化状况的分析得出的小结是，无论从政治史，还是20世纪80年代以前占主流地位的政治文化来看，反对党政治都不适于新加坡的土壤。当然这不是说反对党没有存在的文化基础，相反，西方文化的影响和商业文化的发展使它有着相当的基础；而是说占主流地位的政治文化更有利于一党独大的政治体制的存在。

由于政治文化的变化以及它与其他因素的密切联系，反对党政治能在什么情况下发展起来，取决于两个因素，也是执政的人民行动党政府的两种能力：一是维持经济发展速度的能力，尤其是在不断变化的外部环境中如何发挥这种能力；二是防止由于上层的权力交接而可能引发的内部的权力争夺，这会使执政党从纪律涣散和引发腐败开始，最终出现权力的重新分配[1]。20世纪90年代日盛的要求多元化的政治文化会由于执政党这两种能力中任一能力的削弱而转变为物质力量。对这种体制的最为现实的考验可能是在李光耀离开政治舞台之后。

第四节 反对党的崛起

一 围绕1976年大选的角逐

（一）竞选策略

尽管在1972年的大选之后反对党的某些领导人受到了羞辱，它们的乌合之众仍然以不屈的决心在1976年同难以击败的对手——人民行动党——再次进行角逐。在选举前，主要的几个反对党达成了协议，共同对付人民行动党，这就避免了相互之间的争斗和消耗实力。反对党的领袖们已经认识到了联合的重要性，比以往更多地表现出了成熟性。在选举前，人民阵线自动解散并入工人党，以集中力量。这样，工人党可以推出33名候选人参选。这时已渐渐受到人们尊敬的惹耶勒南说服了由社

---

[1] 新加坡联合早报编：《李光耀40年政论选》，现代出版社1994年版，第414页。

会主义阵线、新加坡马来民族统一机构、联合阵线和新加坡自由党组成的反对党联合委员会不要使反对党的候选人在同一个选区为同一个席位竞选，以集中力量对付人民行动党。这样，反对党委员会就在另外 36 个选区推选出了候选人，以避免与工人党的候选人竞争。另外，国民团结党也准备参加这次竞选。该党成立于 1975 年，是由从其他几个政党中退出的人临时组成的。该党的秘书长哈班斯曾是社会主义阵线的成员，他声称该党是 5 个反对党的联盟，这似乎有点虚张声势①，因为其中的新加坡马来民族统一机构和自由党也同时参加了以社会主义阵线为首的反对党联合委员会。国民团结党拒绝与工人党和反对派联合委员会在大选中采取共同行动，这种拒绝意味着人民行动党将从这种不一致中得利，也说明了国民团结党的不成熟。

在 1976 年的大选中，反对党极力夸大政府的已经在群众中引起不满的政策。当时，很多人认为公立医院的收费过高，对于收取汽车过路费和给父母实行绝育的子女提供优惠也非常不满，甚至恐慌。在这些问题上反对党都进行了大肆渲染，指责这些政策是不人道和不合理的。国民团结党和社会主义阵线还都提出要求废除全民服役制度（按照兵役法，所有适龄男性都要服役两年，然后优先安排工作或上大学）和《内部安全法》，无条件地释放政治犯，这显然是比较激进的主张。工人党的主张则比较温和，它提出应把全民服役改成社区服务，并缩短服务时间。并提出修改《内部安全法》，对政治犯进行公平审讯。

反对党对一直参加这次大选持乐观态度。惹耶勒南估计反对党大约能得到 40% 的选票。他们感到这一次要比 1972 年的气氛好一些，因为很多选民都感到应该对人民行动党进行监督。惹耶勒南说，1972 年警察在选举中起了很大的作用，那是导致反对党无一人当选的重要原因。这一次，他们也感到了那些想投人民行动党反对票的人的恐惧心理。选举的结果显示，反对党在赢得人民的信任和支持之前仍有一段很长的路要走，它们只得到了 26% 的选票。惹耶勒南在反对党的候选人中得票最多，在他的选区中得到了 40% 的选票。其次是独立候选人中的一位律师，在他

---

① 新加坡联合早报编：《李光耀 40 年政论选》，现代出版社 1994 年版，第 415 页。

自己的选区中得到了31%的选票。①

(二) 失利的原因

导致反对党失利的原因是多方面的。据反对党的领袖们说，政府的某些限制是反对党失利的重要原因。例如，反对党不能利用新闻媒体进行宣传。在选举中，社会主义阵线想要公开发布自己的政纲和消息，结果找了6家报刊均遭到拒绝，直到最后才有一家报纸冒着激怒政府的风险发了这些消息。此外，几位反对党领导人指出《海峡时报》故意对他们的讲话断章取义，歪曲他们的意思。在选举临近结束时李绍祖发现，自己的相当一部分讲话都是用来澄清被断章取义的讲话。媒体的偏见还表现在对人民行动党情有独钟。人民行动党候选人的竞选演说在报纸和电视电台上都被最大限度地加以宣传。吴庆瑞副总理的竞选演说《社会主义的运作》一文在《海峡时报》上连载了三天。全国职总秘书长奈尔写了一封攻击反对党的公开信，被《海峡时报》登在头版，并配以评论。当工人党的支持者在集会时碰撞了一位来采访的女记者时，报纸却对此大加渲染。

像以前一样，反对党在征招受人尊敬的专业人士入党方面困难重重。想在政治上有所作为的人大都愿意加入人民行动党，因为加入反对党既冒受到逮捕和断送事业前程的风险，又难以得到权力。反对党最初想在所有的69个选区都推出候选人，但由于找不到合适的人选不得不放弃了，在提名日，反对党只推出了几位律师和一些不那么有政治才能的人，共53人，他们无法打动有主见的公民。在商人、职员、技术人员、工会会员和出租车司机中很少有人投票支持反对党。这使人民行动党抓到了把柄，拉惹勒南把反对党污蔑为"神经错乱"和"政治流氓"，李光耀奚落反对党是"无关紧要的小人物"。

另外，在宣布选举日期时人民行动党也略施小计，令反对党十分不满。李绍祖是这样批评把选举日提前到9月的："人民行动党故意使选举来得突然，以使反对党很少有时间进行组织。人民行动党搞的

---

① *Singapore*: *The PAP and The Problem of Political Succession*, editor: CardynChoo, Pelanduk Puh, 1984, p.56.

选举与西方民主制下的选举不同，它只是在最后一刻才通知进行选举。"① 他的批评似乎并不完全准确，因为早在 8 月就不断地传闻要进行大选了。

反对党认为政府在选票上做的手脚也使很多人不敢投反对党的票。自 1972 年开始，选票都在背面进行了编码，选举后可以通过票根查出投票者把票投给了谁，而票根要留在选举机构达数月之久。这就会使不想支持人民行动党候选人的选民有一种恐惧感。政府的解释是选票编码是为了防止选举中的欺诈行为。李绍祖反驳说，选票编码意味着"威胁人民把票投给反对党"。虽然并非那么严重，但他说的也不无道理。

除了某些限制和规定对反对党不利外，人民行动党自身的努力也起了相当重要的作用。在选举的第一天，整个国家就被写有人民行动党竞选口号的标语彩旗装饰起来，最醒目的口号是："人民行动党带给你安全！"而这时，其他党还在进行准备工作，一些党甚至在等待警察批准它的集会申请。人民行动党也很能抓住反对党的弱点进行反击。例如，反对党批评执政党的政策，但是他们提出的替代政策却并非无懈可击，这就被人民行动党所利用。反对派竞选委员会提出大学生的医疗和中小学教育都应实行免费。人民行动党驳斥说这是不负责任和蛊惑人心的建议。推行这样的政策会使新加坡陷入破产的境地。工人党也热心于保护人权和给人民提供慷慨的福利的政策。这些政策对于从来就没有享受过福利和"没有什么是免费的"新加坡人来说，显得过于空洞了。工人党没有对人民的成熟程度进行准确的判断。这些都说明，在竞选政策的提出、解释和宣传的力度上，人民行动党都略胜反对党一筹。这也是人民行动党人才集中的表现。

最后，人民行动党的执政以来令人称道的政绩也是它把选票吸引过来的重要原因。据调查，很多选民确实对人民行动党的一些政绩不满，但是他们在权衡的时候，就不愿意冒丧失人民行动党政府带来好处的风险了。人民行动党在经济上取得了成就并且给他们带来了安全保障，而

---

① Singapore: *The PAP and The Problem of Political Succession*, editor: CardynChoo, Pelanduk Pub, 1984, p. 58.

反对党只能提供非常动听却不切实际的政策。如果投票把反对党送进政府而丧失眼前的利益，他们感到前途太没有保障了。

要想作为一个执政党，反对党有很多路要走，它确实有很多不成熟和难以让人信赖的地方。当它们陷入内部纷争、连自己的事情都处理不好时，又怎么能冲破执政党的统治而接受全国性问题的挑战呢？有的反对党自己都对自己的同伙看不惯。国民团结党就对其他反对党的软弱表现得幸灾乐祸，它不仅拒绝与其他党联合，而且对其他党表现出了很强烈的攻击欲。例如，它把工人党说成是"收集垃圾的政客、小丑和可怜的失败者"。这种粗暴的诽谤不仅对工人党不利，而且给它自己树立了一种低能、不成熟和心胸狭窄的形象。除了各政党之间的不和之外，各政党内部的不和也非常令人头疼。国民团结党在这方面仍然名列前茅。党内的争吵不休使数名本已选定的候选人推辞不干，它几乎没有统一的领导，这种不稳定和不团结的状况严重削弱了反对党的力量。我们应该记住的是人民行动党在1954年建立之初就表现出了很强的吸引力，正是由于它内部的高度的团结性和活力所致。当然，客观来说，就反对党的生存和发展的环境来看，20世纪70年代的情况不如20世纪50年代的情况。20世纪50年代时殖民当局在自己退出政治舞台之时有意培育起一种政治竞争的局面，而人民行动党政府在20世纪70年代留给反对党的活动空间则十分有限，它的控制太严密了。

（三）反对党的作用

反对党并非没有对人民行动党造成压力。看到有超过1/4的选票投给了反对党，人民行动党政府不得不表示议会中有一个反对派是有益的。但它认为，反对派应该是建设性的，是给执政党提出善意意见的政治家，而不是像西方国家的反对派那样，目的在于改朝换代。因此，它不想把议会中应有的反对派的席位给反对党，而是由它来挑选一些社会团体的代表组成议会中的反对派。李光耀声称，反对党推不出较好的候选人来当议员。在反对派中，"没有人向他提出一个合理的方案，可以使新加坡更有生机，更为安全，更为繁荣或使人民生活得更好。他们既缺乏政治见识又无实质性的东西。他们所要做的就是他们认为是非常大众化的东西，或者说是马来亚共产党的追随者认为是大众化的事情，像废除内部安全法，取消不经审讯就可以逮捕的规定，取消国民兵役法等"①。因此，人民行动党首先考虑的是给大学和学院少数的席位，它设想，这些来自大学的代表均不是人民行动党党员，使人们易于接受，又有文化，能够担当起议员的责任，并且易于控制，否则其美好的事业前程就会受到威胁。政府可以用一定的纪律来约束他们，这样就在议会中就可以组建起一种驯服的反对派。但这种想法只是部分地得到了实现，事实并不完全像政府所说的那样。

人民行动党对建立议会中的反对派的缺乏诚意很快就从它的政策中表现出来了。在这次大选之后，以防止反对党被外国或国内的"坏人"收买为名，议会制定并通过了让反对党公开账目以接受检查的法律。按照这项法律，反对党必须3—6个月公布一次账目，并由政府派专业人士进行核查。其实，根据《内部安全法》政府可以任意查抄反对党的账目，因此制定这项法律的目的主要是在于对那些向反对党提供资金的人进一步提出警告，使他们在捐款时三思而行，以减少反对党的财源。同时，政府对那些言辞激烈的反对派也寻找把柄对他们采取镇压措施。例如，统一阵线的候选人、《南洋商报》编辑唐道章指责政府扼杀华语，提出应提高华语的地位。对此，李光耀在选举中就警告说："关于政府扼杀华语的这个陈旧的问题又被反对党提出来了。我会惩治任何华人沙文主义，因为它会导致流血。"② 唐于选举结果公布的当夜以挑起敏感的语言和文化问题为由被捕。对此，内政部解释说："唐知道每个孩子可以根据自己的意愿选择一种受教育的语言，四种语言都是平等的，但他却提倡给母语以优先的教学地位。"③ 与种族问题密切相关的语言问题确实是十分敏感的问题，也引起过流血冲突，因此政府对这个问题十分重视自然不无道理，但现实情况与10多年前不同的是，由于政府的语言政策，华语确实被削弱了，代之而起的是英语的扩展。且不论这一变化的功过是非，只论此事过后没有几年，到20世纪80年代初期政府又因担心华人文化传

---

① *Singapore: The PAP and The Problem of Political Succession*, editor: Ccmiyn Choo, Pelanduk Pub, 1984. p. 3.
② Ibid., p. 64.
③ Ibid..

统的衰落而重新大力开展讲华语运动,却并未言称这会有损于种族关系,就可以看出政府在此事上的主要用意是削弱反对党的力量。还有几位反对党的候选人也以诽谤总理罪而受到了刑事起诉。其中人民阵线的一位候选人被判监禁 18 个月,因为他说李光耀有腐败行为。工人党领导人惹耶勒南则面临一项民事起诉。

二 反对党的突破

20 世纪 70 年代末 80 年代初各选区进行了一系列的补缺选举,反对党每一次都披挂上阵,希望赢得选民的支持,但都败下阵来。然而竞选一次比一次激烈。

1977 年 5 月 14 日 Radin Mas 选区进行补缺选举,反对党把希望寄托在惹耶勒南身上。最初有 6 个反对党都提出了候选人,后来它们达成一致,推举惹耶勒南与人民行动党的候选人陈庆炎进行较量。惹耶勒南以人权和公民自由为武器,勇敢地投入了竞选之战。他对选民们说,他将为所有"被人民行动党政府剥夺了人的尊严、受暴政压迫的平民百姓而呐喊"。他说,人民行动党吹嘘它建设了漂亮的街道、好的工厂和一个机场,但这算不了什么,"关键是人的问题。在你们做好这些事情之前,首先要做好人的事情。只要给予人民基本的权利,不要迫使他们无路可走,他们是非常善良的"①。除了惹耶勒南自己全力以外,工人党的所有人力物力都被动员支持他,这时工人党已经是最大的反对党了。结果人民行动党的陈得了 12053 张选票,而惹耶勒南只得了 5021 张。工人党主席认为这是一次惨败,对工人党的发展是一次沉重的打击。

工人党只看到了人民行动党政府的高压政策,没有全面评估它的作用,而把竞选重点放在了人权和公民自由问题上,这显然是一次失误,这在很大程度上是用西方的标准或知识分子的觉悟来要求新加坡的普通群众,这太早了。当时选民更赞成陈的说法:"让我来告诉你们人权、基本的或基础的人权是什么,它对人民来说意味着什么? 这就是更好的生

---

① *Singapore*:*The PAP and The Problem of Political Succession*,editor:Cardyn Choo, Peianduk Pub,1984,p. 66.

活的权利，工作的权利，拥有和谐的家庭的权利，受教育权、医疗权、享有受国家的法律和秩序保护的权利。这些才是人民应该享有的真正基本的人权，而不是反对党的那些空洞的言辞。"① 工人党失败的另一个原因，按照其领导人的说法是，从票根上可以查出选民的选择影响了它的得票率②。选举之后该党发表了一份选举报，列举了选举规则中的种种不合理的规定，尤其是票根问题。它要求取消这些不合理的规则，成立一个公平的选举委员会来监督投票过程，还声称除非对这些规则进行修改，否则将抵制未来的选举。人民行动党政府对此置之不理，党内的一份文件把工人党描述为"处于一串酸葡萄的境地"，一份公开发表的评论说，"总理已经公开保证选票是公平而保密的，这个规定十分清楚，但工人党仍然失败了，所以它很自然地要寻求自我解脱"。

当工人党正从 Radin Mas 选举的失败中恢复元气时，社会主义阵线又与人民行动党在另一个选区的补缺选举中进行了一次较量。在 1977 年 7 月 23 日的选举中，有 6 个反对党支持社会主义阵线的候选人李绍祖，似乎使人看到了一线希望。但工人党在最后一刻背信弃义，该党主席在投票的前夕撤销了对李的支持，从而大大削弱了李的力量。最后，人民行动党的一位刚刚涉足政治的新手林庆方，轻易地获得了胜利，他得了 11625 张选票而李仅得了 4473 张。反对党的不团结是它们屡屡不能突破的一个重要原因。

1979 年 2 月 10 日有 7 个选区同时进行议会的补缺选举，反对党在 5 个选区推出了候选人。这一次反对党出乎意料地团结一致。为了避免分散选票，新加坡马来民族统一机构撤出了它的候选人，以便给惹耶勒南让路。当地报纸称他为"从不认输的律师政治家"。人民阵线在另外两个选区竞选，剩下的两个选区分别由独立候选人詹时中和国民团结党的候选人哈班斯与人民行动党的候选人进行角逐。结果是，人民行动党在所有 5 个选区取得了胜利，但其总得票率从 1976 年大选中的 74.08% 降到

---

① Singapore: The PAP and The Problem of Political Succession, editor: Cardyn Choo, Peianduk Pub, 1984, p. 66.

② 新加坡联合早报编：《李光耀 40 年政论选》，现代出版社 1994 年版，第 422 页。

了71.06%。这个变化使人民行动党开始担心了,它想知道为什么有28.9%的选票投给了"一伙小丑和挨门挨户作出空洞许诺的经销商",而没有投给"和平、安全和稳定"①。这一次,反对党受到了普遍的同情,而人民行动党的态度受到了批评,甚至《海峡时报》也指责说:"人民行动党没有学会对蠢人要有耐心,他们无论多么卑鄙,也应该对他们有所尊重。"人民行动党从此得到了教训。

在20世纪80年代的大选中人民行动党的候选人规矩了许多,他们对反对党的候选人表现得尊敬多了,所有的新秀都显得很有礼貌,甚至老一代的领袖也不像过去那么随便了。这次大选的提名结果是,人民行动党在所有75个选区中有37个没有对手。7个反对党在38个选区中共推举了43名候选人,比上一届少了10名,反对党不像上一次那么雄心勃勃,但这只是表面现象。

在这次大选中,新组建的新加坡民主党和工人党被认为是最有思想和号召力的反对党。民主党是由在1976年大选和1979年补缺选举中表现不俗的独立候选人詹时中组建的,他自任秘书长。民主党的政纲主要是提出结束一党统治的局面。詹时中发表谈话指出:"主要的反对党或是丧失了可信度,或是被人民行动党搞得不受信任。今天的新加坡存在着许多在人民行动党看来是理所当然的问题。我们不能再允许一党掌握无限的权力,把自己的利益置于国家的利益之上……新加坡现在只有一种选择:他们或者把票投给像彭由国(前全国职总主席和国会议员)这样的携款而逃的人,或者把票投给一个可信任的反对党。"民主党的领导人还说,如果政府做得对,它将支持政府,如果政府做的事对国家不利,它将毫不畏惧地反对政府的政策。他们还特别批评了政府的新的教育政策,詹时中这样说道:"在9年级就把孩子分成两种教育,一种进行普通学习,另一种进行职业训练,这是非人道的。因为研究表明,有些孩子的某些方面发展较晚。"② 民主党领导人的这些讲话表现了民主党的领导层

---

① 新加坡联合早报编:《李光耀40年政论选》,现代出版社1994年版,第423页。
② *Singapore*:*The PAP and The Problem of Political Succession*, edito:CardynChoo, Pelanduk Pub, 1984, pp. 69, 70.

是比较成熟或者说是比较温和的①。他们的观点与以往的反对党领导人有三点不同：一是反对人民行动党独占国家权力，而不是取而代之；二是它并不是反对人民行动党政府的所有政策，只是反对那些被认为是错误的政策，这迎合了很多既不满人民行动党的高压政策，又不愿冒失去人民行动党带来的经济繁荣风险的人的心理；三是对教育政策的批评迎合了大多数家长的心理。因为家长都不愿意自己的孩子受的是二流的和没有远大前程的教育，尽管自己的孩子可能确实缺乏潜力参加进一步的竞争。这说明民主党与人民行动党没有根本路线上的分歧，而只是在具体政策上有所不同，反对党对人民行动党态度和策略的这一变化反映了20世纪80年代反对党政治的特点。最后它推出了3名候选人。

工人党推出了8名候选人，它仍然是人民行动党攻击的主要目标。在上次大选中对惹耶勒南的指控使他在与李光耀的法律之战中花费了13万新元。其他5个政党是社会主义阵线、国民团结党、新加坡马来民族统一机构、人民阵线和新加坡自由党。社会主义阵线由于内部的分裂和政府对于左翼力量的限制政策，这时仍处于衰落的趋势，它的两名候选人也因被指控诽谤李光耀而被处以罚款，因而这时也被资金和人才的匮乏所困扰。尽管如此，它仍然推出了4名候选人。其竞选纲领是：取消《兵役法》，对贫困者实行免费教育和免费医疗，大量的削减税收。它还是没有认识到在议会中先有一个小的反对派的意义，主张取人民行动党而代之。国民团结党还主张在教育、外交、女权和群众生活等方面进行根本的改变。像过去一样，它发誓要在所有的选区与人民行动党竞争，然而在提名日它竭尽全力也只推出了14名候选人。新加坡马来民族统一机构推出了4名候选人，它的宗旨是争取马来人的特权地位。人民阵线推出了8名候选人，新加坡自由党推出了2名。选举结果是反对党的候选人无一人当选，人民行动党仍然获得了胜利。它们的得票率分别是，人民行动党获得了77.7%的选票，这比上次大选中得到的74.08%增加了一点，反对党得到了剩下的22.3%。但个别选区的情况却令人民行动党十分吃惊。在波东巴西选区，人民行动党的候选人，国防部长只以5509票

---

① 新加坡联合早报编：《李光耀40年政论选》，现代出版社1994年版，第424页。

对 3821 票这个不太大的优势击败了他的对手詹时中。两人的得票率分别为 58.1% 和 40.3%。后者比在 1979 年的补缺选举中多得了 8 个百分点的选票,而这两次都是在同一选区与同一对手竞争。惹耶勒南对人民行动党来说是一个更大的威胁。在他的选区他只比人民行动党的候选人少 1000 张选票,他们的得票率分别为 52.2% 和 46.3%,而在前一年的补缺选举中他们的得票率则分别为 60.2% 和 38.1%,后者上升了 8.2 个百分点。詹时中和惹耶勒南如果表现得更成熟一些的话,这一次就有可能突破,这或许是连他们自己也没有料到会得到如此高的选票。他们没有告诉选民,如果当选,他们能为选民做哪些具体的事情;也没有尽最大的努力在所有选民中留下更深刻的印象,这与他们难以利用传媒工具有一定的关系。但是惹耶勒南的失误还表现在,他在选举前夕进行的对他来说是很难得的电视演讲中用了大部分的时间大谈为了生命的圣洁反对流产,而他应该多阐述一些问题,让人们了解他的政治家的才能。

惹耶勒南和詹时中的得票率已经预示着他们可能会在下一次选举中获胜,人民行动党垄断议会的局面将要结束了,这比人民行动党预料的要快。1981 年 10 月 31 日当来自安顺选区的议员接受了总统职务后,在该选区进行了补选。在那一天,反对党在经历了 10 余年的奋斗和数十次的选举失败后,终于突破了人民行动党的禁锢,打破了人民行动党独霸议会的局面。惹耶勒南以 7012 张选票、占总投票率 52% 的比率击败了人民行动党候选人冯金兴,后者得了 6569 张选票,比率为 47%。国民团结党的哈班斯只得了 1313 张选票。惹耶勒南终于使人民行动党在 75 个议席中让出了一席。

惹耶勒南把自己的胜利归因于持之以恒的努力。他还认为:"人民行动党失去了与人民的联系。他们疏远了街道上普通的男人和女人……政府自认为他们是唯一的精英……但是在政治上你们不能蔑视人民,他们对政府极为厌倦。"人民行动党对这次失利也有自己的解释。当时的第二副总理拉惹勒南把原因归于年轻的选民希望看到议会中有一些反对派存在。李光耀也表示了同样的看法。一位大学教师这样评论反对党的胜利:人民感到"人民行动党过于有权势了,应该受到监督"。无论哪一种解释都可以说明,进入 20 世纪 80 年代以后,大众的政治心理开始发生变化了，虽然这种变化并非有如暴风骤雨一般，而且只是发生在青年知识分子中间，但是它代表了一种趋势，这对新加坡的政治变迁来说，可能有着巨大的影响。

还有很多关于这次选举影响的说法。工人党主席把惹耶勒南的当选看成是反对党胜利的第一步，他说："许多专业人士和青年人都对我们说，如果我们取得了一个议席，他们就会支持我们。现在我们做到了这一步，他们会转而支持我们的。"社会主义阵线的李绍祖也承认惹耶勒南取得了成就，尽管他在20世纪80年的大选中对在议会中只有一个小的反对派的作用一直持悲观态度。他说："人民行动党向人民灌输的恐惧。安顺选举标志着这种恐惧的消失，这是这次选举的意义所在。"李光耀则说，那些把票投给反对党的青年人"会发现他们的选择会付出很大的代价。如果我们不走运，像大多数发展中国家那样，反对党可能会由于实行大量的福利而激起人民过高的、根本无法实现的幻想……反对党鼓吹这些虚无缥缈的美景是轻而易举的事情"①。显然李光耀认为这是一个不好的兆头，他警告年轻人如果反对党上台会带来不良的后果。

无论反对党或人民行动党对安顺选举的结果持什么样的看法，有一个基本的事实是难以否定的，即人民已经认识到现在有必要对人民行动党进行监督了。人民行动党政府确实取得了巨大的成绩，但它还有很多不尽如人意的地方，这是不能允许的。他们并没有想要更换执政党，但必须给不同意见以说话的机会，人民有批评政府的权利，而且这种权利应该受到尊重和重视。安顺选举标志着反对党政治进入了一个新的时代，它们从此有了合法的斗争手段。

第五节　20世纪80年代以来反对党的发展

一　围绕1984年大选的角逐

受1984年补缺选举的鼓舞，在1984年大选中有8个反对党参加竞选，共推出48名候选人，比1980年大选时多出11人。工人党是这次选

---

① 新加坡联合早报编：《李光耀40年政论选》，现代出版社1994年版，第411页。

举中最强有力的反对党，它推出了 15 名候选人。这一次，人民行动党企图收复失地，派出富有政治经验的总理公署政治秘书作为安顺选区候选人，与惹耶勒南竞争，结果仍然败北。另一位民主党的候选人詹时中，也在波东巴西选区当选。结果是反对党共有两人当选，总得票率为 37.1%. 这比上一次大选的 22.3% 的得票率上升了近 15 个百分点，增幅非常之大。

从选举气氛和群众对选举的关心程度来看，这次大选都达到了一个空前的水平。大批的群众被反对党的集会所吸引，倾听反对党候选人的演说，集会的气氛显得十分热烈。与此形成鲜明对照的是，人民行动党的集会则显得平淡得多，虽然被动员的人数并不少，但气氛却不热烈，人民平静地听着人民行动党候选人如数家珍般地为自己的政绩评功摆好，这些他们都听惯了。与 1981 年的安顺选区的补缺选举相比，这一次是全国规模的大选，而且那一次的胜利对多数群众来说似乎有些突然，他们还没有来得及给反对党以更多的关注，这一次他们则有机会直接参与选举了。因此，这一次反对党和执政党轻而易举地就把全国的选民都动员起来了，他们关注着候选人的表现，为他们的讲话叫好或提出批评。正如一位新加坡学者所说的："1984 年的选举标志着一个新时代的开始，新加坡的政治空气与过去凝固的、沉闷的和平静的气氛不同了。新加坡人民逐渐在政治上觉醒了，他们不愿意逆来顺受地接受人民行动党的统治方式。"当然，这同样也并不能表示大多数人民想让人民行动党下台，他们只是不想要过度的权威和高压统治。1984 年大选以后举行的历次大选，反对党与执政党的较量一次比一次激烈，选举的气氛也一次比一次热烈。

二 围绕 1988 年大选的角逐

1988 年的大选更为激烈，西方报纸称这是"自 1968 年以来竞争最激烈的一次大选，反对党发动了一次最大的攻势，这一次反对党共推出了 66 名候选人，另外还有 4 名无党派人士参加竞选，在 70 个选区与人民行动党竞争。这就是说，在 11 个选区中人民行动党没有竞争对手，而 1984 年选举时反对党在 30 个选区空缺。如果不是在 1985 年人民行动党指控惹耶勒南有诬蔑总理的言辞和滥用议员特权，剥夺了他的议员资格和不准他参加这次大选，他很可能再次当选。民主党的詹时中继续在波东巴西选区当选。另外，反对党在其他一些选区的得票率也相当高。竞争最为激烈的是友诺士选区。在这里，执政党与反对党几乎是打了个平手，以律师弗朗西斯·肖领导的反对党3人竞选小组同郑永顺领导的人民行动党3人竞选小组进行了激烈的角逐，最后反对党候选人的得票率为49.1%，仅以1.8之差输给了人民行动党。人民行动党的得票率为50.9%，只比反对党多1279张选票。在这次竞选中，反对党还结成了统一阵线，例如，为了对付"集选区制"①，民主党与工人党达成协议，前者专攻单选区，而实力较强的工人党则在集选区中与人民行动党较量。这就避免了反对党之间的摩擦，增强了攻击人民行动党的力量。人民行动党也承认，在这次选举中，反对党表现出了空前的大团结。

三 反对党的崛起的原因

反对党崛起的原因或许可以从以下的分析中得到确定。第一，最根本的原因是中产阶级的发展。我们知道，新加坡的工业化进程是从人民行动党执政以后才得以加速进行的，自20世纪六七十年代工业化取得进展后，社会结构也随之发生了重要的变化，其中最重要的变化就是中产阶级的崛起。我们以中产阶级中最具有代表性的专业技术人员、企事业管理人员和行政人员为例，在多年的时间里它增加了很多。据统计，1957年它们在全部就业人口中所占比例为6.8%，1979年增至10.3%，到1980年则增加到18.3%，几十年间，比例增加了将近2倍，到1990年更增至24.2%。如果把属于中产阶级下层的公司职员和中小学教师也算进去，比例就更高了。中产阶级是一个有文化和有自己的利益和主见的阶级，同时它与市场相联系。这些特点就决定了随着它的壮大，必然要为自己的利益而争取政治权利；并且，这种政治权利不是与集权政治相联系，而是与以市场为基础的多元政治相联系。在工业化的初期，

---

① 在1988年的大选中新加坡推出了"集选区制"，在部分较大的选区实行，每一个集选区设3个席位，每个政党必须推出3个候选人组成候选人团队，并且是华裔、马来裔和印度裔各1人。

市场还不完善，或者说经济的发展需要国家力量比较高度的介入，同时，中产阶级还很弱小，它不能够与传统的力量抗衡，因此只有在主张现代化的集权政治集团的卵翼下求得发展。在这一阶段中产阶级与集权政治的利益有一致性，双方不会发生冲突。但这并不是说，中产阶级与实行集权统治的集团没有利益冲突，而是这种利益冲突比起它们在现代化和对付传统势力方面的一致性来要小得多。尽管新加坡的集权统治集团力主推行现代化，但它本身就带有很多传统的因素，它是市场经济还不发达的产物，因此它与和市场化、多元化有着密切联系的中产阶级有着很大的不同，后者是科学技术革命、现代化大生产和市场的产物，其不但主张多元化，而且代表着时代发展的方向。因此，随着中产阶级力量的壮大，它必然要与集权政治发生冲突。由于新加坡一直是一个商业国家，有着英国留下的选举的传统，因此这种冲突没有像很多国家那样导致社会革命，而是在体制内通过选举不断地进行摩擦和消耗，并改变着统治集团的结构。20世纪90年代初，人民行动党政府的领导人也承认"新中产阶级"已经发展成为一股不可忽视的力量，在20世纪80年代两次大选中反对党得票率的增加毫无疑问与"新中产阶级"的壮大有着密切的关联。因此，中产阶级的崛起是反对党得势的主要社会基础。

第二，人民行动党领导人多次讲到青年一代对反对党的支持是20世纪80年代反对党得票率上升的重要原因，这不无道理。这是一个与中产阶级的崛起相关联的因素，但也不尽然。新加坡老一代人受儒家文化的影响较深，他们对政府的依赖性较强，把政府的权威看成是一种自然的现象，既需要得到政府的保护，又不敢与政府发生对抗。尽管这种文化随着工业化和社会的发展在老一代人中已经有了变化，但还远远不是根本性的。然而青年一代就不同了，他们是随着工业化、市场化和世界的民主化生长起来的，与他们的父辈受着不同的教育，有着不同的经历，形成了不同的生活方式与思维方式，因而他们在政治上的要求也与时代联系在一起。他们对政治进程的影响将与日俱增。据统计，自1980年以后，全国每年有55000名年龄届满21岁的新人被列入选民名册，到1992年，在20世纪50年代以后出生的、年龄在40岁以下的选民已占到了选民的大多数。

这一代人与上一代人的政治取向究竟有哪些差别呢？这主要表现在由于两代人所受的文化熏陶和经历有着很大的不同，因而对人民行动党政府的认识存在着很大的差别。受儒家传统政治文化的影响，老一代人心目中的政府是家长式的政府，他们把群众与官员的关系看成是家庭关系的延伸，官员就是这个家庭的家长。因而他们很自然地把政治权力委托给家长去行使，而自己则甘心情愿地顺从。而青年一代的民主意识大大增强了，他们接受了"主权在民"的思想，懂得官员必须为人民效力，否则人民有权撤换他们。因而在他们的意识中，官员与普通人没有什么两样，完全是平等的关系。李光耀在1988年8月的一次谈话中谈到了这种变化，他说："老一辈对部长官员的敬仰、尊重，远远超过了新一代。新一代觉得政府官员跟自己地位平等、教育水准也相差不远……要求部长主动亲近选民，用平等的语调跟选民讲话……"① 这种文化差异自然影响到了对人民行动党的感情。老一代人对人民行动党政府有着较强的归属感和效忠感，他们从自身的经历中感受到，新加坡社会的安定与繁荣，以及人民生活的改善与人民行动党卓有成效的领导有着密切的联系，在他们的心中甚至形成了这样一种心理，新加坡不但昨天和今天离不开人民行动党，而且明天也需要人民行动党的领导。因此，他们在每一次大选中都投人民行动党的票。青年一代则完全不同了，他们没有老一代人的经历，加之所受的新文化熏陶，对人民行动党没有强烈的认同感，因而他们认为应该给反对党以合法的权力，有人对一党政府进行制衡总比没人能制衡好。1982年12位内政部长就在人民行动党的机关刊物《行动报》上说："在我们的青年一代中，有一群年轻的专业人士、知识分子和学术人员，他们认为国会中除执政党之外，必须有某种形式的反对党。他们认为，国会中能够有执政党以外的人士表达反对政府的声音，那是好事。"② 另外，在国家与社会的关系上，老一代人主张国家应该凌驾于社会之上，最大限度地发挥更大的作用，他们已经习惯了政府对经济和

---

① 《联合晚报》1988年8月31日。
② 《行动报》1982年12号，第26页。

整个社会生活的干预,即使自己积极地参加到经济和社会管理中去,把这看作是响应国家的号召,是在完成国家交给的任务。这种参与是追随的意义上的参与。而年轻一代则不同了,他们反对国家对社会经济生活的过多的干预,主张社会团体和个人独立地发挥更大的作用,政府在决策时要慎重考虑群众的意见。他们不像老一代人那样,认为政治和政策完全是政府的事情,他们认为政府并不能垄断政治,人民也应该在政治生活中扮演重要的角色。对于这一点,李显龙在1986年就看到了,他在一次会议上说:"新一代新加坡公民要求有更大的发言权与参与,这是难以改变的发展趋势。"据《联合早报》的一项统计,1988年该报"言论版"与"交流版"一共收到读者来信2253封,1989年增加到3242封,其中有关政治问题的从152封上增加到164封,另外读者对于教育、经济也表现出了越来越浓的兴趣。在新加坡给报纸投函是发表意见的最重要渠道之一,因此这是说明群众的参与不断发展的证据。另一个可以说明20世纪80年代青年人使社会的整体政治参与率提高的证据是1989年新加坡政策研究院进行的一次民意测验。在所有接受检测的人中,有20.3%的人认为政府不注意公民的意见,60.3%的人认为政府只是有些注意公民的意见,只有19.3%的人认为政府非常注意公民的意见。政策研究院据此得出的小结是,新加坡人,尤其是受过高等教育的人士,比以往更多地显示出了对政治的参与热情和要求。受过高等教育的人,自然是以年轻人居多。

从以上几个方面的情况来看,由于受更高教育的青年一代进入了选民阶层,因而自20世纪80年代以来选举形势发生了很大的变化,这主要表现在对反对党的支持率越来越高。

第六节 2011年的大选与政治发展

在2011年大选中反对党的进展以及执政党、反对党和选民所表现出的选举理性,表明新加坡的政治文化发生了很大的变化,政治发展达到了一个新的水平。尽管新加坡仍具有威权主义的体制形式,但是其政治发展却表现出优质性民主的特质,这表现在民主化过程稳定而有序，政府管理的水平和效率较高，充分实现了体制所规定的民主权利，尽管其民主仍有待于发展。政治转型较晚而在威权主义体制内把民主发展到较高水平是由其民主的主客观条件较为成熟、政治精英与民众共同推动民主化进程以及政治体制制度化水平较高等因素决定的。

一 政治文化的变化对大选的影响

政治文化是在一定社会的历史—社会—文化条件中形成并发挥作用的[①]。由于政治体系是随着内外环境的变化而变化的，而这一变化总是由作为政治行为主体的人去推动完成的，社会成员对政治体系变革的目标和方式的认识水平、情感和价值取向即政治文化，直接影响着政治体系变化的进程及其结果。因此，从政治文化变化的视角对新加坡 2011 年 5 月的大选及其政治变化进行分析有很强的说服力。自 20 世纪 80 年代以来，新加坡的政治文化已经开始发生变化[②]，进入 21 世纪后，这种变化更为明显。在这次大选中，无论是执政党还是反对党，无论是媒体还是普通选民，都表现出对民主政治的向往和宽容，民主的氛围已经初步形成。

第一，长期执政的人民行动党及其政府表现得更为宽容。其一，在这次大选之前，行动党政府罕见地进行了改革，与过去在大选前一般是提高反对党参选的门槛不同，这一次它降低了反对党参选的门槛，包括减少集选区各党候选人团队的平均人数，即划分出两个四人集选区，保留两个六人集选区，其余均为五人集选区，这比过去多为六人集选区的平均人数明显减少了；同时，单选区增加到 12 个。集选区候选人数的减少和单选区的增加有利于反对党参选，因为反对党的规模、影响和掌握的资源都比较小，吸纳人才参加竞选的能力自然也就小得多。这一方面表明人民行动党政府在社会的政治文化发生变化的情况下不得不采取

[①] 加布里埃尔·阿尔蒙德、小 G. 鲍威尔：《比较政治学：体系、过程和政策》，上海译文出版社 1987 年版，第 29—60 页。

[②] 李路曲：《新加坡现代化之路：进程、模式与文化选择》，新华出版社 1996 年版，第 427—433 页。

一些顺应民意的举措,另一方面也表明了人民行动党政府对自己很有信心,它没有料到反对党能在这次选举中异军突起。可以从两个方面来看执政党及其政府的这种误判。一是当代各国威权主义政府对大选曾普遍出现过于自信和误判的情况。我们仅以东亚各国为例,1988年缅甸军政府开放大选,结果反对党领袖昂山素姬在选举中获胜,执政党反悔并重新实行军管。1983年和1998年菲律宾的马科斯总统和印度尼西亚的苏哈托总统分别决定在菲律宾和印度尼西亚进行大选,结果是局势失控,执政党下台。在20世纪80年代末90年代初的韩国和中国台湾地区也出现过类似的情况,尽管表现得相对缓和。选前执政党的领导人都很有信心,以为自己的政治改革赢得了民心,因此没有料到会在选举中失利。不能说人民行动党政府没有这种误判。这从另一个方面也可以得到印证,本来执政党的如意算盘是通过增加非选区议员和官委议员来缓解选举压力,这既可以保证不同意见和不满情绪在更大程度上的释放,也没给反对党以实质性的权力,从而不会削弱执政党及其政府的权力。同时,行动党领袖在大选中多次警告可能失利的选区的选民,说其选择反对党可能使政府失去优秀的人才、选区得不到应有的服务甚至可能导致优秀的政府下台,似在全力来保住选举席位,由此可以看出他们并不想让出实质性的席位。

其二,尽管人民行动党在竞选中主要是强调自己的功绩和能力,但与以往的大选相比也发生了重要的变化,这就是李显龙总理及所有的候选人都多次表示政府的政策是有失误的,并寻求人民的谅解,这是在以往的大选中所没有的情况。杨荣文部长更是公开指出,政府确实需要自我检讨,人民行动党必须进行改革。① 他还称与他竞争的工人党团队是"可敬的对手"②。选举结束后,李显龙表示会"认真对待选民的意见,将改进政策,希望今后能够更好地与人民沟通"。人民行动党将进行自省,并寻找适合新加坡的模式来进行改变。如果人民行动党政府不这么

---

① 杨荣文:《杨荣文的竞选后演说》,《新明日报》2011年5月8日。
② 杨荣文:《杨荣文的竞选演说》,《联合早报》2011年5月10日。

做,不只对人民行动党不好,对新加坡也是不利的①。在选后的10天,李显龙总理就委托专门机构开始调研政府部长以上领导的薪金制度②。自20世纪80年代以来,在李光耀的精英治国理念的主导下,新加坡高级官员的薪金不断走高,2010年由于新加坡的经济增长很快,部长的薪金加奖金达到1000万人民币,这是反对党和很多选民在这次选举中批评的话题。李显龙要对薪金进行改革,可能会触动政府的精英治国理念,因为这个改革是大选中的议题,是在反对党和很多选民的压力下透明地进行的。关于新加坡的高薪制度,一直有不同的争论,笔者认为对这个问题一定要慎重。政府高级官员的薪金虽然很高,但他们很少能享受公务服务,从司机到家政人员都要自己雇佣;而且,只有高薪才能使成功人士愿意进入政府;它还有利于保证政府的清廉。

《新明日报》以杨荣文"输选战、赢风度"为题发文指出,"杨荣文虽然输掉了一场选战,但他却在全国人民面前赢得了风度"。杨荣文在选后的演说中恭喜刘程强先生和他的团队赢得这次的选战,表示尊重阿裕尼集选区选民的决定并感谢阿裕尼的居民;"新加坡的历史从此掀开了一个新篇章,我们无法抵挡这股浪潮,可是这就是人生"③。如果我们考虑到这是一个执政50多年并将继续执政的政府部长候选人所说的话,会感到难能可贵,这与西方民主国家的候选人在竞选中所表现的风度已经没有多大区别。由此看出,人民行政党政府不仅是要从这次选举中汲取教训,而且承认反对党的突破是由于人民需要改变,而它自己将顺应这种改变。

第二,反对党表现得更加成熟,不再那么激进,他们的理论和策略水平都有所提高,尽可能把民主的理论与新加坡的现实结合起来。以这次反对党的最大赢家工人党为例,其领导人刘程强在2001年出任党的秘书长后一改惹耶勒南时期与执政党针锋相对的竞争形式,提出了"不为反对而反对"的口号,使党的领导更为理性,这在一党为主的威权主义

---

① 本刊记者:《李总理答谢选民》,《联合早报》2011年5月10日。
② 本刊记者:《李总理要检讨薪金制度》,《联合早报》2011年5月18日。
③ 杨荣文:《杨荣文的竞选后演说》,《新明日报》2011年5月8日。

体制下更易为执政党政府和人民所接受。在这次选举中,他在赞扬群众敢于支持反对党的"后港精神"的同时,不断地重申工人党不会因为是反对党就为了反对而反对,而是要在应该反对的情况下才进行反对。民主党也汲取了上次大选中党的秘书长徐顺全因有过激的攻击执政党领袖的言论而被起诉的教训,演说较为圆滑,主要就经济、民生和一般民主议题对执政党提出批评。

反对党还把民主与民生联系起来,指出没有民主就不会有进一步的民生发展的空间,以此反驳人民行动党只讲民生的理论。这既是他们理性和策略的表现,也符合新加坡现实环境中选民的口味或选民对政治转型的接受程度,从而既动员了选民,还不会给执政党找到打压的口实。

反对党之间还进行了协调与合作,除了一个选区同时有两个反对党都派出了候选人外,其他选区都只有一个反对党候选人或团队挑战人民行动党的候选人。这样一来,反对党之间没有竞争,而是共同挑战执政党的候选人。这使得那些长时间没有竞选的集选区、包括国务资政吴作栋领军的马林百列选区也上演了选战,虽然这些选区行动党的得票率都比执政党平均得票率来得低,但仍给执政党以很大的压力,使它不得不在全国所有选区而不是在几个选区集中力量进行竞选。

第三,选民的政治水平有所提高,选举情绪相对理性和成熟,媒体趋于中立。在大选中直接影响选票的因素大致有三:候选人的个人魅力、民生问题和政治愿景。这三个因素都是相对而动态的,没有完全静止或绝对的标准。就民生问题而言,这既取决于与本国自身发展的纵向比较,也取决于与世界其他国家尤其是东亚地区的横向比较。就个人魅力而言,这既取决于执政党候选人的能力和魅力,也取决于与之竞争的反对党候选人的能力与魅力。就政治愿景来看,这既取决于人们对威权主义政体和多元民主政体的看法,也取决于人们如何看待其变化或民主发展的程度。而这些都还要取决于人们如何来看各种因素比较的结果。例如,新加坡在短短的四五十年中已经从一个落后的第三世界国家发展成一个经济上的第一世界国家,建成了世界瞩目的花园城市和法治国家,很少有国家在这么短的时间内能取得如此大的成就。这在老一代政治家看来,人民应该感到自豪和满足,但在反对党的政治家和一些年轻人看来,新加坡应该做得更好，尤其是只有经济发展而缺乏政治民主就没有全面达到第一世界的水平，没有使人民分享更高质量的社会保障和政治自由。再例如，从个人魅力来看，在阿裕尼集选区，以外交部长杨荣文领队的人民行动党的团队是非常强大的，杨荣文本人被公认为是最有能力的部长，但是在面对工人党最强有力的竞选团队尤其是长期担任反对党议员、富有个人魅力的刘程强，而人们又希望反对党有所突破时，杨荣文的个人魅力就显得不那么具有影响力了。

经济和民生问题虽然是这次竞选的重要议题，但民主、自由和平等也越来越受到普通选民的重视。例如，后港区的很多选民表示，居住和环境问题现在没有让反对党进入国会重要①，一些选民认识到，只有有了政治上的制衡，他们的诉求才会受到重视。新加坡管理大学的陈庆文指出，今天的选民已经不像20世纪六七十年代的选民，会被领袖的一些严厉训斥吓住。他们也不会轻易向物质利益屈服，因此组屋翻新之类的许诺，不会对每个人都产生作用。人民行动党领导人在阿裕尼选区告急时警告选民说，你们将会失去几位优秀的部长人才，这在过去是很能影响选民的，但这次很多选民则回应说：你们完全可以另作安排。② 一位选民说投反对党的票是经过20年的观察，对刘程强有所了解。反对党并不是一味反对政府，有时他们还会向居民解释政府政策的正确性，不像有些国家的反对党，为了反对而反对，损害了国家和人民的利益。我们不要这样的反对党。人民行动党有很多好的政策，反对党应该给予支持，只是政府有时也应该有一种外来的声音提醒。同时也应该给反对党一个机会来证明自己。五年后，假如他们能取得好的成绩，当然会得到人民的信任，否则人民是不会再支持他们的。③ 这种心态，一方面是在政治转型刚刚开始时一些国家民众普遍的心态，另一方面也有新加坡人对本国民主状况的思考。在阿裕尼选区，对于一些中间选民既不愿失去执政党的杨荣文部长等优秀人才，又认为应该给以刘程强为首的工人党的优秀团

---

① 陈庆文：《选民的素质与过去不同》，《联合早报》2011年5月8日。
② 同上。
③ 本刊记者：《选民态度更为客观》，《联合早报》2011年4月30日。

队以机会的两难情结，工人党主席林瑞莲不得不安抚选民说，人民行动党如果在阿裕尼败选，杨荣文虽然当不成部长，但仍可以在其他方面为新加坡服务。她说，人民行动党政府掌控了政联公司、半官方机构和政府部门，杨荣文即使败选，前途也是光明的，"可以出任官方组织的主席或代表我国担任亲善大使……其实这是行动党部长退休后，政府通常为他们安排的出路"[1]。反对党之所以必须进行这样的安抚，是由于选民的态度就是如此。在很多选民看来，杨荣文"是一位深受国人尊敬和钦佩的、集政治家、学者和哲人形象于一身"的部长和国会议员[2]，因此他们投票的心情很复杂。这说明，选民既看到反对党进入国会的必要性，也看到了行动党执政的功绩，而不是只看到一个方面。

人们已经注意到年轻一代是推动这次政治变革的主要力量。由《海峡时报》进行的一次调查表明，2/3 以上的年轻选民希望反对党在国会中的比例超过 20%，即 17 席。在这次选举期间，年轻人一反常态，不再像过去那样对政治冷漠，而是有很高的参与热情。尤其是在反对党召开的竞选大会上和 Facebook 上，可以看到年轻人的热情非常高涨。例如，在工人党于 2011 年 5 月 5 日举行的最后一次竞选大会上，参加的人至少有 6 万人以上，达到了空前的规模。反对党的竞选大会明显比执政党的群众大会的人数要多，群众的情绪也更高涨。包括执政党在内的各政党的领导人都表示，在这次大选中反对党之所以有如此高的得票率，与年轻选民的支持是分不开的。从这一点似乎也可以看到新加坡的政治正在起变化。一般来说，在政治或社会经济正常发展的时期，人们的政治参与意识是常规化的，不会表现出高度的热情，而在政治转型前后，人们的政治参与意识则很可能被激发起来，表现出高涨的态势，而年轻人的政治意识代表着未来政治意识发展的方向，是难以阻挡的。

从媒体方面来看，也发生了很大的变化，中立性和开放性是这种变化的主要特点。从选举一开始，新加坡的各大媒体像《海峡时报》和《联合早报》包括它们的网络版等都以基本中立的态度进行报道，既刊登

---

[1] 林瑞莲：《杨荣文会有很好的出路》，《联合早报》2011 年 4 月 30 日。
[2] 同上。

赞同执政党观点的文章,也刊登赞同反对党观点的文章,与它们在历次大选中更多地偏向执政党的态度有很大不同。尤其是 Facebook 更成为人们广泛使用和自由表达的场所,成为一种重要的民意测量和表达工具。其中一个重要的特点是对反对党候选人的支持度很高,例如国民团结党 24 岁的候选人佘雪玲 Facebook 的点击和留言达数十万条,是所有候选人中最高的,且多数是讨论问题和表示支持。排第二的是国务资政李光耀,但给他的留言既有支持也有批评,而且批评观点还很多。报刊和网络上对反对党观点的报道及其对执政党的批评,比反对党竞选大会影响更广泛,比仅仅从反对党口中说出的批评有更大的效力,因为过去在人们心目中媒体是受政府控制的,现在则感到媒体的独立性很大。不过,平面媒体表现得更为中立,电视等立体媒体对大选的报道要少一些。

媒体的理论观点也发生了转变。《联合早报》在一篇社论中说:"像新加坡这样一个小国要在夹缝中求生存、求发展,必须任用拥有各种专才的团队来治理。宽容大度、公正透明,不断改革更新,当可网罗各方面的人才为己用。多听民声,亲近民意,自可得到国人的拥护。开放与竞争,包容以求同,是民主社会的基本精神,也是通达国家繁荣昌盛的大道,从政者可用'自强不息,厚德载物'八字作为治国的座右铭。"[1] 这种观点是这次媒体报道中的一种普遍观点,它与人民行动党的传统观点有很大的不同。过去,人民行动党领袖总是把"生存与危机"作为它实行一党政治的依据,甚至在这次大选初期李光耀仍有类似的言论,认为自由与民主会导致发展机会的丧失,因此必须以经济发展为中心,实行精英治国和一党威权主义统治。而现在报刊上却说只有民主才能网罗各方面的人才,只有开放与竞争才能发展,说明其治国理论正在向着更为民主的方向变化。这已经看不出官方媒体的色彩了。

由整个选举文化的变化可以看出新加坡的民主政治进入了一个新的发展阶段,政治格局有了很大的改观。新加坡的 The Sunday Times 以"稳定、赞同和改变"为题发表的一篇评论文章可以反映这种变化的程度。该文指出,执政党 60.1% 的总得票率说明了大多数人希望政治稳定,李

---

[1] 本刊评论员:《自强不息　厚德载物》,《联合早报》2011 年 5 月 8 日。

显龙所在的集选区执政党的得票率为69.3%，说明了人民对人民行动党政府的认可，而在阿裕尼集选区人民行动党候选人团队得到的45.3%、工人党得到的54.7%的选票说明人民希望有所改变。①

从大选的全过程来看，包括大选以后，我们看不到在很多转型国家出现的强势打压，造假抹黑或打悲情牌等不良手段赚取选票，无论是从执政党还是反对党的候选人来看，他们都力图展现出从政者的"君子风度"。当然，一方面，大选中的这种"君子风度"与反对党汲取了历届大选中由于说话激烈而被执政党抓住把柄、从而受到打压的教训不无关系；但另一方面我们也可以看到，这也与执政党本身对待反对党的态度发生了很大的变化也有很大关系，否则执政党总是能找到反对党的"瑕疵"。从历次大选的变化来看，行动党对反对党的打压是在逐步减弱的。在这次大选中导致行动党没有再次采取打压手段最根本的原因还是整个选举文化或政治文化发生了较大的变化，人们已越来越不能接受打压手段了。刘程强在大选后的演说中也表明他看到了这种政治变化："我们会竭尽所能，为您服务，在国会代表你，以国为重，争取您的权利。您的支持，告诉了行动党政府，必须重新思考它的施政方针，对主要的政策重新定位，缓解国人所面对的生活压力，提高国人的收入、帮助老年人改善医疗服务，降低新组屋价格等问题。您的支持也告诉了行动党政府和全世界，除了经济上的发展，您也希望新加坡向民主迈进"②。尽管反对党批评政府的政策是容易的，总会感到政府有做得不够的地方，而要它自己做起来也会很困难，但变化是实实在在的。

二 选举议题的政治分析

虽然民生议题在选举中占的分量最大，也最能引起选民的广泛共鸣，但它之所以能激发起民众的选举热情是因为它与政治有着密切的联系，它在选举中实际上是从属于政治议题的。这种情况与许多后发展国家政治转型时期所面临的经济和政治问题的先后顺序相同，只不过每个国家

---

① 本刊记者：《稳定、赞同和改变》，《星期日时报》2011年5月8日。
② 刘程强：《刘程强的选后演说》，《新明日报》2011年5月8日。

的民众对经济和政治议题的关注程度以及从经济议题转变为政治议题的速度有所差异。这实际上既与政治精英的操作有关,也与民众政治意识提高的状况有关。在转型时期,一般都是先出现经济问题或经济危机后再转化为政治危机的,例如在1986年的菲律宾、1997年的印度尼西亚和2008年前后的泰国等,也有由社会问题和国际国内的政治危机直接引发的转型,例如在20世纪90年代中期的韩国和20世纪80年代后期的中国台湾地区。不过,这种由社会和政治问题引发的转型,其实在一定程度上也是因为人们感到现政权的政策可能危害生存环境或经济状况,因而奋起反抗。之所以先以经济议题来动员群众,与经济问题影响广泛、关乎每一个人的切身利益,同时又不像政治问题那么敏感、不直接与统治者的利益发生有关。这样一来,它就不那么容易引起统治者的强烈反对。

近年来,新加坡社会关于民生问题的讨论一直在不断增温,其焦点是关于政府的移民政策的争论。由于政府通过采取较为宽松的移民政策来吸引移民,以弥补劳动力和人才的不足,因此在过去10年中有大量的外来劳工和专业人士进入新加坡。他们弥补了劳动力的不足,提高了生产率和竞争力,但也对本地居民造成了冲击,引起了本地居民的不满。外来劳动力工资低,在就业上比本地居民更有竞争力,尤其是在2008年经济危机以后,人们对就业的不满增加了很多;此外,它还抬高了组屋的价格,过去人们在住宅上的花费并不高,现在很多年轻人可能要30年左右才能还清贷款;同时,生活费用的持续上涨和社会老龄化程度的加重使人们越来越迫切地希望改革医疗保险制度和公积金制度,以减少生活和医疗费的负担。一位叫Kevin的选民说,5年前他是行动党的支持者,但这5年中生活压力增加,收入增长敌不过物价的增长,"政府越来越像一个公司,只想着赚钱,促进GDP的增长,而在照顾人民方面做得不够,所以他现在是工人党的支持者"[①]。由此看来,处于社会下层的群众的收入增长低于平均增长是人们不满的一个重要原因。

政府在选前看到了群众在这方面的不满情绪,为了争取选票而向新加坡成年公民提前发放了补贴,在大选前的5月1日左右有200多万新加

[①] 本刊评论员:《选民态度的变化》,《新明日报》2011年5月8日。

坡成年人收到了每人约 4000 新元的补贴。尽管自 2001 年通过"增长与分享预算案"以来，新加坡人每年都会得到一定数额的补贴，这确实也能起到一定作用；但在很多人看来，新加坡经济上已经进入了第一世界行列，而社会福利却还是第三世界水平，没有完整的社会福利政策，仅仅依靠这种补贴是远远不能解决问题的。

反对党和执政党围绕着这些民生议题进行了争论。工人党建议组屋价格应与国民平均收入挂钩，国民团结党主张应以略高于成本的价格出售组屋。按照这些标准，组屋的价格要大大下降。国家发展部长马宝山则反驳说，若国家通过压低土地价格来降低组屋价格，则等同于动用和消耗国家储备，因为土地是国家储备的一部分，对一个城市国家来说这一点更为严重。此外，若新组屋价格被蓄意压低，实际上等于降低了 100 万组屋屋主的财产价值。这种从市场价值做出的阐释有其合理性，但对那些背负着沉重的房屋贷款或买不起房的人来说，在人均 GDP 已经接近 5 万美元的新加坡，这显然不能令人满意，他们认为这主要是政府做得不够。

反对党指出，之所以出现这些经济和民生问题，主要是执政党政府高高在上，听不进老百姓的声音，所以必须对他们有所制约，否则这些问题很难解决。对此，工人党提出了"建立第一世界国会"的政治主张，它指出，现在新加坡的经济已经进入了第一世界的行列，但政治民主或国会制度与第一世界国家还有相当大的距离，因此有必要建立一个"第一世界国会"，以表达人民的心声和对政府进行制衡。但这种制衡并不是完全的竞争，而是充当"副司机"和"后备轮胎"的角色。对此，人民行动党的前总理吴作栋和另一位候选人殷吉星反驳说，如果反对党的所谓"第一世界国会"只是要在国会中有反对党议员发表不同意见，那么，很多发展不成功的国家例如津巴布韦和缅甸都已经是"第一世界国会"了，而新加坡确实不是，但这样的"第一世界国会"是很可笑的。国会议员的主要工作是帮助人民解决实际问题，而不是反对[①]。反对党反驳说，人民行动党说没有人可以说清什么是"第一世界国会"，但是不要忘

[①] 本刊记者：《李光耀：新加坡应有第一世界的国会》，《联合早报》2011 年 4 月 30 日。

了，新加坡人凭直觉也懂得82个执政党议员与2个反对党议员组成的国会肯定不是"第一世界国会"。①工人党秘书长刘程强说，所谓的"第一世界国会"，是指由可靠的和负责任的反对党议员来监督政府的国会②。

反对党还对选举制度进行了抨击。刘程强指出，人民行动党在1988年大选前推行集选区制度，公开的理由是为了确保国会中有少数族群的议员，但是在这之前并没有一位少数族群议员因为种族身份而落选。工人党的前秘书长惹耶勒南虽是印度裔，却在1981年安顺补选中当选。实际上，这是因为在1984年大选中工人党的惹耶勒南和独立候选人詹时中当选，行动党为了抑制反对党的发展势头，才于1988年设立了集选区制。由于反对党很难同时找到几位有竞争力的候选人，所以很难在集选区与执政党进行竞争。而且执政党总是根据上届选举的结果和选情的变化来重新划分选区，有的选区无论在地理上还是在社区管理上都不适宜成为一个选区，而只是为了有利于分割反对党的选票才划到一起的。"如果行动党真的尊重选民的需要和意愿，他们为何在每次大选来临之前，根据上届大选的结果重新划分选区？我们为何不问问加基武吉的选民，他们25年来没有搬家，但却被'踢来踢去'，先后被并入友诺士、马林百列和阿裕尼选区！"③

关于集选区制度，可以从两个方面来看。一方面这确实是执政党在20世纪80年代末看到选民支持反对党的热情在增加，为了限制反对党而制定的，同时不可否认它也是保证少数族群候选人当选的制度安排。一方面，在新加坡的现实环境中它限制了反对党的竞选；另一方面，尽管这确实在一定程度和一定时期内限制了反对党的竞争和参与，使执政党在选举中处于优势，但在客观上也许有更深刻的意义。我们知道，后发现代化国家在独立后或任何一次政治转型之后最重要的就是要获得稳定的发展环境，在一定程度上限制政治参与，建立有效的秩序。因为在政权和政治体制已经发生了更替或巨大变化之后的一个时期中，需要培育

---

① 刘程强：《何谓第一世界国会?》，《星期日时报》2011年5月8日。
② 刘程强：《何谓第一世界国会?》，《晚报新闻》2011年5月8日。
③ 《刘程强的竞选演说》，《新明日报》2011年4月30日。

这个新的政治体制中的现代性机制，以促进和适应新的现代化进程。这种发展是渐进而有序的，同时还需要有经济和社会的发展作为基础，而这些都要求有稳定的秩序和法治，而不是政治参与的迅速扩大。我们看到，大多数后发展国家在第二次世界大战后建立了新的民族国家，这之后都出现了政治动荡和社会混乱，经济和社会发展一度停滞，之后在威权主义时期则有了较快的发展。在从威权主义向多元民主转型后又一度出现了混乱，尽管有的国家或地区经济和社会停滞的时间较短并呈弱化趋势，但其对政治和社会的冲击却长期存在着；在另一些国家这种民主的混乱状态则持续的时间较长；只有在民主巩固之后社会经济才能较快发展。因此，威权主义以何种方式向民主过渡即转型的路径如何就是人们必须思考的问题。[①]

我们知道，影响政治转型或民主化的最基本的因素是其主客观条件是否成熟。很多国家在民主的主客观条件准备还不充分的情况下就发生了转型，因而出现了混乱或水土不服的情况。新加坡的集选区制度实际上是在一定程度上限制了政治参与，在20世纪80年代以来整个东亚、世界以及新加坡的人民政治热情高涨的时期，这项选举制度延缓和限制了反对党和一部分民众的参与热情，使新加坡获得了更长时间的发展机会。同时，这种制度的潜在作用并不仅仅是抑制性的，它在根本上还是一种民主的选举制度，是与特定的环境相联系的民主制度。在民主环境日趋成熟的情况下，在反对党有所发展的情况下，它们就可以运用这种制度在某个集选区参加平等的选举，而这时选举的突破要比单选区制更大。

三 比较视野下新加坡民主政治的发展

第一个比较维度是新加坡自身的民主进程，即纵向发展的角度，具体来说就是在威权主义体制内部民主发展的程度，或者说与过去历次大选尤其是与2006年大选相比民主的进程如何。在实行了集选区制后的历

---

① 参见塞缪尔·P.亨廷顿《第三波：20世纪后期民主化浪潮》，刘军宁译，上海三联书店1998年版，第138—201页；李路曲《东亚政治转型的路径分析》，《当代亚太》2001年第1期。

次大选中，反对党或者是全部或者是大部放弃了集选区的竞选，而专注在几个单选区或其他一、二两个集选区竞选，因此历次大选只是对有竞选的数个选区的选票进行统计，而不包括未经选举行动党就已经获胜的选区的选票的统计，因此在这样的大选中反对党与执政党的差距要比正式公布的得票率差距大得多。从这次大选来看确实发生了很大的变化，反对党的得票率不仅是自独立以来最高的，达到了39.86%，而且这一次反对党是在除波东巴西一个选区以外的所有选区向执政党挑战，因而得票率真实反映了全国选民的意向。反对党有6名议员当选，这也是独立以来最多的，此外还有3名非选区议员。一方面，新加坡民主的发展仍是威权主义体制内的发展；另一方面，它在威权主义体制内把民主发展到了一个较高的水平。

第二个比较维度是新加坡的民主发展在东亚以及世界民主发展中的地位，或者与东亚和世界各国相比其政治发展处于什么水平上。如何从发展政治学的角度来看新加坡的政治发展，按照西方经典的政治发展理论对新加坡的政治发展进行评估，它与东亚和世界已经发生政治转型的近100个国家的政治体制相比还是落后的。然而，或许仅仅从政治体制的架构按照西方经典的民主标准进行评估并不全面。还有两个标准或问题需要考虑，一是民主的实现程度，二是政治的有效性或治理水平。

民主的实现程度在这里主要是指在威权主义体制内人民实际享受到的民主的权利。一些国家在转型后政治过度自由化，社会和政治秩序混乱，这种没有法治的自由使得人民的民主权利得不到保障[①]；同时，在那些过度专制的国家中人民更无民主权利可言。新加坡人民可享受到的民主权利主要包括人民行动党1959年执政后一直允许反对党存在，近几年来反对党的作用越来越大，媒体越来越中立，政治自由越来越多，与其他威权主义国家相比有更多的民主。

是否是优质民主是评估民主的实现程度的一个重要的标准。尽管什么是优质民主本身还有争论，但人们对建立在法律和秩序基础上的民主

[①] 同时，应该看到，这种"民主的无序"，是较早发生政治转型的国家民主发展的必然阶段，在这个意义它仍是有积极意义的。

制度有着基本的认同和共识，没有民主自由的法制和秩序或只有民主自由而没有法制和秩序的制度都有很大的缺陷。从当代后发展国家的情况来看，那些在民主的主客观条件还没有准备好就发生了政治转型的国家在转型后会出现严重的无政府状态，仅从近来非洲的突尼斯、埃及和更早一些在东亚的菲律宾、印度尼西亚和泰国等国发生的情况来看就可见一斑了。在这些国家中民主或是一种无政府状态，或为少数权势者所利用；而那些长期实行威权主义或集权政治并拒绝民主改革的国家，则由于不能满足人民群众的经济和社会需求而存在着巨大的社会矛盾和危机。而新加坡的政治发展正处于这两者之间，一方面，它在不断地发展民主，对执政党的制衡作用增加了；另一方面又没有政治转型或政党的更替，民主仍在威权主义体制内发展，尤其是新加坡的反对党还受到一定的限制，要防止受到执政党的法律控诉。而这样的结果是既避免了无政府状态，也避免了不发展的问题，这是与这种政治发展或转型程度较为符合本国的实际分不开的。

从与马来西亚的比较来看新加坡的优质民主或许也有一定的体现。我们看到，在人均 GDP 较高的水平上，除了中东的石油国家外，只有马来西亚和新加坡没有发生政治转型了①。然而在这两个国家中，民主在威权主义体制内都有很大的发展，尤其是马来西亚，反对党无论在规模还是在议会和地方政府中的权力方面都比新加坡的反对党大得多，似乎它们更能推动政治转型或对政府有所制衡。然而，马来西亚的反对党在未实现政治转型前就已经发生了矛盾和内讧，这大大削弱了其民主的质量，这或许也是它徘徊在政治转型的边缘却始终无法逾越这一界限的重要原因之一。在新加坡2011年大选之后，马来西亚的反对党表示要向新加坡的反对党学习，团结而不搞内讧。新加坡的反对党之所以在积聚人才仍

---

① 亨廷顿曾经指出，除了中东石油国家外，世界上只有新加坡在人均国民生产总值较高的水平上没有发生政治转型。中东石油国家的政治发展仍处于较为传统的威权主义阶段，统治者或国家通过利用外国技术开采石油而增加了 GDP，因而现代化因素实际上只是在技术层面上为国家所掌握，没有全面渗入社会，或者说没有社会和文化的全面现代化。这增加了国家的力量，抑制了市民社会和中产阶级的发展。根据2010年的统计，马来西亚的人均 GDP 是1.5万美元，新加坡是5万美元，因此现在除石油国家外，马来西亚和新加坡都是还未发生政治转型的国家。

有困难且党员数量少得多的情况下,赢得较高的得票率并在所有选区向执政党挑战,就是因为其领导人素质较高,在利益和权利方面可以妥协,协调工作做得好,从而避免了相互之间的矛盾冲突。同时,选民的民主素质也是一个重要的指标,因为它影响着整个选举和参与过程,正如前述,新加坡选民的素质较高,民主意识更为成熟。

过去人们一直把日本视为东亚唯一一个具有西方式民主的国家,但实际上这样的看法并不准确,日本的民主与西方民主还是有很大不同的,一党长期执政和家族政治是这种不同的两个最重要的特点。过去人们之所以忽视了这两个特点,是由于与东亚或大多数后发展国家相比,日本的政治民主与自由以及反对党的活动,更接近于西方式民主。一些后发展国家大量民主化以后,在体制形式上已经超越了日本的民主,日本的民主为什么比这些国家更为优质呢?最根本的一点还在于日本的民主或一党长期执政的多党制度是建立在日本的现实基础上的,这个现实是市场、中产阶级和一党政治的有机结合或平衡。与东亚或很多后发展国家相比,日本的家族政治有更多的现代性因素,其一党独大、长期执政也远不是一党完全垄断国家权力。如果我们说新加坡和马来西亚在一党威权主义体制内把民主发展到了一个较高的阶段,那么日本2009年之前的体制则是在威权主义体制内把民主发展到了一个更高的程度,已经处于一党体制的边缘,或者说是一种由一党政治向多党政治过渡的时期。"日本之所以成为优质民主,主要是因为日本的民主能够结合其民族文化和传统制度特色。"[①] 日本之所以建立了一党长期执政、稳定而有序的民主制度,是因为它的政治体制是建立在相应的政治基础上,建立在与各政党及民众的民主素质水平相适应的环境中。同时,它在2009年之所以成功地实现了稳定而有序的政治转型,进一步说明日本的民主是随着它的民主环境的变化而发展的。它的民主化程度比新加坡更高,而它们却有同样的稳定和发展机制,在这个意义上,可以说它比新加坡的民主更为优质。

由此来看,新加坡之所以被有些人称为优质民主的表现之一是因为

---

① 郑永年:《新加坡的优质性民主》,《联合早报》2011年5月10日。

民主发展的稳定有序，而这种稳定有序是建立在抑制民主发展的速度或使民主的发展与民主的主客观条件相适应的基础上的。实际上，这一点是难能可贵的，因为从整个世界的民主化进程来看，各国都很难做到这一点。延迟政治转型的时间，可以培育更为成熟的基础因素，使各种主客观条件更为成熟，同时可以汲取各国政治转型的经验教训和学习人类文明的新成果。

新加坡民主化的客观条件主要是指市民社会和中产阶级的发展和成熟。一方面，长期的市场化和经济发展使新加坡大多数人都进入了中产阶级的行列，生活水平和受教育水平大大提高，人们的政治参与意识也随之提高了；另一方面，在这种环境中，代表不同群体利益的反对党也有所发展，不但在吸纳人才方面有很大发展，而且在政治上也越发成熟。主观条件主要是指民众、执政党和反对党的民主意识都有很大提高。在2011年的大选中，围绕着选举议题进行激烈争论的同时，各种政治力量和选民都表现出了竞争中的理性和冷静。他们表示不愿意看到一些国家发生的民主沦为民粹的现象，不愿看到国会沦为不同党派和政客表演的舞台——因为这会严重地削弱政府的效率，所以需要制度化的和理性的民主制度。

新加坡的优质民主的另一个表现是政府效率高。尽管人们不时批评政府管得太多，压抑了创新，但没有人说它缺乏工作效率，这对世界上的绝大多数政府来说是难能可贵的。新加坡能在较短时间内人均GDP达到5万美元的水平，尽管这首先要归功于人民的辛勤劳动，但同时也与这个管得多而严的政府是分不开的。它之所以能做到这一点，有两个主要原因。一是法治建设的成功，不但政府依法行事，群众也遵法守纪，违法行为被查处的可能性很大。其中重要的表现之一是为政清廉，新加坡在透明国际每年公布的世界各国廉政排名中多年都在世界前五名之内，有时位居第一名。我们知道，腐败是一种非制度化或非法制化的政治运作形式，在制度化水平低的体制中最容易发生，尤其是一些国家在政治转型后民主体制脆弱的时期，法律混乱，因而腐败盛行。二是政府官员的素质高。人民行动党政府的选官机制既严格又具有现代性，一方面它对候选官员的人品、文化素质、业绩和政治取向有严格的审查，另一方面它会随着时代的进步而调整其标准。例如，在20世纪60—70年代，它主要是从党的基层干部中选拔党的高级干部，到20世纪70年代末以后，它非常注意从市场经济的成功人士中选拔和培养干部。例如，在20世纪70年代末，人民行动党从党外吸收了后来成为总理的吴作栋和副总理的陈庆炎，在20世纪80年代和20世纪90年代，又吸收了现在的总理李显龙和副总理黄根成等，现在所有部长以上的官员都是走的这种仕途。他们在成为政府领导人之前，都是社会各方面的精英人才，正因为他们已经取得了成功，所以执政党才邀请他们入党，这已经成为进入政府高层的重要标准。同时所有的候选人都要参加国会议员竞选，进行磨炼，否则也不能成为政府高官。党的这种开放性对特权和既得利益是一种很大的冲击，同时也使党的高官保持与社会的交流，他们也更愿意表达社会不同阶层的意见，因而也更易获得群众的认可，更具有合法性。

四　影响新加坡民主化进程的基本因素

政治制度化水平高是新加坡体制的一个重要特点，这一特点深刻影响着其政治发展，也是其政治转型较晚的一个特殊而重要的原因。这可以从以下几个方面表现出来：第一，政治清廉表明其政治运作是制度化或法制化的，这减少了大量的社会矛盾，从而也减少了转型的压力。腐败是非制度化运作的表现形式，第三波民主化以来在经济发展水平较低就发生政治转型的国家或地区大都与腐败有关，这说明这些体制的制度化水平较低。第二，政治控制的有效性也是制度化水平高的一个重要表现。这又表现在两个方面，一是政府的效率高，能够有效地主导经济和社会的发展，在上情下达方面更为通畅；二是适应性强，政治体制可以通过自身的调适适应巨大的社会变迁，新加坡50多年来从人均不到100美元到5万多美元，社会经济结构发生了巨大的变化，而政治体制通过自身的改革包括民主化改革适应了这种变迁，在这一过程中建立了动态的、稳定而有序的社会控制机制。当然，这种社会控制机制也在一定程度上控制了其民主化进程。因此，这种高制度化水平的体制在有效推进现代化进程的同时也延迟了民主化进程。

应该看到，政治制度的制度化水平是与社会的一定发展阶段或水平相联系的①，在此发展阶段高制度化水平的体制可能会阻碍体制向彼阶段的转型。例如，尽管日本在东亚各国中最早发展起了多党政治，但它在很长一个时期中一直维持着一党执政，这使它获得了有序的发展，然而这却使它真正实行多党制的时间比许多后发展国家还晚了许多，所以它的较高制度化水平的体制在一定程度上抑制了政治转型。同时，与东亚其他国家一样，日本这种一党长期执政的体制包括一党多派体制只能适应一定时期的经济和社会的多元化，在经济和社会继续多元化后它显然很难与其相适应，最终还是在 2009 年为民主党所取代，使多党政治有了突破性的发展。不过这时的转型是在民主的主客观条件已经成熟的条件下发生的，因而也是非常稳定的。新加坡的情况也类似，其政治体制的制度化水平适应了社会经济的变迁，推动了体制内的民主，但同时这种体制的容纳空间仍然是有限的，其国内多元利益和诉求的发展反映了人们不再满足于一党的威权主义体制内的利益表达，认为它越来越不能解决新的不公平问题。进一步说，其高制度化水平的体制虽然既促进了发展，也化解了人们的不满，但在更高的发展阶段上人们还是不愿再忍受这种体制的束缚。

新加坡政治发展的特色之一是在对政治参与进行严格限制的基础上逐步培育公民意识。这在客观上有很大的积极效应，尽管人民行动党的领导人可能并没有完全意识到这一点。一方面，是在保证一党威权主义体制相对稳定的前提下逐步地放松管制，不像有些国家那样一放而失去控制；另一方面也不像有些国家那样只讲控制而很少改革，其结果只能是处于僵化状态，而应该是相对积极地推动改革。对民主的培育在制度层面上主要是允许反对党的存在和发展，使媒体越来越中立，在行为层面上允许民众投反对党的票和发表不同的言论，可以直接批评政府的某些政策。

正如前述，大多数后发现代化国家之所以在政治转型后发生了民主的混乱，其基本原因是民主的主客观条件不够成熟。衡量政治转型的基础条件是否成熟的一个重要标准是人均国民生产总值，从第一波民主化

---

① 李路曲：《政治制度化与民主化的变迁》，《晋阳学刊》2008 年第 1 期。

到第三波民主化，民主化的条件从人均国民生产总值从 100 多美元到 1000 多美元在不断提高，尽管这不是完全条件或绝对条件。在第三波民主化以后，政治学家又提出人均国民生产总值达到 3000 美元以后，社会政治会进入动荡或转型期。由此可以看出，随着现代化进程的推进，政治转型所要求的人均 GDP 水平在不断提高。韩国在人均 5000—8000 美元、中国台湾在人均 5000—10000 美元时发生了政治转型，较之东亚较早和同一时期发生政治转型国家和地区的人均 GDP 都要高。这既说明政治转型所需要的人均 GDP 水平随着现代化的发展在提高，同时还说明在人均 GDP 较高的基础上的转型会更为成熟，因为它为民主奠定了较好的基础。韩国和中国台湾地区在已经发生政治转型的国家或地区中几乎是政治发展最为稳定的、经济发展也较快，其民主制度已经表现出较高的制度化水平。当然，韩国和中国台湾地区也在主观上为民主转型和政治的有序发展做了很多努力，这也是其民主化较为成功的原因。新加坡为民主化积累的主客观条件更为充分，其政治发展及其转型会更为稳定而有序。

有人认为只要经济持续发展就不会发生政治转型，这个结论存在多方面的问题。我们知道，按照马克思的理论，经济基础决定上层建筑，经济发展到一定程度政治一定要随之变化。当代发展政治学也指出，随着市场经济的发展，一定会导致政治民主化的出现，尽管经济与政治的这种相关性并不是绝对成正比的，但也适于解释各国的发展状况。同时，任何一个国家都不可能永远保持一种快速发展的态势，都可能出现经济滞胀或经济危机，如果这时已经具备了一些民主化的条件，就可能发生政治转型。很多国家的情况都证明了这一点。新加坡在 1985 年、1997 年、2001 年和 2008 年都发生了经济危机，它之所以没有像东亚其他国家或地区那样发生政治转型，是因为它政治制度的制度化水平高，可以在一定程度上化解由此产生的社会政治矛盾，但这不意味着其政治可以不发展。此外，社会不满情绪并不总是在经济危机时才会爆发，在经济持续发展和社会控制有所放松时也会爆发，20 世纪 70 年代以来很多后发展国家在其现代化改革时期都出现过这种情况。新加坡在 2010 年取得了国民生产总值 14.3% 的世界第一的增长率，而同时不满情绪在 2011 年 5 月的大选中达到了历史最高点，也证明了这一点。反而是有的社会在不发展和社会控制严厉的情况下人民对政府的满意度很高，尽管这种满意度可能是在无从比较的情况下产生的。还有一点值得注意的是，经济发展指标在衡量社会发展程度上的重要性已经在下降了，人们认识到社会的绿色发展和全面发展更为重要。所以，在特定的时期内，需要稳定的政治和社会环境来致力于经济发展，但在一个较长的时期中，威权主义政治在30年以后应该开始逐步进行政治改革，长期不改革会累积大量的社会矛盾，而这并不完全取决于经济发展的速度。

另外，还有一个儒家文化与政治发展的问题。过去一些学者在谈到新加坡的一党政治、李光耀的治国理念和经济迅速发展的原因时强调儒家文化的作用，也有一些学者在谈到中国的政治发展模式时也强调儒家文化的作用。毋庸置疑，儒家文化是有作用的，它会使具有儒家文化传统的国家或地区具有一定的特色，但是这能在多大程度上决定这些国家或地区的政治发展模式，还需要进一步的探讨。我们看到，具有儒家传统的中国台湾已经发生了政治转型，而新加坡的领导人和国人都承认自己已经在很大程度上"西化"了，比中国台湾、香港和内地西化得多，它的儒家传统在其社会生活方式甚至语言中保留得很少了，在几个以华人为主的政治实体中保留得最少。有人把其一党的威权主义政治看成是儒式社会的特色，但实际上威权主义不是儒式社会所独有的，世界上大多数国家包括西方国家在其现代化的一定阶段都经历过威权主义。我们还看到，中国台湾在比新加坡保留了更多的儒家传统的情况下已经发生了政治转型。还有一个问题值得思考，一般来说，伊斯兰文化由于其教义、血缘传承和生活方式等因素比儒家文化更为封闭，但在一些伊斯兰国家，例如土耳其、印度尼西亚和马来西亚等，或者已经发生了政治转型，或者其威权主义体制内的多元化程度已经高于新加坡。这说明传统文化并非不能发生创造性的转化，这也是对那些认为儒家文化会使儒式社会的政治模式一成不变的论断的否定。

小结

自20世纪80年代以来，反对党政治发生了很大的变化。这种变化的表现就是反对党在人民群众中的影响越来越大，得到了更多的群众的同情和支持，其标志就是反对党在选举中的得票率明显提高，反对党候选人突破了人民行动党独霸议会的局面，有了自己的议员，获得了合法斗争的工具。反对党政治的变化可以从以下两种比较中得到判定：与20世纪60年代中期以前20年的反对党政治相比，这时的反对党政治由于政治竞争性质的变化已经不再局限于主要是一种权力的角逐，而更是一种民主制衡的方式了；与20世纪60年代中期以后至70年代末的反对党政治相比，它不再是一种缺乏竞争深度的反对党政治，而是一种真正具有竞争性和制衡力的反对党政治。所以，这是新加坡政治发展进程中的一个划时代的变化。

第十二章

20世纪70—90年代的政治变迁

第一节 人民行动党的自我更新

从20世纪70年代开始，人民行动党政府的领导层开始着手培养和更新党和政府各级组织的领导人员。这是基于以下三方面的考虑做出的：一是到20世纪80年代，人民行动党政府的第一代领导人将要到退休的年龄，他们必须考虑培养接班人的问题。二是为了保住人民行动党的江山，使第一代领导人开创的事业后继有人；同时，要想保住社会稳定和经济繁荣的局面，也必须考虑更新领导层的问题。三是到了20世纪七八十年代，战后出生的新一代人成长起来并不断进入国家政治生活。他们的思维方式和行为方式与上一代人有很大的不同，要想与他们保持联系并获得他们的支持，必须首先在党内和政府内更新观念，而更新观念的最好的方式就是选拔新一代领导人。从这三点可以看出，人民行动党政府内部机制调整的目的是维持自己的统治和发展经济。其现实意义是，避免政治多元化和西方式的民主化，维护一党为主的政治体制；同时，努力发展经济，尤其是市场经济，促进社会繁荣，为自己的统治获取现代性和合法性。

人民行动党政府的领导人在20世纪70年代中期以后，越来越深刻地认识到进行党和政府的内部机制调整、培养新一代领袖的重要性。当时，李光耀、杜进才、吴庆瑞等领导人只有50多岁，正值年富力强之际，但他们很有远见地考虑到自己在不远的将来就会衰老，而新一代领导人需要一个选拔和培养的过程，不可能在很短的时间内完成，因此，应该及早进行准备。如果拖到自己不得不交权的年龄再来安排接班人，就没有多少选择余地了。而且，在一个政党正值强盛的时期，人才很容易集中，可以从中选出第一流的政治家为本党服务。当时很多发展中国家已经在权力交接问题上出现过失误，这更引起了人民行动党老一代领导人的注意。新加坡国立大学的一位学者这样说道："李想在他仍然手握权柄时，就把他的人安排在各个岗位上，以便能贯彻他的政策。换句话说，除了要保证新加坡拥有有才干的领导人外，他还想确保在他身后无论发生什么变化，新加坡的根本路线都不会改变。"[①] 这就是说，选拔领导人除了保证国家的正常运转外，还有按照老一代领导人的模式治理国家的意图，或许还有保住既得利益集团特权的意图。

一 选拔领导人的标准

从以上这些因素出发，老一代人民行动党政府领导人选拔新人的基本原则主要有三点。一是这些新人必须忠诚于老一代领导人，维护人民行动党的利益。为了做到这一点，老一代政治家绝对不考虑从反对党或持不同政见的人中选拔政府的领导人和官员，从而防止其他政党和政治势力与人民行动党分享政治权力，威胁人民行动党的执政地位。不仅如此，人民行动党政府还采取种种措施限制反对党和持不同政见者的发展，使他们不但在组织上难以吸收到人才，而且也无法获得培养人才的条件。20世纪70年代正是反对党最虚弱、最缺乏人才，而人民行动党最强盛、人才最多的时期，在这一时期选拔新人本身就意味着人民行动党对人才的占有和新人对人民行动党的忠诚。二是这些新人必须担负起领导工业革命的任务，是新一代的技术专家。换句话说，他们与第一代领导人有所不同。他们不再像第一代领导人那样主要是政治家，而缺乏专业知识。他们首先是技术官僚，具有行政管理、经济管理和技术管理的能力，能够担负起领导工业化和现代化建设的重任。这就是说，这些领导人必须

---

① *Singapore：The PAP and The Problem of Political Succession*，editor：Cartyn Choo, Pelanduk Pub，1984，p. 79.

学业出众，具备较高的专业技术水平。三是还必须具有较高的政治素质，具有政治敏锐性、政治洞察力和领导能力。即他们除了是一个专家以外，还必须是政治家。对此，李光耀说："他必须能够动员人民……他必须尽可能地创造成功的环境。他必须尽力向人民负责。他必须善于在困难的情况下做出决策，并且贯彻好这些决策。"

　　按照这些标准进行严格的挑选，只有很少的人符合要求。由于不再像过去那样，把政治经验作为衡量干部的主要标准，而是更为看重管理才能和专业知识，这就预示着党和政府的人员结构开始发生变化。过去那些在党的基层组织中忠诚效力、追随党的事业、有着丰富的政治斗争经验的干部，现在已经很难适应现代化的需要了。他们缺少文化和专业知识，也没有现代化管理能力，因此按照新的标准很难得到提拔。人民行动党在更新换代上面临的阻力和负担较少，这是它自我更新成功的一个重要原因。人民行动党不是经过长期的武装斗争后才上台执政的，因而没有庞大的党的组织和军事组织的人员需要安排，更为明智的是，即使在上台执政后它也没有去极力扩展它的党组织。这当然有如前所述的政治斗争方面的原因，但也与它始终保留着多党竞争的特色分不开。在多党竞争的政治体制中，政党的力量都不如一党体制中政党的力量那么强大。这样，党和政府的新的选官标准虽然在党的基层组织中受到抱怨，但很少遇到有力的抵抗和干扰。这样，党和政府的上层就可以放手去寻找"最聪明的大脑"，即使这些人不是人民行动党党员也没有关系。当时有一句流传很广的话是这样的：成为一个政治明星的最好途径是取得一张博士文凭或先成为公司经理，而不是加入人民行动党。这显然与当时的很多发展中国家都有很大的不同。

　　另外一个使许多人感到沮丧的是年龄的限制。老一代领导人当时制定的标准是这些新人必须在40岁以下，这使许多希望在政治上有所作为的人由于超过了这个年龄而终身错过了在政治上发展的机会。党的领袖并没有因此而放松标准，在他们看来。培养这个年龄以下的领袖有助于贯彻党的长远目标，能够解决未来20多年的问题。也就是说，他们要为20世纪90年代培养一批经验丰富和有理性思维的领导人。另外，年轻人的思想更容易被改变，这可以使那些原先不那么了解人民行动党而有才华的人在被吸收入党以后能够逐渐适应党的原则和意识形态。

还有一个限制因素，是老一代领袖们不会容忍任何一个与他们的价值观不同的人成为新一代领袖。一位新加坡的政治学者说，人民行动党是一个具有严密组织纪律的政党，它的领袖们有自己的世界观和统治哲学，他们正是靠这一套信念取得民族斗争的胜利并使新加坡得到迅速发展的，因而很难对这一套价值观进行大的改变。这就意味着要想从老一代领导人那里获得支持，被他们选中，就要去适应他们的那一套价值观，而不是去让他们适应你。当然，这并不意味着任何新思想都不会被接受，而是说如果你要引进一些新的思想，首先必须使老一代领袖相信这些思想与党的根本利益是一致的，否则你不会有前途。

显然要满足这一整套标准并非易事，老一代领袖们在挑选"合适的人选"的过程中发现符合标准的人很少。在达到标准的人中，一种是有政治兴趣的人。他们主动前来应征，但他们之所以对人民行动党热烈追随是因为他们对政治过于热心了，这使他们缺乏专业知识和新思想。另一些人虽然很有现代化管理的才能，但他们缺乏成为政治家的冲动。尤其是在20世纪70年代政府高官的待遇还不是很高的时期，从政对于管理人员和专业人士的吸引力并不强。因此，要把他们培养成政治家还需要一段时间。一些人发现。在人民行动党上台之后近20年的时间里成长起来的新一代人，与20世纪50年代的人相比，大都缺乏政治敏锐性。这是因为人民行动党上台之后，削弱了政治竞争，实行一党对政权的垄断，并把政治稳定当作经济发展的前提，不允许在政治领域中有过多的不稳定因素，这就导致了一种非政治化局面的出现。在这种环境中，人们更愿意把自己的精力放在专业和自己的家庭方面，而不愿意投身于政治。这一方面是由于政治活动的范围很难界定，它可以被执政党随意解释，稍有不慎就会受到惩罚，还可能被贴上共产主义的标签而遭受拘禁；另一方面在专业方面取得一定成绩则可能有很好的前途和待遇。人民行动党内也有一些人不同意这种看法，他们说新一代人之所以是非政治化的，是因为第一代人做得太好了，已经没有什么大的问题和不公平的因素能够激起人民的参政欲望了。这显然是言过其实，不过这或许说明20世纪

70年代的新加坡不是一个需要大的政治变革或取代人民行动党统治的时代，只要在人民行动党政府的体制内进行更新就够了。

在这种情况下，一方面，正如李显龙曾经说过的："在新加坡，你不会自愿投身政治——你是被邀请进入政治的。"① 另一方面，那些被培养成第二代领导人的有政治才能的领袖仍然会给人们留下很深刻的印象，能够发挥他们的才能和作用。他们虽然不如第一代领导人那样风光，但在这个似乎是非政治化的社会中仍然是非常受人注意的。

二 选拔方式和过程

人民行动党政府对新一代领导集体的培养是从两方面来着手的。一个是设立专门的培训机构。早在1965年李光耀就计划建立一所专门的人才培训学院，以培养高质量的人才。他设想，通过这所学院培养出由各种族精英组成的、受过高级人事训练的、具有很高工作效率的领导集体，以替代老一代领导人。第一所高级人才学院于20世纪70年代成立，它很快就进入了角色，担负起培养政府高官的任务。但在20世纪70年代它刚刚成立时还不可能完全得到信任，因为人才是否可用要有实践的检验，要过一段时间才能鉴定出来。所以，从实践中挑选人才就是另一个重要的渠道。最初人民行动党政府挑选的人才主要是来自实践。自20世纪60年代末以来，它一直在扩大选才的范围。在整个20世纪70年代，它挑选出了一批重要的领导人才，有的曾经发挥过重要的作用，有的在20世纪90年代成为最重要的国家领导人。例如，在1968年大选时，人民行动党推出了"在伦敦留学时就积极从事政治活动"并名闻遐迩的华先勤（音译）。1972年大选时挑选了法定局的志愿公共服务人员、工艺学校教师阿麦德·马特尔博士，从公民咨询委员会挑选了翁亭中（音译）。在1976年大选时从国营皇家海轮公司中选拔了吴作栋，吴自以1991年起担任新加坡总理。从政府拥有部分股权的新加坡发展银行中提拔了丹那巴南。在1977年的补缺选举中从公务员系统中提拔了陈庆炎和林珠方。1979年经财政部长的劝说，托尼·谭离开海外华人银行，加入了人民行动党；

---

① *The Singapore Country Monitor*, 16 October 1984.

同年还从公务员系统中提拔了其他两人。在20世纪80年代的选举中，还选拔了几位知识分子，如从新加坡国立大学选拔了惹耶库玛教授，以及几位在选区和经济部门有实践经验的博士。

人民行动党在实践中形成了自己的一套选拔领导人的办法。在20世纪70年代，党的中央执行委员会，尤其是李光耀、拉惹勒南和吴庆瑞等人是确定新人的主要决策者，那时人为的因素比较重要。1979年对选拔方式进行了改革，使之系统化了。这时，第二代领导人已经逐步进入政府，他们协助老一代领导人挑选新人。一般是先由第二代领导人进行挑选，然后再由老一代领袖定夺。选拔党和政府的高级领导人要经过七道程序。在20世纪80年代初，最初物色人选是由当时任党的第一组织秘书的吴作栋领导的一个委员会进行的。这个委员会的核心成员还包括通讯部长兼第二国防部长叶洪博士，劳动部长兼第二律政部长惹耶库玛教授，这两人也是第二代领导人。他们负责确定初步的人选。

一位学者具体地描述了被初步选定的人的考察过程：

第一道程序是这位候选人将被邀请与吴作栋在下午饮茶，进行一次正式的交谈。如果这位候选人是马来人，那么该委员会的另一位核心人物，马来人阿麦德·马特尔博士也要参加这次谈话，他平时领导着一个负责选拔马来人的小组。这样的谈话一般每3周进行一次，每次3小时。会谈的目的是确定候选人是否具备当议员的素质。如果吴作栋认为他具备当议员的素质，那他就会再安排一次更为正式的会谈，让这位候选人与该委员会的其他人员见面。如果该委员会的其他成员也通过了，就可以把他交给下一个委员会了。

第二道程序是经由秘书长第一助理、贸易与工业部长托尼·谭博士领导的另一个委员会对候选人再进行一次面试。如果这个委员会认为他的素质不错，但作为一个议员还不是很合适——这是多数人的结果，就会给他一个机会，让他去居民委员会或党的支部为人民行动党工作。在这个过程中淘汰率是很高的，只有45%的人能通过这次考验进入下一步的考查。当然也有少数人可以直接进入下一步的考察。

第三道程序是通过考查的候选人与由托尼·谭博士领导、以不管部长杜进才和外交与文化部长丹那巴南为核心委员的一个委员会进行对话。

前一个委员会也派人参加，介绍情况。在这一阶段，候选人要经受一系列严格的考察，会被问及诸如为什么要投身政治、将为祖国做出哪些贡献等问题。然后就要与考察委员会的人员讨论党的政策，就某些政策发表自己的见解。该委员会还要通过安全部门调查候选人的家庭背景、工作业绩和性格特征。通过这个委员会的挑选后，只剩下21%的人选了。

第四道程序仍由吴作栋主持。他先是召开一次对话会，在会上吴作栋要阐述人民行动党未来的发展计划，阐述这些未来的接班人所要扮演的角色。然后吴作栋给这些候选人一个机会，让他们在未来的选举中代表人民行动党参加竞选。这也会在候选人中产生分歧。其中的一些人虽然愿意担任政府高官，但只愿意担任技术官僚，而不愿意担当纯政治的角色，面对这一情况，他们宁可放弃政治生涯。只有少数人会勇敢地接受考验。吴作栋曾经对那些把自己的专业看得比从政更为重要的人说："如果没有人为国家服务，国家怎么能不断进步呢？"

我们可以举一个很有趣的例子。1980年人民行动党把范好放（音译）确定为议员候选人，他是新加坡航空公司的一位经理，也兼任着一家旨在引领社会意识的《突破》杂志的编辑。他对此这样说："我不能想象我成为一个议员。很多人都是如此。我，一个整天穿着拖鞋，骑着摩托车，富于幻想的不切实际的人，怎么能当一个议员呢？"他说，人民行动党的选拔委员会最终会发现他是一个"毫无希望的"和"具有异化思想的"人。吴作栋告诉他议员并不是一群"只会投赞成票的人"。他们还要对议案进行彻底而认真的讨论。最后，这个"不切实际的人"决定拒绝人民行动党的邀请，免得使人民行动党和自己都感到为难。另一位，叶宁洪（音译）博士则毫无顾虑地接受了人民行动党的邀请，他说，我是人民行动党政府的受益者，我的中学和大学是靠助学金和奖学金读完的，因此，从政并担任议员为国家效力是对社会培养自己的报答。S. 瓦索是人民行动党在1984年选举时推出的候选人。当人民行动党邀请他入盟时，他很愉快地接受了。他是一位大学讲师，并有20年社区服务的经历，因此，他接受议员的职位意味着他的社区服务活动被提高了一个层次。

第五个程序是同意担任人民行动党议员候选人的人士与由党的职业

活动家、内阁部长领导的专门选拔小组进行对话。内政部长被认为是一位能够对这些候选人做出精确判断的有丰富经验的人物。

第六个程序是考试。这是一次严格的选拔考试，在一天半的时间里，由一位心理学家和一位精神病专家对候选人进行强化考试，其目的是确认他们之中谁担任国家部长或更高的职务更合适。一位党的官员这样解释这种测试的必要性："挑选领导人就像在海洋中寻找宝石一样难，如果你找到几个，你一定想在显微镜下看看它们是否有瑕斑和裂缝，然后把它擦净。"这种考试方法也适用于那些不适合担任党和政府的领导，但可以担任较低级官员的人，这是一种普遍适用的公务员测评方法。

在这一天半的时间里，候选人要回答1052个问题，这包括笔试——对一些理论问题的考核，以及面试——对一些实际问题的考核，这其中还有两次辩论会。前一阶段的考试是在第一天的上午进行，分4部分进行。第一部分是进行一个半小时的IQ测试，需回答14个问题，其中还包括90秒钟的手脑并用的技巧测试。第二部分考试共844个问题，旨在考察候选人的特长和个性。第三部分考试旨在确认候选人的价值观及他在不同领域的适应性和潜能。第四部分是能力测试，需回答21个问题。后一阶段的考试是在当天下午和第二天上午进行，候选人分别与心理学家和精神病专家进行两次交谈，以确定他们的心理素质和精神状况。这些测试对候选人的知识水平、情绪的稳定性、正直性、诚实性和忠诚性都进行了全面的测试。现代科学技术在对人的测试方面还不能达到十分准确的水平，但已经有了相当程度的可信性。如果考虑到这是在进行了一系列面试和考察了实际经验之后进行的数据测试，它的参考系数非常丰富而具有可操作性，那么它得出的结论的可信程度就比较高了。

第七道程序也是最后一道程序，是与总理等党和政府的最高领导人组成的第二个选拔小组见面。在20世纪七八十年代，它的成员主要是老一代领导人，主持人是李光耀，成员有吴庆瑞、拉惹勒南、杜进才和托尼·谭等，丹那巴南是候补成员。这些人当时都是人民行动党的核心人物，他们会对候选人提一些实际的政策方面的问题，然后根据候选人的回答做最后的定夺。

在这七道程序之后，还有一道不成文的程序，即被选定的新人与中央执行委员会的全体委员见面，会议由党的主席杜进才主持，尽管仪式是正式的，但中央执委们不会再对新人发表自己的评论了。这样，新一代接班人就产生了。

从上面这几道程序来看，人民行动党在选拔人才时是非常重视智商、政治素质和"考试"的，这是精英主义的体现。

新一代接班人产生后并不是选拔的结束。他们要接受一定的领导职务，进行实际从政的锻炼，老一代领袖认为最大的困难是让这些技术专家具有政治头脑。他们会尽最大努力让这些技术专家投身于政治生活之中，进行长期的政治锻炼。一般是让他们成为议员候选人，在选举中面对面与反对党的候选人进行较量，争取选民；领导支部的工作，与社会的各基层组织进行联络和指导他们的工作。看一个人是否有政治才能，最终还是要看他能否在领导岗位上做出成绩。很多候选人在通过紧张的选拔考试后都松了一口气，庆幸自己的解脱。然而他们很快发现那只不过是通过了最容易的一道关口，通向政治顶峰的路还有很多曲折，还要克服很多困难。他们要取得李光耀等老一代领袖的信任，就要表现出政治敏锐性和洞察力，要有动员人民的能力，在群众中树立起威信，其中最明显的一个标志就是要在选举中赢得很高的得票率。另外，他们还要向议会的后座议员、党的基层领导人和那些被列在提升名单中的公务员证明自己的才能，这些人一般都不愿意看到这些新人的提升，因为这使他们自己减少了升迁的机会。他们还面临一个重要考验，即他们必须具备老一代领袖所难以做到的适应新环境的能力，要能够把青年一代吸引到他们的周围，这是人民行动党最为关注的问题，因为它已经在这个方面有所失误了。如果再没有起色的话，未来就不再是人民行动党的天下了。所以，这些新人要具有解决现代化进程中出现的热点问题的能力，具有解决老一代领袖所未曾解决过的问题的能力。

与老一代领袖相比，这些新人也有他们自身的弱点。如前所述，由于人民行动党的特点和现代化的需要，这些新人大都是从党外直接选拔出来的，而不是从党的基层组织中提拔的，这就使他们在党内的认同度较低，尤其是在党的基层组织中；他们也没有自己选区熟悉而有效的联系渠道，没有基层工作的经验。这些弱点都需要他们从繁忙的工作之中抽出时间来，以取得和加强与党的基层组织和选区的联系，锻炼自己，积累基层工作的经验。另外，20世纪七八十年代平静的政治环境也很难使他们得到老一代领袖所遇到的那种政治锻炼了，平和的环境很难给他们制造必要的危机和压力，以考验他们应付困难的能力和素质。20世纪五六十年代动荡的政治环境确实造就了一批经得起风暴考验的政治家。李光耀在20世纪80年代说过，这些新人还缺乏有效地解决危机的能力和感染人的魅力，因此，应该创造必要的机会、困难和挑战来锻炼新人。老一代领袖尽可能地让他们多担任一些职务，多干一些工作，他们每个人几乎都身兼数职。例如，1981年丹那巴南同时担任外交部长和文化部长；同年，通讯部长翁亭中（音译）又兼任了劳动部长。吴作栋先后担任过财政部高级政务部长、贸易与工业部长、卫生部长、国防部长和第一副总理，在党内担任过助理秘书长和秘书长。像吴作栋一样，其他几位第二代领导人也是不停地从一个部门转到另一个部门。

在担任部长以前，他们都要先担任议员，在自己的选区取得胜利。这在老一代领袖看来，是培养新人的一个重要的步骤。因为通过竞选可以考察新人与民众交流的能力，判定民众对他们的接受程度，还可以锻炼他们，而且这对党的利益也是至关重要的。如果一个人不能获得民众的支持，不能击败反对党的候选人，他怎么能算是一个人才呢？那么他理应让位。

三 频繁的职务流动

从20世纪70年代到80年代中期，老一代领袖相继让位。自党的主席杜进才引退始，到1984年吴庆瑞等人的引退，第一代领袖除李光耀外都退出了政界。他们的引退留下了一个好的传统，以后的党和政府的要员，如果政绩平平，无大的作为，随时都有可能被淘汰。当然，做到这一点也并非易事。有很多人不愿意从重要的职位上退下来，只是在李光耀等人和内阁做了明确的表示后才退下来。他们之所以不愿意去职的部分原因并不一定是重要职务带来的社会声誉和待遇比较高（他们并非找不到好的职业），而是因为当时的新加坡社会有一种倾向，正如一位当地的记者所写的那样：如果一个人不是共产主义者，不犯错误，不显示出他是无能的、不可信赖的、软弱的、无头脑的、知识水平低和有野心，或者在生活上懒散、正变得老朽，那么人们就认为他不会被撤职，如果被撤职，那么一定是有上述问题。20 世纪 80 年代，其劳动部长也这样说过："在暴发户式的新加坡社会中，如果一个人不再向上走，那么就会被看作是正在走下坡路。公众中有一种倾向，把辞职的议员看成是失败者，是历史的垃圾。下台后他们为国家所做的一切将会被忘记，他们不再受到尊敬。"因此。他希望给议员们一种更为体面的引退方式。很多议员也持有同样的观点。但李光耀似乎并不为此所动，他坚持党要经常吐故纳新，保持党的活力和挑选出最好的人才。这是李光耀具有远见的一种表现。

令老一代领袖感到遗憾的是 20 世纪 70 年代新加坡一直没有政治风暴，没有给这些新领袖创造出一个竞争的环境。但这种情况在 20 世纪 80 年代发生了变化，1981 年的安顺补缺选举是其政治环境的一个转折点。这次选举对于吴作栋和其他年轻的新人来说是一次严峻的考验。当时任卫生部长的吴作栋指挥了人民行动党的这次选举。结果表明，年轻一代的领袖在遇到来自反对党的强有力的挑战时难以获胜。这些年轻的领袖在行政管理方面以及从前的经济管理方面都很有成就，但他们在遇到政治反对派的强有力的挑战时，就显得束手无策了。这就说明了新一代领导人在政治上还不够成熟。人民行动党在安顺的失败也说明了年轻的领袖并没有像老一代领袖希望的那样，把青年一代的选民争取过来。他们还缺乏与广大群众的联系。更有甚者，选举上的失败是党的政策受到基层党组织抵制的一种反映。基层组织不愿意接受上面强加给他们的新领导人，尤其是当这些新领导人为了参加选举而带来自己的助手时，进一步激发了他们与基层组织的矛盾，基层组织很难接受他们不熟悉的权威。因此，加强与基层组织的联系，改善与基层的关系也是这些年轻领袖当时所面临的一项任务。

人民行动党对新人的使用是非常谨慎的，以至在整个 20 世纪 70 年代虽然在不断吸收新鲜血液，但几乎没有新人进入政治顶层，而淘汰率却很高。其中多数人一直是在议员的位置上，没有浮动；另一些人则被劝说引退了。还有一些人对只当议员很不满足，对他们来说，从政就意味着做出很大的牺牲,收入大幅度降低,专业上不能发展,家庭生活也受到了干扰。因此,他们希望最终能从他们的政治事业中得到补偿,这就需要走上更高的职位,如果这个目标达不到,那么他们宁可放弃政治事业而重操旧业。20世纪70年代,政府官员的收入确实比较低,后来李光耀发现了这一问题,为了吸引人才,大幅度提高了政府官员的收入。

为了进一步说明这个问题,我们可以对20世纪70年代人民行动党选定的新人的命运做一番追踪考察。在1968年大选时人民行动党共推出了18名新人担任议员候选人。其中最著名的是蔡贤琴,他在20世纪70年代担任了党的司库,这是党内仅次于秘书长和党主席的主要职务,直到1984年他宣布放弃竞选中央执行委员为止,才自动放弃了这一职务。此间他还担任过内阁部长和后座议员等职。他的去职说明他已不再受到重用。另一位候选人,李嘉孟博士,原先是一位工程师,曾经担任过南洋大学的副校长,被人民行动党选中后先是任议员,1976年以后历任教育部长和科学技术部长等职,然而到1978年就开始走下坡路了,1979年年初失去了内阁部长的职位,年底又退出了议会。在这18人中,其他16位所担任过的职务还不如这两人辉煌。1970年,在5个选区进行了补缺选举,当时人民行动党有5位老议员辞职以给新人让路,在5位新人中有3位是大学讲师,1位助教,1位是前经济发展局主席,后来他还担任过财政部长,但他在1983年10月就去世了。3位讲师之一的奥格斯坦·泰恩被委以重任,成为总理的政治秘书,然而后来发现他并不能胜任此职,就卸职去当专职的后座议员。

在1972年大选中又推出了11位候选人,其中有工会领袖、学者和专业人士,包括建筑师和城市规划专家王鼎昌,大学讲师阿麦德·马特尔博士,一位工会领袖和新加坡第一位罗德斯奖学金获得者谭恩良博士。王鼎昌和马特尔是专家型领导人的典型。王从英国阿德莱德大学建筑专业毕业并拿到了学士学位,后在英国从事建筑设计并从利物浦大学拿到了硕士学位。1967年他加入新加坡计划部并参与了在联合国开发计划下的一项国家的长期发展计划的规划,1971年他又成为一个独立营业的建筑师。马特尔在谢菲尔德大学获得了声学专业的硕士学位,1977年他在新加坡大学由于一项交通噪音的研究成果被授予博士学位。王鼎昌后来升任全国职工总会秘书长和第二副总理，1995年又担任新加坡首任民选总统。马特尔曾任环境部长。那位工会领袖担任了议会负责家庭事务的高级秘书。谭恩良博士一度也很出名，他曾升到财政部国务部长的职位，并一度被看成是李光耀的继承人，但他在1979年失宠了，稍后就离开了议会。

1976年大选中又推出了11位候选人，年龄为27—39岁，风华正茂，是第二代技术精英中的重要人选。他们分别来自国营和私营的公司、工会和大学，其中两位拔尖的人物是吴作栋和丹那巴南，吴是国营海皇轮船公司的董事长，丹那巴南是DBS公司的副董事长，在他们出任国营公司的顶层职务之前，已经在财政部和经济发展局被重用。吴作栋受的教育非常系统，他1964年毕业于新加坡大学经济系，1966年获得了赴麻省威廉斯学院的奖学金，在那里毕业时获得了发展经济学的硕士学位，回国后在财政部工作了一段时间，然后去国营海皇轮船公司任职，并很快升任董事长。由于他使公司大大盈利而受到了重视，先是被财政部长韩瑞生看重，推荐给总理后，1976年被劝说离开公司从政。他在担任了好几个部的部长职务后，于1984年担任了第一副总理，在党内也很快得到了提升，1979年担任了第二助理秘书长，1984年12月又升任助理秘书长，成为党内仅次于秘书长的第二号人物。对他的第一次考验是1979年2月进行的7个选区的补缺选举，他是人民行动党的直接组织者，这一次人民行动党的候选人全部当选。1980年他又组织了当年举行的大选，这次又成功了。但是1981年的安顺补缺选举却没有抵挡住反对党的攻势，但这很难完全归因于吴作栋，历史潮流使然。吴像流星似地迅速得到提升，成为第二代领导人的中坚人物，在20世纪80年代他还一直负责选拔第三代领导人。丹那巴南毕业于马来亚大学经济系，20世纪60年代进入财政部，协助建立了经济发展局，20世纪六七十年代该局在经济发展中扮演了重要的角色。后来他调入另一个重要的经济机构——DBS，1971年他升任该机构的执行主席。在这两个机构的任职使他与政府的领导人保持着密切的联系，这使他开始被问及是否愿意进入人民行动党政府的领导层的问题，被动员从政，因此，1976年他成为人民行动党的议员候选人，后来成为外交部长和通讯部长。1976年大选中被推出的人选还有杜清福博士，他是一位在美国受教育的经济学者，先后担任过两所大学的讲师，进入议会后被推举为负责文化的议会秘书，此后还担任过推广普通话委员会主席。1980年选举后他进入教育部任副职，但在1981年部长的职位空缺时他未能晋升担任部长，不久，他就递交了辞呈。一般都认为他辞职的原因是对自己升迁过慢感到不满。

1977年陈清良和林珠方（均为音译）分别在两个选区进行的补缺选举中代表人民行动党获胜，这两人与吴作栋和丹那巴南一起被称为"四人帮"。之所以把他们同等看待，是因为这四人进入政界的时间几乎相当，都是1976—1977年，而且很快都获得提升。20世纪80年代他们四人都被列入可能接替总理职位的7位人选之中，但是后两人并没能保住这一势头，陈很快就走下坡路了。他刚刚取得选举的胜利之后，就被任命为国防部国务部长。1981年李光耀任命了另一人为国防部的第二国务部长，这被看作是对陈的冷落，这使他在当年就提出了辞职，成为一名普通的议员。在哈佛学习过的林珠方成为不管部长和全国职总的秘书长，后者被认为是一个比部长更为难当的职位。林在1983年受到李光耀的一次公开的批评后，决定放弃政治生涯。

1979年2月进行了7个席位的补缺选举。人民行动党推出的新人中陈庆炎是比较惹人注目的。他1959年获国家奖学金就读于新加坡大学，1962年获物理学学士学位。此后，在亚洲基金会奖学金的资助下到美国麻省理工学院深造，1964年获该学院的硕士学位。回国后在新加坡大学当了一段时间的讲师，于1969年加盟海外华人银行，任副经理。由于工作的出色，很快就爬到了总经理的宝座上，然后是董事会主席。此后他还担任过新加坡银行家协会主席，特别是荣幸地担任过东南亚联盟第一届委员会主席。人民行动党认为他同样具有政治才能，因此吸收其入党，参加了1979年的补缺选举，一年后他出任教育部长，并被列入总理候选人的7名培养对象之中。

1979年年底到1980年，在人民行动党成立25周年之际，李光耀确定了新一代领导人的名单，这7人是"四人帮"、王鼎昌、阿麦德·马特尔和陈庆炎。此时，这7人都担任着政府和党的重要职务，吴作栋是贸易和工业部长，王鼎昌是交通部高级政务部长和文化部代部长，马特尔是社会事务部长，陈清良是国防部国务部长，林珠方是不管部长和全国职总的秘书长，1980年6月，丹那巴南和陈庆炎分别被任命为外交部长和教育部长，这时7人中只有陈清良处于副部长的位置上。这7人显然是经过认真挑选的，除了遵循量才录用的标准外，还注意到了专业和种族的平衡。所有7人在他们各自的领域中都是专家，大都是学经济和技术的，而且已经在实际工作中做出了成绩，他们中有银行家、企业家、城市规划家、技术专家、学者和公务员。同时，王鼎昌是受华语教育的，马特尔是说马来语的，丹那巴南是泰米尔语，其余4人都是受英语教育的。

从对人民行动党政府培养接班人和自我更新过程的追踪来看，它的淘汰率是很高的，而且它已形成了一种能上能下的运作机制，这为它挑选人才减少了阻力，铺平了道路。通过10多年的自我更新，到20世纪80年代中期已基本上完成了由第一代领导人向第二代领导人移交权力的准备。此时只有少数老一代领导人还留在领导岗位上，有人认为这是他们不愿意最后交出权力，这或许并没有说错，但人民行动党政府的这种权力移交方式是稳妥的，它们还要等待一段时间，看新一代领导人是否完全能挑起这重担。他们的顾虑并非多余，考验并非没有发生。1985年出现了严重的经济危机，这虽然不能完全归结于哪一些人，但政府确实有不少的失误，此时，政府不得不进行政策的调整，采取了一系列的非常措施，如冻结工资、实行紧缩、降低人民的生活水平等，这一切都需要权威，而新一代领导人还缺乏这种权威。

到1984年时，原来7位新人中只有5位还留在领导岗位上，林珠方和陈清良被淘汰了，然而又有两位新人补充了进来，他们是叶宁洪博士和惹耶库马教授，前者担任了通信部长和第二国防部长，后者担任了劳动部长和第二律政部长，李光耀为他们流星似的提升辩护道："这些年轻人进入内阁并不是因为他们投合吴庆瑞、拉惹勒南和我的心思，议员们都了解我，我不接受阿谀奉承。我有义务组织最好的政府来掌管新加坡政府。"到20世纪80年代后期，李显龙等更为年轻的一代人又进入了政府的领导层，李显龙还担任了第一副总理的要职。这说明即使是在第一代领袖们在位时，党和政府的自我更新和人才培养也从不被看作是静止的，他们懂得，只有不断注入新鲜血液，政治体系才有活力，才能适应现代化的需要。

到20世纪80年代后期，第二代领导人在中央执行委员会中已占据绝大多数，从1984年开始在12名中执委中有11名是新一代领导人，只有李光耀仍留在原来的职位上；在1985年的内阁人员中，大部分权力已掌握在新人手中，只有李光耀、拉惹勒南和巴尔克尔仍然在位，到20世纪80年代后期只有李光耀一人仍然留在内阁中了，而且1991年以后总理一职已由吴作栋担任。

第二节　20世纪80年代国内政治格局的变化及人民行动党政府的对策

进入20世纪80年代以后，新加坡的政治格局发生了变化，社会上要求多元化和民主化的呼声越来越高，反对派获得的支持越来越多，并且取得了一定的成果，主要表现在反对党在选举中得到的选票急剧增多，它们在议会中取得了突破；各社会团体，尤其是教会对政治的干预有强化的趋势；新闻界也不时发表批评政府的言论。面对这种形势，人民行动党政府一方面正如前述，加速了党和政府内部的自我更新，以期在人员结构和体制上适应新的形势，另一方面则加强了对反对势力的压制和镇压，这主要表现在对反对党，对外国期刊，对教会，对社会各种团体的控制都加强了，甚至采取了一些断然的镇压措施；在选举体制上也进行了一些不利于反对党的改变。

一　反对党势力的发展和人民行动党的对策

随着越来越多的人要求对人民行动党政府进行监督，1981年工人党领袖惹耶勒南在安顺补缺选举中获胜，当选为国会议员。这是人民行动党确立一党为主的政治体制后议会中出现的第一位反对党议员，因此这一突破非同小可，不但在新加坡国内舆论大哗，一时成为全国议论的焦点，引起人民行动党政府的震惊，而且世界舆论也给予了很大的关注，认为这是新加坡多元化的开端。而且，这次胜利使反对党深受鼓舞，一时它们的活动也非常活跃。

对于反对党势力的扩张，人民行动党政府采取了一系列的对策，先是抓住反对党候选人的某些言论在选举结束后进行起诉。利用手中掌握的法律手段打击反对党的著名领导人，企图使他们名誉扫地，一蹶不振。这一手段并非没有效力，一些反对党的领袖或被监禁，或被处以罚款，对于人才匮乏的反对党来说，这不啻一个沉重的打击。惹耶勒南当选后，自然要在议会中发表一些令人民行动党和政府难堪的演说，这时，人民行动党的议员就会发出嘲笑和嘘声，使他的发言难以继续下去，在这种情况下，一个反对党议员的作用就要被打折扣了。与此同时，人民行动党政府也注意改正自己的缺点。为了塑造自己的"民主"形象，它于1982年10月开始推行部长"露面"制度。规定部长们每月都要到自己的选区去徒步旅行，与选民见面，听取选民的意见，解决一些实际问题，增强上层与群众的交流和感情，争得选民的支持。

在1984年的大选中，人民行动党特意精选了两位能干的候选人分别与惹耶勒南和民主党的候选人詹时中竞争，结果均被击败。在这次选举中支持人民行动党的总票数也从上次大选中的75%降至63%。由于受到1981年惹耶勒南胜利的鼓舞，这次的选举过程十分活跃，青年人对反对党表现出了浓厚的兴趣。

这次选举后，人民行动党政府采取的对策是，先是故技重施，在选举结束后起诉反对党的候选人，对他们进行罚款和监禁。对这次选举结果，李光耀虽然公开表示"政府不会受到任何胁迫"，"他们不会给我们造成任何打击"，但实际上，李进行了威胁，表示要取缔那些支持反对党的社会组织，说对那些想用他们的选票来向政府讨价还价和争取自己利益的人，不再确保他们不会失去某些政府提供的社会服务和福利。这一次更进一步的是，对惹耶勒南处以罚款和进行了短期的监禁后，剥夺了他的议员资格，并且不允许他参加下一届的议员选举。事情是这样的：由于反对党议员在议会中对政府的批评越来越有效，并且获得了少数人民行动党后座议员的同情，因此人民行动党和政府的高层领导感到事情不能再继续下去了，于是在1986年9月初就召开了一次议会的特别会议，讨论修改1962年国会通过的权利法案和关于议员的特权和豁免权的规定，具体修改方式是人民行动党提出了一项针对反对党议员的"滥用特权罪"，由于"滥用特权"的界定含糊不清，因而激烈批评政府的议员随时都有可能按照这项法律被定罪，被处以23500新元的罚款，同时被监禁、被逐出议会和被取消豁免权。在辩论期间，李光耀指责惹耶勒南是一个不诚实的人，是一个骗子，一个缺乏道德的人，不能不对他进行罚款、监禁和5年之内不得进入议会的惩罚。11月，这些处罚都应验了，只不过在一个月后，惹耶勒南就从监狱中被放出来了。

在自身建设方面，人民行动党政府也采取了一些措施，1985年它设立了信息反馈中心，目的是疏通人民群众与政府的联系，及时了解下层关心的问题。1986年党的组织机构开始挑选第三代领导人。有人把这解释为老一代领袖对第二代领袖的不满，这有些言过其实了，因为人民行动党领导人并非把国家权力完全看成是自己的财富，把权力移交看成是对自己的事业的原封不动的继承。他们懂得，权力移交的最重要的目的是使领导集团能够担负起向现代化推进的历史重任，因此，它应该成为一种有活力的正式而经常化的运转机制，而不是随个人意志而定的临时的应急措施。

1987年人民行动党为制定"国家发展计划"而发表了一个宣言，要求人民对新加坡面临的挑战、国家发展目标和人民行动党的作用进行广泛的讨论。用李显龙的话说，这次讨论是一次民意调查，调查人民对党和政府各项工作的满意程度和实际效果。在讨论中，涉及最多的是过去被认为是政治禁区的问题和种族问题，种族问题主要是马来人加入社会生活的范围问题。这个问题是李显龙提出来的，他在一次讨论会的开幕式上说，新加坡军队的某些职位没有对马来人开放是因为政府不想把马来族士兵置于一个难堪的境地："在那种情况下，他们对国家的感情可能与对宗教的感情发生冲突。"人们对这个问题的讨论十分热烈，马来西亚还对讨论这个问题提出了批评。人们对政治参与问题和设立议会的各专业委员会的问题都进行了讨论。无论结果如何，仅仅是讨论这些敏感的政治问题本身就说明人民行动党政府已经意识到放宽政治参与的渠道是必要的了；而且并非没有一点实际的效果，同年，议会设立了9个专业委员会，给后座议员以更多的发言权，帮助议员们提高专业判断能力。

在惹耶勒南失去了议员资格之后，按照规定要举行一次补缺选举。

反对党希望选举另一名反对党人士来填补这个空缺，但政府改变了选举方式，使反对党的希望破灭了。在选举前夕，政府宣布将实行集选区制，在对临近选区合并后，每一选区有3个议员名额，其中还必须有一名少数种族的成员，政府解释说这是为了保证不使少数种族的议员比例失衡。这样一来，在选举中各党派必须同时推出3名候选人，而且必须有1名马来族或印度族，这对于人才匮乏的反对党来说确是一件难事。反对党对此提出了抗议，但无济于事，安顺选举第一次实行了集选区制，反对党的候选人没有能击败人民行动党的3名候选人。关于这次反对党失败的原因，一位西方评论家说道：正像把民主的权利让位给少数种族的代表权一样，把单一选区变成集选区给了安顺区的选民一个深重的打击。也冲淡了他们投票的热情。此后，议会中仍然只有1名反对党党员，但不是工人党的惹耶勒南，而是民主党的詹时中。与前者的激烈尖锐相比，后者显得比较稳重与温和，对政府的建议多于批评。可见，人民行动党政府的镇压和限制措施不是没有作用的，否则，反对党可能有更多的人当选议员。尽管如此，詹时中在议会中对人民行动党政府的批评发言也经常被打断，他提出的问题也足以使政府为难。

在1988年大选之前，人民行动党政府就采取了措施来防止反对党有更多的候选人当选议员。5月，议会宣布推广集选区制，同时规定候选人的保证金从1500新元提高到4000新元。这就在很大程度上限制了反对党候选人的数量，如果一个人当选的希望不大，反对党就不愿冒失去这一笔金钱的风险。但如果反对党只推选特别有希望当选的人参加竞选，那就太少了，就不能造就一种声势来提高反对党的声誉，也会使人民行动党集中力量来对付这少数的候选人。在选举前夕政府还对持不同意见的人施加压力，李光耀就公开指责那些对政府的政策提出批评的人，例如，对某些后座议员，并公开点了新加坡大学校长的名字。尽管如此，在1988年9月的大选中，有70名反对党候选人参加了竞选，达到了空前的水平，得到的支持率比上一次多了一个百分点。由于惹耶勒南不能参加竞选，因此只有詹时中一人当选。这也可以说明人民行动党政府的限制和镇压措施是有限度的。

为了削弱反对党的影响，调节人民的政治情绪，1989年，人民行动党政府也主动采取了一些措施来拓宽政治参与的渠道。1989年年初，第一位非选区议员李绍祖上任，这是根据1984年通过的一项法律，规定即使反对党候选人没有被选中，也应保持不少于3人的议席。李是社会主义阵线的主席，是一位职业社会主义者，很有影响，因此，尽管非选区议员的权力大，没有投票权，他也能发挥一定的作用。同时，1987年成立的完全由人民行动党议员组成的议会各专业委员会的作用有逐渐增大的趋势，以至于引起政府的担心。各专业委员会在各种提案被提交表决前要进行认真的讨论，并提出修改意见，甚至进行公开听证，对政府的提案进行质询，这使人感到它越来越像美国国会中的议员委员会。一些后座议员，甚至说指出政府的提案的缺点和表达人民的意愿是他们的职责。对此，拉惹勒南警告说：新加坡政府只有很小的过错，后座议员不应成为民粹主义者，而是解决问题的人。30多年来政府经常在面临困境时做出非大众化的抉择，而取得有效的结果，现在不能改变这一方式。吴作栋说：有些议员对选民过于卑躬，而向政府质询时则过于尖刻。尽管如此，7月，人民行动党还是成立了一个妇女组织，目的是向政府反馈信息，以帮助政府了解民情，改善妇女的社会经济地位，同时也帮助解释政府的政策，缓和不满情绪。5月时，政府还释放了新加坡关押时间最长的政治犯 Chia Thye Poh，按照内部安全法他被关了23年。他一直未承认对他的指控，否认自己是马来亚共产党的成员，也从未企图用暴力推翻政府，但他还是被释放了。释放后被限制居住于主岛不足1平方英里的森托萨岛，这是一个旅游胜地，Chia对来访者说，23年来他从未受过肉体上的折磨。

二　新闻自由与新闻管制

新加坡的言论自由从来没有被禁锢到极点，即使是在人民行动党控制最严的20世纪60年代末到70年代，只要是在选举期内，持不同政见的人士就可以充分阐述自己的政治观点，也可以对政府的政策作适度的批评。但在选举期以外，不能公开的举行集会和发表不同看法。尤其是自20世纪60年代后期一党为主的政治体系确立以来，报刊和其他新闻媒体都不能发表反对言论。政府认为，新闻媒体不应像西方传媒那样是谴责政府和监督政府的工具，也不仅是政府和民众之间的中间传导，而应是宣传政府政策的喉舌。举几个例子便能说明这一时期新闻与言论自由的程度和管制的程度。20世纪70年代，一位人民行动党的国会议员王龙文说，人民厌恶表达意见，并且基于其他原因，他们避免辩论，就他们的行为来看，政治与国事就宛如禁忌一般，避之唯恐不及，纯是领袖与国会议员的特权。传播媒介从不提及民众对政治问题与政府政策的意见如何。民众一向认为，避免涉及政治乃明智之举（亚历克斯·泽西：《创造奇迹的新加坡》，顾效龄、苏瑞烽合译，长河出版社1983年版，第96页）。另一个例子是新加坡国际商会主席、英裔古德先生于1973年在对其会员的一项报告中批评了财政部的一些决策，例如，1969年取消了对先锋型产业免缴所得税的优惠，1972年提高港口税，提高出口税，以及提高工业用户的水电费和电话费等一系列政策，认为这已经导致了生产成本的提高，并影响到了投资者对政府的信心了。尽管在这份报告的最后他为了缓和口气特别提到国际贸易商非常庆幸能有一个带来稳定的政府为后盾，"并且在过去10年中，尤其是在1965年以后，能成功地使新加坡更加稳定和现代化"，仍无济于事。"他的评论遭到无比的敌视，部长为之动怒，并拒绝接受到商会发表演说的邀请。"[1] 此后，一位大学研究员公开请求政府对时常批评政策的大学生采取一种较信任的态度。《海峡时报》对此评论道，我们非常可悲地缺少令人警惕的反对意见，"如果说这是因为所有的重要事情都已大致就绪，那是纯属无稽之谈；或者说人民对现况深感满意，也是违心之论。更有人说因为新加坡人缺乏头脑，无法独立批评，因而被迫形成一个讲求绝对一致的模式，这种说法更与事实相违"[2]。这些状况显然与政府的政策有关。

然而，随着经济和社会多元化的发展，人们的政治观念也发生了很大的变化，越来越要求有多元化的利益表达，不再满足于一元化的新闻导向了。这种变化从20世纪80年代开始逐步的转为公开性的对抗。

---

[1] *Singapore: The PAP and The Problem of Political Succession*, editor: Cartyn Choo, Pelanduk Pub, 1984, p. 97.

[2] Ibid., p. 98.

由于政府对国内的报刊更容易进行镇压,因此国内的报刊一般都比较谨慎,因而这种变化首先是从在国外出版而在国内发行的报刊上表现出来的。针对国外期刊越来越多的批评,国会于 1986 年 1 月重新修订了《新闻和出版法》,授权政府可以对任何不经申报批准就擅自刊登干涉新加坡国内政治文章的报刊采取限制发行和取缔出版的措施。此后,政府依法采取了行动,1986 年 9 月 8 日,《时代周刊》发表了一篇题为"压制不满:李光耀总理限制反对党的活动空间"的文章,报道了惹耶勒南的遭遇和反对党受到的压制,对反对派持同情态度,这激怒了李光耀,让他的新闻秘书写信给该杂志的编辑,以"更正"事实。在《时代周刊》纽约的总部拒绝刊登此信后,政府于 10 月 15 日宣布将该刊在新加坡的发行量从 9000 本削减到 2000 本,《时代周刊》被迫于 10 月 27 日刊登了李光耀的信,但 1987 年 2 月 1 日其发行量又被减至 400 本,在经过一段时间的讨价还价后,政府才于 7 月恢复了原来的发行量。① 1987 年 5 月,政府出版了一本书名为《申诉权》的小册子,声称凡报道新加坡政治情况有误的,政府有权要求该刊登载更正的声明,坚定地表示了政府的决心和政策。

《远东经济评论》也是重点打击的对象。早在 1977 年它的两名记者就因发表"不受欢迎的文章"而被捕,直到他们承认自己有"马克思主义阴谋"并表示悔改后才被释放。20 世纪 80 年代该刊的另一名记者因发表了有关新加坡马来人问题的文章,不符合政府的政策,因而被驱逐出境。这一次是 1987 年,先是它的一名记者被驱逐出境,总理的新闻秘书还威胁说,"这并不是最后一个"。在此后的一段时间里,新加坡似乎难以有双方都可以容忍的记者了,也"很难有真正的新闻被透露出来"。在这种情况下,《远东经济评论》不得不大量刊登新加坡官方回答读者来信提问的回信。在那个夏天,读者来信是了解信息的主要渠道。以此为代价,该刊争取到了派驻一名临时记者的许可。但到 12 月 17 日,这位记者报道了一位教徒说政府与天主教堂的关系并不像政府所说的那样,政府对该杂志采取了措施,把它的发行量从 1 万本削减到了 500 本,理由是该

---

① *Cited in Singapore Ministry of Communication and Information*, Singapore, p. 15.

杂志"干预国内政治"并"坚持刊登歪曲报道"。① 但这个在不少国家和地区发行的杂志因一度过多地刊登了新加坡政府的"申诉的权利",而招致了广泛的反对。此后,尽管该杂志对新加坡的报道不再涉及政治,但很长一段时间仍未获得重新派驻记者的许可,它甚至一度被取消了在新加坡的发行。

对国内报刊的控制也加强了。国内发行量最大的英文报纸《海峡时报》在20世纪80年代也有两次危机。尽管该报已经不登有争议的国内政治问题的报道了,只登一些世界新闻和一般的社会问题,但有时"有争议的政治问题"的标准很难界定。1982年,一位资深编辑因过多地编发了惹耶勒南的情况而被迫以"健康"原因辞职,1988年另一位编辑也因编发了一些不受政府欢迎的文章而被迫辞职。此后,该报十分注意控制有关国内问题的报道,例如,在"马克思主义阴谋"案发生1个月之后,在来自国内各地以及世界各地的抗议信不断涌来的情况下,它才报道了这一事件。国内报刊在20世纪80年代均不敢报道敏感的政治问题,否则很可能遭到查封。

尽管政府加强了对报刊的管制,但外国在新加坡发行的报刊仍然不时有政见不同的表达。《时代周刊》在20世纪80年代末这样说道:惹耶勒南和《时代周刊》只是发表了一些温和的批评语言,怎么能推翻新加坡政府呢?它的这个观点受到了普遍的同情。

三 社团组织的政治化和政府镇压的加强

与20世纪60年代相比,20世纪70年代反对派的活动空间紧缩了许多,到20世纪80年代,由于人民的民主化的呼声不断高涨,反对党也不断开拓生存空间,因此与20世纪70年代相比,这一时期的政治空气逐渐热化,持不同政见人士的活动增加了,然而政府对反对派的政治活动更为敏感,镇压也更为果断有力。以震惊国内外的"马克思主义阴谋"案为例,可以对人民行动党政府的镇压政策做一解剖。

---

① Micheal Hass, The Political of Singapore in the 20 Century 80s, *Journal of Contemporary Asia* Vol. 19, No. 1, 1989, p. 71.

自20世纪50年代以来,历届的新加坡政府都把共产党宣布为非法组织,因此,共产党在新加坡几乎没有生存空间,自20世纪60年代以后它在新加坡根本就不复存在了。但政府却不时制造一件"共产党事件"来对政治敌手进行报复,这是它通过把政治对手非法化、同时使自己合法化而达到使镇压合法化目的的一种巧妙的手段。1987年保安部门突然采取行动,以"颠覆罪"对22名反对派人士进行了逮捕,声称这是一起马克思主义分子阴谋颠覆政府的事件。果真有这样一起阴谋吗?或者这是借机对反对派进行镇压?据对知情人的调查,22人中的首领是维尼恩·程,此人温和而具有绅士风度。政府逮捕他们后,未拿出任何可以证明他们有颠覆行动的物证,只是让他们在电视上露面时发表了一份经过剪辑的录音声明,并在与记者的对话时坦白了自己的罪行,这就是唯一的证据。而程回答的关键问题只是一个通过假设才能成立的问题,他说,他希望建立一个无阶级的社会:"我希望建立的压力组织能够发展到与政府对抗的地步……这种对抗,刚开始时是和平的抵制,群众请愿,进一步发展到游行示威和罢工,使更多的人被动员起来,最终导致社会动荡,甚至发展到骚乱、流血和暴动。"① 程的所谓"无阶级"的奋斗目标受到了嘲弄。李光耀在1987年的国庆演说中声称,新加坡有80%的人属于中产阶级,这个比例到1997年将达到94%。② 作为一名天主教徒,他无疑熟知早期基督教会的那一段历史和"各尽所能,按需分配"的共产主义原则。他承认曾学了3个月的马克思主义,并成为新加坡流亡在英国的马克思主义者的崇拜者。在英国的马克思主义理论家的理论之一是通过建立各种社团组织,才能及时帮助人民向政府和社会表达自己的意愿。而程则实际执行了这个主张,他建立了一个这样的组织,其近期的活动目标之一就是使给上层新加坡人当佣人的菲律宾人得到解脱。他们认为,这种雇佣劳动的存在说明新加坡还存在着剥削和不平等,这就需要进行长期斗争。他们遵从在英国的理论家的旨意,主动帮助惹耶勒南的工人

---

① Micheal Hass, The Political of Singapore in the 1980s, *Journal of Contemporary Asia* Vol. 19, No. 1, 1989, p. 64.

② Ibid..

党,并谋求工会领袖的支持,虽然在这些方面都成效甚少。但程否认了他们有进行暴力活动的企图,他说,那留给其他人去做吧。一位新加坡的官员说道:"他的语言和行动都是温和的,但这种思想是危险的和灾难性的。"或许这正是逮捕他们的原因。但天主教会和工人党都指出被捕者中没有一人与共产党有联系,也没有人参加过渗透性和颠覆性的组织。

问题已经清楚了。他们的行动主要是帮助菲律宾佣人和支持工人党,这显然都是合法的活动。他们的指导思想是要消灭不平等,这很难说是马克思主义的独家专利,虽然马克思主义也主张消灭阶级,但这个目标是与一定的途径和手段相联系的,因此单凭这一点是不能把他们定性为马克思主义的暴力论者的,而且,很多主义都主张削除不平等和达到无阶级的境地,天主教就是其中之一。从法律上来看,依据思想来定罪是行不通的。看起来,他们的行为不过是像很多人的活动一样,是在合法的范围内争取民主的行为,不过方式可能更激进一些。对于这一点,我们还可以做一些具体的分析。

首先,程能算得上一个马克思主义者吗?虽然他们自己承认是马克思主义者,但正如上述,无论从行为上还是思想上都很难把他们定性为马克思主义者。在新加坡已有先例,被指控犯颠覆罪的人都要先承认自己是共产党或马克思主义者并表示认罪才能被释放。一些人承认了,因此被释放了,Chia Thye Poh 因拒绝承认自己是马克思主义者而被关了20多年。这是政府使某些活动非法化和使自己的镇压合法化的一种惯用手段。22名被捕者中的另一人,肯尼斯·唐承认自己有"马克思主义倾向",但这不能说明他就是一名马克思主义者,很难想象一名虔诚的天主教徒会接受无神论的马克思主义。政府并没有对这一点做出解释。在电视谈话中还显示出程不会用马克思主义的术语,虽然他的一名同伙说他会用马克思主义的分析方法,而证据就是他说:"我接受了'共产主义是我们的社会的最佳选择'的观点。"此人在年底就被首先释放了,政府的有关部门解释说他的这句话是来自《行动》而不是《共产党宣言》。还有一位同伙揭发说,程虽然没有表示他接受了共产主义,然而他是那样想的。这显然不能成为证据。一位评论家嘲笑说,这些囚犯编造了一份本来应该是由警察来写的报告。

其次，他们真的能构成"阴谋集团"吗？程的设想是，建立一些特定的社会团体，这样可以改变个人无力向政府和社会表达意愿的情况，具体说来就是要实现举行和平集会、请愿和自由结社的权利，这是在要求民主权利和与政府讨价还价的权利。这在宪法上是合理的，但在实际推行集权统治的新加坡显然不会被政府所接受。即便如此，在法律上是不能被算作一个"阴谋集团"的。

最后，他们有"颠覆政府"的意图吗？在电视谈话中，程明确表示，虽然别人可能有使用暴力的企图，但他自己从未有这样的打算。当时的外交部长丹那巴南曾说，政府的意思并不是说"这个组织正处于推翻政府进行革命的边缘"，而是有这个企图。[1] 政府把程与在英国的马克思主义理论家联系在一起，说程是其在国内的秘密代理人，是马前卒，而那位理论家是后台老板。显然，对"企图"进行判罪，即使按照新加坡的法律也是不合法的。但是，政府并非无事生非，确实有那么一批人在进行政治活动，令政府很不愉快。但政府给这一事件定性的标准并不是公开的法律，而是不易说出口的对自己的集权统治构成威胁的民主活动，正像它对反对党也采取了各种压制措施一样。在这方面，政府的策略是很明确的：一定要把任何不稳定的因素消灭在萌芽状态；动手比不动手好，早动手比晚动手好；宁可信其有，不可信其无。

具有戏剧性的是，除了程以外，其余21人在1个月后就被释放了，但其中的9人，在9个月之后，即1988年4月18日，发表了一项声明，推翻了以前的供词，说在他们被囚禁期间受到了肉体上和心理上的虐待，是被迫承认的。4月19日，其中的8人再次被捕，另一人因在伦敦而幸免于难。政府立即进行了调查，结果是指出他们提出的受虐待的指控是没有根据的，没有提供滥用刑罚的人和时间。他们改变供词是受了某些外国组织的指使，企图向政府施加压力。此后8人都撤回了4月18日的声明，其中2人和1名因为他们辩护而于5月6日被捕的律师很快就被释放了。

另外，20世纪80年代一些宗教团体对政治参与也表现出了过分的热

---

[1] *The Straits Times*, June 26, 1987, p. 20.

情。有不少涉及政治的活动，政府也对它们采取了一些措施，由于在宗教一章中已有叙述。这里就不再重复。

从整个20世纪80年代的政治形势来看，政治发展取得了长足的进步，这表现在两个方面。一方面，20世纪80年代大众的政治参与有了很大的发展。与20世纪70年代相比，大众的选举热情比过去提高了，更多的人投了反对党的票，这说明人们更渴望的是主动的而不是被动的政治参与，而且这一努力也取得了一定的成果——反对党议员进入了议会；另外，在议会之外，人们也通过各种渠道和方式来进行有效的政治参与，在新闻界、宗教界和一些社会团体中都有人进行了这方面的努力，影响越来越大。这说明政府开辟的在一党体制内进行政治参与的渠道已经不能满足人们的需要，人们要求有多元化的和更为深入的参与渠道来适应社会发展的需要。另一方面，在一党为主的政治体制内部，政治参与的渠道也被拓宽了。政府对反对党活动的增加虽然采取抑制的政策，但并没有完全取缔，因此，反对党的活动空间确实在不断增大；议会在体制上的某些变化使一些人民行动党的议员也开始对政府的政策提出批评，这也许表明了人民行动党不再是铁板一块，随着社会政治多元化的趋势的出现，党内也将发生某种变化；人们投函给报刊表达自己意见的情况增多了，尤其是对各种政策提出批评意见的投函增加很多，报刊上不断登载这些信函，虽然涉及政治问题的还很少；国外的报刊，像《时代周刊》和《远东经济评论》等到20世纪80年代末又恢复了过去的状况，对新加坡政府的某些政策提出批评；甚至在政府高层领导内部也有人表示对20世纪80年代后期的一些政治事件的处理并不得当，政府判断有误；或许最为起作用的政治变化是人民行动党政府的新一代领导人掌握了领导权，与老一代领导人相比，他们作风更加民主，也更能听取群众的意见。一些沟通上下的联系机构，如信息反馈中心等也被建立起来。20世纪80年代政治发展的特点是它并没有突破一党为主的政治框架，在体制内，政治参与的渠道被拓宽了，政治运作也由于人民行动党政府的自我更新而更具有现代性了。

毫无疑问，人民行动党政府在20世纪80年代并没有放松控制，甚至采取了更多的镇压措施。但从指导思想上来说，它始终认为这是经济发展的需要；同时，它也进行了内部机制的调整，从而使领导层保持了活力和适应新形势的能力。

四　社会运动的变化

新加坡是一个政治权力比较集中的国家。从国家对经济和人民社会生活的调节和干预时常可以感到，社会运动就是干预方式之一。从新加坡的社会运动中我们也可以对人们的政治和社会参与窥见一斑。

自人民行动党政府1959年上台前夕到20世纪90年代中期，新加坡举行过100多次全国性的社会运动。归纳起来，这些运动有三个特点：①这些运动都是人民行动党或政府自上而下发动的，往往带有鲜明的政治倾向。②现代化导向比较明确，且涉及内容非常广泛，包括政治、经济、社会、文化等各个方面。③人民群众参加社会运动的热情呈递减的趋势。发动社会运动的目的也有两个层次，一是推动政府政策的贯彻执行，二是改变人民的心态和生活习俗。

从内容和方式来分析，社会运动大体上可以分为三个阶段：

第一个阶段（1958—1967年）社会运动的政治倾向性较强，并且有一个由政治动员向贯彻政府政策的转变过程。最初，即将执政的人民行动党为了动员群众在大选中支持自己，向群众表明自己的政治态度，于1958年发动了"反对（与马来亚）分离"运动，这也是为了检验自己在选民中的影响力。执政后，于1959年和20世纪60年发动了"清扫垃圾"运动和"消灭害虫"运动等。当时这些运动一方面是为了解决环境问题，但更重要的是针对政府公务员，以参加公共劳动的形式对刚刚从为殖民政府服务转为为民族政府服务的公务员的殖民心态进行改造。人民行动党发动这种群众运动的初衷是在群众反殖运动的惯性下试探利用这种手段的可行性，当发现这种手段能够产生对自己有利的效果时，就把它与政府的政治目标联系起来了。1959年的"学习马来亚运动"，从1962年开始的"国语（马来语）周"运动和"争取（与马来亚）合并"运动，都与当时政府的政治目标有紧密的联系。就人民行动党政府的近期目标来说，与马来亚合并是借用反共产主义的马来亚政府的力量来打击人民行动党的主要政治对手——社会主义阵线——的有效手段，这是当时人民行动党政府加紧与马来亚政府发展关系的主要目的之一。

这一阶段的群众社会运动大都直接服务于人民行动党及其政府的政治目标，其特色非常突出。1958—1960年，其主流是反对殖民主义残余；1960—1967年，其主流与党派斗争有关，是服务于人民行动党建立一党为主的政治体系的。人民行动党及其政府借用社会运动的手段来动员群众追随自己的政治目标。以此来削弱反对党的力量。这一阶段共开展了31次社会运动；发动运动的方式主要是通过政府的一般性号召。很少借助于立法和其他强制性的措施。这也反映了当时人民行动党政府的权力和权威还比较有限，不能采取过于强制的措施。但由于当时群众的政治热情都比较高，因而动员又比较容易。

第二阶段（1968—1978年）社会运动的内容和开展的方式都发生了变化，尤其是内容的变化比较明显。这一阶段人民行动党政府的统治已经得到了巩固，党派斗争趋于平缓，政府把工作重心完全转移到了经济社会发展和政治稳定方面来了，为了配合经济起飞和产业调整，一方面采取高压政策对付政治反对派和工会以及学生中的多元化倾向，一方面减少了社会运动的数量，尤其是几乎没有举行与政府的政治目标紧密相关的社会运动。这主要是因为人民行动党在政治上已经没有强有力的挑战者，牢牢控制住了政权，无须进一步动员群众追随自己的政治目标；群众的政治参与也降到了最低点。这是一个转型阶段，似乎人民行动党政府已经不需要社会运动来进行社会动员了。这一阶段共举行了16次全国性的社会运动，主要是围绕着文化、社会、生活环境等领域而开展的。例如，1968—1971年开展了4次以"建立一个清洁的、无污染的新加坡"为主题的全国性环境保护运动，通过清扫垃圾和治理工业污染来改变生态环境。

这一阶段开展的社会运动的特点是配合政府工作重心的转移，以社会发展为主题，围绕发展而开展运动，其现代化导向十分明确。在人民行动党政府看来，政治稳定是压倒一切的事情，除了采取以发展来促稳定的政策之外，政府同时还采取高压手段，严格控制舆论工具，坚决把不稳定因素扼杀在摇篮之中。这就是说，政府是以少发动运动或不发动政治性的运动来维护政治稳定。这一阶段举办运动的方式一般是根据内容的不同分别由政府的各部组织和领导，然后借助新闻媒介广为宣传，政府的各种基层组织具体组织和参与发动，同时议会也通过了一些立法来促进实施运动的内容。与前一阶段的运动相比，除了内容上的变化外，组织形式上的变化主要是法律手段被利用上了。这一方面说明群众对国家大事的关心程度不像前几年那样高了。他们更多地关心自己的工作和生活，因而开展运动需要一定的法律强制性。另一方面也说明国家正在走向法制化的轨道。政治说教已经越来越不合时宜了。

第三阶段（1979—1996年）社会运动的内容呈多元化的趋势，组织形式也发生了重要的变化。首先是运动的政治性倾向又有所回升。例如20世纪80年代初开始的儒家文化运动和维护传统的三代同堂的家庭的运动虽然有着较广阔的社会背景，但是社会的西化和反对党在20世纪80年代的重新崛起以及社会政治文化的热化，无疑是促使人民行动党政府决定开展这类运动的非常重要的原因之一。他们想用儒家的政治和道德伦理来抑制政治的多元化趋势，维护人民行动党政府的家长式政治。另外在组织形式上也有所变化，那是在1979年，当时政府做出决定，为了确保全国性运动的连续性和系统性，为了对运动进行缜密地协调和组织，规定社会运动均由总理公署直接领导；同时，鉴于某些社会不良习俗和行为的改变需要作长期的努力，规定某些社会运动每年要定期举行。这一时期社会运动的次数明显增加了，仅1979—1983年就有20次之多，此后10多年间仍然有增无减。20世纪70年代，人民行动党政府为了防止出现政治不稳定现象，尽量减少社会运动，使群众的参与保持在一个较低的水平上；而20世纪80年代以来，政府为了抑制政治多元化的趋势，则尽量发动一些社会运动。其中一些是对抑制政治多元化有作用的、带有政治目的的运动，如儒家文化和"共同价值观"的推行，另一些是与政治关系不那么明确的经济、社会和文化方面的运动，如"向日本学习运动"、"礼貌待人"运动、推广普通话运动等，推行这些运动的目的一方面是因为随着工业化的深入，经济和社会日益多元化，社会问题也有了新的变化并且日益尖锐起来，而政府在以往的社会运动中获益匪浅，就把这"成功"的经验推而广之，进而在各个领域中开展社会运动。其中的政治目的就是用尽可能多的社会运动分散人们对民主化问题的注意力。由于这一时期的社会运动均由总理公署控制，因而自上而下的特性更加突出，人民群众参加运动的被动性经常明显地表现出来。到20世纪90年代中期，社会运动有减弱的趋势。例如儒家复兴运动似乎显得越来越弱，渐无生气了。

第三节 20世纪90年代的政治发展

在20世纪90年代的上半叶，新加坡的政治基本上是沿着20世纪80年代的政治变化而向前发展的，既没有出现倒退，也没有大的跃进，更没有像韩国和中国台湾那样出现政治体制的转型，而是逐步的向前发展。在20世纪80年代发生的各种类型的政治事件在20世纪90年代上半叶几乎都重演了，不过各种政治力量的对比稍有变化，民主的气息更为浓厚了。

一 第二代领导集团的特色

就人民行动党方面来说，最重要的事件莫过于吴作栋接替李光耀出任新加坡总理。1990年11月26日下午，李光耀正式向黄金辉总统递交了辞呈，当时他67岁，已任总理31年。27日总统批准了辞呈，并接受李光耀的推荐，于当日委任吴作栋为新一任总理并重组内阁。28日，新内阁正式宣布就职。这一届内阁组成人员如下：

总理兼国防部长：吴作栋；
内阁资政：李光耀；
副总理：王鼎昌；
副总理兼贸工部长：李显龙准将；
国家发展部长：丹那巴南；
教育部长：陈庆炎博士；
环境发展与伊斯兰事务部长：麦马德博士；
交通部长兼第二国防部长：杨林丰博士；

律政兼内政部长：贾古玛教授；

财政部长：胡赐道博士；

劳工部长：李玉全；

外交兼社会发展部长：黄根成；

卫生部长：姚照东；

新闻及艺术部代部长兼外交部高级政务部长：杨荣文准将。[1]

从新一届内阁的组成来看，有三个显著的特点：一是最高决策者已是第二代领导人，虽然李光耀在最初几年还可以左右吴作栋，但由于在法律上失去了最高决策者的合法性，因而权势在下降，20世纪90年代中期发生的变化表明，虽然李光耀还在内阁中发挥着重要的作用，他的意见也比其他部长的意见更受到尊重，但最后的决定权已掌握在吴作栋手中。有一个例子或许能说明这个问题。1994年新加坡政府决定向中国大规模投资，在征得中国政府同意后决定在中国选址建立一个国家级的工业园区，当时李选定的是苏州，而吴更看重山东的胶东半岛，虽然还有一些其他的因素在起作用，最终结果是把工业园区定在苏州，但由于吴公开号召新加坡人"娶青岛姑娘"，因此从1994年下半年至1996年年初，新加坡在苏州的投资只有政府投入的几千万美元，而在山东则有将近10亿美元。另据一些西方报刊报道，由于李光耀辞去总理职务后迟迟未退出内阁，并且有让其子李显龙接任总理的意图，因此除老一代领导人拉惹勒南外都对他表示了不满。二是受教育水平高，13名成员均为大学毕业，除4人有博士学位外，吴作栋等人也获得了硕士学位。三是年轻化，当时吴作栋只有49岁，其他人大都是三四十岁。一般来说，在民族主义运动中产生的领导层都比较年轻，但由于他们长期执政，不思隐退，因而在其执政的后期使领导层老化问题十分严重。有的地区这一问题得到了自然的解决，但那恰巧是因为第一代领导人去世得较早，例如蒋介石在1975年就去世了，此后中国台湾的政治更新变化得较快。新加坡的领导人主动而比较成功地解决了权力移交的问题，这是明智的抉择。

---

[1] 当总理出国时，由李显龙准将担任代总理。

二 执政党与反对党力量对比的变化

20世纪90年代上半叶另一个重要的事件是1991年的大选。按照惯例，大选要到1993年举行，可吴作栋决定在他上台后仅第9个月，比惯例提前两年举行大选，原因何在呢？这主要是基于以下几方面的考虑：首先是经济方面的，进入20世纪90年代以来，新加坡的经济增长率呈下降的趋势，这本是一种经济规律，但由于政府过去过多地把经济的高速增长归功于自己的集权式的政治领导，因而经济增长对于人民行动党政府获得合法性来说就有了超出常规的作用。在这种趋势表现得还不明显的时候提早进行大选，无疑对自己是有利的。其次是吴作栋要为自己取得"无可争议"的合法性。尽管吴自上台之日起就是合法的国家总理，但从法律上看他还没有获得公众的正式授权，他只是由人民行动党和内阁推举的。只有经过大多数选民的投票认可，才具有令人心悦诚服的合法性。最后是提前选举对反对党来说是攻其不备，在反对党缺乏充分准备的情况下与其竞争，对自己是有利的。但大选结果却令人民行动党大吃一惊。虽然它并未从根本上动摇人民行动党的地位，也使吴作栋政府的合法性得到了认可，但反对党得到了4个议席，取得了空前的胜利。

1991年8月31日全国举行了李光耀下台、吴作栋上台之后的第一次大选，在选举中，上至专家学者、政界要人，下至出租司机、咖啡店老板和普通职员，莫不对其十分关注，一时间人们的政治热情似乎高涨了许多，就连选举后吴作栋举行的记者招待会上表现出的失落情绪也成为人们津津乐道的话题。那么，这次选举的结果为什么与上一届相比差距较大，它又从哪些方面反映了政治发展的进程呢？

先从选举的准备情况来分析。

由于选举日期是由政府定的，因此人民行动党占据了主动，这就使它有较充分的准备，具体表现在以下几个方面：

一是扩大集选区制。选举日期一公布，政府就宣布把集选区由上一届的12个增至15个，每一集选区的候选人也由3人一组增至4人一组，这样一来，只要夺得15个集选区的胜利就拥有了3/4的议席，使人民行动党一开始就胜券在握。① 集选区制对反对党的不利因素在于，由于人民行动党长期执政，实行政治垄断，新加坡人要想出人头地，发挥自己的才干，一般不能加入反对党的阵营，这就使反对党非常缺乏人才，很难在每个选区中都配备4个相当的候选人。尤其是其中还要有1名是少数种族。正是由于这一原因，反对党放弃了在10个集选区的竞选。同时，集选区制对人民行动党的有利之处表现在它能够弥补某些新人的不足。人民行动党在一个选区至少能推出一名有经验的候选人，由一个人挂帅，竞选小组的整体实力就加强了。反之，如果由一个新人单独与反对党候选人对垒，则被击败的可能性就大得多了。对于部长候选人来说，如果他的某项政策受到了反对，那么在竞选中就可以通过发挥其他3位候选人的能力来分散对错误政策的注意力。

二是加紧与选民沟通感情。在这次大选之前。人民行动党就开始加强训练各基层组织导向选民的能力，让各基层组织如居民委员会、市镇委员会、联络所管委会和公民咨询委员会的领导成员跟随议员一起走街串巷，遍访民情，倾听选民的呼声和疾苦，了解他们的思想和动向，帮助解决实际困难。这些基层组织成员与选民的交流比议员更为融洽，这就增进了议员与选民之间的交流。对于反对党来说。就没有这么方便了。它们没有如此系统的基层组织，不能通过有组织的形式经常而规范地保持与选民的联系，也无权给选民解决实际问题。

三是选择的时间对人民行动党有利。由于是执政党，因而在这方面有主动权。吴作栋与李光耀的强人政风有所不同，吴有学者风度，为人比较谦虚随和。在新加坡民主化不断发展的20世纪90年代，更为受人欢迎。因此，在他上台半年多的时间里，声望越来越高，吴也看准了这一时机。另外，提前选举对反对党来说，也是攻其不备，使它们只能仓促应战，准备不足。

反对党虽然一开始被置于被动地位，但经过冷静的分析之后，也选定了自己的反击策略。这表现在以下几个方面：

一是提出补选战略。即反对党参加这次大选的目的不是取人民行动

---

① 林恒仁：《评1991年大选》，国际图书有限公司1991年版，第13页。

党而代之，而是让少数反对党议员进入议会以便对人民行动党政府进行监督。这是反对党在分析了形势之后提出的一项策略。因为就大多数选民来说，当时还不想让人民行动党下台，他们担心反对党缺乏管理人才，会使经济发展的势头减慢；但同时他们又对现状表现出种种不满，对人民行动党的高压政策和对权力的垄断不满，所以，选民的心态可以概括为"希望人民行动党继续执政，但应有更多的反对党议员来帮群众说话"。应该适度削弱人民行动党政府的权力。在这种情况下，如果反对党全面出击，在所有选区与人民行动党竞争，就会引起某些选民的担心，担心反对党上台会使新加坡在国际上失去竞争力，因而把票投给人民行动党。因此，反对党选择了只是在部分选区与人民行动党竞争，只争取少数议员进入议会。在提名日的当天，人民行动党在81席中有41席没有竞争对手，使其不用竞选就已保住了执政地位。看到这种情况民主党的秘书长詹时中不但不沮丧，反而十分兴奋地说：这是千载难逢的好机会，一定会有更多的选民放心地投反对党的票。

二是反对党之间达成默契，划分竞选范围，矛头共指人民行动党。反对党接受了在以往的选举中多有参加同一选区竞争、在三角对垒中互相削弱的局面，私下划分了竞选范围，互不干扰，避免相互摩擦，以便能够集中力量对付它们的主要对手——人民行动党。在这方面，反对党比以往要成熟多了。

三是实施重点突破战略。反对党清楚，就整体的实力来说，它们还不能与人民行动党相抗衡，就单个的反对党来说，就更不能与人民行动党对抗，但是每一个较大的反对党都有少数优秀人才比较有利的选区，如果把优秀的人才放在有利的选区，加之全党的力量来助选，当选的希望就很大了。因而在竞选一开始，它们排兵布阵，把最优秀的候选人放在了本党最有群众基础的选区，尽量避免分散力量。再从选举过程中各方运用的战术来分析。

人民行动党的战术措施有以下几条：

一是打吴作栋牌，利用"关键"性问题来掩盖"枝节"性问题，人民行动党看到，吴作栋上台后推行开放协商式的治国之道，与李光耀的强人政治有所不同，以清新的面目出现在国人面前，适应了广大选民要求政治民主的心理，因此，它提出了一个口号：请投吴作栋总理一票！投反对党的票就是不同意吴作栋的民主治国之道。其实是把"量"的变革硬性抬到了"质"的高度，让选民作"非此彼"的选择，而且把主张民主与集中的双方的位置进行了对换，对于部分选民的投票产生了影响。对于某些选民来说，他们赞同吴作栋的政治风格，但同时也希望有更多的反对党议员来监督人民行动党的权力运用。在一般情况下，他们看到吴和人民行动党已稳操胜券，就会把票投给反对党，以增加反对党的制约力量。但如果像人民行动党所宣传的，把票投给了反对党就是不同意吴作栋的民主治国之道，就会改变政治形势，那么他们在投票时自然就要重新考虑了。这实际上也是给人们造成人民行动党的候选人都是吴作栋的代理人的印象，利用吴的声望，在吴这个"天皇巨星"和与"名牌联营"的保护伞下让人民行动党的候选人与反对党的候选人较量。为了充分发挥这个战术的效力，吴作栋马不停蹄地在各选区作巡回演说，为本党候选人助威。

二是以温和民主和体察民情的新面目来争取群众。在这次大选中，人民行动党一改过去那种咄咄逼人的声势，对反对党的候选只是进行适可而止的质问，并不进行威胁。例如质问民主党候选人林清谆早年为何被公共服务委员会革职？质问工人党候选人佐菲里为何用马来语来刺激马来人的种族和宗教情绪，以争取选票？公开工人党候选人梁春益投入工人党怀抱的投机动机，质问民主党候选人萧泉福为何在澳洲申请永久居留权，这是否是对国家缺乏效忠的表现？这种点到为止的质问，与过去在选举中抓反对党候选人的言论诉诸法律的做法截然不同，温和多了。人民行动党还吸收了以往它的竞选大会缺乏生气的教训，这一次普遍采用了"室内对话"的方式，更多地与选民进行面对面的交流，倾听他们的呼声，而不是向选民灌输自己的观点。为了增强直接交流的效果，议员们还逐户登门拜访选民，培养感情，温和的政风比较能适应20世纪90年代的民情。

三是充分利用传媒的作用。这是人民行动党在历届竞选中惯用的手法：利用自己执政党的地位，使政府制定出各种限制反对党利用传媒的措施，通过政府使传媒完全为自己服务。例如，推行新闻检查制度，使传媒必须显露出有利于自己的倾向性；总理和各部长积极参加竞选，把政府工作和为本党竞选结合起来，从而可以更多地占据传媒的版面和时间；另外，人民行动党在所有的选区都参加竞选，按照选举法，也可以分配到更多的报刊版面和电视报道时间。

四是针对反对党补选策略的奏效，宣布在大选结束后18个月内进行补选，以给惹耶勒南参选的机会。惹耶勒南因在4年前被人民行动党指控在管理党的财务方面有过错而被法院判定5年内不得参加竞选，目前还未到期。但他的知名度颇高，深得一些选民的拥护，因此，为了让那些支持他的选民看到希望，看到反对党还有机会，而不必一定要在这次大选中把票投给反对党，宣布了此项决定。人民行动党的意图在于吸收这一部分选民的选票。

反对党在选举中采取的措施有以下几个方面：

一是召开群众大会激发人们的反叛情绪。与人民行动党召开的群众大会过于单调形成鲜明对照的是，群众非常愿意参加反对党召开的竞选大会。这主要是由于平时的新闻检查使人们很难听到反对党对政府的抨击，只有在竞选的10天中反对党才有权召开群众大会，并公开批评政府的政策；而且这种机会每4年才一次，非常难得。反对党紧紧抓住这一点，频频召开群众大会，造就一种批评人民行动党政府的声势，感染与会的群众，让所有的人都发泄不满情绪，从而激发人们反叛人民行动党垄断政治权力的精神。

二是利用传统语言来取得部分选民的认同。很多中下层的群众，尤其是当时在35岁以上的人，在日常生活中习惯于讲自己的传统语言，例如，华人讲闽南话和客家话，也有不少人讲普通话；马来人讲马来语。因此，反对党抓住这一特点，在与选民进行交流时，甚至在召开群众大会时也都用这些传统语言讲话，使这些选民感到很亲切，赢得了他们的支持。王鼎昌也承认，由于内阁成员和高级公务员多数是受英语教育的技术官僚，不容易了解受华语教育者的思想，长此以往，在两者之间就产生了隔阂，积累了不满，这对人民行动党是不利的。工人党的马来族候选人佐菲里更是在演说中用伊斯兰的祷告词来激发马来族选民的情绪，他还指责人民行动党的一些马来族议员为了升官而背叛民族。佐菲里在他的选区里完全吸引住了占选民总数23%的马来族选民。

　　三是充分利用选民对反对党的同情心。这一次人民行动党以突然袭击的方式举行大选,并且在选举中对反对党候选人的错误提出质询,以及增加集选区的数量和增加其候选人数,这些以强欺弱、不给反对党以平等竞争机会的行为使选民对反对党更加同情,反对党利用这种同情,在以上问题上对人民行动党进行反击。此外,在其他问题上也进行了有力的反击。例如,工人党的候选人刘程强揭发说,电视台对他采访了半个小时,却不予播放,表示再不接受这种采访,这种反宣传的手法更激起了选民的同情。工人党候选人梁春益针对吴作栋指责他有投机行为的说法表示,他过去从未有过要加入人民行动党的动机,并声称要起诉吴作栋总理。

　　从竞选的局势来看,在前5天中反对党处于攻势,以情绪性、攻击性的语言来对待人民行动党;人民行动党处于守势,采用较为理智和防卫性的语言;后5天中人民行动党看到自己处于被动地位,就以警告性、批判性及恐吓性的语言进行反击,同时党魁倾巢出动,反攻势头很大,才抑制住了反对党咄咄逼人的攻势。这说明反对党比人民行动党更能获得同情心,但在关系到国家命运的问题上,人民行动党领导人的威望和权威要高于反对党,相当一部分选民不敢把自己的命运寄托在反对党身上,担心反对党上台会使局势失去控制,经济发展的势头减速。

　　在这次竞选中,人民行动党与反对党在哪些主要问题上进行了争论呢?竞选中争论的主要问题无疑是当时人们最关心的问题,对这些问题的分析可以更深刻地展示20世纪90年代初的社会状况。

　　首先,是民主化问题。针对反对党要求实行多元化的主张,人民行动党明确表示反对实行多党制和各党轮流执政,指出过去30多年的历史说明本党是最好的执政者;该党的自我更新和严格的人才录用政策保证了党的活力和统治能力,因此没有必要让反对党来分享权力。人民行动党提出了"开放洽商式"治国之道的口号,认为现在的主要问题是应由人民行动党政府来推行一些民主措施,由它来实行和领导民主。反对党则指出,人民行动党的议员不可能代表反对党的议员,国会中只有拥有更多的反对党议员,才能出现不同的声音,表达出不同人的利益要求,国家才能因此而拥有更多的民主。并反驳道"开放洽商式"的民主是不必要的，因为获得民主是人民的基本权利，不必由人民行动党来赐予。而且这次举行大选也没有与人民进行洽商，这说明"洽商"是靠不住的。

其次，是关于吸引外资问题。新加坡的经济增长在相当大的程度上是靠外国投资和外国企业的运作来实现的，外资对于新加坡经济发展的重要性比大多数国家都要重要得多；进而，人民行动党在新加坡维持一党为主的政治体制的合法性越来越依赖于经济发展。所以，吸引外资就成了双方争论的重要问题。人民行动党在竞选中声称，如果反对党的势力过大就会形成另一个政治中心，会削弱国家的凝聚力，造成社会分化和动荡，而一个不稳定的社会是不会有人愿意来投资的，后果是经济发展和人民的生活水平受到影响。反对党驳斥说，并非只有实行一党统治才能管理好国家，反对党的多元化和民主化会使国家管理得更好，人民同时还会享受到更多的自由，并举例说唯一由反对党控制的波东巴西选区的市镇理事会经过几年的建设已经成为全国数一数二的模范市镇理事会了。这说明，如果按照反对党的民主的管理方式来管理国家，会更多地吸引外资和使经济发展得更好。

再次，是通货膨胀问题。自20世纪80年代末以来，新加坡人普遍感到了通货膨胀的压力，因此，在每一次与候选人的对话中都听到选民对物价上涨的申诉，对人民行动党政府不能有效地控制物价表示不满。对此，人民行动党的部长和议员都解释说，通货膨胀是世界性的问题，是不可避免的。但只要生产力不断提高，工资也必然会提高，只要工资的增长速度超过通货膨胀率，那么人民的生活水平照样会提高。反对党则举出大量的实例，例如医疗费的提高，停车费及店租的涨价，教育费的一涨再涨，拥车证的投标价和交通费的上涨，以及物价的普遍上涨等，提出尖锐的批评，指出这是政府缺乏责任心，工作不利，对人民疾苦缺乏同情心的结果。对这个问题的评价离不开一个规律性的因素：在经济发达程度接近世界先进水平时，任何国家的发展速度都会放慢。新加坡进入20世纪90年代以后就遇到了这种情况。这本来是无可非议的，但由于人民行动党一党统治的合法性与经济发展的速度密切相关，因此它不愿意承认这一点。对通货膨胀问题的争论实际上就是对经济发展速度减慢的原因的争论。另外，人民行动党政府的许多官员的官僚主义有所发展也不能不是对通货膨胀控制不利的一个原因，但显然这不是主要的原因。

最后，种族关系仍然是双方争论的一个问题。到1991年，新加坡已经近27年没有发生过有影响的种族冲突事件了，对青年一代来说这个问题已经被淡化了，但老一代人对此仍记忆犹新，对他们来说这仍然是一个有必要重视的问题。因此人民行动党在竞选时仍然是老调重弹，一方面它要让选民不要忘记自己在这方面的功绩，另一方面也要借此打击那些利用种族问题争取选民的反对党候选人。人民行动党政府看到友诺士集选区是一个反对党很有可能利用种族问题突破的选区，就声称该选区的选举实际是一个实验，它决定着人民行动党政府的种族主义政策以至治国方针是否应该继续推行的问题。这里的含义是，如果人民行动党在这一选区中失败，就意味着过去成功的种族和谐的政策的终止。这显然是以偏概全，但这成为举足轻重的竞选砝码。在这一选区中，工人党以李绍祖为首的4位候选人给人民行动党造成了威胁，尤其是马来族的佐菲里用马来语和宗教感情吸引了该选区的绝大多数马来选民。他说，马来人在商界、教育界和政界上层的比例较小，这是种族歧视的一种表现；人民行动党警告佐菲里不要利用某些问题挑起种族矛盾，近30年来马来人的社会经济地位有了明显的提高，政府的种族政策基本上是成功的，这是事实。马来族的地位也需要进一步提高，这也是不可否认的。种族问题在当时不是一个敏感的问题，因此不可能引起非常强烈的争论。

在1991年的大选中反对党有4人当选议员，总得票率达39%，创20多年来的最高纪录，这是大势所趋。自20世纪80年代以来，国际民主运动蓬勃发展，冲破了许多专制制度的铁幕。新加坡是一个对外开放的国家，自然不能不受这一潮流的影响。实际上，自1981年惹耶勒南取得补选胜利，成为第一个反对党议员以来，选民对反对党的支持率一直在提高。这一切都说明，多元化和民主化的趋势在新加坡是不可避免的。这次选举与前几次有所相似的是，从得票率与实际当选的议员数目来看，差距很大。反对党得到了39%的选票，只有4人当选；人民行动党得到了61%的选票，却有77人当选。这显然是因为选举制度对小党不利，例如过多的集选区等。这些情况使即将举行的1997年大选更加引人注目。

三　人民行动党政府政策的调整：推进民主与强化控制

1991年大选后，人民行动党政府总结了自己在大选中得票率下降的原因，决定调整政策，使政策向下层倾斜，使决策过程更为民主。这种变化主要表现在四个方面：一是在第八届国会开幕时，吴作栋总理提出了他的施政纲领，其核心内容是最大限度地提高社会生产力和人民的竞争能力。具体包括：提高劳动者的竞争能力，为他们提供最完备的训练；通过投资教育、卫生、住房和其他基础设施来提高人民的生活水平；通过强化政府的服务功能来提高经济效率；更加注重长远的需要而不是眼前的利益。从这个施政纲领来看，它故意回避了政治多元化问题，把主要精力放在了经济发展方面，这与人民行动党企图维持一党执政的局面是相一致的，是从经济发展和提高人民的生活水平中获得统治的合法性。当然，它也告诫群众不要提出过高的要求，要为自己的长远利益做出贡献。二是1992年设立了华人发展互助会，向该会提供1000万美元的基金，以帮助华人社区的建设；1993年又向欧亚人互助会提供了1000万美元的基金。这样，马来人、印度人、华人和欧亚人四大种族都有了社区发展基金，这一方面表明政府更加注重人民的福利，另一方面政府的目的还有争取华人的选票意图。三是在这一届国会中除了有4名反对党议员外，第二批共6名非民选的由反对党和独立人士担任的议员也于1992年进入了国会，他们虽然没有表决权，但可以就各种问题提出议案和质询。四是民选总统的产生。这或许是这一时期最重要的政治变化了。自1965年新加坡独立以来，总统这一职位一直是由总理提名、议会批准的，它只是一个象征性的角色，但1993年8月第一次经由全民选举产生了一位民选总统，因而它的角色开始具有某些实际意义了。根据法律上的规定，这位民选总统有权监督财政预算的使用情况，可以否决政府的不合理的决定；它还可以对高级官员和军官的任命进行干涉；甚至部长们的忠诚问题也被提出来了，他们是像过去一样效忠总理，还是要效忠总统？当然，我们注意到，王鼎昌总统是非常谨慎的，他几乎没有使用法律赋予他的权力。看来，总统要真正地对政府进行监督，还要有一段时间。

在进行某些民主改革的同时,人民行动党政府也千方百计地保住自己的权力。或许最能说明这个问题的是如期于1992年年底举行的补选。当补选一宣布,反对党就感到吃惊和沮丧,因为补选只在吴作栋总理的选区中进行,这使反对党几乎没有获胜的希望。尽管如此,新加坡民主党、新加坡自由党和国民团结党仍然参加了竞选。在选举中,吴作栋像对待大选一样,动员了人民行动党的所有的竞选机器和组织,向人民解释说,如果把票投给反对党,将导致政府的变更,社会将会陷入危机。12月9日的选举结果是,吴作栋等人得到了72.9%的选票,民主党的候选人有24.5%,自由党有1.4%,国民团结党有1.1%。[1] 吴作栋的声望、人民行动党的高压策略和选民的实用主义是吴轻易获得胜利的主要原因。

还有一个例子也能说明这个问题。1993年3月间发生了一件引起全国关注的事件,即新加坡国立大学当局以该校30岁的讲师徐顺全博士滥用研究基金为名对其予以解聘。此事经《联合早报》披露,《海峡时报》连续报道后,引起了争论。徐博士兼任民主党的助理秘书长,是新加坡最大的反对党——民主党——党内第二号人物。此时他经常在《海峡时报》上发表文章抨击政府对老病弱贫照顾不周,引起执政党上层的反驳。其政治主张是认为国家的长治久安一定要建立在两党公平竞争、轮流执政和相互监督的基础上。因此,他成为新加坡有史以来第一位投身反对派阵营的大学教师。正当他日渐成为一颗引人注目的政治明星的时候,突然遭到解聘。校方的解释是徐在1992年9月和11月两次用大学拨给他的研究基金往美国宾州大学邮寄他夫人的博士论文与有关资料,共用去226新元。徐申辩说该论文涉及的新加坡精神异常孩童的资料是他本人数年调查积累的,准备将来与夫人共同署名发表,这是他求得美国专家认可的方式,况且他寄出的资料当时经由系主任华素博士(人民行动党推出的国会议员)批准,系主任半年之后才推翻原来的许诺,显然是一种迫害。徐为示抗议。还举行了10天的绝食。校方则说当时徐并未向系主任说清邮寄的是其夫人的论文。此事曝光后,《海峡时报》的主笔冯·莱斯利发表评论认为,新加坡国立大学对此事的处理本来应该是十分谨慎

---

[1] *Asian Survey*, Vol. XXXIII, No. 2, February 1993, p. 197.

的，或者迫使当事人辞职，或者不予续聘，但是对徐的处理太严厉了，这不禁使人怀疑在大学的背后有政府的黑手在操纵，目的是结束徐博士的政治生命。① 冯氏还要求校方采取两个步骤对此予以解释：一是明确指出徐夫人之博士论文与徐博士的研究毫无关系；二是说明是怎么发现徐的"不诚实"行为的。特别是在论文已寄出半年之后才把此事翻出来，原因是什么？

　　此事还成为民主党分裂的导火线。徐案发生后，民主党上下坚称这是政治迫害，为此引起了民主党占有3席的国会议员与政府官员之间的辩论。作为该党秘书长的詹时中也为徐进行了呼吁，但在徐绝食导致矛盾有所激化后，詹时中认为徐做得过火了，损害了民主党在民间的形象。为此，在1993年5月举行的党的中央执行委员会上，詹提出要通过谴责徐的议案，遭到中执委的拒绝，詹当即提出辞职。在此后一个多月的时间里，民主党中央执委会多次派人劝说詹不要辞职，但均无效果。此后，詹还一再对外扬言，民主党的中执委缺乏纪律、只顾私利，甚至有犯罪的记录，因此造成了党员意气消沉，形象大损，这更加使分裂不可弥合。导致该党分裂还有更为深刻的原因，这就是詹时中是一个比较中庸的人，认为要让人民行动党下台不能采取激烈对抗的政策，而应以忠实的反对党身份参与国家政治。而其他委员则不主张与人民行动党企图独揽政治权力的路线妥协。民主党内的这一变化或许能从政治发展方面予以解释：随着反对党的壮大，它们在组织结构上已经需要进行调整了，原来的那种不利于对党内的政治矛盾进行调解的、只能容纳少数人的、缺乏制度化和复杂化的结构已经不能适应它的发展了，这一点从工人党的李绍祖和惹耶勒南的分歧中也可以得到证明；同时，这也说明反对党的领导层已经逐渐成熟起来，已经不只是主要领导有自己的政治路线，其他人也有明确而成熟的政治主张了。这种派别分化是反对党政治走向成熟的一个里程碑。当然，这一事件也反映了新加坡的民主化进程在20世纪90年代仍然是举步维艰。

　　经济发展一直是人民行动党政府获得合法性和保持自己统治优势的

---

① 洪镰德：《新加坡学》，扬智文化事业股份有限公司1994年版，第75页。

主要依据，在20世纪90年代仍然是如此。1993年8月16日，吴作栋总理在国庆集会上发表了重要演说，提出政府为了确保迎接21世纪的挑战，为了成为"亚洲的瑞士"和保持在国际上的竞争优势，决定采取四项竞争策略：第一，大量投资，实施教育与培训计划，以培训高级经理人员，同时在各层次上训练出大量的受过良好教育的工人。第二，继续有选择地网罗人才，以增加新加坡人口，维持新加坡社会的活力。第三，使新加坡公民直接拥有资产。政府将以特别折扣价格把新加坡电信局股票出售给新加坡中央公积金会会员，并将政府组屋的店面及熟食中心和市场的摊位出售给摊主。第四，"实行小家庭补助计划"。对于贫困的家庭在子女受教育和住房方面进行补贴。这一计划的目的是通过提高他们的教育水平来帮助他们脱贫。这些措施的核心是保持新加坡的竞争力，在21世纪的经济和社会发展中立于不败之地。

第十三章

法治社会的建立

第一节 立法机构与司法机构的演变、结构和运作

一 立法机构的演变

在被英国殖民的大部分时间内,新加坡没有专门的立法机构,总督集立法、行政和司法权力于一身。在第二次世界大战中,日军占领了新加坡,打破了英军不可战胜的神话;同时,华人与英军并肩作战,在战争中培养出了一种平等意识;更为重要的是,战后民族主义的觉醒使人们意识到进行整治参与的必要性,而民族主义运动的发展则使人们看到了获得政治参与权力的现实可能性。随着英国殖民统治的削弱,它也不得不开放一些政治领域,实行一些有限的政治民主。正是在这种背景下,新加坡的立法机构建立和发展起来。

1948年,经过英国殖民部的批准,总督设立了立法局,这是新加坡的第一个立法机构。根据法律规定,它由22人组成,其中6人是由普选产生的,其余16人都是由总督任命产生,包括总督本人和其他最高官员,还有几名前任官员和上层人士。6名由普选产生的议员,都是商业资产阶级的代表。从立法局的组成结构来看,殖民当局对它进行控制并不困难。不但立法机构中的官员和前官员是殖民政府的忠实支持者,而且商业资产阶级的代表也是由与殖民政府有着千丝万缕联系的名流当选,亲英氛围笼罩着议会。但是另一方面,那些由选举产生的来自民间的议员,无论他们有多么浓重的亲英情绪,在利益背景上仍然与殖民当局有

着诸多的不同，他们不愿意殖民政府过多地垄断政治和经济权利。因此，由部分民选议员参加的立法局与过去完全由政府包揽的立法机构已经有所不同了，议会民主制从此有了一线曙光。

1955年，新加坡举行了第二次议会普选。这次普选的背景与上一次相比产生了很大的变化，1948年民族主义的觉醒还局限于商业资产阶级和受英语教育的上层人士，而1955年工人运动已经达到了高潮，因此，这一次选举参加的人非常之多，并且议员均由普选产生。从这届议员的产生方式和结构来看，已经与一般的民主国家的议会没有多大的区别，议员全部是民选的，而且各阶层均有代表入选。但是它的立法权是不完备的，一些重要立法的最终批准权仍然掌握在总督和英国殖民部手中，立法能在多大程度上得到推行在很大程度上取决于殖民当局的意愿。从另一方面看，它已有了一般法律的立法权，而且议员们已不再由殖民当局任命，与殖民当局进行斗争，争取政治权利始终是他们努力的目标。因此，这届议会的权力虽然还不完全，但它的活动方式基本上是民主的。

1959年举行了第三次议会普选。这次普选的背景是，民族运动已经迫使殖民当局决定放弃在新加坡的基本的统治权，民众的觉悟程度和广泛性都有了发展，各民族主义政党更加成熟，因此，这次在各政党之间展开的竞选活动更像是一次平等意义上的民主竞争。选举结果是人民行动党取得了绝大多数的席位，以它为主组成了新一届的议会。这届议会产生后，英国在新加坡的新宪法正式生效，根据新宪法，议会除在国防和外交方面还无立法权外，在其他方面的立法权力已基本收回。此时的议会成为国家的最高立法机构。可以说，这一届议会奠定了此后近40年议会体制的基础。如果说这一届议会有什么不完善的方面，就是随着以行政为主导的体制的确立，它越来越显示出追随和屈从政府的倾向，而不是与政府平等的、制约政府的一个独立的政府支点。

1965年新加坡脱离马来西亚成为完全独立的国家，在此基础上，议会的结构和功能也更加完善了。按照新宪法，议会是国家的最高立法机构，可以制定包括国防和外交权力在内的一切法律；政府由议会中的多数党组成，总理和内阁成员要对议会负责；总统每4年由议会选举一次，同时，若得2/3以上的议员同意，也可以罢免总统；如经过正式动议，并且有1/4以上的议员附议,议会可以对最高法院的决定进行最终的议决。这届议会成立后,新加坡的所有重大的决策几乎均要经过议会的批准。从表面上看,议会的权力并不小于一般民主国家的议会的权力,但实际上,议会的表决在很大程度上只是一种形式,几乎所有重要的表决都是已在内阁做出决定之后才进行的,而且不可能予以否决。这种情况经过以后的历次大选和历届国会一直延续到1996年,还没有根本性的变化。

二 国会的结构与立法程序

新加坡立法机构的特点是实行一院制。这与它国土面积较小和人口不足300万有一定的关系。在这个小国中,地区间发展不平衡的情况很少存在,信息交流比较容易,由利益分化而引起的阶级和社会集团的对立不是那么明显,也不难抑制它们的利益争夺,因此,在议会建立时不像美国国会建立时那样各州争夺得非常激烈。但是更为重要的原因或许是当时在这个国度里民主的各种因素还没有发育成熟,掌握实际权力的行政首脑不愿与议会分享权力,更不愿意让法案在议会的两院中转来转去,让他们等得不耐烦。

新加坡虽然没有地区间的差距,但种族差距很大。马来族和印度族在这里构成了最大的少数种族,而且各自都很有背景,距邻国也并不遥远,这是政府在处理种族关系时都不得不考虑的因素。如何处理好种族关系不仅仅是一个行政问题,而且与立法和机构设置也有很大的关系。因此,在1965年独立后,很快就成立了一个宪法委员会,以对可能出现的对少数种族以及它们的宗教、语言的歧视进行纠正。1973年这个委员会更名为"总统保护少数团体权利委员会"。该委员会虽非国会的一部分,但具有重要的咨询功能,其主要的任务是检查在政府和国会的各项行政工作和立法中是否发生了歧视、损害少数种族和宗教团体权益的事情,如发现有,可以提请政府和国会重新考虑它们的决定。因此,总统保护少数团体权利委员会可以说是对议会的一种补充。按照法律,国会议员享有豁免权,在国会中的言论自由权,在国会刊物上的出版自由权,以及一般民主国家的议员所享有的其他权力。在议会内部,不是内阁部长的议员被称为后座议员,自20世纪80年代以来,他们可以对政府的政策提出批评。因此,政府的一些政策,如有争议,不但可以被街谈巷议,也可以在议会中进行严肃的辩论。当然,反对党议员的不同声音更有实际意义,在20世纪90年代前半期的第八届国会中共有4名反对党议员。

自20世纪80年代以来,人民行动党的议员都有正式的深入民间的联系网络,他们经常要在本选区下到基层与选民进行交流,这是他们的义务。例如,议员必须每周举行一次会见选民的小型集会,为选民提供咨询服务,然后把来自民众的信息反馈给政府的各有关部门,并协助解决这些问题。议员与各种基层组织,尤其是政府性的公民咨询委员会、居民委员会等联系密切,这是他们与选民建立联系和感情的正式而有效的渠道。反对党的议员虽然缺乏这种正式的渠道,但他们与选民的感情更为深厚,更敢于代表不同的利益在议会中对政府的政策进行抨击,因而也能得到很多的支持。

新加坡宪法规定,立法工作须由议会和总统来完成,即议会有权规定、修改和废止法律,但须得到总统的同意。立法程序包括两个阶段,即形成阶段和实际立法阶段。形成阶段是指议案最初提出的阶段,大部分议案都是由政府提出的,议员单独提出的议案很少。在实际立法阶段,议案先由提案的部长在议会中一读,然后印发给全体议员。过一段时间后举行二读,接着就开展一般性的辩论。如无大的争议,就交付议会全体委员会,继续进行具体细节的辩论。如法案须交特别委员会进行讨论,就要延长时间,而且还要邀请有关专业人士参加,同时通过传媒征求有关团体和个人的意见,写出修正、补充报告,进行三读。此后还可以进行辩论,但一般这时分歧不会很大,然后议员进行投票表决。由于人民行动党自独立以来一直在议会中占绝大多数,而且议会的实际立法权力受到行政的约束,所以还未有法案不被通过的先例。

与其他以行政为主导的体制所不同的是,新加坡的议会一直保留了某些民主的传统,议会内部的立法程序始终遵循着严格的程序,尤其是要经过充分的磋商和协调。例如1968年通过的"雇佣法案",旨在吸引外资和提高劳动生产率,外界都认为这是新加坡政府的一项强制性措施,但即使如此,在通过之前也进行了充分的协商。因为该法案涉及罢工权利、分红、福利、超时工资、退休、劳动纪律和工作条件等，政府和议会事前同工会、资方以及各界人士进行了反复的磋商。目的是既要保证提高劳动生产率，又不能使劳动纪律过于严格，导致工人接受不了。因此，该法案的通过并不完全是政府的一厢情愿。再比如，1968年12月提出的"（人工）流产法案"，曾在议会中引起超乎寻常的争论，因为它涉及宗教和道德问题，单靠行政命令是难以令人心服口服的。当时最强烈的反对来自议员中的天主教徒，在天主教看来，人工流产是不人道的行为。该法案经过了一年的时间，到1969年12月29日才获通过。

从议员的组成来看，他们都属于中上层人士，这与其他国家没有什么不同。议员主要包括部长、学者、专业人士、企业的代表、教师、工会领袖、新闻界人士等。与过去不同的是，过去议员中有很多职业政治活动家，自独立以来，人民行动党独揽议会，加之政府强调稳定，把经济建设放在首位，需要提高管理水平和科学技术水平，反映在议员的构成上，就是受过高等教育的、具有管理经验的人士和学者所占的比例非常之大。这也能说明政府不希望议会具有太多的独立性，不应与政府有过多的分歧。无论是从议员的背景上还是主张上来看，新加坡的议员与西方民主国家的议员都有很大的差别，但20世纪80年代以来进入议会的反对党议员基本可以算成是职业政治家，尽管他们也有自己的专业。例如惹耶勒南虽然是一位律师，但他已经是一名名副其实的职业政治家了。

三　法院和检察院

新加坡的法院由最高法院、高等法院、民事上诉法院、刑事上诉法院和各种初级法院组成，最高法院的首席法官和其他法官，均是在征得总理的意见后由总统任命。对于其他法官，总理在表态以前要征求首席法官的意见。连首席法官在内，最高法院共有8名法官。初级法院主要是指区法院、治安法院、少年法院和小案审判庭等。其中法官的任命，由总统根据首席法官的推荐任命。

初级法院只有初审权，而高等法院则既有终审审判权，也有初审权。高等法院对初级法院有监督权和复审权。民事上诉法院受理民事上诉案件，刑事上诉法院受理刑事上诉案件。若再要上诉，就由英国枢密院的司法委员会受理，这是最后的上诉法院，这是历史上遗留下来的问题。法院基本上是独立的，不受行政部门的干扰。除了总理对法官的任命有实际的决定权外，法官不受任何人的干扰，而且一经任命，就是终身任职。加之法官的文化和法律素质都很高，因此，新加坡的司法基本上是独立的。新加坡是一个法治国家，因此法院和律师的作用是很大的，人们一生中很多事情都要通过法律来解决。

检察院也发挥着重要的作用。检察长是政府的主要法律顾问。作为检察官，他有权提起、进行或中止任何刑事诉讼。检察长也对立法的起草工作负责。

第二节 法制社会的建立

人民行动党上台之初，新加坡经济落后，法制松弛，百废待兴，然而在不到 20 年的时间里，到 20 世纪 70 年代末期，在经济和社会发展的同时，新加坡就被建设成一个社会安定、井然有序的法治国家了，取得了举世瞩目的成就。到 21 世纪的今天，新加坡更被看作是一个法治国家的样板，那么，是什么原因使新加坡取得了许多发展中国家所没有取得的成就呢？法制建设是一项多种因素起作用的综合性很强的工程，我们不可能进行面面俱到的叙述，但是，只要抓住了主要矛盾，就可以对这个问题有深刻理解了，这对于包括新加坡在内的任何国家来说，都是有益的。

一 建立法治社会的指导思想

建立法治社会，首先应该遵守法治建设的规律，而不能凭领导人主观的意志和某些非法律的政治或意识形态的信仰来随意制定和使用法律。这一点，身为剑桥大学法学院优等生，并长期从事律师工作的李光耀认识到了。在他上台之初就说，英国人给我们留下了很好的法律体系。他并没有因为领导反对殖民主义的民族运动而全盘否定英国的法律制度。他深知，英国的法律体制是长期实践和不断修正的结果，它已经扎根于新加坡社会，有很大的优越性，新加坡可以把它拿过来，在进行必要的改造的基础上运用于未来的社会。

对于实行什么样的法律制度，法律应该严厉到什么程度，李光耀的认识是有一个过程的。早在1955年立法议会选举时，人民行动党的选举政府纲要就要求取消《紧急法令》和对言论、集会及出版自由的限制。1955年4月，李光耀在第二届立法议会的首次会议上发言说："如果你相信民主政治，你就必须无条件的相信它。如果你相信人应该自由，那么它就应该有自由结社、自由言论及自由出版的权利。那么就不应容许藐视这些民主过程的法律，同时也没有理由——不管是安全的、交通的或对警察不变的——容许一个政府来阻挠正当或必然知道是正当的民主过程的活动。"[①] 在年底他又一次提出应该建立一个可以为人民说话、撤销有违人权的《紧急法令》的政府。这说明在当时，李光耀还是一个理想的民主社会主义者，不主张推行有碍人的自由的严厉的法律制度。

3年之后，新加坡的形势发生了一些变化，人民行动党的法律态度也随之进行了某些调整。这时，人民行动党已经壮大起来，在将要举行的1959年的普选中极有可能获胜，上台组织政府。面对这种情况，1958年10月8日，李光耀承诺，如果人民行动党在普选中获胜，他会保留《紧急法令》，"只要《紧急法令》是马来亚维系安全所必须的法令，《紧急法令》即是新加坡所必须的法令"[②]。李光耀还进一步说，该党对《紧急法令》的立场，是在全盘考查形势和预料将有政治危机的情况下形成的。如果有人承诺在未来的选举后废除《紧急法令》，那只是江湖骗子的行径。那些要想废除《紧急法令》的人士，应该首先为马来人建立和平与安全的环境做出努力，使马来亚不再依赖于《紧急法令》。1959年10月14日李光耀在议会发表讲话，此时他已就任总理数月，他说，人民已授予他继续使用《紧急法令》的权力。同时，他也指出，这不是解决危机的根本办法，根本办法是发展经济和民主力量，否则就会出现极权。李光耀的这些观点，说明他对在新加坡推行什么样的法律制度有了新的理

---

① 亚历克斯·乔西：《勇往直前的李光耀》，赵国材、杨喜汉合译，台湾新生报社出版部1980年版，第62页。

② 同上书，第69页。

解，放弃了过去那种认为应该无条件地推行较宽松的法律体制的观点，主张推行较严厉的法律体制。但这时他也认为法治社会的根本前途是民主和自由。

20世纪60年代初，李光耀又结合人民行动党的法律政策对他的法制观作了进一步的阐述。他说，对任何法律制度的评价，不在其理想概念的伟大或壮观，而在于其是否能在人与人之间或民众与政府之间建立起秩序与公平。1962年他在法学会发表演讲时说，新加坡的法律体制是以英国的法律制度及若干英国国会的模式为代表，而其内涵则经改变，以适应国情。在他看来，秩序是第一位的，"因为没有秩序，法律根本就不可能执行。秩序已经建立，在一个基础稳固的社会中，法令也就有了强制性，唯有在这种情形下，依照既定的法律处理人民与人民内部日益混乱，当局不能借现行法令有效控制之时，为了维持秩序，往往就必须制定新的、有时候且是激烈的法令，以使法律能继续处理人际关系。而另一种选择是，放弃秩序，任其进入混乱及无政府状态"①。其实，李光耀在这里所说的"秩序"，就是不为英国和一般西方民主国家所承认的，而只能在某些发展中国家所推行的法律，例如《紧急法令》。在他看来，在新加坡要建立一个法制社会，首先必须有铁的手腕，采取一些"不合法"的专断措施来打击那些强有力的破坏秩序的力量，然后才能建立起西方意义上的"合法"的法治社会。

李光耀的这些观点就是自20世纪60年代初开始的人民行动党政府对政治反对派和私会党徒保留特别拘留权的理论依据，也是它日后进行严格的社会管理的理论依据。李光耀指出，如果这种逮捕及拘留权被废除，同时法庭审判要坚持恪守要有严密的法律规定的证据才能采取行动，"那么我们绝不夸张的要说，法律及秩序将成为完全的不可能"。在很多情况下，你的选择只有两种，一种是按章举行审判，结果是让罪犯走出法庭，逍遥自在，继续为恶社会；另一种是不经审判就将他监禁，结果很可能是把犯罪扼制在摇篮之中。按照这一理论，最高法院废除了陪审团制度。

---

① 亚历克斯·乔西：《勇往直前的李光耀》，赵国材、杨喜汉合译，台湾新生报出版部1980年版，第71页。

这一制度早先是按照英国的法律推行的，在新加坡已经沿用了100多年。1959年李光耀担任总理后就提出要废除这项制度。当时李的主要论点是：新加坡的陪审团制度是一项舶来品，而且是相当不错的舶来品。但是要适应这项制度，无论律师还是法官都需有极高的水平。同时它也需要在一个基础稳固的社会才能存在的一些品质为其提供帮助，例如，每个人都准备提供证据，自觉作证成为普遍的行为。然而在当时的新加坡，秘密会社和共产党的势力均较之前增大，有秩序的社会并不存在。当时许多报纸和律师都反对这项提议。对此，李光耀在议会中说，根据他从事律师工作10年和在司法机构工作10年的经验，废除陪审团制是可行之道。他说，如果3位高等法院的法官对案例的审判还不如7位当选的陪审团成员，那么新加坡就可以说是天天处于受害之中了。法官比外行的陪审团成员的判决更容易接近真理。在1969年讨论废除死刑陪审团制时（当时这是唯一保留的陪审团制），李光耀说，陪审团成员一般对可能判死刑的犯人非常宽容，而在目前的情形下，没有比容许谋杀犯活命更为愚蠢的了。最终，国会于20世纪70年代通过了完全废除新加坡陪审团制度的法案。

人民行动党为建立法制社会而推行"秩序第一"的首要措施就是对政治反对派进行镇压。这也是它一度在国际上受到批评的原因。对此，李光耀在1971年与英国《每日电讯》的一位记者谈话时说道，东南亚地区的政治势力与英国完全两样，不能以同一尺度来衡量，你在西方可以随意参加一个党派、集会和投票，但在此地这可能是生死存亡的问题。1963年的共产党对抗和1964年的种族骚乱都是十分危险的事情。他还就不经审判就拘禁政治犯的问题直截了当地说：按照20世纪50年代英国伦敦的标准，它无疑是一项高代价的付出，但如按1971年北爱尔兰的标准来看，却并不尽然。"你如果根据新加坡及东南亚的形式来判断，那我认为它实在是很温和的一项制度。我们约有60名政治犯，如果我们让他们出去，那么只要再有几次投炸弹爆炸，新加坡就要有不安宁的日子。"①

---

① 亚历克斯·乔西：《勇往直前的李光耀》，赵国材、杨喜汉合译，台湾新生报社出版部1980年版，第81页。

这种态度表明，在李光耀看来，就新加坡和一些发展中国家的现实来说，建立稳定而有秩序的法治社会的前提是在政治上不能有强有力的反对派，不能让反对派对国家的政治权力构成威胁。

人民行动党在对政治反对派进行镇压的同时，并不对他们采取消灭的政策，与很多发展中国家相比，它的政策还是比较人道的。英国政治家华德于1971年参观了新加坡的政治监狱，据他说，当时狱内关押着70名政治犯，这些犯人一天有15个小时在囚室中度过，囚室内的床上有6英寸厚的塑料气泡床垫，有扬声器传播音乐，每间屋子有11英尺见方。其他9小时消磨在监狱内的娱乐场所中，还有一些运动设备供他们使用。政治犯一次可在狱内图书馆或从亲友处借阅6本图书。每周可与亲友会晤半小时。吃饭是由厨房按照一定的营养标准配制的菜单供应，也准许接受亲友送来的饭盒。在这70名犯人中，有66名华人，3名印度人和1名马来人。其中4人是涉及共产党活动，60名是涉及共产党联合阵线活动，4名是涉及制造种族及社区关系紧张活动。政府为政治犯获释设置的条件是，他们必须公开声明断绝与共产党的联系，这通常要在报上公开发表或接受电视台的采访，以昭天下。华德以一位参加亲共反英组织的犯人为例：此人于1963年被捕，1971年5月28日获释，当日发表的一则声明说，他悔恨过去盲目跟随共产党从事反对国家和社会的活动，摆在眼前的事实说明，"从殖民地到完全独立的建国目标已经由和平的制宪努力所完成"，并表示自己已经认识到暴力专横的共产主义不适合"我们这个多种族的国家"[①]。这个国家已经在追求民主与自由。华德说，这是当时一般政治犯获释的方式。但监狱内并没有强制"洗脑"的措施，只有当犯人表示悔改时，才对他们施以诱导式的学习，并把此人与并未表示悔改的人隔离开来。林清祥的弟弟林今允就是一个很好的例子。他在1957年因进行激进活动而被捕，监狱当局鼓励他在狱中学习，他参加了法学函授学习，并逐渐脱离了共产主义，到1966年获释时他已获得了法学学士学位，出狱后成为一名律师。

---

① 亚历克斯·乔西：《勇往直前的李光耀》，赵国材、杨喜汉合译，台湾新生报社出版部1980年版，第80页。

1965年时全国共有134名政治犯,到1971年时仅剩70名,很多人就是以这种方式被释放的。其中有23名因选择离境而获得无条件释放。到20世纪80年代以后,政治犯的数量又有所增加。

新加坡建立法治社会的先决条件是利用非常手段建立政治秩序和维持政治稳定,但并不能据此说建立政治秩序和维持政治稳定就是新加坡法治社会的全部,不但不能说是全部,甚至不能说它占据了大部分。法治社会主要是指以法治国,是全体人民都要按照国际上公认的法律标准来规范自己的行为,因此,它是面向大众的,它主要是对大众的一般的社会生活进行规范和约束,而不是镇压。自20世纪70年代以后,新加坡建立法治社会的努力主要是面对大众了。

二 建立法治社会的方法和内容

新加坡建立法治社会的方法及其内容可以从以下几个方面来概括:

第一,立法完备、及时,做到有法可依。新加坡现行的法律有400多种,法律调整的范围十分广泛,大到政府权力,经济管理、商业来往、公民的权利和义务,小到旅店管理、停车规则、钞票保护、公共卫生,甚至人们的衣食住行都有相应的法律规定,例如,为了维护公共场所的卫生,法律规定禁止在国内生产和销售口香糖。法律的完善性还表现在,法院可以援引的作为判案根据的法律规则的渊源的惯例,它们构成了一个严密的网络。除了立法完备之外,它还有一个重要的特点,就是立法及时。很多处于转型中的国家就是因为法律建设跟不上变化了的形势,立法不及时而导致诸多社会现象的失范。然而在新加坡,一旦发现某些行为无法可循或需要修正法律,国会很快就会做出反应,或者立法,或者对法律进行修改。1995年国会根据国内情况的变化通过的新立法和修改的法律有:《赡养父母法》《雇佣法》《雇佣外国劳工法》《移民法》和《征用土地法》等。例如,《雇佣外国劳工法》的修改,及时为劳动力市场出现人才短缺问题的解决提供了法律依据。在转型中的社会,往往容易出现法律真空,如果不能及时填补,就会造成某些官员凭主观意志处理问题的情况,这不仅不能保证解决问题的公正性,还会养成人们不依法办事的习惯,破坏法律的尊严。新加坡很好地避免了这种局面的出现。

第二，坚持在法律面前人人平等的原则，使任何人不能凌驾于法律之上。很多发展中国家的政府都十分热衷于宣传自己的国家是如何如何的平等，宪法中也明文规定在法律面前人人平等，然而实际上在它们那里有很多高官凌驾于法律之上，违法乱纪，正是他们破坏了建立法治社会的努力。在实际执行时，不但高级官员的违法行为很少会被追究，而且即使是在其违法行为被揭露出来之后，处理也比一般的平民百姓轻得多，这是它们无法建成法治社会的重要原因。因此，要真正做到这一点并非易事。然而在新加坡基本做到了官民平等。

人民行动党在成立之初就决心以实际行动而不是停留在口头上来反映人民的利益，这是"人民"和"行动"党的起因。人民行动党自1959年执政以后，并没有凌驾于政府和法律之上，至高无上地进行领导，也不是事事先经党讨论决定，最后交政府有关部门执行。如果这样的话，势必造成一种在中央政府之上还有一个决策中心的情况，造成了一种"当官不负责"的局面。这样做很容易违背客观规律，产生官僚主义。很多发展中国家在这方面就遇到了问题。人民行动党执政后，李光耀等高层领导有意弱化党的功能，强化政府的功能，使人民行动党只是在竞选、咨询、吸收人才和制定国家的意识形态方针方面发挥作用，或者它主要是为了应付可能出现的政治危机而进行的一种组织上的准备。其他一切事务，如官员的任命、去留，对经济和社会事务的领导，国防外交等，均由国家和政府按照法律程序进行领导。具体说来就是经济管理由政府各职能部门、立法由国会、司法由法院、军事由国防部、外交由外交部、肃贪由反贪局、劳工由职工会来负责。在政府各部门中，没有党的专门机构在进行指导，党员的身份都是保密的，一般人不知道谁是党员，而且党员的数量也很少。党不干政，党不涉法，党只管党，摆正自己在国家中的位置，而且从严治党，是新加坡法治建设成功的一个重要因素。

在新加坡，自建国以来对高级官员进行严厉惩罚、不徇私情的例子很多，但找不出一件高级官员可以减轻或逃避惩罚的例子。例如前国家发展部长郑章远，是当年同李光耀等人一同打天下的功臣，与李光耀的私交也很深，但当他的贪污行为被揭露出来，托人请李光耀"保"他时，李光耀回答说："保了你，我的党就完了，我要我的党。"郑章远面临严厉的审判，承受不住，畏罪自杀。1991年商业事务局局长格林奈因"说谎罪"被起诉。此人长期从事与商业犯罪斗争的工作，是公认的"商业犯罪的克星"，他亲自处理的轰动全国的七大商业案件，为国家追回1.5亿新元的资产，被誉为"杰出公务员"，可谓功勋卓著。起诉他的两项罪名是，20世纪90年代他向财政部申请一笔购买新汽车的贷款，挪用来还一部旧汽车的帐；另外他在某印尼商人尚未签约之前先后两次对新加坡的八达汽车公司谎称，该商人已签约买下某度假村，劝说该公司也投资300万新元。此案从1991年一直闹到1992年4月才最后定罪，原因是对他的处罚争论不休，最后按照较严厉的一方的意见给他定了罪：判处3个月的监禁，开除公职，同时失去因出任公职20年而积累的50万新元的公积金和30万元的退休金。这项处罚在很多人看来是过于严厉了。

另外几个例子可以从另一方面说明这个问题。李光耀、吴作栋和李显龙等人都曾受到过反对党人士和国外报刊的反击，他们对这问题，不是简单利用于手中的权力，采取行政手段予以干涉，而是诉诸法律，通过法院来解决问题，以取得合法性。在就任总理期间和卸任以后，李光耀多次向法院起诉对他进行攻击的人和报刊而没有一次直接进行行政干预的。工人党领袖在1988年和1991年大选中都曾在群众集会上对李光耀进行人身攻击，前者是惹耶勒南攻击李光耀"逼死"前国家发展部长郑章远，后者是黄汉金攻击李"利用权势搞裙带关系"。李光耀先后对他们进行起诉，通过法院的判决分别获得了26万和20万新元的巨额名誉赔偿费。无论这里是否有权势在起作用，仅仅这种处理问题的方式就足以令很多集权主义国家认真学习了。在领导人的带动下，普通人也总是通过法律来解决纠纷，有大一点的纠纷都通过法律来解决，而不是找政府部门，不会出现行政干预法律的事情。还有一件事情也很能说明问题。1992年，有一位人民行动党的国会议员在高尔夫俱乐部打球时，十分粗鲁地把球向前面的一个人打去，虽然没有打中，但已违反了应遵守的安全规定，因此，这个俱乐部决定停止这个国会议员的会员权利，在数月内不准他打球。俱乐部之所以敢做出这样的决定，是因为它了解人民行动党和政府的政策，知道它们不会袒护这种行为。

坚持在法律面前人人平等的原则还表现在对外国人的法律制裁上。

例如，1994年判处在新加坡破坏公物的美国不羁青年迈克菲鞭刑6鞭，尽管受到美国舆论的批评和美国总统的请求，仍然坚持处罚，后考虑到美国总统的面子，减为4鞭。这是不怕大国强国的压力，坚持按自己的法律定罪。有人曾说李光耀等人之所以敢对美国等西方国家放肆地进行批评，是因为这些国家容许言论自由，宽宏大量，不会报复；对邻国李光耀等人从来是比较谨慎的。这话不无道理，但在原则问题上，新加坡政府是不退缩的。1994年，菲律宾女佣弗洛尔因杀人被判死罪，菲总统拉莫斯施加压力要求减刑，菲舆论也群起批评，但新加坡还是执行了死刑。此后，菲律宾国内曾一度掀起民族狂潮，谴责新加坡。在这种情况下，新加坡政府才又邀请美国和菲律宾的法医联合对当事人进行了检验，认定了弗洛尔的杀人罪属实，维持了原判。

第三，法律严明，执法严厉。法律严明的表现是，新加坡不仅立法完备，而且法律规定的处罚特别严厉。这首先表现在它从未废除过死刑，尤其是鞭刑。它的鞭刑非常残酷，一鞭子下去就会使人皮开肉绽，如果受刑人坚持不住，就等到伤好后再补施鞭刑。另外，它罚款的范围特别广泛并且严厉。例如，乱丢垃圾罚款1000新元（约合600美元）；随地吐痰最高也可罚1000新元；在公共场所吸烟，最高处罚500新元；开车闯红灯，罚款180新元；乱停车，最高罚款500新元；等等。一般工人的月薪每月只有1000新元左右，所以这些罚款对于普通市民来说是相当可观的，其中任何一笔罚款，都会使人感到沉重。而且，只要到了因违法而被开除公职的程度，公积金也将被没收，这对于新加坡人来说是一个巨大的损失。一般工作时间较长的人，公积金的数目都能达到6位数以上，这是他们退休后的一笔巨大的收入，如果因为一项小小的犯罪而被没收，那是很不值得的，一般人也不愿意冒此风险。再比如，法律规定如果贩卖或进口15克海洛因或30克吗啡，必被判死刑，这比绝大多数国家都要严得多。

执法严厉也表现在两个方面。一是国家建立了严密的法律监督体系和素质精良的警察队伍，做到了"违法必究、执法必严"。警察的素质很高，一般都是法律专科毕业，训练有素，责任心很强，因而破案率很高。尤其是对日常的犯规行为，几乎有80%都会被他们看到。通常有很多人在收到罚款单后才开始反思到自己在哪里做了错事。

　　二是新加坡法院的审判不像西方那么复杂,比较简捷。法院不但可以依据犯罪结果定罪,而且即使没有结果,只有动机和行为也可定罪。例如,法律规定,只要报马中心在赛马日接到两个以上询问有关赛马成绩和彩金的电话,法庭就可以推定报马中心的人是在协助经营非法下注场所;同样,如果接到的电话与下注有关,法庭便可以推定那个人就是非法下注场所的管理人。据此,就可以对当事人施以处罚,不需另外取证。再比如,20世纪50年代中期,私会党活动猖獗,严重扰乱了社会秩序,警察在还未得到正式法律授权的情况下采取突然行动,逮捕了一批私会党徒,第二天国会一口气三读通过了取缔私会党的法律,使头天晚上的逮捕完全合法。接着国会于1955年10月21日通过了《刑法临时条款》,规定任何与重要服务有关的人不许罢工;当治安受到威胁时,警方有权解散在任何场所举行的人数超过10人的集会;只要部长认为需要,有权对参与犯罪活动的人发出拘捕令。这些措施有效地打击了私会党的活动。还有,新加坡一直对赌马限制不严,但自20世纪80年代以来国内的非法收取外围马赌注或让人利用他的场所从事外围赌马,只要罪名成立即可被判监禁5年,并罚款20万至23万新元。同时警方开展了为期6周的突击行动,成功地扫除了报马中心和"迷你马车",赌博之风从此受到控制。法律为现实服务的效率和倾向都十分明显。从这一点来看,在讲究保护个人自由的西方社会中一般是不会容许这种简单化地利用法律的,法律定罪一定要有严格的程序和足够的证据。但就许多发展中国家的现实来看,如果事事都要这样做,那就会耗费很长时间,用李光耀的话说,会使许多罪犯得不到及时的制裁。如果执法人员的素质较高,采取较快而简捷的程序制裁犯罪是利大弊小。

　　第四,提高执法人员的素质,树立法律的权威。人民行动党政府非常注重提高执法人员的素质,严格挑选优秀人才充实执法人员队伍。过去新加坡虽然在各方面都不及发达国家,但在挑选法律人才上却与西方发达国家的标准没有什么两样。执法人员可以分成两大类,一类是警察,另一类是法官和律师。新加坡的警察都是法律专科毕业生,他们的文化素质和法学水平要比很多发展中国家的警察高很多,并且要经过严格训练。这样一来，他们在执法过程中就较容易做到行为检点，秉公执法，因而也深受群众的支持，能够得到群众的协助。法官和律师的文化素质就很高。很多都是从英国留学归国的，新一代的法官和律师更要获得硕士以上的学位。这就使他们对法律的理解非常深刻，执法水平很高。我们可以看到，在很多发展中国家，法官和律师的职位都被按照特定的路线，例如阶级路线所选定的人占据。这些人文化和专业素质都很差，而且裙带风气很浓，有学位和有水平的人很难挤进其中，尤其不能挤进其中的上层。这些人把持着法律部门，很容易把风气搞糟。另外，新加坡法官的职务非常神圣，一经当选，就终身任职，除非失职，且待遇优厚。职务的神圣性，增加了法官的责任感。同时，新加坡法院有相对的独立性，不受一般行政部门的干扰。法院的判决一经宣布，就必须执行，不执行者必会受到制裁。这样，法律的权威就被树立了起来，没有人敢违抗法院的制裁。

第五，在人民群众中培养守法护法的精神。除了坚持执法严厉，以此来约束人民的行为、给每个人以警示外，更重要的是教育。因为执法严厉的目的不是为严而严，如果造成一种人人自危的局面，就会对发挥人民的创造性产生不良影响。执法严厉的目的是建立一个井然有序的法制社会，更有利于发挥人们的创造性。这就要求人们自觉守法，使人们守法而心情舒畅，这是发挥人们工作积极性的先决条件。同时，法律再严，如果多数人都不遵守，那么它也只能是一纸空文，起不到任何作用。而让多数人都能自觉守法的最好的方法，就是教育，培养他们的守法精神。在这方面，人民行动党政府做得非常成功，它几十年如一日，培育人民的法制观念，使法律意识深深扎根于民众的心灵深处。在新加坡，政府经常教育人民要有良好的生活习惯和行为规范，要表现出新加坡人的"气质"，即应遵守法律，维护秩序，尊重他人。各种媒体都开设有"绳之以法"的专题节目，使每个人都置身于法制宣传的包围之中，这样日复一日，年复一年，不厌其烦地进行宣传，人们的法制意识自然而然就得到了强化。

政府还想出了各种方法来加强宣传的效果。以警示人们遵守交通法规的方法为例，可以看出政府各部门是动了脑筋的。为了让儿童充分理解交通规则，不至于对交通宣传产生逆反心理，警署以生活化的方式让儿童亲身演习公路交通情况，有计划地把儿童送到公路安全公园，让他们开着娃娃车，按正常交通状况演习，教给他们在遇到各种情况和指示灯时该如何处理。对成年人，则多半采用惊吓的方式，每当发生一次严重的车祸，电视和报纸总是不停地播放现场人车俱毁的悲惨场面，让人触目惊心，难以忘怀。

人民行动党政府正是因为在以上五个方面进行了持之以恒的法制建设，实行了上述一系列的措施，才建成了令人称道的法治社会。

三　成功的原因

那么，它这些努力为什么能够成功呢？为什么在一些发展中国家，政府进行法制建设的努力总是不见成效呢？这里有一个尊重法律规律的问题。很多发展中国家的领导人主观地把法律分为不同阶级性质的法律，不尊重法律的基本规律，例如认为社会主义的法律是一种全新的法律，以阶级为准绳，必须在全面废弃资本主义法律的基础上才能实行这种新型的法律体系。他们在经历了许多曲折以后才认识到这是一种失之偏颇的认识。而人民行动党政府，尤其是李光耀本人较早地认识到了这一点，这使新加坡受益匪浅。另外，在很多国家或者是过于强调领袖个人的作用，或者是过于强调制度的作用，这都是对于国情缺乏了解。在一个公众已经对现代法治意识有了普遍认同的国度中，过于强调领袖个人作用显然是为违反法律者留下了活动余地；而在一个还保留着某些传统体制的国家中，如果不重视领袖个人的作用，或者说如果没有一个执法如山的铁腕人物，那么法律就显得非常的软弱无力。在新加坡法治社会的建设过程中，有两个因素的作用不容忽视。

不割断历史，重视法律的继承性。在取得民族运动的胜利后，人民行动党政府并没有采取极端的做法，全面废除殖民政府的法律，而是采取尊重旧法规的态度，使旧法律继续服务于新社会。李光耀认识到，在短期内，社会并没有发生多大的变化，因此原先适用的法律在独立后仍然适用。他说，英国给我们留下了很好的法律。新加坡"接收"英国法律有两种情况：一种是基本照搬。例如，在新加坡《民事法令》第五条第五款中规定，英国的商业法令如公司法、合同法、合伙法、银行法、代理人法、售货法、海陆空运输法、保险法等，在新加坡继续有效并适用。另一种是根据英国有关法令的规定，重新制定一些法令，如票据法、受挫合约法、疏忽致伤法、诽谤法，就是重新制定的。当然，新加坡也根据各种需要对英国的法律系统进行了某些改变，尤其是随着形势的变化制定了一些新的法律，但这些都是在继承的基础上的革新，而不是"废除伪法律"。这样做的根本点在于尊重实际。另外一点就是，人们的法律观点的转变需要一个过程，如果新的法律制定得过急，动作过大，人们的法律观念不能适应它，那么就很难尊重它和遵守它。这样会导致有法不依的局面。

领导人个人的作用，内部制约机制与司法的相对独立性是法治社会得以建立的重要因素。在建立法治社会的过程中，党和政府的高层领导，尤其是李光耀本人起了重要的作用。李光耀是学法律出身的，在剑桥法学院受到了浓厚的法律思想的熏陶，也目睹和亲身体验到了法律在英国这个法治社会中的作用，因此，他决心在新加坡也建立一个严明的法治社会。就个人的作用而言，他做到了两点，一是尊重法律运用的规律，这是他的优势；二是他坚持以身作则，保证自己不做违法的事情，这就使他在制裁违法者时无后顾之忧，不受任何约束。另外，新加坡是一个小国，最高领导人有秉公执法的决心较容易传至全国各地，而在一个大国就不容易了，最高领导人有时鞭长莫及。正如李光耀1992年在菲律宾演讲时说的："高层的政治领袖如果以身作则，树立榜样，贪污之风就可以铲除。只要把两三个高官绳之以法，就足以产生杀鸡儆猴的作用。这是新加坡的经验。"[1] 显然，在一个大国中仅杀两三个高官还远远不够。

有人说新加坡法治社会的建立在很大程度上依赖于领导人的作用，因此偶然性很大，如果换了一个不那么懂法和执法不那么坚决的领导人，它的法治社会就很可能遭到破坏。这种看法不无道理，而且或许是新加坡需要解决的重要问题。然而这话也不全面，在这个国家里，并非没有对最高领导人的制约机制，这表现在两个方面。一方面，试想，在一个廉洁自重成风的社会中，领导人能够贪赃枉法而不受制裁吗？人民行动

---

[1] 新加坡联合早报编：《李光耀40年政论选》，现代出版社1994年版，第353页。

党执政的合法性很大一部分来自于它的廉洁自律，有损这个形象的领袖肯定会丧失其担任公职的合法性。这就是李光耀竭力回击反对党人对他的违法指控，拼命维护他的廉洁形象，大力宣传人民行动党在建立法治社会方面的功绩的原因。另一方面，新加坡的司法有相对独立性，除了人民行动党及其政府的最高层对法院有实际的控制权外（这种控制权是非法而实际存在的，但也并非不受到约束，只是在十分重要的问题上才能够表现出这种控制），所有人都无力凌驾于法院之上。正如反贪局直接对总理负责，可以对除少数高官以外的任何人采取行动，而且除总理之外，任何高官都不得干预反贪局的工作，致使它能够发挥重要的作用一样，司法部门的这种相对独立性也能够发挥重要的作用。

回顾法治社会建立的历程，新加坡的经验正如上述，即领导人有正确的法律思想，对法律的规律和其重要性有足够的认识，然后是以持之以恒的精神动员全体人民的力量共建法治社会，同时，选择正确的措施和方法也是不可缺少的。新加坡是一个东方的以行政为主导的国家，与西方国家的体制有很大不同，因此，在建立法治国家的方式和经历上都有所不同。例如，领导人个人的作用显得特别突出；西方国家是从封建社会中脱胎出来的，对于封建的法律它们抛弃的多，留下的少，而新加坡继承的是英国的现代性较强的成熟的法律，因而继承的多，抛弃的少。

第三节　从文化视角分析治理腐败成功的原因

对于一个政治权力比较集中的国家来说，政府官员的廉洁与腐败是建成法治社会的关键所在，因此对这个问题应该有更多的关注。新加坡在这方面的经验确实有值得各国借鉴和思考的内容，因此我们有必要进行一番研究。

一　法律严明与执法严厉的文化基础与合法性

人们一般认为，新加坡治理腐败成功的主要原因是法律严明和执法严厉。从理论上讲，法律严明、执法严厉是治理腐败的最基本的手段，非此不能保证政府的廉洁，这毫无疑问。但在实际操作中，法律严明到什么程度，执法严厉到什么程度才能更有效地治理腐败，与一般理论上的设想并不一定完全吻合，它要受到各种外界变量的影响。

新加坡的法律严明有两个特点。一是"非法所得"定义广泛。在《反贪污法》第二条中对构成非法所得的"报酬"进行了定义，包括金钱、礼物、贷款、费用、赏金、佣金、有价证券以及其他动产和不动产；任何职位、就业或合同；各种服务好处或利益，包括免除罚款，保住某种资格，免受惩戒处理，以及行使或放弃某种权利；以及对上述报酬的提供、应承和许诺。可见，真是无所不包。同时，这个定义没有对非法所得的最低价值进行限定，也就是说，按照这项法律，甚至一杯咖啡在特定情况下也可以被指控为受贿。在现实中也确实发生过一名公务员因屡次收受两元左右的小礼品而被指控的事例。当然，这只是在特别需要的情况下才提出指控。二是罪名成立的条件简单。根据《反贪污法》第九条规定，一旦某人已经接受或企图接受非法利益的事实成立，腐化罪名也就成立。这与欧美国家显然有很大不同。在这些国家中，判定官员腐化一般需要有两个条件，先是非法利益从行贿方向受贿方转移，然后须查明受贿人向行贿人提供了服务或方便，罪名才能成立。而在新加坡，只需前一个条件核实，罪名即成立。无论得到好处的官员是否提供服务或好处给对方，或者他根本没有机会或权力向对方提供好处，都不能开脱罪责。这一点是很特殊的。

执法严厉也有两个特点。一是查处腐败案件的效率很高，这就使一般官员不敢轻易行贿受贿，从而大大减少了腐败事件的发生。反贪局的工作人员之所以能及时侦破腐败案件，主要原因有两个，第一个反贪人员的素质高，忠诚感强，不徇私情。正像国家对其他公务员在录用时严格把关，在使用时有严格的法律和纪律约束一样，反贪人员也受到这些制度的约束，因而其素质很高并且有很强烈的敬业精神，这使他们的本职工作做得非常有效率。第二个反贪机构享有十分广泛的特权。首先，反贪局长直接由总统任免，只受到总理公署的监督。这样，在调查案件时，反贪机构可以得到对总理负责的包括各部在内的所有政府部门的协助，这很有利于案情的侦查；同时，这也决定了反贪局不受除总理公署以外的任何政府部门的制约，不必担心由于查处案件而得罪了某个高官丢掉自己的乌纱帽。其次，按照《反贪污法》的规定，反贪局除了拥有警察侦查案件的一般权力外，例如在执行公务时有权进入任何部门，要求任何人提供所需的任何材料，同时，在特殊情况下，反贪局局长和高级侦查员有不用逮捕证即可逮捕人的权力；另外，经检查长批准，反贪局也有查看被调查人银行账户的权力。

二是在反腐败中贯彻了在法律面前人人平等的原则。在当今世界上，几乎所有国家的法律都制定了法律面前人人平等的原则，但在实际执行中却存在着巨大的差异。新加坡在这方面是做得很出色的。在这方面，首先李光耀本人做出了表率，在他担任总理之初，就对他的父亲兄弟说："从今以后不要指望从他那里得到特殊照顾，你们应该完全像老百姓一样来对待自己。"① 多年来李光耀一直保持了洁身自好的名声。尽管他多次为领导人提高工资，尽管反对党多次指责他有腐败行为，最后都被事实证明他做的是合法而合理的。李光耀能够以身作则，使其他政府高官也不敢以身试法。同时，反贪局侦查总统总理以外的政府高官也不受任何约束，尤其是一旦发现他们有腐败行为，一律绳之以法。例如，前建屋发展局主席兼马来西亚航空公司董事会新加坡代表陈家彦，1966 年因在航空公司购买波音客机事件中有不正当行为，被免去一切职务，也结束了其政治生涯；前环境发展部政务部长黄循文，于 1975 年被控接受印度尼西亚华裔商人 84 万元的贿赂而面对 5 项罪状，被判坐牢 4 年半，罚款 7023 元，上诉后减刑为 18 个月；前全国职工总会主席彭由国，1979 年被指控擅自挪用工会基金，弃保逃往国外；前国家发展部长郑章远，1986 年被指控收取两笔各 50 万元的贿赂，在停职调查期间曾请求李光耀予以宽恕，李光耀明确地拒绝了，郑于 1986 年 12 月 12 日自杀身亡；外交部长污蔑反对党领导人詹时中，经调查情况不属实，部长被判罚款并拘留；1995 年 11 月反贪局也破获了国家公用事务局副局长的受贿案，在新加坡引起了不小的震动。

新加坡的法律严明和执法严厉已为世人所公认，然而，对于任何一

---

① 亚历克斯·乔西：《李光耀》，上海人民出版社 1976 年版，第 596 页。

个社会我们都不能说法律越严越好，包括新加坡在内。否则，大多数官员甚至普通人都可能是腐败或违法的。历史上或现代社会中都不乏这样的例子：过严的禁烟禁酒令使烟酒泛滥成灾；不准经商或阻碍经商的法令促使商人们以金钱铺路，无孔不入；严禁用公款吃喝的法令如同一纸空文。那么，是什么对法律严明和执法严厉的实现程度起决定作用呢？无疑，政治文化是最为深刻的原因。如果一个社会的占主导地位的政治文化的现代性程度很高，那么它对腐败的抑制性就越强。这就是为什么一般来说发达社会人们对社会和国家的责任感、荣誉感、功效感、忠诚度和权利义务感很强，因而对现代的价值准则有着普遍的社会认同，对于违背公共道德的腐败行为有着明确的是非标准，因此，国家在治理腐败时也就比较能得到大多数人的赞同。在这种情况下，即使"非法定义"广泛一些，法律严一些也行得通。相反，在一个缺乏现代性的文化氛围中，人们的是非标准往往是把家族的、小集团的和地方的利益置于社会的、公众的和国家的利益之上，这样，国家在治理腐败时就很难不受到来自狭小的传统势力的抵制。许多发展中国家腐败现象丛生，政府治理腐败的措施苍白无力，在很大程度上就是这个原因。

新加坡国家政治文化的现代性高于一般发展中国家。它的现代的政治价值观早已在社会中居于主导地位，在大众中得到内化。这主要是由以下五个原因促成的：第一，新加坡受英国文化的影响很深。英国在新加坡进行过长期的殖民统治，英国人建立的政治法律制度和道德价值体系对新加坡人有着深刻的影响。新加坡语言是以英语为第一语言；政治体制，尤其是文官制度最初也是由英国人建立的，一直保持着原有的模式。而英国是世界上最早现代化的国家，它的现代型的价值观早已形成，对新加坡的影响无疑是巨大的。李光耀一直受英语教育，并且是从英国留学归来；吴作栋更是只会说英语。他们受英国文化的影响很深。在新加坡这样一个地域狭小和权力比较集中的国度中，领导人的文化观对社会有着重要的影响。第二，新加坡是一个由移民建立的社会。移民身上那种与生俱来的冒险精神和开拓精神与现代文化中的创新与竞争意识具有同质性，两者是很容易融合的。这在政治文化中很容易造成法律面前人人平等的民主和权利意识。第三，新加坡是一个自由贸易港，而商品和自由市场是冲击传统的最有力的物质力量。自由贸易涤荡了新加坡本来就不多的传统。第四，新加坡是一个城市国家。在一个地域狭小而开放的社会中，现代经济和文化是很容易普及全国的。因为一个旅行者或一种外来商品很容易深入到社会的每一个角落，有意无意地传播着自己的价值观。第五，儒家文化在新加坡已经发生了转化，新加坡人对儒家文化的理解在很大程度上已不再具有传统文化的性质，而是现代文化的有机组成部分。1995年12月一位新加坡学者在谈到儒家文化时说，在新加坡很难在现实生活中感到儒家传统的存在，新加坡基本上是一个西方社会。他的看法或许有些偏颇，但也不无道理。

从现实社会来看，新加坡的法律完善而无所不及，这显然不是儒家文化的张扬，而是英国文化的拿来。具有现代性的"新加坡人"的"民族意识"已经深入人心，绝大多数人都把自己称为"新加坡人"，而不愿称为华人、马来人或印度人。这是人们在文化上脱离传统、具有现代价值性的重要标志。在大多数新加坡人的行为准则中，公共意识总能战胜小集团的或个人的意识。国家和民族意识、自由竞争意识、市场意识和平等与互助意识等现代价值观念已成为社会的主导价值观，这是它抵制腐败的内在的文化机制。没有这种内在机制，法律严明和执法严厉只能是一纸空文。

另外一个与执法严厉有关的问题是领导集团的合法性问题。一个政权如果取得了来自公众心目中的合法性承认，例如公众对政府所宣扬的意识形态和爱国主义有认同感，并且国家有行之有效的措施来引导人们的信仰，那么，从一定意义上来说，无论这种信仰是象征性的，还是出于理性的，这个政权都会拥有忠诚，它会因为得到了公众的授权而制定出非常有力的制裁方式来执行社会化的行为规范。如果在一个社会主流的或政府所宣扬的政治文化中缺乏信任和公共认同，存在着多疑、嫉妒以及对本家族和本小集团之外的人的潜在的或实际的敌意，那么，这种政治文化就不能成为政府的合法性来源，相反，只能破坏政府的权威。在这种情况下，政府或国家就失去了凝聚力和坚决推行廉政措施的文化基础。在这一点上新加坡与许多发展中国家都有所不同，其政府的合法性基础比较牢固。50多年来，人民行动党政府在不同的历史时期先后以

"生存意识""国家观念"和"共同价值观"等为标志,打着民主社会主义和儒家伦理等旗号,凝聚了人们的价值观和信仰,致使多数新加坡人认为,只要经济发展和社会安定,政府就是合法的。

二 财产申报制度的比较分析

财产申报的意义在于有利于监督。如果说行贿受贿只是一时之举,从而使对它的侦破在很多情况下受到了时间的限制的话,那么财产申报和监督的有效之处则在于它随时对非法所得进行检查,不受时间的限制。因此凡是治理腐败比较好的国家都在这一条上比较坚决,新加坡尤为严格。相反,很多国家治理腐败屡屡不能奏效,与这一条有很大关系。但财产申报制度实行的成功与否,以及推行的方法和程度不能仅凭领导人的个人意志或一纸法律,它有其深刻的文化背景。

新加坡的《反贪污法》第三部分规定:"如果被告人占有他不能令人满意地说明并与其已知收入来源不相称的财力或财产;或他在被指控的犯罪时间或大约此时获得了他不能令人满意地说明其财产或财产的增添时,就无须证明有任何具体贪污行为,由此受贿行为即可推定为犯罪所得,并据此被处以刑罚。"在执行过程中,公务人员在被录用、调动和升迁时,以及每年年终都要申报自己的财产,哪怕有一点说不清也过不了关。

新加坡财产申报制度的特点是它介于财产公开和财产保密之间,且检查非常严格。在一些发达国家,高级官员和议员的财产要向社会公开,一般官员的财产也要向上级和监督部门申报,这种制度起到了较好的制约效果。但由于检查不够严格,因此在申报的财产和实际拥有的财产之间往往有差额,这就掩盖了某些腐败现象。新加坡官员的财产一般不向社会公开,但要向上级申报并接受反贪机构的严格审查。这就是说,新加坡财产申报制度的有效性,主要不是由于社会的监督,而是由于反贪机构的审查。从世界范围内来看,在一个政治缺乏透明度、政治参与还十分有限的国家里,一般来说也做不到财产公开和财产申报,因为与财产公开相联系的是大众的参与和监督。如果政治是集权的,大众的参与权力也受到压抑,那么财产公开又有什么意义呢?而且一个集权的国家既不需要也不愿意看到这种情况,它只需要"自上而下"的监督。新加坡能建立如此严格的财产申报制度在发展中国家已是不易。这主要得益于两点。一是现代文化和英国文官制度的影响。新加坡虽然在政体上是东方式的，但是它的文官体制是英国式的，内部监督机制早已存在；而且，由于它的开放性，因而受西方现代政治文化的影响已经很深，例如反对党政治和竞选，已经在这里扎下根来，因此，西方体制上的某些功能在这里可以得到文化上的认同。二是得益于领导人的决心。一般来说，在一个权力不受制约的体制中，官员财产的申报与公开没有多大意义，因为财产公开或申报并不是目的，目的在于接受监督。这就是说，如果一个体制缺乏制约权力的机制，不但财产的申报或公开没有多大意义，而且即使申报或公开，权力又怎能自己制裁自己呢？新加坡的现实是，虽然最高领导人受到监督的机制并不健全，但他们确实是廉洁的，并且肃贪的决心很大，这样，就造就了一种自上而下的制约机制，使腐败现象可以受到严密的监督。在一个集权国家中，没有领导人的决心，财产公开和申报制度就如空中楼阁；而没有财产申报和公开制度，领导人的决心就显得力所不及。

三　以俸养廉的内在含义

一般认为，待遇优厚、晚年生活有保证是新加坡公务员奉公守法、廉洁自重的一个基本原因。政府强调要用"接近市场价格的办法"来解决公务员的待遇问题，从而使公务员的待遇较高。待遇较高的含义可以按照两个标准来衡量，一个是与大多数国家中公务员与非公务员待遇比值相比，新加坡公务员的待遇的相对值较高；二是在国内，公务员的工资虽然并不很高，但很有保证，退休时也无后顾之忧，生活水平处于中间摇摆的状态。这样，待遇优厚，加上法律严厉，使一般官员感到没有必要冒险去索取非法的收入。经验表明，官员的正常收入过低，那么无论在心理上还是在实际生活中他们都是难以承受的。在这种情况下，可能出现两种情况：一种情况是，如果法律不能约束官员的行为，那么他们就会通过非法手段攫取财富。另一种情况是，如果法律可以约束官员的行为，使官员不能获得额外收入，那么他们中间有才能的人可能会离职而去，而国家也不可能再招聘到优秀人才加入公务员队伍。在新加坡，这两种情况都出现过。20世纪50年代和60年代初期，民族主义运动的开展使原有的政治法律失去了控制能力，出现了一时的无序状态，而新上任的官员的待遇又低，这就导致了腐败现象的增多。20世纪60年代末至70年代，治理腐败成功，但公务员的待遇过低，又出现了公务员吸引力不大的情况。例如原律政部长巴克，1963放弃了律师职业出任政府的律政部长，工资只相当于原来的1/3。到20世纪70年代他的月薪只有2500新元，供不起几个孩子读大学，只得提出辞职。当时李光耀没有批准他的辞呈，而是将部长的月薪加到4500新元。之后，政府认识到了这种情况，认为要想吸引住人才，必须提高官员的待遇。因此，自20世纪70年代以后，多次提高了公务员的工资。20世纪90年代中期又大幅度提高了工资。从制度上采取措施，提高公务员的工资，表面上看是很容易的事，但实际并非全然如此，它还要受文化因素的制约。因此，其他国家能否照搬，不仅要从制度上考虑，而且不能忽视社会文化的影响。

自20世纪80年代以来，新加坡总理的工资比美国总统的工资高出许多，20世纪90年代以来高出了1—5倍。由于新加坡公务员的工资每年根据国民收入情况决定，总理的工资在1995年比美国总统的工资（以年薪20万美元计）高出近3倍；而一般下级公务员的工资又比美国下级公务员的工资低将近1倍，非熟练工人的工资又要低一些，这样，收入差距就很大。这种人为拉开的差距虽然是"合法"的，但未必就是"合理"的。新加坡这样做的有利之处在哪里呢？实际上，在不同的文化中，人们对"合法"与"合理"的看法并不完全相同。例如，英国文化对平等的评价要比美国文化对平等的评价要低一些，而对"精英"和等级则更为看重。新加坡在这方面由于多年的宣传比英国又有过之而无不及。这样，新加坡收入差距的拉大，虽然用美国文化或马克思主义的价值取向来看是不合理的，但在新加坡的现实中，它从自己的精英主义文化中，从自己的合法性中取得了合理性。也就是说，在一定的文化氛围中，合法性与合理性在相当程度上取决于社会的认同，而不是"理想"和"正义"；只要公众默许这种分配体系，那么不管它是否具有"合理"性，它都获得了"合法"性。既然是合法的，就能规范人们的行为，它要比"非法"而"合理"的分配方式更有利于防止腐败现象。因为无法可依的索取无论多么"合理"，都必然会带来整个道德体系和法律体系的崩溃。

如果一个发展中国家要借鉴新加坡"以俸养廉"的经验,需要重视的一个问题是必须培育出对精英主义有所认同的社会价值观念,必须要破除传统文化中的平均主义。在中国就曾出现过当国家为公务员集团或某一社会集团提高待遇后,其他社会集团施加压力,也要求提高待遇,最后导致普遍提高待遇,引起物价上涨的情况。西方文化中的某些对精英和平等的关系的观念,是介于精英主义和平等主义之间的文化形态,应该引起重视。

四 领袖个人的作用

新加坡的反贪机构只对总理负责,不受一般政府机构和地方机构的制约,这虽然避免了许多摩擦,有利于坚决的反腐败行为,但是这种反腐败行为受总理个人影响的因素很大。因为在新加坡这样一个政治集权的国家中,立法和司法机构都很难起到对总理的约束作用。正如李光耀在1981年所说,如果他要贪污,没有人可以阻止他,其代价是整个制度的崩溃。这就意味着从某种意义上来说,如果总理的决心大,他个人能够排除非体制因素的影响,那么反贪机构的作用就大;如果换了一个心慈手软或不那么廉洁的总理,那么执法机构也就难以有大的作为了。可见领导人个人的品质和作用是很重要的。

领导人个人的品质和作用中包含着许多文化因素。作为一个文化素质较高的领导人,李光耀深深地认识到政府官员的贪污和行贿受贿等腐败现象的蔓延,会极大地损害政府与人民的关系,损害政府的合法性和政治运作。第二次世界大战后许多新兴国家的领导人一个个从他们的宝座上滚下来,有的甚至被下狱、杀头,其中原因很复杂,但有一个普遍性的问题,即他们在掌握了国家权力之后,经受不住物质利益的诱惑而走上了腐败的道路,他们的腐败导致了整个官僚机构的腐败。因此,人民行动党政府的领袖们认识到绝不能重蹈这些国家的覆辙。同时,李光耀等领导人是从英国留学归来的,尤其是李光耀是法学院的高才生,深受英国的法律文化的影响,也对其有较深的理解,加上英国已长期在新加坡灌输了它的法律制度,这些都构成了新加坡建立起严密的法治社会的文化基础。还有一点,一些学者认为李光耀十分推崇古代儒家"修身、齐家、治国、平天下"的信条，20世纪80年代以来大力提倡儒家伦理，把标准的新加坡人定为现代儒者，因而儒家文化对李光耀的作用也是治理腐败的有效的文化机制。

另外应该提到的是，新加坡社会并非对最高领导人无任何约束。且不说在一个官员普遍廉洁自重的社会中领导人很难不小心谨慎，对自己的行为负责，即使是从社会监督机制来看，也确实发生过国会议员指控李光耀有贪污行为的事件。例如1976年一位议员指控李光耀促使政府有关机构发放执照给由其兄弟担任董事的银行。1981年反对党议员惹耶勒南指控李光耀在20世纪80年大选中动用警车和警方人员进行竞选。虽然调查结果都否定的，但一时间报纸上沸沸扬扬，不能不给李光耀一定的压力。

五 科层制的文化功能

亨廷顿认为，在一个文化相对一体化的社会里，在现代化进程中腐败蔓延的程度，往往与传统社会的社会分层程度成反比关系。阶级界限极其分明的社会，常常意味着它调节不同社会地位的人的行为准则的功能也非常发达。在很多社会中，在一定的历史时期，在等级制中实行精英政治和文官的终身制使公众对公职产生了尊敬感，这不仅给官员罩上了一层政治光圈，而且对官员本身有着深刻的影响，它要求"位高责任重"。有学者指出，美国自华盛顿担任总统后，官员都由受过贵族式教育的"精英"担任，且等级分明，几近终身任职，所以政治比较清明。但自杰克逊担任总统以后，采取了职务轮换制，采取了每个公民都可以担任大多数官职的原则，削弱了官员的优越感、责任感和荣誉感，腐败也就增多了。我们注意到，凡是沿用了英国文官体制的国家和地区，例如新加坡、加拿大、澳大利亚、新西兰、印度，还包括英国和北欧一些国家，治理都比较成功。

一般来说，在转型中的社会，文化的多元性都比较复杂，这是它们腐败现象增多的重要原因。然而新加坡有所不同，它在转型过程中已经发展起了主流文化，有了现代性很强的政治价值标准，能够导向人们的行为准则。对这种主流文化起保障作用的就是科层制的体制，它为这种现代性较强的价值观的实现提供了制度基础。反过来说，新加坡精英主义的、等级分明和终身制的文官体制之所以有效,是因为它有存在的土壤:社会文化中有着现代性的对精英主义和等级制的文化认同。

第四节 新加坡法治社会构建的政治生态分析

　　法律制度是整个政治制度的一部分,因此,只有在适宜的政治生态中才可能建立起高度法治化的社会,尤其是对于后发展国家来说,由于政治和法治现代化的任务要在比早发现代化国家更短的时间内完成,因而法治建设就更加需要政治因素的推动和保障,这也是法治建设的根本前提和基础。本书在后发展国家的背景下对推动和保障新加坡法治社会建立的政治生态进行了分析,对其法治社会构建的政治和法律基础、领导人的现代化意识和法治意识、一党长期执政条件下政治发展对法治建设的作用、社会文化与公平正义对制度和政策的影响等问题进行了分析,指出运用好这些政治因素对法治建设有着根本的和积极的促进作用。从新加坡的政治实践来看,西方一些传统的民主转型理论并不完全适用,在这种相对一元的政治体制内也可以发展起有效的监督机制,而这是法治社会的根本保障。这些对我国的法治建设有着重要的参考意义。

　　新加坡是一个高度法治化的国家,也是在第二次世界大战后独立的后发展国家中最早建成法治国家的,由于这一时期新兴的后发展国家在发展环境和发展模式上有诸多的相似之处,因此,其法治建设的经验为很多后发展国家所重视;同时,它还是一个一党长期执政和一定威权主义形态的、华人占多数的以及具有儒家文化传统的国家,[1] 因此它的经验更值得我国重视和学习。因为,学习是一种潜在的比较,而比较需要对相关变量进行系统的证实与证伪,而这正是比较的困难所在,但如果对像新加坡与中国这样有着诸多衡定变量或干预变量的相似案例进行比较分析,就增加了我们从中离析出相异变化的可能性,进而得出我们可以

---

[1] 颜清皇:《新马华人社会史》,粟明鲜等译,中国华侨出版公司1991年版,第265—271页。

学习、如何学习以及学习的程度，甚至不能学习的内容。简言之，就是在相似的条件下，为什么新加坡已经建成了法治社会而中国还正在建设之中？进而，向新加坡学习法治建设的经验，比向其他国家学习更为容易，更加实际，因而也更为有效。

一　现代性、政治秩序与法治建设

一般来说，由于经历了长期的革命斗争或民族主义斗争，革命或民族主义力量对革命的敌人或殖民主义者有着很深的仇恨，因而在独立后通常会全面废除旧的政治制度和法律制度，不但在政治层面以革命或民族主义政权取而代之，而且在政府的行政层面和法律层面也会取而代之，即取缔旧政府的行政系统及公务人员和旧的法律系统及从业人员，而以革命或民族主义队伍中的人员取而代之。这一做法，是特定时期的产物，有一定的历史必然性和合理性，但从有些国家包括新加坡的情况来看，这并不是最合理的选择，因为它在很大程度上阻碍了政治和法律现代化的进程。

我们知道，推翻封建的或半封建的政权或殖民主义政权，建立新的民族国家，是政治发展的必经阶段，也是现代化发展的必要条件，无论是旧政权还是新政权的现代性程度更高一点，都不会削弱民族国家建立的这一时代意义。但是，无论是政治发展还是现代法律的发展，都是需要一个长期培育的过程，新的政权不可能在短时间内建立起一个完全超越传统政权的现代政治或法律体系，它只能在已有的现代化水平上，或者说在传统的社会内部已经发展起的现代性包括政治和法治中已有的现代性因素的基础上，进一步培育和发展这种现代性。在这一过程中珍惜原有的现代性非常重要，否则可能会发生现代化的中断。尤其是一些殖民主义政权的现代性程度已经较高，在专业层面例如行政和法律方面要高于新兴的民族国家。然而，不幸的是，大多数国家在独立后由于革命或民族斗争的惯性都完全摒弃了过去政治和法治中的这种现代性，削弱了现代化的这一政治进程，即摧毁了旧的行政和法律系统，建立了"全新"的行政和法律系统。问题是，革命或民族主义力量由于长期从事革命斗争，没有培养起自己的专业系统和专业人员，尤其是已有的专业系统的现代性和规模还远远不能适应新的民族国家建设，因而这种取代实际上是在这一领域削弱了现代化进程。这一点，很多革命领袖也有所认识，毛泽东在中华人民共和国成立前夕就指出，要大胆使用旧政府中的专业人士，他们具有专业知识，可以弥补城市建设之不足，这是新政权所需要的①。但可惜的是，由于后来革命斗争的惯性即政治运动的频繁，这些人很快就被边缘化了。在很多国家都发生了类似的现代化过程的中断。

在这方面，新加坡具有自己的特色。一方面，李光耀和人民行动党坚定地领导了推翻英国殖民当局统治的民族主义运动，懂得建立独立的民族国家是历史的必然选择；另一方面则认识到，推翻英国的殖民统治并不意味着要全盘否定英国的行政和法律制度。他在上台执政之初就说，英国人给新加坡留下了很好的法律体系，这一法律体制是长期实践和不断修成的正果，它已经扎根于新加坡社会，有很大的优越性，新加坡可以把它拿来。当然，他也懂得，要根据独立以后的国情对这种法律制度进行必要的修改，法律从业人员也要从忠于殖民当局转而忠诚于新的民族国家。② 李光耀的这一做法既保证了政治上的正确性，顺应了民族国家发展的潮流，同时也保证了法治建设的现代性和连续性。我们知道，英国是最早现代化的国家，英国在新加坡建立的法律制度一开始就具有现代性。早在19世纪初新加坡开埠时，殖民当局就已按照英国的法律制度来解放奴隶，③ 其后的政治和法律建设都是以英国制度为蓝本的。

实际上，不仅英国在新加坡建立的政治生态和法律制度具有一定的

---

① 《中共中央文件选集》第17册，中共中央党校出版社1992年版，第43页。例如，北京市旧政府人员4890人，留用3155人，占61.54%，见《北京市人民政府接管工作总结》（1949年5月1日），第3页；北京市档案馆《北平的和平接管》，北京出版社1998年版。重庆市旧政府人员6279人，留用5588人，占88.7%，见《政务接管委员会工作报告》（1950年1月9日），第83页；重庆市党史工作委员会《接管重庆》，人民出版社1985年版。

② 新加坡联合早报编：《李光耀40年政论选》，现代出版社1994年版，第319—321页。

③ 当时一个著名的案例可以说明这一点：1824年，苏丹的一些姬妾奴仆因受不了他的虐待而逃亡，其中有27位马来姑娘向殖民当局投诉，当时的殖民官克罗福下令释放了这些姑娘，使她们成为自由人。当苏丹前往质问为什么擅自释放他的奴隶，克罗福回答说，英国政府的立场是信奉人类平等，不允许有奴隶存在，并说如果你不服气可以向总督上诉。苏丹没有办法，只能拂袖而去。郑文辉：《新加坡从开埠到建国》，新加坡教育出版社1977年版，第184页。

现代性，而且现代法治精神也较早地注入进了新加坡的民族运动和整个政治与社会生活之中。这表现在作为民族主义运动领袖的李光耀就是剑桥大学法学院的优等生，并长期从事律师工作，尤其重要的是他是以工会的法律顾问或律师身份来领导民族运动，并在很大程度上也是因此而建立起自己的威信的。这一方面说明李光耀具有现代法律意识，另一方面也说明新加坡社会已经培育起了初步的法治意识，认同李光耀以律师身份来领导民族运动，具有在民族运动中融入法治精神的政治生态。

李光耀认识到法治建设要在一定的政治生态环境中进行，不仅强调法律从业人员要从忠于殖民当局转而忠于新的民族国家，而且具体的法律政策也要随着政治生态的变化而适时调整，例如，早在民族运动方兴未艾之时的1955年年底，李光耀考虑到当时人民群众高涨的民族主义情绪，为了争取群众反对殖民当局，表示如果人民行动党执政，将"撤销有违人权"的殖民当局制定的《紧急法令》。[1] 这说明在当时李光耀还是一个理想的民主社会主义者，主张法律制度应以充分地保护人民群众的自由为界限。然而在3年之后，新加坡的形势发生了一些变化，面对国内民族主义运动的发展尤其是左翼激进势力的扩张和英国殖民当局的退让，李光耀的态度也随之进行了调整。他为了抑制左翼激进势力的发展和争取英国殖民当局的妥协，于1958年10月8日做出承诺，如果人民行动党在普选中获胜，他会保留殖民当局一直实行的《紧急法令》。他指出："只要《紧急法令》是马来亚维系安全所必须的法令，《紧急法令》即是新加坡所必须的法令。"[2] 李光耀还进一步说，人民行动党对《紧急法令》的立场，是在全盘考虑形势和预料将有政治危机的情况下形成的。[3] 同时，他也指出，实行《紧急法令》并不是解决危机的根本办法，根本的办法是发展经济和民主力量，否则会出现极权。李光耀的这些观点，

---

[1] 亚历克斯·乔西：《勇往直前的李光耀》，赵国材、杨喜汉合译，台湾新生报社出版部1980版，第55页。

[2] 同上书，第69页。

[3] 1959年10月14日李光耀在新加坡议会发表讲话，此时他已就任总理数月。他说，人民已授予他继续使用《紧急法令》的权力。亚历克斯·乔西：《勇往直前的李光耀》，赵国材、杨喜汉合译，台湾新生报社出版部1980年版，第71页。

说明他虽然具有现代法治意识，但具体推行什么样的法律制度还是应该随着政治生态的变化而变化。不过，李光耀的现代法治意识是明确的，即尽管法律政策要随着政治生态的变化而进行调整，但法治建设的目标不应该因此发生变化。我们注意到，很多革命的或民族主义政党在取得政权之前主张民主自由，但在取得政权之后则推行集权统治，新加坡的变化也遵循着这一趋势，但是不同的是，新加坡人民行动党执政后并没有建立起绝对的威权主义统治，形成新的特权阶层，而是建立起了对党和政府高层的法律约束，先是依法治国，此后再向构建法治社会发展。

20世纪60年代初，李光耀结合新加坡政治发展的现实对他的法治观作了进一步的阐述。他说，对任何法律制度的评价，不在其理想概念的宏大，而在于其是否能在人与人之间或民众与政府之间建立起秩序与公平。在他看来，要建立起公平和正义，首先要建立起秩序，"因为没有秩序，法律根本就不可能执行。秩序一旦建立，在一个基础稳固的社会中，法令也就有了强制性，唯有在这种情形下，依照既定的法律处理人民与人民及国家与人民之间的关系，才能成为可能。同时，当一个国家内部日益混乱，当局不能借现行法令有效控制之时，为了维持秩序，往往就必须制定新的、有时候且是激烈的法令，以使法律能继续处理人际关系。而另一种选择是放弃秩序，任其进入混乱及无政府状态"①。显然，李光耀在这里所说的"秩序"，就是不为英国和一般西方民主国家所认可的一种政府集权，是支持政府通过强力手段取得社会稳定的一种《紧急法令》式的法律制度，也是这一时期在新兴国家中纷纷建立起来的威权主义体制。也就是说，在他看来，要在新加坡建立一个法治社会，首先必须有铁的手腕，采取一些"不合法"的所谓"人治"的专断措施来打击那些强有力的破坏秩序的力量，然后才能建立起西方意义上的"合法"的法治社会。李光耀的这些观点就是在20世纪60—70年代人民行动党政府对政治反对派和私会党徒保留特别拘留权的理论根据，也是它日后进行严格的社会管理的理论和实践依据。这时李光耀已经暂时放弃了他前些年

---

① 亚历克斯·乔西：《勇往直前的李光耀》，赵国材、杨喜汉合译，台湾新生报社出版部1980年版，第71页。

主张的民主社会主义理念，认为那不符合当时的社会和政治发展状况。

　　尽管新加坡建立法治社会的先决条件是利用非常手段建立政治秩序和维持政治稳定，但这只是新加坡依法治国的基础，而不是其依法治国的主要内容。这表现在两个方面：一是即使是在威权主义时期，它也与当时的很多新兴国家有很大差异，即在其威权主义体制内尽可能建立完备的法律制度，尽可能地依法治国，而不是依据政治权力或革命法规行事。例如，在20世纪60—70年代人民行动党政府可以依据《紧急法令》对左翼反对派进行抓捕，这虽然很大程度上是授予政府利用手中的政治权力进行抓捕，但同时政府也不能完全不顾法律的约束，它要在法庭上进行审讯，对媒体公布审判的过程和结果。[1] 20世纪80年代人民行动党对右翼的反对党领袖进行打压，这时尽管存在着利用政治权力进行打压的质疑，但它已经更为严格地按照法律程序进行斗争了，这时李光耀、吴作栋等最高领导人都要到法庭上去控告反对党领袖，亲自出席法庭辩论，通过法院的审判来制裁反对党领导人。[2] 二是新加坡领导人具有明确的法治建设目标和法律意识，这一点对于那一时期后发展国家的领导人来说或许更为重要。即虽然他们是运用行政和军事手段建立秩序，但其目的是为日后的依法治国创造条件，是为了日后不再使用行政和军事手段创造条件，而不是谋一党之利。

　　由此看来，新加坡法治建设的第一步是靠强势的政党和领导人使用政治权力及强力部门来建立稳定的政治秩序，在没有法律可依或法律没有得到有效执行的情况下，要敢于运用国家权力来打击和消除破坏和抑制法律建设的力量，使法治建设具有稳定的政治生态，即使在这一阶段也并不是说政治权力可以完全不依法行事，而是要优先建构国家的稳定和秩序，使其有效地运作，同时在这一特定的秩序环境中要尽可能地推动法律建设。换言之，其动用国家权力的目标是进行法治建设，而不是扩张国家权力。

---

[1] Riaz Hassan, *Singapore: Society in Transition*, NewYork: Oxford University Press, Lot.3, 1976, pp.52–89.

[2] 参见李路曲《新加坡现代化之路：进程、模式和文化选择》，新华出版社1996年版，第453—456、481—485页。

二　推进法治建设的方法及其特色

回顾第二次世界大战后独立的后发展国家法治建设的历史，我们看到，尽快完成从革命意识形态向执政性的意识形态和法治意识的转变，树立明确的现代法治观念，不割断历史，持之以恒地进行法治建设，坚持法律面前人人平等的原则，是法治建设成功的基本路径和规律。这一点说起来容易，做起来并不容易。多数国家沿着这一路径发展的过程都较为缓慢和曲折，而新加坡较快地做到了这一点。这可以从以下几个方面来看。

第一，由于在独立之初人民行动党政府就认识到英国殖民当局建立的法律具有相当的现代性，因而在对其进行了少许的修改后基本把它保留了下来，这样，既没有中断法治建设的进程，也保留了法治的现代性因素，这对其法治建设是非常有利的，也是难能可贵的。与此相比，很多后发展国家在独立后完全废除了过去的法律体系，以革命的或民族主义的法规取代了具有一定现代性的法律体系，这就中断了法治建设的历史，迟滞了法治建设的进程。我们看到，由于外部现代化的输入，东亚各国传统体制或殖民体制所建立的法律制度相比国内传统的政治和法律制度都有更多的现代性，殖民者直接建立的现代性可能更多一些，因此如何对待这一时期的法律制度对于法治建设是一个很重要的问题，是是否能够保持其现代法治的现代性的问题。不幸的是，多数国家都因革命或民族运动的惯性而废除了原有的法律体系，而不是对其进行修改并保留法律从业人员以保留法治建设的专业性的一面。

从政治文化变迁的视角来看，这种中断也不利于法治建设。由于政治文化的变迁是一个长期的渐进的过程，它不可能随着政权的更替而很快的变化，因此，对过去的尤其是具有一定现代性的法律体系进行改革而不是摒弃，会与社会有更多的适应性，会使人们更易接受。实际上，这也是在更大程度上保持了法治建设的连续性。而以革命或民族主义法规取而代之，从实践上来看，缺少现代性，并且可能在很大程度上是一种"中断"。这种法治建设的"中断"在大多数国家都延迟至少三四十年的时间，在另一些国家则可能延迟上百年的时间。

同时，由于这一时期原有的法治建设已有了一定的现代性，因此在进行一定修改的基础上继承原有的法律体系，还有两个优点，就是在建国之初就可以做到法律完备和立法及时，可以做到有法可依。尽管我们说过去的法律并不能完全适应新的形势，但是如果出现法律的空白或造成无法可依的局面，或者说革命法规缺乏现代性，那么要比适度地沿用过去的法律更糟。只有在保证法制系统一定的稳定性和连续性的基础上，才有利于根据变化的形势及时地进行立法。如果废除了原有的法律体系，重新建立起一套全新的法律体系，不仅立法工作浩繁，而且很可能会出现法治建设的空白，会使人们在很多问题上无法可依，更无法做到随着形势的变化而及时地建立新的法律。对于新加坡来说，由于其领导人认识到了原有的法律制度有较多的现代性而较少受传统的意识形态的影响，因而新加坡的立法很少受到政治的干扰，立法者顾虑较少，一旦发现某些行为无法可循或需要修正法律，国会很快就会做出反应，或者立法，或者对法律进行修改。

第二，结合国情和政治发展的水平渐进而实在地推进法律面前"人人平等"原则的实施。"人人平等"是自近代以来人们追求的政治理想，作为一种理想和目标，它是美好而远大的，但人们经常所要面对的是现实的选择而不是理想的宏大，因此，如何选择实现这一目标的路径，或者说在社会和政治发展的不同阶段选择什么样的法律制度是更为现实、更为重要的事情。"法律面前人人平等"是现代法律的基本原则，人们都承认，但是实行什么样的法律制度和法律行为才能真正地贯彻这一原则，进而在不同的国情或发展阶段上把这一原则贯彻到什么程度才有利于这一原则的发展，则存在着很大的分歧。实际上，重要的是在现实中包括在社会发展的不同阶段如何有效而尽可能地实现这一原则。对此，一个国家政策的取向包括采取何种法律措施就很重要。由此看来，要想使法律有效地得到实施，首先是要在不同的社会发展水平上实施不同的法律政策，例如，任何一个国家的分配政策都要在贡献与平均之间进行调整，既不能完全按照市场原则实行多劳多得，这样会急速地扩大贫富差距，使一些人暴富而很多人越来越贫困化，也不能完全平均分配，从而抑制了人们创造和劳动的积极性。如何在这两者之间进行平衡，尤其是随着社会的发展进行调整，对于经济和社会的发展有着重要的意义。

对于很多国家来说，在长期的革命或民族主义运动中孕育出了强烈的革命的平等主义，由于其惯性作用，在这些国家独立之后仍然起着重要作用，在相当一个时期中主导着分配制度，新加坡也不例外。随着各国的发展战略从以反封建和反殖的政治为中心向以经济建设为中心的转变，尤其是经济的发展，这一分配原则已经不再适用，它抑制了人们的工作积极性以至经济的发展。因此，能否改变这一分配制度以调动人们的积极性就是制度建设也即法律建设的一个重要的分水岭。在20世纪70年代，新加坡发生了这样一种情况，先后有多名政府的部长和高官因为收入过低而提出辞职，这引起了时任总理李光耀的重视。他经过思考指出，这些高官才华横溢，如果经商可以获得很高的收入，政府应该通过提高他们的收入而把他们留住，这样才能保证政府提供高效而廉洁的服务。① 在此，在经过国会多次辩论后通过法律提高了政府高官的收入，并在此后多次随着经济的发展而适时地提高收入。新加坡政府的高效而廉洁在世界上名列前茅，与它在法律上保证政府官员的收入是分不开的。较早地认识到这一点并实行相应地制度改革，既有利于调动官员的积极性，又弥补了法制建设的空白。

我们知道，对于很多后发展国家来说，社会经济中的平等主义思潮是与政治上的等级制度并行不悖的，这种等级制度的过度膨胀是阻碍法治建设的重要因素。各国在限制等级制度或特权方面存在着很大的差异，这是影响它们法制建设的一个重要因素。政治上的等级制度或特权并非意味着在其间没有法治建设的空间，其实，后发展国家法治建设之间的差异主要表现在，在相似的等级政治制度中谁的法治建设更为有效，谁能够在更大程度上和更多方面贯彻"人人平等"的法治原则。在这方面，新加坡也能够根据自己的国情逐步地推进，因而也更为有效，这表现在以下几个方面。

一是人民行动党及其领导人在等级制或并不那么平等的环境中尽可

---

① 新加坡联合早报编：《李光耀40年政论选》，现代出版社1994年版，第481—496页。

能地依法平等行事，并且随着政治环境和法治环境的变化而不断强化"人人平等"的法律内涵。20世纪60—80年代，一般发展中国家还处于威权主义时期，为了保持政治稳定，各国对反对派都采取高压手段，新加坡也不例外。但有所不同的是，它的镇压在一定程度上是通过法律手段完成的。正如前述，无论是在20世纪60年代对待左翼反对派、20世纪70年代对待民族主义分子，还是在20世纪80年代对待右翼反对派，都要最高领导人亲自向媒体说明，到法庭作证或进行法庭辩论，从法律上阐明这种镇压的合法性。虽然对于法庭的判决会有不同的看法，也不一定是完全公平的，但这种对法律程序的尊重在当时是难能可贵的，也为法治精神的培育增加了养料。

二是在党政关系方面，执政党逐步做到依法治国，逐步减少党的特权，使党不能凌驾于国家宪法和法律之上。具体来说，在选官制度上，它逐步改变了完全由执政党遴选政府官员的选官制度，而是由执政党提名、通过选区选举来选拔政府的高官，按照公务员制度来选拔一般公务员。执政党认真贯彻了不插手政府事务和经济的原则，党主要是组织选举，按照选举的结果来提名政府人选，在宪法和法律的范围内提出而不是强制推行党的主张，通过它的党员来宣传党的纲领和政治价值观。党进行宏观的指导，政府政策的产生是在政府内而不是党内，尤其是具体的经济、行政和社会管理由政府各部门和相关社会组织负责，在政府机构、国有企业和社会组织中并不设党的组织，这就在根本上保证了党不干预法律的实施。

第三，适时地推进和强化法治建设，逐步地从建立法治，即对执政党和政府的高官进行法律约束后，到依法治国，再到建立法治社会。经过20世纪60年代的党内斗争和政治斗争后，新加坡的政治稳定，经济发展，人民生活得到了改善，李光耀看到，进一步推进法治建设的时机来到了，过去那种因为生活没有保障而难以增强自己的律己精神的时代过去了。同时，新加坡的特殊之处还在于，正如前述，它几乎没有经过一个依据革命法规和党的纪律来替代法律的时代，一开始就推行现代法律制度来约束政府官员，包括党和政府的高级领导。例如，在20世纪70年代国家发展部长郑章远因腐败而入狱。郑是开国功臣，李光耀的战友，他向李光耀求情，但李光耀没有为他向法院求情。①

在基本确立法治后就是依法治国，这是在整个国家层面建立法制并切实贯彻执行。20世纪70—80年代，新加坡在国家层面完成了领导体制的改革，开国领袖们和老一代领导人通过正常的退休制度退出了政治舞台，新一代领导人必须通过制度化的遴选机制进入体制；② 同时，通过严厉的反腐败措施基本解决了官员的腐败问题。最后是建设法治社会，自20世纪90年代开始，新加坡从国家层面向社会层面来普及法律意识，要求全体人民都拥有法律意识，并在社会实践中遵纪守法，按照法律来规范自己的行为，政府则严格执法。同时按照宪法和法律来充分保护公民的合法权益和人身自由。自21世纪初以来，因政治异见而被起诉的现象已经消失了。

第四，新加坡法治得以强化的一个重要原因是它依据法治建设的规律和自己的国情来进行法治建设，并不是完全照搬英国的法律。例如，新加坡的法律审判在相当长的一个时期中不像西方那么复杂，受程序的约束较小，可以遵循较简单的法律程序判罪。从许多后发展国家的现实来看，如果法律定罪一定要有严格的程序和足够的证据，那就会耗费很长时间，用李光耀的话说，会使很多罪犯得不到及时的制裁。这种情况对于独立后政治斗争还比较激烈的时期有一定的合理性，有利于维护政治稳定。如果继续使用，则要求司法人员有较高的素质，如果执法人员的素质较高，采取较快而简捷的程序制裁犯罪可以在一定程度上保证有效性。

关于新加坡的司法队伍建设，人民行动党政府不但保留了殖民当局建立的司法系统，而且从专业化和现代化考虑，对司法人员的录用坚持了专业性和法治原则，即所有的法律从业人员都要从优秀的法律专业人士中选拔。这一点很多新兴国家在相当一个时期都没有做到，它们在很

---

① 吕元礼：《新加坡治贪为什么能?》，广州人民出版社2011年版，第103—122页。
② Cartyn Choo (ed.), *The PAP and The Problem of Political Succession*, Pelanduk Pub, 1984, pp. 85–121.

长一个时期中依据的是革命原则,是从革命队伍中依据政治原则而不是在专业人士中依据法律原则来选拔法律从业人员。这虽然保持了对党和国家的忠诚,但专业化能力或依法办事的能力则被削弱了。

具体来说,早在建国之初的20世纪60年代,新加坡的警察都是从学习法律的大专毕业生中选拔,他们的文化素质和法学水平较高,并且还要经过专业的严格训练。法官和律师的学位更高,很多都是从英国留学归国的,20世纪70年代以后的新一代法官和律师大多是由获得硕士以上学位的人士充当。这就使他们对法律的理解非常深刻,执法水平较高。另外,法官的职务十分神圣,一经当选,就终身任职,除非失职,且待遇优厚。职务的神圣性,增加了法官的责任感。同时,法院有基本的独立性,不受政党和政府的干预。法院的判决一经宣布,就必须执行,不执行者必会受到强制。这样,法律的权威很早就被树立了起来,没有人敢违抗法院的制裁。

三 法治社会建设成功的基本经验

这里仍有必要对新加坡法治社会建设成功的基本经验进行概括,以强化我们的认识。为什么一些后发展国家的法治建设不那么成功甚至还很落后,而新加坡法治建设的努力却如此成功或者说较早地建成了法治社会呢?对于很多国家来说,这曾经是一个理论问题或意识形态问题,而现在这主要是一个实践问题;对于少数国家来说,这在很大程度上还是一个理论问题。对此,我们可以从以下几个方面来分析:

第一,独立后能否尽快地完成从革命斗争向现代化建设的国家发展的战略转变,进而能否对自己的政治发展的阶段即现代性程度做出正确的判断,对现代法治建设有着深刻的影响。很多后发展国家的执政党和领导人在建国之后的相当长一个历史时期中主观地把政治和法律分为不同阶级性质的政治和法律,以革命法规代替法律原则,缺乏对政治形势和国家主要任务的正确判断,致使其长期没有完成从革命目标向现代化发展的转型,也就很难有效地进行现代法律制度的建设。例如在一些传统的社会主义国家里,建国后很长一段时间里,认为社会主义的法律是一种全新的法律,必须在全面废弃资本主义法律的基础上才能实行这种新型的法律体系，在没有弄清哪些是资本主义的、哪些是人类共有的财富的基础上刻意划清与资本主义法律的界限，致使一些现代法律的精髓也被抛弃了，废除的不仅仅是资本主义的法律，更多的是废除了一般的法律原则，因而只能以传统的法规来替代现代法律制度。这只有在经历了许多曲折后才能认识到这一点。还有很多新兴的民族国家往往以民族主义的甚至是传统的政治原则取代现代政治和法律原则进行法治建设，它们实行民族的实际是威权的或具有封建性的政治手段而不是现代法律制度进行统治。当然，无论是前者还是后者，都与当时特定的时代有关。正如李光耀所言，从当时的政治发展情况来看，只有先利用政治的强力手段建立起社会秩序，才能进行法治建设。问题是在不得已使用政治手段时，是否尽可能地运用法律程序，在政治稳定后是否尽快推进法律建设，这是各国之间的差别所在，也是是否能够促进法治建设的重要原因。李光耀和人民行动党政府较早地认识到了这一点，从而促进了新加坡的法治建设。

第二，相对于已经成熟的民主体制法治建设主要依赖于政治制度和所有公民的监督而言，后发展国家的法治建设要处理好领导人个人的作用、内部制约机制与司法的相对独立性之间的关系。在建立法治社会的过程中，新加坡党和政府的高层领导尤其是李光耀本人的"人治"起了重要的作用。李光耀是学法律出身的，在剑桥法学院受到了现代法治思想的熏陶，也目睹和亲身体验到了法律在英国这个法治社会中的作用，因此，他决心在新加坡也建立一个严明的法治社会。同时，英国在新加坡打下了一定的法治基础，这也有利于它进一步地进行法治建设。但是新加坡建国之初的政治现实使李光耀认识到必须首先依靠政治手段和领袖个人的强力手段来为推进法治建设创造条件。因此，他在进行国家政权建设和政治斗争时，一方面运用国家政权的力量打击反对派和社会不稳定势力，同时在这一过程中尽可能依法行事，运用媒体保持行动的公开性和透明性，依靠法院保证程序的合法性。尽管新加坡在这一时期并非没有受到执政党领导人利用政治权力打击反对派的指责，但是人民行动党已经在当时的条件下尽可能做到有法可依，这在当时已经是难能可贵的了。在政治形势稳定后，则主要推行依法治国，这是很多后发展国家在这一时期都难以做到的。

从西方的民主理论出发，一些人说由于新加坡法治社会的建立在很大程度上有赖于领导人个人的作用，因此偶然性很大，如果换了一个不那么懂法和执法不那么坚决的领导人，它的法治建设就很可能遭到破坏。尤其是新加坡是一个小国，最高领导人有秉公执法的决心很容易威及全国各地，而在一个大国就不容易了，即使领导人有决心也鞭长莫及。李光耀1992年在菲律宾演讲时也说："高层的政治领袖如果以身作则，树立榜样，贪污之风就可以铲除。只要把两三个高官绳之以法，就足以产生杀鸡儆猴的作用。这是新加坡的经验。"① 显然，在一个大国中仅杀两三个高官还远远不够。这种看法不无道理，也曾是新加坡领导人指出需要解决的问题。然而这种看法现在看来并不全面，或者说它在一元体制内可以在很大程度上解决这个问题。尽管仍是一党执政，但这个国家对高层领导人的制约机制应该说已经建立起来并且成熟，这表现在两个方面：一方面，试想，在一个法治思想已经深入人心、对所有人的法律监督机制都已经健全的国度中，领导人能够贪赃枉法而不受监督和制裁吗？我们知道，人民行动党执政的合法性很大一部分来自于它的廉洁自律，有损于这个形象的领袖肯定会丧失其担任公职的合法性。这也一直是人民行动党领导人回击反对党人的最有力的武器之一。近些年来，民众和反对党对执政党领导人及其政策的监督越来越严格，也越来越有效，例如2011年大选后，民众对政府高官的高薪提出了批评，使得政府不得不考虑适度削减高薪，② 更不用说对违法行为的监督了。

另一方面，尽管是一党长期执政，新加坡司法的独立性已经越来越大。过去，除人民行动党及其政府的最高层对法院有实际的控制权外，所有人并不能凌驾于法院之上。近30年来，司法部门的独立性越来越大，由于反对党的活跃和政治透明度越来越高，执政党的领导人并不能对司法进行干预。现在看来，在一党长期执政的体制中也完全可以发展一定的民主政治并保证司法独立。

---

① 新加坡联合早报：《李光耀40年政论选》，现代出版社1994年版，第353页。
② 新华社：《新华每日电讯》2012年11月2日。

很多后发展国家都在其政治发展的不同时期没有处理好领袖个人、体制内制约机制与体制外制约机制之间的关系，在需要发挥政党和领袖个人的强力作用的时期，却全盘照搬西方式民主，从而导致政局的混乱；在政治稳定后需要建立内部的制约机制或进行法治建设时，却仍然使用政治斗争的手段推行个人强权政治，以人治代替法治；在政治发展较成熟后，又不能建立起相应的民主制度，致使政治体制的监督机制和法律制度无法有效地发挥作用。简言之，领袖个人和制度的作用都很重要，至于哪一个应发挥更重要的作用，要依据本国的国情和发展环境来定，尤其是要把两者有机地结合起来。在一个公众已经对现代法治意识有了普遍认同的国度中，过于强调领袖个人的作用显然是为违反法律者留下了活动余地。而在一个还保留着较多传统体制和传统意识的国度中，如果不重视领袖个人的作用，或者说如果没有一个强力推动法治建设的政党或铁腕领导人，那么法治建设就难以推动。当然，即使是强势的政府推动法治建设，也要考虑到现有的法治环境，要尽可能地按照法律办事，逐步而有序地推进，更重要的是其建立秩序的目标是建立法治社会而不是建立少数人的特权。

第三，沿着"依法治国"向"法治社会"的治理路径，首先在国家及政府层面建立法治运作的制度和机制，保证政府官员的廉洁，再向全面构建"法治社会"发展，确立全社会的法治意识和法律规范，以国家推动社会，以社会监督政府，相辅相成，形成法治建设的有机互动。以廉政建设为例，它首先是国家或政府的制度建设任务，是对政府官员进行约束，但是要想建立一个有效的廉政制度和机制则离不开全社会的法治建设。

我们知道，无论是政治制度还是法律制度，其制度设计和执行方式都要与主流的社会文化相适应，否则难以保持其有效的运作。一般来说，社会转型时期腐败现象会大量增多，这是因为由于社会文化和制度转型所产生的空白，会削弱人们的忠诚感和道德约束，在很多后发展国家都表现为官员缺乏自律感，缺乏操守，妄取份外之利，不尽职内之责，凌驾于法律之上。尤其是在实际的反腐败过程中，不但对高级官员的违法行为很少予以追究，而且即使是在其违法行为被揭露出来之后，处理也比一般的平民百姓和低级官员轻得多，显现出政治权力大于法律，这实际也是传统的等级制度和文化遗留的表现。这又使得一些高官难以坚定地进行廉政建设和打击腐败，这是一些国家无法建成法治社会的重要原因。

过去人们总是把新加坡治理腐败成功的主要原因归结为法律严明和执法严厉，但这是一种过于简单的说法，因为法律严明和执法严厉一定要与国情或政治生态相适应，或者说与特定的社会文化相适应，否则很难得到贯彻。新加坡的廉政建设是在考虑国情和发展的基础上，把公平正义、执法严厉和精英主义等原则有机地结合了起来，形成了自己的特色。

从理论上讲，法律严明、执法严厉是治理腐败的最基本的手段，非此不能保证政府的廉洁，这毫无疑问。但是这一原则是相对而不是绝对的，换言之，在任何社会和任何的发展阶段，都不是法律制定越严、执法越严越好，而是法律和执法都要适度或"合理"，在适度和"合理"的基础上是越严越好。否则，大多数官员甚至普通人都可能被认为违法或腐败了。历史上或现代社会中都不乏这样的例子：过严的禁烟禁酒令使烟酒泛滥成灾；不准经商或阻碍经商的法令促使商人们以金钱铺路，无孔不入。那么，是什么对法律严明和执法严厉的实现程度起决定作用呢？无疑，政治生态或社会政治文化环境是要考量的最重要的因素。

在从传统向现代社会转型的过程中，如果一个社会的占主导地位的政治文化的现代性程度很高，那么它对腐败的抑制性就强，这就是为什么一般来说发达社会比发展中社会的腐败现象要少的原因。在现代性较高的文化中，人们对社会和国家的责任感、荣誉感、忠诚感和权利义务感也较强，因而对现代的价值准则有普遍的社会认同，对于违背公共道德的腐败行为有着明确的是非判断，因此，政府治理腐败时也就比较能得到大多数人的赞同。相反，在一个缺乏现代性或传统性较强的文化氛围中，人们的是非标准往往是把传统的、家族的、小集团的和地方的利益置于社会的、公众的和国家的利益之上，这样，国家在治理腐败时就很难不受到来自狭小的传统势力的抵制，甚至国家领导人也可能成为一种狭小的传统势力的代表。许多后发展社会腐败现象丛生，政府治理腐败的措施苍白无力，从深层次来看就是这个原因。

在新加坡，由于英国殖民当局长期推行了具有一定现代性的法律和政治建设，更由于其建国后一直推行开放的政治和经济政策，因而其社会政治文化的现代性程度高于一般发展中国家。它的现代的政治价值观较早的在社会中居于主导地位，在大众中得到内化。在大多数新加坡人的行为准则中，公共意识总能战胜小集团的或个人的意识。没有这种内在的现代文化机制，法律严明和执法严厉就没有坚实的社会基础，就会像在很多发展中国家都实行过的一些"过于"严厉或"过于"现代的法规一样，收效甚微。即便如此，新加坡并不只是一味地严格立法和执法，它也有疏导或松驰的一面，在公平和正义之间不断地进行协调。我们可以它的精英主义的治国理念和高薪养廉的政策以及较高的社会生活保障政策来看它是如何处理这两者之间的关系的。

李光耀曾系统地阐述了他的精英主义的治国理念和高薪揽才及养廉的政策，指出新加坡是靠精英来管理国家的，唯此才能保持政府的高效和廉洁。如果实行平均主义的分配政策，那政府只能招聘到平庸之辈，这会使政府的效率很低，还可能出现腐败。由此，国家给政府的高级官员提供了很优厚的待遇，这对他们努力工作和奉公守法有很强的激励和约束作用。具体来说，政府强调要用"接近市场价格的办法"来解决高级官员的待遇问题，根据经济发展的状况来决定高官的收入。自20世纪80年代以来，新加坡总理的工资比美国总统的工资约高出许多，20世纪90年代以来高出1—5倍，[①] 而一般下级公务员的工资又比美国下级公务员的平均工资要低一些，非熟练工人的工资和待遇更低一些，这样，它的收入差距相对较大。

从制度上采取措施提高官员的工资，表面上看很容易，但实际并

[①] 以2012年为例，新加坡总理的年薪约218万美元，这比美国总统的年薪40万美元高出5倍多，部长的工资也达到150万美元。新华社：《新华每日电讯》2012年11月2日。

非全然如此，它要受社会文化的影响，否则难以取得合法性。因此，其他国家能否照搬，不仅要从制度上考虑，还要考虑它与自己的社会文化是否相适应。从一般意义上讲，一项"合法的"分配政策未必就是"合理"的，例如新加坡总理的薪金比美国总统的薪金高出5倍。但是新加坡的高薪是一种在特定的发展阶段和文化背景中的符合国情的一种选择。从政治生态来看，在威权主义和政府的作用较大时，高薪揽才有利于政府的高效和廉洁；从文化上来说，在不同的文化中，人们对"合法"与"合理"的看法是有差异的。例如，英国传统文化对平等的评价要比美国文化对平等的评价更低一些，而对精英和等级更为看重。新加坡曾经是英国的殖民地，吸收了英国的传统文化，又有儒家文化传统的影响，这使新加坡社会有着较厚重的精英主义的文化土壤。

这样，新加坡的高薪揽才以及收入差距的拉大，虽然用西方的平等主义文化或马克思主义的平等价值来看是不合理的，但在新加坡的现实中，它从自己的精英主义文化氛围中取得了合法性和合理性。也就是说，在一定的文化氛围中，合法性与合理性在相当程度上取决于社会的认同，"理想"和"正义"要受特定的文化或社会认同的制约；只要公众默许这种分配体系，那么不管它是否具有"合理"性，它都获得了"合法"性。既然是合法的，就能规范人们的行为，它要比"非法"而"合理"的分配方式更有利于增强官员的荣誉感和自律精神。如果一个发展中国家要实行高薪揽才的政策，或者说高薪到什么程度，贫富差异控制在什么样的程度，需要重视的一个问题是必须考量自己的社会文化状况，或者说在多大程度上可以培育出对精英主义认同的社会价值观念。

需要指出的是，新加坡精英主义的分配政策并非不考虑"公平"的一面，而是对"公平"做出了符合自己的国情的理解，或者说较好地处理了公平与效率的关系。它在实行高薪揽才政策的同时，在多方面保持了基本的社会公平，这可以从两项基本的分配政策来看，一项是住房政策，自20世纪60年代开始实行公共组屋计划，到目前为止，它已经经过三次升级，使全国80%以上的人住在组屋中，① 不仅组屋的品质和面积不断提升，而且价格也比商品住宅低一半多。可以说这一计划基本解决了全国从低收入到中等收入的人的住房问题。另一项是最低生活保障，新加坡的最低生活保障线较一般国家更高一些，大约与美国持平，2014年的标准约是1000新元，凡是低于这一标准的都可以得到政府的补贴。所以，新加坡的高薪揽才是在不断提高人们基本生活保障的前提下推进的，或者说收入差距是在这个区间拉开的，这是新加坡政府对公平与效率的一种符合国情的理解。21世纪以来，伴随着国内民主进程的推进，民粹主义思潮在新加坡国内也有所膨胀，民众要求平均分配的压力有所增大，尤其是反对党利用这一点对人民行动党施加压力。面对政治生态的"新常态"，李显龙总理表示，"治国既要有人情味，也要有理性坚持，关键是在情与理之间取得平衡"。"争取民心固然重要，政府制定政策时却不能只'从感性网出发，而不做'理性权衡'。"② 应该说，人民行动党政府所坚持的公平与效率的平衡，保证了新加坡的较快发展。

需要强调的是，无论是20世纪70年代李光耀宣扬精英主义，还是现在担任总理的李显龙坚持理性的治国理念，人民行动党政府始终明确地把自己的精英治国的理念灌输给社会，只不过是随着政治生态的变化而有所调整。这一点对处于转型中的后发展国家来说，尤其是民主和民生问题已经越来越成为领导人争取民心的工具的时期，或者说被一些领导人和政党无序使用的时期，显得很珍贵。我们可以看到很多后发展国家的政党和领导人为了争取民众，或者实行过于民粹和民主的政策，或者实行民粹的和集权的治国方式，都阻碍了经济和社会的发展。

第四，新加坡人民行动党不断推进的政治改革和宪政建设为法治社会的构建提供了保障。尽管人民行动党政府是在保证自己一党长期执政的前提下进行宪政建设的，但这不意味它不发展民主政治，相反，它为

---

① "到2010年，新加坡约82.4%的人口居住在政府提供的组屋中，其中94.8%的人口拥有组屋产权，只有5.2%是租赁住房"（李俊夫等：《新加坡保障性住房政策研究及借鉴》，《国际城市规划》2012年第27期）。

② 游润恬：《李显龙总理10月3日在新加坡国立大学的演讲》，2014年10月，联合早报网（http://www.zaobao.com/）。

了保持自己的合法性，会适时主动而渐进地推进国家的民主化，只不过新加坡的民主化始终是在人民行动党的理性化的主导下推进的。

我们知道，法治必须在一定的政治制度中孕育成长，而人民行动党所设计的政治架构和不断推进的政治改革有利于保持执政党的合法性，这是其能够建成法治社会的重要原因。按照经典的西方政治学的理论，法治社会只有在多元民主政体下才能建设成功。从理论上讲，要从根本上消除凌驾于其他权力之上的权力，就必须依靠多元体制来实现权力的制衡，这并没有错，在一些民主国家也得到了证实。但这一理论在政治哲学上是依靠制度对"恶"的制约，在现实中是把领导者当作权力的无限扩张者来看待的，而民众在对权力的制约方面无所作为。然而从世界范围来看，当代政治的发展已经使长期执政的政党及其执政者不可能不受到社会或民众的监督，包括在威权主义和一党长期执政的国家中，不但非制度化的监督越来越有效，而且制度化的监督也被建立起来，尤其重要的是，执政者的改革意识和民主意识也越来越强烈，主动推进民主和法制建设，这与过去有很大的不同[①]。因此，在现代一元体制下权力制衡和法治建设也有很大发展的空间。

我们应该看到的是，绝对意义上的权力制衡是不存在的，它只是人们对权力制约的一种理想，即使是在西方多元体制中，权力制衡也是不完全的，尤其是这种权力制衡的程度和效率经常表现出矛盾的一面，过度的权力制衡会损害执政效率包括法律运作的效率。同时，在一元的政治体制中也可以把制衡机制发展到很高的程度，也可以在很大程度上处理好制衡与效率的关系。由此看来，无论是多元化的政治体制还是一元化的政治体制，在现代政治发展中都可能发展出有效的制衡机制，建立有效的法律体制。应该说新加坡较好地处理了这两者的关系，建成了一个高度法制化的社会，同时建立了高度法制化和高效的政府体制。

实际上，这里所提到的一元体制和多元体制，或一党长期执政的体

---

① 塞缪尔·P. 亨廷顿：《第三波：20世纪后期民主化浪潮》，刘军宁译，上海三联书店1998年版，第202—203页。

制和政党轮流执政的体制，是一种类型学，而在现实中，两者之间没有绝对的界限。一元体制要想建立起完善的监督机制和法律制度，就要在体制内发展出一定的多元性或民主，而多元体制要想保证其运作的效率，就要在体制内给政府或法律系统一定的独立的不受约束的权力。所以，在一元体制内法治社会的发展一定是伴随着一定程度的民主化进程而推进的，因为这意味着立法和司法体制一定要有相当的独立性，意味着任何人和政党都不能超越于法律之上，并受到法律的监督和约束，尤其是政府对其法律的干预要大大减少。新加坡的执政党和政府领导人对立法和司法的干预是逐步减少的。20世纪60—70年代政府可以直接动用警察和内务部队拘捕反对派人士，20世纪80—90年代这种情况基本不再发生了，执政党的特权表现在大选后其领袖总是把反对党的个别领袖告上法庭，致使其或者被罚得倾家荡产，或者被迫流亡海外。但无论是运用警察拘捕还是通过法庭打压反对派，其趋势是在逐渐弱化的，尤其是在21世纪以来，已经没有在大选后与反对党不平等地对峙公堂的情况了，而反对党无论是在国会中还是选区中，与执政党和政府合作的情况也越来越多。从政府自身的情况来看，现在不但没有人可以公开地干预法律的执行，不存在官官相护的情况，而且对权力的监督已经迫使所有官员包括领导人都必须在法律的边界内谨慎行事。从现今的立法过程来看，国会辩论已经非常透明，所有立法和重要法规的制定都要经过充分的辩论，这已经成为立法的主要程序。在辩论重要问题时，新加坡的领导人和部长们经常坐在旁听席上倾听议员们的发言。执政党议员和反对党议员都可能对政府的政策进行批评，不会受到干预。辩论时也允许旁听，媒体可以进行全程跟踪报道，并及时反映民众对政府提出的方案和辩论各方的意见和态度，从而使民意极大地影响着立法的结果。这是立法相对独立和民主的重要表现。在这种相对民主和开放的政治氛围中，在法治观念已经深入人心的情况下，很少有官员敢干预法律。

结论

对于后发展国家而言，在民族独立后难能可贵的是尽快地把国家的发展战略转移到现代化建设方面，与此相适应国家领导层要树立明确的现代化意识和现代法治意识，对现代法治建设的规律和重要性要有足够的认识。同时，随着政治发展并根据国情构建适于法治建设的政治生态，处理好政治稳定和政治发展以及现代法治建设的关系。在基本完成了由革命党向执政党的转型或民主政治有所发展的时期，法治建设能否成功已经不再是理论的说教，而主要是一个实践问题了，主要是政府是否能够持之以恒地强有力地推动法治建设，尤其是要让社会各个群体和各个阶层以至全体人民共同参与来构建法治社会。

第十四章

经济发展进程

第一节 文化与经济发展

一 韦伯引起的争论

在韦伯看来，西方文化与东方文化有不同的价值取向，这主要包括：在西方文化的价值取向中，强调人与自然的对立，强调人的独立自主和进取精神，这种求真求实的精神使西方文化中价值判断总是与事实判断联系在一起，完善的东西总是与真实的东西联系在一起，也就是说，"只有真实的，才是美好的"这种价值取向使西方文化处于一种永恒的冲动和超越之中；与此不同，在儒家文化的价值观中，始终把谋求人与自然、人与社会的和谐统一作为人生理想的主旋律，反对人的独立意识和锐意进取，着力培养人的群体意识、顺从意识、敬畏意识等，这种价值取向具有很大的惰性，它所寻觅的是一种平庸的、调和的途径。这种价值判断总是与事实判断相脱节，而与伦理道德观念紧密相连，契合为一。这就是说，在儒者看来，美的东西总是与善的东西相连，只有善良的，才是美好的。这两种不同的价值判断方式，导致了两种文化不同的思维方式和内容形式：一方是对自然本体的追求，一方是对社会人生的探讨；一方是纯知识体系的建构，一方是道德规范体系的叠加；一方是理性思维的突破，一方是直观性思维的构想。

一些学者指出，韦伯在《新教伦理与资本主义精神》一书中的主要观点是他提出了新教伦理培养了一种特殊类型的人品和人格，这些都体现在新教徒身上。新教徒排除了在上帝和自身之间的一切中介物，在自己隐秘的内心深处,在内在的孤独感之中,与上帝取得了直接的联系。这促进了个人尊严意识的发展,也导致了与理性的劳动组织上一致的个人主义的产生。因此,遵循新教伦理发展而成就的人格,以及与之相联系的个人主义,导致了一种肯定的、转化性的思维方式。这就是资本主义产生的源泉①。

与此相反,一些学者认为在儒教社会中缺乏这样一种思维方式。儒家伦理是对于一个人的环境、对世界现状的能动的调节和适应。在这种文化中,儒者的思维方式和行为方式都是讲究和谐的。他们的行为是一种低度理性化的追求人格完美的行动。这种人格的完善使一个儒者可能是一个官僚、学者、诗人和画家,然而他却难以系统地发展自己的专业化,因此,他不会成为一个资本家。具体说来,儒家文化中缺少四个因素:第一,缺少高度竞争性的个人主义,而这正是资本主义发展的巨大动力。第二,在儒家文化的氛围中,儒者过于受属体的约束。他们难以独立,过分依赖引导,尤其是政治力量的引导。而且,由于常见的经济、政治、文化和政府干预的消极影响,自由资本主义和市场都难以发展起来。第三,儒家文化过于强调对完美人格的培养,而忽视了对于征服自然、主宰世界的进取心人格的培养。正如韦伯所言,一个举止中节的人无疑是讨人喜欢的,但他却不适合当一个生意人。第四,儒家过于注重传统的智慧,这就导致了智慧传播的方式是通过经验而代代相传,而不是通过知识的信息的积累而实现的。因此,这只是一种质量意义上的智慧,而不是数量上的、实验性的知识,它不利于创新。

20世纪初韦伯提出这一理论之后,在半个多世纪的时间里他一直得到世界学术界的首肯,被奉为经典之作。然而20世纪80年代以来,这一理论受到了挑战。新儒家们不仅对韦伯的某些理论进行了重新解释,而且还提出了自己的新理论。他们指出,韦伯虽然认为宗教的合理化是理性资本主义和世俗化的前提条件,但他并没有说儒家文化与资本主义精神格格不入,也许,儒家伦理虽然不能很快地产生资本主义,但是,在

---

① 马克斯·韦伯:《新教伦理与资本主义精神》,于晓等译,生活·读书·新知三联书店1987年版,第121—144页。

资本主义制度建立之后它却能适应和促进资本主义的发展。

儒家伦理中虽然缺少个人主义的因素,不利于资本主义的产生,然而对于资本主义发展来说,它不乏以下三个因素。第一,就它追求利润的意识而言,确实,在传统的儒家社会中,从未保护过追求利润的自由,无论是在社会文化中,还是在国家的意识形态中,追求利润都没有获得过占统治地位的社会文化的认同。然而,自西方资本主义输入以来,在日本,在"亚洲四小龙"的社会中,继而在中国,追求利润已成为普遍的社会现象和重要意识。因此,如果说儒家伦理难以产生追求利润的欲望还可以争论的话,至少,儒家伦理具有适应世界的功能和儒者完全可以接受、具备追求利润的观念却是事实,而且这已经在儒家社会中获得了普遍的社会认同。第二,职业的神圣性。某些学者认为儒教社会中存在着农本主义的传统,对农业十分重视。同时,手工业和商业在这些社会中也有较重的传统。在这些行业中,都形成了很明显的职业伦理,虽然在当时这些伦理还缺乏现代性。然而,在现代化启动之后,这种传统的职业伦理被融入了现代性,它以一种新的方式得到了强化。根据日本、韩国、中国和新加坡的调查,人们的职业伦理及敬业精神是很高的。在中国,现在我们仍然能在铁路、纺织、钢铁等大的工业行业中看到子承父业和爱岗如家的敬业精神。第三,节俭的伦理。在农本主义的儒教社会中对此也十分重视,不仅农民,就是地主和所有统治阶级的人也都被要求严格遵守。所以,这种节俭的伦理不能说是新教伦理所独有的。

儒家社会的资本主义之所以起步较晚,是由于儒家伦理难以产生资本主义,尽管其在资本主义从外部输入之后成功地实现了向现代性的转化。在这种转化完成之前,儒家伦理以及与其相关的某些因素,如家族集团意识、农本主义的经济观、大一统的中央集权体制,虽然重视教育,但由于偏重于意识形态、政治和文学艺术,轻视自然科学和技术等,阻碍了资本主义的发展。在向现代性的转化完成之后,儒家伦理完全可以适应资本主义的发展。

二 儒教社会对现代化的适应过程

东亚国家的现代化进程是在被动地接受了欧美文明的挑战后才开始

的，是一种后发外生型的现代化。19世纪中期，在惊异于拥有雄厚经济实力和先进军事力量的欧美文明之后，东亚各主要国家开始了学习欧美现代化的进程。首先，是接受先进的欧美式教育制度及其内容。在这方面，儒教传统重视教育的文化氛围和教育基础对于接受新的教育制度和教学内容起了积极的作用，也就是说，大量学校的存在和社会对教育的重视，使教育改革很快大见成效，培养出大批新型人才。他们学到了欧美最新的科学技术，以及政治、经济、社会三大领域的先进文化，这些人才在推动现代化的进程中发挥了重要的作用。

其次，是传统的农本主义观念逐渐被打破。随着新兴工业和商业的发展，新的生存观念和利润观念吸引了人们，农本主义的基础受到了极大的冲击。第二次世界大战之后，从日本开始，中国台湾地区、韩国、新加坡、东南亚和南亚各国以及中国大陆都相继采取了出口导向型的工业化发展战略，最终在社会中确立了重商主义的观念及其主导地位。尽管在这一过程中各国不同程度地存在着曲折和斗争，但总体来说，儒教社会是比较自然地适应了这一现代化进程的。

再次，引进了民主主义思想。民主主义思想的引进，虽然在很长一段时间内只起到了对社会表层进行民主改革的效果，并没有改变中央集权的政治体系，但是，这对国民意识的觉醒和社会动员却起了很大的推动作用。这一时期，东亚各国政府都制定了现代化的目标和计划，以行政为主导推动经济的发展。从国家领导层到普通公民都逐步树立起了具有现代性的国家意识。传统的家族集团主义受到了冲击，开始向国家本位主义观念转化，家长制下的人身依附关系也开始向平等互助的人际关系转化。在现代的东亚各国，家族关系虽然不同程度地保留了下来，但在社会经济领域中主要只是形式上的，其内容已经基本上完成了向现代平等的契约型人际关系的转变。

最后，占主导地位的社会价值观念发生了根本性的变化。作为传统文化本质特征的忠孝一致的意识形态和人际关系被逐步取代，人们把对君主的忠诚不断转变为对国家的忠诚和义务责任感，这显然是一次重要的转变；孝也不完全等同于过去的孝了，它已经引入了父子互相尊重的新型的家庭关系。如同西方人也讲究孝敬父母一样，新型的孝道并不是盲从，而是维系现代家庭关系、使家庭保持和谐的一种人际关系。

从根本上来说，欧美的资本主义和民主主义起源于个人主义的文化，而儒家文化却是弘扬家族集团主义的，所以，东亚儒教国家在学习欧美的现代化过程中，必然会面临巨大的文化摩擦和历史性损耗。事实上，东亚儒教各国在西化与儒化、传统与现代的问题上，在文化、政治和经济领域都经历过剧烈的角逐，有的还付出过惨重的代价。在欧美文化与儒家文化的融合中，儒家文化发生了创造性的转化，使自己适应了现代化的进程。这首先表现在经济领域中。20世纪后半叶以来，儒教各国都很好地消化了欧美的经济模式，建立了现代企业制度，树立了竞争与创新意识。当然，家族集团主义的某些人际关系形式和儒家经济伦理的某些内容也在不同程度上保留了下来，但它们已经不是经济发展的桎梏，而是成为一定历史条件下调和人际关系、促进经济发展的有利因素。它们已经被有效地融入进资本主义的经济结构之中，建立起了新型的儒教经济伦理。这就使东亚各国的经济发展与欧美一样成为可能。

三　东西方经济伦理的内涵与演化

经济行为也是广义的伦理行为。生产中的相互协助，交换中的信用，尽可能公平的分配，以及同甘共苦，这些都是从原始时代开始的、以人类善意为基础而形成的伦理性经济行为。经济秩序正是人们在经济活动中遵循和维护经济伦理规范才得以建立起来的。经济秩序一经确立，就成为人们从事经济活动的一种模式，成为一种传统和文化。在本质上，资本主义的经济伦理和经济秩序是相一致的，但是，由于历史传统和社会形态的差异，它们在不同的社会中会表现出不同的特征。

欧美的个人主义文化在新教伦理中孕育了古典的资本主义经济伦理，特别是这种文化在追求作为资本主义经济秩序两大特征的合理性和效率性时，使经济发展成为可能，并构筑了历史上最高程度的文明。但是，自20世纪后半叶以来，这种经济伦理受到了挑战。古典的资本主义经济伦理为了追求合理性，必须排除人本身所具有的与这种合理性不相符合的或曰非理性的要求；而为了追求效率，则必须忽视人的意志，这就是问题之所在。随着经济文化水平的提高和民主意识的增强，人们已不再愿意忍耐这种缺乏情感的经济行为和经济秩序，终于出现了消极的和积极的抵抗。这种经济伦理在资本主义经济活动中发生了摩擦，它不再是合理的和高效的了。

自20世纪的二三十年代始，一些资本主义的经济学家和心理学家就提出了在经营管理中输入情感因素的管理方式。经过20世纪30年代的经济大危机之后，这种管理方式得到了认可。在第二次世界大战之后，这种管理方式在整个西方资本主义世界得以普及。

东亚各国资本主义经济伦理的发展与西方相比有很大的不同。它可以很快地接受资本主义的技术、设备和基本的生产方式，但它不能很快地改变人的文化观念和经济伦理，尤其是像儒家文化这样一种有着长期历史传统和生命力的文化，更不能轻易改变。这样，在儒教社会中就出现了资本主义生产结构与原有的家族集团主义共存的局面。就表象而言，两者似乎是矛盾的，资本主义生产所要求的雇佣自由、竞争自由与家族集团主义难以相容。但是，人们往往忽视了另一方面，资本主义从来就没有获得纯粹的发展环境，即使在西方，它也是在封建关系的基础上发展起来的。英国的资产阶级革命本身就很不彻底，以致封建生产关系保留到20世纪初，而这时它已经渡过了资本主义最辉煌的发展时期。美国一直到南北战争以后很长一段时间，差不多也是到20世纪初已经确立了自己在世界的领先地位之后，才比较彻底地摆脱了封建生产关系。法国大革命的所谓彻底性只是昙花一现，封建王朝的复辟使封建的生产关系并没有得到根本的改变，而拿破仑三世和封建势力的妥协恰是资本主义发展最迅速的时期。德国是在容克地主和资产阶级联合之下发展的资本主义。日本、俄国和奥匈帝国更是"军事封建帝国主义"。意大利的封建因素一直到20世纪上半叶都很浓重，否则法西斯主义就不会首先发端于此。从以上的情况来看，资本主义发展也是有一个过程的，它在不同的历史阶段与不同的社会关系相适应，而这种社会关系则与一定的传统文化相联系；而且，在资本主义的初级阶段和中级阶段并不一定是发展环境越纯粹越好，否则就难以解释各国发展最迅速的时期并不一定是传统的社会关系清除得最彻底的时期。这就是说，传统文化在资本主义发展的不同阶段，既有与其矛盾的一面，也有与其相适应的一面。

与西方的传统文化相比，儒家文化有更强的适应性、兼容性和生命力，更易进行创造性的转化。这与儒家文化在形成和发展阶段经历过很大的社会变动和文化融合以及资本主义侵入儒教社会的时间较短有相当的关系。在当代东亚的儒教社会中，其经济伦理已经兼容了与资本主义经济结构相一致的经济伦理，如自由竞争和创新精神，追求利润的意识，以及对"天职"意识和勤勉精神等进行了创造性的转化，使其不再是以农本主义为基础的经济伦理了。近代在引入资本主义企业和经营管理方式的同时，就不可避免地引入了资本主义精神，导致了两种经济伦理的碰撞和融合。其最直接的表现就是，根深蒂固的儒家伦理不可避免地渗入近代企业的经营和管理之中，以家族集团意识来破坏或者弥补受个人主义文化支配的经营意识，在摩擦和润滑的交互作用下使资本主义经济步履蹒跚地向前发展，从而使自身也不断发生着转化，最终越来越能够适应资本主义经济的发展。自 20 世纪初以来，西方以个人主义文化为基础的经济伦理发展的趋势增加了越来越多的情感的因素，而在儒教社会中，则是个人主义冲淡了浓重的家族集团主义，这两种趋势都对资本主义发展有利。

四 东西方经济伦理的功能与特色

在对东西方的经济伦理的变迁进行了一番历史考察之后，再对当代东西方经济伦理的某些具体特征进行比较和分析，可以加深我们对儒家经济伦理的认识。

首先，在西方的经济伦理中，个人被看作是孤立的实体和重建社会的力量。例如，在社会交往的方式上，西方几乎没有什么现成的和规范化的礼仪行为。这种标准化行为的缺乏导致了一种困境，即人们从来不能完全确定应该如何举止。每一次新的交往都要求某种程度的新的礼仪和新的行为方式。在这方面，社会有很高的容忍度。此外，在这种低礼仪的社会里，很难培养持久的、富有成效的人际关系。而在儒家社会的经济伦理中，自我被理解为社会关系的中心。个人只有通过人们相互交往和相互关联的形式，最大限度地发挥其四周群体的能量和意识，才能实现自我的尊严，才能发挥作用。因此，它倡导的不是个人主义，而是对一个较大的实体的承诺。这个实体可以是一个家族，一个公司，一个社会团体，甚至是一个国家。与西方相比，东亚是一个高礼仪的社会。在这个社会里，人际交往大都遵循着得到社会明确认可的模式。当你不熟悉其礼仪时，可能寸步难行；而一旦熟悉了这套礼仪，则如鱼得水。礼仪，使人际关系密切而富有人情味。这种礼仪的社会效应和企业效应，在与资本主义相融合之后，在自身实现了向现代性的转化之后，逐渐由消极转向积极。

其次，在权利和义务方面，西方的经济伦理中有一种强烈的个人权利意识，它促使人们在经济活动中经常思考："我的权利是什么？在合法的范围之内，我能做些什么？"这使得人们对于自我的利益一清二楚。例如，有的学者把西方的社会关系称之为"相抗衡的体系网络"，其宗旨在于保护个人的权利，确认和支持个人的自我利益和竞争。因而它也是高度法制化的。儒家的经济伦理则含有一种强烈的责任意识，它促使人们去思考的主要不是"我的权利"，而是自己的责任和义务。在儒家的经济伦理中，明白自己的责任和义务比明白自己的权利重要得多。这种经济伦理特别提倡相互合作，处于这种文化氛围之中，人们习惯于把自己看成是一个群体中的一分子，人们是在一个特定的群体中来寻找自己合适的位置，以完成自我实现的。与西方竞争的模式相比，它更注重于和谐。东亚社会的这种经济伦理关系被称之为"信用社区的体系网络"。在这个体系中，集体的利益被放在重要的地位。在社会实践中，基本信赖是处理人际关系的价值标准和行为准则。这种信赖表现为对于社会中可以分享的价值的承担，忍让、调解、权威命令往往是处理人际关系的具体表现。

最后，是由前两个特点的延伸而带来的另一个特点。在西方经济伦理中，对个人权利的强调促成了一种普遍的超越个人现状的要求，即对知识的渴望和追求推动一个人去探索新的疆域，而往往把信息的积累看成是获得知识的主要途径。在东亚的经济伦理中，由于自我被看成是关系网络的中心，人就有了一种纪律和约束意识。因此，在培养人方面，与西方经济伦理注重知识的积累相比，它更重视人格锻炼和人格修养，注重严格的行为和精神的自律，以及在此基础上的自我实现。它试图造就一种对于更大的、更持久的目标的追求和信念。例如，在企业管理中，西方的企业偏重业绩。一般来说，如果西方的企业要购进一部价值100万美元而年折旧率为10万美元的设备，需要经过反复论证。而对任用一个年薪10万美元的工程师，只要有以往的技术成果作为参考，就可以当场拍板。东亚的企业与之相比，更重视人的作用。在起用新人时，除了考察业绩之外，更注重考察其人格修养、群体意识、敬业精神等。

西方的经济伦理以个人主义为基础，确信人人机会均等，崇拜竞争，这固然促进了个人和企业充分地释放能量，但由于人与人之间的关系是利害关系，只能在契约的基础上来维持，导致了协作精神的缺乏，人们之间的关系比较紧张，这很可能在人际关系的摩擦中消耗很大的能量，造成浪费。西方企业精神鼓励人们选择自由，加之社会流动性大，人身依附弱，人们容易找到自己恰当的位置，实现自我。但有时极度的个人奋斗和缺乏群体的配合会限制其实现程度。东亚企业精神中含有缓解这些矛盾的因素。在东亚社会中，儒家伦理中的"德"与"礼"，特别是其中的爱和同情心，是联系各个社会基本单位的"道义的网络"；在企业内部，受"孝悌"思想的影响，企业主们模仿家族制度建立了类似"家"的人事制度。有学者认为，这种社会传统在东亚缓和了现代资本主义引发的各种矛盾。例如，一般来说，东亚各国的劳资关系远比欧美缓和。这是因为，在企业之中，家族关系缓和了管理者与被管理者之间的矛盾；在企业外部，商会和工会等中介组织与政府和企业之间也存在着一定的家族式的关系，它在企业与企业之间和企业与政府之间进行沟通的同时，也以家族关系缓和了它们之间出现的各种摩擦。东亚企业中的这种家族关系极大地强化了职工对企业的归属感和稳定意识，从而在企业中形成了职工与企业的"命运共同体""利益共同体"和"生活共同体"，使企业的凝聚力得到提高。

五 经济起飞的教育与人才背景

20 世纪 60—70 年代，新加坡经济发展的总设计师吴庆瑞在 1992 年 7 月讲的一番话或许清楚地表述了新加坡在这方面的努力："把 1959 年时的入学人数和今天的做一比较，就能了解技术密集型工业所需要的变化了。1959 年时我们的大学里没有什么工程系科，而工业学院入学人数也只有 1007 名学生。今日，我们大学的工程技术系科学生人数已达 9700 人。在我们的两所工艺学院里也有 21547 名学生在学习工程技术学科。每年可培养约 1400 名工程师，并估计可增至 2000 名。如果没有这些毕业生所做的贡献，我们就不可能在科技的阶梯上达到今日的高度。"[①] 吴庆瑞的讲话大体上说明了两点：一是新加坡在培养人才方面取得了很大的成就，尤其是考虑到本国的国情，把重点放在培养与经济发展直接有关的工程技术人才方面；二是这些人才在工业化过程中起到了关键的作用。

人民行动党政府的财政支出把教育和培养人才放到了十分重要的地位，提出经济增长的关键是人才的培养和人才的竞争，因此，近 60 年来一直给教育和人才培训以高度的重视并提供大量的经费。1959—1967 年，教育经费支出平均占国家财政支出的 23.4%，与绝大多数国家相比，比例非常之高。20 世纪 60 年代到 1982 年，新加坡国民生产总值增长了 12.9 倍，而教育经费则增长了 15.5 倍。在 1985 年时，由于初级教育的普及，识字率已经达到了 85%。为了培养大批高科技人才，政府投巨资发展最高学府，尤其资助工程类专业的发展。南洋理工大学和新加坡国立大学的工程类专业学生在校人数接近万人。国家还为学习成绩优异的大学毕业生设立了留学奖学金，每年都有相当一部分毕业生赴英国、美国、日本和其他西方发达国家的名牌大学深造留学，然后回国工作，他们在工业化过程中发挥了关键性的作用。

政府在培养人才方面起到了非常重要的作用，这主要表现在两个层

[①] 吴庆瑞：《新加坡经济发展的经验及其前景：战略部署及实施情况》，《中国社会科学季刊》1993 年 11 月，第 155 页。

次上：一是它高瞻远瞩，对于培养人才进行了有效组织并投入巨资；二是它严格贯彻按劳分配的原则，使人才得到了应有的待遇，从而鼓励人们立志成才。根本点是尊重市场。早在20世纪70年代后期，政府就根据经济增长的速度对社会各层次、各专业对人才的需求进行了预测，提出了加强高等和中等职业技术教育和商业教育的计划，并付诸实施，从而满足了20世纪70年代跨国公司投资和产业转型的需要。20世纪70年代中期，贸易和工业部制定了"10年人力发展计划"，对于培养各类专业人才进行了严密的规划，为产业升级做好了准备。到20世纪70年代末，由于产业升级发展很快，受过高等教育的专门人才出现缺口，国家就通过各种形式，如总理发布文告等方式引导学生报考工程技术和法律等人才缺乏的专业。此外，政府还根据经济发展的需要，下达各专业招生名额，确定研究生和本科生的招生比例，把大部分奖学金用到急需发展的学科上去。由于政府有统一的规划，遵循教育为经济发展服务的原则，对市场需求有前瞻性，因此新加坡的人才培养没有像很多发展中国家曾一度出现的"学无所用"、"专业不对口"以及研究生、本科生和中专生比例倒挂的现象，造成人才的浪费。在人才的待遇问题上，政府也一直非常尊重市场原则，正如吴庆瑞所说的："多国公司都愿意依靠当地提供工程师和技术人员，因为要让他们到异国他乡去工作是十分昂贵的。新加坡有能力满足工程师和技术人员的不断增长的需求。这样，我们就能和快速发展的机械制造业并驾齐驱。来自我们自己大学的不断增多的工程师和科学家们用他们积累起来的工程设计只是向多国公司证明了他们可以把更多的先进技术引进新加坡，并扩大产品的范围。"[①] 除了正规的学校教育外，新加坡对职业技术训练也非常重视并也投入了大量的资金。1969年政府首先对教育体制进行了改革，提出了向工艺教育进军的口号，并成立工业与职业训练局，开始有计划地发展职业技术教育。政府首先投资扩大了两所进行职业技术教育的高等学校，新加坡工艺学院和义安工艺学院，这两所学院在20世纪70年代到

---

① 吴庆瑞：《新加坡经济发展的经验及其前景：战略部署及实施情况》，《中国社会科学季刊》1993年11月，第155页。

1981年间分别扩大了1倍和4倍。为了使工人得到接受再教育的机会，尤其是使资金并不雄厚的中小企业的职工受到教育，政府于1979年设立了技术发展基金，规定雇主必须替月薪在750新元以上的雇员交纳一定比例的技能发展基金，上交率为1%。技能发展基金设立以来，通过各种训练计划对一大批的职工进行了培训，对小企业聘请顾问进行了资助，允许小公司自愿参加大公司的培训并免费提供训练中心等。仅1979—1983年，该基金就拨出2亿多新元，对17万工人进行了培训。1983年政府曾掀起了一场大规模的学文化运动，目的是促使那些技能水平和文化层次都比较低的工人能跟上现代高技术市场的需要。具体措施是增加各种职业教育设施和机构，建立技能发展基金，企业必须按工资总额的4%上交基金。同时引进国外学徒培训计划，每年培训学徒4000人，占新进劳动力的10%。从1987年开始，国家生产力局设立训练基地，计划培训1.5万名经理人员和其他管理人员。另外，在20世纪七八十年代，经济发展局与外国政府和跨国公司合作，开办引进和利用外国先进技术的专门课程，训练企业的高级技术人员。尤其值得强调的是政府曾经强制规定，在接受小学六年义务教育之后，成绩不足以升中学者，必须进职业学校接受职业培训，以达到技术工人的水平；中学毕业不足以升大学者，进入工艺学院培养培训成技师。职业培训为各经济部门培养了各种不同层次的技术人才，为工业化转型提供了人才保证。20世纪七八十年代跨国公司在新加坡投资后很容易找到满意的职工和技术人员，致使他们愿意来新加坡投资，职业培训在其中起到的作用功不可没。

国家十分重视发挥专门人才的积极性，其主要措施是通过合理的分配制度使他们能够得到公平的收入。在这方面，工资的差别主要不是行业差别，而是技能高低的差别，谁的技术高，贡献大，谁的收入就高。这就激发了专门人才的积极性。

自20世纪80年代后期以来，职业培训越来越系统化。例如，国家生产力局开始推行一套职业培训计划，包括以下四项内容：一是学徒训练计划。内容包括对中学或职业学校的毕业生，先给予两年的技术理论的研修，再施以两年的厂内训练，把他们培养成有发展前途的学徒。在学徒期间，经济发展局给他们生活补助费，每月100—360新元。二是海外训练计划。厂家如果派技术工人前往海外进行一至两年的新技术培训，经济发展局将提供来回旅费和冬季服装。目的是鼓励企业对职工进行技术培训。三是工业训练补助计划。企业如果为非熟练工人举办二至四年的长期培训，经济发展局将视培训时间的长短给予3000—9000新元的补贴。四是工业发展奖学金计划。企业如果为优秀的管理和技术人员提供训练机会，经济发展局将负担一半的费用。在本国接受培训者每人每年可得2000新元的补助，到海外进行培训者每人每年可得5000新元的补助。20世纪90年代以后补助金额又有所上调。政府还对进行技术开发提供优惠条件。如鼓励跨国公司进行科技开发，但原则是他们的开发计划必须与本地公司联合进行，必须在新加坡应用。新加坡国家小，人力和财力都很有限，因此难以投巨资进行重大基础理论的研究，政府的政策是把人力、财力集中到与经济发展有直接联系和见效快的工程技术项目的开发上，尽快促进经济的发展。

正如新加坡的一些政府领导人所指出的，当世界经济逐步向高科技和现代化转变的时候，单凭素质低下的廉价劳动力是不会占据竞争优势的，它会使企业在国际市场的竞争中失败。因此，必须以素质的提高来代替数量的增加。新加坡由于缺乏天然资源和众多的人口，因此尤其应该发展教育和训练，使人们的头脑和双手具备最大的生产能力和最高的工作效率，成为最富有吃苦精神和最有技巧的人。

20世纪70年代以来通过扩展普通教育和职业技术教育，全国的劳动力素质大幅度提高了，技术工人和专业管理人员占整个劳动力人口的比例大为提高，最终推动了劳动生产率的提高。据统计，20世纪70年代的劳动生产率的增长速度为3%，20世纪80年代则提高到5%，有迹象表明20世纪90年代至今增长速度还在提高，这是新加坡经济增长的最有效的动力。

第二节　社会经济性质：市场经济还是国家控制？

中国大陆学者对新加坡社会经济性质的认识可以划分为三个阶段：

第一阶段是指20世纪70年代中期以前。当时中国对于社会主义和资本主义的认识都还很肤浅，认为社会主义，就是计划经济，资本主义就是市场经济，新加坡被划分为资本主义国家，自然也就属于市场经济的范畴了。这种观点不是建立在深入研究的基础之上的，而是根据传统的社会主义理论进行一般性的类推得出来的结果。

第二个阶段是20世纪70年代中期到末期。这个时期"四小龙"的经济奇迹已经引起中国学术界的重视。由于台湾与大陆的政治关系还比较僵硬，因此关于台湾的研究很难有所突破；而香港被看作是殖民地，不具有代表意义；中国与韩国的关系由于朝鲜的因素而相当敏感，对学术研究有相当影响；所以对新加坡的研究就有了特别的意义。当时对新加坡经济的研究虽然是一个热点，但大都集中在如何借鉴其管理经验上，并没有对社会经济的性质进行研究。1988年下半年至1989年上半年中国大陆学术界展开了一场关于"新威权主义"的大讨论，其实这是"东亚模式"是否适用于中国的问题的讨论。当时参加讨论的学者都把新加坡和其他东亚新兴工业化国家说成是政治经济的"二元结构"，即集权政治与市场经济相结合的体制。这显然是把新加坡定性为市场经济了。

从表面上看，大陆学者对新加坡社会经济性质的认识从未发生过变化，但事实远非如此。因为尽管学者们已经对新加坡的经济进行了一定的研究，但在过去很长一段时间并未对社会性质这一问题进行过专门的研究。之所以如此，与中国的政治改革进程有相当的关系。20世纪80年代中国的市场经济还未发展起来，相比于中国，新加坡是一个高度市场化的体制。但是随着苏联宣布实行社会主义市场经济和中国经济改革的深入，中国采取何种经济形式的问题越来越引起了中国上层领导人的重视，当时已经有迹象表明中国的最高决策者正在考虑实行市场经济的问题。因而市场经济体制越来越为中国学者和领导人所重视，开始进行研究。20世纪80年代新加坡已经成为中国在政治和经济方面学习借鉴的最重要的国家之一，因此它的社会经济性质如何不能不引起中国领导人尤其是敏锐的学术界的重视。

第三个阶段是1990—1993年。首先是国际学术界对这一问题的看法被介绍了进来。一种观点是以美国著名经济学家米尔顿·弗里德曼为代表的，认为新加坡实行自由港政策，关税很低。没有外汇管制和价格管理，外资和私人投资均无须审批，也不限制利润汇出和资本转移，无论国有企业还是私有企业都不受政府的任何优惠，完全按价值规律进行，这一切都说明新加坡具备了市场经济的标准。另一种观点是以美国经济学家约翰·肯尼思·加尔布雷思为代表的，认为新加坡实际上推行干预主义政策，政府在土地资源的分配与使用上拥有垄断权，建立国有企业参与和导向市场发展，它还控制货币的发行和资本的投入，控制劳动力和工资，制定政策影响物价以及垄断全国的基础设施和社会服务事业，这些特点完全可以证明新加坡是一种国家计划占主导地位的资本主义体制。当然，无论哪一种观点都不否认新加坡的经济体制不是单一的，弗里德曼承认有国家干预的一面，而加尔布雷思承认有自由市场的一面。但这并不能改变问题的实质。

国际经济界的这两种主流观点在中国都有追随者，但他们没有进行深入的研究。后来，在1991—1993年中国大陆出版的有关著作和论文中对这一问题进行了专门的论述，主要有两种观点：

第一种观点认为把新加坡看成是自由市场经济或者国家干预占主导地位的体制都具有片面性，两者在新加坡可以说是平分秋色，发挥着同等重要的作用，因此，新加坡可以说是国家控制与市场经济的高度统一体。这显然是在市场经济体制和国家计划经济体制之间又设定了一种混合型经济体制。持这种观点的人指出在当今世界各国中不存在纯粹的市场经济或纯粹的国家计划经济体制，任何国家的经济体制都是这两方面的统一体，只不过由于侧重点不同，而划分为不同的体制罢了。新加坡在这两方面平分秋色，它比西方多一些国家控制的成分，比传统上的苏联、中国等国多一些市场的成分，自然就不应该生拉硬套地把它定成两者之中的任何一类，而应把它设定为介于两者之间的混合型经济体制。

这种观点的优点在于它指出了新加坡不同于其他体制的特点,避免了片面性;缺点是没有对新加坡经济体制中国家控制与市场调节这两种成分的相互作用进行分析,给问题下了一个简单化的结论。

第二种观点从国家控制与市场调节的关系上进行了分析,得出的观点迥然不同。先从企业运行的角度看:企业是经济体制的基本构成单位,它的运行机制和运行环境如何,从根本上决定着社会经济的性质。毫无疑问,新加坡的自由市场制度已经形成,这表现在无论是私有企业还是国有企业都不享受政府的任何优惠,在市场中平等竞争,按照价格规律进行独立的经济核算。更为重要的是政府的任何宏观调控政策都不改变这个基本状况,相反,它们大都是以遵循市场规律为基础的。例如,正如加尔布雷思所言,新加坡存在着政府对劳动力和公司的干预,1968年制定的《雇佣法》和全国工资理事会对公司的干预就是证明,但是前者是为了限制工人的怠工、吸引外资和保护外企以及其他企业的正常运行。在当时采取一些强硬的行政手段迫使工人更加勤奋的工作,不能说是违背了市场规律,而帮助自由企业的运转却是实实在在地促进了市场机制的完善。再看对工资的干预。工人总想把工资定得高一点,企业总想把工资压得低一点,这是天经地义的事情,双方因此而讨价还价。如果这种争吵没有节制,就会引起罢工或企业关闭,这些都不符合市场经济的本质要求,因此政府出面协调双方的利益确定合理的工资,完全符合市场规律。当然,像过去一些国家那样完全由政府根据国家计划规定统一的工资,是不符合市场规律的。

就国家控制着土地的分配和使用而言,这不能作为国家干预具有主导意义的依据。因为在已经市场化的国家中,国家虽然在法律上拥有土地,但它在分配、征用和使用土地时都要考虑价值规律的作用,按照市场价格收购土地或允许土地的实际使用者把土地按照市场价格折成资本进行投资。这一点无论在新加坡、中国和其他大多数国家包括西方国家都是如此,这与土地的买卖并无本质的区别。当然这并不否认国家再分配土地时含有某些超经济的因素,但这只是部分因素。加氏混淆了实行计划经济的国家和已经市场化了的国家在征用土地方面的区别。

加氏还认为新加坡政府控制着货币的投放和影响物价。试问,现在世界上有哪一个国家不在这方面有所作为？只不过新加坡政府在这方面比美国等国政府的作用更大一些，但比中国等国政府的作用要小一些，这不是问题的关键。关键是政府对货币和物价的控制是不是以市场的运行为基础，如果是，那么这种调控就处于从属地位。从世界经济发展史来看，在已经市场化了的国家，国家对货币和物价的调控如果违背了市场规律，就会阻碍经济的正常运转，根本行不通。

最后还应提到的是，所谓对基础设施的垄断，实际上是政府在投资国有企业，正如前述，新加坡的国有企业完全是按照市场规律运转的，所以，虽国家经营基础设施但还是市场在发挥作用；而社会服务事业本身是非营利和非企业化的行业，在任何国家都由政府经营，这对社会的经济性质并无多大的影响。

从对加氏观点的分析中可以看到，持这种观点的学者认为加氏的观点虽不无道理，但是失之偏颇，没有抓住问题的实质。由此而推，它也不赞成"新加坡是国家控制与市场经济的高度统一体"的观点，不赞成国家控制与市场调节在新加坡平分秋色的看法。

关于新加坡社会经济性质的争论在1993年已经告一段落，虽然孰是孰非还难以最后定论，但这项争论的最大意义在于它使我们对新加坡社会经济的性质有了深刻的认识。

第三节 经济的市场化进程

一 "自由港"的特色

1819年莱佛士占领新加坡后，为了增强与荷兰在东南亚的竞争能力和繁荣通往中国广州的航线，就在新加坡实行了"自由港"政策，宣布除烟酒之外，一切进出口货物都免征关税，允许商人自由买卖。开埠不久，在新加坡进行中转的商人和本地的商人就与附近的爪哇、苏门答腊、马来半岛、菲律宾和婆罗洲发展贸易联系。两年后，这里的贸易总额就超过了荷兰统治下的马六甲。1822年，也就是开埠的第三年，来自欧洲、印度和中国的贸易额超过了英国经营达36年之久的槟榔屿。这使新加坡很快就成为了西欧与东亚之间的一个贸易中转站，成为东南亚地区的一个贸易中心和繁荣的商港。新加坡的中转贸易主要是进口本地区的产品，主要是橡胶、锡、木材和香料等，然后按等级分类后再行出口到欧洲和美国市场。欧洲和美国来的商品，尤其是英国来的消费品，都进口到新加坡后再发往东南亚各地。新加坡的贸易之所以发展很快，除了得益于英国在这里推行的"自由港"政策外，另一个根本的原因是这里的地理条件十分优越，它位于东南亚地区的中心，地处马六甲海峡的咽喉，是印度洋和太平洋之间的交通要道，亚洲、澳洲与欧洲、非洲之间的贸易往来基本都要经过这里。据统计，从1878年到1917年的40年里，新加坡的贸易额从每年的8000多万元增加到每年10.1亿新元，一直是新加坡的主要经济收入。在20世纪70年代，殖民政府每年从转口贸易中获得的收入达2亿多新元，成为财政收入的主要来源。据1959年的统计，转口贸易和与之直接相关的部门创造的产值占新加坡经济总产值的80%以上。殖民地时期新加坡没有发展起制造业，只有一些为转口贸易服务的橡胶、锡、木材和椰干的加工业，1959年时这些初级的制造业的产值仅为国民经济总产值的8.63%。制造业发展缓慢的主要原因是英国不愿意殖民地有与自己竞争的产业。

一度繁荣的新加坡经济，在20世纪70年代中期至后期的一段时间里，由于缺乏能与国际市场竞争的制造业，在各国开始推行工业化的竞争压力下，加之它邻近的一些国家，如印度尼西亚和马来西亚等相继独立，脱离了英国的殖民体系，此时采取了绕过新加坡而与工业国家直接进行贸易的政策，以减少贸易成本和对新加坡的依赖，从而导致了新加坡贸易额的大幅度下降，进而导致新加坡出现了经济衰退。当时的表现是，贸易大幅度下降，工人大量失业，学生失学，工厂和商业部门开工不足，缺乏启动资金。因此，英国的军事基地在向人民行动党政府交接时让新加坡在经济上是"没有希望的"。

二 工业化进程和发展战略

人民行动党上台执政后，新加坡的国家政治权力基本上完成了由殖民主义向民族主义的移交，民族独立的任务基本完成，新加坡政府开始全面启动现代化进程。面对当时的转口贸易的脆弱性和经济衰退，政府认为发展国民经济的重要途径是推进工业化进程，尤其是发展新型工业和制造业，提高经济的竞争能力和改变经济结构单一化的局面。

（一）经济发展的初期阶段（1961—1965）

这一时期，由于经济发展水平的低下和失业人口的存在，新加坡实行的是进口替代和劳动密集型工业的发展。首先是投资发展能够替代进口的工业必需品，以减少资金外流，增加本国积累。同时，当时只能发展一些劳动密集型的产业，这不仅是为了解决失业问题，而且也是由于当时的经济技术水平和资金只能做一些力所能及的事情。也只有如此，才能积累起资本。这一时期发展的产业有食品、印刷、纺织、皮革、木材、造纸、制胶等劳动密集型产业。为了鼓励和促进这些产业的发展，政府在1959年颁布了新兴工业法令和工业扩展法，使获得新兴工业地位的工业企业在2—5年内可以减免掉40%的所得税，而且如果出口额达到一定数量，可以把出口税从40%再减去4%。这些政策使新兴的劳动密集型产业迅速发展起来。1959—1965年，制造业企业由531家增至1000家，雇工人数由25199人增至46020人，失业率由48.9%下降到13.5%，国民生产总值由19亿新元增加到27.8亿新元，年平均增长率为6.5%。到1965年，经济结构发生了重要的变化，贸易比重从1959年占整个国民经济的80.8%降至36.6%，服务业占18.4%，运输业、通信业占14%，制造业从1959年占国民生产总值的7.6%增加到13.18%以上。

与此同时，政府增加90%的开支用于各项基础设施的建设，用于扩展港口，发展水电、交通运输、邮电通信业和裕廊工业区的开发。同时重视人才培训、实施解决人民住房困难的组屋发展计划，发展医药卫生事业等，这些都是私人企业无力或不愿做的事，然而它对于大规模的发展经济确是不可或缺的先决条件。为此，政府先后成立了经济发展局、建屋发展局等法定机构，组织领导这方面的发展，取得了很大的成功。以经济发展局为例，20世纪60年代建立后在六个方面发挥了重要的作用：开发裕廊工业区，为建立这个新加坡最大的工业基地打下了良好的基础；与其他有关部门一起，在供电、修路、供水、解决工人住房和工业区港口建设方面发挥了重大的作用；培训工人和技术人员；向投资者提供商业优惠贷款；在海外进行宣传，吸引海外投资；为海外企业在新加坡投资提供"一揽子服务",例如为新投资者办理投资手续,给外国雇员颁发移民执照,介绍商业银行等。经济发展局是法定机构,运作灵活且尊重价值规律,又有相当的权力,因而在促进经济发展方面十分有力,到1965年新加坡的基础建设已粗具规模,为吸引跨国集团奠定了基础。

虽然贸易比重下降,但贸易总量仍上升很多,在制造业和基础设施建设的带动下,加工产品的贸易额上升很快,占到了贸易总额的40%以上。仅橡胶贸易一项,1965年的贸易额就达12.22亿新元,占全部贸易额的18%。石油贸易额达到8.32亿新元。这时对外贸易的重点是转口产品和为转口服务的简单加工产品:从邻近国家进口的橡胶、胡椒、椰子、咖啡、木材、石油等初级产品,在新加坡加工后再运销其他国家;从欧美、日本等工业国进口工业品、粮食、纺织品、机械,然后由新加坡分销到其他邻国。

(二)经济的起飞阶段(1966—1975)

在这一阶段,政府进行了发展战略的调整,从进口替代战略转向出口导向的发展战略。原因是经过几年的发展,国内的经济水平有所提高,狭小的国内市场已经不能容纳新兴产业的发展,尤其是新加坡于1965年脱离马来西亚后,国内市场狭小的矛盾就更加突出,迫切需要政府进行发展战略的调整给产业发展注入新的推动力,否则就会遏制经济发展的势头。当时最直接的表现就是企业积累不足,人民购买力水平低下,无法实现规模经济;对进口消费品的限制被由工业发展带来的对工业原料和一些工业品的进口需求所取代;而关税壁垒保护下的企业和产品都缺乏竞争力,难以进入国际市场,从而切断了进口与出口的有机联系。总之,难以与国际市场接轨。因此,随着经济的扩张,进口替代战略不能解决外贸逆差和外汇短缺的问题,而且还会导致新一轮的失业和人民生活水平的恶化,导致"贫困积累的恶性循环"。解决这一问题的唯一途径就是发展外向型经济,以出口导向带动整个经济发展。

政府的具体战略是,通过引进外国资本和技术,发展面向出口的产业,并以此带动外贸、交通、邮电、金融、旅游等行业的发展,带动整个国民经济的起飞。从1966年开始,政府除加紧发展裕廊工业区外,还出面筹建21个小工业区,在这些工业区中,为面向出口的产业提供汇率、税率和补贴方面的优惠。1968年生效的《经济扩展法》突出鼓励出口产品,把出口厂商的所得税优待期限进一步放宽,公司所得利率税由40%减去10%;对输出产品到任何市场或输出任何产品到非原有市场者,均给予优惠税率,出口产品则全部免税;再次放宽对投资的免税期限,投资额越大,免税期越长。在这种优惠政策下,国外投资方纷纷涌来。当时具有战略意义的是方兴未艾的世界电子业在新加坡大量投资,政府牢牢抓住这一新兴工业,给它以很大的优惠,促使它很快发展起来,成为新加坡以后30年的最主要的支柱产业之一。

20世纪60年代中期正值发达国家把电子业的原材料和初级产品加工的劳动密集型的新兴工业向劳动力价格低的发展中国家转移之时,很多国家没有抓住这个机会。正如被称为"新加坡经济发展的总设计师"的前第一副总理吴庆瑞所说的:"我们在1968年接待了首批来新加坡的多国公司——德克萨斯仪器及国家半导体公司的代表。20多年以来,一些第三世界发展中国家在极端'左'倾的思想影响之下,反对多国公司进入本国,这些公司也被指责成资本主义的剥削工具。况且,它们还会带进一些腐败的文化影响,最主要的是他们还会使发展中国家产生对资本主义国家的依赖。由于相互关系是两个不平等的伙伴,多国公司还会干涉这些国家的内部政治进程。所有这一切指责都是严肃认真的。然而,历史却证明持这种观点且执行这种政策的那些国家在提高人民生活水平方面进展甚微。时至今日,本来持这种观点的一些国家也反其道而行之。""根据我们的经验,多国公司从未对我国的政治进行干涉。他们所要的一切只是有效的服务,生产能力强的工人,良好的工程人员以及经营者。其主要动机就是赚取利润。对于这一点我们认为是生活的正当要求,因为这些公司并非慈善机构。况且,多国公司不仅要赚钱,而且还要把这些钱能自由地汇往故里,以及根据自己的意愿从当地进口部件。所有这些他们都能做,因为新加坡是完全可以自由兑换的,他们不必经任何人的批准就可以做自己想做的事情。在电子工业的发展中,这是个很重要的条件。由于技术的飞快发展,产品及生产过程都变化迅速,而企业就必须能通过电话或传真选定部件和机械,并用航空完成运货。"这说明，新加坡政府不断在指导思想上而且在具体实施上为经济开放提供了最完善的服务，抓住了机会。

炼油业和造船业到20世纪70年代也成为新加坡的两大支柱产业。新加坡成为世界第三大炼油中心，到1975年，炼油能力为每年100万桶；同时，其成为苏伊士运河以东仅次于日本的第二大造船中心。新加坡从1964年开始就与日本联营裕廊造船厂，1968年又把原英军在三巴旺的军港改造为三巴旺造船厂，使造船业飞速发展起来。与此同时，食品饮料、纺织成衣、木材加工和冶金机械等行业也迅速发展起来。

新加坡把发展劳动密集型产业与新兴产业结合起来，在发展轻纺、服装、木材加工和食品行业的同时，重点发展电子产业等有前途的产业。在发展过程中，通过把国内的廉价劳动力与外国的先进技术相结合，生产出比发达国家便宜得多的初级、中级产品，从而提高了竞争力，占领某些领域的国际市场。而且，通过发展以出口为导向的劳动密集型产业，解决了资源少和市场小的问题，解决了大量劳动力特别是农业劳动力的就业，促进了产业和经济结构的现代化。到20世纪70年代中期，制造业在国民经济中的比重从1965年的23.4%增加到1975年的35%左右。制造业的发展，极大地推动了整个国民经济的发展。

（三）发展技术密集型产业阶段（1976—1985）

在这个阶段，新加坡进行了产业结构的调整，工业化进程转向大力发展资本和技术密集型产业，逐步淘汰劳动密集型产业，促进产业的升级。

从20世纪70年代后期开始，由于经济发展水平的提高和规模的扩大，新加坡国内出现了劳动力紧缺尤其是熟练工人紧缺的情况，尽管国家放宽了移民政策，但这个问题仍不能得到最终解决。同时，发达国家的贸易保护主义的政策抬头，限制大规模进口发展中国家的轻工业产品和某些加工业的初级产品；再者，新加坡的劳动力价格也日益上涨，与邻国马来西亚相比，失去了生产初级产品的竞争能力，外资企业不愿再按以往的方式投资，外资的整个流向是，或者向升级换代的产业投资，或者把资金投向劳动力价格更廉价的马来西亚等国的劳动密集型产业，这样生产出来的产品才有竞争能力。面对这重重困难，新加坡经济必须做出新的选择。首先是市场促使人们做出了调整。企业界越来越重视产业的升级换代，而家长们也越来越让孩子们重视数理化的学习。"是政府有远见的计谋之结果才使我们有做到这一切的能力吗？非也。其结局主要是对市场信息的反应。人们看到工程师和技术员们要比其他职业挣得更多并且有着更可靠的工作安定性，这样父母便鼓励自己的孩子学好中学的数理化，并且争取就读于大学和大专工艺学院的工程系。政府的作用是为学校培养出更多的数理化师资，为大学或大专工艺学院输送更多的工程科技类教师。"接着政府很快也做出反应，在1979年提出了"第二次工业革命"的计划，制定了"经济重组政策"，以期推动国民经济结构的重大调整。其目标是，通过提高劳动者的技能和企业的机械化和自动化程度，实现劳动生产率的提高，通过发展资本与技术密集型的制造业与服务业来提高经济的竞争能力。

  从20世纪70年代末到80年代中期，政府采取了一系列措施来推动新加坡的"第二次工业革命"。第一，通过提供财政和金融方面的优惠鼓励生产企业提高自己的机械化和自动化水平，逐步革除劳动密集型的生产方式，代之以资本和技术密集型的生产方式，以推动产业的升级。例如，1980年用于科技发展的开支达到当年财政预算的47%，比例相当之高。1980年，制造业的发展速度一度放慢，1982年甚至出现了建国以来的第一次负增长，但在"质"的方面却有很大的进步。这一时期技术密集型的产业取代劳动密集型的产业的速度非常之快，很快就完成了这一转变过程。到20世纪80年代中期，劳动密集型产业大都被挤到邻近的国家，资本和技术密集型的产业如自动车床、精密轴承、飞机部件、高级摄影器材和电子计算机成为主要的出口创汇产品。高附加值产品在制造业中的比重已从20世纪70年代的39%增加到1984年的68%。第二，充分利用本国的劳动力资源。其方法是加强工人的技术训练，提高工人的技术水平，扩大高等学校招生，大力培养各种专门人才，为发展技术和资本密集型工业提供技术与管理人才。随着经济状况的好转，从20世纪60年代后期开始政府就大力兴办教育，尤其是职业教育和工艺技术教育。自20世纪70年代以后教育经费一直位列国家财政预算之首。到20世纪80年代中期，中小学的入学率达100%；1984年高等学校在校学生达到

154435人，平均每年为社会输送4000余名大学生。这些专门人才的培养，为发展资本技术密集型产业提供了技术和管理上的保障。尤其值得一提的是20世纪80年代动工兴建的特岗科技园，集中体现了政府决心以科技为主导的发展思想。第三，大幅度提高职员的福利待遇，促使雇主采用非劳动密集型生产方式，加快经济重组的步伐。随着经济发展以及工人和技术人员的文化水平和专业技术水平的提高，提高他们的待遇是不可避免的，这一时期他们的工资和福利都有了较大的提高。工资的提高一方面成为技术发展的动力，一方面也增加了生产成本，这就迫使雇主不得不通过发展资本和技术密集型产业来增强竞争力。

这一时期，新加坡的经济增长速度有所放慢，20世纪80年代初的增长率为10.2%，1982年为6.3%，1983年为7.9%，1984年为8.2%。贸易增长率也逐年下降，1980年贸易比1979年增长34%，1981年为13%，1982年为34%，1983年出现了负增长，为-1.2%。尽管如此，新加坡的国内生产总值增长很快，1979—1984年国内生产总值从110.31亿新元增加到165.84亿新元，年平均增长率为8.5%，与同期各国相比，仍然是快的。同一时期经济增长速度有所下降的原因有三：一是国际市场的变化不利于外贸；二是投资还没有发挥出效益，例如科技园的投资要到5—10年后才有较大的效益；三是经济发展到一定水平后一般都不易保持在初级阶段的发展速度。但这一时期的产业结构的升级，为下一阶段的发展打下了基础。

（四）产业结构的重新调整与升级（1986—1997）

这个阶段是国民经济的进一步调整和改革的转型期。这一时期，工业生产继续向高工艺、高技术、高附加值转化。企业竞相进行产品的升级换代，如石油工业向产品的高级化和多元化发展，电子工业继续发展，但是电子业中除电脑发展较快外，电器业对国民经济的推动作用已经减弱，经济增长越来越倚仗金融、贸易、交通运输、商业和服务业构成的整体经济环境。

产业结构的重新调整最初是由于经济衰退而加速的。20世纪80年代初期出现了世界性的经济衰退和贸易保护主义，对新加坡的产品出口非常不利，加之国内的工资增长过快，导致经营成本上涨和国际竞争力下降。从1984年下半年开始，新加坡经济就出现明显的颓势，经济发展速度逐季减缓。加上经济危机，到1985年终于出现了严重的经济衰退，第二季度出现了20年来的第一次负增长（－1.4%）。为了走出经济困境，政府于1985年成立了一个经济委员会，负责拟定克服经济衰退的对策和制定下一步的经济发展计划。在该委员会的建议下，政府采取了一系列的应急措施，这些措施主要有：修改财政、税收、公司政策和公积金条例，主要内容是为降低成本而减税、减租、减息、减费和冻结工资增长，以此提高产品的价格竞争力和投资能力，对中小企业提高劳动生产率实行财政奖励政策；拨出1亿美元作为风险投资，由经济发展局和本国公司投资创设新技术产业，以此吸引外国的新产业投资。

这些政策的调整很快初见成效，加上日元升值、邻近国家的经济好转和国际市场需求增长和国外投资的增多，1986年新加坡经济出现了转机。这一年经济增长率从1985年的－1.8%变为1.9%，1987年恢复到7.2%。行业结构也表现出升级和调整的趋势，到1988年，在国民生产总值的构成中，金融业和服务业占26.25%，运输和通信业占24.98%，对外贸易占23%，制造业则降到21%，结构在新的层次上更趋合理，它大大提高了新加坡对世界经济形势的适应能力。

产业结构的调整为经济发展提供了新的动力，进入20世纪90年代以后新加坡经济有着相当上乘的表现，年增长率一直为6%—10%，大大高于西方国家；失业率保持在2%—3%，远远低于西方国家。1996年人均国民生产总值突破了1.5万美元，达到发达国家水平。第三产业的普及为吸引新的制造业投资，尤其是外资创造了良好的条件。例如在1994年固定资产的投资中，各国的比例是：美国，41%；新加坡，25%；日本，16%；欧洲，16%；其他，2%。据美国商务部1994年对美国公司在国外的盈利率调查的结果，在20世纪90年代初到1993年间，美国公司在世界各国的平均盈利率不到15%，而在新加坡的盈利达到了30%。这说明新加坡政府为吸引外资而进行的产业结构调整和创造的投资、金融、商业和法律政策环境是成功的。

第四节 市场经济结构的主要特征

一 外资和外资企业在经济发展中起着重要作用

自1968年开始大力引进外资以来，到1996年，外国公司在新加坡的投资已超过300亿美元，接近这一时期总投资的40%。截至1996年，外资在制造业的投资总额中一直占有相当高的比例，在石油炼油业中所占比重为40%，在电子电器业中为20%，在机械制造业中为10%，在化学工业中为8%。近几十年来，外资在新加坡的年度投资额一般都能占到投资总额的36%—40%，这是一个相当高的比例。外资的主要来源是美国、日本和英国，他们分别占外资总额的34%、17%和16%。

在20世纪60年代初期，新加坡已经开始引进外资和外资企业，但他们的大量涌入是在20世纪60年代后期国内局势稳定和投资环境改善以后。1968年首批跨国公司，美国德克萨斯仪器和国家半导体公司来新加坡投资，推动了电子业的发展，使电子业很快成为20世纪70年代的支柱产业。同时，该公司的进入开创了跨国公司在新加坡投资的时代，此后新加坡的外国投资猛增。美国的埃克森石油公司在新加坡的石油炼油业中进行投资，开办工厂，也带动了石油工业的发展，使其成为20世纪70年代的支柱产业。20世纪80年代美国苹果电脑公司与新加坡企业联手开拓了新加坡的电脑市场，并推动了电脑产业在新加坡的发展，使其一度成为市场竞争能力很强的产品。自20世纪80年代以来，外资企业也向金融等领域扩展，外资银行的数量一直保持在300家以上。

在20世纪90年代以前，外资的投向主要集中在制造业领域，它经历了以下几个阶段。第一个阶段是1959—1965年，这一时期新加坡的政局不稳，经济处于恢复时期。尽管新加坡希望引入外资，但外国人大都持观望态度，只有少数企业来新投资，而且以联营为主。到1965年时外国在新加坡的投资总额只有1.57亿新元。第二阶段是1966—1972年。新加坡从马来西亚分离出来以后，政府采取出口导向的发展战略，这时，影响投资的政局不稳、基础设施薄弱的局面已经得到了很大的改观，加之当时很多发展中国家采取闭关自守的"左"倾政策，许多发达国家就把大量的资金投到新加坡。到 1972 年年底，外国在制造业的投资达到 22.83 亿新元。第三阶段是 1973—1977 年，由于中东石油危机对国际市场的冲击，外国在新加坡的投资出现回落的趋势，这一时期共投资 18.32 亿新元。第四阶段是 1978—1980 年，外国投资出现了短暂的恢复，三年投资达 33.75 亿新元。第五阶段是 1981—1985 年。这一时期正值发达国家的产业结构调整，跨国公司都增加了在本国的投资，日本则将投资的重点转移到欧美，从而使新加坡的外资数量难以增长。尤其是 1985 年新加坡出现了经济危机，外国投资更是陷入低谷。第六阶段是 1986 年至 20 世纪 90 年代中期，经过新一轮的产业调整使新加坡对外资产生了极大的吸引力，1986 年外资投入为 11.85 亿新元，1987 年为 14.48 新元，1988 年为 16.66 亿新元，1989 年为 16 亿新元。从 20 世纪 70 年代后期到 20 世纪 90 年代后期，外资向金融业的投资增加很快。截至 1996 年上半年，世界著名的大银行中有 132 家在新加坡设立分支机构，使外汇交易量日超 1000 亿美元。"金融商务"给新加坡带来了巨大的收益，年收入达 256 亿新元，占 1995 年国民生产总值的 28.8%。

新加坡虽然大胆引进外资，但在具体做法上却是谨慎灵活的，并不允许外资泛滥自流。它坚持多边引进的方针，尽量注意不使某一个国家的投资处于绝对垄断的地位，以避免主权受到侵蚀和政治受其左右。通过具体的鼓励政策和措施诱导外资跟随国民经济的发展而不断地调整投资方向。利用给予外资企业优惠的条件来鼓励外资与本地企业合营，以此学到外国企业的先进技术、管理经验和销售知识。对于风险大、收益慢的项目，政府则带头参股引导外资联合经营，为外国投资提供保险系数，为长远发展奠定基础。正因为有这种指导思想和政策的保证，新加坡在大量利用外资的过程中才没有被外资所左右，而是发挥了他们有利的一面。

在过去几十年的时间里，外资和外国企业在新加坡经济发展中的作用是巨大的，这主要表现在外资成为新加坡经济增长的主要动力。一般来说，国民经济增长的主要来源有三，一是资本，二是劳动力，三是生产力。据统计，1966—1982 年，国民经济的年均增长率为 12.5%，其中因资本增加而获得的经济增长率为 9.3%，因劳动力增加而增长的增长率为2.7%，总生产力只占0.6%。从1972年至20世纪80年代，年均经济增长率为8%，三项指标对经济增长的贡献分别是：资本6.8%、劳动力2.1%，总生产力为-0.9%。这说明资本的增加在这一时期对经济增长起最主要的作用。其实，20世纪80年代经济起飞的许多东亚国家的经济增长都是靠外资带动的。

二 对外贸易在国民经济中占有举足轻重的地位

在地理位置上，新加坡处于交通中心，是东西方之间的十字路口，又有天然良港，发展对外贸易具有得天独厚的条件，因此，自1819年开埠以来，对外贸易一直在它的国民经济中占有很高的比重，一度曾达到近90%。它从一个货物集散地变成一个转口贸易基地，又发展成为一个以制成品出口和补偿贸易为主的多元贸易基地，对外贸易在国民经济中一直占有重要地位。自20世纪80年代后期以来，新加坡的国际贸易有了突飞猛进的发展，1986年进出口贸易总额为1231亿新元，1987年达1366亿新元，1988年达1775亿新元，1989年达1920亿新元，1990年达2160亿新元，1991年达2372亿新元。20世纪90年代以来势头仍然不减。在20世纪90年代的10年里，新加坡的商品进出口贸易一般每年均有50亿新元的逆差，但都被较大的非贸易盈余（每年50亿—160亿新元）所抵消。

转口贸易曾经是对外贸易的中流砥柱，在20世纪五六十年代它的出口贸易占到整个出口贸易的90%以上，转口贸易收入占当时国内总产值的18%以上。20世纪70年代以后，各国都努力减少对新加坡的依赖，直接进行对外贸易，减少了新加坡的转口贸易。但由于新加坡在地理和基础设施方面的优势，使一些国家不可能完全不依赖它，因此，它的转口贸易仍然保持在其出口总额的30%以上。新加坡的转口贸易呈双向性：一方面，它把东南亚的天然橡胶、木材、棕榈油、香料、服装、家具、水果、机械和食品转销到世界各地，其中以美国和欧洲为主；另一方面，它将美国和西欧的电子产品、机械设备、交通工具、化工产品、药品、家用电器和工业用电器等输入到东南亚乃至整个亚洲地区。其中占比重较大的是石油产品、天然橡胶、食品、机械设备和运输工具。

国内生产出口比重越来越大。国内生产出口是指那些在新加坡境内生产、组装和加工的产品，包括在新加坡境内的外资公司产品的出口贸易。在20世纪60年代以前，国内产品出口只占很小的比例，但是，随着工业化的深入发展，自20世纪七八十年代以来，国内出口贸易激增，1981年占到出口总额的66.5%，1991年达到64.8%，从而彻底扭转了严重依赖转口贸易的状况。在国内出口贸易发展的同时，进口贸易也发展起来，主要是石油的工业产品。1991年石油产品的进口达到161亿新元。另外，20世纪80年代以来，补偿贸易在新加坡也发展起来，带来了巨额的收益。

经过40多年的发展，新加坡的贸易结构发生了重大的变化，在进口贸易方面突出的特点有三：一是原材料进口占进口总额的比例由20世纪六七十年代的11%—37%，下降到20世纪八九十年代的2%—4%，这说明加工制造业的加工深度有了很大的提高；二是矿物原料进口大幅度增加，说明在这方面的加工能力提高了；三是以交通运输、机械设备和化工产品为主的工业制成品的进口幅度增加较大，由20世纪六七十年代占进口总额的20%增加到20世纪八九十年代的70%以上，说明新加坡在发展高新技术产业方面的需求很大。在出口贸易方面，最大的特色是制成品出口大幅度增长，占出口贸易总额的比重由20世纪60年代的30%左右上升到20世纪90年代的70%—75%。20世纪90年代初，出口额超过10亿新元的九大商品依次是：办公设备、石油产品、通讯机械、发电机、服装、光学仪器、工业机器、纺织品和橡胶。

从工业化飞速发展50年来的经验和教训看，新加坡的经济发展与对外贸易息息相关，没有大宗的对外贸易，就没有工业化的飞速发展。新加坡对这个问题的认识很大程度上是与生俱来的，来自于与它有利于贸易的地理位置和没有国内市场可言，经济发展只有走发展对外贸易这一条路。虽然对于所有的发展中国家来说，20世纪60年代以来的经济起飞都要靠发展对外贸易，但在他们经济起飞之前，都经历了一个太长的曲折，当他们认识到这个问题的时候新加坡等国已经先行一步了。

三 国家对市场进行及时的调控和引导

新加坡政府在经济发展的每一阶段，都根据本国的现有基础和经济发展水平制定出经济发展的战略和计划目标，并通过制定符合自己国情的政策和法规对整个国民经济和具体的工业计划和目标进行调控和引导，促进经济的发展。

（一）重视计划对经济发展的宏观指导作用

制定经济发展计划是政府在对经济发展做出科学分析和预测的基础上，对今后的发展目标、发展阶段和发展手段的指标进行设计，使经济按照既定、有序、平衡的发展方向向前发展。像新加坡这样一个全方位开放的市场经济的城市国家，受国际市场的影响很大，人们对经济计划是否行得通一直持有疑义。主张应该对经济实行计划控制的人认为，在新加坡，国家拥有多种能力对经济进行调整和引导，并且，新加坡的实践证明了这一点。

1959年人民行动党政府从殖民当局手中接管政权之后不久就着手制定经济发展规划。当时面对对外贸易巨减，失业人口众多，国外投资者畏缩不前等私人企业无法解决的矛盾，政府开始主动在经济领域中发挥作用。20世纪60年代初设立了经济发展局，很快就根据世界银行的新加坡小组的建议制定了一个发展工业化的计划。议会和政府有关部门据此制定了一系列的政策法规，鼓励发展进口替代产品，促进新兴工业的发展。在此后的五年中，这个计划基本得到了实现，使本地工业有所发展。之后经济发展局又先后制定了1966年到1972年经济发展计划和由于英国决定撤走海军基地而应急的1968—1972年反衰退经济计划，这两个计划的实质是以实现劳动密集型产业向资本和技术密集产业的过渡和发展出口产品为基础，把工业化引向深入。这两个计划特别是后一个计划基本上都得以实现了。20世纪70年代末，贸易和工业部还制定了一个"指标性"的10年发展计划，其目的是在20世纪80年代建立起一个能适应世界市场的现代化工业体系。1985年发生了经济衰退，这个计划没有最终实现。但在反危机的过程中，政府又设立了一个经济委员会，它向政府提交了一个有关经济发展的报告，成为20世纪80年代后期和20世纪90

年代的经济发展蓝图。在这个蓝图的指引下，新加坡用 10 年的时间基本上完成了新一轮的产业升级，完成了由资本技术密集型产业向高技术和金融服务业的转变。

从以上来看，"新加坡没有像五年计划那样的正规的计划机制，不可能对未来有足够的清楚的预测，尤其在电子工业上更不可能就资本投资、劳动力就业或者是产品价值等制定目标。但这并不意味着经济发展局对总的趋势没有很好的认识。经济发展局的驻海外机构对多国公司的利弊所在都有卓识之见"。政府重视计划的重要作用，但这种计划在很多情况下并不是很正式或一成不变的，这反映了政府非常重视计划的动态性。

政府制定经济计划和政策的模式也在不断地演进。1972 年制定经济计划时是按照假定的或预期达到的国内生产总值增长率来说明资源缺口的（进出口贸易缺口和投资储蓄缺口），由于这种模式是以前一年的观察作为固定系数来进行估算的，所以它难以作为指导性计划应用于实际部门，只能作为政府掌握的一个依据。1975 年对这个计划设计模式进行了修改，把经济增长通过出口、经济合作和经济增长联系起来，从而测出部门增值和国内生产总值。由于使用调节变数，使预测通货膨胀成为可能。但是该模式仍然有一定的技术弱点：制成品出口没有同其他有关出口产品以及整个国内生产总值联系起来，没有说明税收情况。因此这种模式仍然不能成为政策制定的模式。此后，政府制定政策的模式多次进行过改进。现在实行的是由计量经济模式做出的预测来指导的短期经济管理和政策制定的模式，就是它的发展战略是一种介于呆板的正规计划和完全依赖预测这两个极端之间的一种计划模式。这种混合型模式通过各种功能关系对经济进行宏观观察，可以对部门间的关系和资源配置做出更详尽的预测。政府就是通过这一特殊模式制定出的计划，国家对国民经济发展施加重要的影响。

（二）利用经济政策和经济法规进行宏观调控

政府很注意利用经济政策和法规对市场经济的发展进行积极的引导和调控，这包括根据实际制定的明确法规采取切实可行的措施，建立相应的组织机构，对经济进行调控和引导。政府在经济发展的每一阶段，都制定出相应的政策和法规，建立相应的机构，对经济发展实行干预。由于这方面的内容在本章节各节中都有全面的涉及，这里不再重复，只举两个例子加以说明。进入20世纪90年代以后，为了适应激烈的国际竞争和21世纪的种种挑战，政府根据其城市经济的特点，利用其在外贸、金融、服务和制造业方面的特长，制定了能充分发挥其投资环境综合优势，实行向高科技的制造业和服务业倾斜的投资政策。通过税收、信贷、服务等方面的优惠和刺激，引导外国和本国投资流向具有先进科学技术水平和现代管理技能的开拓性工业部门，如电子通信设施、信息技术、自动控制等行业。对于一般性行业，政府则予以严格控制；对于影响环境和劳动密集型的投资项目，则不予批准。此外，为提高新加坡在东南亚以及整个亚太地区的经济地位，把新加坡建成亚太地区的重要经济中心，政府还采取一系列优惠政策，鼓励欧美和日本等经济强国的公司在新加坡设立亚洲营业总部，为他们提供最便捷和最优质的服务，全力把投资吸引过来，以便把新加坡建成世界一流的商业信息和管理服务中心。由此可见，在20世纪90年代新加坡政府主要是通过强化投资的质量和效益、投资的科学技术含量、环境保护标准和现代经营管理技术的数据，来加强政府的宏观调控和引导作用。

另一个例子是贯彻政府的经济政策使其顺利运作，在这方面最有代表性的还是经济发展局。该局成立30多年来，工作非常有成效，这是得到各方公认的。它主要的工作是按照政府的政策，并在政府的各种优惠政策的帮助下做好经济发展的具体组织和指导工作，为私人和国有企业提供服务。它主要做了三方面的工作，一是组织、引导或服务于改善基础设施的投资和工作；二是吸引多国公司来新加坡投资，为它们提供优质的服务；三是培训人才，从20世纪六七十年代培训工人和技术人员发展到20世纪八九十年代为高级管理人员和公司解决难题，起到一种咨询机构的作用。经济发展局在经济发展中所起的重要作用充分说明了政府对经济调控和引导的成功。

应该提到的是，政府的这些经济调控和引导政策都是以市场为导向的，这在"社会经济的性质"一节中有专门论述。

（三）国家对经济的调控与引导还表现在建立国有企业、利用国有企业促进和导向经济发展方面

详细论述见本章（第5节）。

四 发达的金融业和健全的金融体系

自由港政策和市场经济使新加坡的金融业一直受到国外银行的青睐，因而它们很早就在这里进行投资了，这使新加坡的金融业一直处于相对发达的地位。1846年第一家外国银行"东亚银行"在新加坡开业，1856年到1877年间又有三家外国银行在新加坡开业。1906年第一家本地银行——"四海通银行"——在新加坡开业。至20世纪50年代，先后又有10家本地银行建立起来。20世纪六七十年代进入经济起飞阶段以后，金融业出现了大发展的形势，外国金融机构大量涌入。到1965年，就有30多家银行和100多家金融机构和保险公司。20世纪60年代末，政府进一步放宽政策，利用原有的基础和其他有利条件，放松外汇和黄金管制，通过各种手段吸引外国银行在新加坡设立分行和办事处，开展各种金融业务活动。1968年设立了亚洲美元市场，这标志着新加坡的金融业进一步与国际接轨。到1977年年底，新加坡已成为仅次于伦敦、纽约和中国香港的第四大金融中心。据1986年的统计，新加坡共有商业银行134家，证券银行58家，其他金融机构50多家，银行资产总额约800亿新元，金融公司资产总额为80多亿新元。到1995年，新加坡的"亚洲元"市场资产达3864亿美元，交易非常活跃，由于资金流动绝对自由，日交易量超过1000亿美元。

随着金融业的发展，新加坡社会已经向非现金交易的社会过渡。据1992年的统计，全国已有70%以上的职工从银行领取工资，这大大减少了储蓄手续和交费等转账手续，减少了现金付账业务；在全国280万人中，已有近60万人使用各种各样的信用卡，连交房费、水电费也可以用信用卡结算；有120多万人使用自动提款卡，各商业区、购物中心、工厂、商业和酒楼都设有自动出纳，十分方便；另外，有60多万人在银行办理了电子转账手续，他们持卡到商店购物，不必付现金，商店的转账机可以帮助结账。非现金交易社会的形成，使金融业更有用武之地，强

化了金融业的功能，促进了它的发展。

政府在使新加坡成为国际性的金融中心方面发挥了重要作用。自20世纪60年代开始，政府就采取了一系列的金融优惠政策，吸引外资在新加坡开办金融机构，具体政策有：采取低税制和经纪佣金制，取消黄金交易的一切限制和黄金进口税，全面放开外汇管制，取消银行向国际汇款的货币种类和数额的限制，免除投资亚元债券所得的利息的征税，以鼓励更多的机构到亚洲美元市场来发行债券。这一系列措施的采取，使新加坡的金融市场迅速发展起来，国际化程度越来越高，成为世界性的金融中心。

金融中心的形成，不仅为国际金融资本在亚洲活动提供了一个重要的场所，同时也把亚洲的金融资本集聚起来，减少了向欧美流动的数额；更重要的是把欧美的金融资本吸引到亚洲，推动了国际金融资本的活动，给新加坡带来了丰厚的利润，解决了建设资金短缺和外贸逆差的问题，也在吸引资金的同时引进了先进的科学技术和管理方法，从而提高了本国的劳动生产率，促进了市场经济体系的完善。

第五节　新加坡的国有企业为什么能赢利？

近几十年来，在世界各国的国有企业普遍不景气的情况下，新加坡的国有企业却取得了可观的经济效益，通过对新加坡国有企业的产生、发展、经营特色、市场环境及其私有化的分析，我们对这一问题进行了初步的探索。

一　建立国有企业的指导思想

在第二次世界大战后二三十年间取得独立的国家中，建立国有企业是一种非常时兴的选择。它们之所以做出这种选择，主要是基于政治和意识形态的考虑。当时，社会主义已经成为一股世界性的思潮，新独立的大多数发展中国家都打出了社会主义旗号。无论是哪一种社会主义，无论它们有多少不同之处，就把国有企业看成是经济体制的基本构成形式这一点而言，可以说没有多少差别。在这种指导思想下，国有企业被迅速而全面地建立起来，成为经济领域中所有制的重要组成部分。一些没有全面建立国有企业的国家也把国有企业看成是未来几十年发展的方向。

但新加坡并不是基于这种社会主义思想而建立国有企业的，这是因为，把国有企业作为经济领域中主要的所有制形式，一般都与计划经济体制和国家对经济采取非经济手段的干预相关联，而新加坡与此恰恰相反。李光耀在建国之初就明确表示，社会主义的生产方式不利于自由港的发展，新加坡应该坚持自由市场经济的基础地位。在英国统治的140年中，新加坡一直是一个实行自由市场经济的自由贸易港，这套体系是适应新加坡经济的实际的。取得自治后，人民行动党认识到要把经济建设放在中心地位，就应该继续坚持发展自由市场经济和自由企业制度。但与此同时，新加坡政府也开始着手建立一些国有企业，这是为什么呢？

采取这一战略措施的基本指导思想是：国有企业完全可以被纳入市场经济的体系之中，按照市场的规律运行；在某些特殊情况下，国有企业能够更快地参与国际竞争和导向经济发展，具体说来，这表现在以下几个方面：

第一，自1961年建立第一批国有企业到目前为止，所有的国有企业无一不在市场经济的轨道上运行。从经营管理到产、供、销等所有的外部和内部环境上，与私有企业几乎无任何差别。差别主要表现在所有权和最初的投资实力方面。应该说，在20世纪60年代新加坡政府就认识到国有企业不能脱离市场，并把这一理论付诸实践，确实是一个突破。这也为国有企业的良性运转打下了基础。

第二，政府参与有利于加速基础设施建设，吸引外资和国内私人资本。由于基础设施项目规模宏大，需要很多资金，而且投资周期长，风险大，所以无论是外国私人资本，还是国内私人资本都不愿或无力进入这一领域。因此，要想创造良好的投资环境，吸引外资，政府必须率先筹集资金投资。在这方面，新加坡政府做了很大的努力。例如，仅在20世纪70年代初，政府推行的"公共工程五年计划"就在港口、住房、道路、机场等领域投资258亿新元。这些资金和工作是无论哪一家私人公司都不愿承担的。正是在投资基础建设的过程中，许多国有企业应运而生。

例如，不但新加坡航空公司 1972 年从马来亚航空公司中分离出来后组成了独立的国有航空企业，而且由于经营规模的扩大和服务的日益完善，在它之下又成立了几十家具有独立法人地位的分公司。无论是"新航"还是这些分公司，都是国有企业。再如，英国 1971 年撤走了在新加坡的海军基地，当时海军基地的消费占新加坡财政总收入的 1/3。因此，新加坡只能利用这个基础，把它改造成民用企业，否则将有大量工人失业，造成财政困难。在这种情况下，也只有政府出面先行投资。因此相应的国有造船厂和海运公司就建立起来了。

第三，迅速参与国际竞争。新加坡国家小、市场小、私人资本相对也少，经济实力绝对值较低，要想保住自己的市场，打入国际市场，私人资本的力量一时达不到进行现代化大规模生产和经营的水平，只有政府集中财力、人力创办国有企业，才能较快地在某些领域里参与国际竞争，使企业在竞争中站稳脚跟。

二 国有企业的经营和管理

有人认为新加坡的国有企业手中握着大量的资源，会形成垄断，带来惰性因素，不利于企业精神的发扬。这实际上是把新加坡的国有企业与传统的实业界巨头和实行国家垄断的国家中的国有企业等同了起来。在后两种情况下，财产的所有权和经营权掌握在同一批人手中，而且拥有足以控制某一领域的巨大实力，这就使他们往往不是通过公平竞争，而是垄断来攫取财富。这与新加坡的国有企业完全不同。新加坡国有企业的经理是受雇的，并不是企业的所有者，更重要的是他们在一般情况下不受政府的任何约束，可以充分发挥他们的企业家精神。

新加坡国有企业在经营管理上的最大特色是它有完全的自主权，既不受政府的计划干预，也不受政府的保护，与私有企业没有多大区别。区别是政府控制着国有企业的部分股权，可以对国有企业进行监督。但实际上，按照《公司法》，任何国家的政府有关部门都可以对私有企业进行监督。

在新加坡，国有企业的所有权和经营权一直是严格分开的。

新加坡共有 500 余家国有企业，它们都是以股份制企业名义，按照

《公司法》的规定，向政府登记注册，取得企业法人地位的。这些企业可分为三个层次，第一层次为淡马锡集团、新加坡科技集团和卫生与健康集团，这是三家政府的控股公司，它们以股份参与的形式直接或间接控制着所有的国有企业。由于这三家控股公司并不直接进行生产与经营，因此也可以把它们说成是政府用经济手段管理国有企业的代表机构。第二个层次是由这三家控股公司直接控股的50家大企业如新加坡航空公司，淡马锡集团控制着它54%的股权。第三个层次是在这50家大企业之下又建立了50家分公司，这些分公司虽然与母公司有着这样或那样的联系，但是它们都是独立的企业法人，进行独立的经济核算。

在经营管理方面，国有企业不受上级主管部门的行政干预，总经理可以全权进行管理和经营。在管理上，企业员工的招聘、晋升和工资的发放均由企业经理自行决定，控股公司不能干预。在经营上，把追求最大限度的利润作为自己的主要目标，亏损的企业不会得到国家的任何特殊补贴，只有破产一条出路。当然，国有企业也兼有一定的社会义务，但那与私有企业也必须承担社会义务一样，都是在力所能及的范围内进行的。如果因承担过多的社会义务而导致亏损，那决不会是因为政府的强迫，而只能是经营者决策的失误。

就外部环境而言，国有企业与私有企业一样，必须完全按照市场的原则运行，不享受任何超经济的特权。政府对国有企业既无财政补贴，也无关税保护和价格垄断，完全将其放入市场之中。国有企业要获得投资有两个渠道，一是向政府举债，此时完全按照市场利率核算；二是要靠自己向社会和银行举债。无论是哪一种方式，都要严格执行资本收益标准，包括股息支付。

政府对国有企业的管理主要是实行监督。为了对国有企业实行有效的人事监督，政府设立了一个董事委员会，专门负责挑选一些国有大企业的董事长。董事长一般均由政府公务员兼任。但是，在新加坡，董事长和董事会并不干预经营的具体事务。经营大权完全操纵在总经理手中。只要企业运转情况良好，董事会就只能发挥一些名义上的作用。此时，董事会的权力就是对经理部门的决议予以正式批准。只有当亏损不断时，董事会才会做出更换经理、出售企业或根据破产法宣布企业破产的相应决定。

在财务方面,政府对国有企业实行较为严格的监督。政府对国有企业的财务监督是根据《公司法》和有关法律进行的,这包括:所有国有企业都要有年度、月度的财务报告;这些报告要经过公共会计师审计签署,然后报给指定的政府有关部门以及注册局、税务局;政府作为所有者可以随时对国有企业进行检查;社会也可以对其进行公共监督,任何人,只要交纳新元,就可以在注册局调阅任一企业的资料。也就是说,政府对国有企业的财务监督和社会对私有企业的财务监督是一样的。

新加坡政府认识到,无论是政府主管监督的部委,还是企业董事会,都不可能比经理人员更了解企业的情况,因此,只要经理们能证明自己能力卓越,主管部门和董事会对他们都是大力支持的。也就是说,与私人企业一样,实际对国有企业进行更大控制的是银行而不是它的所有权拥有者政府和董事会。

与私有企业相比,国有企业有两大优势,一是规模大,现代化水平高。由于国家进行了大量的投资,一般来说,在20世纪90年代以前国有企业要比本地私有企业的生产和经营规模更大一些,技术设备也要更先进。二是人才优势。政府自20世纪70年代始就公派科技人员到海外的大学深造,先是英国、澳大利亚、加拿大、美国和新西兰,后来又扩充到日本、德国及法国。几十年来有大批留学生学成回国,他们大都被安排在国有企业中任职。因此,国有企业人才密集的程度要高于私有企业。当然,随着私人企业的发达,现在它们也开始设立奖学金派人到海外留学,以培养自己的人才。

正是由于国有企业有这两大优势,因此,一般来说国有企业的经济效益要好于私有企业。1989年新加坡国立大学的三位经济学家曾对全新50家最大企业(包括国有和私有)进行了调查,发现国有企业、外国跨国公司和本地私有企业的平均利润率分别是28.8%、7.3%和2%,从利润和资产的综合情况看,外国跨国公司的利润达9%,国有企业是5%,本地私有企业为2%。可见,国有企业的经营状况要大大好于本地私有企业。

三 国有企业的改革

(一) 国有企业发展的两个阶段

迄今为止，新加坡国有企业的变迁可以分为以下两个阶段：

第一阶段是 1961—1986 年，这是国有企业在新加坡建立和发展的阶段。1961 年政府投资建立了大众钢铁公司和百龄面粉厂，这是新加坡第一批国有企业。在 1967 年以前，政府主要的投资方向是基础设施，在工商业方面建立的国有企业数量不多，只有 13 家国有企业。这一时期也可以说是摸索经验的时期。在 1966 年建立的西柏航空公司和 1967 年建立的皮件总公司因为经营不善到 20 世纪 70 年代初期都被关闭了。

从 1968 年开始，政府开始大量投资，国有企业的发展非常迅速。据统计，1986 年三家控股公司之下共有 538 家国有企业，几乎扩展到所有经济领域，在经济发展中起了非常重要的作用。

第二阶段是 1986 年至今的私有化阶段。1985 年，世界性的经济衰退使新加坡经济出现了滑坡，为此，政府开始制订新的发展战略，其中国有企业的私有化是这个总战略中重要组部分。1986 年年初政府成立了私有化委员会，制定了一个 10 年的私有化计划。新加坡私有化的步骤是，首先让政府占有少量股份的已经挂牌上市的企业进一步抛售国家占有的股份，然后让那些还未挂牌的国有企业挂牌上市，即让国家独资或占有多数股份的公司出售国家股份，促其私有化。

自 1986 年 12 月开始私有化以来，截至 1993 年的统计数字，已有 30 家企业参与了私有化进程。其中 15 家企业是新挂牌上市，20 家全部售出国家股权，成为私有企业。国家收益不少于 70 亿新元。自 1990 年开始，政府还把自己在一些大型国有企业中的股份的比例大幅度降低，例如，1990 年 4 月底，淡马锡控股公司把它手中握有的新加坡石油公司、海皇轮船公司、三巴旺船厂三家国有企业 50% 以上的股权转让给私人。从发展趋势看，国有企业的私有化进程势必不断地向前推进。

(二) 为什么要进行私有化

大多数国家私有化是为了解决国有企业由于官僚主义和垄断而带来

的效率低下、经营亏损的问题，而新加坡的国有企业直到20世纪80年代还不存在上述问题。然而，应该看到，有两个问题是新加坡的国有企业在发展中所必须解决的，这两方面它与其他国家的国有企业并没有差别。第一，国家是国有企业的所有者或最大股东。只要这一条不变，政府就不得不在国有企业身上花费更大的精力，对其经营和管理实行监督，实行人事参与等；同时，只要国家的收入与"自己的"（国有企业）管理有关，它就不得不更关心国有企业，而且也要承担经营不善的风险。潜在的不公平竞争表现在两个方面：一是由于国家最初强制性地集中了大量资金投资于国民经济的重要部门，因此国有企业往往在这些领域具有垄断地位。私有企业的发展空间和发展条件都不如国有企业。同时，由于国有企业的董事长或董事经理均由公务员担任，他们与政府上层有着天然的联系，所以，至少在同等条件下国有企业比私有企业握有更为优越的资源或政策优势。二是政府为国有企业培养了大量人才，使国有企业的人才密集度大大高于私有企业，这难道不也是一种不公平吗？因此，尽管在法律上和政策上新加坡的国有企业与私有企业是完全平等的，但在它们之间确实存在着事实上的不平等。第二，市场经济的基础是自由企业制度，随着出口导向经济的发展，国有企业在进行经济结构调整和与国际市场接轨方面不如私有企业来得灵活。从上面两点来看，建立国有企业的优势，即便在市场发育的初期是必需的，在市场完善和国际化之后这也是不应该的了。它对市场竞争者不公平，对国家不利。

新加坡政府正是在一定程度上认识到了这些问题，所以在国有企业经营状况仍然不错的情况下就具有远见地进行了私有化的改造。具体说来，政府是从以下两个方面来考虑的：

第一，政府必须减少对微观经济的干预，转而加强宏观指导。建国30年来，由于特殊的历史环境和加速经济发展的需要，政府大规模介入了经济生活，在相当程度上扮演了"直接生产者"的角色。这种角色在当时是必要的，也是成功的。但是，随着市场机制的完善和发展，政府再扮演这种角色就是不必要和不公平的了。之所以说不必要，是因为经过近50年的发展，私人企业已经成熟到能够承担起主导经济发展的重任。无论从企业的规模和资金方面，还是企业家的能力方面，私人企业已经接近发达国家的水平，良好的市场环境也给它们提供了用武之地。而且，国有企业都是在市场化的环境中运转的，将他们私有化主要是将所有权和小部分的管理权做了转换，经营方式并没有多大变化。也就是说国有企业完全可以转化为私有企业。之所以说不公平，是因为私人企业主经常抱怨国有企业与私人企业之间是一场不公平的竞争。在他们看来，即便政府在国有企业中只占有部分的甚至少量的股份，国有企业肯定也享受了某些优惠。这与市场所要求的"公平竞争"原则显然是不相符的。因此，政府在私有化过程中首先出售了那些私商们意见较大的国有企业。

第二，坚持自由经济是新加坡成功的基础这一原则。政府认为，自由市场经济是新加坡经济取得成功的基础。政府过去较多地介入生产、经营和商业领域，是因为市场发育还不够完善，私有企业的实力还不够强大，一旦它们壮大起来，政府理应放弃对微观经济的过多地介入，使国有企业私有化，"靠私人企业去赚取利润和制造财富"。

应该指出，截止到1995年，在私有化过程中，国有企业变为私有企业的只有数十家，对于绝大多数国有企业来说，私有化只是意味着国家在国有企业中的股份比例不断减少。国家在企业中的股份可以在50%以上，也可以低于50%，只占很小的比例，但是由于其他股权都非常分散，因此政府仍然可能是企业的最大股东，也就对企业存在着最终的发言权。

（三）国有企业的私有化给社会和政府带来的直接好处

第一，对于社会来说，正如李显龙总理指出的："政府企业私营化之后，也将大大扩展本地未来的股市。以30亿—40亿新元为资本的政府企业加入之后，不但将助长股票市场，也将使整个金融市场的活动空前活跃。"因此，私有化扩展了证券市场的广度，使更多的好公司在市场上上市，给投资者提供了更多的选择余地，从而使普通人有更多的机会来分享国家经济不断增长的好处。

第二，对于政府来说，可以使公众更为关注国有企业不能赔本，以保持他们手中的股票价格不至于下跌。这一点对于某些公司，例如公共汽车服务公司是个重要的因素。在许多国家，通常的经验是人们总希望汽车票便宜些，对车票的涨价反应强烈。倘若公众中有不少人都拥有这类股票，这些问题就比较容易克服。对那些一心只想要车票便宜的呼声，持股公民可以构成一种抵销力量。

第三，由于挂牌上市后公众可以对商业银行及证券公司所属的财政分析专家就国有企业的财政状况所提出的报告进行审核，这就刺激了公司管理部门不仅要力争保持盈利，而且要年年增加盈利。只有如此，它们的股票才会涨价。因此，证券市场在相当程度上替代政府执行了对国有企业极为重要的监督作用，从而也减少了政府的不必要的负担，证券交易所进行的监督并不会扩展到对企业经营本身的干预。通过把财政效益定期向公众公布，通过管理者就效益一贯较差的原因给予详细解释，并通过坚持财务制度规章办理等，可以查清经营低劣的原因，并使之公布于世。这样，经营者们就要对其错误承担责任。只要经营得好，股票价格就一定会上涨，也会给经营者带来大量的金钱利益。为使证券交易市场的监督行之有效，财会标准必须提高，而且从应该更方便地得到正确资料这一点来说，财会制度一定要"透明"，使低劣的经营得到曝光，上乘的经营得到嘉奖。显然，在新加坡政府看来，私有化对于经济发展是起着促进作用的。

第六节 国内私营企业的发展

在殖民地时期，新加坡的经济主要是转口贸易，大都为英国商人和少数华商垄断，工业只有很少的初级加工业，因而本国的私营企业也很少。私营企业大规模的发展是在20世纪60年代工业化起动之后至今的50年的时间里，因而对它的评价也应着重于这一历史时期。

私营企业的发展在这50年中大体经历了以下三个阶段：

第一个阶段是1959—1965年。在这一段时间里，由于政府推行了进口替代的工业化发展战略，在投资政策和关税方面都对本地新兴工业给予优惠和鼓励，限制国外消费品的进口，加之转口贸易的一时衰退，使许多本地的商业资本转向了工业资本，促进了本地工业企业的大发展。政府通过经济发展局拨出资本与私人企业联合经营，以提供财政、管理、训练和廉价的厂地等方式对本地的私有企业进行援助，使本地私营企业迅速发展起来，例如，在制造业中，本地私营企业有483家增至1450家。当时制造业的年增长率达到了16.23%，其中大部分是由本地私营企业促成的。这一时期国有企业还刚刚起步，大部分外商也持观望态度，因此，本地私营企业在制造业的发展中起到主导的作用。无论是在产值还是在雇佣人数方面，都占有重要的地位。

第二个阶段是1966—1979年。工业化的深入使原有的进口替代战略不能适应进一步发展的需要，不能提高本地产品的竞争能力，因此必须使发展战略与国际市场接轨。同时，1965年新加坡从马来西亚分离出来以后，深深感到工业市场的狭小，需要开拓国际市场，因此采取了以出口导向为主的发展战略。当时，由于本地私营企业的规模很小而资金十分短缺，力量非常薄弱，技术与管理也处于初级阶段，因此靠他们打开国际市场需要很长时间，可能会因此而失去10年或者几十年的重要发展机会。而新加坡在吸引外资方面却有它的优势，一百多年自由港的传统和20世纪60年代初期政府对基础设施的投资，为外资进入新加坡准备了文化和物质上的条件。因此，在这一阶段，政府全力推行引进外国资本的发展战略。为此，政府制定了一系列的政策，例如1968年生效的《经济扩展法》。这与1959年颁布的鼓励本地工业发展的法案有很大的不同，它突出鼓励出口工业，减免出口产品的所得税；尤其是对跨国公司给予更大的优惠，规定凡是固定资产在100万新元以上的企业可以获得"新兴工业"的资格，可以在未来5年内免除所得税。1976年又把"新兴工业"的固定资产提高到1000万新元，1975年又进一步放宽了征收所得税的期限。这些优惠政策对于那些正处于起步阶段的本地新企业来说，由于其规模小和资本少，是不能分享的。因此，在这一阶段实际上是限制了本地私有企业的发展，从实际情况来看，在这10年中，本地私营企业没有多少发展。经济发展主要是靠跨国公司支撑的。

第三个阶段是20世纪80年代以后的近50年间。经过十几年的发展，一些本地私营企业发展起来，达到了享受"新兴工业"的规模，政府也没有进一步提高享受"新兴工业"的条件；自20世纪70年代末以后，政府也对本地私有企业的发展进行了规划。因此，本地私有企业的发展条件自20世纪80年代初以后有所改善。1985年新加坡发生了严重的经济衰退，其原因是多方面的。其中，经济结构缺乏多元化，经济运行受跨国公司的影响很大，导致政府对经济的调控能力不高，是原因之一。解决的办法，一是加强对私有经济的宏观调控，二是使经济结构多元化。1986年政府发表了《经济委员会报告书》，其中有关总结指出："本地私营企业是我国人民的生命命脉，虽然我国仍需吸引外来投资，但跨国公司在我国的经济结构中仅占一部分，拥有基础好而业务又兴旺的本地企业，才是促使我国经济取得全面成长的先决条件。""完全依赖外国投资者和海外企业家是不明智的。"该报告书还就如何提高本地企业的技术和管理技能提出了对策：建议政府的中小企业发展署优先协助本地企业，为本地企业选择优良的厂房设备，为他们的生产和经营创造良好的条件；国家生产力局和中小企业发展署应帮助本地企业改善他们的管理；贸易发展局应帮助本地公司提高市场促销能力；政府应进一步放宽申请产品发展资助计划的条件，以鼓励本地企业开发新的产品。还建议政府给本地企业以资金上的援助。

在《经济委员会报告书》的推动下，政府自1986年以后采取了一系列积极的措施来帮助本地私有企业的发展，这主要表现在以下几个方面：一是政府于1986年创设了中小企业发展署，负责帮助、支持和协调本国中小企业的发展。随着本地私营企业的发展，1990年又将该机构易名为企业发展署，以强化本地企业升级的力度。1987年3月成立了以经济发展局主席杨烈国为首的小型企业委员会，该委员会由贸工部、小型企业署、国家电脑局、国家生产力局、新加坡规模与工业研究所、新加坡旅游促进局、贸易发展局等部门的代表和少数本地私人小企业的代表组成，其职责主要是协调政府各部门在帮助本地吸引小企业方面的工作，并向政府提出解决小企业在发展中所遇到的问题的对策性建议。在该委员会中，政府各部门之间以及政府各部门与私人企业代表之间互相沟通，互相交流意见，检讨政府的企业政策，促进各部门做好帮助本地区的工作。二是增加对本地私营企业的资助。自20世纪70年代后期以来，政府通过一系列资助计划增加了对本地中小企业的资助。据统计，1976—1987年政府就向本地中小企业拨款11亿新元。同时，政府还给予优惠的贷款政策，通过银行向本地中小企业提供大量的低息贷款，在这期间各银行共提供了10.5亿新元低息贷款。三是加强了技术扶持。1978年经济发展局开始实施"产品开发援助计划",对参与该计划的本地中小企业提供直接用于产品开发项目费用的50%的补偿费,最高限额为20万新元。1978—1990年获得该计划技术的项目有130个,拨款总额为1200万新元。1982年开始实施"小型企业技术援助计划",对小型企业在提高技术、改善经营和聘用外国专家方面提供专项资助。1982—1987年,就有830个项目获得了该计划的资助,资助金额达510万新元。四是通过实施"市场开发援助计划"推动中小企业开拓海外市场,对他们设立海外促销机构和新产品推销等项目给予资助;并且列入该计划的企业可以向贸易发展局申请最高达50%的津贴,最高限额为5万新元。

20年来政府对本地私营企业的一系列鼓励政策推动了它们的发展,到20世纪90年代中期,本地私营企业的产品出口额已占国内产品出口额的30%以上,在国内商业和辅助性工业方面都扮演着主要角色。尤其值得注意的是本地企业国际化的势头正在加强。在20世纪80年代初,新加坡就在东南亚地区扩大投资,主要是在马来西亚、印度尼西亚、泰国和中国香港地区,1982年年底,新加坡在亚洲地区的投资接近5亿美元。在1985年经济衰退以后,政府认识到新加坡本身承受国际市场变化的能力非常有限,需要打入国际市场,使大量的利润来自国外,这样就不会在本国经济受到打击时出现经济衰退的情况,于是积极鼓励本地企业到外国投资。近30年来新加坡在亚洲地区的投资急剧增长,尤其是在马来西亚、印度尼西亚和中国的投资到1995年都超过20亿美元,成为亚洲地区少数几个最大的海外投资国之一。20世纪90年代中期以来表现出的趋势是,除了在新加坡、柔佛州(马来西亚)、马来西亚大陆本土和印度尼西亚合作加紧实施"金三角计划"外,在中国的投资就超过10亿美元,加之苏州工业园和无锡工业园的建设,其前景十分看好。同时,新加坡也正在积极开拓在印度的投资市场,力促投资多元化。新加坡的本地企业在海外投资迅速增长的原因除了它自身发展的需要外,很大的一个因素是政府的推动。由政府出面与相关国家协调,然后在政府的影响帮助下本地企业不断扩大在海外的投资。例如在东南亚实行"金三角计划",在中国建立工业园区以及在印度的投资等，都是最鲜明的例子。

在海外的投资给新加坡带来了巨大的收益。首先是它适应了工业化的需要，为大量的剩余资本找到了出路，为产业结构的升级换代创造了条件。自20世纪90年代以来，新加坡的工业化已进入高科技阶段，过去的劳动密集型产业已不适用于在本国运作，适时地为它们找到国外的去处，既不使这些产业减少利润收益，也不影响本国产业的高科技化。国际化还使新加坡企业过分受本国经济环境影响的局面得到了改善，当这个小国受到国际市场的制约或发生经济衰退时，或许不会再像1985年那样出现经济衰退了。

第七节 新加坡企业家阶层的崛起

企业家是从事经营管理、承担经营风险并取得经营收入的企业人格代表。他是责、权、利的统一体。对于企业家来说，从事企业经营是一种权力，承担经营风险是一种责任，取得经营收入则是一种利益。有了这三位一体的统一，加上比较完善的外部市场环境，就能产生了现代企业家和企业家精神。

有一点需要指出的是，现代企业家与传统的实业界巨头和传统的国有企业的经营者是有区别的，这表现在两个方面：一是传统的实业界巨头通过他们与上层社会的联系都在某一方面具有垄断地位，这就造成了不公平的竞争。在经营中他们或多或少地总是倾向于利用手中的超经济的特权而不是市场的公平竞争来取得优势。在这方面，国有企业的经营者具有同样的特权，他们从国家计划和特许中得到了许多别的企业得不到的好处。二是传统的实业界巨头既是企业的拥有者，又是企业的经营者，在企业中拥有至高无上的权力，不受任何约束。就大多数企业来说，只看一个人的独家表演是最糟糕的。这一点在传统的国有企业中的表现是，企业领导人是国家官员，他们与企业拥有者——国家——的利益完全一致，这在本质上仍然是企业拥有者和经营者的合二为一。因此，与其说这些领导人是在经营企业，不如说他们是在执行上级指示，看国家这个企业的所有者的独家表演。

在新加坡，无论是私有企业还是国有企业的经理们大都能充分发挥自己的企业家精神，使企业卓有成效地运行。这是为什么呢？重要的原因之一就是因为国家和社会都十分重视培育现代企业家。近几十年来，它的企业家阶层发展很快，已经形成了一股不可忽视的社会力量，对推动经济发展和社会进步所做的贡献是难以估量的。

一　私有企业中企业家的发展

1959年人民行动党政府上台执政以后，采取了"进口替代发展战略"，在投资和关税等各个方面都实行了优惠政策，因而促进了本地中小企业的迅速发展。在20世纪70年代，政府的经济政策一度向吸引跨国公司来新投资方面倾斜，在客观上限制了本地私有企业的发展，但这种政策很快得到了修正。

从20世纪70年代末开始，政府重新探索和调整了自己的企业政策，使本地私有企业获得了重新发展的机会。政府对本地私有企业的扶持，主要表现在以下几个方面：①加强对本地私有企业的领导和协调。②增加对本地私有企业的投入。③对本地私有企业提供低息贷款。④减少本地私有公司的税率。⑤重视技术扶持。为技术改造和人才引进提供资金。这一系列措施都使新加坡本地的私有企业获得了长足的发展。

私有企业的发展既为企业家阶层的壮大奠定了基础，也说明了企业家本身的成功。新加坡企业的发展为什么能说明现代企业家阶层的成功与壮大呢？这是因为：

第一，这些企业的经营者大都具备了现代企业家的条件。他们与传统的实业界巨头不同，大都不是企业的所有者。据1986年的一项调查，有86%的私有企业属于股份制企业，经理由是由董事会聘任的。在所有自由企业中，有40%的企业的权益操纵在董事经理或其家庭成员手中，而60%是由一般股东通过董事会掌握。可以说，在一个具有儒家文化传统的社会中，现代企业经营者已经形成强劲的发展势头，构成了企业家的多数。同时，私有企业大都为中小企业，到20世纪90年代中期，虽然中型企业已经成为骨干，但他们从来不具有行业垄断的实力。近几年发展起来的少数大的跨国私有企业都把主要力量放在国际化方面，在国内也会形成垄断地位。因此，我们可以说私有企业成功的主要原因之一是现代企业家经营的成功，是其发展和壮大的结果。

第二，企业家阶层的政治参与有了很大的提高。当经济实力增加到一定程度和整个阶层的素质有所提高之后，就必然要求有相当的政治权利来保护和发展自己的经济权益。企业家在这方面的要求确实会越来越高，所不同的是，新加坡没有像一些发展中国家那样，在政府和中产阶级之间引起越来越令人担忧的矛盾冲突。新加坡政府在一定程度上主动希望企业家进入政府各部门的决策层，以调和他们与政府的权益。

自20世纪80年代中期以后，代表私有企业的企业家组织，如中华工商总会、新加坡厂商公会以及1986年成立的中小型企业工会等在政治的参与度方面都有了很大的提高。20世纪80年代以后政府在做出重大决策前总要先征求中华工商总会的意见，开会的代表也被邀请参加一些重要的政策咨询机构，如全国经济委员会，全国工资理事会等都有该会的代表参加。新加坡厂商工会和中小型企业工会也成为政府和企业家之间的一座桥梁，使政府和企业家之间的交流较之以往畅通了许多。政府在许多方面也越来越主动或被动地采纳企业家们的意见。

二 国有企业的改革与企业阶层的发展

新加坡国有企业的建立不是出于意识形态的原因，而是为了集中力量和导向经济发展。与发达国家只在传统的或某些需要垄断的行业如邮电、铁路等实行国有不同，新加坡的国有企业过去多年来一直是导向经济发展的先锋，是完全为盈利而建立的。因此，国有企业完全是按照市场标准建立起来的，它的经理在经营方面既不受政府的领导，也不享受政府的关照，没有垄断地位。

自20世纪60年代末开始，政府对国有企业的经营管理逐步进行了改善，改革的主要内容有二：一是把国有企业推向市场；二是制定法律，把管理经营权完全给企业经理，政府不得进行任何干预。有了这两条，国有企业的经理们就有了独立的企业人格，就会激发他们充分发挥企业家精神。随着近50年来国有企业的发展壮大，国有企业中企业家的地位和权益也在不断提高，形成了一个强大而有积极意义的阶层。

国有企业与政府的沟通主要表现在人事参与方面。国有企业的董事主席和执行董事，一般由政府控股公司淡马锡委派，而且董事长也多由国家公务员兼任（总经理由董事会招聘）。政府设立了一个董事委员会，专门负责任命政府控股公司的董事长。虽然身为政府官员或公务员的董事在国有企业中并无特权，也不得干预经营管理，但他们可以表达政府的意见，有投票否决权；同时，他们也有必要听取主要经营者的意见，形成双向交流。这就使得国有企业的经理们由此更加接近政府，更易于与政府沟通。这实际上也说明了国有企业家们的政治地位在不断地提高。

国有企业家的成熟还表现在他们的社会地位不断提高。新加坡一些国有企业的董事局主席或总经理都是社会名流和政府的贵客。新闻传媒尤其是政府的传媒经常介绍一些国有企业家的经营之道和成败得失，使公众都关注他们的行踪。

企业家阶层的崛起，是新加坡企业经营有道的关键因素。

第八节　现代企业制度的建立

现代企业的公司治理方面最突出的一个特点就是对股东或利益相关者与经营者之间进行严格区分①。这主要是要对股东大会的作用、董事会制度、薪酬制度和激励机制等进行明确的规定，其核心内容就是董事会制度。现代企业能否实现良好的公司治理，关键在于董事会成员与职业经理人的权责区分，即股东或资本所有者与经营者之间的角色区分。淡马锡严格遵守了这一原则，它一直强调自身是一个企业，而不是政府机构，是市场中的一个普通的法人团体，而不是代表政府或相关部门的管理者。政府对淡马锡的管理一直也仅限于派驻董事、参与讨论重大事项决策，对重大事项具有否决权，但并不提出或决定重大事项，否决权的

---

① 张静、陈美艳：《新加坡"淡马锡"经营模式对国企改革的启示》，《特区经济》2006年第9期。

使用非常谨慎，淡马锡的经营活动有完全的自主权。在这方面，我国国有企业历来存在董事会与经营管理层职权范围不清晰的问题，企业的决策权与执行权完全不分，也没有明确的权责分配，真正的公司治理体系没有建立起来。因此，借鉴淡马锡模式中的董事会制度建设，就是要解决我国国有企业长久以来权责不明的问题；规范董事会制度，就是让国资委真正只是履行出资人角色，这一方面要其不干预企业的人事、决策和经营，另一方面要有否决权，监督好企业的重大决策；这就是要给国有企业以更大的发展自主权，企业的董事会也将拥有招聘、选择、考核和解雇职业经理人的自主权力。同时，在现代企业的公司治理体系中，经理人市场的存在和发展也是决定企业所有权与经营权分离的一个重要的因素，它是国有企业实行权责分明的必然结果。经理人市场是市场经济发展过程中必然出现的环节，也是市场竞争的必然产物；经理人的出现是企业完善公司治理体系的客观要求和前提条件。建立职业经理人市场对完善我国的国有企业公司治理以及实现现代企业制度都具有十分重要的意义。逐步实现国资委的出资人角色，董事会的受委托角色，职业经理人管理团队的执行者角色，做到国有企业各方面的权责明晰到位，建立有效的现代企业治理体系，是国有企业改革的根本所在。

新加坡的国有企业的改革是随着市场经济的发展不断扩大政企之间的距离。政府与淡马锡之间既是领导与被领导的关系，也是相互尊重和平等的关系，这两者都受到法律的保护。政府除了进行监督和宏观管理外，对淡马锡的运作基本不予干预，这一市场原则受到法律的保护。实际上，无论是政府对淡马锡的管理，还是淡马锡对下属公司的管理，都不会直接干预它们的具体经营活动，而是通过法人治理结构和严格的《公司法》达到对企业高效管理的目的。在淡马锡控股公司的董事会制度中，董事会是公司治理的核心。而董事会成员都是来自不同领域各行业的精英，组成结构多元，并不是以政府指派的董事为主。董事会下设三个专门委员会；董事会与经理层分离，后者由前者聘任，且对前者负责，董事会有按时对其进行考核和监督的职能，而经理层在实际经营中有充分的自由经营权。同理，淡马锡旗下的公司治理结构也是如此。新加坡政府对国有企业公司法人治理的制度设计，既保证了政府目标和商业利益两者的有效平衡,也实现了公司监督权和经营权的有效分离,实现了政企分开。还应重视的一点是,这一制度设计之所以有效,与其有较宽松的政治环境和严格的法律环境有很大关系。

按照现代企业制度,新加坡对国有企业的所有者或股东、战略制定者和管理经营者的职责和作用有着明确的划分。政府是国有企业的主要所有者和战略制定者,而企业本身是管理经营者,不同的身份有着不同的权责,互不插手,明确分工,并受法律的保护和约束。就淡马锡而言,政府放开手让其按市场化和商业化原则运作,并对其股东负责,保证股东的分红;其主管部门会不定期地审查淡马锡的经营状况,监督淡马锡和经营者的绩效,尤其是国会议员对淡马锡的经营状况随时可以提出质询;任命谙熟企业管理和经营的董事,赋予他们战略制定权和决策权;企业职工的招聘、晋升和工资的管理与政府部门的管理办法完全脱钩,均由淡马锡按照现代企业制度自行确定。这使得淡马锡虽然是财政部全资拥有的控股公司,但经营的理念和目的却是纯粹的追求商业回报。他们认为,投资就是为了回报率,政府有权获得相应的回报,但淡马锡的存在并不完全是为政府服务,"如果有政策使命要我们去做,但是没有钱赚,我们不会主动去做"①。因此,秉着市场化和商业原则的要求,无论是政府对淡马锡还是淡马锡对下属的企业,都采取"放羊式"的管理,自主经营,自负盈亏。

具体来说,在新加坡政府要求淡马锡作为代表行使出资人的权利,这在企业管理上巧妙地隔离开了经营者职能与股东职能,使政府干预企业时不容易造成职权的越界和滥用。我国当前在政府与国有企业的关系方面处理得不是很清晰,包括由于没有中间隔离,使政府有些部门或官员借公共权力为国有企业谋取不正当的竞争优势,对非国有企业的发展形成排挤,市场正常的竞争环境被破坏,国有企业的发展自主权被剥夺,造成政企不分,国有经济缺乏活力的局面。因此,建立"政府—国有投资控股公司(即国有资本运营公司)—国有企业"的三级结构模式十分

---

① 莫少昆、余继业:《解读淡马锡:从 0.7 亿到 1000 亿市值的传奇》,鹭江出版社 2008 年版,第 165 页。

必要。政府应充分尊重投资控股公司的独立性和自主性，一方面保障投资控股公司作为中间层隔离政府对国有企业的直接干预，另一方面充分利用这一中间层的优势，授权投资控股公司行使政府作为股东的出资人权利，以及享受投资控股公司为其带来的股东利益。同时，政府要明确自己的身份，对投资控股公司做到不干预经营活动，不介入具体经营事务，真正成为一个"无为而治"的投资人。

另外，作为投资控股公司，淡马锡与下属子公司的关系也更符合现代企业制度的要求。淡马锡恪守商业主体的身份与职责，以获取效益最大化为目的，坚持以市场化的经营理念和投资决策对外进行投资，同时也保障下属子公司可以有一个相同或独立的运作系统。充分尊重下属子公司发展的独立性和自主性，对子公司的经营活动严格按照有关企业法规做到适当的指导监督和政策扶持，但绝对不会插手干涉或包揽代替，始终保持与下属子公司的"一臂之距"[1]，但又使其脱离不了母公司的掌控。

由此看来，新加坡与中国的国有企业改革都是在其政府的严格掌控中展开的，两国的国有企业在改革发展中所遇到的问题和困境也曾基本相同，当然，在改革的程度和速度上存在着一定的差异，这既与两国的制度和国情的差异有关，也与改革者的理性选择有关。新加坡推进国企改革的时间要比中国更早，速度更快，改革的力度也更大，基本克服和同化了各种既得利益群体对改革的抵制，也建成了高度市场化和较为民主的法治社会。中国由于体系庞大且传统的结构更加稳固，政治经济改革启动得较晚，路径依赖严重，因而国有企业改革的难度也更大。与中国相比，新加坡不但在市场经济发展的早期，政府对市场的干预就少于中国，而且随着市场化的程度不断提高，政府也在更大程度上退出了市场，使国有企业在市场竞争中的自主性程度很高，政府主要是在宏观上维护市场运作的秩序；而中国是在实行了全能主义体制后进行改革开放的，尽管中国的国企改革也是依靠不断推

---

[1] 邹允祥：《新加坡淡马锡管理经验及对改进国有企业管理的启示》，《江苏建材》2013年第1期。

进市场化、放开企业发展的自主权来实现改革目标的，但中国市场化的速度显然要慢于新加坡，国有企业市场化的程度也较低，一部分原因是因为"强国家"的治理模式已经形成了路径依赖，需要强大的外力改革才能改变其传统的结构。

第十五章

20世纪40—90年代政治参与的发展

自20世纪四五十年代以来的半个多世纪里，政治参与的形式经历了两次大的变化。从20世纪40年代中期至60年代中期，由于英国人重建殖民统治的努力遭遇了挫折，民族主义运动的高涨把大多数新加坡人都卷入了国家的政治生活之中，人们的政治参与有了很大的发展。但这种参与是以争取民族独立为目的的，一旦这个目标得以实现，人们的政治参与就被视为不必要的了，似乎它已经完成了自己的历史使命。在20世纪60年代中期至70年代末期，与前一时期相比，政治参与的形式显得非常平静，大众只是在追随政府的意义被录用为政治角色。自20世纪80年代初以来，不同利益的表达渠道越来越畅通了。我们可以从选举参与和集团参与两个方面来对这一时期的政治参与情况进行分析。

一 选举的发展

自第二次世界大战结束英国在新加坡恢复统治以后，随着民族运动的发展，殖民当局不得不允许殖民地人民享有一定的选举权力。这最初表现为1948年举行的新加坡历史上第一次立法议会的选举。虽然这一次在选民和议员的范围上都还有很大的限制，但与过去相比，却是破天荒的第一次。因此，无论是从选举方式上，还是从实际的权利上来看，群众或者说是上层群众的政治参与都有了发展。尤其是在20世纪50年代中期，殖民政府看到民族运动已经不可遏止，就采取了较为明智的让步政策，颁布了林德宪制，允许新加坡以普选的形式取得自治。这样一来，人们就把斗争的矛头从对准殖民统治者而部分地转向了各政党之间，民族热情就有一部分转化成了民主竞争意识。各政党都在为大选而争取选民，而选民也就在选举的意义上参与了国家政治。在1955年和1959年的两次大选中，群众的选票对于国家的现代化道路有很大的影响。如果不是人民行动党取代劳工组织阵线上台执政，那么在20世纪60年代初社会主义阵线很可能取代劳工组织阵线建立"左"倾的社会主义政府，从而在根本上选择不同的现代化道路。

自20世纪50年代中期至60年代中期的10年时间里，新加坡出现过一个历史上绝无仅有的政治竞争时期，除了其他政党和社会组织的参与之外，前期主要是在劳工组织阵线和人民行动党之间展开竞争。当时，人民群众通过选票表达自己的意愿和支持各派政治力量进行角逐的情绪是很高的，因而政府和各种政治力量的政策在相当程度上受选票的左右。例如，由于群众对社会主义阵线的广泛支持使人民行动党政府在执政之初十分关注住房和失业问题，也表现出对民族情绪和民族工业的过分迁就。因此，20世纪60年代初人民行动党政府在引进外资和发展经济方面并没有取得重要的成就。然而，这种广泛的选举参与多半是民族斗争的一种附属品，是英国体制的拿来品，它并没有社会化为一种人们普遍接受的文化机制。因此，它既不是走向政治民主化的开端，甚至也不是民主化的一种标志，只是各种政治力量包括殖民当局的一种披着民主外衣的权力交接和权力安排。在这种意义上，群众的选举参与在很大程度上是为社会上层服务的，是他们的追随者，而不是反对者。因此，在1963年和1965年，社会主义阵线受到致命的打击。权力集中于人民行动党一党之手后，群众的选票就显得不那么重要了。他们在选举时受到了威胁，自己也失去了参加选举的热情。

这种情况在20世纪60年代后期和70年代的选举中表现得再明显不过了。选举几乎成了人民行动党的独家表演，议会中清一色都是人民行动党的议员，政府和人民行动党的每一项提案都会很快获得通过。每次选举时，人民行动党都会开足马力，动用各种宣传手段，甚至动用政府的权力，号召人民投自己的票。而反对党则受到种种限制，无法赢得更多的选票。在这种选举中，虽然公众的意愿在多大程度上得到表达很难测定，但可以肯定地说，在投票时他们的被动系数很大。政府以强化政治意识和激发民族热情作为进行现代化动员的手段；政府还为"新加坡人"划定了价值准则和行为标准，把国家的政治经济目标与每个公民的责任和义务联系起来，使公民的政治责任感较强。这种政治动员的制度化的表现方式就是向人民行动党倾斜的选举。另一个例子也可以说明这个问题。这一时期，新加坡的全国性的社会运动方兴未艾。开展自上而下的社会运动是集权国家的特色之一，在一定意义上来说，这是借助带有强制性的政治动员的手段把国家精英的政治目标社会化为大众的目标，而大众则在追随和被动的意义上被录用为政治角色，实现有限的政治参与。然而政府却可以从这种选举和社会运动中获得合法性，从而更有力地推行它的现代化目标。

20世纪80年代以来，个人通过选举参与的意义有了很大的提升。1981年工人党候选人惹耶勒南在安顺补缺选举中获胜，改变了国会中长期没有反对党议员的局面，给全国的选民以极大的鼓舞和震动。此后，群众参加选举的热情有了很大的提高，投反对党票的人也越来越多。在1984年的大选中，有两位反对党的候选人当选议员。当时很多新加坡人，包括人民行动党政府的要员都评论到，群众已经不愿意逆来顺受地接受高压政治，希望国会中有不同的利益表达。此后，新加坡的选举不断升温，"选举战"与西方的选举几乎没有什么不同了。在1991年的大选中，反对党积极动员选民，人民行动党也全力以赴，吴作栋、李光耀等最高领导人都披挂上阵，到各选区去发表竞选演说。选举中选民情绪的高涨和很多选民把票投给反对党以及有4名反对党候选人当选，都说明群众通过选举参与国家政治的意愿和意义有了很大的发展。

二　集团参与

在20世纪四五十年代，由于殖民政府权威的丧失，各种社会集团发展很快，并且积极参与国家政治。当时发展最快并且最具实力的是政党组织。自1945年出现第一个政党以后，到20世纪50年代后期共有20多个政党参加1959年的全国普选。政党政治一度成为全国政治发展的主流。它实际上是各种社会集团和阶层在为选择不同的现代化道路而进行权力角逐。因此，这一时期的政党政治对于新加坡日后的发展影响很大。但是正如前述，这种参与多与民族主义目标紧密相关，是为了在后殖民主义时期独占政治权力，而不是建立一种以政党政治为基础的民主制度，因此它只是昙花一现。"许多独立后进行现代化国家的政治领导人，会由效忠民族主义政党转而效忠政府官僚机构。实际上，这是殖民准则对他们思想意识上的腐蚀，也说明他们从人民统治向行政统治的政治上的转变。"之所以会发生这种变化，说到底，是政党还不够发达而缺乏现代性，这就导致了政党政治没有制度化的保障。

一党为主的政治体制形成后，反对党仍然能在一定程度上获得选民的支持，从而对人民行动党构成一定的压力，使其不能完全垄断政治。但总的来说，这些小党不能改变国家的政治发展进程，而且除了在竞选期间外，其活动也受到严格的限制。

非政党性社会集团的活动似乎更能反映这一时期集团参与的特点。在20世纪80年代以前，非政党性的社会集团的参与与反对党的参与的不同之处在于它们大都是在体制内进行的。当时，这些主要的利益集团是全国职工总会、中国工商总会、新加坡厂商工会以及各种宗亲会馆等组织。就全国职总而言，它是20世纪60年代初政府为了统一和控制全国工人运动而操纵成立的全国唯一的工会组织，因此，在所有重大问题上它都必须同政府保持一致，只是在局部的工资、福利和非政治性问题上可以与资方讨价还价，尤其是几乎没有罢工的权利。中华工商总会等各种商会组织也主要是在经济领域中扮演重要角色，在政治上不能表现出与政府对立的利益要求。

就集团参与的形式和程度而言，新加坡比同一时期的许多东亚国家要更多样化和更深刻一些。这与英国文化的影响不无关。在殖民统治的后期，殖民当局还鼓励各种利益集团推进自己的政治参与。英国人在殖民地的一项普遍原则是，尽量压低那些在独立后可能继承统治权的集团的力量，以防止它们垄断权力，恢复传统。这样，在新加坡反对党的存在就成了一种普遍的文化认同。但是，反对党被限制只能在选举期间活动，而非政党性的社团组织则被限制只能在政治领域以外进行活动。

20世纪80年代以后，各种社会团体不断增多并且日益活跃起来。这首先表现在反对党十分活跃，正如上述，它们在选举中的得票率越来越高；在20世纪90年代，甚至在选举期间之外组织活动也日渐频繁，越来越具吸引力。其次，非政党性的社团组织的作用也越来越大，并且出现了很多新的社团组织。如中华工商总会近几十年来很重视在政府和会员之间扮演中介人的角色，向会员解释政府的政策，同时把会员的意见集中起来反映给政府，比以往任何时候都更有效地实现了双向沟通。近些年来，政府在做出一些重大决策前都要征求该会的意见，并邀请该会的代表加入重要的决策咨询机构。此外，还涌现出一些新的社会集团。如1986年8月成立的中小型企业工会，这是一个由本国中小企业主组成的民间组织。所以，该会的成立在某种意义上可以说是"民间"力量的兴起或者说是中产阶级的兴起，它正发挥着越来越重要的作用，并日益受到政府的关注。最后，应该提到的是教会势力自20世纪80年代以来有了很大的发展，尤其是它对政治的干预引起了政府的警惕。在20世纪80年代末期，政府采取了一系列的措施来抑制教会势力的发展。

集团参与的多元化和发展可能是民主化的开端。"没有相对独立于中央政权的众多组织，那个国家就有高度独裁和革命的可能。这样的组织有许多作用：限制国家或任意民间权力机构控制所有政治决策；作为新意见的渠道；为大量公民提供交流思想，尤其是反面意见的途径；训练政治技能；增加对政治及参与政治的兴趣。虽然关于全国性自愿性组织与国家政治体系之间的关系缺乏可靠的数据，但是对个人行为的许多研究表明：其他因素不计在内，参加社团的人对于容忍政党制、选举、积极参与政治等问题比其他人更有可能做出民主倾向的回答。"

像东亚甚至大多数发展中国家一样，在经济高速发展的时期，新加坡的政治参与是低水平的，这主要表现在大众的参与的被动性较强，只是在追随政府的意义上被录用为政治角色，尽管它在结构自主方面比其他国家有更大的独立性。这种参与方式有两个方面，一方面，它的动员非常普遍，统治者企图激活全民族的热情和民族意识，以此作为发展经济的动力；另一方面，公众参与的政治目标是由少数精英制定的，并且公众的政治活动的范围也受到严格的控制。结果是，参与只在经济领域中得到了发展，在政治领域中只有很少的发展。采取这种参与方式的原因是，从经济上来看，这是后发现代化的国家为了在与发达国家存在着巨大差距的情况下进行全民族的动员，用超经济的手段发展经济，以此来缩短现代化的道路；从政治上来说，这种参与方式最初是民族主义斗争的需要，而后则是政府利用这种可行的手段来实现自己的现代化目标，这实际是一种低水平的参与。实际上，传统和集权政治必然带来这种动员方式。这种参与对于公众来说，其象征意义大于实际意义。

然而，随着工业化的深入，城市化的发展，教育的普及和人们科学文化知识的提高，以及大众传播媒介的普遍应用，加之西方政治文化的输入，使人们越来越注重个人的利益和集团的利益。如果传统的体制和参与形式不能满足这些新的利益需求，就会激发个人或者集团投入政治，他们就越来越会把原来看作是个人的问题视为政治问题。在这种情况下，政治参与的扩大或迟或早都要发生。新加坡所表现出的特征是，政治体制的制度化水平较高，对政治变迁有较强的适应性，因而政治参与的扩大在体制内就实现了。这一点它比东亚其他国家和地区都表现得明显。它的政治参与扩大得较早，也很规范，没有引起政治对抗。但是这似乎又使原有的体制很难被突破，因而到一定的时期，当政治参与要求有质的变化时，体制的阻碍作用就显得非常突出了。这一点，把新加坡与韩国及中国台湾甚至中国香港地区进行一番比较就再清楚不过了。

第十六章

威权主义的功效

第一节 政治权力的集中与扩展

在 1959 年取得自治以前的 140 年间，新加坡一直是英国的殖民地。就政治体制的形式而言，殖民政体与日后建立的威权主义政体没有什么差别，都是国家对于政治权力的垄断与自由市场经济的结合。这两种政体的政治权力都是高度集中的，这种权力相对不受法律与民意的约束与制衡。而在经济和社会领域中，无论是在殖民统治还是威权主义统治下，公民都有相对的自由和自主性。政治领域与经济、社会生活领域的二元化，使这两种政体既不同于传统的专制主义政治，也不同于议会民主政治。但是在民族性、合法性和政治运作的"度"方面，殖民主义政治与民族威权主义政治之间却存在着某些大的差异，这主要表现在以下三个方面。

第一，虽然两者都对政治权力进行垄断，但是在动员人民追随统治集团参政方面却存在着明显的差异。在殖民主义政治之下，大众的政治参与不受鼓励，他们完全被排除在政治权利之外；而在威权主义政体之下，大众在追随的意义上被动员参与体制，分享部分政治权利。原因是殖民统治者与民众分属于两个不同的民族，他们之间存在着敌视与隔阂，统治者不能作为民族或人民的代表而获得合法性，只能靠对人民的压制和对权力的垄断来维持自己的统治。对他们来说，只要掌握了至高无上的政治权力，就是合法的。而在民族的威权主义政体之下，以民族主义为号召不仅完全可以成为统治集团获得合法性的来源，而且，这是动员人民追随统治者的最有力的手段之一。在追随的过程中，一方面现代化获得了极大的推动力，另一方面人民必然要求在某种程度上分享政治权利，而统治者也不得不为之。当然，这一时期民众所获得的政治权利往往是表面上的，缺乏实质的自主性，不能构成多元化的动力。"凡是由于现代化的需要而将权力集中于某个单一的、统一的、有等级之分的但又是'群众性的'政党的国家，都不能成为民主的滋生地。群众参政始终与独裁统治同步前进。"[①] 因为在现代化的起飞阶段，要对殖民主义留下的分散的、组织涣散的和惰性仍然较强的传统社会进行改造，需要的是权力的集中，而不是权力的分散。只有把权力集中在现代化的领导人手中，才能击退追随殖民主义的和本国的传统势力，有效地推进现代化的进程。在这一发展阶段，权力分散只会使权力更多地落入传统势力手中。

第二，统治集团现代化导向的程度不同。虽然一般来说，殖民主义传播的西方观念趋于强化现代性，但是殖民统治者也极力阻碍民族主义领导获得政治权力。对于现代民族已经形成的国家来说，要想实现现代化的起飞，就非发展民族的商品经济不可；而发展民族的商品经济，则必须先有民族主义领导取得政治统治权。因为只有他们才具有民族性，才能在整个民族范围内为发展商品经济创造最好的条件。由于有的民族主义领导缺乏现代性，在他们取得政权后可能一度中断现代化进程，但是政治体制迟早会通过内部的权力更替来培育出这种现代性。新加坡威权主义的政治领导则是一开始就具有这种现代性，他们是由从西方留学归国的知识分子组成的，了解发展民族经济和商品经济的途径。所以，殖民统治者与威权主义领导相比，虽然前者在当时可能有更多的现代性，但后者从长远或根本上来说，比前者更能顺应现代化的历史潮流。

第三，意识形态的适应性不同。后发展国家在现代化起飞和高速发展的时期，民族的或国家的意识形态仍会发挥重要的作用，尤其是在由威权主义推动的现代化和社会转型过程中就更需要发挥意识形态的凝聚作用。但意识形态是以文化为底蕴的，它的转变是一个较之现代化的政

[①] 塞缪尔·P. 亨廷顿：《变动社会中的政治秩序》，张岱云等译，上海译文出版社1989年版，第149页。

治进程和社会经济进程更为缓慢的渐进的过程，外来的文化在短时间内很难与之相适应。英国殖民统治者的意识形态完全是西方式的，在很大程度上与新加坡民众的政治文化相脱节，因此他们很难利用这种统治工具。而威权主义统治者则不同，他们本身就是民族的，完全可以用与大众政治文化相衔接的意识形态来凝聚社会。新加坡的威权主义领导利用民族主义和儒家文化来号召社会就是证明。从文化变迁与社会变迁的角度看，威权主义者的意识形态更能引导大众和号召大众，因而也更能适应现代化的进程。

从以上三个方面我们可以看到，由殖民主义向威权主义的转变是一种必然的历史现象，它适应了现代化的进程。在新加坡，这种转化过程实际就是威权主义政治发展和强化的过程。正如前述，虽然殖民主义政治在对权力的垄断上与威权主义政治形式上非常相似，但由于它是外来的，因此在很多方面有着局限性，不能发挥民族的威权主义政治可以发挥的许多现代化功能。在完成这种转变之后，政治体制的现代化功能就会得到强化。

新加坡威权主义政治的形成有以下几个基本原因：

（一）经济原因

过去人们只知道自然经济和计划经济与专制主义和威权主义政治有着必然的联系，以为市场经济只是政治多元化的基础。虽然这个结论现在看来也并没有错，但显然是不全面的。在实行市场经济的某些新兴国家中，市场化与威权主义政治的形成有着某些必然的内在联系。在推行市场化政策的初期，新加坡面临着一系列的经济和社会危机，迫使它不得不依赖跨国公司的投资。为此，它就要给跨国公司提供有利的投资环境，包括基础设施的建设和提供免税等一系列优惠政策，这就造成了国家财政的紧张，从而不得不削减公共开支，放松物价控制，取消补贴，降低实际工资，这必然激起群众的不满。但是，要想不使跨国公司把资金抽走，就必须保证给他们提供充足的廉价劳动力和不罢工的工人。如何做到这一点呢？除了进行意识形态上的宣传和控制之外，在政治上进行控制也是不可缺少的。一句话，社会稳定和市场经济需要威权主义政治的保证。因为那时还没有生长出建立民主权威的内在因素。具有讽刺意味的是，那些主张自由民主的国家的跨国公司对于投资国采取什么方式进行治理并不感兴趣，它们既可以接受军事独裁政权，也可以接受民主政权，只要它们能保证自己的投资利益就行；反之，如果不能保证这个利益，它们就会干涉或反对。

在西方国家的市场化过程中也曾发生过大规模的工人罢工和资产阶级国家机器的镇压。在这个意义上可以说，资本主义发展不只是依靠一只"无形的手"，也要依赖一只"铁手"，镇压成为再生产的主要工具。

当然，新加坡在推行更为有利于国际资本的经济政策时也十分谨慎地采取了相应的对策。当国际资本铺天盖地地涌入时，国有资本也应运而生，在经济发展中扮演了一个积极的角色，使新加坡不会被外国资本一统天下，也为自己的市场化政策提供了向民族主义情绪做出解释的保护伞。同时，政府也采取了改善工人生活状况的措施，如大量修建组屋，做到"居者有其屋"；全国工资委员会能够采取比较灵活的政策，适时地提高工人的工资。实行先发展经济，然后不断改善人民生活的高积累发展战略。

(二) 文化原因

威权主义政治的形成与政治文化因素的影响不无关系。尽管英国在新加坡进行了140年的统治，但仍然不能改变那里的东方文化的底蕴。这是因为，在那140年的大部分时间里，国家与社会、上层与下层是分离的，上层的文化很难形成对下层文化的有力冲击，尽管这种冲击确实存在；同时，移民大多数是在殖民统治的中后期涌入的，他们受西方文化影响的时间并不长。因而儒家政治文化仍然在社会中发挥着重要的作用。

儒家政治文化的主要特征是皇权主义、清官思想、等级观念和集团意识。这些观念意识在华人社会中都有充分的反映。一位新加坡学者说，新加坡人传统的哲学是崇尚"仁慈的政府"，认为政府应当是合乎道德的，取信于民的，就像家长对待子女一样。因此"仁慈的政府"就是家长式的政府。这是因为，"家庭中的伦理纲常被转化成了政治伦理，对父母的孝敬转化为对君主的忠诚，而与兄长的关系则变成了公民关系"[①]。

---

① Chan Heng Chee, *The Dyna tnics of One Party Dominance*, Singapore University Press, 1976, p. 231.

在这种政治心理中，大众往往认为政治是少数精英的事情，与己无关①。这从反面也促进了少数精英的责任心和报国心，导致了对政治垄断的追求。这种文化机制在殖民主义时期就表现得非常充分。

当然，西方政治文化在20世纪50—60年代对新加坡已经形成巨大的影响，新加坡在同一时期比东亚其他国家有更多西方的民主形式，有政治反对派、议会和大选存在，就是证明。但无论如何，在产生什么样的统治形式的问题上，起决定作用的文化还是更为根深蒂固的东方传统文化。

（三）历史原因

西方现代的政治体制是随着民权运动的发展而逐步完善的，在这一过程中国家权力处处受到限制，以自由市场为基础的经济权力支配着政治权力。而新加坡的威权主义政治是随着民族解放运动发展起来的，在这一过程中政治权力必须凌驾于其他一切权力之上，因此，在取得政权之后，它有能力对付民权运动的挑战。新兴的商业资产阶级和工业资产阶级不是在民族运动之时已经发育成熟，而是在民族独立之后依靠权威主义国家的扶持而发展起来的。市民社会尚未发育成熟和它们本身在这一阶段也需要国家的保护是威权主义得以建立的历史原因。

第二节 威权主义的现代性

判定威权主义政治领导层是否具有现代性及现代性的强弱可以从以下三方面来看：

第一，政治领导层是否以现代化为导向建立了高度制度化的政治体制来有效地贯彻领导层的现代化意图。无疑，新加坡的威权主义领导具备了这一点。早在20世纪60年代初，李光耀等一批在西方接受教育的领导人就牢牢掌握了政权，并立志推进现代化进程。与右倾的各民主党派

---

① Chan Heng Chee, *The Dyna tnics of One Party Dominance*, Singapore University Press, 1976, p. 232.

相比，人民行动党更具有威权主义色彩，这一点更符合新加坡当时的国情；与"左"倾的社会主义阵线相比，人民行动党更加务实，不像社会主义阵线那样，在自治后仍然强调反殖主义和政治斗争，而是强调生存危机。这一点是它获得文官支持的基础。在此基础上，它得以建立起高度制度化的政治体制。

由于制度化水平高，这种政治体制可以同化各种利益集团和政治势力的领导人。当政治现代化进程把传统势力的领导人卷入国家政治体制后，随着他们在权力阶梯上的步步高升，不可避免地要将自己的忠诚从利益集团扩大到整个政治体制，而不是相反或腐化体制。很多发展中国家正是由于没有建立起这种现代化导向明确而又制度化水平高的政治体制，才在推进现代化方面显得缺乏力度。因此，制度化水平高是新加坡的政治体制不同于绝大多数发展中国家包括其他东亚新兴工业化国家的一大特色。有了高度制度化的体制，就可以提高行政效率，抑制腐败，尤其是可以强制性地有效地推行威权主义领导的现代化政策。

第二，政治领导层是否把经济发展放到首要位置。对于处于现代化起飞阶段的发展中国家来说，经济发展是现代化的中心问题，是政治发展和社会发展的基础。没有经济的发展，政治发展和社会发展就是一句空话。尤其是在现代化的政治领导已经牢牢掌握政权的情况下更是如此。当然这并不否定政治改革和社会发展的必要性，更不能把经济发展当作抑制政治发展的手段，因为没有政治的推动，经济发展最终会受到阻碍。对于东亚国家或地区的人民来说，在威权主义政治时期，只要经济发展能保持一定的速度，政府就能获得相当大的合法性；政府只有获得了合法性，才能实现政治和社会稳定，从而有效地推进政治和社会改革。当然，这不是说政治改革完全要靠政府的推动，而只是说平稳地推进政治发展是一条最佳的路径。

相反，这一时期在那些经济不发展的国家，一方面孕育着政治和社会动乱的巨大的潜在因素，另一方面政治多元化成为反对派手中的有力武器。民主化意味着政治和社会动荡，也意味着经济不发展。

当然，经济发展所带来的合法性只能与一定的历史阶段相适应，等到中产阶级的力量壮大起来之后，它们必然会要求政治多元化。在这种情况下，一旦经济发展受挫，威权主义政权很可能会迅速地瓦解。而且，没有一个国家会一直保持高速增长的势头不变。第二次世界大战之后，甚至还没有一个国家的持续高速增长能保持 40 年以上。对于东亚大多数的发展中国家来说，这段时间大约是在 20 世纪 50 年代至 90 年代中期，例如 20 世纪 50 年代日本经济得以恢复和发展，到 20 世纪 60—80 年代得以高速发展。新加坡是从 20 世纪 60 年代初开始，它持续的时间会更长一些，之所以如此，还是因为它的政治体制的制度化水平高，在体制内可以容纳较大的民主，有较高的适应性。

对于后发展国家来说，把经济发展放在首要位置，其核心是尊重经济规律，辅之以必要的宏观干预，发展和完善市场经济体制。为了现代化的实现，为了在与发达国家存在着巨大差距的情况下尽快缩短现代化进程，民族主义者往往选择采取民族主义斗争的手段，动员全民族的热情和强化民族意识，企图获得在经济结构中无法获得的现代化推动力。更有甚者，这种动员和强化并非完全建立在政治自觉的基础之上，因此它必然要激化和强化民族传统文化，造成一种严重违反现代化规律的政治狂热，这反过来就会严重困扰着现代化进程，使现代化的改革者陷入进退维谷的两难境地，甚至使现代化成为民族传统的俘虏，成为在新的历史时期维护传统体制的工具和一句空喊的口号。

新加坡的威权主义领导在上台之初就通过斗争战胜了各种非现代化因素的干扰，有力地推进了现代化进程。他们把经济发展放在首要地位表现在两个方面：一是他们摒弃了纯政治的意识形态，用"生存危机"作为国家主要的意识形态，把人民大众的思想集中到经济发展上来；二是把发展和完善市场作为发展经济的主要手段。有些人曾以 20 世纪 70—80 年代新加坡发展了大量的国有企业并存在着政府干预来否定新加坡的社会经济的市场属性，这是站不住脚的。因为新加坡的国有企业完全是在市场中运行的，尽管其市场环境也是逐步成熟和完善的，但它主要是从自然经济向市场经济的过渡，而不是受到计划经济的阻碍；同时政府的干预大都是在培育企业和促进市场的完善。

应该注意到的一个事实是，在任何国家的任何发展阶段，国家都不可能绝对不与市场发生关系。在西方的自由资本主义时期和垄断时期，国家是通过制定法律、扫除封建势力和维护公平竞争来促进市场发展和完善的。

第三，威权主义领导层的现代化目标是否在整个民族中获得了稳定而合理的共识，也是衡量其是否具有现代性的重要标志。因为现代化展开之后，尤其是在第二次世界大战之后取得独立的外生型现代化国家，现代性很快就会渗入社会的每一个角落；而现代化又不可能只在一个国家的局部范围内实现，它需要整个民族的共同奋进。因此，现代化目标，尤其是由政治领导层所选定的现代化目标是否成为整个民族为之奋斗的目标，是现代化能否实现的重要基础，因而也是最终检验领导层的现代性是否有效的标准。

新加坡的威权主义领导执政近60多年来，在不同的历史时期提出了不同的与现代化紧密相连的意识形态内容，如"生存危机意识""新加坡人心态""儒家伦理""共同价值观"和"21世纪愿景"等，并大力宣传。由于这些计划符合新加坡现代化的现实，使其在很大程度上可以内化于普通民众的思想意识之中，这就在意识形态上把整个民族统一到现代化上来了。应该指出，前两项价值观比后两项与现代化的联系更为紧密，后两项价值观的提出除了要促进经济发展和整合社会之外，还与防止政治多元化有关。这与政治多元化对执政的人民行动党提出了挑战有关。最后一项是较为宽松的发展观。

早在20世纪五六十年代，"生存危机意识"和"新加坡人心态"就已经获得了民众的普遍认同。当时，在政治斗争中，大多数群众追随务实的人民行动党而反对激进的社会主义阵线，致使人民行动党在历届大选中都获得了胜利，甚至有时包揽全部议席。虽然其中很难说没有一些不公平的因素在起作用，但总的来说是它的现代化目标吸引了人们。"只要经济发展，政府就是合法的"这一点在新加坡表现得再清楚不过了。当然，这并不是说新加坡人中就没有要求政治多元化的声音，相反，近50多年来这种声音越来越强烈。不过支持人民行动党继续执政的人始终占据多数。

布莱克指出，"现代化的中心问题，是社会从墨守传统体制的政治领导向赞成彻底现代化的政治领导的转变"①。布莱克的这个命题基本上适用于外生型现代化的国家，因为对这些国家来说，现代化是由外部输入的，相对于最早走上工业化道路的国家的现代化是一个比较自然的经济发展过程来说，人的主体性选择更为重要；同时现代化的推进不是哪一个"小环境"和"小气候"能够单独完成的，它需要整个民族和整个国家的共同奋进，而只有国家层面上的政治领导层才能担当起这个领导重任。新加坡威权主义的政治领导正是担当起了这个重任，从而解决了现代化的中心问题。它的现代性在现代化的起飞阶段就如此之高，是其现代化高速发展的主要原因之一。

第三节　权威政治形态的基本特征及其功效

一　市场经济取向

就世界上大多数发展中国家来说，在20世纪50—70年代的30年左右的时间里，发展经济的手段主要是非市场和超经济的。一般来说，它们都将自己经济基础薄弱、市场发育不全的现状归咎于殖民主义和帝国主义的侵略及在世界经济格局中的依附地位。因此，它们企图另辟蹊径，创立一种不同于发达国家的全新的发展战略。正是由于他们急于缩小与发达国家之间存在的巨大的经济差距，不甘心遵循在建立起一定的市场环境之后才能高速发展经济的常规发展道路，因而接受了结构主义和"新老马克思主义"的经济思想，希望从改革国际国内的经济结构入手来实现国民经济的快速发展，先后提出了"大推进"模式、"两缺口"模式和"进口替代"战略等以政府干预为主的发展战略，甚至有的国家还采取了完全计划经济的发展模式。与此同时，新加坡以及东亚少数国家和地区却采纳了新古典经济学派的学说，在政府的介入下全力发展市场经济。

那么，新加坡为什么选择了市场经济的发展战略呢？选择的过程又

---

① C. E. 布莱克：《现代化的动力》，景跃进等译，浙江人民出版社1989年版，第56页。

如何呢？下面就此问题进行一些分析。

新加坡取得自治之初，确实存在着两种发展模式的选择。从实质上来分析，社会主义阵线的主张是以结构主义理论为基础的，它主张建立比较独立的不依赖西方的经济发展体系，以减少外贸差距和国际剥削。这种发展模式从表面上看来是合理的，它要从根本上解决发展不平等的问题。采取这种发展战略的先决条件是国内必须拥有足够的技术力量，包括工业技术专家和经济专家。尤其是政府要有魄力有能力在社会结构、国家体制和人民的思想上来一个根本的转变，以适应这种全新的大推进式的发展模式。人民行动党政府的发展战略则是以新古典经济学的理论为基础的，它既主张建立完善的自由市场经济体系，又不否认国家干预以平衡市场的必要性。采取这种发展战略的先决条件是必须发展与西方的经济关系和开放市场。难怪当时社会主义阵线攻击人民行动党引进了新殖民主义。这又是一种相对比较自然的发展过程，因为经济发展的本性是自由市场。采取这种发展模式不必冒进行剧烈的社会变革的风险，所要注意的是防止民族经济的殖民化。

推行社会主义阵线的根本变革社会结构的政策有两个制约因素：

第一，在20世纪60年代新加坡缺少足够的专家和市场来实施独立的经济发展。当时它的经济主要是转口贸易，没有自成体系的工业，因而也就没有相应的管理人才和技术人才；加上新加坡是一个城市国家，国内市场十分狭小，仅靠国内的经济运作甚至加上有限的国际环境都难以支撑。在这种情况下，无论谁掌握政权，都很难不顾一切地采取一种激进的民粹主义变革来推行整个社会结构的经济发展战略。如果强制推行，将会在很大程度上破坏经济的正常发展。即使推行较为渐进的变革策略，也会遇到社会结构中商业资产阶级的抵制。这种力量是潜在的，也是非常巨大的。社会主义阵线之所以没有发展起来和人民行动党之所以在执政后采取了向右转的政策，不能不说与这个阶级的制约有关。社会主义阵线的激进政策是要革商业资产阶级的命，当然不会得到他们的支持；人民行动党则由于采取了控制工人阶级和开放市场的政策，获得了商业资产阶级和文官的支持①。

第二，新独立的发展中国家通常会面临发展的各种难题，从革命转向经济发展时各种发展的条件还未建立起来，经济状况可能会一度恶化，社会动荡不安，这会使一些激进战略的推进者有选择地依靠某些国际援助，如从同样推行结构主义政策的国家引进外援，或者对来自资本主义国家的援助施加严格的条件限制等。但这样做的结果，仍然会损害国际资本的利益，它们轻者抽走资本，重者进行军事干涉。在20世纪60年代初期，新加坡虽然并没有直接对国际资本进行限制，但是其高昂的民族主义情绪和社会的动荡不安已经使新加坡的国际贸易和国际资本急剧减少，限制了经济的发展；另外，英国和马来西亚对新加坡的巨大影响特别是军事影响仍然存在，它们反对激进的左翼力量，支持市场经济的发展，这在当时起到了不容忽视的作用②。

如果推行古典主义的完全自由放任的市场经济政策，也有一个制约因素。因为古典经济学不重视改善收入的不平等，只注重增加国民生产总值和不顾一切代价的增长速度。这在18、19世纪行得通，在20世纪后半叶就不再是可供选择的比较好的发展模式了。因为对于工人来说，这样做代价太重了，他们会因不堪重负而群起反对，导致经济和社会的不稳定，最终也会损害特权阶级的利益。

在这两种极端的发展战略之间还有一种中间战略，即一种既推行市场经济又给工人阶级一定补偿的战略。正如李光耀所言，我们是"在十分资本主义化的制度中为确定社会主义价值而奋斗"③。推行这种政策在前期不可避免地要使工人的工资保持在一个较低的水平上，这就要一方面动用威权主义的力量消除工人的不满及社会的一切不稳定因素，另一方面又不能使工人的生活水平太低，激起他们不顾一切的反抗。这就是新古典主义经济发展模式在这一发展阶段所对应的政治策略。

---

① James Petras, State, "Regime and the Dymocratization Muddle", *Journal of Contemporary Asia*, Vol. 19, Vol. 1, January 1989.

② PohSeng You, "Singapore: Twenty-Five Years of Development", *Nan Yang Xing Zhou Lian he Zao Bao*, 1984, p. 288.

③ 亚历克斯·乔西：《李光耀》，上海人民出版社1976年版，第63页。

对于新加坡来说，推行中间战略既存在着某些有利之处，又有其历史的必然性。首先，实行市场经济可以获得国际经济组织的援助，可以大量吸引跨国公司的投资；这对于依赖转口贸易和以出口为主的新加坡来说是至关重要的。加之在建国之初新加坡面临着一系列的危机，工人大量失业，国内政治斗争十分尖锐，英国宣布撤走军事基地使财政收入减少了1/3，致使民族政府可供选择的余地很小。实行激烈的社会变革不能很快解决吃饭问题，只有在吸收外资的基础上发展经济才能解决危机。其次，就威权主义的政治领导层而言，他们既不是工人阶级的代言人，也不完全受资产阶级的左右，而是一批有先进思想的左翼资产阶级政治家和技术专家，是推行这种中间战略的最合适的领导集团。在当时的新加坡，工人阶级的力量强大而资产阶级的力量相对弱小，民族运动主要是因为得到了工人阶级的支持才获得胜利，民族运动中形成的对工人阶级的依赖尤其是代表他们的左翼政党都能形成很大的压力，因此，不使工人有所分利是不可能的；同时，资产阶级毕竟处于主导地位，只有他们才决定着经济发展的方向。推行这种中间战略是阶级力量对比和力量平衡的结果。最后，就社会生产力发展水平而言，当时新加坡还处于资本主义发展的初级阶段，既没有社会化大生产的工业，也没有现代化的农业，就经济发展规律而言，其方向是进一步发展和完善市场经济，实现工业化，而不是强制实行经济和社会结构的革命，否则只能带来经济的衰退。因而最终新加坡实行了以市场经济为基础、辅之以有效的国家干预的经济发展政策。

二 国家凌驾于社会之上

新加坡的威权主义政治在过去很长一段时间里有足够的权威向人民和社会团体规定义务，并且有能力在它认为必要时予以强制执行；可以对自下而上的政治参与渠道进行有效的限制。但这种威权政治与"全权主义政治"有所不同，它并不是对政治、经济和社会生活的一切领域进行干预，而主要是在政治领域内行使自己的权力，对经济和社会生活的干预是有限的，尤其是对经济的干预更少。虽然社会成员在政治上的参与不那么有效，但在经济和社会活中却有相当的自主性。在新加坡，在威权主义的强盛时期人民行动党政府掌握了至高无上的权力，它可以对反对派进行有效的镇压，可以对反对党、工会、各种民间政治团体和商会以及各种社团组织进行有效的制约。但即使是这一时期，它大多也要通过名义上的法律手段来对付反对派，其镇压也远远轻于全权主义政府的镇压。与东亚其他国家和地区相比，新加坡的特色是社会管理要严得多。

这种权威还表现在行政与立法的关系上，行政权大大高于立法权。这与人民行动党长期控制议会有关。在中央与地方的关系上，中央的权力大大高于地方，尽管新加坡没有法律上的地方政府。新加坡比其他国家更少表现出地方特色，这与它的地域狭小不无关系。作为政治输出的国家决策主要是通过自上而下的权威方式来实现的，而较少通过自主的社会个体的横向契约关系来实现。当然，自20世纪末以来，新加坡的威权主义已经有很大的褪色了。

三　意识形态上的一致性

一般来说，与世界上大多数国家相比，东亚各国的国家意识形态上具有更大的一致性。这主要是因为，东方主要文化尤其是儒家文化与世界上其他文化相比，更为世俗、务实、具有理性和可塑性，比较容易面对实际，承认现实，可以兼容其他文化。因此，在宗教势力强大的国家，现代民族主义很难取代宗教成为单一的意识形态；而在东亚各国，由于没有强大的宗教势力和宗教文化的干扰，在追求现代化的过程中，政治精英以民族主义为号召，能够不费力地把儒家文化融入民族主义之中，实现意识形态的一致化。这也就是说，政治精英可以通过对本民族原有的价值体系的转化和改造来凝聚人心，以强化对国家利益和集体利益而不是个人利益的认同。

这种意识形态上的一致性还与精英政治有关。凡是推行精英政治的国家，意识形态都是由政治精英设计的，大众和各种社会组织对意识形态只是表现出顺从和追随，难以形成独立的有竞争力的意识形态。新加坡是世界上精英治国最强化的国家，这不仅表现在越是高级人才越受到重用，而且其精英群体的核心，即最高领导层具有很大的政治权威。这种精英政治与儒家文化相结合，更增加了它凌驾于社会之上的效力。

新加坡意识形态的核心是集体主义。这种集体主义是传统文化中泛家庭主义与现代契约意识的结合；它的延伸就是民族主义。在新加坡，这种集体主义和民族主义虽然还含有很多传统文化的内容，但它已经融入了与市场化相适应的现代价值观，并且取得了主导地位，决定着整个意识形态演化的方向。同时，为了政治稳定和国家现代化的目标，威权主义的政治领导必须向社会成员强制性地灌输这种意识形态并且规定了服从的义务；而社会成员必须服从现存政治秩序和权威者的意志。正是由于这种意识形态的现代化导向和威权主义领导的强制性措施，使这种意识形态在相当长的一段历史时期内能够得到多数人的认同和遵守。

我们看到，尽管新加坡存在着马来族和印度族等民族，政府依然尽可能地规定统一的意识形态或者价值观，以此来凝聚社会。这一方面是由于传统的伊斯兰文化和印度文化在顺从和忍让方面与儒家文化具有某些共同特质，另一方面也是由于新加坡的威权主义领导需要建立一种统一的意识形态。具体表现就是20世纪六七十年代的"生存危机意识"和"新加坡人心态"[1]，20世纪八九十年代的"亚洲价值观"和"共同价值观"等。这些意识形态的共同特点就是它们既可以成为多元种族共同遵守的价值准则，又是从民族传统文化中转化而来，并由国家自上而下以强制手段推行。因此，这种单一而具有兼容性的意识形态获得了大多数人的认同和遵守。

在后发外生型国家的现代化过程中，导致现代化产生的各种因素如经济、科学、技术、文化、制度以及民族危机和各种外部压力与整个民族赶超发达国家的迫切愿望以至狂热情绪交织在一起，使现代化因素迅速扩张，与传统因素发生了激烈的冲突。从社会结构上来看，这种市俗化力量的无限扩张，势必导致社会经济政治结构的严重脱序和失范，甚至崩溃。为了维护社会经济生活的稳定和正常发展，就必须要有一种机制对在这个巨大的历史碰撞中的社会进行整合。这种机制不能是外来的，否则它在一定的时期内很难在人民中得到内化，取得认同。因此，它必

---

[1] Jhon S. T. Quah, *Government and Politics of Singapore*, Oxford University Press, 1985, p. 66.

须是社会内部原先已具有的以某些约定俗成的价值观为内核,并吸收某些外来因素的制约机制,以达到既能取得人民的认同,又能对现代化进程中的社会进行整合的目的。新加坡的意识形态正是适应了这一需要而发展起来的,并使其威权主义政体得到强化。

人们不难看到,新加坡威权主义政治的成功就在于它起到的一种平衡作用,即利用以构建传统与现代、民族与外来兼容并蓄的文化建立起国家意识形态,同时吸收外来因素的新制约机制,对现代化造成的社会的脱序和失范进行制衡,从而达到了一种动态的平衡。这种国家意识形态的价值内核就是儒家伦理和现代文化;传统的马来文化也具有忍让和服从的特性,因而也很容易被吸收进去。外来因素则主要是指与现代化有关的某些西方因素,如以市场为导向的契约精神等。不吸收这种外来因素,仅靠以传统文化为核心的制约机制是不能对现代化社会进行整合的。这种新的价值观在新加坡的表现就是"亚洲价值观"和"共同价值观"。这种价值观既是以儒家伦理为核心,又按照现代化的标准对其进行了创造性的改造,重新进行解释,使它在现代化过程中能够对变化中的社会进行整合。其功效在于,借助这种价值观对社会形成巨大的凝聚力,新加坡的权威主义领导掌握了凌驾于社会之上的国家权力,有效地推进了市场化的进程。

小结

在第二次世界大战以来的半个多世纪中,威权主义政治并非东亚所独有,在南亚、南美、中东甚至南欧一些国家的特定的历史时期内也都存在过,但推动现代化进程最成功的却是东亚的威权主义政治。其原因是什么呢?正如一些学者所指出的,一方面是由于在某些民族的文化传统中没有像儒家文化那样有足够的资源来构成社会凝聚力及其向现代性转化的能力,另一方面则是某些外界变量的影响,如执政者对于政治权威的"度"的把握是否与时俱进,以及对于外国政治势力和国际资本对于权威政治的影响的务实的态度等,都会对威权主义政治的功效有所影响。

应该指出,在这种威权主义政治的庇护下,以市场为导向的内源性的规范力量在相当长的一个时期中得以有序的增长,待这种规范性力量发育成熟,便可以水到渠成地、逐步地取代威权主义政治的社会整合功能。这些都说明,在现代化的进程中,所谓新加坡模式及东亚模式的某些特征正在消失。威权主义政治和东亚模式的其他特征只与一定的历史阶段相适应,并不是一成不变的。

第十七章

转型方式

本章以当代世界各种政治转型模式为背景对新加坡与中国的政治转型方式进行了比较,认为新加坡是民族形态的政权更替模式并是以群众运动的方式取得政权的,而中国是社会形态的政权更替模式并是以武装斗争方式取得政权的;新加坡没有从根本上改变旧政权的治理方式并实行了一种软威权主义体制,而中国彻底抛弃了旧的政权并实行了社会主义中央集权的治理体制;新加坡没有间断与世界市场的联系,而中国则是在相当一段时间内断绝了与世界市场的联系后转而走上市场化道路的;在意识形态上,两国都经历了从政治民族主义向经济民族主义的转变,并出现了自由民主的趋势,但变化程度有很大差异。这些异同对两国的发展产生了重要而深远的影响。

作为后发展国家、东亚国家、儒教国家和以华人为主的国家,新加坡和中国有着诸多的相似之处和面临着相似的发展环境。新加坡是一党长期执政,其人民行动党自1959年执政以来到现在已经48年,尽管比中国共产党少10年,却是除了共产党之外执政时间最长的重要政党;它还实行威权主义统治,以行政为主导,这些都与中国有重要的相似之处。

第一节 政权更替的性质和方式

新加坡属于民族主义的独立模式,而中国属于社会形态更替的革命模式。新加坡独立的性质是通过民族运动推翻英国的殖民统治、建立新型的民族国家;其取得政权的方式是在大规模群众运动的推动下,最终以和平方式完成政权的交接。而中国模式的性质是进行社会形态的更替，是从半封建半资本主义的社会形态向社会主义形态转变；其取得政权的方式是暴力革命。

它们在夺取政权的方式上有着相同的一面。与欧美的政党大都是从体制内发展起来的不同，新加坡人民行动党及其领导的政治力量是在民族主义运动的斗争环境中发展起来的，与中国共产党和大多数发展中国家的革命或民族主义政党及其领导的政治力量一样，都是从体制外发展起来的，具有强烈的反体制或革命的动力，并最终以反体制的方式进入和破坏体制、夺取政权。正如亨廷顿所言："在革命的模式或民族主义的模式中，政治活动分子的目的就是要破坏现有秩序或剥夺帝国的权力。"[1]它们之间也有很大的不同：如果说新加坡是通过民族斗争夺取政权的话，中国则是通过社会革命的方式夺取政权的，尽管新加坡的民族主义模式中也包含着社会革命的因素，中国的社会革命中也包含着民族主义的因素。尤其是新加坡的民族主义运动由于英国殖民当局在后期采取了主动退让的政策而有很大缓和，并最终以和平方式取得政权。这使新加坡的民族主义运动与一些国家的民族主义运动相比，例如与印度尼西亚、菲律宾和阿尔及利亚等斗争激烈的民族主义运动相比，较少有对抗性和斗争性，因而属于较为缓和的一种类型。与中国相比则更为明显，中国革命是一种社会革命，以中国共产党为代表的政治力量是以暴力和战争的手段、采取激烈对抗的革命形式推翻旧的国民党政权的，这是第二次世界大战后社会革命和民族主义运动中最为激烈的一种政治变革方式。

政权更替的何种方式更能够促进政权性质的变化，或者说更能够促进政治现代性的发展，值得沉思。从这一角度来看，近代以来的政权更替大体有两种形式：一种是政治体制的形式和内容即领导集团和文官及执政方式都发生更替；另一种是政治体制的形式即执政党和政务官发生变化，而内容即文官和执政方式不进行更替。前者是20世纪40—60年代的主要形式，是较为传统的政权更替形式，后者是20世纪70年代以后的

---

[1] 塞缪尔·P. 亨廷顿：《变动社会中的政治秩序》，张岱云等译，上海译文出版社1989年版，第449页。

主要形式，是现代民主政权的更替形式。两相比较，前者没有继承旧体制，采取了一种"全新"的政权形式；后者则对旧体制有较多的继承性，是一种改良模式。但从政治现代化的角度来看，后者吸纳和得到的现代化因素并不一定少于前者，而前者很可能只是采取了另一种传统形式，它在一定时期内吸纳现代化因素的能力往往比后者更少。这或许是由于激烈的革命往往只关注于外在形式的变化，而不关注内涵的变化，尤其是暴力革命和运动手段往往是激烈对抗的产物，在这种情况下，反对力量总是会把全部精力投入到反对现政权的权力层面上，而很少关注一个人或社会的内在的结构或思想意识，或者说它不是改变人的思想的手段，反而更容易造成反弹；而渐进的改革往往更关注于内涵的变化和思想的引导，这种变化更容易为人所接受和深化，尽管它往往表现得缓慢而潜在，却是实实在在的。因此，在政权变更后，要更多地关注于政权内涵的变化，包括关注于这种变化所应采取的手段。

新加坡和中国在这方面有所不同，新加坡自建国后一直是采取一种渐进的改革方式，它更关注于保留和应用英国殖民当局的统治方式和经验，从文官系统中吸收先进的经验，并对其进行民族化的改造。而中华人民共和国成立后的前30年内更关注于革命性的变革，最终这种变革只是外在形式的，并没有在内涵上扩展自己的政治现代性；与此相反，在后30年中，中国放弃了革命性变革的方式，更加注重于渐进的和内在因素的改造，因而实实在在地推进了政治现代化的进程，尽管显得沉稳而平静。

第二节 执政方式的转变

由于取得政权的方式在很大程度上不仅是主体性选择的结果，还是由不同国家特定而深刻的政治与社会原因所决定的，所以一般来说它会在相当一个时期里影响其以后的执政方式和发展路径。由于新加坡人民行动党与中国共产党取得政权的方式有很大不同，所以它们以后的执政方式、治理方式和由此导致的发展路径在相当长一段时间内也有很大不同；同时，由于它们在社会结构、发展阶段和发展环境中又有着根本的相似之处，因此，最终其执政方式和发展路径又有所趋同。

首先，由于新加坡的民族主义运动是在英国殖民统治后期以较为和平的方式取得胜利的，没有造成激烈的暴力性对抗、流血和仇恨，这就为继承和改造而不是摒弃原政治体制奠定了基础。具体表现是新加坡人民行动党在政权建立后没有完全拒绝英国殖民当局的统治方式，没有遣散殖民政府的官员，而是充分肯定并吸收了英国统治方式中好的经验，留用了大部分文官。李光耀还公开阐明英国的治理方式和文官制度是优良的，要继续实行和保留；同时也对旧体制中文官的殖民心理进行改造，以使他们适应新的以政治本土化、民族化为基础的政治和社会发展的现实。①

李光耀的论述为学习和借鉴英国殖民当局先进的统治经验、建立优良的行政科层制度奠定了基础。按照现代化的理论，具有现代性的、高效率的行政科层系统的建立是在全国范围内推行现代化的不可或缺的前提条件。② 实际上，英国在新加坡建立的统治和文官系统，并不缺乏现代性[3]，相对于较为传统的新加坡社会来说，它是一种更为先进或更现代的组织系统。20 世纪 50 年代英国在新加坡的统治比马克思在 19 世纪中期论述它在印度的统治时更具有现代性。它的问题是，由外来民族建立的这种国家政权和统治很难与当地民族融合，无法形成统一的民族国家和真正的政治共同体，越是早期这种情况越突出，而这也是现代化起飞的必要条件，对于那个时代或发展阶段来说，这更是不可逾越的阶段。因而民族主义运动和推翻殖民统治、建立新的民族国家是现代化包括政治现代化的一个必要而合理的阶段。这样，尽管有些新建立的民族政权似乎比殖民政权更为传统和落后，但从为现代化准备必要的条件来看，它们仍然比殖民政权更为进步。于是，推翻殖民统治、建立新的民族国家，

---

① 新加坡全国职工总会主编：《朝向明天》，叶钟铃译，台湾教育出版社 1974 年版，第 109 页。

② 孙立平：《全球现代化进程与后发外生型现代化模式剖析》，《现代化与社会转型》，北京大学出版社 2005 年版，第 27—28 页。

③ 关于近代殖民统治的性质，可参见《不列颠在印度的统治》，《马克思恩格斯全集》（第 12 卷），人民出版社 1998 年版，第 137—144 页；《不列颠在印度统治的未来结果》，《马克思恩格斯全集》（第 12 卷），人民出版社 1998 年版，第 245—252 页。

同时又充分地吸收具有现代性的殖民当局的治理经验，就成了新加坡符合实际的最佳选择。

在中国，由于社会革命及解放战争造成了敌对势力之间的巨大的流血冲突和仇恨，加之革命意识形态的影响，所以以中国共产党为代表的政治力量在夺取政权后彻底摧毁和全盘否定了国民党政权及其旧的政治制度，在很短的时间内就取代了旧政府并把旧文官及其工作人员清除出各级政府或使其边缘化，以全新的社会主义制度和革命力量取而代之。尽管毛泽东主席在取得政权前后也注意到旧政权的技术官僚应该留用，但是建设中的革命斗争方式和阶级斗争观念使这些技术官僚很快失去了作用。其实，旧政府中的技术官僚没有很强的政治取向，反而具有丰富而现代的管理经验，其行政体制已经构成了遍布全国的行政网络，这些都是贯彻现代化政策所不可或缺的因素。因此，当时的革命性变革及旧文官的消失或边缘化使治理出现了一定的中断，尤其这在相当程度上更助长了以政治运动替代正常管理的方式。

当然，英国在新加坡的统治与国民党在中国的统治有很大不同，前者没有深厚的社会基础，也没有过多的传统；而后者有深厚的社会传统，有很多腐朽的东西需要革除，所以，这也是导致人民行动党没有全盘否定英国的统治方式，而中国共产党则全盘否定国民党统治的重要原因。如果说中华人民共和国成立后文官体制有什么继承性的话，那么它主要是继承了革命军队在解放区的治理方式，尽管这也有着相当的积极意义，但远远不够。自 20 世纪 80 年代以来中国建立或恢复了公务员制度，与国际文官制度接轨，这实际上是改变军事管理方式、由革命方式向执政方式转变的重要举措，这一转变使中国与新加坡的文官制度和治理方式日趋接近。

其次，正是由于以上诸原因，加之冷战的国际环境的作用，新加坡的民族政权建立后没有与原宗主国断绝正常的国家关系，没有像中国和大部分发展中国家那样在独立后相当一段时间内采取一种强烈的反帝反殖的政治路线和闭关锁国的经济路线，而是很快把注意力放在国内，采取了一种在政治上和经济上都较为开放的路线。李光耀指出，新加坡实行的制度与政策，有七八成是源自不同国家所实行的良政，大约两到三成是它按自己的经验制定的。①

在经济上，新加坡没有中断与世界市场的密切联系，并坚持推行市场经济模式，从而使它早在20世纪60年代末就开始了经济起飞。中华人民共和国成立后近30年时间一直把反帝、反殖、反对修正主义和进行国内阶级斗争的政治路线放在首要位置，其结果是一方面进行了过度的政治动员和政治运动，而这种政治动员和政治运动是一种"左"倾的民粹主义和民族主义运动，没有推进民主化进程和现代化进程，还造成了社会不稳定；另一方面过度注重政治斗争而忽视经济发展，这也包括断绝了与世界市场的联系。尽管斯大林论述在1945年以后存在着两个平行的世界市场，一个是资本主义的世界市场，一个是社会主义的世界市场，但是社会主义的"市场"是以计划经济为基础的，因此它很难说是一个真正意义上的市场。尤其是中国自"文化大革命"始甚至退出了这个不完整的市场，更为封闭。按照现代化的理论，新兴的民族国家建立后，由于国家机构还不够完善，政治体制的制度化水平还不够高，因而在一定程度上放缓甚至压制政治动员，而把主要精力放在经济发展上以使国家获得支持和合法性是正确而现实的发展路径。从这一点来看，新加坡的压制政治发展而优先发展经济的政策在当时是难能可贵的。

同时，新加坡也并非完全压制政治发展，而是在政治上也保持着一定程度的民主性，即使是在20世纪60年代末和70年代人民行动党及其政府的权威达到顶峰时，李光耀和人民行动党也一直把选举作为其合法性的重要来源，允许反对党进行一定程度的竞争，而没有像东亚其他国家和地区一样取缔反对党，实行一党政治。这在政治体制上有着相当重要的意义，使它能够以一种制度化水平及包容度很高的软威权主义体制来适应和推动经济和社会发展，并缓慢而平稳地推动政治发展。东亚其他国家或地区由于政治体制僵硬，在社会变迁还不充分的情况下就发生了政治转型，例如印度尼西亚、菲律宾和泰国，甚至韩国和中国台湾地区在一定程度上也是如此，因而政治不稳，经济和社会发展迟缓。

---

① 林义明：《照顾成功与较不成功者　政府须保持平衡——李资政与李光耀公共政策学院学生对话》，《联合早报》2006年11月4日。

中华人民共和国成立后，在相当长一段时间内采取了比较僵化的发展路线和政策。在经济上，不但放弃了融入世界市场的机会，而且连国内市场也取缔了，实行了完全的计划经济；在政治上，只有集中而没有民主，实行集权主义统治。尤其是以政治运动和阶级斗争取代正常的政治发展，使中国长期处于"革命斗争"状态，延误了经济和社会发展。这种情况直到1978年年底的中国共产党十一届三中全会后才逐步有所改变。转折后中国的经济走向是建立完善的社会主义市场经济体制，这一过程几乎是直线型的；而政治民主的过程也在稳定而缓慢地向前推进，尽管其并非直线型而有所反复。实际上，这一时期中国才真开始了政治现代化的进程，它从经济发展中得到了支持和合法性，面对日益高涨的参与要求，建立了稳定的政治社会机制，强化和完善政治体制的现代化功能，实行稳定而有序的发展，从而推动政治发展及民主化进程。这一发展路径与新加坡有了相似性，两国都在威权主义体制内推进了民主化。不过，在程度上或方式上仍有很大的差别，新加坡实行反对党制度，而中国是多党合作制度。

最后，在干部遴选方式上人民行动党和中国共产党的发展路径有相似之处，但发展的时间和程度不同。干部构成在相当程度上决定着党的性质和路线，因而干部遴选方式，即从哪些人中选择党的干部和领袖、如何选择，就显得非常重要。

在反殖的民族主义运动时期，新加坡人民行动党是一个左翼政党，很重视从工人和左翼人士中选择党的干部和领导人，实际上未公开身份的共产党员就是其中重要的组成部分。但在执政后，它清除了左翼人士和共产党员，逐步向中间路线转移，挑选干部的方式和对象到20世纪70年代也有很大改变，不再像过去那样主要从党的基层组织和工会中选拔党的领导人，而是从党外精英中直接挑选。久而久之，党的成分也发生了很大的变化。这一点，与新加坡坚持政府主导和推行市场经济的路线是分不开的。在这一环境中，它既不像美国和西方国家那样，政府并不主导市场和经济的发展，因而执政党的干部或政务官的选择并不显得那么重要；也不像实行计划经济的国家那样，经济完全是单一模式并受到国家严格控制，因而干部的遴选主要是基于政治忠诚的考量而不是经济才能的考量，是要求其执政党和政府的领导人具有发展和维护市场经济的能力，他们必须是市场运作中的佼佼者，这样，企业家和专业人士就成了党的干部和领导人的首选对象。20世纪80年代以来，随着第一代领导人的逐步引退，在新加坡人民行动党和政府的领导层中，有企业家背景和国外高学历背景的人占据了主导地位。它的一些主要领导人，包括总理、部长和议员，相当大一部分是直接从成功的银行家、企业家和知识分子中选拔出来的。

中国共产党革命战争时期和执政后的30年时间的干部路线基本是阶级路线，因而选择干部强调其工人阶级和体力劳动者的身份。尽管存在着"有成分论，但不唯成分论，重在政治表现"的遴选标准，但实际上这个标准在战争年代贯彻得较好，中华人民共和国成立后尤其是"文化大革命"中成分论成了唯一而严格的遴选标准。近30年来，随着市场经济的发展和社会结构的变化，党的干部遴选方式也在发生了一些缓慢而稳步的变化，先是扩大吸收知识分子入党，又取消了阶级成分的划分，注重从党外人士中选拔政府官员，2002年党的十六大以来又规定可以吸收民营企业主入党，这些人已经逐步进入政协、人大的高层及党和政府的一些基层部门担任领导职务，这些事业有成者的一大特点是能够适应市场经济的发展。当然，到目前为止，党和政府的干部和领导人仍然主要是来自党的基层，这既保持了党的传统，也保证了组织发展的连续性和稳定性。

由此看来，新加坡人民行动党执政以后在干部遴选方式上的转变要比中国共产党早得多，转变的程度更大，党的兼容性更广泛，而"纯洁度"较低。如果按照从有明确的阶级取向向更具有兼容性这个路径发展的话，人民行动党要比中国共产党走得更远。

两党选拔干部还有一点非常相似，即它们都强调要经过党内的严格考验，这样，随着在党内的步步升迁，多数人都会增加对党组织的认同，接受党的意识形态。这一点与两党的组织结构都非常严密有很大关系。不过，新加坡的领袖必须经过大选的考验，要在大选中取胜才能在政府或议会中担任高级职务或议员，这一点它又与西方政党的遴选方式接近。中国共产党干部的选拔主要是经过一定范围的民意测验，最后由上级党委进行任命。

第三节 政治体制的特性与发展

新加坡是一党为主的政党体制和政治体制，具体表现是人民行动党一党独大并长期执政，其他政党长期在野，并且在国会中处于绝对劣势，在最近30年来国会中只有1—6名反对党议员，在2011年和2015年的大选中有6名和5名反对党议员当选，而全体国会议员是81名。不过，在新加坡这样的政党体制中，反对党和反对党议员总是能对执政党造成一定的压力。[①]

从人民行动党的组织结构来看，过去总是说它是一种干部型党或精英型党，这种说法并不准确，经典的精英型政党是指只有党的中央或单一结构、没有基层组织或复合结构的政党；而且中央或单一结构的组织系统本身也非常松散，是靠个人关系而不是正式的组织和制度维系的；而人民行动党既有党的中央，也有网络化的党的支部，组织结构也非常严密。不过，也不能把它称为群众型政党，因为它没有大量的党员，在全国420万人口中只有近1万党员，尤其是只有党的中央有少量专职工作人员，党的支部一般只有1名专职秘书，在各政府机关、民间机构和企业中没有党的组织，只有选区支部，因而执政党并不直接领导各级政府和企事业单位。此外，它虽然立足于一党长期执政和以行政为主导，但总是要通过有竞争性的选举来取得执政的合法性；在意识形态上，已经把传统的群众型政党所特有的阶级观念转变为一种"全民路线"，当然，实际上这种"全民性"仍有一定的阶层或特权取向，其民主的局限性还很大。它与西欧的全方位政党有更多的相似之处。

中国的政党体制和政治体制与新加坡有相似之处，但也有很大不同。中国共产党一党长期执政，其他政党处于追随地位，中国共产党领导下的多党合作和政治协商制度下的其他政党并不像新加坡的在野党那样处

---

① 塞缪尔·P. 亨廷顿：《变动社会中的政治秩序》，张岱云等译，上海译文出版社1989年版，第462页。

于反对党地位,而是一种合作和追随关系,可以参政,政党间也没有公开的选举竞争。中国共产党仍是一个比较典型的群众型政党,有众多的党员和庞大的组织系统,党的分支机构遍布于各级政府和企事业单位之中,甚至相当一部分在功能上与政府合二为一,所以它对各级政府和企事业单位进行直接领导和管理,党的意识形态仍有一定的阶级性。近年来,"三个代表"与"和谐社会"思想的提出已经大大拓宽了党的代表性和执政基础,当然,党的意识形态仍然保持着对党的传统路线的基本的继承性,与西方甚至新加坡的"全民性"有较大的差别。

新加坡政治体制的一个重要特点是在威权主义一元体制内把民主发展到了一个较高的程度,例如在政党体制、议会体制、基层体制和政治程序中具有相当的民主性。虽然是人民行动党一党长期执政,但反对党一直存在,在平均4年举行一次的大选和几乎每年都有的补缺选举中,反对党可以挑战执政党,竞选过程非常激烈,反对党得到的选票有时接近40%。"在一党为主的政治体系中,只有一个政党有统治能力,但同时存在两个或更多的反对党,它们通常代表特定的社会势力,并且有一定的力量,足以影响主要政党内部的政治进程。总之,主要的政党不垄断政治;它必须在一定程度上对别的行为者集团做出反应。"[①] 新加坡政党体制正是这种情况。

两国的政党体制和政治体制的制度化水平都比较高,尤其是自主性和适应性较强,但也存在着差别。在新加坡,这种较高的制度化水平表现在执政党和政府的自主性很高,不受各种利益集团的干扰和保持着很高的行政效率,腐败发生率极低;有很强的适应性,这表现在它适应并主导了巨大的社会变迁。在人民行动党执政的近60年里,新加坡的经济和社会结构经历了巨大的转型和变迁,它从一个前工业化的、以半农业和转口贸易为主的、人均国民生产总值只有100多美元的发展中国家发展成一个高度现代化的、人均国民生产总值有5.5万美元的国际大都市,它的中产阶级和治理方式都有很大的发展,社会结构经历了从传统向现代

[①] 塞缪尔·P. 亨廷顿:《变动社会中的政治秩序》,张岱云等译,上海译文出版社1989年版,第451—452页。

的巨大转型，但主导这一转型并与之相适应的仍然是威权主义体制，之所以如此，正是由于其政治体制的自我调适功能很强，其一党为主的政治体制的民主性使其能够不断进行自我调整，具有很广泛的兼容性。新加坡发生在威权主义体制内的纵向社会变迁要远远大于东亚其他国家或地区的变迁，尽管如此，其他国家或地区的威权主义体制也很难适应同一时期发生在本国或本地区内的较小程度的社会变迁，从而不得不以体制的转型，即从威权主义体制向多元民主体制转型来适应这种变迁。例如，菲律宾、印度尼西亚、泰国、韩国和中国台湾地区在面临同一时期或大或小程度的社会变迁的环境下，原有的威权主义体制都被推翻了，实行了多党体制和民主政体，以此来适应本国或本地区的社会变迁。这从另一方面说明了它们原有的威权主义体制的适应性低，自我调节功能差，制度化水平不高。

中国也是在一党为主的政党体制和中央集权的社会主义体制下发展了60多年，中国社会也经历了巨大的社会变迁。总体来说，中国共产党和中国政府的制度化水平尤其是自主性和适应性也是比较高的，这表现在党的领导尤其是中央领导在根本问题上不受各阶层和各种利益集团的干扰，有基本的自主性，当然，这与政治体制的庞大使各种利益集团不易渗透进其核心有关；它领导和适应了中国社会的变迁。但同时我们也应看到，中华人民共和国成立后实行了30年的计划经济，在此阶段基本保持着传统的社会结构，变迁的速度慢而程度低，只是近40年来社会变迁的速度才加快，因而其利益分化和新的利益阶层或集团的形成既不深刻也较为缓慢，换言之，中国的社会变迁就纵向程度而言，要小于和慢于新加坡。例如，在起点几乎相同的情况下，中国目前的人均国民生产总值是8700美元，而新加坡是5.6万美元；新加坡中产阶级在社会总人口中的比例要远远高于中国，自我意识的成熟包括以自己独立的利益来介入国家政策和批评政府政策的程度也远远高于中国。从这一角度来看，新加坡的威权主义体制遇到的挑战要大于中国体制遇到的挑战。不过，从另一方面来看，由于中国社会广大而复杂，社会的不平衡性和多元性远远大于新加坡，政治体制遇到横向变迁的压力要大于新加坡，要主导和应对这种变迁和发展同样非常困难，因而中国共产党及其政府要付出更多的努力和表现出更为高超的领导能力才能推动和主导社会经济的发展。从这一点来看，很难说中国政治体制的制度化水平不及新加坡。

中国政治体制的适应性实际上可以分为三个阶段来看。1949—1957年，由于处于经济恢复时期，经济和社会都有很大的发展空间，市场还基本存在，因此这时的中央集权体制完全能够适应和主导经济和社会的发展。实际上，这时的中央集权体制正处于形成过程，其集权性和对社会的控制还相对有限，从而使经济和社会发展有相对大的自由空间。自1957年至1979年的一段时间里，集权政治发展到了很高的程度，政党体制和政治体制的僵硬性越来越凸显出来，其后果是1976年中国社会和经济的发展全面停滞，社会和政治矛盾激化，政治体制的制度化水平严重削弱。自1979年以来，政治体制改革扩大了体制内的民主，尤其是在经济和社会的管理体制和功能方面进行了较大的改善，以推动和适应市场经济和社会结构的变迁。尽管对政治体制和功能的这些改革或民主化进程的速度还存在着这样或那样的不同看法，但这种改革指向的积极意义是无法否定的，它也重新提高了执政党和政治体制的自主性和适应性。

从新加坡和中国的情况来看，在威权主义体制内稳定而有序地扩大民主是保持政治体制的制度化水平、使其适应经济和社会发展的正确选择。

第四节　意识形态的变迁

在意识形态上，新加坡和中国的执政党及国家的意识形态都经历了政治民族主义和经济民族主义两个发展阶段，以及近年来出现了自由、民主、人权的价值追求，但发展程度显然有所不同。

在新加坡，从20世纪40年代后期至整个20世纪50年代，反对殖民主义的民族主义运动蓬勃发展，其反帝反殖的政治民族主义是人民行动党和民族革命力量的主流意识形态。1959年人民行动党上台组成自治政府后，这一内容虽然在一定时间内仍是主流，但逐步由反殖的左翼民族主义向具有中间立场的政治民族主义意识形态转变，党的指导思想和路线中间化，党和政府的指导思想是进行政治建设与经济建设，在这一思想指导下，先是把党的组织建设和国家政权建设作为工作的重点，在人民行动党内部清除曾经是反帝反殖重要力量的共产党人士和左翼社会主义派系，在全国范围内打压左翼工人运动，建立自己控制的持中间立场的全国职工总会，不再反对英国的军事基地和军事存在，保留了英国统治时期的文官及其制度。因此，从1945年到1965年可以看成是政治民族主义支配新加坡国家意识形态的时期，其间存在着从反帝反殖的解构性的政治民族主义向国家建构性的民族主义转变的过程。

1959年人民行动党上台执政伊始就面临着恢复和发展经济的问题，它也提出把解决"生存"和发展问题放在执政党和政府工作的中心位置，只不过在最初几年国内的政治斗争在相当程度上干扰了这一"中心工作"。自1965年以后，这一目标基本成为执政党和国家的主要任务，因此，它的提出标志着执政党和国家的意识形态由政治民族主义向经济民族主义的转变，这时，执政党和国家的主流意识形态是发展主义，或曰经济民族主义，主要内容是发展经济和进行国家政权建设，经济发展成为第一要务。其特征强调"生存危机"意识和经济实用主义。20世纪70年代至80年代初这种经济民族主义达到顶峰，其表现是更加强调发展的重要性，在政治上不但镇压左翼反对派，而且也开始镇压民族极端主义分子，镇压正在抬头的民主力量，冻结民主化进程，这一时期是反对党力量最为薄弱而执政党最为强大的时期，在连续4次国会大选中反对党无一人当选议员。同时，严格限制工人运动，制定严格的劳动纪律；1976年人民行动党被迫退出社会党国际就是它要走自己的民族化道路的一个证明。而这一时期的经济发展非常迅速，人民的物质生活开始有明显的改善。20世纪60年代后期李光耀曾提出在经济和管理上向"日本学习"的口号，由于日本第二次世界大战时期侵略占领了新加坡，所以这一口号的提出明显地表明了其发展中的实用主义。总之，为了经济的发展，全力限制政治发展，保持政治和社会的稳定。新加坡由政治民族主义向经济民族主义转变的特点是，由于前面提到的主客观原因，时间较早，政治民族主义意识形态持续的时间较短，而经济民族主义持续的时间较长。

20世纪60年代后期以来，新加坡以经济民族主义为特征的国家意识形态经常被人民行动党的领导人说成是全民性的，实际上这与全民党或全方位政党的提法是一致的。但实际上东亚的这种全民性还无法达到欧美政党和国家的那种全民性的程度，东亚的执政党或国家意识形态的全民性主要是体现在经济层面上，具体表现在经济机会的平等和上下流动较为容易，因而获得了广泛的认同；但在政治层面上这种全民性有很大的局限，尽管政治上的流动较过去容易多了，但仍然具有一定的垄断性。在政治价值上，传统的社会阶层的政治保守主义和新兴中产阶级的自由民主观念都受到限制，而这代表了相当大一部分人的思想。在新加坡，只有具有一定现代性色彩的威权主义和经济民族主义受到执政党和国家的推崇，使其占据意识形态的主导地位。只有认同这种意识形态的人才能成为人民行动党的党员、党和国家的重要干部、官员或领导人。这种威权主义的意识形态和统治方式与人民行动党的执政特权是联系在一起的，只有承认和遵循它的统治方式、追随它的领导，才具有政治上的"平等"，而只有占据了一定地位或完全认可这种地位的人才享有这种"平等"。否则，无论是自由民主还是左或右的派系及意识形态都处于边缘化和被排斥的地位。不过，新加坡的这种威权主义意识形态与马克思主义的阶级意识是不同的，它不强调工人阶级和资产阶级的分野，而是一种以现代社会分野为基础的等级意识。

中国共产党及其革命力量经历了长期的革命斗争，在这一过程中积累了、丰厚了革命意识，有着强烈的斗争精神，因此，执政以后这种意识形态的强烈惯性使其一直到20世纪70年代末都是以马克思主义、列宁主义和毛泽东思想中的政治斗争或阶级斗争理论为主要内容的政治民族主义主导着执政党和国家的意识形态，反帝、反殖、反修和阶级斗争的指向非常明确。直到1979年以后，才重新提出"四个现代化"是党和国家的中心任务，这标志着国家意识形态由政治民族主义向经济民族主义转变，优先发展经济的发展主义成为国家和社会的主要意识形态，阶级斗争等政治意识随之淡化。邓小平理论、"三个代表"重要思想和构建和谐社会的理论是这种意识形态的主要特征和发展脉络，其阶级观念的淡化和发展性的增强和丰满是其发展的基本走向。不过，中国由政治民族主义向经济民族主义转变的时间较长，在经济民族主义时期政治民族主义并没有完全消失。与新加坡相比，中国的特点是在一定时期中政治民族主义更为强烈,指向更为明确,持续的时间更长,经济民族主义包含着政治民族主义的因素。

在政治民族主义时期,不仅经济发展被置于次要地位,而且政治发展也被冻结了,尤其是在20世纪60年代初至1979年,在无产阶级专政和阶级斗争成为主导意识形态和政治路线的情况下,国家政权的解构大于其建构,更谈不上进行政治现代化建设了。在经济民族主义时期,虽然政治发展处于从属地位,但也有缓慢而有序的发展,与此相适应,意识形态也由较狭隘的阶级性向更具兼容性转变,不再突出某个阶级例如工人阶级的主导地位和"领导一切"的思想,在政治操作上逐步地扩展党内民主和扩大社会的政治参与,还采取了允许私人企业主入党等扩大中国共产党统治基础的措施。不过,与新加坡一样,中国意识形态中的等级意识仍然是比较强的,因为它的社会基础还存在,虽然这不再完全是以传统的阶级分野为基础了,因而具有一定的现代性。

自21世纪以来,人民行动党和新加坡国家的统治和政策有继续民主化的征候,有的学者指出新加坡正在发展的是没有民主化的自由化①,其意识形态中自由民主的因素确有某些增强的趋势。例如,有专家指出,1997年新加坡国会提出的"新加坡的21世纪愿景"规划比1991年国会提出的"共同价值观"更为强调新加坡公民的自由;近几年来非政府组织对政府决策的批评和参政有扩大的趋势;政府对劳资矛盾的处理更为人性化和温和;以及2006年4月大选前后人民行动党及其政府对待反对党的态度和策略表现出更为宽容等诸方面都证明了这一点。当然,这些仍是在威权主义及其意识形态框架内的发展。

自21世纪以来,中国共产党和国家的意识形态中发展主义在继续丰满,其表现是在经济领域中继续推进市场化改革,在政治领域继续采取稳定的政策以促使人们把主要精力放在经济和社会发展方面。同时,与过去相比也有所变化,"三个代表"理论与和谐社会观的提出表明国家不

---

① Chua Beng Huat, Liberalization without Democratization: Singapore in the Next Decade, Southeast Asian Response to Globalization: Restructuring Governance and Deepening Democracy, Singapore: *Singapore Institute of Southeast Asian Studies*, 2006, pp. 17–57.

再像过去那样把经济发展放在至高无上的地位,而是在继续以经济发展为中心的前提下扩大党的执政基础和加大推进社会协调发展的力度,力图推进政治公平和社会公平,在此基础上对人权和民主的尊重也增加了,其表现是党内民主和公民的政治参与进一步扩大,基层民主建设和法制建设也取得了一定的成就,国家对人权和公民自由的权利更加重视,人文关怀和人权成为公民和媒体经常提到的一个词语。与新加坡相比,中国国家意识形态保留了更多的传统,社会观念中有更多的等级因素,较少自由和平等意识。

小结

对新中两国执政方式、发展路径和意识形态及其影响进行比较时,进一步加深和丰富对这些问题的认识,还可以看到不同的模式所带来的不同结果和不同的经验教训,可以明确哪些是正确的选择,哪些是应该而且可以通过主观努力来做出调整的。

第十八章

"体制内"民主化的模式

"体制内"的民主化在一些国家取得了显著的进展，它正在成为当代世界民主化进程中的一种具有典型意义的新的路径和范式。20世纪80年代以来东亚和东欧的多个国家在不同程度上推进了这种转型，而马来西亚和新加坡则是这种"体制内"民主化的典型案例，这主要表现为它们在未发生政党轮替的前提下渐进而有效地将本国的民主和治理发展到了较高的水平。其典型意义还在于形成这种转型范式的主要因素具有相当的普遍性：政治现代性积累和内化的程度是民主的基本条件是否成熟的决定性因素，党国关系的疏离或紧密程度决定着民主化路径的稳定程度，体制的复合性、包容性或制度化水平的高低决定着"体制内"民主发展的程度。

当代世界民主转型的方式可以分为"体制外"和"体制内"两种范式或类型[①]，前者即经典意义上的以"政党轮替"为标志的民主转型，也即以往大多数政体的转型方式。后者则是在民主化新趋势下形成的没有发生政党轮替的民主化形式。因此，"体制内"的民主化是指在威权主义体制内民主转型的过程、模式或类型。其表现是在威权主义时期就一直执政的政党仍然执政和国家制度的基本形式没有发生重大变化的情况下，逐步发展起了多党竞争和公平的选举，并把民主治理发展到了较高的水平。民主化过程的渐进性、稳定性和有效性是这种民主化范式或路径的

---

① 以"体制外"和"体制内"划分民主转型的类型，是一种中国语境下的类型学，然而，它与经典的民主类型学共享一种知识谱系，并不是一国特有的。它既是一种转型路径的类型学，也可能是一种民主范式的类型学。

重要特点。从世界民主化的发展尤其是"第三波"民主化以来,在民主化的条件已经基本成熟的政体中,这种民主化范式正在成为一种趋势①,它正在由一种转型路径成为一种转型范式。因此,仅就其在威权主义体制内把民主发展到了前所未有的水平而言,无论这些政体以后是否发生"政党轮替",它们都已经具有了类型学的意义。

第一节 "体制内"民主化范式的形成

20世纪70年代末以后,数十个后发展国家相继卷入了世界民主化的进程,其中一些国家或地区的威权主义政体相继解体,民主政体取而代之②;一些国家开始了政治改革;一些国家或地区③尤其是马来西亚④和新加坡在威权主义体制内推进了民主化进程。从世界民主化的历史来看,在

---

① 塞缪尔·P.亨廷顿:《第三波:20世纪末的民主化浪潮》,中国人民大学出版社2013年版,第151—180页;李路曲:《世界政治转型方式的变化与中国的政治发展》,《甘肃社会科学》2013年第3期。笔者认为沿着这一趋势还会在一党体制中发展出更高程度的民主。需要说明的是,本书所指的民主转型并不包括当代"民主失败国家",因为失败国家的一个共同特点是政治发展水平不高,自身并没有发展起足够的政治现代性。亨廷顿在谈到人均GDP很高的石油国家没有转型的原因时就指出,因为这些国家的统治者垄断了国家唯一的资源,因而没有发展起市场和中产阶级,内部没有生长起足够的现代性。它们的民主转型主要是由外部因素引发的,而外部输入的现代性并没有得到有效的内化,所以,这些国家的转型所导致的失败是因为它们不是现代意义上的转型,而是政治发展水平较低的"历史上"的民主转型,是很多现代国家都经历过的历史上的转型。

② 塞缪尔·P.亨廷顿:《第三波:20世纪末的民主化浪潮》,中国人民大学出版社2013年版,第151—180页。

③ 实际上,除马来西亚和新加坡之外,东欧的波兰、德意志民主共和国和东亚的韩国、中国的台湾地区都曾经部分地实践了这一范式,在"体制内"推进了民主化进程。波兰的团结工会20世纪80年代在"体制内"的产生和发展推动了民主的平稳发展。中国台湾在20世纪90年代中期国民党仍然执政党时,在部分市县实现了政党轮替,它被国际评级机构评价为民主体制时是这时,而不是在"政党轮替"的2000年。Polity IV Project, "Polity IV Regime Trends: Taiwan, 1957 - 2013", December 2014(http://www.systemicpeace.org/polity/mal2.htm, 9 June 2016).

④ 本书多处使用了马来亚和马来西亚两个概念,马来亚(Federation of Malaya)也译为马来亚联合邦,成立于1948年1月31日,由马来半岛的9个马来州、海峡殖民地的槟城和马六甲所组成,均为英属殖民地。1957年8月31日马来亚联合邦独立。1963年9月16日马来亚联同新加坡、沙巴及沙捞越组成了马来西亚联邦。1965年8月9日,新加坡退出马来西亚联邦。可参见张锡镇《当代东南亚政治》,广西人民出版社1995年版,第140—149页。

"体制内"把民主发展到如此高的程度是前所未有的，无论是从质性还是量性的意义上来理解这种民主化范式，都意味着一种新的民主化路径或类型的出现。

自马来亚1957年独立始，以巫统为核心的执政党联盟就一直掌握着国家政权①。建国之初的12年在恢复经济的同时仍延续着殖民统治末期形成的多党政治，政治上较为自由，但国家治理缺乏效率，经济发展缓慢。1969年5月大选后华人与马来人发生了大规模的种族冲突，造成了巨大的社会动荡②，这说明当时的政治制度建设并不成功，因此，巫统实行了一党独大的威权主义统治③。在此后近20年的时间里，马来西亚的经济获得了长足的发展，人均GDP从1969年的300美元发展到1997年的4593.7美元。与此同时，市场和中产阶级也发展起来，在多元利益基础上的多元政治诉求基本形成，这种一般的结构性变量因重大偶然事件在特定的时间点的结合和互动放大了突变效应，即1997年爆发的亚洲金融危机引发了社会动荡和执政党的分裂，反对党迅速崛起，并进而在2008年的大选中促了一些实质性的政治变化。在2008年3月举行的第12届全国大选中，以巫统为核心的国民阵线仅获得222个国会议席中的140席，比上届大选降近27个百分点，并且这是自1969年以来执政党首次丧失2/3多数议席④。这种变化还表现在地方的选举中：尽管国民阵线保住了中央政府的执政权，但是反对党赢得了全国13个州政府中的5个

---

① 1957—1969年执政联盟为"联盟党"，1969年至今为"国民阵线"，其核心都是巫统。——笔者注

② 杨建成：《马来西亚华人的困境：马来西亚华巫政治关系之探讨（1957—1978）》，文史哲出版社1982年版，第255页。

③ Polity IV 对马来西亚的民主测量数据表明，1969年的评分骤降至1分，接近封闭型威权政体，1974年恢复选举后才升至4分，属于开放型威权政体，此后长期维持在这个水平。Polity IV Project, "Polity IV Regime Trends: Taiwan, 1957 – 2013", December 2014 (http://www.systemicpeace.org/polity/mal2.htm, 19 June 2016). 这表明，"5·13"事件后马来西亚也像很多东亚国家一样建立起了一党独大的威权主义体制。

④ 从选民来看，国民阵线在全国范围内的总得票率为50.38%，仅略高于反对党的46.63%。尤其是在马来西亚的政治经济中心马来半岛，国民阵线的得票率为49.65%，反而低于反对党的50.23%。黄海生：《多元族群政治的走向》，《星洲日报》2008年3月26日。

并上台执政①。这次大选在相当程度上改变了主要政党的力量对比，因为执政党失去 2/3 的议会多数意味着重要的法案只有获得反对党的同意才能通过，同时，国民阵线的中央政府也要受到 5 个反对党控制的地方政府的一定制约。正是由于这些变化，人们把 2008 年大选看成是马来西亚威权政治与民主政治的分水岭。

这也可以从民主指数的测评中得到支持。大选后，国际知名的民主测评机构"Polity IV"对马来西亚政体各项民主指数的评分从 3 分提高至 6 分②，也就是说，马来西亚不再被视为威权政体而成为民主政体。在另一知名测评机构"经济学人信息社"的测评中，它已经超过一些已经发生政党轮替的政体而成为民主政体③。此后，马来西亚的民主的进程仍然在推进④。尤其值得重视的是，其政党政治和公民社会已经成熟起来，为民主化提供了坚实的社会基础。这表现在尽管这一次大选执政党比 1969 年大选输得更多，或反对党赢得更多，但并没有引发严重的种族冲突，甚至连小规模的暴力都没有发生，双方都表示接受民主选举的结果。各方都表示依照选举结果移交地方政府的权力。

新加坡现代化与民主化的进程和路径与马来西亚基本相似，只是某

---

① 即槟城、吉打、吉兰丹、雪兰莪、霹雳 5 州，这 5 个州的政治经济地位十分重要，全都位于马来西亚政治经济中心——马来亚，"其中雪兰莪是马来西亚经济最发达的州，GDP 约占全国 1/4；槟城的科技和工业位居全国前列；吉打州和霹雳州号称"马来西亚粮仓"。宋效峰：《2008 年大选后马来西亚政党政治的走势》，《东南亚研究》2008 年第 5 期。

② 在 Polity IV 关于马来西亚政治的报告中，竞争性选举这一项给了 8 分，说明其选举已经具有较高的竞争性了。Polity IV Project, "Polity IV Regime Trends: Malaysia, 1957 – 2013", December 2014 （http://www.systemicpeace.org/polity/mal2.htm, 19 June 2016）.

③ 在"经济学人信息社"2008 年关于民主指数的报告中，东亚第三波民主化国家中只有韩国达到了完全民主，其他几个国家都为瑕疵民主，马来西亚得 6.36 分，也属于瑕疵民主，全球排名第 68 位，但已经超过了东亚发生多次政党轮替的印度尼西亚（第 69 位）和菲律宾（第 77 位）。民主指数见维基百科，2008 年 12 月 1 日 （http://zh.wikipedia.org/wiki/%E6%B0%91%E4%B8%BB%E6%8C%87%E6%95%B0, 2016 年 7 月 30 日）。

④ 马来西亚民主的发展在 2013 年第 13 届国会大选中得到了进一步的证实。这届选举的结果是：在总共 222 个国会议席中，执政的国阵获 133 席，比上一届减少了 7 席，百分比为 59.91%；反对党民联获 89 席，比上一届增加了 7 席，议席百分比首次突破 40%；同时，反对党以 50.87% 的全国总得票率超过了国民阵线的 47.38%，这是自马来亚独立后反对党首次超过执政党。庄礼伟：《马来西亚竞争型威权体制的走向：以选民结构为考察视角》，《东南亚研究》2014 年第 2 期。

些领域的发展程度和水平存在着一定的差异①。人民行动党1959年执政后新加坡经历了一个民主动荡的时期，这一时期各政党间斗争激烈，工人运动分裂，人民行动党通过镇压各种反对力量于20世纪60年代末建立了自己一党独大的威权主义统治②。经过近40年快速的经济和社会发展，中产阶级及其多元利益发展起来，进而在2011年5月的大选中取得了重要的进展。在这次大选中，反对党的得票率不仅是自独立以来最高的，达到了39.86%，而且在总共81名国会议员中有6名候选人当选，取得了一个单选区和一个集选区的胜利③，实际就是取得了两个地方政府的治理权。这次大选被称为新加坡政治的分水岭④。迄今为止，马来西亚和新加坡的执政党仍然是威权主义时期执政的政党，是"一党长期执政"，因此人们仍然按照经典的政治转型理论把两国看成是威权主义国家。但是，不仅比威权主义国家拥有更多的民主，而且马来西亚的民主程度已经超过一些转型后的民主国家了。虽然新加坡的民主测量指数还未达到民主政体的标准，但是由于其国家治理水平较高，因而其民主权利的实现程度相对较高，即有的国家民主秩序并不稳定，因而人们实际不能很好地享受宪法赋予的民主权利，而新加坡的宪法尽管没有赋予人民充分的民主权利，但人们可以充分地享受到宪法所规定的那些不多不少的民主权利。它们在一党长期执政并保持着强国家的治理方式和政治稳定的同时，执政党和反对党都以基本尊重宪法原则进行活动，这使得执政党保持着对国家权力的基本控制，而反对党又有一定的活动空间，其结果是民主的平稳发展⑤。

---

① 房宁等：《自由、威权、多元：东亚政治发展研究报告》，社会科学文献出版社2011年版，第299—338页。
② 同上书，第309—316页。
③ 李文：《新加坡大选：威权模式变脸》，《人民论坛》2011年第16期。
④ 在2015年9月的新加坡新一届大选中，反对党仍然与上一届选举一样获得了6个国会席位，没有进展，得票率还有所下降，但人们普遍认为这是因为李光耀的去世使选民对人民行动党产生了一定的同情效应所至。蔡裕林、许振义：《2015新加坡大选，分析一下为啥人民行动党获得压倒性胜利？》，2015年9月13日（http://weibo.com/p/1001603886726065082169?sudaref=www.baidu.com，2015年10月15日）。
⑤ 郑永年：《新加坡是优质民主》，《南风窗》2011年第5期。

这种"体制内"的民主化路径相比于其他国家的民主化具有明显的稳定性，这种稳定性的好处可以从与处于同一地区和同一时期开始民主化转型的印度尼西亚和菲律宾的比较来看。2015年两国的人均GDP只有5000—6000美元，而马亚西亚和新加坡分别达到了1.3万和6万美元[①]；苏联以及东欧各国和东亚的韩国、中国台湾地区也是在这一时期发生民主转型的，尽管它们转型前的经济发展水平就较高，但在转型过程中的发展速度尤其是政治的稳定性和有效性在相当一个时期不如马来西亚，尤其是不如新加坡。俄罗斯和东欧各国在转型后经济长期发展缓慢，俄罗斯还发生了威权主义的回归。马来西亚与新加坡相比，前者有更多民主的形式，后者的民主则更为"优质"，后者在民主形式较少的情况下能够实现自己的民主承诺并具有高水平的国家治理能力。

当然，与这些国家或地区相比，两国也存在着相应的不足，例如马来西亚在经济发展水平和民主程度方面都不是最高的，尤其是一些转型国家或地区稳定后的发展要比马来西亚更快一些。新加坡的经济和社会发展水平很高，但国家所面临的民主化压力越来越成为制约其国家治理有效性的因素。因此，这里并不是说未发生政党轮替是一国最好的选择，而是说各国要根据自己的实际情况来选择自己的民主化路径。但不可否认的是，这种路径或范式已经成为一种新的可供选择的民主化范式。

第二节 政治现代性的累积与政治体制的发展

政治现代性的累积及其在社会中的内化是推动民主化的基本要素，在威权主义体制中较早地累积政治现代性并进行民主的实践，不仅是推动民主化的前提条件，而且还是保证民主化有序和有效进行以及形成"体制内"转型的重要条件。因为在威权主义体制内积累并内化越多的现代性，就越可能提高这个体制和社会的适应性或制度化水平，提高它适应民主化的能力。许多国家的民主化之所以失败，就是因为它们没有把

[①] 世界银行GDP报告指数，2016年2月19日（http://data.worldbnk.org.cn/indicator/NY.GDP.MKTP.CD/countries/all? display = default, 2016年5月10日）。

政治现代性和民主的机制内化到自己的政治体系中，说到底还是缺乏现代性。

马来西亚和新加坡的政治体系具有较多的现代性，原因之一是它们在以民族政权取代殖民政权的同时基本保留了英国在本地建立的具有较高现代性的政治、法律和经济制度，而没有像多数新兴国家那样在推翻殖民统治的同时把其具有现代性的所有制度也同时摧毁了，完全以革命或民族主义的制度取而代之，导致了现代性积累的中断。实际上，英国作为最早的现代化国家，其统治方式具有相当的现代性。正如前述，马克思肯定了英国的统治具有现代性的一面。也就是说，我们在批判英国殖民统治的同时，不能完全否定它为殖民地带来的现代化和现代性。我们看到，随着殖民地人民的民族斗争和社会文明程度的提高，20世纪初以后殖民者已经在逐渐改变传统的统治方式，从镇压向镇压与妥协相结合，其统治方式上有温和化的趋势。尤其是英国是最早现代化的国家，与其他殖民者相比，其统治更加温和和具有现代性。一方面，建立现代民族国家为现代化提供了根本的合理性，也更具有政治现代性，这在那一时代是无法逾越的；另一方面，这不意味着民族主义与殖民主义相比在所有方面都有更多的现代性，在很多具体内容中包括制度、文化与行为方式上其传统因素或许更多一些，而这些传统性如果得不到适度的改造和转化，就不利于现代化建设，甚至会成为严重的阻碍，大多数后发展国家在这方面都有深刻的教训。

对于马来西亚和新加坡来说，尽管英国殖民者这种外来的和强加的现代性会与当地的文化产生冲突，但是时间导致了政治文化的变迁，其长期的统治也确实使现代性在一定程度上内化到了马来西亚和新加坡的社会之中[1]。

马来西亚和新加坡在20世纪50年代后期独立或取得自治时已经经历了100多年英国的殖民统治，因而其上层社会受英国的影响很大，两国的第一代民族运动领袖大多是从英国留学回来的。同时，在民族运动的压

---

[1] 颜清湟：《新马华人社会史》，中国华侨出版公司1991年版，第131—205页，第265—296页；李路曲：《新加坡：西化与儒化的历史角逐》，天津人民出版社2002年版。

力下，英国殖民者采取了妥协退让的政策，在为马来西亚和新加坡设计了一套政治制度后主动放弃了殖民统治。这样一来，马来西亚和新加坡的民族精英较轻易地取得了政权，没有因大规模的流血冲突而造成强烈的民族仇视情绪，因而在独立后也没有全盘改变原有的殖民制度，而是在国家层面以民族政治领导取代殖民主义的政治领导，但保留了英国政治体制的主要形式，这表现在两国的政治制度都是以1957年8月27日颁布的由英国代为起草的《独立宪法》为根据建立的[①]。按照这一宪法，马来亚和新加坡都建立了议会体制，作为国家权力中心的下议院议员全部由选举产生。每届大选后，由下议院多数党组织内阁，多数党领袖出任内阁总理[②]。同时，保留殖民统治的具有现代性的政治和法律制度，保留其所有的文官和法律专业人士。当然，新的民族政府也逐步对文官体制进行了一些民族主义改造，不但逐步起用本地人士取代殖民官员，而且采取培训的方式和举办各种社会活动使他们从忠于殖民当局逐步转变为忠于民族国家[③]。重要的是，保留这种专业性和现代性较强的制度及其人员为治理体系和治理能力从传统向现代的转变赢得了时间和动力，而不像有些国家那样在独立后发生了现代化的中断和传统体制的回归。

独立后两国都延续了20世纪50年代以来的多党选举制度，甚至在威权主义最强大的时期也是如此。马来西亚在1969年之前、新加坡在1966年之前的历次选举都有较高的竞争性，达到了国际评级系统对民主政体的最低要求[④]。当然，这时的民主治理水平是比较低的，民主的主客观条件并不成熟，难以应对复杂局面的挑战，因而两国分别在发生种族骚乱

[①] 在殖民时期，新加坡属于马来亚的一部分，因此，它们都适用于这一部《马来亚联合邦宪法》，即《独立宪法》。约翰·芬斯顿：《马来西亚》，约翰·芬斯顿主编《东南亚政府与政治》，北京大学出版社2007年版，第128—130页；韩方明：《华人与马来西亚现代化进程》，商务印书馆2002年版，第128—130页。

[②] 韩方明：《华人与马来西亚现代化进程》，商务印书馆2002年版，第198—199页；王瑞贺：《新加坡国会》，华夏出版社2002年版，第36—58页。

[③] 李光耀：《公务员必须保障民主制》，李光耀《李光耀40年政论选》，现代出版社1994年版，第521—523页。

[④] Polity IV 对马来西亚1957—1969年的民主测量结果为9分，属于民主政体。对新加坡的民主测量在1959—1965年为6分。Polity IV Project, "Polity IV Regime Trends: Taiwan, 1957-2013", 6 June 2014（http://www.systemicpeace.org/polity/mal2.htm, 9 May 2015）.

或街头抗议后实行了威权主义统治①。不过，尽管此后执政党对国家权力的垄断达到了顶点，也并没有因此而取消反对党和选举。我们知道，制度是权力冲突与斗争的中间变量，是行动者手中的工具和资源，执政党和反对党都可以加以利用，因而选举制度的保留为政党竞争和民主的发展提供了制度空间，这在威权主义盛行的时代显得更加可贵，并为20世纪90年代后期两国重启民主化保留了制度空间。

我们知道，第二次世界大战结束以来后发展国家一直经历着从传统社会向现代社会转变的过程，与之相伴，它们的国家建设或制度变迁也在经历着从传统向现代的转变，这种转变的基本动因并无二致：经济发展带来了生产和分配方式的革命，技术变迁使得物质和资源的交换时间和空间周期大为缩短，社会变迁使得公民社会成长起来，改变了国内的社会结构和行动者架构，文化变迁则在多种文明的冲突与融合中发生着从传统向现代的转变，这种宏观的外部环境的变化持续地累积了政治现代性，为制度变迁和政治发展带来了持续的动力。在这一宏观情景中，马来西亚和新加坡的特殊性可以这样来描述：较早和较多地累积了现代性尤其是政治现代性，这是导致它们较早和较多地实行现代的和民主的治理方式的重要因素，也使它们有足够的时间来内化这些外部输入的现代性，使得它们有更长时间的民主实践，从而为民主的渐进而稳定的发展创造了先决条件。尤其是在民族独立前后的几十年间，国际交流和传播作用还不像今天这样迅速而猛烈，现代性和民主性的内化都相对温和，其转型压力是逐步增加的。这与近几十年间快速的现代性或民主模式的输入使得一些国家无法承受、出现了急剧的民主转型有很大的不同。

从行动者、制度及结构环境的关系来看，在两国的民主转型中，外部因素尤其是来自英国的现代性输入是其政治转型的重要影响因素，整个社会文化例如英语环境在独立之初就已经有了很大的传播和普及，它对传统的制度产生了持续的结构性压力。而行动者作为制度实践的主体，也与很多后发展国家有所不同，不但第一代民族运动领袖大多是受英国

---

① 杨建成：《马来西亚华人的困境：西马来西亚华巫政治关系之探讨（1957—1978）》，文史哲出版社1982年版，第255页。

教育的，而且独立后保留的整个文官系统专业性和现代性较高，这对于其保留和运用原有的由英国所建立的现代化的治理体系有重要的作用。当然，主体的作用主要还是与其独立后采取了较为明智的持续推动而不是中断现代化进程的路线有关。"制度可以塑造和约束政治战略，同时也是政治战略、冲突和选择的结果。"① 正是在这种制度环境中，两国的执政党与反对党的政治精英充分利用政治体制所提供的活动空间进行博弈和制定自己的战略和策略，或者进行积极的动员，或者做出妥协，整个转型过程就是制度、行动者和环境三者之间在其特有的制度中不停交换的结果②。

第三节　政党与国家的关系是影响民主化路径的重要因素

从近几十年各国的民主转型来看，是采取激进的形式还是渐进的形式，有一个重要的制度因素在起作用，即在威权主义后期或转型时期执政党与国家的关系或距离：在其他相关干预变量基本不变的情况下，如果执政党与国家保持一定的距离或遵循一定的民主规则，那么就会产生渐进式的转型。这包括两条具体的路径和结果：一种是执政党通过国家可以容纳并控制反对党的发展和民主的进程，反对党也可以在更大程度上容忍执政党继续执政，结果是在一党继续执政的情况下渐进而稳定地推进民主的进程；另一条路径和结果是在渐进式转型过程中发生了政党轮替，但整个转型仍然比较稳定，当然不像前一种转型的稳定性高。在这种转型过程中，执政党逐步疏远了与国家的距离，向其他政党让渡了部分的政治权力，因而容易在更大程度上容纳和控制民主的进程。其间

---

① Thelen, Kathleen. "Historical Institutionalism in Comparative Analysls", *Annual Review of Political Science* 2.2 (1997): 369–404.

② Yang Razall Kassim, Transition Political in Southeast Asia: Dynamics of Leadership Change and Succession in Indonesia and Malaysia, Marshall Cavendish International (Singapore) Private Limited, 2005, pp. 261–288; William Case, Politics in Southeast Asia: Democracy or Less, Rouledge Curzon Press, 2002, pp. 83–97.

无论是否发生政党轮替,其民主转型过程都是比较稳定的。

斯莱特关于强国家民主化的论述值得重视。他指出,马来西亚和新加坡的强国家最初是20世纪40—50年代殖民统治后期英国殖民当局和本地精英之间的一种不寻常的强烈的反对革命的合作的产物,因而国家权力比执政党更为持久①。这就是说,这里的民族主义政党是"进入"而不是"推翻"原有的政治体制;进而,在这种制度因素的影响下,执政党逐步放松了它一度强化的威权主义的控制。"国家权力是一种比威权主义统治更有利于政治稳定的可依赖的资源。国家权力一旦被建构起来,就不再依赖于制度形式,民主像专制一样同样会有强国家的形式。"② 在这里,斯莱特显然是把威权主义看成是传统的执政党的权威,而国家权力的来源是多党政治,这是传统的执政党疏离国家权力的结果。

另一种制度关系及转型路径是,如果威权主义的执政党在转型时期过于强大,完全控制了国家,那么民主转型和政党轮替也就意味着整个国家体制的转型,这时也会出现两种具体的路径和结果:一种是民主改革在初期就被强有力的党国体制所遏止,政治回到超稳定状态。这种情况一般是因为执政党内反对民主化的力量较强,而党内外民主化的动力不足。另一种是在党外的民主力量与执政党内要求改革的力量相结合,在较短的时间内推动了政治转型,同时也导致了政党轮替。尤其是如果党外的力量或国际影响因素过于强大,那么这种转型就更为激进。由于这种转型是执政党和国家政治体制的全面转型,而新的民主机制难以在较短的时间内为人们驾驭,或者说转型因素还没有来得及被制度化,因而往往会导致政治动荡。有的国家可能因为夹杂着宗教因素的影响而长期处于政治动荡之中,而有的国家则可能会以不同程度的威权主义的回归来建立一个强国家的体制,后者一般更有利于民主的巩固和经济的发展。但如果回归过度,则可能不是民主的巩固而是政治发展的倒退了,这时经济和社会也难以发展。

---

① Dan Slater, "Strong-state Democratization in Malaysia and Singapore", *Journal of Democracy*, Vol. 23, No. 2, April 2012, pp. 19 – 33.

② Ibid. .

党国关系对民主转型影响的这一推断有较广泛的适用性。我们可以把党国关系与民主转型方式的关系划为三种类型：一种是党国关系最为紧密的政体产生了激进的转型方式，可以罗马尼亚和苏联为例；第二种是党国或党政关系处于中间状态而产生的温和的转型方式，这可以波兰、韩国和中国台湾地区等威权主义政体的转型为例，第三种类型是党国关系一直保持着相当的距离，转型一直是在"体制内"进行的，例如马来西亚和新加坡。实际上，当代发生政治转型的国家都可以在这三种类型或它们之间找到自己的位置。

第一种类型的起点是全能主义政体，这是一种执政党与国家基本合一的体制。罗马尼亚的体制和转型都是这种转型模式中最为极端和激进的。在这个全能主义政体中，党国完全融合在一起，"这种权力的极端个人化意味着在罗马尼亚不存在任何程度的机构自主性与社会多元性"[1]。因此，它没有产生组织化的民主反对派，也就没有协议式转型的博弈方。在苏联，所有的组织都被整合进党国体制中，连带着完全的计划经济，控制了所有苏联人的社会生活。因此，在转型过程中，它只是一个以全能主义的党国体制的主导者为一方的强大的博弈方和一个弱小的反对派为一方的半个博弈方，这个反对派可能努力生存下来并可能进行反抗，但是绝对没有谈判协议转型的力量。[2] 由此，苏联发生了"体制外"的非常激进的转型，在很短的时间内就完成了政权的更替。

第二种类型是转型前党国关系有了一定的距离，在执政党与国家之间有了一个以发展起来的市民社会为基础的有组织的政治组织或反对党。一般来说，威权主义政体是这种转型模式的主要代表。波兰是一种"更类似于威权主义的政体"[3]。在波兰共产党执政时期，波兰天主教会一直保留着相对自治的领域，从而可以使其在组织上和意识形态上防止自身和波兰民族完全融入全能主义的结构之中。天主教会创造了一套复杂的相互承认的权力模式，它甚至可以和国家进行谈判，这在其他共产主义

---

[1] 胡安·J. 林茨、阿尔弗莱德·斯泰潘：《民主转型与巩固的问题：南欧、南美与后共产主义的欧洲》，孙龙译，浙江人民出版社2008年版，第364页。
[2] 同上书，第66页。
[3] 同上书，第262页。

政体中是不存在的①。20世纪80年代以后,波兰形成了以团结工会和天主教会为一方、以军队和执政党为另一方的权力格局,正是由于执政党与国家拉开了距离,使波兰成为较为温和的"协议式转型的代表"②。这种转型模式在南美还有墨西哥③,东亚还有韩国、菲律宾、印度尼西亚和中国台湾地区。

第三种类型是马来西亚和新加坡。这两个国家的政党与政府的关系在独立后接受了殖民安排,保留了多党制度。在执政党最强大或威权主义最强势的20世纪70年代,执政党控制了国家,但它并没有完全独揽政治权力,也没有取缔反对党,反对党可以在选举时与执政党进行竞争。执政党与国家的关系在20世纪80年代后逐渐疏离,执政党越来越少地控制国会和政府,而反对党在国会和政府中的发言权逐步增大,形成了执政党与国家保持一定距离的制度。这样,即使民主化不断推进,由于党政关系的疏离,所以执政党的受挫并不意味着完全改变国家的权力结构,国家对社会的管控也不会被大幅削弱,这就基本保持了社会和政治稳定。

制度变迁理论支持了这一解释,即从制度属性来看,开放性强的制度通常更易形成温和的变迁方式,开放性弱的制度通常更易形成剧烈的变迁方式。一般来说,党国关系保持着一定距离的体制更倾向于开放,在这种关系中,由于在野党有一定的生存空间,有表达不同政见的管道,执政党并不绝对地垄断国家权力,这种制度之间的"体制内"冲突不仅容易导致政治变量的重新组合,而且这种集聚和扩散还会产生制度的内生性变化,可以培育起制度内部的协调机制,从而使制度可以通过政治的妥协和调整来推进政治的发展。而党国关系紧密的制度往往是一党垄断国家权力,在制度结构和权力结构上更易封闭,国家权力难以开放,制度本身难以生长起推动制度变革的因素及内部机制。其结果就是外部影响就成了制度变迁的主要动因,在特定的时间节点上外部巨大的偶然

---

① 胡安·J. 林茨、阿尔弗莱德·斯泰潘:《民主转型与巩固的问题:南欧、南美与后共产主义的欧洲》,第262页。

② 同上书,第271页。

③ 斯迪芬·海哥德、罗伯特·R. 考夫曼:《民主化转型的政治经济分析》,张大军译,社会科学文献出版社2008年版,第334—341页。

性因素对制度产生强烈的冲击力，结果是导致了激进的政治转型。

当然，党国关系是决定民主转型范式和路径的重要制度因素，但不是唯一因素。经典的民主转型理论认为推动当代民主化的最基本的因素是市场经济和市民社会的发展。从经济与政治关系的角度来看，那些已经发生政党轮替的民主化国家往往是在市场经济发展到一定水平后，面临着日益增加的转型压力，而执政党源于强大的组织和路径依赖，不愿意放弃自己的特权，压制了政治体制内在的现代性、适应性和包容性的生长，因而一旦压制不住改革派的诉求，就不得不发生政治转型。换言之，这种政体没有建立起执政党与反对党或多元政治力量共处的机制，没有民主的政治实践，只有一党统治的机制和实践。而当代那些未发生民主转型的政体往往是执政党同样或更加强大，市场机制没有发展起来，没有在此基础上生成的市民社会和各种改革力量，因而也就没有足够的转型压力，执政党或国家完全可以压制住微弱的转型诉求。

尽管马来西亚和新加坡也因市场和以中产阶级为主的多元政治力量的发展而面临着日益增加的转型压力，甚至强于某些转型国家，但是，由于它们保留了多元的政治体制，在威权主义体制内不断培育起执政党与多元政治力量博弈的政治机制，并为此进行了长期的政治实践，使政治体制具有了包容性和适应性，所以，尽管它们保留了一党长期执政的形式，但并没有因此而迟滞民主化的进程，换言之，增量变化同样能促进民主的实质性进展。

第四节　政治制度化水平是影响民主化路径和范式的重要因素

马来西亚和新加坡的政治体制都具有较高的制度化水平，是以较高制度化水平的政治体制来适应和包容民主化在"体制内"发展的。当然，两国的体制形式、现代性与民主性的程度有一定的差异，呈现出不同的特点。马来西亚是以一种制度的复杂性或复合性提高了制度的适应性和包容性水平的[1]，新加坡则是一种单一体制，它主要是通过发展制度的现代性尤其是提高治理水平和效率来增加制度的适应性和包容性的。我们知道，尽管现代性尤其是政治现代性与民主性具有高度的关联，但并不完全重合，民主也有传统与现代之分，即有的民主体制中传统的因素较多，历史上的民主政体都是如此，现代一些后发展国家的民主政体也是如此，而另一些国家包括少数后发展国家的民主则更具有现代性。从这两个国家的情况来看，马来西亚的民主化程度要高于新加坡，但其政治体制的现代性程度却低于新加坡，新加坡政治体制的现代性程度不但在威权主义制度中是最高的，而且与很多已经发生民主转型的政体相比，也更高一些。这不仅表现在它有现代文化的支撑[2]，而且主要表现在其制度运作的制度性或制度化程度较高，较少非制度性的传统的裙带、依附或人情关系，且高效而廉洁。所以，新加坡的重要特点是在威权主义体制内把现代治理方式和治理能力提高到了一个很高的水平，政治和法律制度的现代性和高效率是它具有较高的制度化水平的重要因素。当然，这里并不能完全否定新加坡仍具有一定的传统性，尽管强国家权威并不一定是传统的，但新加坡仍保留着低度的传统性，例如一党威权和一定程度的人治，由于这符合其转型社会的现实，所以威权主义与多元民主制度的适度结合也成为其制度有效性的一个重要机制。

马来西亚是一个多种族国家[3]，在其长期的政治实践中，孕育出了其独特的复合型政党制度，就是每个政党的成员主要是由单一种族构成的，同时它们又都以多种族政党联盟的形式参与国家政治，而且主要的政党联盟都是由马来人政党和华人政党所组成的，有的也包括印度人政党，并以马来人政党为核心。尽管巫统掌握着执政联盟和政府的核心权力，而且自独立以来一直执政到今天，但它从来没有单独执政过，都是联合其他种族的政党来共同执政，主要的反对党也都是由二个或多个不同种族的政党组成的联盟。马来西亚政治制度的这种复合性特点来自于它

---

[1] 当然现代性和民主性是这种体制的不可或缺的核心因素。
[2] 李一平：《东南亚研究论稿》，大通出版社2004年版，第192—198、119—135页；李路曲：《新加坡：西化与儒化的历史角逐》，天津人民出版社2002年版，第91—98页。
[3] 李一平：《东南亚研究论稿》，大通出版社2004年版，第93页。

多种族和多文化并存的现实,换言之,种族的多元性导致了政党制度的复合性。

政党政治的这种复合性的可行性和合理性在实践中得到了充分的证实与证伪。在民族运动方兴未艾之时,各种族都建立起了自己的政党,有马来人的巫统、伊斯兰教党,华人的马华公会和印度人的国大党,这些政党在日后都发展了起来。与此同时,跨种族建立政党的努力却屡屡失败,例如巫统创始人拿督翁就曾主张巫统应向非马来人开放,但遭到巫统内部马来领导层的强烈反对,于是他离开巫统于1951年组建马来亚独立党,这是马来亚第一个跨种族政党,宣布代表三个种族的利益。但是独立党在1952年吉隆坡市议会选举中败给了巫统和马华公会组成的竞选联盟。拿督翁在解散独立党后又另行组建了跨种族的国家党,但是国家党也在1955年举行的第一次全国立法议会选举中大败,一席未得[1],拿督翁也因此退出了政治舞台。"以族群为核心建立政党是马来西亚政治生态中最重要的纽带和原则,而跨种族的政党往往缺乏凝聚力。"[2]

虽然建立跨种族政党的实践失败了,但是建立跨种族政党联盟的努力却取得了成功。巫统和马华公会就在1952年结成同盟,并于同年的吉隆坡市议会选举中取得了胜利,这个联盟又于1955年在第一次全国大选中取胜,成为殖民统治末期的执政党,继而在1958年独立后成为马来亚真正的执政党。联盟党在成立后不断扩大,印度人国大党等一些政党陆续加入了联盟党,并于1974年改组扩大成"国民阵线",增加到14个政党[3]。执政联盟内部各成员党在组织上相对独立,各党主要是在大选时采用统一的旗帜、竞选标志和宣言,内部协商分配候选人、议席和政府职位。因此,这是一种介于一般的政党联盟和单一政党之间的政党组织,比一般的政党联盟有更加紧密的关系,比单一政党内部的关系又松散一些。

反对派也是由三大种族各自以本种族成员为主建立的单一种族政党

---

[1] 王国璋:《风云五十年:马来西亚政党政治》,永联印务2007年版,第7—17页。

[2] 宋效峰:《试析马来西亚一党独大制的历史合法性》,《广州社会主义学院学报》2008年第1期。

[3] 张榕:《宪政民主化道路上的马来西亚政党制度》,《东南亚纵横》2015年第5期。

组成的反对党联盟。伊斯兰教党和民主行动党分别是老牌的马来人和华人反对党,公正党则是后起的马来人政党[①]。这三大反对党组成了"替代阵线",在2008年大选中一举打破了国民阵线在国会维持了近40年的2/3的多数。反对党联盟内各政党具有更大的独立性,大选时各党不采用统一的旗帜、竞选标志和宣言,只是协商分配候选人和议席,以共同对付执政党,避免内部摩擦。

政党政治的种族性和复合性是马来西亚政治生态的一个鲜明特点,它表明,一方面,种族意识具有较强的凝聚力,是各种族的核心价值观;另一方面,随着现代社会的流动性和跨种族交流的日益频繁,多种族并存日益成为社会和政治生活的常态,各种族都有跨种族进行交流和增强种族团结的意识,即国族意识的建构,这也是市场经济和民族国家发展的必然趋势和结果。建立在种族和国族意识相结合基础上的马来西亚特有的政治意识是马来西亚政党联盟产生和运作的重要的精神机制,它深刻影响着其政治进程。

从当代很多民主转型国家的情况来看,如果一个国家是多种族尤其是各种族力量相对平衡,执政党是单一种族或以单一种族为主,尤其各种族都有以自己为主的居住区域,那么在转型时可能会产生两种后果,一种是国家解体,分裂成以单一种族为主的数个国家,像苏联和南斯拉夫等国;一种是发生民主的崩溃,国内各种族发生激烈的冲突,例如伊拉克和叙利亚等[②]。而马来西亚这种多种族的政党联盟结构或政治复合性具有较强的政治包容性、平衡性和凝聚力。它既在相当程度上适应了各种族的政治诉求,也保证了各种族之间的利益协调,并在此基础上协调和追求各种族共同的政治诉求,因而它在民主转型过程中不易产生种族分裂和政治动荡,有利于民主的稳定发展。当然,这只是导致民主转型稳定或发生国家分裂的重要的但非唯一因素。

马来西亚政治制度的另一个复合性特点是联邦制,它分为13个州和

[①] 廖小健:《安瓦尔事件后马来西亚的外交》,《东南亚研究》1999年第2期。
[②] 苏联的分裂主要与各种族有自己相对独立的聚集区域有关,伊拉克和利比亚则与执政党或政治权力掌握在单一种族手中有关。

3个联邦直辖区。这些地方政府的体制与中央政府体制类似，也实行议会制，由在选举中获胜的多数党组成州政府，这给反对党留下了上台执政的空间，执政党很难在每次选举中赢得全国所有州的胜利。在21世纪初的两次大选中，反对党分别赢得了5个州和2个州政府的执政权[1]。这种联邦制使得中央与地方之间的关系或政治输出不仅仅是自上而下的，而是有一定的双向性，更重要的是它具有很高的包容性，给反对党留下了更大的活动空间。

这种政党联盟和联邦制以较高的包容性和适应性为民主化提供了稳定性。因为相对于集体行动或多党联盟的行为来说，个体或单一政党的行为通常是被利益最大化和权力最大化所驱动的，而集体行动或多党联盟则要求更多地计算博弈方的行为，要更加开放、协商和寻求共识。联盟中各种政治力量或政党结合的程度及其有效性反映了集体行动的能力。从种族关系上来看，利用政党联盟而不是单个的政党来表达政治诉求本身就使得无论是执政党还是反对党都会为了维系联盟的存在而顾及联盟中其他政党的诉求，可以在更大程度上使马来人政党顾及非马来人政党的利益，从而缓解非马来人在政治上受歧视的情况，可以抑制各政党极端的尤其是带有种族色彩的政治诉求，从而增加政治协商和包容。从联邦制的角度来看，面对反对党日益增大的参与压力，执政党可以有更多的回旋余地，即它可以通过释放一些州议会的选举和执政权来满足反对党的参与要求，分散反对党在全国性选举中的竞争压力和执掌中央政府的诉求，使执政党可以集中力量保住国家层面的执政权。换言之，反对党的能量在非根本性的地方得到了一定程度的释放，从而缓和了它对根本政治体制的冲击。

亨廷顿指出，复杂的政治体制比简单的政治体制更能适应环境的挑战[2]。尽管亨廷顿是指现代社会专业区分化的体制与传统社会的简单体制相比较的情况，并不是指现代政治体制臃肿的复杂性，但它仍然适用于

---

[1] 张榕：《宪政民主化道路上的马来西亚政党制度》，《东南亚纵横》2015年第5期。
[2] 塞缪尔·P. 亨廷顿：《变动社会中的政治秩序》，张岱云等译，上海译文出版社1989年版。

当代正处于转型之中的大多数后发展国家政治制度的合理的复杂性，尤其是合理地运用这种复杂性。马来西亚的政治体制在相当程度上仍然是处于从传统体制向现代体制转换的阶段，利用好这种复合型制度是保证政治转型稳定行进的重要因素。实际上，非种族的和单一体制的政体都可以借鉴这种复合性体制，建立多元利益、群体和政党的协商制度，建立中央与地方的双向交流体制，很多后发展国家都面临着如何处理这一问题的困境。可以说，马来西亚通过建立并运用这种复合体制较好地调整了政治体制中各种力量之间的关系，包括中央与地方的权力关系，执政党与在野党的关系，政党与政治联盟之间的关系，尤其是民主化与政治稳定的关系。

如果说马来西亚更多的是利用复合性来提高其政治制度的适应性和包容性水平的话，那么新加坡则主要是通过构建政治制度的制度化水平尤其是国家治理能力及高度的法制化来提高制度的适应性和包容性的[1]。

国家治理能力表现为它的治理能否促进政治、经济、社会等因素的良性循环，具体表现为国家贯彻政策的能力，政府和公众遵守法律的程度，政治参与的水平和民众履行责任的状况等。[2] 为此，在发展过程中，国家要有推动政治变迁的能力，具体表现为政治领袖获取并组织各种政治和经济的流动资源以增加自身权力的能力、在社会中寻求支持与合作的能力、调解不同群体和阶层利益冲突的能力以及建立整合性制度和组织进行平衡的能力等。[3] 也就是说，国家的治理能力实际上包括国家管理社会的能力和国家适应社会的能力。对于后发展国家来说，在现代国家建设的初期，由于是国家控制社会，因此国家的管理能力更为重要；在现代国家建设达到一定水平后，由于市场和社会组织发展起来，因而国家与社会之间的互动更为重要，在这种环境中，国家的管理能力与国家对社会的适应能力是相辅相成的，国家只有在适应社会的基础上才能实行有效的管理。

---

[1] 当然，无论是马来西亚的制度的复合性还是新加坡的制度化的核心都是政治现代性。
[2] 冈纳·缪尔达尔：《亚洲的戏剧》，首都经贸大学出版社2001年版。
[3] 艾森斯塔德：《现代化：抗拒与变迁》，张旅平译，中国人民大学出版社1988年版，第68—69页。

在这一过程中，政治制度的创新尤其是适时调整国家与社会的关系始终具有重要的意义。亨廷顿指出，建构政治制度的适应性需要进行制度创新，因此，衡量一个政治体系的适应能力的标准是看它进行制度创新的能力。在现代化过程中，国家必须有适应新生社会利益集团和改变既得利益集团的能力，具有改变社会中各种传统政治力量权利关系的能力，有建立和发展起能够表达各种利益集团的政治组织的能力。如果一个国家缺乏这种适应能力，就有可能被取代；如果一个国家要在这种新的环境中保持自己的治理能力，就必须突破原有的功能和原则，减弱甚至背离"它对最初职责的承诺"[①]。

新加坡政府以高效廉洁而著称于世，而要做到这一点，就需要在经济和社会变迁过程中不断地进行创新。自独立以来，新加坡政府的自我更新进行得非常快，它是后发展国家中最早以技术官僚取代职业革命家担任国家领导人的[②]，因而最早实现了从革命党向执政党、从民族斗争向现代化建设的转变。同时，改革政府机构，进行现代法制和制度建设，在后发展国家中最早建立起法治社会，不但政府的廉洁指数多年位居世界前列[③]，而且社会的法制化程度也名列世界前茅。

新加坡政府的效率很高，它以小而强的政府来主导经济和社会的发展。小政府表现在政府的机构少和官员少[④]，强政府表现在政府主导经济和社会的发展，并实现了有效治理，同时，政府在严格的法律规范内行

[①] 塞缪尔·P. 亨廷顿：《变动社会中的政治秩序》，生活·读书·新知三联书店1998年版。

[②] Goh Chok Tong Facts, "Encyclopedia of World Biography", 2016年6月19日（http：//biography.yourdictionary.com/goh-chok-tong# 1Kma6JFipfEAKQ5P. 99, 2016年8月3日）。

[③] 新加坡近20年廉政指数排名均在1—8名，见透明国际（https：//www.transparency.org/），2016年5月12日。

[④] 新加坡是一个城市国家，有520万人口，面积720平方公里，它只有中央政府，没有地方政府，是一级政府。其中内阁各部16个，法定机构65个（新加坡政府网，2015年3月12日，http：//www.cabinet.gov.sg/content/cabinet/appointments.html，2016年2月17日）。而以新加坡面积和人口规模相当的中国省会城市为例，我国是市、区、街道三级政府，不但有市一级直属的政府分支机构——局、委、办，而且还有区一级政府的分支机构——局、委、办，以及街道。市一级的政府机构平均约有60个，区一级的政府机构平均45个。每个省会城市平均8个区，这样一来，中国省会城市的政府机构比新加坡要多5倍以上（参见各省会政府网）。

使自己的权力。在经济方面，新加坡的市场是最自由和最规范的，经济人享受到法律的有效保护。以对国有企业的管理为例，新加坡的国有企业在国民经济中占的比重很大，但却很有效率。国有企业高效的原因并不是来自于垄断，它与民营企业相比不享受任何特权，而是政府给国有企业像民营企业一样提供了自由和规范的市场保护，并遵照市场原则设计了现代企业制度，按照任人唯才的原则选派企业精英进行管理。

在社会管理方面的有效性来自于它随着社会变迁而调整自己的治理模式。为了适应经济市场化和社会多元化的发展，新加坡政府不断改革传统的由政府单独治理的方式，建构政府与社会之间的新型的良性互动关系，提出了政府与社会组织进行"互赖式治理"的原则。按照这一原则，政府在自身积极而合理地发挥作用的同时，对社会组织秉持越来越开放的态度，积极培育和创建社团组织。一般来说，在威权主义国家中社会组织的发展受到国家的限制，这在一定的社会发展水平上有其合理性，但在经济市场化和社会多元化发展起来以后，国家单独治理就会限制多元的活力，最终削弱国家自身的治理能力。对此，新加坡政府既不放任也不压制社会组织的发展，而是由政府扶持和培育一批具有实际办事能力的社会公益组织和社团，赋予它们在特定领域的优先活动权。这样，政府获得了社会组织的支持，其简政放权不仅不会导致治理能力的弱化，由于调动了社会组织的积极性，反而可以在减少政府机构的情况下进行有效的治理。

马来西亚和新加坡高制度化的体制具有相当的普遍意义。无论是马来西亚的复合型制度，还是新加坡的以政府为中心的多元协调机制都增加了政治体制的协商性、包容性和适应性能力，它不仅促使各政党或各利益群体进行协商，还抑制单一力量的极端要求。无论哪一种体制，其核心都是治理能力问题，如果没有高水平的治理体系和能力，就谈不上适应性和包容性。相反，如果要保持自己的治理能力，就一定要不断地以适应经济和社会变迁为导向进行制度创新，使自己具有包容性和适应性。实际上，协商式民主也是一种复合型政治，是一种对多元利益进行协调的政治形式。只不过如果只把它看成是一种程序而在操作层面上展开，就远远不够，要在政治制度层面展开才有更大的包容性和适应性。

小结

"体制内"的民主化程度越来越高,而"体制外"的民主化越来越温和[①],因此"体制内"与"体制外"民主化的界限正在缩小,尽管两者仍属于不同的类型,但其差异主要是量性的。近十几年来,"体制内"的民主化更为有效,正在成为一种趋势,其渐进性和有效性更是当代民主发展的必然要求。这种民主转型已经不是从封建体制向近现代体制的转型,而是在经历了不同政治发展阶段上的数次不完全的转型后具有相当现代性的半传统半现代体制向更现代的体制的转型,因而过去的那种尖锐而激烈的制度对抗已经不复存在。从制度变迁的视角来看,这种结构性替代更加开放和多元,不但受到更为复杂的外部和内部因素的影响,而且应对这些因素的制度也更为开放和多元,新的制度和新的环境不停地进行着交换,很难发生断裂性的变迁。

---

① 李路曲:《世界政治转型方式的变化与中国的政治发展》,《甘肃社会科学》2013 年第 3 期。

第十九章

国家治理方式

新加坡的比较价值在于它的治理方式与中国有基本的相似之处，且治理体系有较高的现代化水平，而且也走过了一条渐进式转型与改革之路，因此，这种相似案例的比较是在相关的案例设计和比较框架中最容易离析出量性差异或可操作性经验的。两国国家治理方式变革的相同之处表现在：两国都是在保持政治稳定的前提下以强国家来推进现代国家建设、推进市场化和社会多元化的进程。两国国家治理方式的不同之处表现在：在国家治理体系的现代化，包括建立责任型政府、民主化、法治化、市场化和社会组织的发展方面，新加坡的改革更早也更为深入和成熟，其特点是从强国家弱社会向国家与社会相平衡的方向发展。这对于正在沿着这一方向进行改革的中国来说有着重要的参考价值。

第一节 新加坡与中国治理方式比较的方法论意义

以往以中国为坐标进行的国家治理方式的比较研究，主要有两条学术理路，一条是把中国的渐进式治理方式的改革与一些国家激进式的改革或民主化路径进行比较，另一条是与一些国家的渐进式的治理方式的变革进行比较，这也包括与同一国家的不同发展阶段的不同发展模式即渐进式改革或激进式改革的比较。与激进式的改革路径进行比较的学术理路主要是与近几十年来发生民主转型的国家的比较，包括苏联—俄罗斯、东欧、东亚、拉美转型国家的比较，①这种比较阐明了激进式转型造成的政治失序和中国的渐进式改革保持了经济和社会的较快发展，因而增加了对中国模式的自信。但是这种建立在相异案例比较基础上的研究所得出的小结过于宽泛而缺乏量性和可操作性，即我们只得出了在特定时期尤其是当代的转型中渐进式改革更为可行，但缺乏其可行或渐进程度的比较性度量。

与渐进式改革国家治理方式进行比较的学术理路主要包括两个方面：一是与一些正在发生渐进式转型的国家进行比较，例如新加坡、马来西亚和越南等；二是与发生过激进式转型，但政局已经稳定并推进渐进式改革的国家进行比较，这类国家较多，甚至包括与西方国家在某一领域进行的治理方式的改革进行的比较。但后者由于相关干预变量的差异较大，因此，可以把它看成是一种介于渐进式转型与激进式转型国家之间的一种治理方式，正是因为如此，这类国家的经验容易被忽视。②一般来说，在渐进式治理方式之间进行比较，即相似案例之间的比较，更易于离析出两者发生不同变化的原因，尤其是更易获得量性变革即可操作性的经验，从而对改革的程度有更精确的认识。目前在这方面缺乏系统性或深入的比较成果，大多数比较局限于经验学习和试错的层次。

从中国国家治理方式渐进式变革的现实来看，更需要与进行渐进式变革又比我国的治理水平更为现代化的国家进行比较。在这方面由于过去我们是以经验学习的方式进行比较的，尽管这是一种有一定可操作性和比较稳健的比较方式，也给我们提供了一些有益的借鉴，但是由于这种比较只是潜在性的，没有直接而明确的比较，无法纳入所有重要的相关干预变量进行充分的证实与证伪，这就在很大程度上无法确定比较对象即相关案例及经验之间的真实或完整的相似性或差异性程度，使我们无法全面及深刻认识相似的治理方式及其经验为什么会有不同的效果。

---

① 例如中国苏联东欧史研究会编《现代化之路：中国、俄罗斯、东欧国家改革比较》，北京当代世界出版社2003年版。

② 例如，我国学界曾对韩国的激进式转型和民主化进程进行过研究，但对其近十几年来国家治理的成功经验关注较少，现在国际上对韩国的各种治理指标评价都较高，2014年韩国人均GDP已经达到2.8万美元。参见"金融界"网站（http://gold.jrj.com.cn/2014/12/29202018621305.shtml，2014年12月29日）。此外对美国等国家在某一领域中的治理方式的研究也需要关注。

例如，中国企图学习新加坡管理国有企业的方式，实行了股份制和由国资委来管理国有企业，但这更多是形式上的，并没有把影响企业制度的政府与国有企业的关系和市场化程度以及意识形态等干预性变量放进去进行系统的比较研究，因而这种学习或改革的效果有限。

已有的以中国为中心的关于国家治理方式的比较研究，不仅比较的方法和程度有很大不足，而且都是从当时的需要出发，也都只是部分地完成了国家治理方式比较的历史使命。尽管进一步的比较研究或者说任何一种研究都不可能终结这一领域的研究，也不可能完美，但面对已经走上国家治理体系和治理能力现代化之路的中国来说，面对以往比较研究的不足，我们需要更加系统而规范的比较研究，进而，从现实出发，把比中国治理方式的现代化水平更高，并且发展路径相似和诸多主要的干预变量也相似的新加坡作为比较对象，既有利于对比较的对象即国家治理方式以及相关干预变量进行证实和证伪，也有利于阐明中国国家治理方式改革所应有的向度和程度。

我们还可以从与苏联—俄罗斯的比较来看与新加坡比较的合理性。把苏联—俄罗斯的国家治理方式作为学习或比较对象一直是中国政府和学界最重要的比较研究之一，这与两国作为社会主义大国因而具有相似性是分不开的。从方法论上来看，由于这是一种相似案例的比较，是最易借鉴和学习比较对象的治理方式的。从学习苏联的社会主义模式，学习苏联的政治经济改革，到 20 世纪 90 年代后又研究苏联—俄罗斯的政治经济转型以及普京时代俄罗斯的改革和国家治理方式，[1] 这些都是从中

---

[1] 这方面的著述颇丰，重要的成果有吴玉山《俄罗斯转型（1992—1999）：一个政治经济学的分析》，(台北) 五南图书出版公司 2002 年版；关海庭《中俄体制转轨模式的比较》，北京大学出版社 2003 年版；黄宗良《书屋论政》，人民出版社 2005 年版；陆南泉等主编《苏联兴亡史论》，人民出版社 2004 年版；曹长盛等主编《苏联演变中的意识形态研究》，人民出版社 2004 年版；王长江《苏共：一个大党衰落的启示》，河南人民出版社 2002 年版；许志新主编《重新崛起之路：俄罗斯发展的机遇与挑战》，世界知识出版社 2005 年版；冯绍雷、相蓝欣主编《转型理论与俄罗斯政治改革》，上海人民出版社 2005 年版。国际比较政治学界研究的代表性成果有：Arend Lijphart (ed.), *Parliamentary versus Presidential Government*, Oxford: Oxford University Press, 1992; Larry Diamond (eds.), *Consolidating the Third Wave Democracies*, Baltimore: Johns Hopkins University Press, 1997。

国的现实关怀或比较需要出发的。然而，在苏联发生转型的一段时期里，这一比较不再是相似案例的比较，而是相异案例的比较了，因此，这一比较不再是解决如何借鉴可操作性经验的问题，而只是解决哪一种转型及治理方式更好的问题。在解决了这一问题后，中国与俄罗斯之间比较的现实意义越来越小了，这主要是因为俄罗斯的政治制度发生了很大的变化，这一方面表现在尽管两国现在都有中央集权的政治机制，但俄罗斯是在发生了政治转型后形成的中央集权，因而两国的各种政治变量都有很大的差异：俄罗斯有一定的选举政治，反对党都有所发展，国家与企业的关系不再是国家主导，产权结构不再是以国有企业为主，执政党和意识形态不再是社会主义的；另一方面，中国国家治理的现代化水平和经济发展也赶上或超过俄罗斯了，因此它不再适宜作为中国比较学习的对象了。当然，这不意味着中国不能像俄罗斯学习一些具体的经验，而是说与相异性案例进行比较，不仅无法得出相似度或可操作性较高的经验，而且即使某些具体的经验看起来是相似的，但由于相关干预性变量的差异很大，因而也很难具有可比性和可操作性。

　　从中国提高国家治理方式现代化水平的比较要求来设计比较的对象或案例，比较的对象或国家至少应具备以下条件：后发展国家，正在进行渐进式的国家治理方式的改革，经济和社会发展水平更高，是强国家的治理模式更好。实际上，这些条件或变量就是我们这个比较框架中的重要的自变量、干预变量和因变量，而具备这些条件或因素的国家实际上是我们在一个广泛的国家群中比较选择出来的，是把这一时期东亚与东欧正在转型并在进行国家治理方式改革的各国放在一个比较框架中进行分析的结果。[1]

　　我们知道，自20世纪80年代以来，东亚和东欧的数十个国家都处于社会和经济的转型过程中，它们都在进行国家治理方式的现代化建设和

---

[1] 马太·杜甘：《国家的比较：为什么比较，如何比较，拿什么比较》，文强译，社会科学文献出版社2010年版。

改革。① 这两个国家或案例群一个是前社会主义国家，另一个"东亚模式"国家，这两个实际对中国来说是一个案例群，因为中国既是社会主义国家，也是东亚国家，因此，这些国家的转型发展与治理方式与中国有着直接可比的重要意义。进而，我们将这一时期东亚和东欧进行转型发展和改革国家治理方式的国家或案例放在一个比较框架中进行分析，发现国家治理方式的改革越是渐进，国家治理就越是稳定；改革越是激进，国家就可能越发不稳定；同时，改革越是渐进，国家发展的动力就越小，制度变迁也越慢，甚至可能受到阻碍。反之，越是激进性的改革，改革的动力就越大，就越容易冲破对改革的阻碍；同时，过于激进的改革，由于在短时间内改变了国家和社会结构，人们难以适应，即违背了文化变迁的规律，因而威权主义回归的可能性就越大，改革的成果也难以巩固。最后，只有相对稳定和适度的转型和改革才可能推进国家治理方式的现代化建设，有效地提高国家治理能力。因此，我们需要找到在国家稳定和改革力度这两个变量中能够取得相对平衡以达到最大效益的国家为比较对象，这就是新加坡。

新加坡的比较价值就是通过以上的案例设计和比较框架的设立及其对相关变量的排列组合进行分析而得以确立的。由此，中国与新加坡治理方式的比较可以避免相异案例比较得出的小结过于宽泛因而缺乏可操作性的问题；同时，由于新加坡与中国的治理方式相近并且发展水平更高，从比较方法和治理经验上来说，容易离析出它们发生不同变化的原因，容易离析出中国可以借鉴的经验。当然，由于构成转型发展和国家治理水平的因素是复杂而多变的，因此，每个国家在转型方式与政治回归之间、在稳定与发展之间、在治理方式与政府效率之间的关系并不完全相同，因此，任何一个国家或案例包括新加坡与中国治理方式的比较价值都是相对而不是绝对的，一定的比较只是在一定的时空条件下才可能具有更大的比较价值。换言之，即阐明什么样的渐进式改革才能在保

---

① 胡安·J. 林茨、阿尔费弗莱德·斯泰潘：《民主转型与巩固的问题：南欧、南美和后共产主义欧洲》，孙龙等译，浙江人民出版社 2008 年版；Case, William, *Politics in Southeast: Democracy Or Less Routledge Curzon 11 New Fetter Lane*, London, 2003。

持国家的治理权威与化解阻碍改革的因素这一对矛盾中达到次优平衡状态。具体来说，新加坡与我国一样处于渐进式转型和治理方式改革的相近位置，但发展比我国更早，现代化程度更高。从1959年人民行动党执政时的人均GDP 100美元发展到2016年的人均GDP 56000美元①，新加坡已经建成了发达的市场经济和法治社会，民主政治得以稳定推进，政府的治理能力位于世界前列。这主要得益于它持续有力地推动治理方式的现代化改革，在政治稳定和改革的力度之间保持一种平衡，在这一过程中它建立了领导层的制度化的更新机制，解决了党政分开和机构臃肿的问题，化解了利益集团对改革的阻碍。

第二节　后发展国家治理方式的理论及其演进

国家治理方式的现代化主要是指提高国家治理的现代化水平或增加治理的现代性含量。对于现阶段的中国来说，主要是指治理方式从传统向现代的转变，这既是后发展国家独立之后在国家治理中所面临的基本问题，也是提高国家治理能力的主要内容和基础。近年来，后发展国家主要面临的是在现代化初期形成的具有一定现代性的治理方式的基础上进一步提高现代化水平的问题，甚至需要构建适应后现代化发展的治理方式。这些是阻碍后发展国家提高治理效率和治理能力的主要问题，这也是提高国家治理能力的基本路径和基础。

治理方式与治理能力并不是同一个概念，尽管这两个概念在现实的应用中有一定的重合，但是也存在着明显的差异。因为无论是传统的治理方式，还是现代的治理方式，都有一个治理能力高低的问题。治理方式的传统化或现代化都可能导致治理水平的高效或低效，这取决于治理者的领导能力和操作能力，取决于治理体制是否合理或是否与治理的环境相适应。

---

① 根据IMF发布的2015年全球各国人均GDP排名，2014新加坡为54000美元，中国为7130美元（http://gz.kblcdn.com/new/detail.aspx?id=2007），而1949年中华人民共和国成立时的人均GDP约为人均100美元。

第十九章　国家治理方式 / 627

关于国家治理能力或国家能力的研究，西方政治学者在20世纪初已经展开，这与现代民族国家最早发生于欧洲有很大关系。马克斯·韦伯指出，国家能力就是国家合法使用自己的独占性权力进行活动的能力，是国家以国家的政治统治能力和政治管理能力为基础治理整个社会的能力。20世纪中叶随着结构功能主义理论在政治学中的发展，一些学者开始从这一视角来探究国家治理能力问题。帕森斯将与一定的政治制度相联系的国家权力的大小看作是衡量国家能力强弱的标准，认为国家正是通过政治制度来控制国家内部不同利益间冲突的，政治体制可以促进内部不同群体间的沟通与互动。① 结构功能主义政治理论的另一位代表伊斯顿将国家活动表述为政治体系的输出和输入过程，由此，国家能力的强弱直接表现为政治体系输出效果的好坏；同时，政治体系对环境的适应或反馈情况会间接影响政治体系的输出效果，因此，对环境的适应和应对能力也是国家治理能力的重要内容。

20世纪80年代新制度主义研究进入国家领域之后，也对国家治理能力进行了研究。缪尔达尔指出，国家治理能力表现为它的治理能否促进政治、经济、社会等因素的良性循环，并将国家能力进一步具体化为国家贯彻政策的能力，政府和公众遵守法律的程度，政治参与的水平和民众履行责任的状况等。②

另一位新制度主义者海因兹指出，作为一种制度体系，国家对领土范围内的人口进行保护、统治和管理，对财产分配和社会结构分层施加影响的能力就是国家治理能力。他指出，社会结构和财产制度的变化以及军事力量的大小对国家存在和活动能力有着不同寻常的影响。③ 显然，这两位学者都已经注意到社会对国家的反作用，从社会与国家互动的角度思考国家与社会的关系，这与单向度强调国家作用相比有了很大进步。

---

① T. 帕森斯：《现代社会的结构与过程》，梁向阳译，光明日报出版社1988年版，第148页。

② 冈纳·缪尔达尔：《亚洲的戏剧》，方福前译，首都经贸大学出版社2001年版，第270页。

③ Otto Heinz, The State in Historical Perpective, in Reinhard Bendix ed., *State and Society: A Reader in Camparative Political Sociology*, Berkeley: University of California Press, 1973 Berkeley: University of California Press, 1973.

阿尔蒙德从政治体系对环境的适应能力的角度对国家能力进行了分析，认为环境影响着政治体系的发展，进而影响着政治体系或国家的能力，"一个结构上分化、文化上世俗化的政治体系，将日益增强其影响国内外环境的能力"[1]。进而，政治体系的现代化能够提高其制定和贯彻政策的能力。如果说阿尔蒙德所强调的是政治体系或国家的整体的适应能力的话，那么艾森斯塔德则具体分析了政治领袖在政治体系中进行变迁的能力，认为政治体系中倡导利益与权力再分配的新政治领袖的能力决定着政治体系的变迁能力，这具体表现为他们在社会中寻求支持与合作的能力、获取并组织各种政治和经济的流动资源以增加自身权力的能力、调解不同群体和阶层利益冲突的能力以及建立相关平衡和整合性组织和制度的能力等。[2]

公共选择理论从国家能力的有限性角度关注国家的治理能力，强调政府干预的局限性和缺陷。布坎南把"经济人"假设这一理论从经济领域延展到对国家的分析中，认为政治领域的个人或国家都会像市场领域中的个人和集团一样追逐私利。[3] 因此，国家的政治活动不会自动代表公共利益，国家的干预也不必然会追求公共利益，所以国家活动能力的增强并不意味着国家追求公共利益能力的增强。[4] 新制度经济学派的诺斯也对国家持"经济人"假设，认为国家是行使暴力的比较利益组织，它的目的是使统治者的福利和效用最大化，其行为受成本—收益驱使，即国家具有双重目标，一方面通过向不同的利益集团提供不同的产权来获取租金的最大化，另一方面，国家还试图降低交易费用以推动社会产出的最大化，从而谋求增加国家税收。国家的这两个目标经常是冲突的，即

---

[1] 加布里埃尔·阿尔蒙德、小 G. 宪厄姆·鲍威尔：《比较政治学：体系、过程和政策》，曹沛霖等译，上海译文出版社 1987 年版。

[2] S. N. 艾森斯塔德：《现代化：抗拒与变迁》，张旅平等译，中国人民大学出版社 1988 年版。

[3] 詹姆斯·M. 布坎南：《自由、市场与国家——80 年代的政治经济学》，平新乔等译，上海三联书店 1989 年版。

[4] 庞金友：《国家为何不能超限：当代西方国家限度理论的逻辑进路》，天津师范大学政治文化与政治文明建设研究院编《"比较视野中的国家建设与国家治理"学术研讨会论文集》，2015 年 3 月。

"诺斯悖论"。① 基于国家与产权制度的密切关系，诺斯主张将国家能力界定为与产权相关的"暴力潜能"。暴力潜能能否平等分配和提高经济的绩效，与产权的效率和政治统治的控制力相关。布坎南和诺斯关于政府作用和能力的论述阐明了国家治理能力的消极性和有限性。

从学界关于国家治理能力论述的学术理路来看，基本遵循着从强调国家的作用到强调国家与社会互动再到强调国家能力的有限性这一路径，这一学术理路与现代国家建构的发展包括国家与社会关系的发展相适应，从历史进程来看，主要是与西方国家治理方式的发展相一致。这一理论对于后发展国家的适用性可以从历史进程的必然性和特殊性两个方面来看，必然性是指尽管后发展国家现代国家的建设及其关于国家治理体系和治理能力的研究要晚于西方国家200年以上，但仍然表现出了从强国家到国家与社会共治的历史趋势；后发展国家的特殊性不仅表现在其历史的滞后性，这使它在西方国家已经需要强调和发挥社会作用的同时，还要保持较强的国家功能，而且由于外界竞争的压力及追赶的需要，需要借助国家的力量来加速推动现代化的进程，这与西方国家在工业革命时期主要是借助市场的力量有很大的不同。尽管西方国家在现代化进程中的作用也不能忽视，但在程度上相关甚远。尽管在特定的现代化阶段也有加强国家干预的举措，但那只是历史必然性中的偶然性，很快就会被市场化改革所替代。其实，"后发展国家""亚洲模式""东亚模式""中国模式""新加坡模式"这些概念都意味着提倡强国家的治理方式。近几十年来，在后发展国家中，随着市场化进程的推进，也出现了改革政府功能、下放政府权限和培育社会组织的趋势，这已经成为后发展国家的普遍选择，尽管各国发展的程度仍有较大差别。

由此看来，国家的治理能力实际上包括国家管理社会的能力和国家适应社会的能力。在现代国家建设的初期，由于是国家控制社会，因此国家的管理能力更为重要；在现代国家建设达到一定阶段后，由于社会组织发展起来，因此国家与社会之间的互动更为重要，在这种环境中，国家的管理能力与国家对社会的适应能力是相辅相成的，国家只有在适

---

① 道格拉斯·诺斯：《经济史上的结构和变革》，厉以宁译，商务印书馆1992年版。

应社会的基础上才能实行有效的管理；同时国家只有实行有效的、有较强规范力的管理，才能为社会组织提供良好有序的发展环境，使公民社会得以健康发展。

在这一过程中，政治制度的创新尤其是适时调整国家与社会的关系始终具有重要的意义。亨廷顿指出，建构政治制度的适应性需要进行制度创新，因此，衡量一个政治体系的适应能力的标准是看它进行制度创新的能力的强弱。在现代化过程中，国家必须有适应新生社会利益集团和改变既得利益集团的能力，具有改变以往的社会各种政治力量关系的模式，有建立和发展起能够表达各种利益集团的政治组织的能力。如果一个国家缺乏这种适应能力，就有可能被取代；如果一个国家要在这种新的环境中保持自己的治理能力，就必须突破原有的功能和原则，减弱甚至背离"它对最初职责的承诺"[1]。由于后发展国家是在较短的时期中加速进行现代化和国家建设的，因此在这方面对国家制度变迁能力的要求也更为明显。

国家的治理能力可以具体分为国家的汲取能力和国家的规范能力等。国家的汲取能力是指国家从社会中获取财富和人力等资源的能力。汲取的多少是衡量汲取能力的标准，一个国家首先要具有相当的汲取能力，否则它不能获得支持自己生存或运转的资源。但这不是说汲取得越多越好，也不是说汲取得越多就说明国家的治理能力就越强，因为在任何体制中国家对社会的汲取都应该有一个度的问题，超过了一定的限度，将使社会的资源越来越枯竭，国家可汲取的资源就会减少。[2] 正如查尔斯·蒂利指出的，国家能力的增强往往与资源的汲取是一对矛盾。国家为了组织战争和组织政府而进行的汲取行为，往往受到民众不同程度的抵制，与此相对，为了确保国家的汲取能力，国家只能加强控制能力，而对于国家机器而言，控制能力的增强通常需要以增加相应的人力和物力为前提，这就又增加了国家汲取的需要，这就形成了一种恶性循环。这一恶

---

[1] 塞缪尔·P. 亨廷顿：《变化社会中的政治秩序》，王冠华等译，生活·读书·新知三联书店1998年版。

[2] 苏联工业化和集体化中的剪刀差和中国工业化和人民公社化中的剪刀差问题都说明了这一点。

性循环的存在，恰恰证明了国家汲取能力的有限性。

　　应该说，这种矛盾更多地发生在现代国家建设的初期或国家强大而社会弱小的体制中，这在后发展国家独立后的一个时期表现得更为明显。20世纪30年代苏联的社会主义集体化和工业化①和20世纪50年代末至70年代末中国的人民公社化和工业化时期都是国家过度汲取社会资源导致社会资源枯竭的重要例证②。这是由于后发展国家处于现代化的追赶状态，往往需要国家发挥更大的作用，因而这种矛盾更易于发生。在社会转型时期，一方面，变迁剧烈的现代社会需要强大而有效的国家进行规范和扶助，另一方面，社会自主性的提升、全球化进程的加快不断冲击和削弱着国家的行动能力。当然，不仅由于现代国家发展的水平和特色使早发现代化国家和后发展国家对国家汲取能力的要求有很大差异，而且每个后发展国家在不同发展时期对国家的汲取能力以及与此相关的适应性也有不同的要求。

　　国家的规范作用既包括国家对社会结构的规制管理，也包括国家对社会资源的规范管理或分配，其能力高低即表现在国家贯彻这些规制的能力。然而这并不是说规制越严，国家的规范能力就越强，这也存在着一个"度"的问题。规范过度，会使社会失去活力；规范不够，会使社会运作发生混乱；规范适宜，社会活而不乱。从社会结构上来看，对产权的规范是最基本的规范内容，因为产权本身就是一种社会结构，"产权是个人对自己所拥有的劳动、物品和服务的占有。占有是法律规则、组织形式、实施及行为规范的函数——也就是说，它是制度框架的函数"③。而国家对社会的规范能力就集中体现在界定和实施有效率的产权之上，唯此才能保证规制的有效性。然而，不但这种产权方式是国家与社会博

---

①　可参见樊亢主编《苏联社会主义经济七十年——苏联经济发展史》，北京出版社1992年版；陆南泉等编《苏联经济发展七十年》，机械工业出版社1988年版；雅·阿·约夫菲、列·巴·兹洛马诺夫编著《苏联社会经济发展统计资料手册（1917—1977）》，求实出版社1984年版等。

②　周其仁：《中国农村改革：国家和所有权关系的变化（上）》，《管理世界》1995年第3期。

③　道格拉斯·C.诺斯：《制度、制度变迁和经济绩效》，刘守英译，上海三联书店1994年版，第45页。

弈的结果，而且国家的规制本身也要受交易成本的约束，尤其是要防止无效率的产权的出现，后者会直接威胁到国家的生存。当代俄罗斯发展的停滞就与其产权关系的不合理有着密切的关系。[①]

国家要想保持汲取能力和规范能力的有效性，就要以处理好国家与社会的关系为前提，因为国家能力的消长是社会需要的结果。社会的需要表现在两个方面：一是需要国家提供适当的管理和服务；二是要给社会提供健康发展的环境，包括规范社会的行为。因此，如果只根据社会的需要而无节制地扩大国家能力的范围，不但会使国家背负上沉重的职责和义务，而且这种职责和义务一定会转变为对社会的压榨。奥尔森指出，简单地满足不同社会利益集团的需要，会造成政府机构的臃肿和职能的膨胀，导致政府能力超限，这势必产生官僚主义，效率低下，腐化和违法乱纪，进而导致国家行动不断扩张和过度掠夺资源。一旦国家对社会资源的汲取超过社会自身的提供能力，国家行动的整体效能就会下降。[②] 所以，只有适当地使用国家权力，才能使社会得以健康的发展并给国家提供所需的资源。

一般来说，后发展国家都经历了一个强大的政党建立起强大的全能主义或威权主义国家的发展阶段，在这一时期的治理方式都是强大的国家对"体制外"的政治力量和软弱的市场与社会进行严格的管控，以国家为主导来推动经济和社会发展。从维护秩序的角度和当时的政治和经济发展水平来看，这种国家体制或治理方式有一定的历史合理性。然而，随着国家市场经济和社会的进一步发展，要想保持发展的活力，就要对强大的国家权力及庞大的政府机构进行限制，使其运作更加合理化和规范化，减少对社会和市场的干预。在这一背景下，政治体制及国家与市场和社会的关系要随着经济与社会的发展而变化，其趋势是政治体制的民主化和国家对社会的干预相对减少，国家主要是规范而不是参与社会和市场的运作，以保证社会和市场有足够的自主性和活力。当然，每个

[①] 那传林：《政权与产权关系视角下的俄罗斯社会变迁（1991—2012 年）》，《西伯利亚研究》2013 年 12 月。

[②] 曼库尔·奥尔森：《国家兴衰探源》，吕应中等译，商务印书馆 2001 年版。

国家的国情并不完全相同，国家与市场和社会的关系也并不是简单地不断弱化国家的权力，而是适度而为，尤其是新加坡和中国两国的特色是政府在经济发展和社会治理中都发挥了较大作用并取得了显著的效果，这方面既有经验也有教训，值得深入地反思和探讨。

第三节 强国家与大政府：政府干预社会的不同方式

我们可以从国内学者关于国家体制与国家能力关系的不同观点来进入这个问题。王绍光和胡鞍钢1993年出版的《中国国家能力报告》深入地分析了中央—地方关系与国家能力问题，指出从20世纪80年代初以来，中国出现了地方割据的现象，这阻碍了统一市场的形成，也使国家能力受到极大的削弱，出现了"弱中央、强地方"的现象，因而要重新调整中央与地方的关系，加强中央政府的权力。[①] 然而李强则认为中国出现的国家能力下降主要不是因为地方的分权而是因为国家权力过大造成的结构性问题。他指出，改革开放前中国的政治结构是全能主义的，国家通过意识形态、组织结构以及有效的干部队伍实现了对社会生活的全面渗透与组织。构成这种权力结构的制度基础是"单位"制，其特点之一是以行政区划将社会分割为互不沟通的部分，每一个单位或行政组织尽管在理论上是国家制度的组成部分，但实际上却是一个在相当程度自给自足的团体，人、财、物首先是单位或行政组织的私产，然后才在抽象意义上是整个国家的公产。改革开放前，从基层单位到中央的层层组织都担负着提供公共产品与私人产品的双重职能，而提供公共产品是主要的导向和任务；改革开放以后，随着国家战略重心向经济发展转移，尤其是利益主体多元化的出现，各级单位和组织提供私人产品、追求经济收益的倾向逐步占到主导地位，而提供公共产品的意愿逐渐降到次要地位。这就促使单位以及地方政府经常动用公共权力来维护和发展本部门及本地区的利益；当本单位本地区的利益与上级的更宏观的利益或政

---

① 可参见王绍光、胡鞍钢《中国国家能力报告》，辽宁人民出版社1993年版。

策相冲突时，就可能出现不执行或敷衍上级政策的情况。① 这就削弱了上级直至中央的统一权力。

由此得出的小结是，不仅中央政府的权力被削弱了，而且地方政府的权威也同样被削弱了，并没有出现"强地方"的状况，因此就中央—地方关系来说，"弱中央"也就很难成立。也就是说，如果改革开放后由于单位制的作用导致中央政府对各省区的控制能力有所下降的话，那么，省对市、市对县、县对乡的控制能力也受单位制的影响而有所下降。这就表明，如果说中国目前存在着某种权威危机的话，这个危机并不仅是中央权威的危机，而是从中央到地方的公共权威的整体性危机。尤其是这不是哪一级政府权力过小的危机，而是权力配置不当的危机，或者说是仍然需要对以单位制为基础的全能主义政府进行改革的问题，即有些权力需要通过改革或提高运用权力的能力来加强，有些则需要弱化或取消，有收有放，放大于收。

这就有一个既要保证政府应有的权力不被削弱，又要改变或弱化其全能主义的组织结构和权力结构的问题。实际上，集权政府或中央集权与强政府有很大的差异。一般来说，集权政府是建立在自然经济、计划经济或有限的市场经济基础之上的，这时需要政府更多使用强制性权力来管理社会，所以，在通常情况下，集权政府也是一个强政府。② 但是，随着经济市场化和社会多元化的发展，或者说在一个转型社会中，集权政府强制性的社会管理方式越来越不能适应转型需要了。这时，集权政府需要改变或弱化自己全能主义的管理方式，也就是从管理型政府向服务型政府转变，以建立责任型政府。这就是从集权型政府向强政府转变。

那么，什么是适应转型社会或市场经济的强政府呢？简单来说，一方面，这样的政府既可以主导经济和社会的现代化进程，维持政治稳定，有较高的合法性权威，又不是一个大政府，无论是组织规模还是权力结

---

① 李强：《国家能力与国家权力的悖论——兼评王绍光、胡鞍钢〈中国国家能力报告〉》，2003年8月9日，中评网（http://www.china-review.com/sao.asp? id=3399）。

② 笔者认为，任何一种体制都存在着一个从产生、发展、成熟到衰落的过程，因此，集权体制在它的发展和成熟时期是强大的，但在产生和衰落时期是软弱的。可参见李路曲《关于民主化、制度化与发展水平关系的思考》，《晋阳学刊》2008年1期。

构都比较小,"大道至简,有权不可任性"[1],这样的政府只能在法律规定的范围内行使自己的权力。这方面新加坡是较为理想的例子,它通常被看作是强国家,[2]但其党和政府的机构都很简单。对中国来说,建立这种强政府的基本要求就是要强化政府作为公共产品提供者的权威和能力,具体来说,就是加强宏观调控、合理收税、规范市场、制定政策、促进产业升级的能力,即政府做好自己应该做的事情。[3]另一方面,就是要逐步弱化和剥离政府具体管理经济活动和社会生活的职能,由管理向服务转变,只有如此,才能在转型过程中使政府的公共权威得到有效的支撑。

政府与社会的关系是衡量是大政府还是强政府的一个重要的标准,也是国家治理方式的重要组成部分。从总体上来看,政府与社会是一对矛盾统一体,既相互依存又相互对立,依存表现在社会和市场是政府的基础,是政府权威的来源,没有社会的授权,政府的权威就无从谈起;反之,社会需要政府提供保障,唯此,社会的权利才能够实现,也就是说,政府通过维护社会和市场的秩序来保障公民的权利。矛盾则表现在政府和社会都有可能过度地使用自己的权力或权利,或者是社会不服从政府的权威,由此发生社会和政治的无序;或者是政府过度使用手中的权力,压抑社会和公民的活力,从而抑制社会、经济和政治的发展。埃文斯指出,国家运转的效率依赖于自身嵌入社会的程度,而不是与社会对立的程度。即借助一定的制度包括社会组织来组织社会,特别是将中产阶级组织到发展的轨道上来,并且依靠发展的绩效来巩固和强化国家对社会的组织。[4]当然,国家具有自主性,它有超越所有社会组织的属性和能力,然而,国家的自主性在很大程度上也取决于它对社会的嵌入性,

---

[1] 李克强:《第十二届全国人民代表大会第三次会议政府工作报告》,2015 年 3 月 5 日,新华网(http://news.xinhuanet.com/politics/2015-03/15/c_1114644552.htm)。

[2] Slater Dan, "Strong-state Democratization in Malaysia and Singapore", *Journal of Democracy*, Vol. 23, No. 2, April 2012.

[3] 新华社:《中共中央关于全面深化改革若干重大问题的决定》,2013 年 11 月 15 日,新华网(http://news.xinhuanet.com/politics/2013-11/15/c_118164235.htm)。

[4] Peter Evans, *Embedded Autonomy: States and Industrial Transformation*, New Jersey: Princeton University Press, 1995.

在民主化国家和民主国家中尤其如此，否则国家难以获得有效的支持或合法性，其政策难以贯彻。① 因此，自主性和嵌入性的结合赋予国家一种特殊的权力行使方式，这就是国家只有通过一定的社会组织才能有效地行使权力，而非对社会直接行使权力，因此，国家嵌入社会越深，则越能有效地行使权力，其自主性也就越强，越是能够掌握权力资源，这是一种辩证关系。

对于所有国家来说，政府如何合理地使用自己的权力或处理好与社会的关系，都是一个最基本的治理问题，而且这是一个动态的平衡治理问题，即随着社会经济和政治的发展，政府与社会的关系也要不断地变化，否则，即使是原来合理的关系也会变得不合理。具体来说，政府的权力或政府的大小有一个"度"的问题，即它主要不是在政府是不是权威的这个"质性"基点上确认的，在这一点上没有争议，任何一个政府都应有权威；而是在它的规模与职能总量上是不是与社会和市场的规模与职能总和相适应的"量性"的角度来判断的，太大或太小都不适宜。政府的权威或规模大于社会和市场发展的需要，就应该限制政府的规模和减少职能；政府的权威或规模小于社会和市场的需要，政府的权力或规模就应该适当扩大。② 换言之，政府对于社会的干预是必要但有限度的，既要将政府包办一切、干扰治理各方发挥自主有效效用的权力规范约束起来，又要保证政府权力在合理的区间内进行积极而有效的运作；既要保证政府权力不能随意而为，又要保证政府权力适时而为。在此基础上确定的政府—市场—社会各归其位的治理原则才是现代国家治理的原则。在这一原则主导下，社会不仅可以合理合法地规范并限制政府的作用，可以限制政府随意侵入社会自治领域，而且政府也可以在法律的支持下更有效地运用自己的权力，使政府以更高的治理绩效去解决好国家的治理方式和政策制定的问题。一个在合理的行动范围内"起舞"并重视效率的政府，才能真正发挥政府的作用。③ 因此，能否掌握好这个限

---

① Peter Evans, *Embedded Autonomy: States and Industrial Transformation*, New Jersey: Princeton University Press, 1995.
② 任剑涛：《国家治理的简约主义》，《开放时代》2010 年第 7 期。
③ 俞可平：《治理与善治》引论，社会科学文献出版社 2004 年版。

度是正确处理政府与社会关系的关键所在。

对于多数后发展国家来说，都有一个政府的作用从大到小的转变过程，尽管在大小的程度上存在着很大的差异。一般来说，随着市场化的推进和市民社会的发展，政府与社会的关系也要有所改变，因为静态的国家与社会的关系不可能在不同的时间、地点和环境中都产生同样的效力。在这一改革中，既要在微观上给政府留有足够的自由裁量权，也要在宏观上调整政府与社会的关系，使政府"有权不任性"①，换言之，既要保证政府有足够的权力来规范市场和社会的运作，又要限制政府不能过度地使用手中的权力，从而压抑市场和社会的活力。近年来这个问题随着福山新著的出版而引起了讨论。福山指出，一个秩序良好的社会需要具备强政府、法治和民主问责三个基本要素，政府效率是重要的，不能仅仅强调民主的多元性。福山通过分析各国政治和经济发展的状况，提出在后发展国家的发展过程中，过于强调民主的多元性而忽视了政府权力不利于经济和社会的发展。② 实际上，绝对意义上的权力制衡是不存在的，它只是人们对权力制约的一种理想，即使是在西方多元体制中，权力制衡也不能过于严厉，因为权力制衡与效率经常表现出矛盾的一面，过度的权力制衡会损害政府效率。由此看来，要想保证政府运作的效率，就要使政府保有一定的独立权力。

从新加坡和中国的情况来看，由于两国的发展和国家治理有着基本的相似性，因而尽管两国疆域的大小和人口的多少相差很大，但从比较政治的角度来看，这主要是一种量性而不是质性的差别，要比量性相当而质性差异更大的国家来说更具有相似性。在国家治理方面，量性的差异主要是指政治共同体的规模和治理方式的相似性之间的差异；质性的差异主要是指政治体制的结构，以及与此相关的治理方式的差异，例如民主与集权之间的差异。对于前者来说，政治或权力输出和输入的过程及其相关干预因素只有数量多少而没有性质不同的差别；对于后者来说，

---

① 熊玉良：《在法治统领下确保政府有权不任性》，2015年3月9日，求是网（http://www.qstheory.cn/laigao/2015-03/09/c_1114565785.htm）。

② Francis Fukuyama, *Political Order and Political Decay: From the Industrial Revolution to the Globalization of Democracy*, New York: Farrar, Straus and Giroux, 2014.

政府权力运作虽然没有大小的区别，但干预权力运作的相关变量的差异很大，因而会使其权力运作的方式有很大的差异。

从政府与社会的关系尤其是政府的权力及规模的情况来看，新加坡与中国的异同表现在：两国都是强政府的治理模式，即政府的权力较大，在社会经济中发挥着重要作用；不同之处是程度上的，即新加坡的政府管得较少，给社会留下了更大的活动空间，人们的社会生活更多的是靠法律来规范和保障，由社会自治组织来管理，而中国政府相对来说管得更多，负担也较大。我们可以政府的规模为例来比较新加坡与中国的情况。新加坡是一个城市国家，永久居民为520多万，但是数据显示，在规模与其相当的中国城市中，政府的规模比新加坡大得多，这主要表现在中国省会城市政府的机构和层级比新加坡多且复杂。从新加坡来看，它只有中央政府，没有地方政府，是一级政府。其中内阁各部16个，法定机构65个，这其中还有近20个相当于中国的行业协会。[1] 以与新加坡面积和人口规模相当的中国省会城市和计划单列市为例，中国是市区街道三级政府，即不但有市一级直属的政府分支机构——局、委、办，而且还有区一级政府的分支机构——局、委、办，以及街道。而且机构设置也很多，市一级的政府机构平均约60个，[2] 区一级的政府机构平均约45个，[3] 加上每个省会城市平均8个区，这样一来，中国省会城市的政府机构比新加坡要多5倍以上[4]。由此看来，虽然两国都是强政府模式，但新加坡的政府规模小而中国的政府规模大。进而，设置一个政府分支机构就要分得一份权力，权力过小它就会去争取权力；同时这也会导致政府

---

[1] 新加坡的内阁设置见新加坡政府网：http://www.cabinet.gov.sg/content/cabinet/appointments.html。

[2] 例如，杭州市人民政府有70个政府部门，南京市人民政府有68个政府部门，济南市人民政府有56个政府部门，武汉市人民政府有52个政府部门，合肥市人民政府有63个政府部门，沈阳市人民政府有65个政府部门，西安市人民政府有77个政府部门，长沙市人民政府有88个政府部门，福州市人民政府有43个政府部门，太原市人民政府有82个政府部门。此外，新加坡只有一个党的常设机构，即人民行动党中央委员会，人数很少，而中国市一级和区一级都有党委的常设机构，一般有5—6个，且人数较多。

[3] 例如南京市鼓楼区政府共有51个政府部门，杭州市余杭区政府有43个政府部门。

[4] 这还不包括市、区所属的专职的党务机构，我国的党务机构负有较多的行政职能，平均市一级有8个，区一级有6个，而新加坡只有一个数十个人的中央党部。

机构的功能和权力重叠,降低政府效率。"过大的政府权力会过多地干预市场,这是阻碍改革的重要因素。"① 当然,由于中国与新加坡的经济发展水平及市场化程度和社会组织的发展还有一定的差异,所以政府还在承担着较多的职能,但现在是时候改革政府机构了。

从国家治理的角度来看,政府效率的高低与权力的适用范围有很大的关系。国家疆域大小的不同可能会使政府治理产生很大的差异,使政府的治理机制和治理过程产生很大的差异,这时采取什么样的治理方式包括制度模式就很重要。从两国的情况来看,新加坡由于疆域小,政府的层级和机构少,政治输出和输入更直接而通畅,因此政府治理相对简单。而中国政府的治理则因疆域大,各地差异大,政府的层级多和机构多,使政治输出和输入呈现出间接性和多样性,容易导致其发生扭曲,因而政府治理要复杂得多。尤其是中国还人为地增加了地方政府的机构和层级,使干扰权力传输的过程更为复杂。这就提出了一个问题,即我们是否可以把庞大而复杂或差异化的治理体系简单化?通过减少政府的权力,尤其是使政府的权力传输更加直接而不易扭曲,使政府可以因地制宜地制定相关政策,从而提高我们的治理水平?

从新加坡的情况来看,由于疆域较小和各地发展的相对平衡,中央政府的意志、政策、制度和监督都由中央政府本身按照同一原则进行建设和贯彻,② 可以很快直接贯彻到全国的每一个地方,不会出现扭曲,不会出现因各地的情况差异所导致的政策和制度不适应的问题,也不会出现因各地的政府领导人的水平差异而导致贯彻走样的情况。换言之,由于只有一级政府和全国的同质性很高,因而不存在中央与地方之间的矛盾,中央政府可以直接领导各地的治理过程。③ 当然,这不是说政府管得多,恰恰相反,法律严格限制了政府的权力,政府只能在有限的范围内干预社会和市场的运作。在这种情况下,政府的治理方式越是现代化,

---

① 吴敬琏:《全面深化改革遏制权贵资本主义》,2013 年 6 月 15 日,凤凰网(http://news.ifeng.com/exclusive/lecture/special/wujinglian1/)。

② Ho Khai Leong, *Shared Responsibilities, Unshared Power: The Politics of Policy-Making in Singapore*, Eastern University Press, 2003.

③ Ibid..

国家领导人的治理能力越强,提高治理效率的可能性就越大。因此,政府机构简单、政府权力的边界明确而适当和领导力强,是新加坡国家治理效率较高的三个基本原因。

　　制约中国政治输入和输出或权力传导问题的重要因素主要是各地的多元化程度高,政府的层级和机构多,政府管得过多,因而负担也过大,并且由于法律界限不明确导致政府机构都有扩张自己权力的冲动,过度庞大的政府机构会使其过度地使用自己的权力,与社会和市场争夺权利。进一步来说,这种庞大而单一的体制下统一的治理方式在市场和社会日益多元化的今天通常会产生一种悖论式的治理结果:一方面,中央政府越是要通过集中权力来实现自己的意志,实行统一的治理,其决策可能越是偏离某些地方尤其是基层的实际状况,从而削弱其治理的有效性。例如,近十几年来中央政府对楼市的调控就是如此,统一的调控政策在一定程度上是有效的,但随着地方的发展越来越不平衡,其调控效果也越来越有限,一些地方政府拼命卖地盖楼,致使住宅大量过剩,而另一些地方则供不应求,导致房价居高不下,最终没有因各地情况的差异而保证楼市的健康发展。另一方面,如果中央政府通过向地方政府放权来适应基层的实际状况,那么在现实缺乏相关体制保证的情况下,地方政府偏离中央政府意志的可能性就越大,宏观治理的有效性就可能更差。同样在楼市调控中,中央政府在2013年把抑制价格上涨的权力部分地放给了地方政府,但在土地财政和GDP导向的压力下,地方政府有意推高土地价格,致使2013年的全国房价发生了爆发式的增长,在一些地方产生了严重的泡沫,调控目标完全被抛在一边。[①] 因此,中国的国家治理始终在集权与分权、死寂呆板与鲜活而失控之间徘徊,各种治理问题循环往复地出现。实际上,地方政府之所以不得不依靠土地财政并推高房价,根本问题还是中央过于集权,把大量税收集中到自己手中,又让地方承

[①] 顾梦琳:《上海房价同比上涨超北京》,根据国家统计局公布的数据,从2012年8月份开始,房价直线上升,直至12月份,连续三个月房价同比上涨指数超过20%,其中,上海同比上涨21.9%,北京同比上涨21.1%,深圳同比上涨21%,广州同比上涨20.9%,《京华时报》2013年12月19日。

担着较多的建设任务；① 同时中央又把 GDP 作为统一的考核指标，把官员的监督权和任免权握在中央手中，使地方官员缺乏对地方的责任或不太顾及地方的监督和本地民众的诉求。

当然，疆域辽阔而人口众多对治理也有有利的一面，这表现在它可以产生规模效益。从经济学上来讲，在既定的技术水平条件下，生产规模越大，投入增加的比例会越少于产出增加的比例，单位产品的平均成本会随产量的增加而降低，从而带来规模收益。中国已经在诸多方面利用了这一优势，例如铁路业、公路业、汽车业、航空业及其他产业的大多数产品都能享有广大的市场就是重要的例证。这一原理在政治学和国家治理方面也有一定的适用性：在与各地的情况有着基本一致性和适应性的情况下，中央政府只要在政策制定或制度创制方面做出统一的规定就可以在所有地方实行，从而减少了政策制定和制度创制的成本。

所以，对中国来说，如何利用好政府治理的规模效应而减少它与多元化的地方结构不适应的程度，是通过制度建设提高政府治理水平的重要内容。从中国的实际来看，要在保持宏观治理稳定或中央保持适当集权的情况下，减少和调整不利于调动地方、市场和社会积极性的那些治理措施，这主要表现在政府要减少对经济和社会的微观干预，也就是近年来中央多次提到的，要制定权力的负面清单，"法无授权不可为"，政府只做它应该做的事情，做好宏观管理，集中应该集中的权力，下放应该下放的权力，明确划分中央与地方的关系。现在的基本问题是中央政府集中的权力过多，而下放权力的过程较为缓慢，这样，推动改革和转变治理方式还会在很大程度上依赖中央政府的集权，没有调动起地方的积极性。从新加坡的情况来看，它相当我们一个县级市或省会城市所管辖的范围，在这样一个范围内，政治输出和输入都非常直接，政府的治理容易见效。这是中国为什么要在一定程度上下放政府治理权力的一个重要原因，而下放权力的制度保证就是要建立责任型政府。②

---

① 许善达：《分税制该重新调整了》，《社会科学报》2014 年 6 月 26 日第 1 版。
② 徐湘林：《以"责任政府"来推进政社关系良性发展》，《21 世纪经济报道》2013 年 11 月 19 日。

责任型政府的核心是建立合理的责、权、利一致的治理机制，有放有收来建立起合理的央地关系及其相关制度，增加体制的活力，调动地方和民众的积极性，否则改革缺乏足够的动力。而中央集权是很难推动地方建立责任型政府的，因为在这种体制中地方政府的责、权、利是缺失的，没有实现的基础。当然，这是一项系统的制度设计，需要顶层设计和逐步推进，在统一治理能够降低成本的领域中要坚持统一治理，在它不能适应地方情况而增加了治理成本的领域中要落实地方的治理权力。

第四节 国家政治治理方式变革的基本路径

20世纪50—60年代，亚非数十个后发展国家先后取得了民族独立，国家的主要任务逐步由争取和维护民族独立向国家建设转变，经济和社会的全面发展成为它们新的使命。在这一背景下，选择什么样的国家治理方式就成为人们思考的重要问题。当时多数西方政治学者认为，这些后发展国家在推翻了旧政权的统治后，会走一条与西方大致相同的政治发展道路，即通过民主化之路建立多元民主的政治体制。然而也有一些政治学者敏锐地看到这些后发展国家由于经济和政治发展水平与西方有很大的差距，因而其发展道路会相当曲折。亨廷顿就是这种观点的最著名的代表，他指出，这些国家的民主化过程充满了暴力和腐败，呈现出一种政治衰败现象，[1] 因此，这些新兴国家的首要任务是实现政治秩序与政治稳定，而提高政治制度化的水平是实现这一目标的最重要的手段，在此基础上才能实现稳定而有序的民主政治。

亨廷顿深刻地指出，"各国之间最重要的政治分野，不在于政府的形式，而在于政府的有效程度"[2]。与欧美等国稳定有序的政治局面相比，亚洲、非洲和拉丁美洲许多国家在第二次世界大战后的几十年中出现了政治混乱和政治衰败，正处于政治转型之中的这些国家的政府是失败和

---

[1] Samuel P. Huntington, "Political Development and Political Decay", *World Politics*, April 1965.

[2] 塞缪尔·P. 亨廷顿：《变化社会中的政治秩序》，王冠华等译，上海世纪出版集团2008年版。

无效的，它们无法建立起强大的、有适应力的和有内聚力的政治体制，因此，在这样一个连最基本的秩序都无法维持的社会共同体中，政治发展根本无从谈起。"首要的问题不是自由，而是建立一个合法的公共秩序。人可以有秩序而无自由，但不能有自由而无秩序。必须先存在权威，而后才谈得上限制权威。"① 然而，政治秩序不会在现代化过程中自动产生，而是要主动地构建，并且要随着社会变迁而变化，即通过改革治理方式来保持政府的适应性和效力。在这一过程中改革者经常面临着艰难的选择，要面对来自保守派和激进派两方面的反对，越是在改革的初期，这种派系政治越可能影响改革的进程。随着发展和改革的深入，派系政治会从意识形态的分野向经济利益的分野转变，在这一过程中，改革者不但要比革命者更善于平衡和操纵各种社会力量，而且在对社会变革的控制上也必须更加谨慎，因为改革者需要平衡处理各种影响改革的因素，而不是像革命那样推翻或改变各种相关力量。② 很多后发展国家改革治理方式的进程表明，改革的成功与否或曲折的程度都与改革者的魄力、能力、战略和策略有很大的关系，由此，失败的改革和成功的改革都不乏先例可循。

从后发展国家的政治现实出发，在现代化发展的初期，建构政治秩序的有效选择是建立威权政治，这是比建立多元民主政治更现实的选择。当然，这种威权政体要具有一定的现代性，而且其前途是民主政治，是后发展国家通向民主政治的必经之路，否则，这种政体或治理方式就会失效。③ 具体来说，在这种威权体制中，并不是为了维持政治秩序而一味地对民众的政治参与诉求进行压制，而是有限度地压制民众的政治参与，并随着经济和政治发展而逐步地缓解这种压制。这一过程应该是渐进、持续而稳定的，目标是建设稳定有序的民主政治。福山丰富了亨廷顿的这一观点，他在2014年出版的《政治秩序和政治衰败：从工业革命到民主全球化》一书中，系统地探讨了近代以来各政治共同体政治社会运作

---

① 塞缪尔·P. 亨廷顿：《变化社会中的政治秩序》，王冠华等译，上海世纪出版集团2008年版。
② 当然是指后发展国家政治发展的特定时期。
③ 如东亚的威权主义政体。

的机理，从分析后发展国家在独立后国家能力低下的原因入手，提出一个秩序良好的社会需要具备强政府、法治和民主问责三个基本要素，缺一不可。① 他像亨廷顿一样，批判了那种认为只要推进现代化就可以提高国家治理水平的论调，认为政治发展顺序非常重要，在进入现代化转型之后，应先建立强势政府而不是民主制度，尚未建立有效统治能力就进行民主化的政府无一例外会遭受失败。在此之后才能有民主问责。② 实际上，福山是在更广泛和更现代的意义上进一步论证了亨廷顿的以"政治秩序与政治发展"为核心的政治发展理论。由此看来，如何处理好政治秩序与政治发展的关系，处理好现代化进程与国家治理方式的关系，是后发展国家进行有效治理的根本问题。

新加坡与中国独立后都从自己的国情出发进行了现代国家建设，从政体建设或国家治理方式来看，两国都建立了权力集中的政治体制，新加坡建立了具有一定现代性的威权主义体制，中国以现代化为目标建立了社会主义的全能主义体制。此后，两国先后进行了国家治理方式的改革，新加坡在威权主义体制内渐进地发展经济的市场化、社会的自由化和政治的民主化，其中市场化和自由化发展得很快，而民主化渐进而谨慎地推进，或者说发展得较慢。③ 与新加坡相比，中国的全能主义体制维持的时间较长，因此国家治理方式的改革也更晚一些。从20世纪70年代末开始，中国的市场化稳步推进并取得了较大程度的发展，社会组织也广泛兴起，社会生活的自由程度随之提高。在政治民主化方面，在人民代表大会制、多党合作、党代会制度和基层组织建设方面都有一定的进展，但新加坡更为谨慎，目前最有效的改革主要是下放政府权力，在一定程度上放松政府对经济和社会的管制。因此，从国家治理方式来看，尽管两国都实行了以强国家为主导的治理方式，也都在减少国家对市场和社会的干预，但新加坡在这方面发展得更快一些，而中国更看重治理方式的历史继承性。

---

① Francis Fukuyama, *Political Order and Political Decay*: *From the Industrial Revolution to the Globalization of Democracy*, New York: Farrar, Straus and Giroux, 2014.
② 马克斯·韦伯：《经济与社会》（上），林荣远译，商务印书馆2004年版。
③ 李路曲：《新加坡政治发展模式比较研究》，《社会主义研究》2008年第1期。

第十九章 国家治理方式 / 645

尽管这一时期很多后发展国家都建立了威权主义或全能主义体制，但新加坡有所不同的是它的威权主义体制的现代性指向更加明确，这不仅表现在它较早地选择了市场经济，更主要的是在建国之初就保留了英国留下的文官制度和法律制度，并较早地开始了行政体制和政治体制的现代性改革。①

这里需要关注的是人民行动党政府稳定有序地推进民主进程或渐进地进行国家治理方式改革的方式。对于多数后发展国家来说，或者是发生了迅速的民主转型，以致出现了政治的失序和经济的停滞；或者是压制民主化进程，因而无法推动国家治理方式的现代化改革，导致国家治理的失效和社会矛盾的累积，并最终迟滞经济的发展②。我们知道，20世纪80年代以来很多后发展国家都卷入了"第三波"民主化浪潮，这些国家的民主化进程都有所推进，但只有少数国家或地区经过一段时间后实现了政治的稳定和社会经济的发展，而大多数国家都没有实现稳定有序的发展③。然而，新加坡则是通过一系列改革措施和一系列稳定措施来渐进而持续地推进国家治理方式的变革，④ 从而使经济、社会和政治都稳定地向前发展，既没有出现无序状态，也没有出现中断或倒退。持续性、渐进性和稳定性是其国家治理方式改革和发展的重要特点。这与人民行动党政府对民主化的发展是"疏导"而不是"堵塞"，是限制而不是阻止的治理方式有很大关系。我们以其集选区制度的实行过程为例来进行分析。

新加坡基本的民主制度是选举民主，因此实行什么样的选举制度就决定着其民主的水平和性质。人民行动党为了应对20世纪80年代以后反对党的重新崛起和选举过热的现象，于1988年实行了集选区制度，建立

---

① 近20年来，反对党在大选中有越来越激烈的竞选，尤其是在2011年5月的大选中有6名议员当选，这对于反对党来说是一个重要的突破，对于新加坡来说，是民主进程中的一个重要的阶段。此外，媒体可以公开报道反对派意见，从而对执政党构成相当的压力，尤其是这种竞争性民主还在缓慢而有序地发展，这在后发展中国家所经历的威权主义时期是十分鲜见的。

② 那传林：《政权与产权关系视角下的俄罗斯社会变迁》，《西伯利亚研究》2013年6月。

③ Case, William, *Politics in Southeast: Democracy Or Less*, London: Routledge Curzon 11 New Fetter Lane, 2003.

④ Damien Kingsbury, *Southeast Asia: A political profile*, Oxford University Press, 2005.

了一些集选区，规定参选政党必须推出候选人团队而不是单个候选人来参加选举。实行这项制度的本意在于提高选举门槛，使长期在野的反对党很难在一个选区里同时找到几位有竞争力的候选人，从而限制反对党在选举中获胜的可能性，[1] 从而使选举不至于过快过热发展，保持政治的稳定性。但另一方面应该看到，这毕竟是一项正常的选举制度，没有剥夺反对党和民众的选举权利，因此，这项制度能够适应民众日益高涨的政治参与要求，从而把反对党和民众规范在正常的选举秩序之内，而不会采取非制度化的手段参与政治，缓解了民众与执政党之间的矛盾。进而，尽管这项制度在当时限制了反对党获胜的可能性，但在反对党的力量确实有所增强并可以在某些选区推出选举团队时，也给它们留下了发展和突破的空间，没有限制民主的进一步发展。

从当代后发展国家治理方式变革的路径来看，我们可以说在特定的政治发展阶段上，在一党长期执政或较稳定的政治环境中培育起民主机制并推动民主化进程的路径是最优选择，这包括已经发生政治转型的日本[2]和未转型的新加坡，在一定程度上也包括马来西亚，尽管马来西亚在民主发展的同时没有十分有效地提高政府的效率和实现经济的高速发展，因而不能说是最优选择，但其经济和社会的较快发展还是明显的[3]。当然，这并不意味着已经发生民主转型的国家不会产生稳定的政治环境或实现民主的巩固，也不意味着它们不能实现较快的发展，例如东欧和拉丁美洲的少数国家也有较好的发展，东亚的韩国、马来西亚和中国台湾地区近年来都实现了稳定而较快的发展，但它们均与新加坡和日本存在一定的差距。

在民主的主客观条件还未成熟时就发生政治转型的国家或地区较多，如东亚的韩国、泰国、印度尼西亚、菲律宾和中国台湾地区，东欧的所有前社会主义国家，拉美各国也是如此，在这些国家之间政治发展的水平差距很大，但是它们在转型过程中和转型后发展的差距也很大，例如，

---

[1] 《联合早报》评论员：《稳定、赞同和改变》，《星期日时报》2011年5月8日。

[2] 房宁等：《自由、威权、多元：东亚政治发展研究报告》，社会科学文献出版社2011年版。

[3] Damien Kingsbury, *Southeast Asia: A political profile*, Oxford University Press, 2005.

波兰、波罗的海沿岸三国、韩国的民主巩固得更好一些,捷克、斯洛伐克、阿根廷、巴西、中国台湾地区次之,印度尼西亚近年也发展起来,罗马尼亚、拉美的一些国家和菲律宾等则更差一些。印度尼西亚和菲律宾在转型后经历了较长时间的政治不稳定和经济的迟缓发展,但印度尼西亚近年来随着民主制度的相对稳定和成熟,经济和社会都有较快的发展。总体来说,这种长期执政的政党下台或从威权主义向多元民主政体转型的情况是次优选择。此外,一些国家例如中国和越南等正在进行市场化和国家治理体系现代化、民主化的改革,它们现在还难以完全归到哪一种模式中,更多的可能是正在向第一种模式发展,因为从政治经济的发展模式上可能更接近于在体制内发展民主的第一种类型,但在改革程度和发展水平上还有较大差距,还需要更大力度的改革和更多的发展。当然,无论是哪一种选择或模式,都要根据自己的国情和发展水平来设计,尤其是在市场化和民主化改革的进度和速度方面,因此,我们不能仅用即时的静态的制度形式来对它们进行比较,更要把它们放在自身发展的纵向的和各国发展的横向的坐标中来比较分析各国的发展。

中国几乎是与新加坡在同一时期开始政治改革或国家的政治治理方式改革的。在20世纪80年代初改革开放以后,中国逐步推进了村委会的直选,并在农村和城市的基层实行了人大代表自下而上的有限选举,一度使选举政治发展起来。但由于这种选举出现了失控的风险,因此到20世纪90年代后减少了这种选举民主的范围和程度。但在政协和人大体制中以及个别地区的基层政府的决策过程中在一定程度上推进了协商式民主,并在较小程度上推行了选举民主,这种由执政党和政府自上而下主导的民主进程保证了政治稳定。实际上,这一时期中国政治治理方式改革的重点是理性化建设而非民主化建设,这表现在建立服务型政府和法治建设方面。尤其是党的十八大以来,我们更加把提高国家治理的现代化水平和法治建设放在重要位置。实际上,我们在一定的历史时期把国家治理方式的理性化和现代化而非民主化放在优先位置,不仅抓住了发展的机遇,保证了经济的快速发展,而且也为民主化建设创造了制度和经济条件。从很多后发展国家治理方式变革的基本路径来看,在一个正在现代化的转型社会中,能否不断提高治理方式的现代化水平是能否提高治理能力或保证治理有效性的前提，也是能否保证民主稳定发展的前提。

同时，从新加坡和一些后发展国家的经验来看，提高国家治理能力与民主政治建设是相辅相成的，只有在推进国家治理现代化的同时谨慎而有效地进行民主政治建设，才能在面对不断变迁的经济和社会变迁时保证国家治理的有效性。关于政府治理能力与政治结构的关系，"一般的原则是，任何国家的发展竞争力不仅取决于国家是如何组织的，而且还取决于权力的主要阶级基础"[1]。当后发展国家的经济发展到一定程度并引发精英群体之间的冲突时，重新配置国家权力的主要阶级基础就变得至关重要了，这是政府提高治理能力的政治基础，这种政治结构的改革能否与时俱进，是转型国家能否持续发展或提高政府治理能力的最重要的政治基础。很多后发展国家没有深刻认识各利益阶层和精英冲突的政治意涵，过度采取了行政吸纳政治的应对手段，以为只要保持强大的行政能力，不管政治结构如何，都可以不受限地压制精英群体的冲突，从而实现经济发展。尽管这可能在一定的条件下或一定的时期有效，但很快就会表现出政府治理的无能为力。行政吸纳政治可以在政治与行政一致的情况下有效，但在不一致的情况下就会低效甚至无效，在转型时期两者的关系是动态的，行政权力的改革需与政治改革相辅相成，否则会降低改革的效力并使经济发展陷入困境。正如中国目前改革所面临的问题一样，按照新的社会结构重新配置权力和权利结构，即持续而渐进地推进政治体制或政治治理方式的改革是未来中国化解阻碍发展因素绕不开的路径和手段。从新加坡的情况来看，它由于渐进而持续地推动了政治改革，不但其政府的治理能力很强，而且政治与行政的相对一致性程度也较高，使行政治理具有较稳定的政治基础，因此经济和社会保持着较好的发展势头。

实际上，从后发展国家的政治发展来看，政治理性化建设与民主化建设有时是交织在一起的，这与早期现代化国家一般都是政治理性化建设在先，而民主化建设在后是有很大不同的。从中国的情况来看，民主

---

[1] 阿图尔·科利：《国家引导的发展》，朱天飚、黄琪轩、刘骥译，吉林出版集团有限责任公司2007年版。

政治建设已经成为国家治理现代化的一个有机的组成部分，这也是为什么自改革开放以来中国国家治理方式的改革总是与民主政治建设联系在一起，只不过在不同的发展时期我们处理的两者之间的关系会有所不同，有时会更加强调国家治理方式中的民主政治建设，有时则更多地强调治理方式中的理性化建设，而后者是我们改革开放以来着重建设的方面。但无论是侧重于哪一方面，在根本上都是要通过改变传统的治理方式，实行具有现代性的治理方式来增强与现实社会政治发展的适应性，从而提高治理能力，即实行与中国的现实发展水平相适应的政治治理方式。

当前，我们正在进行转变政府职能、构建责任型政府的改革，这既是提高国家治理体系和治理能力现代化的重要举措，也是发展民主政治的重要基础和内容。"责任型政府并非简单消极地回应社会诉求的行政机构，也不是只注重提供公共物品的服务型政府。责任型政府应该是承担多重政治和社会责任、依据国家法律和行政规范行使公共管理职权、贯彻落实各项责任并承担法律和制度化问责的政府。"[①] 它既不同于高度集权的管理型政府，也不同于屈从社会的完全的服务型政府，而是依据现代政治、法律和市场原则进行治理的现代型政府。其中对政府进行"制度化的问责"已经不仅仅是民主政治的基础，而是民主政治的重要内容了。

应该看到，中国正在进行的责任型政府建设的主要内容还主要是政治理性化的建设，即主要是提高国家治理体系和治理能力的现代化水平，还没有在更大程度上推进其法治化的问责制和更多的民主政治的建设。然而，随着市场经济的进一步发展和社会结构的变化，已有的治理方式包括按照已有的思路改革治理方式的办法与现实发展不相适应的一面越来越突显出来，仅仅依靠理性化或现代化层面的政府改革不足以彻底解决政治体制与经济和社会多元化之间的矛盾。这表现在继续推进这一层面的改革的效果越来越小，为了推动经济和社会的进一步发展所进行的一系列行政的、经济的和社会的改革措施受到了各种利益集团包括地方政府的、国有企业的甚至大的垄断民企的，以及一些意识形态的利益集

---

① 徐湘林：《转型危机与国家治理》，《政治学研究》2015年第1期。

团和弱势群体的不同程度的抑制或消极对待。例如，国务院关于不动产登记的改革措施自 2015 年年初推行以来仍停留在纸上，在市县一级受到阻碍，① 国有企业的改革进程缓慢，前者主要是受到既得利益者的阻碍，后者则是受到既得利益集团和意识形态的束缚。从国家治理上来看，就是在转型时期或新的经济和社会结构中制约和平衡各种利益和权力的政治治理机制没有进行相应的改革，换言之，阻碍改革和提高政府效率的主要问题已经不再是一般的微观政策可以解决的问题，而是中观或宏观的政治体制，适应新的社会结构的治理方式需要在宏观制度上进行更为深入或较大程度的改革，就是要从制度上解决政府干预问题、司法相对独立的问题、各种利益集团的特权问题等，这些都涉及政治体制问题。② 对此，2015 年 2 月中共中央下发了《关于实行社会主义协商式民主建设的意见》的文件③，这说明进一步推动政治领域中的民主政治建设已经是我们面临的重要问题，我们要适应社会转型的需要，建立新的有效的民主政治机制，来协调各利益群体的利益和诉求。当然，我们的民主是指优质性的民主，它是高制度化水平的、有广泛政治参与的、稳定而高效的民主形式。

第五节　政府主导下国有企业的市场化改革

一般来说，由于外生激励、面临外部竞争压力和追赶的需要，后发展国家的经济发展比早发国家更加依赖于国家的推动，④ 但是这并不意味

---

① 王立彬：《不动产登记岂容"推不动"》，《中国国土资源报》2015 年 4 月 21 日。
② 进行相关的制度建设是非常必要的，例如，《人民日报》（海外版）评论员指出，我们的反腐败取得了一定的成效，但反腐的关键在于制度建设，只有制度建设取得了成效，才能营造良好的从政环境，根治腐败问题［参见《人民日报》（海外版），2014 年 7 月 18 日］。
③ 中共中央：《关于加强社会主义协商民主建设的意见》，2015 年 2 月 9 日，新华网（http：//news.xinhuanet.com/2015 – 02/09/c_ 1114310670_ 2. htm）。
④ 对国家在后发展国家的经济发展中的作用的分析，国内外已有相当多的论著，如禹贞恩《发展型国家》，曹海军译，吉林出版集团有限责任公司 2008 年版；阿图尔·科利《国家引导的发展》，朱天飚等译，吉林出版集团有限责任公司 2007 年版；琳达·维斯、约翰·霍布森《国家与经济发展》，黄兆辉、廖志强译，吉林出版集团有限责任公司 2009 年版；查莫斯·约翰逊《通产省与日本奇迹》，唐吉洪等译，吉林出版集团有限责任公司 2010 年版等。

着企业和市场是完全被动的,国家在发挥自己的能力时有赖于企业和市场的支持,换言之,政府主导经济的有效性取决于企业和市场实际的支持程度或相互依赖性,这一点,随着市场经济的发展会越来越明显,否则,政府的作用过大,会压抑企业和市场的活力。当然,如果政府的作用过小,则可能致资源分散,难以形成规模竞争力,还可能无法规范市场,从而导致市场的混乱,这是一种治理的相互支持或依赖关系。从政府与市场的联系机制来看,就是政府中的技术官僚与资本之间形成一定的政策制定的关系网络,在此政策网络中技术官僚和资本相互博弈并进行合作。技术官僚在政策网络中在特定的时期内会起主导作用,但这种作用是逐步减小而不是增加的,因此,一般在市场机制完善后政府的技术精英不再发挥主导作用。商业和工业资本在市场发展的初期作用较小,它们需要得到政府的支持,但随着市场机制的完善,他们在政策协商网络中的建议和决策地位会逐步提高,会更加积极地提供经济发展的政策建议,而此时政府的技术官僚主要是发挥协调作用,以形成政策共识,并主导经济政策的执行。如果一项政策的执行获得了成功,那么它一定会反映到技术官僚与工商业资本之间的政策网络之中,强化技术官僚通过经济政策治理市场的领导地位,当然这并不是说会增加技术官僚在政策网络中的单边行动,而是只能增加他们建立在尊重市场基础上的权威。因此,这只是说明政商政策网络的维持和强化依赖于具体经济政策的执行效果,而具体经济政策的执行效果则依赖于政商政策网络形成的政策共识,[①] 而共识在相当程度上也依赖于技术官僚对资本和市场的尊重程度。由此可见,这种政商关系是共治的,而且,尽管每个国家这一关系演变的具体路径不尽相同,政府与市场谁更主导的程度会有所差异,但随着后发展国家市场化的深入,这种共治关系由政府主导向市场主导转变的趋势是相同的。

在国家与市场的关系或国家的经济治理方式上,新加坡与中国经历了相似的发展趋势和历程,但在不同的阶段以及变化的速度和程度上存

---

① 琳达·维斯、约翰·霍布森:《国家与经济发展》,黄兆辉、廖志强译,吉林出版集团有限责任公司2009年版。

在着一定的差别，因而效果也不尽相同。新加坡和中国都是由政府主导经济体制的变革，但其发展的路径或曲折性有所不同，这表现在两国都曾面临是发展市场经济还是计划经济的选择，对此，新加坡在进行了激烈的争论和斗争后选择了市场与计划相结合的混合经济体制，① 而中国一度选择了计划经济，直到 20 世纪 80 年代初才开始推进市场经济；在推进市场化进程包括国有企业的改革方面，新加坡在政府发挥重要作用的同时更加注重市场原则，而中国更注重政府的干预作用，当然，中国近年来力图向注重市场原则方面转变。

新加坡在建国后的一个时期里，即 20 世纪 60—80 年代实行的是混合经济形式，这一时期政府对市场的干预程度较高，国家在领导经济发展中发挥重要作用，其主要表现在政府制定经济发展规划，大量投资基础设施，建立和发展国有企业并在较大程度上进行直接管理，制定相关经济法律并直接管控劳资关系等。可以反映这一特点的是它的法定局的作用，这是一种半政府性半企业性的政府机构，即一方面它是政府机构，另一方面它在特定领域的作用不完全是行政指导，而要尊重一定的市场原则，例如，成绩显著的建屋发展局就是如此。② 同时，这一时期的国有企业不仅在国民经济中占有重要地位，而且政府对其干预较多。

新加坡的国有企业最初由政府控制并贯彻政府的发展战略，且由政府相关部门来任命国有企业的管理层，这一点曾与中国相同。不同的是新加坡的国有企业一开始就要在相当程度上遵循市场原则，要进行经济核算，政府一开始就采取控股的方式对国有企业进行管理③。当时新加坡国内外也不断有人批评说国有企业有政府的支持，使得市场竞争并不平等。这正反映了当时其混合经济体制的特征。实际上，对于新加坡这样一个后发展的小国来说，要使企业或特定领域的生产保持一定的规模竞

---

① 李路曲：《新加坡现代化之路：进程、模式与文化选择》，新华出版社 1996 年版。
② 以建屋发展局为例，它是一个法定局，负责组屋或保障房的建设，自 20 世纪 60 年代至今，新加坡 80% 的人都住在由它负责建造的组屋内。它按照市场与计划相结合的方式经营，既保障了建屋的资金，又使群众买得起房，并不断地更新换代，使新加坡基本解决了人民住房的问题，成为后发展国家的楷模。可参见李琳琳、李江《新加坡组屋区规划结构的演变及其对我国的启示》，《国际城市规划》2008 年第 2 期。
③ 杜晓君、李曼丽：《新加坡国有企业改革启示》，《东北大学学报》2006 年第 5 期。

争力，政府的扶持是不可或缺的。当然这种支持主要是用于弥补市场的缺陷，而不应是由政府替代企业的功能。

自21世纪初以来，新加坡已经成为一个高度市场化的国家，经济自由化程度名列世界前茅，① 政府主要负责维护市场规则，弥补市场的不足。无论是从西方国家，还是后发展国家的经验来看，都要处理好政府与企业和政府与市场这两对矛盾关系，绝对的政府主导和绝对的市场主导都是不可取的。处理好这种矛盾关系的基本原则就是根据自己的发展水平和国情来配置政府和企业的权力结构，从而合理地配置市场要素。新加坡与多数后发展国家一样，在建国之初，国家在经济发展中起主导作用，因而其经济治理方式的改革，国有企业的改革，是沿着增加市场因素和弱化政府干预这一方向进行的，并且在这一过程中恰当地处理了政府与市场之间的关系，这是其改革和发展成功的最主要的原因。同时我们也应看到，新加坡的国有企业一直在国家的经济发展中起着重要的作用，占有很大比重，这在经济发达国家和经济高度市场化的后发展国家中绝无仅有，这说明，只要建立起有效的运行机制，国有企业是能够在市场中高效运作的。

从很多后发展国家的经历来看，改革国家的经济治理方式，尤其是推动国有企业的市场化改革，要真正做到并不容易，因为这不仅是一个经济体制问题，而且还是一个政治、意识形态和法律制度的问题。政府不过度地干预市场，不过度地干预国有企业的经营，也不再任命国有企业的经营者，包括政府官员个人不再利用手中的权力从企业获取利益或安插人员等，要做到这些，首先，要在意识形态上认可市场原则，不要认为国有企业就一定要由政府直接管理；其次，要有法律的保障，这在改革的初期主要是是否有法可依的问题，即国家是否能够在政府规章尤其是法律上规定国有企业改革的方向，继而就是执法是否严格的问题，即是否可以使这些规则得到切实的执行。因为有大量与国有企业相关的

---

① 新加坡在2015年全球经济自由度排行榜中排名第二，仅次于中国香港地区，参见中华人民共和国驻新加坡共和国大使馆经济商务参赞处网站（http://sg.mofcom.gov.cn/article/zhengt/201401/20140100461041.shtml，2014年1月15日）。

既得利益者会抵制这一改革，他们不但有很大的势力，而且他们会把自己的利益与意识形态联系在一起，使这一改革举步维艰。因此，新加坡经济治理方式的改革尤其是国有企业改革的成功，不但在于它有明确的市场导向，而且在于它在政治上和意识形态上消除了左的干扰，①在于它建立起了一个法治严明和政治透明度较高的体制。

中国经济治理方式的变迁大体可以分为两个阶段：第一个阶段是在1949年中华人民共和国成立后的30年里逐步实行了以计划经济为主的管理模式，政府管理所有的企业，在企业制度上完全是公有制的国有企业或集体所有制企业。第二个阶段是自1978年改革开放后逐步改变了国家的经济治理方式，建立起社会主义市场经济体制，②其中包括由浅入深地对国有企业进行了6次重要的改革，从实行绩效考核、承包制、"抓大放小"、股份制到现今的混合所有制改革等，③都是在逐步建立和完善适应市场经济的现代企业制度。

与新加坡在市场化和国有企业领域的改革相比，中国的改革不仅起步较晚，而且改革的速度和深度都有一定的差距。尽管中国的市场化是在逐步推进的，但作为市场主体的国有企业的改革则落后于市场化进程。20世纪90年代中期开始进行国有企业的股份制改革，但是那次改革除了使一些小的经济效益不好的国有企业转变为民营企业之外，主要的国有企业并没有真正按照市场原则实行股份制，仍然是政府在管理国有企业，没有建立起现代企业制度，甚至政府仍然在过度地干预民营企业，没有建立公平竞争的市场环境，这才有了2014年开始的国有企业的混合所有制改革。同样的改革在20年后再次启动，而且这一改革可能还需要相当长的时间，因此，与新加坡相比，显然这一改革进程要慢得多，也较为曲折。

中国20世纪90年代中期开始推行的国有企业的股份制改革没有达到

---

① 胡改蓉：《新加坡国企改革的借鉴和启示》，《大众日报》2014年8月27日。
② 李晓西：《中国市场化进程脉络：以计划经济和市场经济为边界》，《改革》2009年第12期。
③ 李兆熙、张永伟：《中国国有企业制度30年的变革》，《黑龙江社会科学》2008年第5期。

目标和今天混合所有制改革进展缓慢的直接原因是我们没有培育使企业运作的完善的市场规则和市场主体，没有建立相应的法治环境。之所以没有做到这一点的根本性原因则是政治上的，这表现在两个层面上：一是在意识形态上我们是否能接受国有企业深度的市场化，二是是否能够形成足够的压力迫使相关的既得利益集团愿意出让这一部分既得利益？这两个问题经常交织在一起，以政治的和经济的方式表现出来。例如，在我们改革的过程中，政治上"姓资姓社"的问题在不同时期和不同层面长期存在，直接或潜在地影响着我们的决策；在经济上，20世纪90年代后期，部分政府官员和所有国有企业都提出了国有企业面临发展环境不公平的问题，国有企业的历史负担很重，因而要求并实际上得到了国家政策的倾斜，从而阻碍了国有企业改革的深化。这表现在尽管我们实行了国有企业的股份制，在正式的制度上规定了国有企业与民营企业享有同等的地位，但长期以来直至今天的政治生态下，民营企业显然不能与国有企业享有同等的经济和政治权利。[①] 现在政府对市场和企业尤其是国有企业的干预和支持很多，从人事管理、资源配置到市场竞争，都还管得很多，市场运行在实际上都还不够公平和自由，还没有完全做到"政府的归政府，市场的归市场"[②]。

  应该说，改革开放以来中国社会主义市场经济的改革取得了相当大的成绩，也是基本稳妥的，与中国的经济与社会发展有较大的适应性，在较长的时期内保证了经济的较快发展，但是这并不意味着我们的改革和治理方式是完美的，实际上它还存在一定的缺陷，存在可以改得更好而没有改好的诸多问题，进而，由于改革的力度和深度不够，积累了不少隐患，阻碍深化改革的利益集团在新的环境中更加根深蒂固了。从根本上来说就是没有建立起完善的现代企业制度和规范的市场环境，而这是我们进一步发展所无法逾越的一个阶段。近年来经济产能过剩，环境污染严重，转型升级缓慢，这些都是因为我们没有在更大程度上改革我

[①] 郑永年：《中国经济改革的风险》，联合早报网，2014年7月8日（http：//www.zaobao.com/forum/expert/zheng-yong-nian/story20140708-363552）。

[②] 吴敬琏：《政府的归政府，市场的归市场》，爱思想网，2012年4月5日（http：//www.71.cn/2012/0405/663757.shtml）。

们的经济治理方式、没有建立起有效的市场规则、对粗放式的经济发展模式的依赖使经济结构的转型升级没有足够的资源和动力支持。阻碍治理方式改革的力量主要是一些国有企业的管理者①和一部分靠权力发展起来的官商，他们不愿意失去自己的特权地位，甚至已经习惯了国有企业的生活和工作方式的国企职工也不愿意改变自己的生存状态，他们有的已经几代人处于这种生存环境之中，有严重的"路径依赖"；传统的意识形态使一些人认为只有国有所有制是社会主义的基础，不承认社会主义有多种形态；一些政府官员不愿意放弃干预市场的特权；而长期的对 GDP 的过度追求已经形成了一种"速度依赖症"，这些曾经并且正在阻碍着我们的市场化改革。

从新加坡的发展来看中国的市场化改革或国家的经济治理方式，中国需要进一步深化市场化改革，并且应有更大程度的政府自身的改革，以适应经济和社会的多元发展。当然，中国的历史负担重，已经形成了严重的路径依赖，其改革要比新加坡困难得多，但无论如何这不能成为不改革的理由，因为不改革会使我们已经取得了的改革成果也丧失掉。

小结

新加坡政府在应对巨大的社会变迁的过程中稳定而持续地推进国家治理方式的改革，建立了高度现代化的国家治理体系，是后发展国家最成功的范例之一。这与它能够随着经济发展、社会变迁和各种政治力量的此消彼长有效地调整和重新配置政治资源是分不开的，与它在国家与社会之间以及在不同的精英群体之间营造了一个广泛而相互支持的政治联盟网络是分不开的，这是它提高政府的治理能力的政治和社会基础。实际上，中国与新加坡提高国家治理能力的改革或发展的基本趋势是相似的，尽管具体的路径和效果有所不同。同时，自 20 世纪 80 年代初改革开放以来，中国一直在不同领域和不同程度上把新加坡作为学习的对象之一，几代国家领导人都很重视新加坡的治理经验和发展模式。从 20 世

---

① 这并不是说这些管理者个人不想改革，而是他们的政绩和来自于企业内部的支持制约或决定着他们会消极对待削弱国有企业特权的改革。

纪 80 年代对其政治集权化与经济市场化的二元结构的重视和肯定，到 20 世纪 90 年代从革命党向执政党的领导方式的转变和推行社会主义市场经济，到对新威权主义发展模式的重视，以及近十年来对新加坡政府与国有企业的关系的研究和借鉴等，在实践上和理论上都做了很多学习新加坡经验的努力。

第二十章

现代国家的构建

新加坡的国家构建是在遵循国家构建的基本发展规律的基础上保持自己特色的构建过程。它在殖民主义时期现代性①的积累和民族主义运动造就的国族形成的基础上构建民族国家的权力机构，在市民社会发展的基础上培育起较为成熟的民主制度。它在扩展民族国家权力的同时保持着相当的现代性和民主性，在构建国家的民主政治时期则利用国家权力抑制政治参与的过快扩展，同时由政治精英和民众相互妥协而共同推动民主的有序发展，从而达到了国家权力与民主发展的一种相对平衡。

第一节 殖民主义时期现代性的积累

19世纪初英国殖民者在新加坡建立殖民地后，逐步瓦解了马来苏丹的封建统治，并大量吸收华人移民，逐步建立起自己的殖民机构进行统治。② 这虽然是一种民族压迫，但在当时的历史背景下具有积累现代性的作用。马克思在论述英国在印度③的殖民统治时说道："英国在印度造成

---

① 米歇尔·福柯认为，现代性是"一种态度"。米歇尔·福柯：《什么是启蒙》，汪晖、陈燕谷编《文化与公共性》，生活·读书·新知三联书店1998年版，第430页。吉登斯指出，现代性的出现首先是一种现代经济秩序，即资本主义经济秩序的创立。它为具有理性能力的现代人的价值实现提供了舞台。吉登斯：《现代性——吉登斯访谈录》，尹宏毅译，新华出版社2001年版，第21页。

② D. G. E. 霍尔曼：《东南亚史》下册，中山大学东南亚历史研究所译，商务印书馆1982年版。

③ 新加坡是由英国的东印度公司开发的，因而最初归英国的东印度公司管辖。

社会革命完全是被极卑鄙的利益驱使的，在谋取这些利益的方式上也很愚钝。但是问题不在这里。问题在于，如果亚洲的社会状况没有一个根本的革命，人类能不能完成自己的使命。如果不能，那么，英国不管是干出了多大的罪行，它在造成这个革命的时候毕竟是充当了历史的不自觉的工具。"① 马克思在批判民族压迫的同时，也指出一些殖民者尤其是像英国这样的早发现代化国家在19世纪以后在殖民地建立了近代化的工业和社会结构，输入了现代性。一般来说，殖民主义的统治在早期十分残酷，到晚期则相对温和，新加坡是在19世纪才沦为英国殖民地的，因而其殖民统治较为温和。正因为如此，殖民地时期的新加坡可以在较短的时间内积累了较多的现代性。

对于后发展国家尤其是曾经沦为殖民地的国家来说，其最初的现代化是由来自于西方的因素驱动的，而自身现代性的形成是在西方现代性的影响下逐渐形成和发展现代政治和文化的过程。在殖民统治建立之初，殖民当局就用现代法律程序排斥苏丹，力图建立英国式的现代政治和文化制度。1867年新加坡正式成为英国的殖民地，建立了宪法下的正式的政治制度，规定英国女皇是唯一的合法性来源，总督是当地的最高行政长官，掌握着政治、经济和军事大权。哈贝马斯指出，现代国家制度是政治和社会理性化的产物，这种理性化的国家包括自上而下的、统一而稳定的税赋体系，统一的军事权力，统一的立法权力和执法权力，统一的行政系统和行政管理等。② 由此看来，这一举措建立了新加坡"国家制度"的基本架构。

这种"国家制度"非现代性主要表现为英国统治者独占了所有的政治权力，统治方式不但是集权式的，而且也是一种异族统治，本土人民几乎没有掌握任何政治权力，尽管他们在经济和商业上是基本自由的，但此后民族的政治参与有所发展，虽然非常缓慢，但立法议会中民族议员的数量逐步增加，经济和社会利益的表达也越发有力，尽管仍然没有上升到政治层面，但这表明具有现代国家特征的政治制度有了进一步的

---

① 《马克思恩格斯选集》第3卷，人民出版社1972年版。
② 陈嘉明等：《现代性与后现代性》，人民出版社2001年版。

发展。

新加坡的国家构建在第二次世界大战后进入了一个新的历史阶段。在反对日本侵略者的斗争中新加坡的民族主义意识开始觉醒，并形成了第一批民族主义者，战后他们都参加到反对英国殖民主义的政治斗争中来了，正是他们建立了新加坡最初的政党[1]。从1945年第一个政党马来亚民主联盟建立，到20世纪50年代中期新加坡先后建立了几十个民族主义政党，[2] 在它们的引领下，民族主义运动向英国统治者的合法性及其权威提出了挑战，使政治发展进入到一个新的阶段。

1954年，随着政党政治的发展，突破政党基础狭隘、政党组织规模小而难以领导民族斗争困境的精英型政党的人民行动党应运而生，它是新加坡第一个发动广大群众参与民族斗争的政党，因此建立了广泛的群众基础。在它的领导下，民族运动的形势得到了很大的改观，给殖民统治者以很大的压力。在民族运动的强大冲击下，英国被迫同意新加坡取得自治地位[3]。1959年人民行动党上台执政，建立了自治政府，这标志着新加坡基本取得了民族独立。[4] 此后，新加坡的政治发展进程和现代国家建设进入到一个新的发展阶段，即由"殖民国家"进入民族国家构建的新阶段。殖民时期的长时期的现代性积累对新加坡的现代化进程和政治发展有着重要的意义，从很多国家包括后发展国家的政治进程来看，民主的发展需要较长时间的积累，否则难以推动。

"殖民国家"与民族国家的现代性既有相同的一面，也有很大的差异。两者都在"国家层面"上发展了"国家机构"和"国家权力"，从而推动了"国家构建"和现代化进程，这是它们基本的相同点。但是它们所构建的"国家"的前途和性质也有很大不同。殖民统治虽然推动了现代性的发展，但是它也极力阻碍民族主义者获得政治权力和发展民族

---

[1] 郑文辉：《新加坡从开埠到建国》，新加坡教育出版社1977年版。

[2] Alex Tossey, *Lee Kuan Yew*: *Fighting for Singapore*, Sydney: Angel's and Robertson Ltd, 1974, pp. 1–56.

[3] 郑文辉：《新加坡从开埠到建国》，新加坡教育出版社1977年版。

[4] 这时在法律上新加坡仍属于马来亚，属英联邦成员，1965年新加坡脱离马来亚联邦正式取得独立地位。

经济，这就决定了殖民统治的前途和现代性是有很大局限性的。因为现代化在政治上的反映就是民族国家的形成，现代化在很长一个阶段是与民族国家的构建相重合的，也就是说，在特定的历史时期内，民族国家对于现代化有着不可替代的保护和推动作用，而现代化的持续发展则有赖于民族经济的发展和民族市场环境的建立。当然，现实往往是最初的民族主义精英具有浓重的传统意识，因此在他们取得政权后可能一度迟滞甚至中断现代化进程。但是已经渗入其体内的现代性因素迟早会在政治体制内部发挥作用，会通过内部的权力更新发展出现代性。

从政治参与上可以进一步看到这种差异。在殖民政治下，民众享有的政治权利十分有限，其政治参与受到限制。而在民族主义运动之中，下层群众与上层领导在追求民族独立这一政治目标上是一致的，这使他们在运动中可以平等相待；在民族的威权主义统治建立后，尽管民众所获得的政治权力也很有限，政治意识也是激情多于理性，也是在追随的意义上被动员参与体制，但其前途是在民族国家体制内不断地发展自己的政治权利。而这一点在异族统治下是难以做到的，因为民族之间的隔阂很难消除，异族统治者不能作为当地人民的代表获得合法性。当然更好的情况是民族主义领导在取代殖民主义之时能够吸收其已有的现代性因素，使之为民族的现代化进程和国家构建所用。新加坡在这方面做得比较成功。

第二节　强民族国家的构建及其现代性特质

早发现代化国家的现代化是从地方启动的，很长一个时期它只是一个局部因素，而对于后发现代化国家来说，现代化一开始就是一个全国性的问题，因为任何局部的现代化随时都有可能受到其他部分或上层的干扰而夭折，尽管现代化最初一定是产生于局部和少数人之中。因此，国家在现代化初期就成为后发现代化的最主要推动力，因而现代国家的构建也就成为一个关键因素。这可以从四个基本方面来看：

一 国家政治精英现代化意识的发展

由于后发展国家的现代化因素是从外部输入的,因而相对于早发现代化国家来说,主观推动在现代化的初期就很重要,这样,具有现代化导向的政治精英掌握国家政权就成了这类国家推动现代化进程和进行现代国家建设的核心问题。[①]

从世界各国尤其是东亚的情况来看,伴随着战后的不同发展阶段,其新兴国家的领导人也可以被划分为几种不同的类型,我们可以在这种框架下来对新加坡的领导人及政治精英进行分析。

第二次世界大战后东亚各国的第一代政治精英一般是职业革命家,他们主要的政治生涯是争取和巩固国家独立,并以此为自己的事业和目标。他们通过长期的革命斗争或民族斗争取得了民族国家的领导权,但是此后在进行经济建设、法治建设和社会发展方面并不是很成功。这虽然与当时国内的斗争形势和整个国际环境的矛盾有关,但主要与他们自己和革命力量的革命惯性及其在斗争中形成的意识形态的转型非常困难有关,当然也与既得利益有关。

第二代领袖主要是技术官僚。最初担任国家领袖的技术官僚也是从较为年轻的革命家转型而来的,因为他们当政的年代已经不再有革命和斗争的环境,国家要进行和平与发展的建设,而第一代国家领导人也因年事已高等各种原因淡出政治舞台,他们自己选择了自己的追随者。此后,技术官僚成为这一时期国家领导人的首选和主要特质。从根本上来看,技术官僚成为国家领导人是时代的选择,因为这时国家的主要目标是发展经济和通过强化政府权力以及进行行政改革来进行国家构建,这同时要求在政治制度层面上保持相对的稳定。

第三代领袖是新型的政治家。一般来说,这类政治家的出现要有民主竞争的环境,因此,很多国家是在发生了政治转型和民主化后形成这样一批政治精英的。这种新型政治家会逐步取代技术官僚成为国家的领

[①] G.E.布莱克:《现代化的动力——一个比较史的研究》,景跃进等译,浙江人民出版社1989年版。

导。他们的特点是，不再有理工科或军人背景，而是专门从事政治活动的职业政治家或政党领袖，越来越多的人有学习法律、政治等文科的背景。一般来说，这种新型政治家的主要事业和目标是构建现代国家尤其是进行民主政治建设。

新加坡的第一代政治精英的双重特质非常明显，他们大都具有长期留学英国或长期受英语教育的背景。与其他国家的领导人有所不同，李光耀的主要事业可以分为两个，一是作为职业革命家的事业，二是作为技术官僚的事业。应该说作为职业革命家他缺乏其他人领导大规模民族运动或革命战争的经历和锻炼，因而也缺少革命的品质和宏韬大略；但是，作为技术官僚，在他身上体现着有更多的现代性，这与他留学英国、以律师这种专业人士的身份和"合法"身份领导民族斗争、通过选举担任总理并使新加坡一直在一定程度上允许反对党存在有很大关系。尤其是他积极推动市场经济和法治社会建设，这体现了他对现代化和现代国家建设的正确认识。

与此相适应的是，新加坡的干部选拔方式随着经济建设和国家建设的推进而适时地进行了调整。很多国家在独立后都经历了一个由狭隘的选官基础向较宽泛的选官基础转变的过程，但多数国家这一转变的过程很长或是在政治转型后才完成这一转变的，新加坡在较短的时间内尤其是在一党执政时期就基本完成了这一转变。新兴民族国家的执政党在独立后的很长一个时期都执行了从较为狭隘的阶级内部，或是只从党组织中选拔党干部的路线。这种选官方式难以选拔到专业人士和在市场经济中的成功人士进入国家的领导层。新加坡人民行动党在执政后不到10年的时间就实现了转变，20世纪70—90年代，为了适应经济的发展，大量从市场经济的成功人士中选拔国家领导人，而主要不是从党的基层组织中选拔，[1] 致使党的成份发生了很大的变化。我们知道，技术官僚取代职业革命家进行领导是后发展国家的执政党从革命党向执政党转变并领导国家建设的必要步骤，这适应了经济发展和国家建设的需要。

---

[1] Cardyn Choo, *Singapore: The PAP and The Problem of Political Succession*, Malaysia: Prin-AdS Press, 1988.

由于人民行动党有严格的选拔程序,① 所以党的选官基础的扩大并没有削弱党组织的凝聚力和组织力。同时,由于政治体制的程序得到严格遵守以及整个体制的制度化水平较高,所以这些候选人在进入政治体制后,带来了现代性和对市场化和民主化的适应性,即通过改变而强化了政治体制。随着人民行动党的组织和路线更加开放,其党员也越来越具有现代意识,能够应对领导职务的挑战,因而自21世纪初以来它注重从党员中来选择政府官员,以保持党的吸引力和凝聚力。这一次它也没有削弱而是增强了自己的竞争力。现在看来,这种适应形势变化而进行的党的政治路线和组织路线的调整是有效的。

二 政治体制具有较高的现代性和制度化水平

我们知道,建立起具有明确的现代化导向和中央集权的有效的现代国家制度及其权力运行机制是现代化起飞阶段后发现代化国家推进现代化进程的政治条件,也是进行现代国家构建的前提条件,新加坡较早地做到了这一点。

英国在新加坡建立的行政系统无论是官员的素养还是体制的运作都较为专业化和现代化,相比许多传统国家的行政系统甚至新兴民族国家建立初期的行政系统都更具有现代性。但是这种由殖民者建立的统治很难与当地的民族有机地结合并形成政治共同体,而在全民族及全国范围内形成有机的政治共同体是进一步推动现代化进程和构建现代民族国家的根本前提,这是一个无法超越的历史及政治建设过程。因而,在那个特定的历史时期,推翻无法融和的异族的统治并代之以民族主义的统治,建立本民族的政权有基本的合理性。新加坡的政治精英有远见地把这种基本的合理性与英国殖民统治所留下的文官系统的现代性结合了起来,为打造自己的具有现代性和高制度化水平的政治体制奠定了基础。

新加坡之所以能够较早地确立了现代国家制度,有一个特点值得关注。我们知道,从世界范围内来看,早发现代化国家的政党是在现代国

---

① 新加坡一直保持着有限度的竞选。

家"体制内"建立的，其主要任务是进行民主政治建设；而后发现代化国家的政党是在"体制外"建立的，当时面临的主要任务是通过社会革命或民族主义运动建立现代民族国家，因而它们在革命或民族运动成功后大都推翻了旧政权或殖民政权而建立了全新的民族政权。而新加坡和马来西亚的民族主义政党在取代殖民统治后并没有推翻原有的国家机器，而是"进入"原有的国家体制，因而新加坡和马来西亚的强有力的国家机器并不是民族主义政党建设起来的，这与中国以及其他由强大的革命政党或许多强大的民族主义政党建立国家机器的方式有很大不同。这种情况在一定意义上有利于国家构建的连续性和现代性建设。

1959年人民行动党建立自治政府后，并没有像一些国家那样建立全新的行政系统并用革命队伍或民族运动的成员完全取代旧的行政官员，而是认识到旧的行政系统已经具有相当的现代化取向，要保持行政系统的连续性和专业性，应该保留它并在此基础上进行一些民族化的改造，即一方面通过增加民族人士进入文官系统，另一方面也通过思想教育使文官能够理解民族运动和民族政权，[1] 从而使文官系统在思想意识上对民族国家建设有正确的认识。

因此，新加坡政府在基本保留殖民政府行政系统的基础上进行了一些民族化和现代化的改革。一是建立了在殖民政府时期没有的文化部，它的主要工作一方面是宣传民族政府的政策，灌输爱国主义，激励建设祖国的热情，另一方面是引进国外技术、教育和文化[2]。二是改组和设立了一批法定局。由于法定局是进行经济成本核算的，所以它的建立和运作显示了新政府对市场的尊重。[3] 同时也有利于政府在较快地扩大政府职能的同时，又不使自己过多干预市场。例如，建屋发展局就是以这种模式运作比较成功的例子。它以市场原则为基础，辅之以政府的支持，使新加坡的公共住房事业迅速发展起来，较快较好地解决了人民的住房

---

[1] G. 波卡斯：《公共服务》，《朝向明天》，台湾教育出版社1974年版，第109页。

[2] 李路曲：《新加坡华人社会：西化与儒化的历史角逐》，马德普编《中西政治文化论丛》（第2辑），天津人民出版社2002年版。

[3] Jon S. T. Quah, "Statuary boards and National Development in Singapore, 1959-1979", Paper Prepared for Government and Politics in Singapore Project, 1979.

问题。①

　　人民行动党政府的政治与行政改革推动了国家机构的民族化和现代化，使国家权力更有力度和效率，从而承担起了更大的社会责任，也有力地推动了社会变迁。② 在此基础上，人民群众对新国家的认同感及其合法性增强了，逐步改变了殖民地心态。1969年进行的一项调查表明，在这个由移民形成的国度中，"新加坡人心态"基本形成，很少有人认为自己仍属于移居之前国家的人民了，而是称自己为新加坡人，并表示愿为祖国新加坡而献身。③ 这对于一个由海外移民形成的并长期处于殖民统治下的社会来说，是民族国家构建的一个重要的里程碑，它为新加坡的国家构建打下了坚实的政治与文化基础。

三　市场经济的发展与国家构建

　　新加坡的现代国家建设较为成功的一个重要原因是它建国后坚持把经济发展尤其是市场经济放在首要位置，并按照有利于维护市场经济的原则来构建国家制度。我们知道，市场经济是公民社会的基础，而公民社会是现代国家的基础。大多数新兴国家独立后很长一段时间内都没有很好地解决经济发展问题，尤其是在发展市场经济方面有很大失误。对于第二次世界大战后新独立的这些国家来说，之所以会发生这种情况：一方面是革命或民族主义运动的惯性使它们用自己习惯了的运动的方式来发展经济，因为革命或民族主义运动的成员是革命者而不是专业人士，他们不习惯用专业的方式进行管理；另一方面，也有意识形态的原因，在革命的或民族主义的意识形态的指导下，强国家和国有化、计划经济是它的必然选择，尤其是它们认为用市场的方式发展经济将是一个缓慢的过程，难以在较短的时间内追上西方发达国家，而革命和运动的方式

---

① 据1984年的统计，除了在外交、国防和环境发展方面没有法定机构外，在其他所有领域都有法定机构的存在，共83个。见新加坡文化部新闻组编《新加坡政府指南》，1984年。

② Poh Ceng You, *Singapore Twenty—Five years of Development*, Singapore: Nanyang Xingzhou Lianhe Zaobao Press, 1984.

③ Jon S. T. Quah, *Government and Politics of Singapore*, Singapore: Oxford University Press, 1985.

能够激发人民的浪漫主义和革命激情,从而使人民群众焕发出巨大的建设热情。但显然这种建设方式是非理性的,违背了经济发展的规律,其结果是这些国家都迟滞了自己的现代化进程。

新加坡没有像大部分发展中国家那样在独立后的相当一段时间内采取闭关锁国的经济路线,而是在政治上和经济上都采取了开放的路线,因而在经济上没有中断与世界市场的联系,并坚持推行国家干预下的市场经济模式。因为新加坡政府从英国殖民当局那里接手的就是市场经济,如果要改变这一结构,定会像有些国家那样付出巨大的代价,而实行市场经济是正确的战略选择。同时,国家进行必要的干预是有效组织经济和社会资源的有力保障。尤其是当时国内的左翼力量还很强大,他们强烈要求实行计划经济和国有化,所以进行一定的国家干预并打出社会主义旗号是减缓其反对的有效手段。

在社会发展的一定阶段,经济的理性化会促使统治者建立和强化现代民族国家及其功能,因为资本的私人性要求通过作为公共权力代表的国家来界定和保护产权及其私人利益,在这个意义上利普赛说的有道理:集权国家是否有效,主要体现在它是否能推动经济和社会发展。[1] 因此,市场体制的确立及其相关的国家经济职能的强化会有力地推动现代国家构建,而新加坡正是在这一基础上构建现代政治国家和法治国家的。

第三节 国家权力的扩展及其现代化导向

马克斯·韦伯指出:"现代国家是一种持续运转的强制性政治组织,其行政机构成功地垄断了合法使用暴力的权力,并以此维持秩序。"[2] 现代国家的确立是以现代化过程为基础把一个原本是分散而互不联系的地方性族群社会联系成一个整体即建立国族国家的过程,并在此基础上不断地发展。因此,伴随着现代化进程而进行的国家权力的集中与扩展是

---

[1] Carry Rodan, *The Political Economy of Singapore's Industrialization: National State and International Capital*, London: Macmillan Press, 1989.

[2] 马克斯·韦伯:《经济与社会》,王焱编《宪政主义与现代国家》,生活·读书·新知三联书店 2003 年版。

后发展国家在民族独立后进行国家建设的一个重要而难以逾越的阶段。对新加坡来说，这一阶段的初期是20世纪50年代末至80年代末。20世纪50年代后期至60年代末主要是权力的集中，20世纪70年代至80年代末主要是权力的扩展，20世纪90年代至今则是民主国家的构建。国家权力的集中主要表现是国家在这一时期改造了所有的旧的社会组织，建立了由国家控制的各种新的社会组织，例如居民委员会等，由此改造和削弱了旧的社会和政治力量，把它们纳入国家体制，成为执政党设计的现代化进程的追随者。

新加坡在国家权力的集中与扩展方面的一个重要特点是，尽管其民族主义政党在争取国家独立的过程中壮大起来，但正如前述，它并没有建立一个全新的国家制度，而是"进入"已有的政治体制，因而也没有使自己的政党与国家完全结合在一起，加之保留了多党政治的政治环境，因此它没有形成党国一体的体制，执政党也难以垄断社会生活，这就形成了弱政党而强国家的体制。行政系统是唯一的执行国家权力的机构。这样，在推行民主化的过程中，无论政党怎样变化，国家权力的贯彻都不受影响。

新加坡的国家权力集中与扩展的特点是它的现代性导向比较明确。人民行动党执政后很快就实行了威权主义体制。实行威权主义体制是很多后发展国家在一定发展阶段的制度选择，有其必然性。因为在反对传统的或殖民主义的统治中，革命或民族主义力量在激烈的斗争中壮大起来并建立了强力型的革命政党，当他们取得革命或民族运动的胜利后，这种强力型的取得胜利的革命或民族主义政党就要独掌国家权力，排斥其他力量。同时，这个新的国家无论自己宣称是多么的新，也不可能立即与传统决裂，因为从传统到现代的转型不可能通过一次简单的政权更替来完成，而要经过长时期的经济、文化和社会改造。因此，建立一种具有一定现代性的威权主义体制就是一种现实的选择，是对旧体制的一种继承、妥协、创新和发展，它的作用是利用国家权力来保持转型和发展的稳定。从另一方面说，就是现代民主体制的基础还没有完全确立，经济、社会和政治的现代性或从根本上改变旧体制的内在机制还没有足够的积累，而这种威权主义体制正是积累这种现代性的现实选择。

与此同时，人民行动党政府采取了一系列措施来集中和扩展国家的权力：通过镇压和操控选举等手段打压和限制反对党派，在20世纪70年代几乎独占了国家政治权力，使反对党处于瘫痪状态，很少能进行政治活动。对于曾经是支持自己取得民族政权的工人运动，人民行动党首先是建立了由自己领导的"全国职工总会"，由它来主导工人运动；同时迫使各种工会解散或将其纳入到全国职总的轨道上来，这大大削弱了反对派对工会的控制。① 对敢于抨击政府政策尤其是政治统治方式的新闻媒体进行打击，在20世纪70—80年代曾对批评李光耀和人民行动党政府的一些媒体人进行了逮捕，同时限制甚至取缔那些不服管制的外国报刊在国内的发行。② 在基层组织建设方面，通过建立起由政府控制的社会基层组织和党的选区组织等在各方面与民众进行政治沟通。例如1977年开始建立的居民委员会是为了适应城市化的需要而建立的，它为在城市化过程中被打破的按种族和部族聚居的传统格局和建立混居的新格局提供了管理和服务，在此基础上培养居民的社区精神和国家观念。同时，新的基层组织的建立和完善把所有居民都纳入到了国家的控制系统之中，使民众在追随的意义上进行有限的政治参与，实际上，这也是在实现政府对民众控制的基础上，把更多的民众及其传统的社会组织卷入现代化进程之中。当然，这种控制本身也限制了民众的自由和政治参与的深度，使政治发展不至于过快，以保持政治稳定。总之，这在制度上确立了政府与民众之间的关系，扩展了国家权力。

国家政治权力的集中与扩展本身具有集权主义倾向，从表面来看是延缓了民主化进程，但在现代化的一定阶段，即构建市场经济秩序和社会法治化时期，需要借助具有现代化导向的国家权力来推进这一过程，否则，这一进程难以实现。进一步来说，民主化需要一定的现代性积累，而这种现代性的积累只有通过政治、经济和社会发展来获得，在发展的一定阶段，需要借助国家的力量来保持社会政治的稳定，尤其是需要具

---

① "Singapore Labour Department, Ministry of Labour Report 1971 and 1973", in Riaz Hassan, *Singapore*: *Society in Transition*, London: Oxford University Press, 1976, p. 41.

② Michael Malik, "The Politics of Singapore in The 1980s", *Journal Of Contemporary Asia*, Vol. 19, No. 1, 1989.

有现代化导向的国家集权体制把力图维护传统秩序的势力卷入现代化进程，这可以减少激进改革引起的传统与社会力量之间的冲突和混乱，缓慢但实实在在地推进现代化进程，所以，这是一种现实的选择。

第四节　威权主义体制内的民主化与国家构建

新加坡之所以保证政治转型或民主化的稳定推进，最重要的制度原因就是它有一个具有现代性的强国家体制。在这里，强国家并不意味着强政党，而是指国家制度有效并具有强有力的治理能力。强政党有时也会导致强国家，但这样的党国体制无法稳定地推进民主化，因为双重管理削弱了治理效率而党内的既得利益者因其顽固性和保守性会强烈地反对改革，最终不是改革被阻止，就是改革导致激进的转型和体制的崩溃。凡是政治转型过程比较稳定的国家，都是不存在党国体制或执政党在转型时期没有垄断国家权力的国家。

从新加坡的情况来看，尽管20世纪60—80年代人民行动党几乎垄断了国家权力，但它仍保留了一定的政治竞争空间。在这种一党为主的政治体制中，各个政党都要为争夺同一批选民而积极竞争。[①] 在20世纪60年代，新加坡左翼力量比较强大，人民行动党为了与左翼政党争夺选民，它不得不表现出左的、激进的、民粹主义的一面，在政治上争取群众的，同时在经济上加紧改善民生，包括推行平均主义的分配政策等。在20世纪60年代末左翼力量被削弱以后，人民行动党的政策就转而加强政治控制，以发展经济为中心，同时开始推行精英主义的分配政策。20世纪80年代在选举中反对党势力有所复苏，舆论出现向右转的趋势，对执政党构成越来越大的压力，这时人民行动党政府一方面采取各种措施限制民主进程过快推进，另一方面人民行动党也加快了领导干部新老交替的脚步。

---

① 塞缪尔·P. 亨廷顿：《变动社会中的政治秩序》，张岱云等译，上海译文出版社1989年版。

随着市场经济与社会结构的变化,高度集权的威权主义越来越不能适应这种变化,它逐步成为阻碍经济社会发展和资本力量扩张的桎梏,成为公民社会形成的桎梏。日益强大的公民社会对集政治权力于一身的国家统治者形成了越来越大的压力,他们最初是要求国家维护和建立市场秩序,保护而不是侵蚀自己的私有财产,继而要求国家建立自由平等和民主竞争的制度环境。他们与威权主义的维护者由此而发生了矛盾,要求削弱威权主义国家的权力,从而削弱了集权政治的统治基础。东亚一些国家和地区,例如韩国、印度尼西亚、菲律宾、泰国和中国台湾地区发生的政治转型就是这种情况。马来西亚、越南、缅甸等在一党体制内发生了这种变化,新加坡类似于后一种情况。它最初通过改革以在威权体制中发展现代化意识,后来又适度地发展政治竞争,保持了发展的活力,从而没有像大多数国家那样通过政治发展的中断或政治转型来发展民主化,而是在威权主义体制内部推进民主化进程。1981年反对党重返议会,打破了国会完全由人民行动党一党垄断的格局。此后,反对党力量逐步而缓慢地增强,支持反对党的票数也呈递增趋势,尽管执政党政府采取了各种措施限制反对党的竞选活动,但近20年来反对党当选议员的人数和选民的支持率都在不断攀升。

自20世纪80年代[①]以来,新加坡的政治文化已经发生了重大的变化,基本形成了政治民主化的文化氛围。正如前述,新加坡已经解决了构建现代国家的权力的集中与扩展的问题,它通过一系列的措施解决了国家内部分散的传统势力与较具现代性的国家领导层的关系问题,这一过程基本用了30—40年的时间;而国家的民主化自20世纪90年代以后越来越成为新加坡国家建构面临的重要问题。当今后发展国家的民主化仍然是按照主权在民原则来构建国家制度,它要把国家权力置于人民的控制之路,使国家权力受到社会的监督。而衡量一个国家民主程度及其合法性的重要标准就是民意,即国家权力是否按照反映人民意志的法律及程序获取和行使。

[①] 李路曲:《新加坡现代化之路:进程、模式与文化选择》,新华出版社1996年版。

小结

对于大多数国家来说，现代国家构建的过程是先在国族范围内建立理性的、有效而合法的国家权力，同时也是不断进行国族构建的过程，也即民族国家的构建；再在国家范围内推进民主、有效而合法的能够适应更高发展阶段的国家建设，即民主国家的构建；在后一阶段国家机器和权力的构建常常是与民主政治的构建交织在一起，尤其是后发展国家在国家权力理性化的同时会受到已经民主化的早发展国家的影响，就更是如此。我们可以看到，全球化是在同一个时代把不同发展水平和不同文化的政治共同体卷入现代化进程，所以，在面对现代化的内部环境和全球化的外部环境挑战时，各国做出的回应是有很大不同的，这样，如果只按照一种轨迹或模式来进行国家构建而没有很好地把握自己的国情，则很难在国家构建中使国家的治理与民主化达到均衡。同时，如果违背了国家构建的基本规律，或说不能够适时地对国家进行理性化、合法化与民主化的构建，也会使现代化和民主化进程失衡。一般来说，只有经过长期的发展和主客观的努力才会达到这种均衡，但是，人们在这个问题上的探讨越深入，认识越全面，人们对这种均衡的把握就越主动。对于新加坡来说，它既遵循着这一基本的国家构建过程，又根据自己的实际情况做出了一些回应，从而在理性化与民主化的国家构建的过程中达到了相对的均衡，尽管这种均衡并不完美。

参考文献

一 著作

[1] 邱新民：《新加坡先驱人物》，南洋商报出版1982年版。

[2] 郑文辉：《新加坡从开埠到建国》，新加坡教育出版社1977年版。

[3] 皮尔逊：《新加坡通俗史》，福建人民出版社1974年版。

[4] 陈育崧：《椰荫馆文存》第一卷，南洋学会出版1984年版。

[5] 林志高：《星洲应和会馆一百四十一周年纪念特刊》，新加坡，1965年。

[6] 杨进发：《战前星华社会结构与领导层初探》，南洋学会，新加坡，1977年版。

[7] 丁文江：《梁任公先生年谱长编初稿》，世界书局1959年版。

[8] 新加坡联合早报编：《李光耀40年政论选》，现代出版社1994年版。

[9] 亚历克斯·泽西：《创造奇迹的新加坡》，顾效龄、苏瑞烽合译，长河出版社1983年版。

[10] 中国社会科学院世界宗教研究所：《世界宗教资料》，中国社会科学出版社1990年版。

[11] 塞缪尔·P.亨廷顿：《变动社会中的政治秩序》，张岱云等译，上海译文出版社1989年版。

[12] 陈尤文、马志刚等：《新加坡公共行政》，时事出版社1995年版。

[13] 陈烈甫：《李光耀治下的新加坡》，商务印书馆1982年版。

[14] 亚历克斯·乔西：《勇往直前的李光耀》，赵国材、杨喜汉合译，台

湾新生报社出版部 1980 年版。

[15] 亚历克斯·乔西：《李光耀》，上海人民出版社 1976 年版。

[16] 陈烈甫：《李光耀治下的新加坡》，台湾商务印书馆 1982 年版。

[17] 张永和：《李光耀传》，花城出版社 1994 年版。

[18] 马志刚等：《新加坡的社会管理》，群众出版社 1993 年版。

[19] 冯青莲：《新加坡人民行动党》，上海人民出版社 1975 年版。

[20] 新加坡全国职工总会主编：《朝向明天》，叶钟铃译，台湾教育出版社 1974 年版。

[21] 霍华德·威亚尔达编：《非西方发展理论——地区模式与全球趋势》，董正华等译，北京大学出版社 2006 年版。

[22] 霍华德·威亚尔达：《新兴国家的政治发展——第三世界还存在吗?》，刘青等译，北京大学出版社 2005 年版。

[23] 塞缪尔·P. 亨廷顿：《第三波：20 世纪后期的民主化浪潮》，欧阳景根译，中国人民大学出版社 2013 年版。

[24] 彭锦鹏：《政治安定的设计家——韩廷顿》，允晨文化实业股份有限公司 1982 年版。

[25] 洪镰德：《新加坡学》，扬智文化事业股份有限公司 1994 年版。

[26] 加布里埃尔·A. 阿尔蒙德、小 G. 宾厄姆·鲍威尔：《比较政治学：体系、过程和政策》，曹沛霖等译，上海译文出版社 1987 年版。

[27] 伯兰特·德·儒佛内尔：《主权》，芝加哥大学出版社 1963 年版。

[28] 李路曲：《新加坡现代化之路：进程、模式与文化选择》，新华出版社 1996 年版。

[29] 林恒仁：《评 1991 年大选》，新加坡国际图书有限公司 1991 年版。

[30] 颜清皇：《新马华人社会史》，粟明鲜等译，中国华侨出版公司 1991 年版。

[31] 吕元礼：《新加坡治贪为什么能?》，广州人民出版社 2011 年版。

[32] 马克斯·韦伯：《新教伦理与资本主义精神》，于晓、陈维纲译，生活·读书·新知三联书店 1987 年版。

[33] 莫少昆、余继业：《解读淡马锡：从 0.7 亿到 1000 亿市值的传奇》，鹭江出版社 2008 年版。

[34] C. E. 布莱克：《现代化的动力》，四川人民出版社1988年版。

[35] 孙立平：《全球现代化进程与后发外生型现代化模式剖析》，《现代化与社会转型》，北京大学出版社2005年版。

[36] 《马克思恩格斯全集》（第12卷），人民出版社1998年版。

[37] 杨建成：《马来西亚华人的困境：西马来西亚华巫政治关系之探讨（1957—1978）》，文史哲出版社1982年版。

[38] 房宁等：《自由、威权、多元：东亚政治发展研究报告》，社会科学文献出版社2011年版。

[39] 孙景峰：《新加坡人民行动党执政形态研究》，人民出版社2005年版。

[40] 约翰·芬斯顿：《马来西亚》，约翰·芬斯顿主编《东南亚政府与政治》，北京大学出版社2007年版。

[41] 韩方明：《华人与马来西亚现代化进程》，商务印书馆2002年版。

[42] 胡安·J. 林茨、阿尔弗莱德·斯泰潘：《民主转型与巩固的问题：南欧、南美与后共产主义的欧洲》，浙江人民出版社2008年版。

[43] 斯迪芬·海哥德、罗伯特·R. 考夫曼：《民主化转型的政治经济分析》，社会科学文献出版社2008年版。

[44] 李一平：《东南亚研究论稿》，大通出版社2004年版。

[45] 王国璋：《风云五十年：马来西亚政治政治》，永联印务2007年版。

[46] 冈纳·缪尔达尔：《亚洲的戏剧》，首都经贸大学出版社2001年版。

[47] 艾森斯塔德：《现代化：抗拒与变迁》，中国人民大学出版社1988年版。

[48] 中国苏联东欧史研究会编：《现代化之路：中国、俄罗斯、东欧国家改革比较》，当代世界出版社2003年版。

[49] 马太·杜甘：《国家的比较：为什么比较，如何比较，拿什么比较》，文强译，社会科学出版社2010年版。

[50] T. 帕森斯：《现代社会的结构与过程》，光明日报出版社1988年版。

[51] 詹姆斯·M. 布坎南：《自由、市场与国家——80年代的政治经济学》，平新乔等译，上海三联书店1989年版。

[52] 道格拉斯·诺斯：《经济史上的结构和变革》，厉以宁译，商务印书馆1992年版。

[53] 道格拉斯·C. 诺斯：《制度、制度变迁和经济绩效》，刘守英译，上海三联书店1994年版。

[54] 曼库尔、奥尔森：《国家兴衰探源》，吕应中等译，商务印书馆2001年版。

[55] 马克斯·韦伯：《经济与社会》（上），林荣远译，商务印书馆2004年版。

[56] 阿图尔·科利：《国家引导的发展》，朱天飚、黄琪轩、刘骥译，吉林出版集团有限责任公司2007年版。

[57] 琳达·维斯、约翰·霍布森：《国家与经济发展》，黄兆辉、廖志强译，吉林出版集团有限责任公司2009年版。

[58] 陈嘉明等：《现代性与后现代性》，人民出版社2001年版。

[59] 吴俊刚：《新加坡政党的基层工作：议员如何联系选民》，湖南人民出版社2017年版。

[60] 欧树军、王绍光：《小邦大治：新加坡的国家基本制度建设》，社会科学文献出版社2017年版。

[61] 范磊：《新加坡族群和谐机制：实现多元族群社会的"善治"》，湖南人民出版社2016年版。

[62] 黄浪华、宇之：《新加坡大屠杀》，线装书局2015年版。

[63] 于文轩：《道法无常：新加坡公共管理之道》，上海三联书店2015年版。

[64] 俞可平主编：《世界主要政党规章制度文献：新加坡》，中央编译出版社2015年版。

[65] 吕元礼：《问政李光耀：新加坡如何有效治理》，天津人民出版社2015年版。

[66] 林金圣：《新加坡特色的选举制度：人民行动党每选必胜的奥秘》，民主与建设出版社2015年版。

[67] 周兆呈：《新加坡公共政策传播策略：政府如何把握民意有效施政》，民主与建设出版社2015年版。

［68］张力：《多族群国家的政治整合：以瑞士、比利时、新加坡、马来西亚四国为例》，山西经济出版社 2016 年版。

［69］陈玲玲：《新加坡的政党政治：在野党的参政议政空间》，湖南人民出版社 2016 年版。

［70］胡若雨：《新加坡国家意识形态发展研究》，山西人民出版社 2015 年版。

［71］张春阳：《新加坡基层组织：政府与人民之间的缓冲力量》，民主与建设出版社 2015 年版。

［72］新加坡国家档案馆编：《李光耀执政方略》，人民出版社 2015 年版。

［73］吴元华：《新加坡良治之道》，中国社会科学出版社 2014 年版。

［74］唐睿：《体制性吸纳与东亚国家政治转型：韩国、新加坡、菲律宾的比较分析》，中央编译出版社 2014 年版。

［75］潘光政：《新加坡法治社会的透视与思考》中国政法大学出版社 2014 年版。

［76］康斯坦丝·玛丽·藤布尔：《新加坡史：1819—2005》，东方出版中心 2013 年版。

［77］施正峰：《当代新加坡民主政治》，台湾国际研究学会，2013 年版。

［78］汤姆·普雷特：《李光耀对话录：新加坡建国史》，现代出版社 2011 年版。

［79］李志东：《新加坡国家认同研究：1965—2000》，中国人民大学出版社 2014 年版。

［80］匡导球：《星岛崛起：新加坡的立国智慧》，人民出版社 2013 年版。

［81］黄雪珍等：《新加坡公共政策背后的经济学：新加坡的故事》，中央编译出版社 2013 年版。

［82］许木松：《国家营销：新加坡国家品牌之道》，浙江人民出版社 2012 年版。

［83］吕元礼、陈家喜：《新加坡研究：2013 卷》，社会科学文献出版社 2014 年版。

［84］由民：《新加坡大选：人民行动党为何总能赢？以 1977、2001、2006、2011 年国会选举为例》，经济管理出版社 2013 年版。

[85] 毕世鸿编著:《新加坡概论》,世界图书出版广东有限公司 2012 年版。

[86] 赵靳秋、郝晓鸣:《新加坡大众传媒研究:媒介融合背景下传媒监管的制度创新》,中国传媒大学出版社 2012 年版。

[87] 谢青霞:《法治与民生:新加坡法律制度分析》,中国政法大学出版社 2011 年版。

[88] 吕元礼:《新加坡治贪为什么能?》,广东人民出版社 2011 年版。

[89] 李健、兰莹:《新加坡社会保障制度》,上海人民出版社 2011 年版。

[90] 马尔科姆·H. 墨菲特等:《新加坡历史原貌:1275 年—1971 年》,亚太图书有限公司 2011 年版。

[91] 孔建勋等:《多民族国家的民族政策与族群态度:新加坡、马来西亚和泰国实证研究》,中国社会科学出版社 2010 年版。

[92] 唐鹏:《新加坡的公民道德建设》,民族出版社 2010 年版。

[93] 吕元礼等:《鱼尾狮智慧:新加坡政治与治理》,经济管理出版社 2010 年版。

[94] 梁文松、曾玉凤:《动态治理:新加坡政府的经验》,中信出版社 2010 年版。

[95] 董娟娟:《新加坡监视社会》,景艺企业有限公司 2005 年版。

[96] 卢正涛:《新加坡威权政治研究》,南京大学出版社 2007 年版。

[97] 梁元生:《新加坡华人社会史论》,新加坡国立大学中文系、八方文化创作室联合出版,2005 年版。

[98] Wicks P. Riaz Hassan, (ED.), *Singapore: Society in Transition*, *New York*: *Oxford University Press*, 1976.

[99] Chan Heng Chee, *Government and Politics of Singapore*, New York: Oxford Univ, Pre, 1985.

[100] Chan Heng Chee, *The Dynamics of One Party Dominance*, Singapore: Singapore University Press, 1976.

[101] Ricliard Solomon, *Mao's Revolution and the Chinese Political Culture*, Berkeley: University of California Pres, 1971.

[102] Cardyn Choo, *Singapore: The PAP The Problem of Political Succes-*

sion, Prinads Press, Malaysia, 1988.

[103] Ronald Rogowski, *Rational Legitimacy*, Princeton: Princeton University Press, 1974.

[104] Lucian W. Pye and Sidney Verba, *Political Culture and Political Development*, Princeton: Princeton University Press, 1965.

[105] Jack W. Brehm and Arthur R. Cohen, *Explorations in Cognitive Dissonance*, New York: Wiley, 1962.

[106] Durkheim, Emile, *The Division of Labor in Society*, Glencoe: Free Press, 1960.

[107] Charles Dickens, *American Notes and Pictures from Italy*, London: Oxford, 1957.

[108] Rejai Mustafa and Kay Phillips, *Leaders of Revolutions*, Beverly Hills: Sage, 1979.

[109] Gregory J. Massell, *The Surrogate Proletariat*, Priceton: Priceton University Press, 1974.

[110] Otto Heinz, *The State in Historical Perpective*, in Reinhard Bendix ed., *State and Society: A Reader in Camparative Political Sociology*, Berkeley: University of California Press, 1973.

[111] Peter Evans, *Embedded Autonomy: States and Industrial Transformation*, New Jersey: Princeton University Press, 1995.

[112] Francis Fukuyama, *Political Order and Political Decay: From the Industrial Revolution to the Globalization of Democracy*, New York: Farrar, Straus and Giroux, 2014.

[113] Ho Khai Leong, *Shared Responsibilities, Unshared Power: The Politics of Policy-Making in Singapore*, Eastern University Press, 2003.

[114] Damien Kingsbury, *Southeast Asia: A Political Profile*, New York: Oxford University Press, 2005.

[115] Bennett, Andrew & Checkel, Jeffrey T, *Process Tracing: From Metaphor to Analytic Tool.* New York: Cambridge University Press, 2014.

[116] Przeworski, Adam, "Is The Science of Comparative Politics Possible?"

in Bolx, *Carles & Stokes*, *Susanc C.* (EDS.), *Oxford Handbook of Comparative Politics*. New York: Oxford University Press, 2007.

[117] Scott, James, *The MoralL Economy of The Peasant: Rebellion and Subsistence in Southeast Asia*, New Haven: Yale University Press, 1977.

[118] Mahoney, James, *Colonialism and Postcolonial Development*, New York: Cambridge University Press, 2010.

[119] Acemoglu, Daron & Robinson, James, *Economic Origins of Dictatorship and Democracy*, New York: Cambridge University Press, 2006.

[120] Boix, Carles, *Democracy and Redistribution*, New York: Cambridge University Press. 2003.

[121] Ben Ansell and David Samuels, *Inequality and Democratization: An Elite-Competition Approach*, New York: Cambridge University Press, 2014.

二 期刊

[1] 颜清皇:《清朝鬻官制度与星马华放领导层》,《东南亚研究学报》第2期。

[2] 颜清皇:《星马华侨的民族主义,1877—1912》,《现代亚洲研究》1982年第3期。

[3] 孟军:《亨廷顿的政治稳定理论及其当代启示》,《社会科学战线》2008年第3期。

[4] 李路曲:《关于民主化、制度化与发展水平关系的思考》,《晋阳学刊》2008年第1期。

[5] 吴庆瑞:《新加坡经济发展的经验及其前景:战略部署及实施情况》,《中国社会科学》(季刊)1993年11月。

[6] 张静、陈美艳:《新加坡"淡马锡"经营模式对国企改革的启示》,《特区经济》2006年9月。

[7] 邹允祥:《新加坡淡马锡管理经验及对改进国有企业管理的启示》,《江苏建材》2013年第1期。

[8] 宋效峰：《2008年大选后马来西亚政党政治的走势》，《东南亚研究》2008年第5期。

[9] 庄礼伟：《马来西亚竞争型威权体制的走向：以选民结构为考察视角》，《东南亚研究》2014年第2期。

[10] 李文：《新加坡大选：威权模式变脸》，《人民论坛》2011年第16期。

[11] 宋效峰：《试析马来西亚一党独大制的历史合法性》，《广州社会主义学院学报》2008年第1期。

[12] 张榕：《宪政民主化道路上的马来西亚政党制度》，《东南亚纵横》2015年第5期。

[13] 廖小健：《安瓦尔事件后马来西亚的外交》，《东南亚研究》1999年第2期。

[14] 那传林：《政权与产权关系视角下的俄罗斯社会变迁（1991—2012）》，《西伯利亚研究》2013年12月。

[15] 任剑涛：《国家治理的简约主义》，《开放时代》2010年第7期。

[16] 徐湘林：转型危机与国家治理，《政治学研究》2015年第1期。

[17] 李琳琳、李江：《新加坡组屋区规划结构的演变及其对我国的启示》，《国际城市规划》2008年第2期。

[18] 杜晓君、李曼丽：《新加坡国有企业改革启示》，《东北大学学报》2006年第5期。

[19] 李晓西：《中国市场化进程脉络：以计划经济和市场经济为边界》，《改革》2009年第12期。

[20] 李兆熙、张永伟：《中国国有企业制度30年的变革》，《黑龙江社会科学》2008年第5期。

[21] D. G. E. 霍尔曼：《东南亚史》下册，中山大学东南亚历史研究所译，商务印书馆1982年版。

[22] Samuel P. Huntington, "Political Development and Political Decay", *World Politics*, April, 1965.

[23] Alison Brysk, "'Hearts and Minds': Bringing Symbolic Politics Back In.", *Polity*, Vol. 27, No. 4, 1995.

[24] James Petras, "State, Regime and the Dymocratization Muddle", *Journal of Contemporary Asia*, Vol. 19, No. 1, 1989.

[25] Dan Slater, "Strong-state Democratization in Malaysia and Singapore", *Journal of Democracy*, Vol. 23, No. 2, April 2012.

[26] Michael Malik, "The Politics of Singapore in The 1980s", *Journal of Contemporary Asia*, Vol. 19, No. 1, 1989.

特刊

[1]《新加坡应和会馆一百四十一周年纪念特刊》，新加坡，1965年。

[2]《养正学校金禧纪念特刊》，新加坡，1956年。

[3]《端蒙学校金禧纪念特刊》，新加坡，1956年。

[4]《道南学校六十周年纪念特刊》，新加坡，1966年。

报纸

[1] 杨荣文：《杨荣文的竞选演说》，《联合早报》2011年5月10日。

[2] 陈庆文：《选民的素质与过去不同》，《晚报新闻》2011年5月8日。

[3] 林瑞莲：《杨荣文会有很好的出路》，《联合早报》2011年4月30日。

[4] 刘程强：《何谓第一世界国会?》，《星期日时报（The Sunday Times）》2011年5月8日。

[5] 郑永年：《新加坡的优质性民主》，《联合早报》2011年5月10日。

[6] 林义明：《照顾成功与较不成功者 政府须保持平衡——李资政与李光耀公共政策学院学生对话》，《联合早报》2006年11月4日。

[7] 黄海生：《多元族群政治的走向》，《星洲日报》2008年3月26日。